한국교정론

천정환의 복지적 사법론 포함 —

한국교정론

천정환의 복지적 사법론 포함 ―

| 교정복지학자 천정환

KSI 한국학술정보㈜

머리말

　교정복지학자로 잘 알려진 천정환의 관점에서는 한국 교정의 현실은 실무는 많이 발달해있지만 교정이론의 발달은 아직 많이 되어 있지 않는데, 그 근본 원인은 많은 학자들이 오해하고 있듯이 교정학을 사회과목으로 취급하고 있는데서 기인한다. 교정학은 많은 학자들이 오해하고 있지만 결코 사회과학이 아니라 종합응용과학이다. 다시 말해서 심리학, 정신의학, 생물학, 수학 등 다양한 학제적 접근이 필요한 응용과학이므로 쉽게 접근하기 어렵기 때문에 시중에 교정학 학술서도 몇 권밖에 있지 않다. 이러다보니 연구자들의 교정학에 대한 수요나 교정복지학에 대한 수요는 날이 갈수록 증가하지만 이런 기대를 충족시킬 책이 드물다.

　최근의 흐름은 교정학도 교정복지학으로 이행되고 있다.

　현대 교정학에 대한 연구는 법학, 사회학, 경제학. 사회복지학, 경찰학, 행정학 등에서 다양하게 진행되고 있지만 교정학 자체가 워낙 많은 학문의 도움을 필요로 하는 학문이다 보니 종합적인 접근이 쉽지가 않은 분야이다. 그러나 교정조직과 실무자는 계속 증대되어가는 현실에서 이론적 뒷받침이 너무 미약한 것은 관련학자들의 책임이라고 할 수 있다.

　이런 현실에 대해 필자는 2004년 초에 출간 회사 정보를 몰라 공무원수험 출판사인 '한국고시회'에서 학술서인 '천정환의 신교정학'을 소량 출간한 적이 있으나 해당 출판사가 학술서 출판기관이 아니라서 이 책이 거의 알려지지 않았다. 이에 이 책의 내용을 보완하여 학술전문출판사인 '한국학술정보'에서 재출간하게 되었다.

　이 책의 내용은 보면 알겠지만 복지적사법론 등 대부분이 범죄교정복지학자인 천정환의 독창적 이론들로 구성되어 있어 교정학이나 법학, 사회복지학, 교정복지학, 경찰학 등을 연구하는 학자들에게 새로운 연구 소재를 제공할 수 있으리라고 생각한다.

　학술서란 자신만의 독창적인 이론이 없으면 편저나 번역서이지 감히 학술서라고 말할 수 가 없다는 것이 천정환의 생각이다. 따라서 인용해온 것은 반드시 각주를 붙여 출처를 밝혔고 각주가 없는 것은 전부 천정환의 독창적인 이론들이라고 생각하면 된다. 그러나 돌이켜보면 독창적인 이론을 중시한 나머지 논리의 비약이나, 지나친 학제적 접근이 있지 않았는가를 반성해 본다. 하여튼 저의 이 부족한 학술서가 새로운 이론에 목말라하는 연구자들에게 조금이라도 도움이 되었으면 한다. 이 자리를 빌어 감사해야 할 분이 많은데 특히 저자가 2007년 11월 국회에서 학술발표를 할 수 있도록 도와준 한국인권사회복지학회의 정승재 박사에게 고마움을 표한다. 동시에 항상 많은 관심과 격려를 해주는 한국교정복지학회 회원들과 동료들에게 감사를 표하며 항상 학자적 양심을 갖고 질 좋은 연구를 하는 지식인이 되도록 하겠습니다.

2008. 2.
천정환 올림

차례보기

제4장 한국교정공무원론

제5장 한국교정위원론

제8장 한국교정교회론

제9장 한국교정조직론

제10장 한국교정통제론

제11장 한국교정홍보론

제12장 회복적사법론에 대한 천정환의 복지적사법론 및 한국에서의 회복적교정

제 1 장
한국교정이념론

1. 서 론

교정이념이 교정이 나아가야 할 방향 또는 가치라고 한다면 우리나라에서의 교정이념은 교정목적에 관한 이념, 즉 교육형주의의 이념과 교정행정의 이념, 즉 교정재 생산에 있어서의 이념으로 나눌 수가 있다.

우리나라에서 교정목적에 관한 이념의 변천을 살펴보면, 1894년 갑오경장 이전까지는 응보, 위하 위주의 형벌이 주류를 이루었고,1) 교육형주의의 싹이 트기 시작한 것은 1894년 갑오개혁 때로 1894년 11월 25일 감옥규칙이 최초로 제정되어 우리나라의 근대적 행형법의 효시가 되었다.2) 그 뒤 감옥관제가 제정된 1907년부터 1909년까지는 범죄인의 교화개선을 전제로 한 근대 행형의 정신이 엿보여 행형에 있어서 교화이념의 중요한 기점이 되었고3) 그 뒤 일제시대에는 응보주의적 행형을 실시하다가 대한민국 정부 수립 후에 교화이념이 전면에 등장했고, 1950년에 제정된 행형법 제1조에서는 행형의 목적이 교화이념의 실천에 있음을 선언하여4) 현재까지 교정목적에 관한 이념으로서 교육형주의를 견지해 오고 있다.

한편, 교정행정의 이념으로서는 법치주의, 평등주의, 민주성, 대표성, 경영주의, 신뢰성, 생산성, 사회적 형평성5), 능률성 등 여러 가지를 들 수 있지만 지금까지의 우리나라의 교정행정의 이념은 주로 법치주의, 평등주의, 능률주의에 치중되어 왔으며 나머지의 교정이념은 경시되어 왔다.

따라서 여기에서는 한국의 교육형주의의 내용과 문제점을 살펴보고 사견으로 신교육형주의를 모색해 보았고, 교육행정의 이념에 있어서는 그동안 경시되어온 민주성, 생산성, 경영주의 등의 확보방안을 사견으로 제시한다.

---

1) 이정찬, 한국행형사, 선민출판사, 1984, 204면.
2) 허주욱, 교정학, 법문사, 2002, 175면.
3) 신진규, 형사정책, 법문사, 1983, 56면.
4) 허주욱, 전게서, 178～181면.
5) 이것은 사회질서의 가치관을 반영하는 것으로 자유와 평등의 가치관을 종합한 관념으로서 동등한 자유와 합당한 평등, 즉 언제나 사회적, 경제적, 정치적, 환경이 열세한 계층에 보다 많은 서비스를 제공하는 것이다. 유종해, 현대행정학, 박영사, 2001, 76면.

2. 교정목적에 관한 이념의 문제점과 개선방안

우리나라의 교육형주의 이념은 행형법 제1조에 나와 있는데 여기에는 수형자를 격려하여 교정, 교화하여 건전한 국민사상과 근로정신을 함양하고, 기술교육을 실시하여 사회에 복귀시킨다고 규정하여, 교육형주의를 교정이념으로 하고 있어 응보주의 이념을 채택하고 있지 않다.

이러한 우리나라의 교육형주의의 문제점은 첫 번째로 행형법 제1조의 해석상 모든 수형자가 교정재의 생산가능 곡선상에 있다는 것을 전제하여 교정만능주의에 있으나 이것은 현실적인 제약요인 즉, 정기형 제도로 인하여 각자의 교정재 생산 기간이 다른 점을 무시하고 있고 또한 교정재의 생산가능 곡선의 밖에 있는 한계 수형자를 간과하고 있다.

한계 수형자란 본인이 만든 조작적 개념으로서 여호와의 증인 같은 확신범과 광신도, 악질 상습범, 노회한 화이트칼라 범죄자, 직업범죄자처럼 아무리 많은 교화자원을 투입하여도 교정의 한계 생산성이 0에 가까운 자들을 말하거나 또는 교정時計[6]가 너무 느리게 움직이거나 또는 가더라도 곧바로 뒤로 가는 자들을 말하거나 건전한 사상과 기술을 가지고 있고, 우리 사회의 기본가치가 내재화된 단순한 과실범처럼[7] 교정재의 생산이 필요 없는 자 즉, 개인에 대한 미시적 교정수요가 없는 자를 말한다고 개념을 조작한다면 과실범과 같은 긍정적 한계 수형자와 광신도와 같은 부정적 한계 수형자들 모두는 사실상 교정재의 생산가능선 밖에 있어 교정재의 추가생산이 불가능한데도 우리의 행형법령은 이런 것을 간과하

---

6) 이것은 본인이 만든 개념으로 재사회화의 속도를 나타내는 것을 말하는데 이미 의식이 고착화된 노인의 교정시계는 잘 가지 않으나 상대적으로 소년 수형자의 교정시계는 빨리 갈 수 있어 자원 배분의 기준이 될 수 있다 교정시계는 수용자 개인의 교정시계, 각 교도소의 교정시계, 한국의 교정시계가 있는데, 이와 관련해 교정시계 속도를 빨리 하기 위한 관리 전략이 필요한데 예를 들어 수용자가 민주적이고 교도관이 민주적이라면 수용자의 교정시계는 빨리 가고 교도관이 권위적이고 수용자가 민주적이면 교정시계는 느리므로 이때는 교도관의 행태변화를 위한 교육이 필요하다.

7) 과실범에 대한 교정재의 생산은 필요 없지만 현재 과실범에 대한 교정교육은 일종의 加外性 장치라고 할 수 있다. 가외성은 중복성과 상통하며 과실을 방지하는 중복장치라고 할 수 있다.

고, 이들 모두가 개선, 교화가 필요 또는 가능하다는 교정만능주의와 교정낙관주의에 사로잡혀 있다.

즉, 우리나라는 수형자분류처우규칙 제16조에서 개선급의 유형으로 범죄성향이 진전되지 아니한 자로서 개선이 가능한 A급과 범죄성향이 진전된 자로서 개선이 가능한 B급과 범죄성향이 진전된 자로서 개선이 곤란한 C급으로만 분류해 개선이 불가능한 등급을 두지 않아 모두 수형자는 개선이 가능하다는 교육형주의에 따라 낙관적 입장을 보여 획일적, 무차별적, 경성적 교정주의 입장에 서 있다. 그러나 광신도나 확신범, 악질적 상습범 등은 사실상 개선이 곤란한 것이 아니고 개선과 교화가 거의 불가능하다고 할 수 있는데,[8] 그것은 정기형 제도로 인한 교정재의 생산기간의 제한, 부족한 교화자원의 현실과 관료제의 근본적인 한계 때문이다. 따라서 이러한 개선이 불가능한 범죄인에게는 제한된 교화자원을 감안해 선택과 집중의 논리에 따라 인간적 처우를 전제로 한 응보 중심의 교정재를 생산하라는 것이고 개선이 가능한 범죄자들에게는 교화 중심의 교정재를 생산하여 대상자의 특성에 따라 응보자원과 교화자원의 적절한 배합을 가해 교정재를 생산하자는 동태적, 상황적, 혼합주의적 교정이념을 제안한다.

즉, 교육형주의의 맹신에서 벗어나 인간적 처우를 전제로 한 응보형 주의의 장점을 이용해 상황적으로 대응해 교정재를 생산하자는 것이다.

두 번째의 문제점은 행형법 제1조의 해석상 교육형주의는 모든 수형자를 국가가 강제로 교화 개선하는데, 그 정도가 수형자의 사상과 정신까지 개조, 개선한다고 하는데 이것은 헌법상의 양심의 자유나 사상의 자유 또는 존엄성과 같은 헌법상의 원칙과 상충될 우려가 있다는 점이다.

이와 관련해 배종대 교수는 범죄자를 강제로 개선하는 것이 헌법적 정당성을 가질 수 있는가라는 의문을 제기하며,[9] 이상돈 씨는 성인이 단순히 정상적 생활을 영위하고 노동을 할 수 있도록 하기 위하여 그를 개선하고자 하는 목적은 자유박탈의 근거로 충분치 않다고 한다.[10] 사견으로는 수형자가 가진 사상이나 양

---

8) 리스트는 범죄인을 8가지로 분류하고 개선이 불가능한 범죄인의 존재를 인정하고 개선이 불가능한 자에 대해서는 무해화 조치를 주장했고 아사펜부르크도 범죄인을 우발범죄인, 격정범죄인 등 7개로 분류하고 직업범죄인은 개선이 불가능하다고 했고 마이호퍼는 범죄인을 속죄용의 있는 기회범, 속죄용의 없는 기회범, 개선 가능한 상태범, 개선 불가능한 상태범으로 나누었고 가로팔로도 개선 불가능한 범죄인의 존재를 인정했다.: 진계호, 형사정책, 대왕사, 2002, 66면 이하.
9) 배종대, 행형학, 홍문사, 58면.

심 같은 내재적인 기본적인 가치관이 시공을 초월한 절대적 정의에 反하지 않는 이상 국가는 가치를 개입하여 국민사상이나 건전한 정신 등을 수형자에게 강요하는 것은 위헌적인 우려가 있다고 생각하며, 다만 근로습벽이 없는 상습범죄자나 방화나 절도의 습벽이 있는 범죄자, 왜곡된 성격결함이 있는 범죄자, 강박증이나 우울증 등에 의한 정신범죄자와 인류의 보편적 정의에 반하고 사회에 위험을 줄 수 있는 왜곡된 사상을 가진 범죄자에게는 국가가 강제로 가치적으로 개입해 그들의 잘못된 성격과 행동, 습벽, 정신결함을 개선할 수 있다고 보며, 그런 가치적인 국가의 강제개입은 사회 계약설에 바탕을 두며 헌법상의 원칙과 상충되지 않는다고 생각하며, 따라서 범죄자의 특성과 관계없이 일률적으로 범죄자를 강제로 개선하는 것에 의문을 제기하는 배종대 교수와 견해를 달리한다.

　세 번째의 문제점으로는 행형법 제1조에 나와 있듯이 교육형주의는 국가는 교정과 교화의 주체이고, 수형자는 교화의 객체로만 되어 있어,[11] 수형자의 자발적 참여를 전제하지 않는다는 문제점이 있을 수 있는데, 이와 관련해 건국대학교의 손동권 교수는 우리나라에 재범수형자가 많은 이유는 교정행정의 실패에 있고, 우리 교정기관은 각성해야 한다고 하여,[12] 손동권 교수는 교정재의 생산주체를 교정기관으로만 간주하여 수형자 또한 교정재의 생산주체임을 간과하고 있으며, 김용우 교수는 교육형주의는 개인을 교정 받아야 할 병리적 존재로 보고 이를 개선하겠다는 사상은 인간을 객체로 파악하는 비민주적 사고와 상통한다고 비판하며,[13] 이승호 씨는 교화는 자발적이어야 함에도 강제력과 교화의 사상이 결합된 구조하에서는 교정주의는 실패할 수밖에 없다고 한다.[14]

　사견으로는 재범수형자가 많은 이유를 교정기관에만 歸因시키는 손동권 교수

---

10) 이상돈, 법이론, 법문사, 1996, 13면.
11) 교도관직무규칙 제33조에는 교도관은 수용자를 지도한다는 규정이 있고 동 규칙 제34조에는 교도관은 수용자에 대해 철저한 생활지도를 한다는 규정이 있어 우리의 행형법령은 철저히 교정재의 생산주체를 교도관으로만 관념하며, 2002년에 법무부 교화과가 발간한 『교정현장 상담』이란 책자의 4면에는 교정상담이란 수용자를 지도 관리한다는 개념으로 규정해 교정직원이 수용자보다 우위에 있다는 부대등 관리를 전제로 하여 교정재의 생산주체가 교도관에 있음을 밝히고 있고, 또한 동 책자에서 법무부가 모범사례로 들고 있는 교정상담 사례들에는 교도관은 반말로 하고 수용자는 존칭어를 사용하는 대화체로 되어 있어 교정당국이 수용자에 대한 시각의 일면을 알 수 있고 수용자는 교정재의 생산객체로만 존재함을 알 수가 있다.
12) 손동권 외 2인, 형사정책, 형사정책 연구원, 444면.
13) 김용우·최재천, 형사정책, 박영사, 1998, 34면.
14) 이승호, 보안처분 이데올로기 비판, 법학연구 제7권, 충북대법학연구소, 1995, 216면.

의 견해는 수형자도 교정재의 생산주체라는 교육학적 관점이 결여된 협소한 시각에 불과하며, 또한 수형자가 교정에 있어서 항상 자발적이거나 주체가 되어야 한다는 김용우 교수와 이승호 씨의 주장은 일견 일리가 있어 보이나 수형자의 특성을 고려하지 않은 단편적인 견해라고 생각한다. 즉, 교도관의 행태가 고정적이라는 상수(常數)로 가정한다면 수형자의 행태가 민주적이거나 책임감 또는 자율성이 있는 자라면 교도관과 수형자가 교정재를 공동 생산하거나 또는 수형자가 교정재의 생산에 있어서 우월적 주체자가 될 수 있고, 근로습벽이 없어 놀기만 하는 자유방임형 수형자나 또는 인격이나 성격 등에서 미성숙한 수형자, 또는 교활하여 법을 악용하거나 타인을 괴롭히는 권위주의적 수형자에게는 수형자가 교정의 주체가 될 수 없고, 교도관이나 교정위원이 교정의 주체가 되어야 하기 때문이다.

따라서 수형자의 특성에 따라 교정과 교화의 주체가 결정되어야 하는 상황적 주체론을 제기하고자 한다.

네 번째의 문제점으로는 교육형주의는 범죄의 원인을 과학적으로 규명해 개개의 범죄자에게 적합한 과학적인 개선처우를 전제로 하여 지나치게 과학주의를 맹신하고 있는데, 사견으로는 인간주의가 결여된 과학적인 처우와 개선은 공허하며 그 한계가 있으므로 본인은 과학주의와 인간주의와 결합된 인간적 과학주의를 대안으로 제시한다.

따라서 위에서 본인이 제기한 혼합주의적 교정이념, 교화에 있어서 수형자의 특성에 따른 국가의 강제개입, 교화의 상황적 주체론, 처우에 있어서 인간적 과학주의를 기존의 교육형주의에 대응하여 신교육형주의라고 개념 짓고자 한다.

3. 교정행정이념의 문제점과 개선방안

현재의 교정행정이념은 모든 교정행정은 행형관계법령상에서 이루어져 법치주의는 이론상 확보되었으며, 교정현실에서는 능률성과 합법성, 형식적, 평등성, 보수성이 중시되어왔다.

  그것은 교도작업의 선택에 있어 수형자의 의사가 거의 반영되지 않으며, 수형자의 적성과 소질에 맞도록 작업이 지정되어야 함에도 현재의 상황은 세입목표 달성을 위한 작업실시의 차원에서 일방적인 작업지정에 그치고 있으며,[15] 갱생보호공단이 무료로 운영하는 숙박시설에는 병든 출소자는 입소가 안 되는데, 그 이유는 이들은 취업이나 자격증 취득이 곤란해 공단의 사업실적에 올라가지 않기 때문이라고 하는 데서[16] 알 수 있듯이 능률성을 중요한 가치로 여기고 있으며, 관료제의 역기능의 하나인 보신주의로 인해 교정행정의 합목적성보다는 합법성이 또한 중시되고 있다.

  따라서 민주성, 사회적 형평성, 생산성, 경영주의, 쇄신성, 합목적성 등의 이념이 경시되어 왔는데, 우선 첫 번째로 행형법 제1조의 3에 의하면 수용자에 대한 교정처우에 있어서 국적, 성별, 종교 또는 사회적 신분 등에 의한 수용자의 차별은 금지된다고 하여 형식적, 법적 평등주의를 행형의 이념으로 내세우고 있으나 교정현실은 사회적 신분 등에 따라 처우의 차별이 행해져 온 것은 사실이다.[17]

  과거에는 특별접견과 관련된 비리가 많았고, 부유층을 자기 사동으로 유치하기 위해 공무원들이 배방계에 로비를 하는 일이 있었으며,[18] 법무부의 내규를 위반하면서까지 염 모 전 ○○ 시장과 최 모 전 ○○ 교육감을 광복절 특별가석방에 포함시킨 일도 있듯이[19] 사회적 신분에 따라 처우의 차별이 행해진 것은 사실이었다. 따라서 법적으로는 형식적 평등주의가 이루어졌으나 현실적으로 사회적 신분이 높은 범죄인에게는 시혜적 처우를 해와 실질적 평등주의가 저해되어 왔는데, 여기에서 본인은 행형법상의 형식적 평등주의 대신에 사회적 형평[20] 성격을 가진 실질적 평등을 앞으로의 교정행정이념이 가져야 할 가치라고 생각하는

---

15) 부정방지대책위원회, 행형부조리 실태 및 방지대책, 감사원 1994, 83면.

16) 출소자 보호시설의 문제점, MBC TV(PD 수첩), 2003. 8. 6.

17) 전직 대통령 등 고위층은 보통 일반사동이 아닌 독립 사동에 수용하며, 그 옆방은 세면장과 화장실로 쓸 수 있게 하고, 이들의 수용실은 일반사동의 독서실보다 크며 책상과 일반수용실에 없는 침대가 있으며, 이들을 호송할 때는 일반재소자는 동승시키지 않고 단독호송을 한다고 한다. 이순길, 교도소 사람들, 찬섬, 2003, 182~184면.

18) 부정방지대책위원회, 전게서, 29~30면.

19) 5공비리범의 석방, 한겨레, 1990. 8. 14.

20) 사회적 형평이란 정치적, 경제적으로 불리한 계층을 위하여 국가가 특별히 배려해야 한다는 뜻이다. 김일외, 행정학, 한국교육문화원, 2001, 97면.

데, 즉 수용자 중에서 물질적, 정신적, 사회적으로 가장 소외된 계층에 대해 국가
는 이들에 대해 현행 행형법과 같이 소외되지 않거나 부유한 수용자와 똑같이 평
등하게 처우하지 말고 국가는 이들 여러 면에서 소외된 수형자에 대해 가장 관심
을 가지고 처우를 해야 하는 차별적, 가치적 교정을 신교정이념으로 제시한다.

왜냐하면 여러 면에서 소외된 수용자들은 자원의 부족으로 인해 현실적으로 인
간다운 생활을 하지 못하고, 고위층 또는 부유층 범죄인에[21] 비해 사실상 차별을
받아 더욱더 낙인이 심화되고, 교정행정과 사회에 대한 왜곡된 시각이 더욱더 심화
될 수 있으므로, 이들에 대해 교정당국이 부유층 범죄인에 비해 더욱더 따뜻한 관
심과 처우를 행하면 이들의 교정재의 한계 생산은 부유층의 그것에 비해 훨씬 크
고 여러 正의 외부효과를 발생시켜 교정재의 총생산량이 증가될 수 있기 때문이다.

두 번째로 우리나라의 교정행정의 이념은 수단적 가치인 능률성에 치우친 나머
지 목적적 가치인 민주성 이념이 상대적으로 경시되어 왔다.

그것은 우리나라의 교정행정이 철저한 지휘 명령체계를 근간으로 하는 관료제
와 중앙집권적으로 이루어져 왔고, 국민에게 교정행정을 적극적으로 알리지 않아
국민의 만족도와 알 권리를 충족시키지 못했고, 고객평가제도가 없다는 점과 관
료의 대표성의 부족[22], 교정의 밀행주의 등은 이런 점을 뒷받침하고 있다.

---

21) 2002년 7월 알선수뢰 혐의로 구속된 前 대통령의 차남인 김홍업 씨는 2003년 3월부터
는 서울 삼성병원의 특실에 입원해 우울증 등을 치료해오다가 2003년 9월 10일에 형집
행정지 결정으로 석방되었는데, 그동안 지병을 이유로 일시 석방된 정치인 등 고위층
인사들이 나중에 병세호전을 이유로 재수감된 전례는 거의 없는 것으로 알려져 있으며,
최근 구속된 권노갑 씨는 97년 2월 구속되었다가 같은 해 10월에 구속집행정지로 석방
되었고, 또한 2002년 5월에 또 구속되었다가 같은 해 8월에 다시 구속집행정지로 풀려
났고, 이 외에도 유종근 前 전북지사, 김선홍 前 기아회장, 전경환, 홍인길 前 의원, 이
원조 前 은행감독원장, 장학로 前 청와대 부속실장, 이건개 前 대전고검장, 엄삼탁 前
병무처장도 형집행정지의 수혜자들이었지만, 이에 비해 일반재소자들의 형집행정지는
거의 어려운 것으로 알려져 사법불평등은 사실상 존재해왔다. 일요신문, 2003. 9. 28.
22) 우리나라는 교정관료의 대표성과 관련해 특히 性에 의한 대표성이 아주 부족해 외국
과 많이 차이가 나는데 독일의 테겔 교도소에서는 여성 교도관들이 남자 수용자들을
관리하며(교정, 2000. 4, 104면.), 미국의 캘리포니아 교정국 산하의 베카빌 교도소에
서는 여자 교도관들이 포승 등 보안장비를 갖고 남성 수형자를 계호하며(교정, 2001.
5, 51면.), 뉴질랜드의 교도소에서는 여자 직원이 남자 직원과 함께 남자 재소자 사동
에 근무하며(교정, 1994. 2, 43면), 미국 텍사스 주의 교정시설에도 여자 직원이 남자
수형자를 계호하며(교정, 2003. 2, 106면.), 이탈리아의 레비비아 교도소는 교도소 공
무원 중 50%가 여성이며(양봉태, 구미교정제도, 교정, 1995. 11, 43면.), 미국의 알렉
산드리아 구치감에서는 여자 공무원이 남성 수용자의 계호 외에도 직접 신체검사까지

또한 능률성을 중시해 교정재의 중간 생산물인 교정사고율, 작업능률도, 귀휴율과 교정재의 최종 생산물인 재범률과 같은 양적 개념에만 치우쳐 고객의 만족도, 실질적 재사회화, 교정재의 질적인 측면이 결여되어 있다.

따라서 본인은 여기에서 민주성의 이념을 확보하는 방안을 제시하고자 하는데, 우선 민주성의 확보방안으로 현재의 관료적, 중앙집권적 교정행정구조 대신에 교정자치와 탈관료제적 또는 완화된 관료제적 조직이나 제3섹터형 교정조직, 즉 民·官 합동조직을 제시하고자 한다.

그런데 기존의 학자들은 교정수요의 폭증에 대처하기 위하여 관료제의 확대와 강화, 중앙집권적 조직의 강화 등을 줄기차게 주장해 민주성의 이념에 역행하는 면이 있는데, 예를 들어 정갑섭 씨는 현재의 교정국을 교정청으로 승격해 능률적 처리를 주장하며,[23] 허주욱 교수는 현재 갈수록 교정국의 업무가 폭주해 기존의 기구로는 대응하지 못하고, 또한 외청이나 경찰청과 비교해 볼 때 방대한 조직이 법무부 내의 1개국에 불과함은 조직의 규모 면이나 효율성 면에서 더 이상 지체할 수 없다고 하며, 경찰청과 동등하게 전문적이고 효율적인 교정행정을 위해 교정청의 신설과 교정청의 독립 및 교정공무원의 증원을 주장하고 있다.[24] 그러나 사견으로는 정갑섭 씨나 허주욱 교수의 주장은 일반행정이나 경찰에서 생산하는 일반공공재와 교정주체와 교정객체가 합동으로 생산하는 교정재라는 특수공공재를 동일시하는 오류를 범하고 있다고 생각한다.

즉, 허주욱 교수의 주장은 교정업무의 폭증과 교정수요 증가에 대응하기 위해서는 교정조직의 확대와 교정공무원의 증대로 해결된다는 관료제 만능주의에 기초하고 있는데, 이는 교정재의 생산과 일반공공재의 생산을 동일시하는 잘못된

하며(양봉태, 구미교정제도, 교정, 1995. 10, 89면.), 중국은 전체 교도관 중 25%가 여성이며 호주의 교도소에서는 여자가 남자 교도소에서 일하는 것이 일반화되어 있고 캐나다에서는 여성 교도관이 급증하자 남자 수용자들의 불평에 대해 대법원은 교도관의 권리는 수용자의 우려보다 우선하다고 했으며(교정, 1997. 12, 94면.), 미국의 엘도라도 교도소에서는 문제수용자의 수용사동 등 보안상 아주 위험한 근무처에도 여성 교도관이 근무하며(양봉태, 구미교정제도, 교정, 1995. 9, 70면.), 미국 텍사스 주의 교정시설에는 여자 교도관의 비율이 30%에 이르며(이용배, 미국의 교정제도, 교정, 1996. 4, 96면.), 스웨덴에서 가장 중범죄자를 수용하는 쿰라 교도소에는 여성 직원이 40%이며(한인섭, 스웨덴 방문기, 신동아, 1997. 4, 436~445면.), 캐나다의 프레리 지방교정청에는 전체 직원 중 여성 직원이 60% 이상을 차지하여(이정숙, 캐나다 연수기, 교정, 2002. 3, 37~38면.) 우리나라와 좋은 대조를 보여주고 있다.
23) 정갑섭, 교정학, 을지서적, 1990, 443~453면.
24) 허주욱, 전게서, 262~264면, 조선일보, 2003. 2. 6.

전제에서 출발했다고 생각하는데, 그 근거로는 매일 대량으로 획일적으로 공급되는 일반공공재에 있어서 대량생산을 지배하는 이념은 최소의 비용으로 최대의 산출량을 만드는 능률성과 효율성이며, 능률성 이념과 친화적인 조직 패러다임이 바로 중앙집권과 관료제 이론이지만 교정재라는 공공재는 일반공공재와 달리 교정공무원과 수형자의 합동으로 생산되고, 정기형 제도로 인해 생산과 소비에 있어서 시간적 격차가 있고, 일반공공재처럼 동일한 성격의 내용을 대량 생산하는 것이 아니라 각기 다른 성격을 가진 교정재를 다품종 소량 생산하며, 이러한 다품종 소량 생산에 지배되는 이념은 다양성과 개별적 적합성이고, 이러한 다양성과 개별적 적합성에 친화적인 조직 패러다임은 탈관료제 또는 완화된 관료제, 분권적 조직, 수평적 조직 이론이라고 생각하므로, 따라서 교정행정 업무가 폭증한다고 해서 관료제 이론에 의해 공무원의 증대와 조직의 확대에 의해 해결해서는 안 되며 탈관료제적 조직이나 팀제적 조직접근에 의해 해결해야 된다고 생각하는데, 그 근거는 과거부터 지금까지 교정업무의 증대와 교정수요가 증대될 때마다 조직의 신설, 지방교정청의 설치 등 관료 조직의 강화와 공무원의 증대로 대응해왔으나, 80년대에 30%에 불과한 재범률은 갈수록 해마다 증가해 2002년에는 64.3%가 되며,[25] 암수 범죄율을 고려하면 재범률은 이보다 훨씬 높을 것인데 이런 현상은 교정재의 생산을 일반공공재의 생산과 동일시해 같은 방식으로 대처한 결과라고 생각한다. 따라서 현재 우리나라의 교정재의 생산방식이 모두 공무원조직의 철저한 관료주의에 의해 생산되는 것을 지양하고, 탈관료제 조직, 또는 관료제의 완화된 조직으로 생산하되, 제3섹터이론[26]에 의해 民·官 합작에 의해 교정재를 생산할 것을 제안한다. 즉, 현재의 교정조직 중 보안, 분류, 출정, 인사, 서무 등만 공무원제도를 이용하고, 교화, 직업훈련, 작업지도, 구매, 급양, 교육, 보건, 용도 등 나머지 모두 부문을 민간에 이양시켜 교정재를 합동으로 생산한다면

---

25) 2003. 8. 5, 조선일보. 한편, 2000년 모범생활 등으로 가출소된 487명의 보호감호자 가운데 48.6%가 다시 재범한 것으로 나타났는데 가출소된 보호감호자의 재범비율은 1995년 26.7%였으나 갈수록 증가해 2000년에는 48.6%를 기록했다. 2003. 9. 17. 중앙 일보.

26) 제3섹터란 민관공동출자방식이란 의미로 이러한 제3섹터 설립의 배경은 공공부문의 자금부족, 민관협조영역의 확충, 공공영역의 기업화 경향 등에 있으며, 제3섹터는 공공부문과 민간부문 양쪽이 모두 필요성을 느낌으로써 오늘날 더욱 촉진되고 있는데, 공공부문에서는 재정난의 타개, 지역 민간사업 활성화, 민간경영 효율성의 활용 등을 기할 수 있고, 민간부문에서는 투자안전의 보장, 보조·융자의 유리, 사업추진의 용이, 부대사업상의 이득 등을 기대할 수 있는 것이다. 최창호, 지방자치학, 삼영사, 2002, 715면.

종전의 관료제 조직으로만 생산할 때보다 민주성, 생산성, 능률성,[27] 형평성, 대응성, 고객만족도, 적합성이 훨씬 제고될 수가 있다.

가령, 그동안 교정재를 독점 생산해 온 우리나라의 관료제는 생산성, 능률성, 형평성의 정도와 관계없이 철저히 신분이 보장되고, 생산성의 정도에 따라 임금을 받는 것이 아니라 연공주의에 의해 임금을 받으므로[28] 생산성과 능률성과, 형평성의 제고에 대한 관심이 덜했고 오히려 경쟁의식이 없어 형식주의, 보수성 등 관료제의 역기능[29]이 더해갔고, 교정재의 생산비용은 계속 증가되고, 교정관료 조직은 확대되어 왔으나 재범률은 갈수록 증가해 교정재 생산에 있어서 관료제 독점주의의 한계를 노정하고 있다. 따라서 교화부문에 있어 관료제 조직을 이용하지 말고 각종 민간단체가 제시하는 교화 프로그램 중 가장 뛰어난 프로그램을 교정현장에 투입하고, 일정 기간마다 고객, 즉 수형자들의 평가를 받게 하여 환류를 시키면 고객의 개별처우에 적합한 교화가 가능하고 질 좋은 교정재의 생산이 가능하다. 구매, 용도 등 다른 부문도 마찬가지이다. 즉, 구매의 전문성이 떨어지는 공무원보다 구매 전문 민간인을 계약직 민간인 신분으로 임용하거나 또는 민간대행업체를 통해 구매하는 것이 질 좋은 제품을 적기에 저렴하게 공급할 수 있으며, 현재 공무원체제하에서는 고객들이 평가와 통제를 할 수 없지만 민간인체제하에서는 고객, 즉 수형자들의 철저한 평가와 통제가 가능하므로 능률성 외에 민주성, 고객만족도 제고될 수 있나. 그리고 민주성의 확보방안으로 교정자치를 생각할 수가 있는데, 이는 현재 국가 공공재로 규정된 공공재를 국가 공공재와 동시에 지방 공공재로의 성격도 갖게 할 필요가 있고, 그런 측면에서 해당 지역의 주민들로 지방교정시설의 교정인력을 구성해 그 인력으로 해당 지역에 연고가 있는 범죄인에 대해 교정재를 생산한다면 교정자치의 여러 장점으로 인해 교정재 생산의 시너지 효과가 극대화되고 이 과정에서 교정재의 생산에 있어 지역주민의

27) 1993년까지 공기업이었던 KT의 직원은 68,000여 명이었으나 민영화된 현재의 직원은 3만여 명으로 효율화되어 연간 3,300억을 절감한다고 한다. KBS 2TV, 2003. 10. 1.

28) 중국의 공무원들은 연말에 실적에 따라 연봉이 결정되고 실적에 따라 승급 또는 강급되고 두 차례 이상 불만신고를 받으면 즉시 해고되는 시스템으로, 2003년 스위스 국제경영개발원의 평가결과에 따르면 정부효율성부문에서 중국은 9위이고, 한국은 18위이다. 조선일보, 2003. 9. 30.

29) 2002년 청송 2보호감호소의 계속된 집단 단식사태 때 한겨레신문의 박주희 기자가 전화로 확인요청을 하자 감호소 측은 "책임자인 보안과장이 오후 5시에 칼 퇴근을 했다"거나 전체 피보호감호자 수를 묻는 질문에도 "보안상 비밀"이라며 답변을 거부했다고 한다. 한겨레신문, 2002. 11. 7.

관심과 지원을 끌어내 지역사회 교정으로 연결되어 민주성이 제고될 수 있다고 생각한다.

 또한 민주성의 확보방안으로 적극적 교정홍보를 통한 국민의 알 권리의 증대와 교정밀행주의의 해소를 생각할 수가 있는데, 가령, 예를 들어 수형자가 다른 교도소로 이감하는 것도 보안사항이라고 하여 가족들에게 알려주지 않는 등[30] 지나친 보안위주적 교정행정으로 고객과 관련된 국민의 알 권리나 정보접근권을 무시하고 있으며, 또한 그동안 우리의 교정행정은 교정사고가 날 때마다 은폐 또는 축소하기 일쑤였고 교도관의 언론과의 접촉도 잘 되지 않는 등 소극적 방법으로 대처해 국민의 불신은 더욱더 가중되었고, 교정홍보도 소극적, 일시적, 비제도적, 화재경보적, 관료제적 성격을 띠어 민주성과는 거리가 멀었다. 그러나 국민은 알 권리가 있으며, 궁극적으로는 교정재의 생산이 공익성과 생산성을 제고할 수 있도록 국민과 제휴할 필요가 있으므로 적극적 교정홍보가 필요하며, 이런 관심에서 교정기관은 소비자에 대한 우월적 관념을 갖지 말고 대등한 관계에서 홍보를 하되 진실만을 알리고 또 교정재의 생산활동을 일방적으로 알리는 데만 그치지 말고 수용자와 국민의 의견과 주장에도 귀를 기울이는 광청의 기능도 해야 하며, 이러한 광청의 방법으로 국민 제안제도의 채택, 고객, 즉 수용자의 교정평가 제도 도입, 교정모니터 제도의 도입을 제안한다. 또한 수형자가 이감되면 즉시 이감된 교정시설과 위치를 수형자의 가족에게 통지해주는 등 고객만족의 교정행정이 되어야 진정한 교정행정의 민주성과 신뢰성 및 대응성을 제고할 수가 있다. 또한 민주성의 확보방안으로서 권위주의적 색채를 주는 행형용어를 개정할 필요가 있는데, 예를 들어 교도소를 교정원으로, 교도관을 교정관으로 형법에 있는 형무소를 교도소 또는 矯正院으로, 응보적 용어인 징역을 교화의 성격으로 정역을 부과한다는 教役으로 금고를 教收로, 교정의 개념이 없는 구류도 단기 교수로 개정할 것을 제안한다. 또한 민주성을 높이기 위해 교정행정 서비스의 개선을 위한 획기적인 노력들이 요구되는데, 특히 2004년 이후 민영교도소의 등장으로 이제는 국가는 독점적인 교정재 서비스의 공급형태에서 경쟁적인 교정재 공급체계에 있어 보다 본질적 변화가 필요하다. 따라서 교정재 생산의 양적 충족보다는 교정 서비스의 질을 향상시켜야 하고 보안을 해치지 않는 범위 내에서 자율을 늘리고 수용

---

30) 조선일보, 2003. 10. 13.

자인 고객의 각종 요구조사와 평가제도를 여러 과학적 관리기법을 통해 교정재의 의무적 수요자인 국민에 대해 교정당국은 그들을 단순한 무관심한 교정재의 수혜자로 보지 말고 생산된 교정재에 대해 수요자로서의 권리를 행사할 수 있는 국민으로 인식해야 되며, 따라서 수용자인 고객만이 아니라 수요자인 국민들을 감동시키는 교정재를 생산하고, 그것을 위해 교정재의 생산부터 그것에 대한 평가 시 끊임없는 고품질을 추구하는 관리체계를 갖추어야 하며 이를 위해 인적, 물적 지원이 뒷받침되어야 한다.

그리고 민주성의 확보방안으로 수형자의 동의에 의한 정역제의 채택이다. 현재 수형자에게는 형법 제43조에서 定役을 의무적으로 부과하고 있으나, 사견으로는 모든 징역형 수형자의 동의 없이 정역을 강제로 부과하는 것은 강제 노역을 금지하는 헌법 제12조의 정신을 침해할 우려가 있으므로 근로습벽이 없는 상습범 등 일부 수형자를 제외한 나머지 수형자에게는 상대의 동의를 얻은 다음에 정역을 부과하는 것이 고객의 만족도 제고라는 민주성의 이념에 맞는다고 생각한다. 그리고 민주성 이념의 확보방안으로 교정통제를 생각할 수 있는데, 현재 기존의 교정통제 방법인 순회점검, 소장면담, 청원, 내부감사, 시찰, 참관, 국가인권위원회에 의한 통제, 공직윤리에 의한 통제, 정보공개법에 의한 교정통제 등이 있지만 여러 관료제적 한계로 인한 문제점들이 있으므로 그러한 문제점의 해소방안이 강구되어야 하는데, 예를 들어 현재 교정청 공무원으로만 구성되는 순회점검반은 법무부 내부 공무원으로 구성되어 있고, 전문성도 없어 처음부터 근본적 문제점이 있으며, 또한 교정에 대한 민주적 통제를 위해 설립된 국가인권위원회 자체가 벌써부터 비민주성, 폐쇄적 운영 등으로 시민단체가 행정소송을 제기한 적도 있다.[31] 따라서 그러한 법적, 운영상, 관료제적 문제점들을 해소해야 교정의 민주성이 제고되며 이를 위해서는 시민단체만 아니라 지식인들의 끊임없는 관심과 비판이 필요하다고 하겠다.

한편, 교정행정의 민주성의 확보방안으로 그동안 기존학자들이 주장해 온 교정법관제도의 채택도 필요하다고 생각하는데 사견으로는 배종대 교수의 주장처럼[32] 가석방[33], 징벌, 분류, 처우 등 교정의 모든 부문에서 참여하는 교정법관이 아니

31) 인권운동사랑방, 인권하루 소식, 2002. 11. 15, 12. 12, 12. 21
32) 배종대, 정승환, 행형학, 홍문사, 2002, 338면.

라 교정행정에서 사법적 성격을 띤 것, 예를 들어 징벌, 권리구제 절차, 보안처분, 교정관련 분쟁 등 사법적, 민주적 통제에 관련된 사항만 참여하도록 하고 법관의 능력 밖에 있는 분류, 상담, 심리 등의 전문영역에서는 법관의 참여를 배제해야 된다고 생각한다.

  세 번째로 합목적성과 종합성의 이념이 교정행정에서 요구되는데, 현재는 그렇지 못하고 있어 종합성과 합목적성의 이념의 확보를 위해 본인이 만든 총체적 교정이론을 아래와 같이 제안한다. 예를 들어 급여되는 음식물과 의류, 침구 등의 생활용품에 대해 행형법령과 기존학자들은 영양학적 차원 또는 보건위생, 인도적 차원 등 단편적, 개별적, 미시적 접근을 하나 사견으로는 급식과 의류와 침구의 급여도 그런 단순한 차원을 넘어서 교육과 교정이라는 총체적, 종합적, 거시적 입장에서 접근할 필요가 있다고 생각한다.

  즉, 의류와 침구는 행형법시행령 제73조에서는 급여요건으로 건강적 차원에서만 접근하는 소극성을 띠고 있으며, 수용자 의류 및 침구 급여에 관한 규칙에서는 의류와 침구의 색채를 획일적으로 규정하고 있으나, 사견으로는 의류와 침구도 건강적 차원을 넘어서서 의류와 침구도 교정과 교육이며 교정재의 생산과 직결된다는 관점에서 즉, 복식(服飾)심리학, 색채심리학, 교정심리학적 관점에서 어떤 색채가 수용자에게 심리적, 정서적 안정을 주어 공격성을 저하시킬 수 있느냐는 관점에서 대안을 제시할 필요가 있고, 시설 내의 사복착용문제에 대해서도 의복은 각 개인이 자신만이 가지는 독특한 본질과 정서를 이루며, 그것은 개인의 존엄성과 자신만의 독특한 정체성과 개성을 변화시킬 수 있는 행복추구권과 직결된다는 사실에서 의복은 교정의 한계 생산성을 증대시킬 수 있는 교정심리학적 효과를 가져온다는 사실을 전제한 뒤에 관복 또는 사복에 관한 정책이 결정되어야 한다고 생각하며, 급식에 있어서도 현행법령과 국제기준들의 규칙, 기존학자들은 음식과 식사는 영양학과 위생학의 견지에서만 접근하는 부분적, 소극적 성격

---

33) 배종대 교수는 전게서 327면에서 교정당국의 가석방 결정은 사법권의 침해라고 주장하나 사견으로는 판사가 정기형을 선고하는 것은 소극적으로 책임주의에 따른 응보의 성격이고, 적극적으로는 교육형주의에 따라 교정재의 최대 생산기간을 설정한 것으로 교정재의 적절한 생산기간은 수형자의 개선여부를 과학적으로 판단하는 전문행형기관에 위임했다고 생각한다. 따라서 가석방으로 인한 형기 변경은 응보주의 입장에서는 권력분립에 위반되어 사법권의 침해가 되나 교육형주의 입장에서는 사법권의 침해가 아닌 사법권의 보완으로 생각되므로 배 교수의 주장에 동의할 수 없다.

을 따나 사견으로는 그런 차원을 넘어서서 음식물의 종류와 내용에 따라서 수용자의 반사회성과 공격성을 저하시켜 교정재의 생산을 증가시킬 수 있다는 총체적 접근을 해야 한다고 생각하며, 그 내용은 현행 행형법시행령 제78조는 급식의 영양을 양적 개념으로만 접근해 질적인 관점은 도외시하는데, 수용자의 공격성을 저하시키면서도 충분한 영양이 들어 있는 음식물을 공급할 때 급식은 영양이라는 소극적 차원을 넘어서서 교정재의 생산이라는 적극적 차원으로 나갈 수 있다는 것이며, 그 방안의 하나로 현재의 백미식 대신에 현미식의 급여를 실시할 필요가 있다고 생각하며, 따라서 교정처우의 각 부분들을 현재처럼 개별적 차원에서 볼 것이 아니라 총체적, 종합적, 합목적적으로 고찰할 필요가 있다고 생각한다.

그리고 현재 교도관의 복제는 법무부장관이 정하는 제복을 착용하는데 제복에는 계급장을 부착한다. 그런데 교감의 계급장 도형은 무궁화 3개를 가로로 배열하고 교정관은 4개가 가로로 배열되어 있으며, 교정감의 그것은 직경 0.7㎝의 태극장 둘레에 직경 0.7㎝의 무궁화 5개를 5각으로 배치했고, 교정부이사관은 직경 0.7㎝의 태극장 둘레에 직경 0.7㎝의 무궁화 5개를 5각으로 배치한 것 2개를 0.2㎝ 간격으로 배열했고, 교정이사관은 3개를 0.2㎝ 간격으로 배열하였다.[34]

그리고 민영교도소의 법률에도 민영교도소의 직원의 제복은 교도관 복제에 관한 규정을 준용하도록 하고 있는데 사견으로는 현재 교도소 등의 교도관의 제복에 계급장과 견장 등을 붙여 위계질서와 보안을 강조하는 것은 규율을 강조하고 수직적 질서의 유지에는 도움이 되나 수형자에 대한 교정재의 생산에는 도움이 되지 않는다. 이렇게 군대나 경찰처럼 계급장이 부착된 제복을 교정재를 생산해야 할 교도관에게 착용하도록 하는 교도관 복제규정은 엄격한 규율이 강조되어야 할 군대나 경찰 등에는 어울리지만 교정재의 생산기관인 교정시설에는 적합하지 않다고 생각하며, 그러한 수직적 계급질서를 보여주는 계급장이 부착된 제복을 입은 교도관들과 접촉하는 수용자들에게는 수직적 계급의식과 군사문화가 내면화되어 왜곡된 사회화가 초래될 수 있고, 수용자들은 교정재의 생산을 위해 수용되었다는 느낌보다는 강력한 감시장치에 의해 시설에 수용되었다는 느낌을 받기 쉽고 또한 교도관들도 계급장이 달린 제복을 입으면 규칙에 더욱더 엄격해지므로 목적과 수단이 전도되어 교정재 생산에 방해가 되므로 단기적으로는 수직적 계급

34) 김화수, 교정논총, 시사법률, 1939, 328면 이하

문화를 나타내는 계급장을 폐지한 제복으로 하고 장기적으로는 교정재의 생산을 고려한 제복 또는 사복으로 교체하는 것이 낫다고 생각한다.35) 즉, 교도관의 제복도 보안 차원에서만 파악할 것이 아니라 제복이 수용자의 의식에 미치는 영향도 고려해 종합적, 총체적으로 접근해야 한다고 생각한다.

네 번째로 경영주의 이념이 교정행정에서 요구되는데 현재의 교정행정은 철저한 관료제로 운영되어 교정재의 생산에 있어 그 한계가 노정되므로,36) 민간기업의 경영기법 등을 교정행정에 도입할 필요가 있으며, 특히 교도작업의 부분은 더욱더 경영주의 이념이 필요하다고 하겠다. 그리고 민간기업의 광고를 받아 부족한 교정예산의 확보에 나서야 한다. 예를 들어 삼성그룹과 광고계약을 맺어 광고비를 받고 수용자들에게 관급하는 운동화나 관복, 편지봉투, 의복, 침구 등 모든 관급품에 삼성그룹의 광고 마크를 허용하고 교도소나 보호관찰소의 이름에도 기업광고를 넣어, 예를 들면 진주 교도소를 삼성진주 교도소라고 하도록 하며, 또한 광고효과가 엄청난 유력층의 출정 때는 출정관복에 기업광고를 허용하면 많은 광고비를 유치할 수가 있다고 생각한다.

다섯 번째로 교정행정에는 개혁성과 보수성의 조화가 중요한데 현재의 교정이념은 지나치게 보수성에 치우쳐 쇄신성이 아주 부족하다.
즉, 그동안 교정행정에도 개혁적인 일이 가끔 있었으나 그런 개혁적 일이 있은 만큼 변동적이지 못하고 보수성이 강한 이유는 일반재화에서 나타나지 않는 가역성(Reverse)의 원리가 교정재에서 나타나기 때문이다. 다시 말해 시장원리에 의해서만 지배를 받는 일반재화와는 달리 교정재에는 시장원리에 영향을 미치려는 다양한 정치적, 사회적 힘이 작용하기 때문이다. 이것을 설명하면 아래와 같다.

---

35) 이탈리아와 벨기에의 소년교도소는 교도소장 이하 모든 직원이 사복을 입는다고 한다. 천주교 교정사목위원회, 천주교 민영교도소연구발표회, 2003, 99면.

36) 진대제정통부장관은 공무원들은 업무경험이 협소하고 부여 동기가 '승진' 하나밖에 없어 폐쇄적, 개인적이고 공무원조직은 수평적 네트워크가 없어 협조가 잘 안 된다고 하며, 정통부에는 6시그마, SCM, 제품라이프사이클 제도, 프로젝트 매니저 등 민간경영기법을 적용하고 있다고 한다. 중앙일보, 2003. 6. 2.

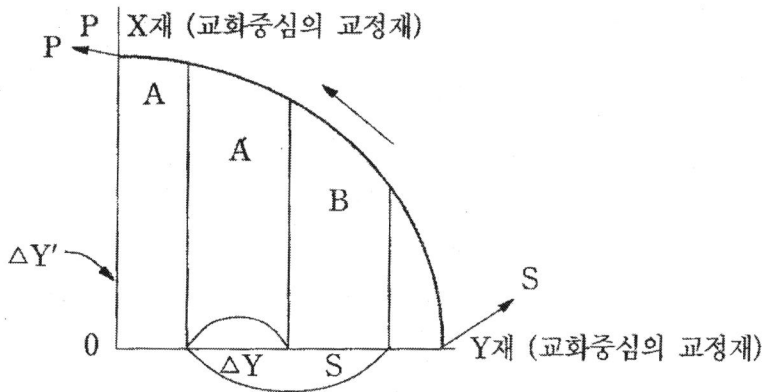

[그림 1] 가역성(Reverse)이 작용하는 교정재의 생산가능 곡선

위의 그림에서 OP의 크기가 OS의 크기보다 크다. 그것은 응보자원은 적은 비용이 드나 교화자원은 상대적으로 고비용이 들기 때문인데 응보자원이 적은 비용이 드는 이유는 이마 응보 중심의 시설과 사고방식의 역사성, 저렴한 가격 때문이다. 또 위의 생산가능 곡선은 기회비용을 나타내며, 이 곡선이 원점에 대해 볼록한 이유는 Y재 1단위를 더 생산하기 위해서는 포기되어야 할 X량이 갈수록 증가하기 때문인데 그것은 교화 중심의 교정재 생산에는 더 많은 비용이 들어가기 때문이다.

즉, 교화정책의 중시로 인해 A에서 B로 이동을 시켜도 보안을 중시하는 역사, 관성, 이기적 조직문화, 보수적 여론 등으로 곧바로 다시 A점으로 다가가려고 하는 가역성이 작용해 실제로 △X의 생산을 포기하고 얻은 △Y의 양은 △X가 아니고 △Y′가 된다. 따라서 국민들은 △Y만큼 Y재가 늘어난 것으로 생각하나 실제로 증대된 것은 △Y′이므로 만약 △Y가 재범의 감소량을 의미한다면 국민이 기대하는 재범 감소량은 △Y이나 실제로 재범의 감소량은 △Y′이므로 재범의 증가량은 △Y－△Y′가 된다. 이렇게 교정재에 있어서 가역성의 원리는 국민들은 그렇게 많은 돈을 들여 교화를 시켰는데도 재범률이 그만큼 내려가지 않는 이유를 설명할 수가 있다.

이러한 교정재 생산에 있어서 가역성(Reverse)에 영향을 미치는 요인을 추론하면 과거의 보안 중시의 역사성, 보안재적자원에 길들여진 수형자의 보안재에 대

한 향수나 퇴행, 관성 등이 있고, 또한 응보 중심의 교정이 강화될수록 다양한
부패이익을 누릴 수 있다고 생각하는 극소수의 교도관의 행태, 보신주의에 젖은
관료들이 습관적으로 사용해온 보안재에 대한 경력, 그리고 환경의 영향이 있는
데 과거의 응보 위주의 정책과 기획, 사업 등에 투자한 많은 비용, 즉 매몰비
용[37])의 존재와 교화자원의 확보에 많은 자원이 드는 현실적 제약과 보수적 언론
으로 인하여 교화 중심의 교정정책은 다시 원래 상태로 회귀하게 만들 가능성이
있다는 것이다.

따라서 쇄신성을 확보하기 위해서는 장기적으로는 창조적, 쇄신적 인력이 교정
에 많이 들어와야 하며 교정 환경도 쇄신적으로 바꿀 전략이 필요하다고 하겠지
만 단기적으로는 대통령 산하의 행형개혁단을 설치하여 위로부터의 급속한 개혁
이 필요하다. 즉, 의식의 개혁을 통한 교정구조의 개혁이 아니라 구조의 개혁을
통한 의식의 개혁이 필요하다.

여섯 번째로 현재의 교정이념은 개방성과 열린 시각이 부족해 폐쇄적이고 고정
된 시각이 지배하고 있다. 예를 들어 교정공무원의 충원도 폐쇄형을 채택하며 교
정과 환경과의 관계도 소극적 관계로 일관하는데,[38]) 따라서 개방성과 열린 시각
의 확보를 위해서는 다음의 방안을 제안한다. 환경과의 관계도 적극적, 능동적으
로 해야 하고 교정과 복지의 관계도 적극적 연계로 나가야 하며, 교정공무원의
채용도 개방형을 많이 보완하고 채용응시 자격도 대폭 완화하며, 동료수용자와
같은 비공식적 교정생산자의 현실적 존재를 인정해 교정재 생산주체를 기존의 교
도관, 교정위원 외에 동료수용자, 생태계 등으로 다원화하여 관념할 필요가 있고,
교정재의 생산모형도 국가 독점주의에서 벗어나 민간단체들도 교정에 참여하는
교정 다원주의가 필요하며, 또한 응보주의를 무조건 배격할 것이 아니라 상황에
따라 절차를 존중하는 응보주의를 제한적으로 인정할 필요가 있으며, 교정관료제
모형도 완화된 관료제 또는 비관료제화로 나아가야 하며, 장기적으로는 남녀공학

---

37) 매몰비용이란 어느 시기에 어떤 일을 착수하여 경비나 노력, 시간을 들인 경우에는
    불가피하게 장래의 대안을 선택할 수 있는 범위가 제약을 받게 된다는 것을 의미한
    다. 김규정, 행정학원론, 법문사, 1998년, 200면.
38) 예를 들어 법무부 교정과에서 매년 주최하는 교정에 관한 학술이나 문예원고 현상모
    집에서 자격을 교정공무원, 교정위원들에게만 주어 일반인들의 교정학술논문 응모의
    길을 막고 있다.

교도소의 도입도 필요하며 교정재의 생산방법도 현재의 획일적인 행동수정기법[39] 대신에 대상자의 특성에 따른 다양한 교정기법을 혼용할 필요가 있다.

---

39) 이에 관해 홍성열 교수는 외형적 행동변화만 추구하는 행동수정기법 대신에 마음의
　　변화를 도모하는 실존주의 심리학의 접근으로 대체할 것을 주장(교정연구, 2001, 31
　　호, 18면 이하)하나, 그의 주장은 교정재의 생산기간이 각 수용자마다 다르고 제한된
　　교정자원의 현실을 감안할 때 비현실적이다. 왜냐하면 실존주의적 상담기법은 시간과
　　자원의 제약이 없고 목적적 한계가 없는 분야에 적용될 수 있기 때문이다.

제 2 장
한국교정 서비스 생산이념론

1. 서

교정재(correction service: 矯正財)라는 공공재의 생산에 관해서는 그 이념과 생산주체, 생산의 객체에 대해서 논할 수 있는데, 현재까지의 학계의 태도는 생산이념은 무차별적, 경성적(硬性的), 획일적, 기계적 교정주의였으나, 생산주체는 교도관과 교정위원 등 제한된 영역의 공적인 소수 주체론이었고 교정재 생산객체는 수형자에게만 한정시킨 고전적 객체론이었으나, 여기서는 사견으로 기존의 획일적 교정주의에 대해 차별적, 연성적(軟性的), 혼합적, 상황적 교정주의를 주장하며 기존의 공적, 소수 주체론에 대해 다자(多者) 주체론, 신주체론을 주장하며 기존의 고전적 객체론에 대해 신객체론을 주장하고자 하는데 여기서 교정재란 교정을 하나의 경제적 재화로서 접근한다는 의미이다..

2. 교정재 생산이념의 문제점과 대안(상황적 교정주의)

1) 교정재 생산이념의 변천

먼저 한국 역사에 있어 교정재 생산이념의 변천을 살펴보면 다음과 같다.

우리나라의 1894년 갑오경장 이전까지는 응보, 위하 위주의 형벌이 주류를 이루었고, 이를 위한 구금시설로서 감옥시설이 필요했다.[1] 형벌의 형태에 있어서도 고대에는 생명형과 신체형이 중심을 이루다가 고려 때 와서 5형과 부가형이 정착되었고, 조선시대에는[2] 5형 및 부가형을 형벌의 근간으로 하다가, 갑오개혁 이후 자유형 중심의 근대 형벌 체계로 전환되었다.[3]

---

1) 이정찬, 한국행형사, 선민출판사, 1984, 204면.
2) 조선시대에 와서 죄수의 질병을 치료해주는 형벌의 인도적 측면이 나타났다, 법무부, 한국교정사, 161~168면.
3) 허주욱, 전게서, 167면.

그러다가 현재 우리나라의 교정이념인 교육형주의의 싹이 트기 시작한 것이 1894년 갑오개혁 때로 1894년 11월 25일에 감옥규칙이 최초로 제정되어 우리나라의 근대적 행형법의 효시가 되었다.

특히, 1894년에 범죄인의 교화를 목적으로 제정된 징역표는 우리나라 최초의 분류 및 누진처우제로 재감자를 보통자, 특수기능소지자, 노유자, 부녀자의 4종으로 분류하고 각 1~5등급으로 나누어 일정 기간이 지나면 상위등급으로 진급시켜 단계적 처우를 시행하였다.[4]

그 뒤 분감의 설치와 감옥에 여자 공무원을 둘 수 있는 법적 근거가 마련된 감옥관제가 제정된 1907년부터 1909년까지의 시기는 범죄인의 교화개선을 전제로 한 근대 행형의 정신이 보여 우리나라 행형에 있어서 교화이념의 중요한 기점이었다.[5]

그 뒤 기유각서에 의거해 대한제국의 감옥사무는 통감부로 이관되었고, 1909년 11월 1일부터 그전의 감옥규칙, 감옥관제, 감옥세칙 등이 폐지되고 일제의 통감부 법령이 적용되어 우리 손에 의한 행형의 근대화 작업은 중지되었다.[6]

그 뒤 일제시대에는 응보주의적 행형을 실시했고, 대한민국 정부 수립 이후 행형의 지도이념을 "숭고한 동포애로부터 출발하여 범죄인을 교정보호하여 사회에 복귀케 하는 교육형주의의 구현"에 있음을 밝혀 교화이념이 전면에 등장했고 1950년 행형법의 제1조에서 행형목적이 교화이념의 실천에 있음을 신인하고[7] 현재까지 교정, 교화가 교정재의 생산이념임을 견지해오고 있다.

2) 우리나라의 교정재 생산이념의 문제점과 대안

첫 번째의 문제점은 획일적 교정주의의 맹신이다. 우리나라의 교정이념은 행형법 제1조에 나와 있는데 여기에는 수형자를 격리하여 교정, 교화하여 건전한 국민사상과 근로정신을 함양하고 기술교육을 실시하여 사회에 복귀케 한다고 하여 교육형주의를 교정이념으로 하고 있어 응보주의는 이념으로 하고 있지 않다.

---

4) 허주욱, 법문사, 교정학, 175면.
5) 신진규, 형사정책, 법문사, 1983, 56면.
6) 법무부, 한국의 교정행정, 1991년, 2면.
7) 허주욱, 전게서, 178~181면.

그런데 행형법 제1조가 의미하는 교정이념의 전제는 모든 수형자가 교정재의 생산가능 곡선상에 있다는 것을 전제로 하여 교정만능주의에 있으나 이것은 현실적인 제약요인, 즉 정기형 제도로 인하여 각자의 교정재의 생산기간이 다른 점을 무시하고 있고, 또한 교정재의 생산가능 곡선의 밖에 한계 수형자를 간과하고 있다. 한계 수형자란 본인이 만든 조작적 개념으로서 여호와의 증인, 광신도, 악질 상습범, 확신범처럼 아무리 많은 교화자원을 투입하여도 교정의 한계 생산성이 0에 가까운 자들을 말하거나 또는 건전한 사상과 기술을 가지고 있고 우리 사회의 기본가치를 아는 단순한 과실범처럼 교정재의 생산이 필요 없는 자, 즉 개인에 대한 미시적 교정수요가 거의 없는 자를 말한다고 개념을 조작하고자 한다.

다시 말해 한계 수형자를 상기의 과실범과 같은 긍정적 한계 수형자와 광신도나 여호와의 증인, 확신범, 직업적 범죄자 같은 부정적 한계 수형자로 나눌 수 있는데 이들 모두는 교정재의 생산가능선 밖에 있어 교정재의 생산이 불가능한데도 우리의 행형법령은 이런 것은 간과하고 모든 수형자가 개선이 가능하다는 교정만능주의에 사로잡혀 있다.

즉, 우리나라는 수형자분류처우규칙 제16조에서 개선급의 유형으로 범죄성향이 진전되지 아니한 자로서 개선이 가능한 A급과 범죄성향이 진전된 자로서 개선이 가능한 B급과 범죄성향이 진전된 자로서 개선이 곤란한 C급으로만 분류해 개선이 불가능한 등급을 두지 않아 모든 수형자는 개선이 가능하다는 교육형주의에 따라 낙관주의적 입장을 보여 교정재 생산의 한계를 인정하지 않고 있다.

그러나 악질 상습범이나 광신도, 노쇠한 화이트칼라 범죄인처럼 개선이 곤란한 것이 아니고 개선이 거의 불가능에 가까운 범죄인이 있기 때문이다. 그것은 정기형 제도로 인한 교정재의 생산기간의 제약, 부족한 교화자원의 현실을 고려할 때 더욱 그렇다고 할 것이다.

따라서 이러한 개선이 거의 불가능한 범죄인에게는 제한된 교화자원을 감안하여 선택과 집중의 논리에 의해 응보 중심의 교정재를 생산하자는 것이고 개선이 가능한 범죄자나 격정범, 초범들에게는 교화 중심의 교정재를 생산하여 대상자의 특성에 따라 응보자원과 교화자원의 적절한 배합을 가해 교정재를 생산하자는 동태적, 상황적, 혼합주의적 교정이념을 제안한다.

이것을 그래프로 만들어보면 다음과 같다(X재는 응보 중심의 교정재이다).

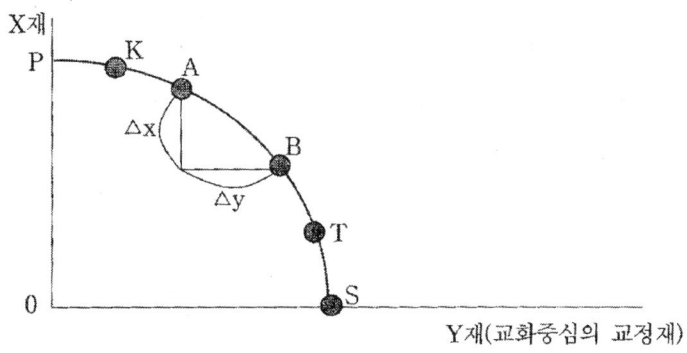

[그림 9] 교정재의 생산가능 곡선

만일 교정재를 마음의 변화와 재사회화와 같은 최종 생산물뿐만 아니라 규율준수, 복종, 행형성적의 향상 등 중간 생산물을 모두 포함하는 광의의 개념으로 간주한다면 개선이 가능한 자들을 수용한 경구금교도소에서는 B점에서, 개선이 곤란한 자들을 수용한 중구금교도소에서는 A점에서 교정재를 집단 생산하려고 할 것이다.

그런데 위의 생산가능 곡선은 기회비용 곡선을 나타내며, 이 곡선이 원점에 대해서 볼록하면서 우하향하는 이유는 Y재 1단위를 더 생산하기 위해서는 포기되어야 할 X재 양이 갈수록 증가하기 때문이다. 즉, 응보자원의 시용에는 적은 비용이 들어가나 교화 중심의 교정재 생산에는 더 많은 비용이 들어가므로 그렇다고 할 수 있다.

물론 OP의 크기가 OS의 크기보다 당연히 크다. 그것은 교도소가 가진 자원을 가지고 응보자원과 교화자원에 배분한다면 응보자원은 비용이 적게 들지만 교화자원은 비용이 상대적으로 많이 들게 되기 때문이다. 응보자원이 비용이 적게 드는 이유는 이미 응보 중심의 교정시설과 사고방식의 역사성이 존재하기 때문이다.

만일 과실범이나 확신범, 상습범, 초범 등을 같이 수용한 혼합교도소에서는 현재와 같이 모든 대상자의 특성과 관계없이 나라의 정책에 따라 K점 또는 T점에서 집단적으로 교정재를 생산하는데 본인은 그렇게 하지 말고 국민정신이 확립되어 있는 단순한 과실범이나 초범에게는 T점에서 교화자원과 응보자원을 배합해 교정재를 생산하고 개선 곤란한 조직 폭력배에게는 S점에서 교정재, 즉 응보 중심의 교정재를 생산하자는 것이다.

즉, 교육형주의의 맹신에서 벗어나 응보형 주의의 장점을 이용해 상황적으로 대응하자는 것이다.

그런데 중구금교도소가 A점에서 B점으로 생산전략을 바꾼다고 할 때 이것은 단순히 경제논리에 의해서 △X만큼만 X재의 생산량을 포기한다고 해서 되는 것이 아니다. 그것은 시장원리에 의해 지배를 받는 일반재화와는 달리 교정재에는 시장원리에 힘을 미치려는 다양한 정치적 힘이 작용하고 따라서 일반재화에서 나타나지 않는 가역성(reverse) 원리가 교정재에서 나타나기 때문이다. 즉, A에서 B로 이동을 시켜도 보안을 중시하는 역사, 관성, 이기적인 조직문화, 보수적 공무원이나 보수적 여론 등으로 인해 곧바로 다시 A점으로 다가가려고 하는 가역성이 작용한다.

이것을 그림으로 보면 다음과 같다.

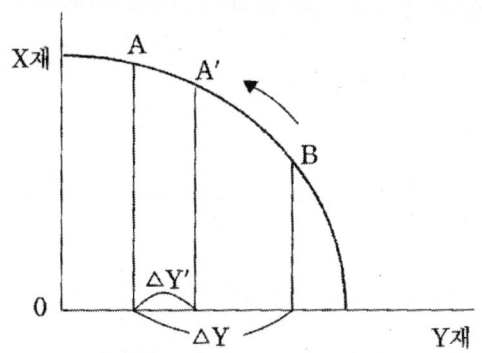

[그림 10] 가역성(reverse)이 작용하는 교정재 생산가능 곡선

즉, 시간의 개념을 포함시킨 동태적 이론으로 보면 교화정책의 중시로 A점에서 B점으로 옮겨간다고 할 때 실제로 △X의 생산을 포기하고 얻은 △Y의 양은 △Y가 아니고 △Y′가 된다. 그것의 가장 큰 이유는 오랫동안 보안재를 생산한 생산의 역사성 때문이다. 따라서 국민들은 △Y만큼 Y재가 늘어난 것으로 생각하나 실제 증가된 양은 △Y′이므로, 만약 △Y가 재범의 감소량을 의미한다면 국민이 기대하는 재범 감소량은 △Y이나 실제로 재범의 감소량은 △Y′이므로 재범의 증가량은 △Y − △Y′가 된다.

이러한 교정재의 생산에 있어서 가역성의 원리는 국민들은 그렇게 돈을 많이 들여 교화를 시켰는데도 재범률이 그만큼 내려가지 않는 이유를 설명할 수가 있다.

여기서 교정재의 생산에 있어서 가역성(reverse)에 영향을 미치는 요인을 추론하면, 첫째로 교정의 역사성, 즉 과거의 보안 중시적 교정정책이 강하면 가역성이 클 것이며, 둘째로 수형자의 측면에서 수형자가 오랫동안 보안재적 자원에 길들여진 경우는 교화 중심으로 가려고 해도 보안재에 대한 향수나 관성, 습관, 퇴행 등 여러 이유로 인해 원래 상태로 돌아가려고 하는 수형자가 있으며, 셋째로 교도관의 측면에서 부패이익을 노리는 극소수의 일부 교도관이 있을 때는 그들은 응보 중심의 교정과 밀행주의가 강화될수록 다양한 부패이익을 맛볼 수 있으므로 위로부터의 교화정책을 왜곡하게 된다. 또한 보신주의에 젖은 관료적 교도관은 교정사고가 날 수도 있는 교화자원의 사용보다는 기존의 타성에 젖은 습관에 안주하려고 하는 데서 가역성이 작용한다. 네 번째는 환경의 영향이 있는데 교화자원의 확보에는 많은 비용과 인원이 필요하며 예산상의 제약이 있고, 또한 과거의 응보 위주의 정책과 사업에 투자한 많은 비용, 즉 소위 매몰비용의 고려와 보수적 언론과 지식인으로 인해 교화 중심의 교정정책은 다시 원래 상태로 회귀하게 만들 가능성이 있다.

둘째로 우리나라의 교정이념은 능률성, 과학성에 치중해 효과성이나 형평성, 상황성, 민주성, 대응성, 인간성을 결여하고 있다. 즉, 능률성을 중시한 나머지 양적 개념만 중시해왔고 질적 측면을 경시해왔다. 능률성이란 투입된 비용에 대한 산출물의 개념이며 수단적 개념인데, 교정재의 중간 생산물인 교정사고율, 누진 계급의 상대적 비율, 작업능률도, 귀휴율, 청원률 등과 교정재의 최종 생산물인 재범률 등과 같은 양적 개념에만 치우쳐 실질적 재사회화, 고객(수형자)의 만족도, 시민의 만족도, 교정재의 내구성과 같은 질적인 측면이 결여되어 있다.

또 우리나라의 최근의 교정정책이나 학계에서는 수형자의 처우 이념으로서 과학성을 강조하여 가령 허주욱 교수는 수형자의 처우의 과제의 하나로서 과학적인 분류와 효율적 처우를 위해 전문 직원의 확보를 주장하나,[8] 물론 과학성도 중요하지만 인간성이 전제되지 않은 과학성은 그 한계가 있다고 생각한다. 즉, 단순히 기술적 개념으로서 과학적인 처우와 전문 인력의 확보보다는 수형자를 진정 교화하겠다는 따뜻한 마음을 가진 인간성을 가진 자의 과학적 처우와 전문 인력이 교정재를 생산할 때 비로소 질 좋고 견고한 교정재를 생산하므로 적성이나 인성, 인간성을 체크하지 않고 단순히 전문성과 과학성만 보고 교정직원을 채용하는 현

---

8) 허주욱, 전게서, 625면.

재의 교정정책은 문제가 있다고 하겠다.

또한 우리나라의 교정이념은 획일적, 무차별적인데, 예를 들어서 소년교도소나 일반교도소의 프로그램이 별 차이가 없고, 민간 교도소에는 젊은 수형자, 노인 수형자, 군행형법 제4조에 의한 여자 군인 수용자, 군인 범죄자 중 1년 6개월 이상의 형이 확정된 군인과 군무원이 혼합해 있지만 이들의 특성에 따라[9) 처우하지 않고 획일적으로 처우하고 있다.

또 현재는 수용자의 교화 속도를 높이기 위한 관리 전략이 없다. 즉, 재사회화의 속도를 나타내는 것을 교정시계(correction－watch)라고 한다면,[10) 이미 의식이나 정신이 고착화된 노인의 교정시계는 잘 가지 않거나 가더라도 늦게 가지만 상대적으로 소년 수형자나 성인의 경우에는 교정시계가 빨리 갈 수 있으므로 교화자원을 소년 또는 성인 수형자에게 집중할 필요가 있고, 또한 교정시계의 속도가 이같이 다른 수형자들을 같이 교육받게 하지 말고 교정시계 속도가 비슷한 사람끼리 교육을 받게 할 필요가 있는데 현재는 그렇지 못하다.

여기서 교정시계는 수용자 개인이 갖는 교정시계도 있고, 각 교도소가 개별적으로 가지는 교정시계도 있으며 한국의 교정시계도 있고, 계절별로 교정시계의 속도도 다르지만, 이때 한 교도소의 교정시계의 평균속도는 모든 수용자의 교정시계 속도를 합친 것을 수용자 수로 나누면 되는데, 물론 개인의 교정시계의 속도는 교정환경(법령, 예산, 교정정책, 여론), 교도관의 행태와 자원의 성격, 고객(수용자)의 행태라는 3가지 요인의 복합적 작용에 의해 교정시계의 속도가 결정되지만 교정환경은 잘 변하지 않으므로 상수(常數)로 간주한다면 결국 교도관과 고객에 의해 속도가 결정되는데, 현재 우리나라의 교정은 고객, 즉 수용자의 행태 변화만 강조하고 교도관의 행태 면은 상대적으로 소홀히 하고 있는데, 이와 관련해 수용자의 교정시계 속도를 빠르게 하기 위한 관리 전략이 필요한데 현재는 그러한 관리철학이나 이념이 없다.

즉, 수용자가 민주적이고 자발적이라면 교도관의 행태가 민주적이면 수용자의 교정시계는 빨리 가나 수용자가 자유방임적이고 권위적이면서 자발성이 없다면 교도관은 권위적, 응보 지향적 태도를 보여야 해당 수형자의 교정시계가 빨리 가

---

9) 군행형법 제1조에 의하면 군인 범죄자의 교정의 내용은 건전한 국민사상과 군인정신의 함양이나 행형법에는 군인정신은 없고 또한 민간 교도소에서는 민간 교도소 내에 있는 군인 범죄자에게 군인정신 함양 프로그램이 없다.
10) 본인이 직접 만든 조작적 개념이다.

고 만일 교도관이 권위적, 응보적이고 수용자가 민주적, 자발적이라면 교정시계는 느리게 가므로 이때는 교도관의 행태변화를 위한 교육이 필요하다. 교도관의 여러 행태와 수용자의 자발성 정도와 여러 행태를 결합한 교정시계 속도 관리 전략이 필요하다.

또한 해당 교도소가 교화 관련 직원 수를 보안직 직원 수로 나눈 것을 해당 교도소의 형식적 교정농도(濃度)라고 개념을 조작한다면 해당 교도소의 실질적 교정농도는 해당 교도소의 평균 교정시계 속도를 전국 교도소의 평균 교정시계 속도라고 개념을 조작한다면 실질적 교정농도가 1이면 단위 농도적 교정, 실질적 교정농도가 1보다 크거나 작으면 강농도적 교정농도 또는 약농도적 교정농도라고 할 수가 있는데 우리나라는 현재 형식적 교정농도만 높으면 교화가 잘되는 것으로 이해하여 실질적 교정농도의 개념을 간과하고 있는데 해당 각 교도소가 형식적 교정농도가 높지만 실질적 교정농도가 낮다는 것은 교화 관련 직원의 채용과 훈련에 문제가 있다는 것이므로 교정농도의 개념은 그 나라의 교정인력 수요정책의 방향을 나타낸다고 할 수 있으며 교정 농담의 진하고 여린 정도에 따라 우리나라 전체 교도소를 표시할 수 있다면, 즉 각 지역 교도소마다 교정생산량이 달라지는 점들을 표시할 수 있다면 이를 교정지도라고 개념을 조작하고자 한다.

본인이 만든 교정지도의 교정학적 의의는 현재의 교정정책처럼 교도관의 희망이나 성적, 구속기간에 따라서 또는 수형자의 특성에 따라서 교도관이나 수용자들을 각 지역 교도소에 배치 또는 이송하는 것보다는 그런 상기의 기준들에다가 교정재 생산이 적은 교도소, 즉 교정농도가 옅은 교도소에는 열성적인 교도관과 교정재의 한계 생산성이 높은 수형자를 배치하는 기준들을 추가하는 것이 낫다고 생각한다.

이상 지금까지 언급한 본인의 이론을 기존의 교육형주의에 대하여 신교육형주의라고 명명하고 신교육형주의에 따른 신교정이론을 다음과 같이 추론하고자 한다.

[표 43] 기존의 교정이론과 신교정이론

기 준	교육형주의	신교육형주의
① 교정경비 부담	국 가	국가, 수익자
② 교정재 생산기간	정기형	상대적 부정기형
③ 교정재 생산이념	능률성	효과성, 대응성, 상황성, 민주성
④ 교정수요의 성격	일반행정 수요와 유사	일반행정 수요와 교정행정 수요를 구분
⑤ 관료제 모험	관료제의 확대	탈관료제, 수정 관료제
⑥ 교정재 생산대상	수용된 범죄인	모든 범죄인
⑦ 교정과 복지	소극적 관계	적극적 관계
⑧ 교정이론	급식을 영양 차원에서만 보는 단편 이론	급식 등 처우의 모든 부분이 교정이라는 총체 이론
⑨ 교정조직 구조	집권 구조	분권, 자치 구조
⑩ 환경과의 관계	수동관계	능동관계
⑪ 업무평가 방식	작업률과 같은 양적 자료	만족도와 같은 질적 자료도 중시
⑫ 의사전달	일방적 의사전달	쌍방적 의사전달
⑬ 교정의 인간화	인간화보다 과학화 추구	인간화와 과학화를 동시 추구
⑭ 교정재의 생산주체	국가, 교도관, 교정위원	국가, 교도관, 교정위원, 수형자, 생태

3. 교정재 생산주체 면에서의 문제점과 대안으로서 신주체론(사견)

먼저 첫 번째의 문제점으로는 우리나라는 공적인 교정재의 생산주체로는 교도관과 교정위원, 교정참여인사만을 공식적으로 인정하고 있다. 행형법 제7조에는 교도관의 직무규정에 대해 법무부장관이 정한다고 되어 있고, 그에 따라 법무부령인 교도관직무규칙 제3조에서는 교도관이란 교정업무를 담당하는 공무원임을 명확히 밝히고 있고, 또한 동 규칙 제4조 제3호에서는 교도관은 창의와 노력으로써 과학적 교정기법을 개발해야 한다고 규정하고 있고, 세부적으로는 교도관직무규칙 제72조에서 교회직 공무원은 수용자의 교육, 교회, 서신, 독서 등에 관한 사무를 담당한다고 하고 있고, 동 규칙 제76조에는 교회직 공무원은 수용자에 대한 개인교회의 의무를 규정하고 있고, 동 규칙 제77조에는 교회직 공무원은 수형자의 정신교육과 정서교육을 담당해야 한다는 규정이 나와 있어 교정재의 주도적인 생산주체가 교도관임을 분명히 하고 있다.

그리고 행형법 제31조, 제32조에는 수용자에 대한 교회와 교육의 법적 근거를 마련하고 있고, 교도관직무규칙 제74조, 제75조에는 교회직 공무원을 교정위원을 선정하여 교회를 실시하도록 의무를 지우고 있다.[11] 따라서 우리나라는 1970년 12월 19일에 독지방문제도가 제도화되었고, 1983년에는 독지방문위원을 교화위원과 종교위원으로 나누고 종교적 방법과 또한 종교적 방법 이외의 전문적 지식과 체험을 활용하여 수형자의 교화활동에 참여하도록 했고,[12] 2000년 5월에 제정된 교정위원활동 및 교정협의회 운영지침(법무부 예규)의 제3조 제1호에는 법무부장관의 위촉을 받아 수용자를 대상으로 교화활동에 참여하는 인사를 교화위원, 종교위원, 교육위원으로 구분하고 이를 총칭하여 교정위원이라고 하며 동 운영지침 제3조 2호에는 교도소, 소년교도소, 구치소, 구치지소, 보호감호소의 장의 승인을 받아 수용자 교화활동에 참여하는 민간 자원봉사자를 교정참여인사라고 밝히고 있어 교정위원과 민간 자원봉사자인 교정참여인사도 교정재의 생산주체임을 분명히 밝히고 있다.

이러한 행형관계법령에서 교정재의 생산주체로 교도관과 교정위원과 교정참여 인사만을 들고 있는 것은 이들만으로도 충분히 교정재가 생산될 수 있다는 것을 의미하고 있다. 그러나 사견으로는 현재의 二者 생산자 이론, 즉 제한된 수의 교도관과 극소수의 교정위원만으로는 6만여 명에 이르는 수용자에 대한 질 좋은 교정재가 생산될 수 없다고 생각하며, 국민 모두를 포함한 多者 생산자 이론을 주장한다. 즉, 공식적인 교정재 생산자인 교도관과 교정위원은 교정재 생산에 직접 참여하고 있지만 비공식적 생산자, 즉 경비교도대, 동료수용자, 인권단체, 수용자의 생태계인 친구, 가족들은 현실적으로 교정재 생산에 참여하고 있으므로 이들도 교정재의 생산자로 인정할 필요가 있으며, 또한 그 외의 나머지 국민들은 교정재의 생산에 간접적으로라도 참여할 필요가 있다고 생각한다. 그 이유는 현재

---

11) 교도관직무규칙 제74조에는 교회직은 매월 1회 소장의 허가를 받아 교육자, 법조인, 사회사업가 등 덕망을 갖춘 외부인을 선정하여 교회를 실시하여야 한다고 하고 있고, 동 규칙 제75조에는 교회직을 수용자가 종교교회를 요청하는 때에는 특별한 사정이 없는 한 그 종파에 위촉하여 교회를 하게 하여야 한다고 되어 있다.

12) 정진수, 전게서, 97면.

의 교도관과 교정위원만으로는 교정용량을 초과해 질 나쁜 교정재가 생산될 수도 있기 때문이다. 교정용량은 본인이 만든 조작적 개념으로 일정한 수의 교도관이 교화시킬 수 있는 최대한의 수용자 수라고 정의하고자 하며, 현재와 같이 교정용량이 초과된 과밀수용하에서는 형식적 교정재의 생산에 그치기 때문에 보다 많은 교정자원 봉사자와 국민들도 교정재의 생산에 직접, 간접으로 참여하는 다자 생산자 이론이 필요하게 된다. 그런데 보호관찰등에관한법률 제2조에는 보호재의 생산에 국민들이 협력한 의무가 있다고 규정함으로써 보호재의 생산에 국민이 간접참여 의무의 뜻을 담고 있지만, 행형법령에는 교정재의 생산에 국민들이 그 지위와 능력에 따라 협력해야 한다는 규정이 없다. 그러나 교정재와 보호재는 둘 다 보완재의 관계가 있고 질 좋은 교정재가 생산이 되어야 보호재 생산에 있어 부담이 적다는 점과 보호재의 수익자에는 국민들도 포함되듯이 교정재의 수익자에도 당연히 국민들도 포함된다는 점을 감안할 때 보호재의 생산과 마찬가지로 행형법률 제1장 총칙편에서 행형법의 목적을 규정한 제1조 다음에 국민의 협력규정을 두어 모든 국민은 제1조의 목적을 달성하기 위하여 그 지위와 능력에 따라 협력해야 한다는 항목을 설치할 필요가 있다고 생각한다. 그런데 수용자의 사회의 가족 등과 같은 불우한 생태계에 있는 남아 있는 가족들에 대한 안정도 수용자의 교정재 생산에 당연히 포함되므로, 앞에서 말한 국민들의 교정재 생산에 대한 참여의 방법으로 현재의 헌법에 있는 일정한 연령에 달한 남자와 병역의 의무가 있다는 조항을 폐지하고 그 대신에 일정 연령에 달한 남자와 여자는 공역의 의무가 있다는 것으로 개정할 것을 사견으로 제시하고자 한다.

그 근거는 남자의 신체적 우위성을 전제로 한 고전적 전쟁개념은 이제는 의미가 없고, 현대전은 심리전, 정보전쟁, 과학전쟁의 성격이 강해 굳이 남자만 병역의무를 지게 할 근거가 약해졌고, 또한 지금까지 남성과 마찬가지로 여성들도 교육재, 국방재, 치안재, 교정재 등 각종 공공재의 생산에 거의 비용을 대지 않고 무임 승차해왔으므로 각종 공공재의 수익을 받아온 데 대한 법적 의무로 공역의 의무가 남성, 여성에게 주어질 필요가 있다. 따라서 헌법에는 일정한 연령의 남·여에게는 공역의무만 규정하고 자세한 것은 법에 규정한다고 하여 거기에 따라 공역법에서는 공역의 의무를 병역의 의무와 공역의 의무로 나누고 원칙적으로는 일정한 연령의 남자는 병역의 의무, 일정한 연령에 달한 여자는 공역의 의무에[13]

---

13) 조선일보 2002년 11월 4일 기사에 따르면 말레이시아는 2004년부터 남녀 모두 18세가 되면 6개월간 군에 복무해야 한다고 한다.

처하도록 하되 여자의 공역의 의무는 약 1년 정도로 하게 하되 그 내용에는 불우하거나 극빈한 수용자의 자녀들에 대한 정서상담, 과외교육 또는 수용자의 나이 많은 부모들에게는 노인 말벗 되어주기, 봉사활동 등 다양한 프로그램을 공역의 의무의 한 내용으로 하게 하고 이들 공역의무자들은 오전에 지역에 있는 동사무소로 출근해 사회복지사의 업무를 보조하고 지시를 받아 위에서 말한 업무나 또는 그 이외의 사회복지 업무를 보조하게 하면 교정시설 내의 수용자의 교정재 생산에 도움이 되며, 이렇게 생산된 교정재는 종전보다 내구성이 더 튼튼해져 질적으로도 우수하게 되며 이렇게 국민들이 교정재의 생산에 간접적으로 참여함으로써 교정에 대한 국민의 관심도 제고되어 장기적으로는 교정재 생산에 유리한 물적, 인적 자원을 확보하는 데도 도움을 줄 수가 있다.

그리고 현재는 수용자에 대한 교정재의 생산은 교도관 이외에 교정위원, 자원봉사자, 교정참여단체 등이 행하고 있지만 교도관 이외에는 교정재의 생산에 참여한 대가가 거의 없어[14] 교정외부 참여자들의 유인이 적어 많은 교정참여자의 확보에 장애가 되고 있다. 그런데 경제정의로는 생산성에 대한 대가가 임금인데 교도관인 공무원들은 교정재의 생산성과는 전혀 관계없이 항상 일정한 금액을 받고 또한 생산성과 관계없이 해마다 임금이 올라가 교도관들에게는 교정재의 생산성 향상 유인의 체계가 없어 교정재가 형식적으로 생산될 수도 있고, 또한 교도관의 한계 생산성이 0이 되어도 똑같은 임금이 나가므로 겉으로만 교정재의 생산에 참여해 교정재의 생산 인원에는 포함되나 사실상 교정재의 한계 생산량이 0에 가까운 위장 생산자가 나타날 수 있어 이에 대한 합리적 통제책이 필요한데 생산성과 연관된 연봉제를 채택하는 것도 그 한 예에 들어간다. 또한 사실상 교정재의 생산성을 제고시킨 교정위원이나 교정참여단체, 교정자원 봉사자들에게는 생산성에 비례하지는 않더라도 최소한의 교정활동비를 주는 방안도 생각해볼 필요가 있다.

그리고 두 번째의 문제점으로는 현재의 공식적인 교정재의 생산주체인 교도관과 교정위원의 수용자에 대한 교정은 항상 주체의 우월적 생산이론을 공식적, 법적으로 나타내어 수용자는 항상 교정재 생산의 피동적 객체로만 존재하게 되는 것이다. 우리의 행형법 제1조에는 이 법은 수형자를 격리하여 교정 교화하며, 국

---

14) 교정위원 중 강의를 하면 소정의 강의료가 나가고 담안 선교회와 같은 교정참여단체에는 국가보조가 있으나 그것은 출소자에 대한 사업지원의 것으로 법무부 보호국이 지원해 교정재 생산에 참여한 대가는 없다.

민사상과 근로정신을 함양하고 기술교육을 실시한다고 규정하여 교정교화의 주체로 교도관을 교정재 생산의 객체로 수용자를 의미하고 있고, 교도관직무규칙 제11조에서는 교도관은 수용자를 부를 때는 번호로써 부르는 것을 원칙으로 하여 수용자의 인격권을 침해함은 물론 수용자는 교정재의 생산의 주체가 되지 못함을 보여주고 있고, 교도관직무규칙 제33조에는 남자 및 여자 정복교도관은 상관의 지휘와 감독을 받아 수용자를 지도·처우한다는 규정이었고, 또 동 규칙 제34조에서는 정복교도관은 수용자가 건전한 국민정신과 올바른 생활 자세를 가지도록 상담, 정서순화 등 철저한 생활지도를 하도록 규정하고 있는 등 우리 행형법령에서는 철저히 교정재의 생산주체는 교도관이며, 수용자는 피동적인 교정재의 생산 객체로만 존재하고 있다.

한편, 2002년에 법무부 교화과가 전국의 교정기관에 업무기준으로 하도록 한 교정현장 상담이란 책자의 4page에는 교정현장 상담이란 교정현장에서 교정직원이 수용자가 가지는 여러 문제를 대화를 통해 지도 관리하여라는 내용이 들어 있어 언제나 교정직원이 수용자보다 우위에 있다는 부대 등 관계를 전제로 하여 교정재의 생산주체가 교도관에 있음을 밝히고 있으며, 법무부가 모범적인 예로 들고 있는 교정현장 사례들에는 모든 교도관은 반말로 하고 수용자는 존칭을 하는 대화형식으로 되어 있어, 법무부 당국이 수용자들의 인격을 무시함은 물론 수용자는 교정재의 생산객체로만 존재하게 함을 알 수가 있다.

한편, 손동권 교수는 형사정책이란 책에서[15] 우리나라의 재범수형자가 많은 이유는 교정행정의 실패에 있고, 우리 교정기관은 각성해야 한다고 하여 그는 교정재의 생산주체를 교정기관으로만 간주하여 교정재 생산의 실패 책임을 교정기관 이외에 또 다른 생산주체인 수형자에게 있다는 것을 간과하고 있다. 그러나 사견으로는 교정재 생산에 있어 생산주체는 교도관과 교정위원이라는 우월적 주체론 대신에 교정재의 생산주체는 교도관과 교정위원 이외에 경비교도대와 가족, 친구 같은 비공식적 제3자, 수용자 자신, 그리고 타 수용자들이 모두 생산의 주체가 되는 다자 생산론과, 기존의 생산방식인 교도관의 우월적 생산주체론이 아닌 상황적 생산주체론을 제시한다. 상황적 주체론이란 수형자는 교정재의 생산에 있어 상황적 주체가 되며 교도관이나 교정위원들 나머지도 상황적 주체가 된다는 것이다. 즉, 교도관은 교정재 생산에 있어 항상 우월적 생산의 주체는 아니고 수용자

---

15) 손동권 외 2인, 형사정책, 형사정책연구원, 444면.

가 가치관이 반사회적이거나 미확립되어 있으면 교도관은 주도적 생산주체로서 활동하고, 수용자가 올바른 가치관이 이미 확립되어 있고 근로정신이나 국민정신이 함양되어 있는 수용자에게는 대등적 생산주체 또는 보조적 생산주체로서의 지위에 선다는 이론이다. 이러한 본인의 다자생산이론과 상황적 생산주체론은 기존의 교정재 생산방식인 일방적, 하향적, 정태적 교정재 생산방식이 아니라 수용자와 교도관 사이의 쌍방향적 생산관계, 대등적 생산관계, 동태적 생산방식과 연결된다고 하겠다. 즉, 교정재 생산의 주체인 수용자와 그를 둘러싼 여러 생산주체들인 교도관과 교정위원, 비공식적 제3자, 동료수용자, 교정참여단체, 사회환경과의 수평적 대등관계에서 모두가 서로 영향을 주고받는 상호교류 과정에서 보다 질 높은 교정재가 생산된다는 것이며, 이를 통해 多者純生産(다자 순생산) 개념이 나온다. 여기서의 교정재의 다자 순생산량은 正의 생산량에서 負(-)의 생산량을 제(除)한 것으로 예를 들어서 교도관이 당해 수용자에게 긍정적인 교정재를 생산했고, 비공식적 제3자가 부정적인 교정재를 생산했다면, 해당 수형자의 순교정재의 생산량은 긍정적인 교정재 생산량에서 부정적인 교정재 생산량을 제한 것을 말한다. 즉, 기존의 교도관 중심의 우월적, 일면적, 하향적인 교정재 생산방식 대신에 수용자와 그를 둘러싼 교도관, 교정위원 등이 서로 대등한 또는 상황적 관계 속에서 교정재를 생산해야 그것이 바로 질 좋고 내구성이 있는 생산방식이란 이야기이다.

세 번째의 교정주체와 관련된 문제점으로는 교정재 생산의 공식적 법적 주체인 교도관과 교정위원에 대해 우리 행형법령은 긍정적인 생산기능만 보았지 이들의 있을 수 있는 부정적인 교정재의 생산은 무시하고 있어 비현실적이라는 것이다. 그동안 일부 교도관들의 담배밀매 등의 부정행위와 일부 교정위원들의 문제된 행위는 이미 잘 알려져 있는데도 이런 현실적인 것을 무시하고 교도관 등은 항상 긍정적인 생산만 할 것이라는 전제는 잘못되었고 부정적 교정재 생산에 대한 대책이 법령상, 제도상으로 철저히 규정되어야 한다.

우리의 행형법령과 교도관직무규칙에는 교도관의 부정적 교정재 생산행위에 대해 어떤 주의규정이나 처벌규정도 두고 있지 않아 교도관은 항상 긍정적인 교정재의 생산만 한다는 것을 전제로 하고 있다. 따라서 현실적으로는 부정적인 생산을 하는 한계 교도관도 있으며, 또한 교도관들의 교정재의 한계 생산성은 모두가 다 다르다. 먼저 한국적 상황과 관계없이 이론적으로 교정재의 한계 생산성 0을 기준으로 교도관을 교정재의 한계 생산성이 0보다 큰 正의 생산자, 0보다 적은 부(負)의 생산자로 나눌 수가 있다. 부의 생산자는 다시 열심히 생산에 참가하나 생산기술의 부족이나 감수성의 부족으로 생산성이 0보다 낮은 비의도적 '-'적 생산자와 자신의 이익을 위해 교정재의 생산을 방해하는 의도적 '-'적 생산자로 나눌 수가 있다. 또한 교도관의 행태나 고의성을 기준으로 생산성과 관계없이 열심히 생산에 참가하는 순수한 생산자와 겉으로는 생산에 참가하나 사실상 소극적 태도로 한계 생산량이 0에 가까운 위장 생산자, 여러 상황에 따라 자신의 행태를 바꾸어 한계 생산량이 수시로 변하는 상황적 생산자, 외관상 생산에 참여하는 것처럼 보이나 자신의 이익, 권위 등을 위해 교정재 생산을 가로막는 사이비 생산자로 나눌 수 있고, 또한 요구되는 생산력의 달성 여부를 기준으로 요구되는 생산량을 거의 달성하는 조직형적 교도관, 요구되는 생산량보다 더 많이 생산하는 열성적 교도관, 요구되는 생산량을 채우지 못하는 소극적 교도관, 요구되는 생산량과 관계없이 생산성이 0에 가까운 한계 교도관으로 나눌 수가 있다.

위의 분류에서 正의 생산자, 순수한 생산자, 조직형적 교도관, 열성적 교도관은 교정재의 실질적 생산자로 볼 수가 있고, 우리나라 교도관은 正의 생산자가 대부분이나, 의도적 '-'적 생산자, 위장 생산자, 사이비 생산자, 소극적 교도관, 한계 교도관 등은 형식적 교정생산자로 볼 수가 있는데, 이러한 형식적 생산과 실질적 생산의 차이는 실질적 생산은 수많은 준(準)교정재의 생산을 가져와 결국은 범죄를 감소시키는 효과가 있다는 것이다. 즉, 준교정재란 아직 범죄인은 아니나 범죄성이 농후한 자로 범죄 직전에 교정재의 영향을 받아 스스로 바로잡아 가면서 생산된 비공식적, 사전적 교정재라고 정의하고자 한다. 즉, 수용자가 교정시설 내에서 실질적으로 교정재가 생산되어, A가 출소하면 A의 주위에 있는 범죄성이 강한 생태계적 자원들이(B) 외부효과에 의해 B도 범죄를 하려던 생각을 멈추고 자신을 바로잡는 1차 準교정재가 생산되고, 또 B가 교정됨으로써 B 주위의 생태자원인 잠재적 범죄인도 범죄 직전에 교정된 B의 영향을 받아 2차 준교정재가 생산될 수 있고, 이런 과정이 계속된다면 3차 준교정재 생산으로 갈수록 영향력이 약해져 준교정재의 생산기간도 줄어지고 생산량도 적어지지만 최초로 실질적으로 교정재가 생산되어 출소한 A가 만드는 준교정재의 수는 ΣQ_i로 나타낼 수 있고, 또한 실질적으로 교정된 총 출소자 수가 m명이라면 m명 각자가 만드는 준교정재의 수도 다 다르지만 평균적으로 n차까지 준교정재의 생산이 이루어지면 일정기간에 생산된 총 준교정재의 수는(단, 출소자의 준교정재의 생산은 1명씩으로 계속 n차까지 간다고 가정) $m \times \Sigma Q_i$로 나타낼 수 있다. 그런데 이와 같이 많은 준교정재의 생산주체는 실질적으로 교정된 출소자와 그들 주위에 있는 잠재적 범죄인인데 이런 준교정재의 생산의 수익자는 국민, 국가, 지방자치단체, 잠재적 범죄인인데 일반교정재 생산과는 달리 수익자인 국민, 국가, 지방자치단체가 준교정재의 생산비용을 부담하지 않아 준교정재의 생산에 무임승차하고 있는데, 그 이유는 준교정재 생산이 비형식적, 비공식적, 비제도적, 개인적, 사전적이기 때문이며 따라서 실질적으로 수익을 보는 이들에게도 준교정재의 생산비의 일부를 전가시킬 필요가 있다.

따라서 이와 같이 교정시설 내에서 실질적으로 교정재가 생산되면 생산된 만큼의 교정재만 있는 것이 아니라 생산의 긍정적 외부효과를 통해 엄청난 준교정재의 생산을 동반하므로 교정재의 실질적 생산이 얼마나 중요한가를 알 수가 있다. 마찬가지의 논리로 형식적으로 교정재가 생산되면 생산의 부정적 외부효과의 발생으로 부정적 준교정재가 생산되고 그것은 생태계를 통해 3차까지 파급된다면 예상되지 않았던 수많은 범죄가 발생될 수 있다는 점이다. 예를 들어 교정시설 내에서 형식적으로 교정재가 생산되어 출소한 A는 자기 주위에 있는 범죄성이 큰 자는 물론 범죄성이 적은 생태계에까지 범죄를 조장할 수 있어 부정적 준교정재가 생산되어 결국은 범죄성이 적어 범죄행위가 기대되지 않은 생태계까지 범죄에 참여하게 될 수 있다는 데 문제의 심각성이 있다.

따라서 교정시설 내에서 실질적 교정생산자를 증가시키고 형식적 교정생신자를 최소화시키는 법적, 제도적 장치가 필요한데 우리나라는 그러한 제도가 없다는데 문제점이 있으며, 이러한 형식적 교정생산자인 소극적 교도관, 한계 교도관, 위장 교도관, 사이비 교도관들이 존재하는 이유는 교정재의 생산성과 관계없이 임금을 주고 강력하게 신분을 보장하는 장치 때문이며, 따라서 이런 형식적 교도관을 최소화시키기 위해서는 내부적으로는 윤리교육 훈련, 감수성 훈련 등이 필요하고 또한 교정평가제도가 필요하다. 즉, 질 나쁜 교정재의 생산을 막기 위해 내부적으로는 감사제도와 내부 평가제도의 활성화와 징계제도의 강화와 그것들의 행형법적 규정화가 필요하고 외부 평가의 방법으로는 비판적 교정참여단체의 교정재 생산 평가와 감사원 또는 인권위원회, 시민단체 등이 정기적으로 수용자들을 대상으로 교정재 생산 과정과 내용에 대한 평가 등이 이루어져야 하며, 이러한 평가들에 대한 결과가 다시 교정재의 생산투입 과정에 반영될 수 있는 제도적 장치가 마련되어야 하며, 교정생산성과 관계없이 평생 공무원 신분을 보장하는 헌법상의 직업공무원제도도 재검토되어 교정재의 생산은 이제 더 이상 행정의 관점에서 접근할 것이 아니라 복지와 비관료제적 입장에서 접근할 필요가 있으며, 마찬가지의 논리로 생산성과 관계없이 호봉제로 임금을 주는 현 임금체계제도를 재검토해 교정의 생산성과 연계시킨 임금 연동제나 연봉제를 실시할 필요가 있다.

4. 교정재 생산의 객체 면의 문제점과 대안으로서의 신객체론(사견)

보통 형사정책학에서 사용되는 암수범죄(hidden crime)는 실제로 범죄가 발생했음에도 신고가 안 되었거나 신고가 되어도 수사기술의 부족, 기소유예, 무죄판결 등 여러 가지 이유로 범죄통계에 나타나지 않는 범죄를 말한다.[16] 그러나 여기서는 사견으로 암수범죄란 표현 대신에 不計범죄란 표현을 쓰고자 한다. 그것은 암수범죄란 숨겨진 범죄라는 의미로 범죄가 발생했으나 신고가 안 된 범죄라는 의미가 강하지만, 통계에 잡히지 않은 체포 안 된 범죄자, 훈방자, 기소유예자 등에 나타난 범죄의 성격을 포섭하기에는 무리한 개념이므로 보다 넓은 개념으로 불계범죄를 사용하기로 한다. 그런데 우리나라는 물론 세계의 모든 나라는 현재의 교정재의 생산대상에는 자유형 수형자만을 대상으로 하고 있다. 물론 교정시설 내에 수용되지 않고 보호관찰, 사회봉사, 수강명령을 받은 자들도 보호관찰등에관한 법률 제4조에서 대상자의 교화, 개선, 범죄예방을 위하여 필요하고도 상당한 범위 내에서 보호관찰 등이 이루어져야 함을 밝혀 이들 대상자들도 사회 내에서 교정재 생산의 대상임을 밝히고 있으나, 동법 제1조에서 보호관찰 등은 1차적으로는 개인에 대한 보호를 통해 궁극적으로는 사회를 보호함을 목적으로 하고 있다고 밝혀 이들은 보호재의 생산대상임을 분명히 하고 있음으로써 사회 내의 교정은 보호재에 내포됨을 알 수 있고, 또한 이들 대상자들은 우리가 보통 알고 있는 교정시설 내에서 생산되는 교정재와 성격이 약간 다르다고 할 수 있지만 광의로는 이들 대상자들도 교정재의 대상에 포함된다고도 할 수 있다.

---

16) 배종대, 형사정책, 홍문사, 2000년, 49면.

그러나 이들 대상자를 제외한다면 현재는 교정시설 내의 자유형 수형자만이 교정당국의 교정재의 생산이 되어왔고 그것은 당연한 것으로 여겨져 왔다. 그러나 본인은 교정재의 생산객체로는 자유형 수형자 이외에도 불계범죄를 행한 자와 非自由刑 수형자(사형수, 재산형과 명예형을 선고받은 자)와 형사사법기관에 의해 보호재의 생산이 면제된 자(가정폭력범죄자로 보호관찰이 처분되지 않은 자, 가석방 시 예외적으로 보호관찰이 실시 안 되는 경우, 단순한 보호관찰을 조건으로 형집행이 정지된 자, 보호관찰이 부과 안 된 선고유예와 집행유예를 선고받은 자)들도 교정재의 생산대상이 되어야 한다고 생각한다. 왜냐하면 불계범죄자나 비자유형 수형자, 판사 등의 재량에 의해 보호재의 생산이 면제된 자들도 모두 다 반사회적 위험성을 가진 범죄인들이며 경우에 따라서는 법의 선택성 등을 이유로 사형수를 제외한 나머지 이들은 자유형 수형자보다 사회적 위험성이 더 클 수 있기 때문이며, 사회 속의 범죄인과 사형수를 제외한 비자유형 수형자들은 자유형 수형자에 비해 구금의 고통을 경험하지 않았기 때문에 자유형 수형자들보다 재범률이 더 높을 수도 있어 많은 피해자를 양산할 수 있기 때문에 교정재 생산의 사각지대에 있는 이들에 대한 교정재의 생산도 아주 중요한데도 과거는 물론 현재까지도 전혀 교정재의 생산이 이루어지지 않고 있다. 만약 이들에 대한 교정재 생산을 하지 않고 그대로 두어 다시 재범을 하다가 체포되어 기소되면 수많은 형사사법 비용이 들어가나 이들에 대해 교정재 생신이 이루어지면 재범과 많은 피해자의 양산을 막을 수 있고, 그로 인한 형사사법 비용의 감소도 가져오며 교정재의 생산량과 질도 향상될 수 있다. 또한 사형수는 현재 자유형 수형자가 아니므로 교정재를 생산하지 않으나 우리나라는 사실상 사형집행을 거의 하지 않고 감형을 하는 경우가 많으므로 그런 현실을 반영해 교정재의 대상으로 할 필요가 있다. 그리고 현실적으로 범죄성이 큰데도 검사나 판사의 가치관이나 법의 선택성에 따라 자유형을 받아야 할 자들이 기소 유예되거나 각종 유예판결 또는 벌금형 등으로 풀려나는 일이 많아 사회방위에서도 문제가 될 수 있기 때문이다.

문제는 이렇게 교정재의 생산대상을 확대할 경우 형사사법망이 확대되어 부작용이 나타날 수 있는데, 따라서 이러한 부작용을 최소화하는 방안으로 교정재를 생산할 필요가 있다. 먼저 기소유예자나 훈방자처럼 발견된 불계범죄인과 벌금형 수형자처럼 사형수를 제외한 비자유형 수형자와 보호관찰이 부과 안 된 각종 유예자처럼 보호재의 생산이 면제된 자들에게는 현재의 보호관찰등에관한법률에 의하여 설치된 보호관찰소에 의해 보호관찰을 받도록 한다. 이것의 법적 근거는 현재 보호관찰등에관한법률 제1조에 이미 충분히 나와 있는데, 동 법률 제1조에는 죄를 범한 자로서 재범방지를 위하여 보호관찰, 사회봉사, 수강 및 갱생보호 등 체계적인 사회 내 처우가 필요하다고 인정되는 자에 대하여 지도, 원호하여 보호재를 생산할 수 있다는 규정을 둠으로써 법적 근거는 충분하며, 또한 동 법률 제2조에서 죄를 범한 자에 대해 교정재나 보호재를 생산하는 데 있어서 국민과 국가와 지방자치단체에게 생산의 책임을 지우고 있다.

따라서 교정재나 보호재 생산의 책임이 있는 국가 등은 불계범죄인들과 비자유형 수형자 등에게 기존의 보호관찰소의 조직을 활용하여 교정재와 보호재를 생산할 필요가 있는데 이때의 보호재의 생산은 형법 제59조의 2의 규정에 의하여 보호관찰을 조건으로 형의 선고유예 등을 받은 자 즉, 보호관찰등에관한법률 제3조에 규정된 보호관찰 대상자에 대한 기존의 보호관찰 방법인 보호관찰등에관한법률 제29조부터 제42조까지의 내용인 보호관찰의 신고, 보호관찰의 기간, 지도와 감독, 원호, 응급구호, 원조와 협력, 보호관찰자 등의 조사, 경고, 구인, 긴급구인, 구인기관, 유치 등의 엄격한 보호재 생산 과정을 그대로 적용하지 말고 낙인의 심화를 막기 위해 그들의 사생활을 충분히 보장하고, 그들의 경제활동에 피해를 주지 않는 범위 내에서 일정한 보호관찰 기관을 먼저 정하고 2주에 한 번씩 그들은 보호관찰소의 홈페이지와 연결된 인터넷을 통하여 자신의 범죄에 대한 반성의 글이나 현재 준법하고 있는 생활태도 또는 앞으로의 준법계획 또는 인터넷으로 지시받은 과제를 글로 띄우고 거기에 대한 인터넷 지도와 감독은 보호관찰소 직원이나, 또는 일정자격을 갖춘 민간 자원봉사자나 교정상담사 또는 보호관찰등에관한법률 제18조에 보호재 생산을 지원하는 범죄예방 자원봉사위원 등이 행하도록 하며 대상자가 원할 경우 해당 지역 내의 민간 자원봉사자나 교정상담사 등과의 접촉도 할 수 있도록 한다. 그리고 정해진 글을 기간 내에 인터넷으로 띄우지 않아도 기존의 보호관찰제도처럼 경고나 구인, 유치처럼 강제적 조치는 가능한 피하고 비강제적, 자율적인 방법으로 교정재가 생산되도록 한다. 이와 관련해 불계범죄인들과 사형수를 제외한 비자유형 수형자 등에게는 위와 같은 인터넷을 통한 비강제적이고 자율적인 보호관찰을 받을 수 있도록 관련법에 근거를 두고 또한 민간 자원봉사자나 자원 교정상담사 등은 무료가 아닌 유급 자원봉사자로 하도록 하여 지역마다 충분한 인원을 확보하도록 하고 그에 소요되는 재원은 국가만 아니라 지방자치단체에도 부담시키도록 한다. 왜냐하면 수익자 부담 원칙에 따라 교정재와 보호재의 생산으로 인한 수익자에 지방자치단체도 포함되며 또한 생산자 비용부담 원칙에 따라 보호관찰등에관한법률 제2조에 나와 있듯이 지방자치단체도 국가와 같이 교정재나 보호재의 법적인 생산책임이 있으므로 지방자치단체가 생산비용을 부담할 필요성이 있고 이는 지역사회 교정으로 해석될 수도 있다.

이렇게 불계범죄인 등에 대한 새로운 보호관찰은 기존의 보호관찰제도처럼 보호관찰소에 나갈 필요 없이 인터넷을 통해 일정 기간마다 지도와 감독, 원호를 받음으로써 대상자들의 사생활이나 경제활동에 해를 주지 않고도 교정재나 보호재의 생산에 도움을 줄 수 있어 형사사법망의 확대라는 비판을 면할 수 있다. 물론 이러한 새로운 비강제적인 보호관찰은 기존의 보호관찰제도에 비해 교정재나 보호재의 생산량이 적어 범죄예방 효과도 기존의 보호관찰제도보다 적을 것이다. 그러나 기존의 보호관찰제도가 관료적, 강제적, 지시적 방법으로 보호재나 교정재를 생산하는 것이라면 불계범죄인 등에 대한 새로운 보호관찰제도는 민간적, 비관료적, 자율적, 비강제적, 그리고 사랑으로 무장된 자원봉사자에 의해 교정재나 보호재가 생산되는 점은 기존의 보호관찰제도보다 비교우위가 있어 장기적으로는 유리할 수도 있고, 생산된 교정재의 내구성도 더 오래갈 수가 있다. 왜냐하면 사랑과 관심은 자율적으로 범죄를 줄일 수 있기 때문이다. 한편, 비자유형 수형자 중 사형수는 행형법 제13조에 따라 사형선고를 받아 확정된 자는 구치소 또는 교도소 내의 미결수용실에 수용하므로 미결수용자에 준하여 처우된다. 또한 사형은 異論(이론)이 있는 일반예방효과와는 달리 원칙적으로는 특별 예방효과는 전혀 없으므로 특별 예방효과를 위한 사형수의 개선과 교육 등의 교정재 생산은 이론상으로는 있을 수가 없다. 물론 교도관직무규칙 제76조 제3항에 의해 교회직 공무원은 사형의 선고를 받은 자에게는 수시로 개인교회를 하도록 하지만, 그것의 목적은 동 규칙 제76조 제3항에 나와 있듯이 정신적 위안이지 순수한 교정재의 생산과는 무관하다. 현재는 사형수에게 자유형 수형자와는 달리 계속 계구를 차게 하고 일정 기간마다 방을 옮기게 하고 어떤 직업훈련이나 교육도 시키지 않고 있다.

그러나 현실적으로 우리나라는 사형수에게 사실상 사형집행을 하지 않고 있으며 일정 기간이 지나면 감형이 되는 현실이다. 따라서 이러한 현실을 반영하여 사형수에게도 교육이나 각종 교화 프로그램에도 참여시켜 교정재를 생산하는 것이 더 현실적이므로 관련 행형관계 법규를 고쳐 교정재의 생산대상이 될 수 있도록 하는 방향으로 나갔으면 한다. 그리고 범죄는 발생했으나 신고나 발견되지 않은 불계범죄인에 대한 교정재의 생산도 아주 중요한데 이들은 누구인지 일반인이나 국가 등은 알 수 없으므로 특별한 교정 프로그램이 필요하다. 여기에는 발견 안 된 범죄인이 스스로의 반성을 통해 재사회화가 될 수 있도록 교정재의 생산책임이 있는 지역사회와 학교 등의 관련 기관은 바르게 살기 운동과 성윤리 확립 교육 등 각종 사회 내 운동을 통해 발견 안 된 범죄인이 자기 교정재를 생산할 수 있는 분위기를 마련해줄 필요가 있다. 또한 발견 안 된 범죄인은 친구들이나 가족들은 아는 수가 많으므로 이때는 가족 치료 프로그램이나 생태계획 치료 프로그램을 지원하도록 하여 교정재가 생산되도록 한다. 또한 분배의 공평과 윤리의식의 제고 등 정치·사회 등의 환경 메커니즘이 정의 외부효과가 발생하는 방향으로 작동되면 범죄공급 곡선이 좌측으로 이동해 범죄의 공급이 감소될 수 있고, 또한 질이 높은 치안재가 생산되어 범죄자는 반드시 체포된다는 의식이 확산되고 범죄자는 반드시 처벌되고 법의 선택성도 최소화되어 누구라도 범죄인은 처벌된다는 사법적 정의가 확립되면 발견 안 된 범죄인에게는 강제적으로라도 교정재가 생산되어 재범이 줄어들 수가 있다.

제 3 장
한국교정고객 수용론

1. 서 론

2장에서는 교정고객, 즉 수용자와 관련된 주요한 사항들을 언급해 보았는데, 먼저 여기에서는 고객의 收容(accommodation)개념에 대한 기존의 收容 개념론을 살펴보고 거기에 대한 본인의 사견으로 收用(accommodation for use)론을 전개하여 종래의 구금, 收容과 본인의 收用 개념론을 비교, 운론해보았다.

다음으로는 오늘날 전세계적으로 교정의 가장 큰 문제점인 과밀수용에 대해 과밀수용의 개념과 현재의 실태 및 문제점을 살펴보고, 이러한 과밀수용을 해소하기 위한 기존의 해소방안들을 언급한 다음에 사견으로서 새로운 해소방안들, 즉 의료특별선시제도, 산업연수명령제 등 새로운 이론들을 모색해보았다. 그리고 고객과 관련해 또 하나 중요한 것이 고객의 인권인데 여기에서는 종래에 고객의 권리로 많이 논의되었던 권리, 즉 외부접견, 종교의 자유, 절차적 권리 등을 논하지 않고 기존의 논문들에서 거의 다루어지지 않은 권리들, 즉 흡연권, 참정권, 공법상 업무자격권, 성생활권, 음주권, 사회보장수급권 등을 나름대로의 시각으로 이론적 기초를 모색해보았다.

2. 고객수용에 관한 문제점과 개선방안

1) 서 언

고객, 즉 수용자의 수용에 관한 문제점으로는 크게 수용의 개념론과 현재 크게 문제가 되고 있는 과밀수용의 이론에 대해 운론하고자 하며 수용의 개념론에 있어서는 현재의 수용개념의 통설을 소개하고 거기에 대한 사견으로서 비판과 대안을 제시하며 과밀수용 이론에서도 과밀수용의 개념과 과밀수용의 현황 및 과밀수용 해소방안의 기존논의들을 소개하고 사견으로서 새로운 해소방안들을 언급하고자 한다.

2) 기존의 수용개념론의 문제점과 대안

(1) 기존의 수용개념

기존의 수용의 교정학적 의미는 국가의 강제력의 의하여 수용자의 자유권을 박탈하는 처분으로, 그 법원(法源)은 헌법에 의하여야 한다고 하며 헌법에 의해야 한다는 것은 역사적으로 볼 때는 전제국가 아래서는 인권의 부당한 침해가 자행된 것이나, 인권보장을 기본원리로 하는 근대적 법치국가의 헌법은 인권유린의 폐해를 근절하기 위해 부작위를 요구할 수 있는 소극적 권리로서의 신체의 자유를 선언한 것이며, 이것은 자연법적 국가계약성에 의하여 국가는 이러한 권리를 보장하기 위해서 국민이 조직했다는 국가관이 사상적 경과로 나타난 것이라고 한다.[1]

김용준 씨와 이순길 씨는 수용이란 국가의 강제력에 의하여 피의자나 피고인의 자유권을 박탈하고 행형시설에 구금하여 제소자로서의 신분을 설정하는 처분이라고 하며[2] 허주욱 씨의 견해와 같다.

(2) 기존의 수용(收容)개념의 문제점(사견)

앞에선 본 收容의 개념은 일의적 개념이어야 하며, 엄격히 말하면 구금과 다른 개념인데도 오늘날은 收容의 개념이 구금과 혼용되어 쓰이고 있어[3] 용어상 혼란이 있다. 구금이란(Confinement) 형법상 자유형의 일종으로 되어 있으나 형사소송법 제69조에서는 구금은 구속에 내재된 개념으로 대인적 강제처분을 말하는데, 피의자나 피고인을 교도소 또는 구치소에 가두는 처분을 말한다. 또한 소송촉진등에관한특례법 제24조에 나오는 판결 선고 전 구금일수란 표현에서 알 수 있듯이 형소법상 구금이란 판결이 확정되기 전까지의 절차적·대인적 강제처분을 말하며 그런 점에서 각종 교정처우를 행하기 위하여 교정시설에 가두는 收容과는 다른 개념이다. 즉, 수용은 단순한 구금의 개념을 넘어서서 수형자의 재사회화를 위한 각종 처우를 하기 위해 가두는 개념인데도 오늘날은 구금과 같은 의미로 쓰이는 혼동 속에 있다. 교정학에서 구금을 수용과 같은 의미로 혼용하는 이유는 아마 구금의 역사성을 중시한 데서 오지 않나 생각되는데 오늘날 구금은 현실적

1) 허주욱, 교정학, 법문사, 2002, 313면.
2) 김용준, 이순길, 교정학, 국시원, 1999, 285면.
3) 허주욱, 전게서, 314면.

인 법률 적용어로 쓰이는 점에서 그것은 엄격히 말하면 잘못된 것 같다.

여기서 본인은 구금을 2가지 의미로 파악하고자 한다. 하나는 역사적 의미로서의 구금과 현대적 의미로서의 구금으로 나눌까 한다. 역사적 의미로서의 구금이란 과거 고대와 중세처럼 인권의 개념이 없던 시대에 범죄인에 대한 복수주의와 일반인에 대한 위하사상에서 나온 개념으로 구금 자체가 형법과 고통이라는 야만적 행형개념만을 말하며 단순히 형벌의 집행만 하는 개념으로 교정처우와 행형법률주의라는 개념이 없었다. 그리고 현대적 의미로서의 구금은 형사소송법상 개념으로서 범죄인에 대한 대인적·절차적 강제처분으로 형이 확정될 때까지 교정관련 시설에 가두는 단기적 성질을 가진 개념이라고 정의하고자 한다. 그리고 현재 기존의 교정학자들과 행형관계법령에서는 형이 확정된 범죄인을 재사회화시키기 위해 교정시설에 가두는 것도 수용(收容)이란 개념을 사용하는데 본인의 생각으로는 收容보다는 收用이라고 하는 것이 용어의 명확성을 위해 더 나을 것 같다. 왜냐하면 현재 기존 교정학자들이 행형관계법령에서 사용하는 收容이란 용어는 관리적 개념에 가깝지 수형자를 개선·교화시켜 재사회화시킨다는 목적적 개념이 내포되어 있지 않으므로 그러한 목적적 개념을 내포한 收用으로 바꾸는 것이 더욱더 명확한 용어라고 생각한다. 즉, 재사회화라는 특정적 목적(用)을 위하여 수형자를 교정시설에 收容(가둔다)한다는 의미에서 收用이라고 하는 것이 교정의 목적적 개념을 더욱더 분명히 한 것으로 생각된다.

(3) 신수용(新收容)개념론(사견)

新收容개념이란 본인이 만든 조작적 용어로 종래에 기존의 교정학자들이나 행형관계법령 등에서 收容을 구금과 혼용하고, 또한 목적적 개념이 없는 收容이란 용어를 가지고 수형자의 재사회화라는 목적을 운론하는 데서 탈피하여, 기존의 收容이란 용어를 새롭게 해석하여 구금과 收容, 收用을 구분하고 나아가 이들 개념들의 상이점을 파악하고자 하는 데 그 목적이 있다.

먼저 본인이 생각하는 구금, 收容, 收用의 의미를 나름대로 정의해볼까 한다. 구금은 역사적 구금과 현대적 구금으로 분류 시 현대적 의미의 구금이란 국가기관에 의해 강제적으로 단기적으로 교정시설 또는 준교정시설(유치장, 검찰청, 구치감 등)에 가두는 것으로 confinement란 용어에서 알 수 있듯이 어떤 가치적 목적을 가지지 않는 소극적 개념으로 정의할 수 있으며 역사적 의미의 구금이란 과거에 행형을 형벌 그 자체로만 파악한 복수적 위하주의시대의 개념으로 범죄인에 대한 응보적 성격을 가지고 범죄인에 대한 교정처우라는 적극적 가치개념은 없다. 그런데 교정학의 역사와 관련해서는 구금은 역사적 의미로 보는 것이 좋을 듯하고, 그렇게 본다면 구금은 그 주체가 왕(公형벌)이나 귀족(私형벌)들로 볼 수 있고, 역사적 의미의 구금은 징벌집행 자체만을 의미했으므로, 그 성격은 응보적·징벌적이라고 할 수 있으므로 교정처우니 교정상담이란 개념도 없었고, 교정공공재란 개념도 없었다. 단지 사회질서 유지를 위해서 범죄인을 특정 장소에 가두는 소극적 개념이었다.

따라서 범죄인의 인권은 거의 존중되지 않았고, 감독 등은 일반위하주의 정신에 따라 일반사회 속에 음침한 장소들에 위치했다. 따라서 감옥 등의 행형건축도 그렇게 엄격하게 폐쇄적 건축은 아니었다.

그 다음에 收容이란 구금주의 시대의 비인도적·야만적인 행형을 비판하고 수형자도 인간답게 처우해야 한다는 인도적 처우개념이 싹튼 근대와 현대 초기의 개념이라고 정의하고자 한다. 따라서 범죄인에 대한 收容의 주체는 국가(公형벌)이며 범죄를 행한 수형자를 특정한 장소에 가두어 인도적 처우를 행하고, 범죄인을 개선·교화시켜 재사회화시킨다는 사상의 싹은 있었으나 아직 과학적·전문적 교정처우는 하지 못하고 수형자를 인간답게 가둔다는 관리적 성격이 더 강한 시대라고 할 수가 있다. 다만 범죄인을 개선시킨다는 사상은 있었지만 그 개선시키는 과학적 교정처우가 없던 시기로 이때는 범죄인의 인권은 소극적으로 보장되었고, 교정공공재라는 개념은 나왔으나 그 공공재의 생산은 교도관이나 국가가 주체가 되어 생산하는 일방적 성격이며, 교정에 접근방법도 법률을 중시하는 규범적 접근방법 위주였으며, 행형건축은 사회와 격리된 장소에 위치한 폐쇄적·관리적 성격이 강한 건축이라고 할 수가 있다.

收用이란 20c 말부터 오늘날, 그리고 미래까지 적용될 개념으로 역사적 한계를 긋고자 하며, 이때는 범죄인을 재사회화시킨다는 목적이 뚜렷한 시대로 그것을 위해 교정에 대한 종전의 규범적 접근에서 탈퇴해 심리학·사회학·사회복지학·정신의학 등 모든 과학적 지식을 동원해 전문적 교정처우를 하고자 하는 시대이며 그 기본성격은 과학적, 적극적, 목적적, 발전적 성격이라고 할 수가 있다. 또한 교육학의 영향으로, 종래의 교정재 생산에 있어서 교정주체의 우월적 지위를 버리고 교정재의 생산에 있어서 수형자인 교정고객과 교정주체의 대등한 지위에서 상호 협동을 통해 교정재라는 공공재를 만들므로 쌍방향적 공공재라고 할 수가 있다. 그리고 收容주의 시대의 일원적 교정처우에서 벗어나 각 분야별로 전문화된 다원적 교정처우와 비지시적 상담을 위주로 한 교정상담이 이루어져 수형자의 인권은 더욱더 적극적으로 보장되며, 또한 행형건축 방식도 다양화되어 폐쇄적 건축부터 개방적·목적적 건축 또는 테마건축까지 다양화된다. 또한 교정의 실질화와 재통합 모델이라는 교정이념, 교도작업의 연계적 효율성을 위해 교정시설도 점차 사회 속으로 이전해온다. 그리고 궁극적으로는 교정처우의 세밀한 전문적 처우라는 과학적 교정에서 한 걸음 더 나아가 교정을 복지적 차원에서 접근하는 복지과학적 교정으로 나아가야 되고, 또 한 걸음 더 나아가 교정의 인간화를 추구하면서도 과학적 교정을 행하는 신과학주의적 교정4)이 미래 교정의 패러다임이라고 생각한다. 왜냐하면 과학주의 교정이나 복지과학적 교정에서는 전문가에 의한 전문적 처우기술을 중시한 나머지 교정생산에 있어 또 하나의 중요한 요소인 교정의 인간화가 경시될 가능성이 많기 때문이다.

이상 위에서 언급한 것을 표로 정리하면 아래 표와 같다.

[표 18] 구금과 收容 및 收用의 비교(사견)

구분기준	구 금	收 容	收 用
주 체	역사적 의미의 구금: 왕, 개인 현대적 의미의 구금: 국가	국 가	국가, 법인(민영교도소, 기업형 교도소)
성 격	역사적 의미의 구금: 응보적, 징벌적 현대적 의미의 구금: 절차적, 가치중립적, 단기적	관리적, 소극적, 인도적, 장기적	과학적, 적극적, 목적적, 발전적 성격
교정주체와 객체의 관계	역사적 의미의 구금: 주체의 우월 현대적 의미의 구금: 주체의 우월	교정주체의 무조건적 우월	교정주체의 상황적 우월
교정처우 기법	교정처우의 개념이 없음	일원적 교정처우	다원적 교정처우
시 대	역사적 구금: 고대, 중세 현대적 구금: 현대	근대와 현대 초기	현 대
공공재 개념	공공재 개념이 없음	일방적 공공재	쌍방적 공공재
교정상담	개념이 없음	지식 상담위주	비지시적 상담위주

---

4) 본인이 만든 개념이다.

구분기준	구 금	收 容	收 用
범죄인의 인권	역사적 구금: 인권개념이 없음 현대적 구금: 인권보장	소극적 보장	적극적 보장
행형건축	역사적 구금: 폐쇄적, 비계획적 건축 현대적 구금: 관리적, 계획적 건축	폐쇄적·관리적 건축	건축방식의 다양화(폐 쇄적, 개방적, 목적적)
집행장소	역사적 구금: 사회 속에서 음침한 장소 현대적 구금: 부속시설(유치장, 구치장)	사회와 격리된 장소	사회와 친화적 장소

3) 과밀수용의 문제점과 대안

(1) 개 념

과밀수용은 다양한 관점에서 각기 다르게 평가될 수 있는데 Oberheim이 시도
한 분류방식에 의하면 사회심리학적 개념과 행형학적 과밀수용으로 나눌 수 있
고, 전자는 현재의 수용상황에 대한 수용자가 느끼는 주관적 감정의 판단의 척도
가 되며, 후자는 단순히 수용정원의 초과여부를 기준으로 삼는 형식적 이해방법
과 '인구 10만 명당 수용인원지수'와 같이 형사정책적 의미에서 수용인원의 과잉
여부를 파악하는 실질적 이해방법이 있다.[5] 형식적 이해방법은 각 수용시설마다
미리 공식적인 정원을 규정해두고 그 정원을 초과하거나 수용자들이 공동으로 사
용하는 공용물품이나 공동시설이 부족하거나 수용자들을 관리·감독·보호하기
위한 인력의 적정수준을 넘어서는 경우에도 과밀수용으로 보는 개념이고 실질적
이행방법은 국민의 수에 비하여 지나치게 많은 인원이 교도소나 구치소에 수감되
어 있는 상태로 실질적인 접근방법에서 과밀수용의 의미를 이해한다는 것은 결국
보다 거시적 관점에서 수용인원의 적정규모를 산출하고 이를 초과한 경우에 과밀
수용 상태로 파악하는 방법으로 전체 형사사법 체계 내에서 행형의 위상과 그 기
능적 역할에 비추어 볼 때 과다한 수용인원으로 인하여 합리적 행형정책의 수행
이 현실적으로 곤란해진 경우를 과밀상태로 이해할 수 있다.[6]

---

5) 최응렬 외, 교정시설 과밀수용 실태와 형사사법적 대응방안에 관한 연구, 교정연구,
   2003. 18호, 204면.
6) 최응렬 외, 전게논문, 205～206면.

(2) 과밀수용의 실태

법무연감 2001년도 통계에 의하면 1991~2000년의 10년간 교정시설 1일 평균 수용인원의 수용률(1일 평균 수용인원/수용정원)이 100%를 상회하는데, 수용률이 수용정원의 85~90%에 이르면 수용능력의 한계에 도달한 것으로 보므로 과밀수용 상태이며, 또한 지난 10년간(1999~2000년) 전체인구 대비 1일 평균 수용인원에서 전체인구 증가가 10.3%가 증가한 반면, 1일 평균 수용인원은 15.1%가 증가했다.7)

한편, 교정시설의 과밀수용과 관련된 각종 통계표는 아래와 같다.

[표 19] 전체인구 증가와 인구 10만 명당 수용자의 수

연 도 구 분	전체인구	1일 평균 수용인원	인구 10만 명당 수용인원지수
1991	43,268,301	55,123	127.4
1992	43,663,000	55,159	126.3
1993	44,056,087	59,145	134.2
1994	44,453,179	58,188	130.9
1995	44,850,801	60,166	134.1
1996	45,545,000	59,762	131.2
1997	45,991,257	59,327	129.0
1998	46,991,171	67,883	144.5
1999	47,335,678	68,087	143.8
2000	47,732,558	63,472	133.0

⇨ 자료) 법무부, 2001, 361면, 최응렬 외 전게논문 207면에서 재인용.
　　주) 인구 10만 명당 수용인원지수={(1일 평균 수용인원)/(전체인구)}×100,000명.

[표 20] 교정시설 수용인원 변동현황

연 도 구 분	수용시설	수용정원	수용인원	정원초과인원	수용시설증가비: 수용인원증가비
1994.12	40	55,800	58,188	+2,388	108:117
1995.12	40	55,450	59,315	+3,865	108:119
1996.12	42	57,360	58,131	+771	113:117
1997.12	42	57,660	62,982	+5,322	113:127
1998.12	43	56,500	70,036	+13,536	116:141
1999.12	43	58,000	64,641	+6,641	116:130

⇨ 출처: 범죄백서, 2000, 김혜경, 과밀수용 개선에 관한 연구, 경기대 석사학위논문 13면에서 재인용.

---

7) 최응렬 외, 전게논문, 206면.

[표 21] 교정시설 1일 평균 수용인원(1995~1999년) (단위: 명)

구 분 / 연 도	1일 평균 수용인원	수용내용				
		수용자	미결수용자			노역장유치
			계	피의자	피고인	
1995	60,166	32,895	26,785	3,158	23,627	486
1996	59,762	32,848	26,519	3,272	23,247	395
1997	59,327	33,123	25,825	2,253	23,572	379
1998	67,883	35,125	31,238	2,930	28,308	1,520
1999	68,087	38,364	28,609	2,547	26,062	1,114

⇨ 출처: 범죄연감, 2000, (표 4-1)일부, 김혜경, 전게논문, 12면에서 재인용.

[표 22] 각국 인구 10만 명당 수용자 인원지수(단위: 명)

순 위	국 명	인구 10만 명당 수용인원
1	미 국	690
2	러시아	670
21	네덜란드	364
22	싱가포르	359
63	가이아나	175
63	홍 콩	175
86	탄자니아	136
87	피 지	134
89	한 국	133
89	영 국	133

⇨ 출처: 최응렬 외, 전게논문, 208면.

위의 표에서 인구 10만 명당 수용자 인원수는 과밀수용의 절대적 기준이 될 수가 없는데, 미국은 우리나라보다 인구 10만 명당 수용자 인원수가 5배 이상 많아도 상대적으로 교정시설이 많고, 형사정책 시스템이 과학화되어 있다면 과밀 정도는 우리나라보다 훨씬 낮을 수도 있기 때문이다.[8]

한편, 우리나라의 민간 교도소가 과밀수용 상태이나 육군 교도소는 과밀이 아닌 적정수용 상태를 유지하고 있는데, 이는 육군 교도소는 2001년 이전에는 여호와의 증인 등으로 인해 일일 수용자가 300~500명을 넘었지만 2001년 이후 여호와의 증인들이 민간 교도소로 이송된 이후 현재는 일일 평균 100여 명의 수감자

8) 최응렬 외, 전게논문, 209면.

에 전체 245명의 기간병이 업무를 보고 있어 과밀수용의 문제점은 없다고 한다.[9)]
한편, 세계 각국의 교도소의 실태는 아래와 같다.

[표 23] 각국의 교정실태 현황

구　분	남자 수용자	여자 수용자	총 수용인원	교도관수	교도관 1명당 수용자 비율	인구 10만 명당 수용자 비율	기준일자
호　주	19,563	1,300	20,863	6,970	3.0	108.9	2000.6.30
브루니아	311	22	333	118	2.8	98.4	〃
캄보디아	5,214	288	5,502	1,124	4.9	45.9	〃
중　국	1,380,307	47,100	1,427,407	286,345	5.0	109.8	〃
쿡아일랜드	22	1	23	19	1.2	153.3	〃
피　지	1,168	17	1,185	332	3.6	152.5	〃
홍　콩	10,366	1,201	11,567	6,514	1.8	170.1	〃
일　본	53,141	2,992	56,133	17,055	3.3	44.3	〃
키리바티	56	1	57	35	1.6	73.1	〃
마카오	817	78	895	373	24	207.7	〃
말레이시아	24,748	1,246	25,994	9,100	2.9	104.0	〃
뉴질랜드	5,382	266	5,648	2,750	2.1	148.1	〃
싱가포르	12,665	1,126	13,791	1,605	6.7	344.8	〃
스리랑카	16,188	662	16,850	5,139	3.3	88.7	〃
태　국	170,208	35,803	206,011	10,123	20.4	334.1	〃
통　가	67	1	68	83	0.8	55.3	〃
한　국	60,801	3,237	58,000	12,490	4.7	135.3	2003.5.7
미　국	-	-	116,376	30,208	3.9	-	1999.3.15
영　국	-	-	49,500	38,000	1.3	-	〃
캐나다	-	-	14,307	9,000	1.6	-	〃
스웨덴	-	-	6,425	6,406	1.0	-	〃
독　일	-	-	70,279	34,814	2.0	-	〃
프랑스	-	-	49,176	24,049	2.0	-	〃

⇨ 출처 : 허주욱, 교정조직·기구의 발전적 개편방안, 교정연구 19호(2003), 87면.

한편, 국가인권위원회의 구금시설연구모임에서 펴낸 구금시설인권실태에 관한
2002년도 보고서의 60면에서 197면에 나타난 수용밀도를 도표로 재구성하면 아

---

9) 국가인권위원회, 군대구금시설인권실태조사를 위한 기초현황파악, 2002, 119면.

래와 같다.

[표 24] 전국 교정시설의 수용밀도

교정시설	수용정원(능력)	수용인원	수용밀도(1평당)	기준일
서울 구치소	3,200	3,649	2.3	2002. 3월 기준
안양교도소	2,900	2,661	1.81	2001. 8. 30.
영등포구치소	1,780	2,488	2.18	〃
성동구치소	1,930	2,119	2.18	〃
수원구치소	1,950	2,673	2.44	〃
인천구치소	2,050	2,624	2.40	2001. 7. 31.
영등포교도소	1,400	2,004	2.71	2001. 8. 30.
여주교도소	1,070	719	0.64	〃
의정부교도소	1,700	1,577	1.84	〃
춘천 교도소	1,100	1,361	2.26	2000. 9월 기준
원주교도소	990	1,104	1.98	〃
강릉교도소	400	501	2.58	〃
평택구치지소	250	285	2.06	〃
대전교도소	2,940	4,038	2.22	2001. 8. 31.
천안소년교도소	1,350	796	1.18	〃
청주교도소	1,150	1,495	2.46	〃
천안 개방교도소	430	395	1.03	〃
공주교도소	800	907	2.05	〃
청주여자교도소	340	457	1.71	〃
홍성교도소	570	699	2.36	〃
논산구치지소	350	273	1.33	〃
대구구치소	1,350	1,750	2.39	2000. 9월
부산 교도소	2,008	2,008	2.24	2002. 1. 23.
청송 교도소	1,850	1,767	1.5	2002. 3월 기준
청송제2교도소	1,000	619	0.85	2002. 5월 기준
대구교도소	2,670	3,231	2.02	2002. 3월 기준
마산교도소	1,780	2,135	2.32	2000. 9월 기준
부산구치소	2,300	2,367	2.04	〃

교정시설	수용정원(능력)	수용인원	수용밀도(1평당)	기준일
청송1보호감호소	1,450	916	1.16	2000. 3월 기준
청송2보호감호소	1,430	596	0.81	2000. 9월 기준
김천소년교도소	1,150	975	1.58	〃
진주 교도소	1,440	1,342	1.66	〃
안동교도소	970	1,150		2000. 9월 기준
울산구치소	630	686	2.14	〃
경주교도소	500	640	2.17	〃
광주교도소	2,390	2,767	2.20	2001. 8. 30.
전주교도소	1,590	1,868	2.24	2002. 3. 12.
목표교도소	1,500	1,648	1.95	2001. 8. 30.
군산 교도소	1,250	1,318	2.09	〃
순천교도소	1,100	705	2.05	〃
장흥교도소	400	419	2.23	〃
제주교도소	520	658	2.26	〃

(3) 과밀수용의 문제점

과밀수용으로 인한 공간의 부족은 수형자의 사회복귀를 위한 일련의 재사회화 프로그램을 실현한 공간의 축소를 가져오고 수용자가 증가됨에 따라 상담과 처우 및 행정지원을 해야 할 인력이 부족하게 되고 보안에 더 신경을 써야 하므로 적극적인 재사회화의 노력보다 소극적인 구금 위주의 교정이 되기 쉽다.[10] 또한 과밀수용은 교정시설 및 교정공무원의 부족과 과잉업무 등으로 교정교육은 실질적으로 포기되었으며, 교도관의 사기저하, 교도관과 수용자 또는 수용자 간의 긴장 고조로 폭력사건이 증가하며, 이러한 과밀수용 문제는 증가하는 재범률과 운영경비의 증가, 형사정책의 보수화 현상 등 제반의 문제를 양산하고 있다.[11] 한편 행형법 제11조 제2항에는 혼거수용의 경우에는 수용자의 형기, 죄질, 성격, 범수, 연령, 경력 등을 참작하여 구별 수용한다는 규정과 우리 행형법 제11조 제1항에는 독거수용을 원칙으로 하되 필요한 경우에는 예외적으로 혼거 수용할 수 있다고 규정되어 있으나, 한국 현실의 과밀수용의 현실은 상기의 행형법 규정을 결과적으로 위배하고 있다.

---

10) 한영수, 행형과 형사사법, 세창출판사, 2000, 90면.
11) 김혜경, 전게논문, 20~21면.

그리고 행형법 제1조의 3에는 행형법을 집행함에 있어서 수용자의 인권은 최대한 존중되어야 한다고 규정하고 있지만, 우리나라의 현재의 과밀수용의 상태에서는 수용자의 기본적 인권의 보장은 불가능에 가깝고, 교정당국이 수용인원의 과밀상태를 해소하지 않는 것은 행형법 제1조의 3을 신설한 입법취지를 무색하게 만들고 결과적으로 헌법과 국제법이 보장하고 있는 피구금자의 인권에 대한 침해를 방관하고 있다는 결과가 된다.[12]

그런데 독일 행형법은 거실의 필요면적에 대해 구체적으로 규정하고 있지는 않지만 시행령 제146조에는 과밀수용 금지 규정을 두고 있으며, 서독의 한 판례[13]는 19.84입방미터의 기적(氣積)을 가진 단독실에 2명의 수형자를 수용한 것은 기본법 제1조에 규정된 인간존엄성의 존중 원칙에 위배되므로 위법이라고 판시하고 있고, 미국의 판례 역시 거실이 협소하고 불결·비위생적인 것은 교정 프로그램이 전적으로 없는 경우와 같이 수정헌법 제8조에 규정된 잔인하고 이상한 형벌에 해당된다고 판시하고 있다.[14]

(4) 과밀수용과 교정사고의 관계에 대한 기존의 주장에 대한 반론

한편, 과밀수용은 사람들로 하여금 자신과 주변에 대한 통제 불능의 느낌을 갖게 하고 하루일과나 그 밖의 개인적인 통제 등을 의지대로 수행할 수 없게 하며, 과밀수용은 재소자에게 신체적·정신적 자유공간의 축소를 가져와 이질적인 동료수용자 간의 잦은 접촉으로 스트레스가 가중되며, 교도관과 수용자 사이의 긴장관계도 고조됨에 따라 폭행사고 등 교정사고를 유발시키는 원인으로 작용한다.[15]

한편, 김혜경 씨는 우리나라에서 과밀수용과 교정사고 발생의 연관성을 각종 통계표를 인용해 보여주고 있는데 그 내용은 다음과 같다.

---

12) 한영수, 전게서, 99~101면.
13) KGZfStrVo 1980. 191, 박재원, 수형자의 권리와 권리구제제도, 국민대 출판부, 1996, 77면에서 재인용.
14) Holt V. Sarver, 309F. Supp. 362(1970), 박재윤, 전게서, 77면에서 재인용.
15) 김혜경, 전게논문, 22면.

[표 25] 교정사고 발생현황(1990 ~ 1999년) (단위: 명)

연 도 \ 사고내용	1일 평균 수용인원	수용자 1천 명당 발생건수	계	도주	자살	화재	병사	폭행 치사	직원 폭행	소란 난동	기타
1992	55,159	2.8	152	2	12	0	10	3	3	3	33
1993	59,145	2.8	168	1	1	0	8	2	5	6	22
1994	58,803	4.5	266	5	5	0	15	6	5	3	26
1995	30,166	5.6	334	2	2	0	14	3	2	10	45
1996	59,762	4.9	292	3	3	0	20	5	6	3	32
1997	59,327	5.3	312	4	4	0	14	1	6	3	59
1998	65,673	5.2	353	0	0	0	24	1	15	5	83
1999	68,087	7.2	488	0	0	0	28	0	31	2	107

⇨ 출처: 범죄백서, 2000, 김혜경, 전게논문, 23면에서 재인용.

[표 26] 1일 평균 수용인원과 수용정원

구 분 \ 연 도	1990	1991	1992	1993	1994	1995	1996	1997	1998	1999
수용정원(a)	53,600	54,300	55,300	55,800	55,800	55,800	57,360	57,660	56,500	58,000
수용인원(b)	50,864	53,169	55,159	59,145	58,188	60,166	59,762	59,327	67,883	68,087
수용률(b / a)	94.9%	97.9%	99.7%	106%	104%	107.8%	104.2%	102.9%	120.1%	117%
기결구금자	27,343	28,397	31,388	32,452	33,752	33,381	33,243	33,502	36,645	39,438
미결구금자	23,521	24,772	23,771	26,693	24,436	26,785	26,519	25,825	31,238	28,609

⇨ 출처: 법무연감 2000, 김혜경, 전게논문, 24면에서 재인용.

위의 표들에 의하면 교정시설 내에 과밀수용이 교정사고 발생과 밀접한 관계가 있음을 알 수 있는데 과밀수용 상태가 심화된 98년과 99년에 교정사고의 빈도수가 높아졌음을 알 수 있다고 한다.[16] 그러나 김혜경 씨의 논문에서는 교정시설 내에 과밀수용이 교정사고 발생과 밀접한 관계가 있다고 하여 교정사고 발생의 직접원인으로 과밀수용을 들고 있으며, 이윤호 교수도 수용사고의 상당부문이 과밀수용으로 인하여 빚어진 사고라고 하여[17] 교정사고 또는 수용사고의 직접원인으로 들고 있다. 또 이윤호 교수는 수용사고의 원인을 구조적·제도적 요인 등 여러 원인으로 나누면서도 가장 중요한 원인으로 사람(교도관)의 문제로 보고 교

---

16) 김혜경, 전게논문, 23면.
17) 이윤호, 교정학개론, 박영사, 2002, 105면.

도관 한 사람이 수백 명의 재소자를 책임져야 한다면 수용사고도 그만큼 많아질 수밖에 없다고 주장하고, 과밀수용은 수용사고의 중요한 원인으로 대두되었다고 주장한다.[18] 다시 말해서, 수용사고의 가장 중요한 원인으로 교도관, 즉 교도관의 수, 교도관의 자질, 교도관의 권위를 들고 또한 과밀수용도 수용사고의 직접적이며 중요한 원인으로 들고 있으나,[19] 사견으로는 교정사고 발생의 직접적 원인으로 과밀수용을 들고 있는 김혜경 씨나 이윤호 교수의 의견에 동조할 수 없고, 또한 교정사고의 가장 중요한 원인으로 교도관을 들고 있는 이윤호 교수의 주장에도 동조할 수가 없다.

사견으로는 과밀수용은 교정사고나 수용사고의 직접적 또는 중요한 원인이 아니라 교정사고의 발생에 영향을 줄 수 있는 하나의 생태적 요인 또는 유발단서에 불과하다고 생각하며, 본인은 교정사고의 발생에 가장 직접적이며 중요한 원인을 수용자의 공격지수라고 생각하며, 교정사고와 그에 영향을 미치는 요인들 간에 함수관계를 사견으로 만들어 보고자 한다.

먼저, 여기서 말하는 교정사고 또는 수용사고란 기존의 협의의 개념인 도주, 폭행, 자해, 난동 등을 포함하는 넓은 개념으로 조작적 정의를 하고자 하며, 교정사고란 교정재의 생산을 저해하거나 부정적 외부효과를 가져오는 수용자의 일체의 심리적, 물리적, 사회적, 언어적 행동이라고 정의하고자 한다.

따라서 이렇게 개념을 정의하면 기존의 교정사고의 개념인 기물파손, 폭행, 난동, 자해, 상해, 성추행 등 주로 물리적 개념 외에 동료수용자나 교도관에게 심한 욕설이나 비방을 하는 언어적 폭력과 동료수용자나 교도관 등에게 정신적 고통이나 좌절감을 주는 강요, 협박 등의 심리적 행동과 교도관 등을 징계할 목적 또는 자신의 특정한 뜻을 관철하기 위해 행하는 것으로서 법령에 정해진 정당한 방법(청원, 국가인권위원회에의 진정) 이외의 방법으로 행하는 단식, 언론기관에의 투서, 각종 무고행위와 같은 사회적 행동을 포함한다고 할 수 있다, 따라서 교정사고와 그에 영향을 주는 요인들 간의 함수관계로 한 수용자의 교정사고 발생에 관한 함수를 교정사고 함수=f(공격지수 / 수용자 개인적 변인, 사회적 변인, 문화적 변인)로 개념 짓고자 하며, 따라서 한 수용자의 공격지수가 강할수록 교정사고 발생 가능량이 많아진다고 할 수 있어, 교정사고의 가장 중요한 원인으로 교도관(수, 특성)을 들고 있는 이윤호 교수의 주장과는 전혀 다른 입장임을 먼저 전제하

---

18) 이윤호, 전게서, 103~104면.
19) 이윤호, 전게서, 103~104면.

고자 한다.

그 다음에 수용자 개인변인으로서는 수용자의 성(性), 연령, 수용자 집단 내에서의 지위의 정도, 맥락효과, 정보효과, 얽매임(commitment)의 정도, 심리상태 등을 들 수 있고 사회적 변인으로는 다른 수용자의 태도, 교도관의 수와 태도, 수용시설의 특성과 수용밀도, 교화자원의 양과 질 및 태도, 교정조직, 교정정책, 국가정책, 수용자의 생태계의 특성, 갈등처리구조, 의사소통의 원활 등을 들 수가 있고, 문화적 변인으로는 일반사회의 문화적 특징, 수용자가 소속된 수인(囚人)집단의 특유한 문화 등을 들 수가 있다.

따라서 본인이 제시한 교정사고 발생의 함수를 설명하면 교정사고 발생량과 직접 관계되는 요소는 개인의 공격지수이며 다른 조건이 일정하다면 개인의 공격지수가 강할수록 교정사고 발생량은 증가할 가능성이 있으며, 이때 개인 수용자의 공격지수의 정도와 교정사고 발생량의 관계를 교정사고량의 변화라고 할 수 있고, 이때의 개념은 사전적(事前的) 개념, 즉 개인의 공격지수가 강할수록 교정사고 발생량은 증가할 가능성이 많다는 뜻이다.

그리고 여기서 공격지수란 본인이 만든 조작적 개념으로 공격지수는 한 개인이 가지고 있는 공격성과 자제능력과 그리고 그때마다의 수용자가 처한 심리적 상태의 조합적 개념으로 한 개인이 가진 공격성은 선천적 개념으로 거의 불변이나 수용자의 상태는 수시로 변하므로 조합적 개념인 공격지수는 가변적 독립변수로 상정할 수가 있다. 예를 들어 어떤 수용자가 공격성이 낮고 자제력은 보통이고 그가 처한 상태가 평화로운 상태라면 공격적 행동이 일어날 가능성은 낮지만, 그가 갑자기 우울증이나 좌절감, 스트레스 등의 통제할 수 없는 변수가 발생해 처한 상태가 달라지면 공격적 행동이 일어날 가능성이 크다고 할 수 있으므로 공격지수는 수시로 변한다고 할 수가 있다. 즉, 평소에 공격성이 낮은 자라도 좌절감을 느끼게 될 수가 있고, 이때 그가 그 좌절감을 의도적·비의도적으로 보느냐에 따라 공격지수가 달라질 수 있고 그 좌절감이 절대적 좌절감보다는 타 수용자와 비교할 상대적 좌절감일 때는 공격지수가 더 높을 수도 있고, 또 그가 좌절에 대한 반응으로 공격적 행동을 학습했느냐 여부에 따라 공격지수가 달라질 수 있으며, 또한 수용자의 기대수준과 개인적 성격특성, 공격적 행동 뒤의 보상 여부, 공격유발 단서의 존재 여부 등에 따라 수시로 공격지수가 변할 수 있다.

공격지수가 높다고 해도 그것이 남성이냐 여성이냐에 따라 고정사고 발생량이 달라질 수가 있고, 또한 학습효과의 지배를 받는 연령에 따라 교정사고 발생량이 달라질 수가 있다. 또 수용자 집단 내에서의 지위의 정도란 그의 공격지수가 높다고 해도 그가 수인(囚人)사회에서의 위치, 즉 그가 감방장이냐, 신입이냐에 따라 교정사고 발생량이 달라질 수가 있으며, 맥락효과란 수용자가 공격지수가 높다고 해도 수용자가 그렇게 공격지수가 높게 된 원인을 어떤 맥락에서 파악하느냐에 따라, 즉 개인적 측면 또는 사회적 측면 등 어떤 맥락에서 보느냐에 따라 교정사고 발생량에 영향을 미치며, 정보효과란 공격지수가 높아졌을 때 그것에 대한 정확한 정보량에 따라 교정사고 발생에 영향을 미치며, 얽매임의 정도란 어떤 수용자가 공격지수가 높게 되었다고 해도 그가 이미 다른 사물에 몰두하거나 깊은 감정개입 상태가 되어 있는 상태가 되어 있는 상태에서는 교정사고의 발생량은 적어질 것이다.

그 다음으로 교정사고 발생에 영향을 주는 사회적 변수로는 다른 수용자들을 들 수가 있는데, 다른 수용자란 어떤 수용자가 공격지수가 높다고 해도 다른 수용자의 태도나 말투, 어법, 감정, 공격 여부에 따라 교정사고 발생량에 영향을 미치며, 교도관 변수란 교도관의 수와 교도관이 수용자에 대한 태도나 권위 종류에 따라 교정사고 발생량에 영향을 미치며, 수용시설 변수란 수용시설의 열악한 정도, 과밀수용 등 수용밀도가 교정사고 발생량에 영향을 줄 수 있으며, 이 외에도 교화위원들이 수용자에 대한 교화의 질, 교정조직 체계의 민주성의 정도 및 의사소통의 원활도, 공정한 상벌체계나 분류제도, 갈등의 신속하고 공정한 처리, 흡연이나 성생활 등 기본적 자원의 박탈 여부, 수용자의 가족 등의 현재 상태와 기대 그리고 능력, 국가의 교정정책 등을 수용자의 교정사고 발생량에 영향을 미치는 사회적 변수로 생각할 수가 있다.

문화적 변수로는 전과자나 수용자에 대한 일반사회의 태도와 교도소 내에 이미 존재해 있는 교도소 문화 등이 교정사고 발생량에 영향을 미칠 수가 있다는 것이다.

그리고 공격지수를 제외한 개인적 변인, 사회적 변인, 문화적 변인의 변동은 교정사고 발생곡선 자체를 상측 또는 하측으로 이동시키며(교정사고 발생의 변화) 공격지수의 변화는 교정사고 발생곡선 자체를 움직이는 것이 아니고 교정 발생곡선 자체에서만 변동할 뿐이다(교정사고 발생량의 변화).

(5) 과밀수용 해소에 관한 기존의 방안들

과밀수용을 해소할 수 있는 전통적인 견해로는 Blumstein의 견해가 있는데 그는 아래의 5가지 전략을 제시하고 있다.[20)

그가 제시한 첫 번째 전략은 그냥 교정시설이 증가하는 재소만큼 더 소화시킬 수밖에 없다는 것으로 무익한 전략으로 추가비용 부담이 없어 정치적으로 수용하기 쉬운 전략이지만 장기적으로는 수용자가 교도소를 통제하고 직원들은 비도덕화될 수 있다고 한다.

두 번째 전략은 선별적 무능력과 정책으로 강력범죄자만을 선별적으로 구금하여 교정시설 공간을 보다 효율적으로 운영하자는 것으로 강력범죄의 대부분을 선별하여 필요한 만큼 수용함으로써 전체 강력범죄 중 상당부분을 차지하는 이들에 의한 강력범죄는 예방될 수 있으므로, 전체적으로 상당한 범죄감소 효과를 거둘 수 있고 결과적으로 교정시설의 수용인구를 줄일 수 있게 되어 과밀수용이 어느 정도 해소될 수 있다는 논리이다.

세 번째 전략은 수용인구를 감소시키자는 것으로 이를 위해서는 정문정책(front-door) 전략과 후문정책(back-door) 전략으로 나눌 수 있다고 한다.

먼저 정문정책(front-door) 전략은 범죄자를 보호관찰, 가택구금, 벌금형, 사회봉사명령 등 비구금적 제재로 전화시켜 과밀문제를 해결하자는 것이나 이들 대안들은 단지 일부 경미범죄자나 초범자들에게만 적용이 가능한 한계를 가지고 있다. 후문정책(back-door) 전략은 일단 수용된 범죄자를 보호관찰부 가석방·외부통근·선시제도 등을 이용하여 새로운 입소자들을 위한 공간 확보를 위해서 그들의 형기종료 이전에 미리 출소시키자는 것이다.

네 번째 전략에는 형의 선고 때에 수용능력이 고려될 수 있고, 과밀시설일 때는 재소자를 석방할 수 있도록 하는 정책이 개발되고 법원으로 하여금 교정시설의 수용능력과 현황에 대한 자료가 제공되어 양형결정 시 참고하자는 방안이다.

다섯째로 교정시설을 증대하자는 것으로 이 전략은 수용시설 경비부담의 문제와 시설이 증설되어도 교정당국의 관료제화로 다시 과밀수용 문제가 발생한다고 한다.

그러나 지금까지 위에서 언급한 과밀수용의 해소방안은 한정된 교정자원 활용

---

20) Blumstein, "Prisons: Population, Capacity, and Alternatives", James & wilson, Crime and Public Policy, SF; ICS press 1983; 이윤호, 전게서, 95~93면에서 재인용.

으로 해결방식에 그 한계성을 지니고 있을 뿐만 아니라 전체 형사사법제도와의 연계성도 부족해 정책상의 문제나 시행상의 한계성을 지니게 되어 최근 새로운 과밀수용 해소방안이 전개되고 있다.[21] 이러한 최근에 논의되는 방안에는 교정의 민영화, 가택구금, 지역사회 교정, 전자감시제도, Boot camp 등이 있지만 여기서는 최근 가장 많이 언급되는 전자감시제도와 지역사회 교정, 그리고 Boot camp 에 대해 간략히 살펴보기로 한다.

지역사회 교정이란 범죄자에 대한 다양한 처벌이나 비시설 내 교정처우 프로그램을 언급하는 일반적인 용어로서 미결수를 형사사법제도나 구치소로부터 전환시키기 위한 다양한 시도와 기결수를 지역사회 내에 체류시키면서 제약을 가하는 다양한 양형이나 프로그램으로 교정정책에 따른 한정된 자원을 지역사회라는 거대한 자원의 창고에서 자원을 활용함으로써 교정의 과밀화를 해소하는 것인데, 지역사회 교정은 지역사회에서 다양한 중간처벌 프로그램을 제공하는 것으로 벌금이나 보호관찰에서 구금에 이르는 처벌의 연속선상에서 집중감시 보호관찰, 가택구금, 전자감시, 병영식 캠프, 등과 같은 지역사회 교정 프로그램들이 있다.[22]

가택구금은 전자감시를 통해 집에서 자유형의 일부 또는 전부를 집행하게 하는 방법으로서 보호관찰과 병행하여 부과되는 것이 일반적이지만 독립처분으로도 선고될 수 있고, 자유형의 성격을 지닌 변형된 구금 형태라고 할 수 있으며, 현재 미국에서 실시하고 있는 제도인데, 보호관찰 대상자와 교도소 수용자 가운데 비교적 위험성이 낮은 자에게 적용되고 있는데 가택구금은 행형비용의 절감과 교도소의 과밀수용을 해소하는 데 기여하며, 특수한 수형자에게 적합하고 악풍감염이 방지되나 사생활침해 문제, 형기의 장기화, 원조보다 감시에 중점을 둔다는 문제점이 있다.[23]

전자감시는 가택구금에서 나타나는 감시의 문제점을 보완하고 아울러 전통적 교도소 구금방식이나 보호관찰 등이 장기간 구금과 감시에 따른 고비용에 비해 재범방지 등 수형효과가 크지 않은 점을 개선하기 위해 고안된 방법으로 1964년 쉬츠게벨(Schwitzgebel)이 처음 고안하였다고 한다.[24] 전자감시란 감시대상자의 감시를 전자장치를 통하여 하는 것으로서 보통 손목이나 발목 등에 전자감응 장

---

21) 김혜경, 전게논문, 39면.
22) 김혜경, 전게논문, 39면.
23) 배종대, 형사정책, 홍문사, 2000, 491면.
24) 배종대, 전게서, 491면.

치를 부착시켜 원격지에서 감시하는 제도이다.25) 미국에서의 전자감시의 유형에
는 감시대상자의 팔, 발목, 목에 장착된 송신기가 일정한 시간간격을 두고 무선신
호를 자동적으로 발신하는 계속적 감시 시스템과 감시 컴퓨터가 무작위로 대상자
의 자택에 전화를 걸어 소재를 확인하는 단속적 감시 시스템, 대상자에 부착된
송신기가 발신하는 무선신호를 보호관찰관의 수신기가 받음으로 수신을 확인하
고, 이 일정한 범위 내의 외출을 허용하는 탐지 시스템이 있으며, 전자감시의 대
상은 소년이나 성인을 모두 포함하나 주거가 불분명하거나 전화가 없는 경우에는
예외이며, 폭력범죄나 성범죄자는 제외되며 전자감시를 받게 하기 위해서는 대상
자의 동의가 필요하다.26)

이러한 전자감시제도에 대해서는 시설 내 처우보다 비용을 절약할 수가 있고,
시설수용의 단점을 피할 수 있으며, 기존의 사회 내 처우와도 병행해서 이용할
수 있으며, 특수수형자에게도 적용할 수 있고, 특별한 시설을 필요로 하지 않으
며, 미결과 기결에 상관없이 형사사법의 각 단계에 있어서 형사처분으로서 폭넓
게 이용할 수 있다는 찬성론이 있다.27)

그러나 전자감시제도는 전자감시제도가 행복추구권을 침해하느냐에 관한 논란,
프라이버시권을 침해하느냐의 문제점에 관한 논란들, 거주이전의 자유나 신체의
자유 침해가능성에 대한 논의들, 초기개발에 따른 투자비용의 문제, 전자감시 운
용상의 신뢰성 문제, 형사절차에서의 어느 단계에서 전자감시 프로그램을 적용하
며 전자감시 대상자의 기준에 관한 논란 등이 있으며,28) 전자감시에 의한 가택구
금은 상대적으로 좋은 집에 살고 있는 자에게만 이런 혜택이 돌아가 빈곤한 자는
수혜자가 될 수 없으므로 평등원칙에 어긋난다고 한다.29)

또한 전자감시제도는 징벌적 성격을 가지면서 동시에 그의 생활을 감시하여 미
래의 범법행위를 방지하려는 예방적 성격을 함께 지니는 형사처분으로, 이것은
사회 내 처우의 기능강화를 가져올 수 있지만, 다른 한편으로는 형사사법만의 확
대효과를 가져올 수 있고, 이러한 과도한 사회통제는 시민의 자유를 침해하는 결
과를 가져온다는 점에서 바람직하지 않다고 한다.30)

---

25) 김혜정, 전자감시제도의 적용가능성에 대한 검토, 형사정책, 한국형사정책학회, 2000,
    109면.
26) 허주욱, 전게서, 866~867면.
27) 허주욱, 전게서, 871면.
28) 박영규, 전자감시제도와 가택구금연구, 교정연구, 2001. 12호, 175~179면.
29) 한영수, 전게서, 247면.

　Boot camp는 구금형을 받은 사람들을 교도소에 구금하지 않고 병영훈련을 통한 충격 프로그램을 받게 하는 것으로 병영훈련은 재소자의 성격과 태도의 변화를 적극 추구하며, 교정비용의 절감과 교도소의 과밀화 문제 해결에 기여하며, 최초의 병영훈련 프로그램이 활용된 때에는 1983년에 미국 조지아주의 교정국이 교도소 구금을 면제하는 조건으로 도입한 특별대안적 구금 프로그램의 효시이다.[31]

(6) 과밀수용 해소에 대한 새로운 대안(사견)

　① 주간구금제(출퇴근 구금제도): 구금이란 수용과는 원래 다른 의미이나 기존 교정학이나 관계법령에서는 구금과 수용을 혼용해 사용했으므로 여기서도 기존의 관행을 그대로 따른다. 사견으로 제시하는 출퇴근 구금제도란 일정한 기준에 의해 선발된 수형자에 대하여 아침에 교도소 내로 집결케 하고, 주간에는 직업, 학과, 교육, 기술교육, 상담치료를 하고, 저녁에는 각자의 집으로 퇴근케 하는 제도이다. 이 제도의 대상자는 주로 가벼운 교통사범, 유기, 상품사기, 주정, 단순폭력 등 단기자유형 선고자를 대상으로 실시하되, 실시하는 방법은 판사가 판결과정에서 주간구금제를 조건으로 한 형의 선고를 하는 경우와 일단 일정한 기준 이하의 형이 확정된 자를 교도소에 일정 기간(예: 한 달) 수용한 뒤 분류심사과에서 적격 대상자를 선발해 실시하는 2가지 경우를 가정할 수 있다. 전자의 경우는 객관적이고 중립적인 판사가 선고하므로 대상자의 선발에 있어 교정공무원의 자의에 의한 선발이라는 문제점은 해소되나, 판결 전 조사업무의 증가로 법원의 업무가 그만큼 증가되는 문제점은 있다. 그러나 대상 수형자와 일반 국민에게는 형벌의 위하적 효과가 후자에 비해 상대적으로 낮다. 후자의 경우에는 일단은 교도소에 입소해 한 달 등 일정 기간 동안 구금의 고통을 주므로 전자에 비해 위하효과는 있으나, 분류심사과에서 대상자를 선발하는 과정에서 자의가 개입되어 공정성이 상실될 우려가 있으며, 상대적으로 선발되지 못한 수형자에게는 더 큰 낙인의 효과가 있게 되고, 또한 갈등의 문제가 야기되어 교정사고의 가능성도 있다. 이러한 출퇴근 구금제도는 교도소 내의 과밀수용 문제를 해소할 수 있고, 행형경비 등이 절약되므로 교정경제에 도움을 주며, 또한 단기자유형이 가지는 문제점을 극복할 수 있고, 사회와의 단절이 방지되며, 수형자는 집에서 출퇴근하므로 가족과의 유

---

30) 한영수, 전게서, 249~250면.
31) 김혜경, 전게논문, 45~46면.

대도 강화되며, 수형자의 주위에서 그런 사심을 모르므로 수형자의 명예가 보호되며, 다양한 교정처우와 교정의 사회화 정신에 부합되며, 집단생활을 하지 않아 상대적으로 위생적이고 방역상 문제점이 적으며, 대상자의 특성에 따라 교도작업, 교육, 상담 등을 행하므로 개별적 처우가 가능하다. 그러나 이 제도는 형벌집행의 통일성이 저해되며, 기존 수형자와의 갈등문제가 제기되며 도주의 우려 등 교정사고가 발생할 가능성이 크며, 범죄를 행한 사람에게 지나친 특혜가 아니냐는 국민과 사회의 부정적 감정이 일어날 가능성이 있으며, 형벌의 위하효과가 적어 재범의 가능성이 더욱더 커질 가능성이 있다. 또한 결석을 여러 번 하여 재수용된 경우 형기계산이 복잡해진다.

이 제도의 시행에 있어서 유의할 점은 관련 법규를 만들 때 가능한 자의적 해석이 가능한 임의적 조항을 없애거나 최소화하고 대상자가 도주하여 재입소 시 교정상 처우과정을 엄격히 할 필요가 있으며, 가난 등 여러 이유로 이 제도를 원하지 않는 수형자도 있을 것이므로 대상자의 선발에 있어서 법원의 선고과정에서 행하든 교도소에 입소 뒤 교정단계에서 행하든 적격 대상자의 동의를 얻을 필요가 있다. 또한 지각이나 결근 등을 일정 횟수 초과할 경우 벌칙이나 재수용 방법 등에 대한 자세한 규정을 두어야 한다.

② 교차구금제도: 이 제도는 교도소에 일정 기간 이상 수용된 자로서 행형성적이 우수한 자 중에서 가석방에서 제외된 자를 대상으로 일정 기준에 의해 출퇴근 구금제, 주말구금, 휴일구금제 등을 실시하다가 행상이 나쁘거나 정해진 규칙을 일정 횟수 위반 시 다시 주야구금제로 환원시키는 제도이다. 이 제도는 단기수형자뿐만 아니라 장기수형자도 대상자가 된다는 점에서 단기수형자만을 대상으로 하는 출퇴근 구금제도와 차이가 난다.

이 제도는 가석방제도의 엄격성에서 오는 문제점을 해결할 수 있고, 행상이 우수한 장기수형자도 대상이 되므로 장기수형자의 작업욕구를 촉진시키며 장기수형자의 실질적인 재사회화에도 도움이 된다. 따라서 교도작업이나 직업훈련의 성과가 오를 수 있고 과밀수용의 문제점이 해소되며 행형경비 등을 절감하여 교정경제에 도움이 된다. 또한 상대적으로 위생에도 유리하며 수형자의 가족과도 유대가 지속될 수 있어 상대적으로 이혼율도 감소될 수 있어 사회적 비용의 증가를 막을 수가 있다. 또한 주·야구금제에서 출퇴근 구금제로 전환이 되어도 대상자의 특성에 따라 작업, 교육, 상담 등 다양한 처우를 계속할 수 있으므로 교정의 개별적 처우와 교정처우의 연속성이 가능하며, 구금제도의 다양화를 기할 수 있다.

그러나 이 제도는 형벌집행의 통일성을 저해하며 상대적으로 대상자로 선발되지 못한 자에게는 더 큰 낙인의 문제와 갈등이 발생할 소지가 있다. 또한 형벌의 엄격성과 위하성이 약화될 소지가 있으며 그리고 국민과 여론의 부정적 시선의 가능성이 있고 범죄 피해자의 가족 등의 비난이 있을 수 있고 출퇴근 구금제로 인하여 수형자가 교도소로 출퇴근 시 부정물품 전달이나 보안상의 여러 문제가 제기될 가능성이 있다. 따라서 이 제도를 운영할 때는 대상자의 공정한 선정이 필요하고, 또한 기존 수형자와 같이 작업을 시킬 경우 담배 등 부정물품 전달이나 외부와의 간접적 접촉을 소개할 우려도 있으므로 기존 수형자와 분리해 작업을 시키는 등의 기술적 문제도 충분히 고려해야 한다.

③ 교대구금제: 주로 가벼운 범죄를 저지른 단기수형자들을 대상으로 일정한 인원씩 2조로 나누어 1주일씩 번갈아 가면서 한 조는 주·야 구금의 방식을 취하고 다른 한 조는 출퇴근 구금제를 교대로 시행하는 방법이다. 예를 들어 1년 이하의 단기수형자가 어느 교도소에 100명이 있다고 가정할 때 A조와 B조로 나누어 A조는 2달의 첫째 주와 셋째 주는 입소해 생활하고 나머지 조 등은 집에서 다니는 출퇴근 구금제를 실시하며, B조도 그 달의 둘째 주와 넷째 주는 입소해서 생활하고 나머지 주 등은 집에서 다니는 출퇴근 구금제를 실시한다는 방식이다.

이 방식을 채택하면 과밀수용의 폐해가 감소되고, 계간 등의 성적 피해자도 감소되며 교정의 사회화에도 기여하고, 수형자 가족과의 유대도 지속되며 수형자의 명예도 보호된다. 또 그만큼 행형경비의 절감도 가져와 교정경비에 도움을 준다. 또 교도소 내에서 계호 등을 담당하는 공무원의 부담도 적어지고 수용생활에 적응하지 못하는 자들의 자살도 방지되며 상대적으로 위생적인 교정시설이 될 수 있다. 그러나 형벌집행의 통일성이 저해되고 형벌의 위하력의 감소로 재범률이 높아질 가능성도 있으며, 출퇴근 수형자의 경우 도주의 문제가 항상 우려되고, 또한 출퇴근 수형자가 출근 시 가져오는 부적물품에 대한 검사 등 보안업무가 증대되고, 출퇴근 수형자가 기존의 구금수형자와 일반사회의 생태계와 브로커 역할을 할 우려가 상존한다는 문제점이 있다. 또한 출퇴근 수형자가 야간에 사회에서 죄를 범할 가능성도 있으며, 범죄 피해자가 또 다른 피해를 볼 우려도 있다. 또 일반 국민과 사회의 여론이 호의적이지 않을 것이며, 또한 책임감이 희박해 관급품과 대여품의 관리가 곤란하다. 또 수형자의 가족이 출퇴근 구금제를 선호하지 않을 수도 있어 또 다른 피해자가 발생할 수도 있다. 따라서 운영에 있어서는 도주의 가능성이 없는 자 등 대상자를 정확히, 공정하게 선발하도록 하고, 대상자에 대한 철저한 사전교육과 홍보를 통해 교정사고의 발생을 미연에 방지하도록 한다.

④ 산업연수명령제도

㉠ 배경: 사회봉사명령 제도란 유죄가 인정된 범죄자나 비행청소년에 대한 형벌, 보안처분 이외에 부수적 조건으로서 사회생활을 영위하면서 일정한 기간 내에 지정된 시간을 무보수로 종사하도록 하는 것을 말한다.[32) 이건 사회봉사명령의 성격에 대해서는 여러 논의가 있지만 사회봉사명령을 단순히 과잉구금에 대처하기 위한 구금회피의 수단으로서 파악하는 견해도 있다.[33) 이러한 사회봉사명령 부과시간은 형사사건은 최고 500시간까지 가능하며 사회봉사명령은 판사가 명하며 보호관찰관이 집행하는데 주로 자연보호 활동이나 복지시설 등에 사회봉사를 하게 된다.[34) 그러나 이 제도는 형식적이라는 평가와 함께 실효성에도 많은 의문이 제기되어 왔다.

따라서 이런 사회봉사명령 제도는 그대로 두되 이런 사회 내 처우와는 다른 사회 내 처우로서 산업연수명령제를 사견으로 제시한다. 이는 오늘날 우리나라는 3D업종만 아니라 중소기업의 인력난이 매우 심각해,[35) 많은 임금을 주어도 일할 사람이 없으며 이로 인해 불법적인 외국인 노동자의 국내 중소기업 취업 등 여러 사회적 문제가 제기되고 있다. 따라서 경미한 범죄를 저지른 초범자에게는 기존의 사회봉사명령 제도를 활용하고 경미한 범죄를 반복하는 누범자나 상습범, 또는 초범이라 해도 개선이 가능한 경우, 기술이 없어 범죄를 할 수밖에 없는 무기

---

32) 허주욱, 전게서, 885면.
33) John Harding, Community Service orders; Implication of the British Experience for the American Justice System, pp.11〜16.
34) 허주욱, 전게서, 893면.
35) 2002년 11월 11일 중앙일보에 따르면 2002년도의 중소기업의 인력부족률은 2001년의 2배가 넘는 9,36%이며, 2002년에는 20만여 명의 인력부족을 추정했고, 이는 힘든 일을 기피하는 현상 때문이라고 하며, 2003년 2월 11일 조선일보 기사에 따르면 제조업의 전반적인 3D업종 기피풍조가 조선산업을 강타해 조선산업의 인력난이 극심해 일당 17만 원을 주려고 해도 사람을 구할 수가 없다고 하며, 2002년 12월 7일 조선일보 기사에 의하면 중소기업들이 인력난을 겪는 원인으로는 저임금, 열악한 작업환경, 높은 작업강도 때문이라고 한다. 또한 부산일보 2002년 10월 22일 기사에 의하면 중소기업의 인력난이 너무 심각해 외국인 산업연수생도 구하기가 힘들고 이들의 월 급여도 120만 원을 넘어섰다고 한다.

술자, 기타 산업연수명령을 부과하는 것이 적당하다고 판단되는 범죄인에 대해서는 본인의 동의를 얻어 일정 기간 이상을 중소기업체들에 산업 연수하도록 명령하는 제도를 신설할 필요가 있다고 본다. 특히, 중소기업체의 인력난이 극심한 현재36)만 아니라 1980년대 이래 출산율이 급감하는 현실에서 앞으로 시간이 더 갈수록 청년과 중년층의 비율이 감소할 것으로 예상되며 중소기업체의 구인난은 앞으로 더욱더 심각할 것으로 예상되며 국가경제를 위해서도 이 제도의 시급한 도입이 필요하다고 본다.

ⓛ 연혁과 개념: 현재 우리나라뿐만 아니라 전세계적으로 사회봉사명령 제도를 사회 내 처우로 활용하는 나라는 많지만, 본인이 주장하는 산업연수명령제를 실시한 나라는 없고 그러한 사례도 역사적으로 없는 것으로 알고 있다. 이러한 산업연수명령제를 유죄가 인정된 성인범죄자 또는 일정 기준에 따른 수형자에 대한37) 형벌, 보안처분 이외에 부수적 조건으로서 사회생활을 영위하면서 일정한 기간 동안을 법령이 정한 보수를 받고 산업연수에 종사하도록 명하는 제도라고 개념 짓고자 한다. 기존의 형법상의 사회봉사명령 제도가 보호관찰과는 독립적 관계로서 집행유예의 선고만 있으면 보호관찰 없이도 이것을 명할 수 있듯이(단, 실무에서는 대체로 병과함), 산업연수명령제도도 집행유예의 선고가 있을 시 보호관찰과 독립적으로 산업연수명령제를 부과할 수 있도록 해 자유형의 대체수단성이 있음을 분명히 할 필요가 있다.

ⓒ 이념: 산업연수명령제도의 이념은 다음과 같다고 말할 수 있다. 먼저 범죄인에 대한 처벌적 성격을 말할 수 있는데, 이 제도는 범죄인의 여가시간을 박탈하므로 형벌적 효과는 있다. 이때의 여가시간의 박탈은 후술하겠지만 최장 500시간의 사회봉사명령 제도보다 더 길어 형벌적 성격은 기존의 사회봉사명령 제도보다 더 크다고 할 수 있으며, 이러한 산업연수명령제도의 형벌적 성격은 범죄자의 긴 여가시간의 박탈에서 오는 것이지 산업연수 그 자체의 본질에서 나오는 것은 아니다.

두 번째 이념으로는 범죄인의 실질적인 사회복귀를 논할 수 있다. 산업연수명령제도는 범죄인을 사회에 복귀시킨다는 중요한 요소를 갖고 있다. 이는 두 가지 면에서 살펴볼 수가 있는데 우선 범죄인을 중소기업체의 일반직원들과 접촉할 기회

36) 2003. 5. 13. MBC PD수첩 「청년실업」에서 안산반월공단에는 월 90만 원을 주는데도 구인은 10%에도 훨씬 못 미쳐 외국인으로 채워도 인력난이 극심하다고 함.
37) 이 점에서 소년에게도 부과 가능한 사회봉사명령과 차이가 난다.

를 주어 자기 스스로 이 사회에서 중요한 사회적·경제적 가치를 만들 수 있다는 성취욕구를 심어줌과 동시에 일반직원들이 일하는 모습을 학습하고 근로습관을 회복함으로써 자신의 범죄성을 개선하여 사회복귀에 필요한 정신적 토대를 만들 수 있다. 또한 정신적 토대 못지않게 중요한 산업기술을 연마하므로 사회에 나오더라도 경제적 기반을 마련할 수 있어 경제적 동기에 의한 범죄가 줄어들 수 있다.

그 다음으로는 교정경비의 절감과 낙인효과의 방지에 있다. 범죄인을 교정시설 등에 구금하지 않음으로써 여러 행형경비 등을 절약할 수 있어 교정경제에 도움을 줄 수 있고, 또한 범죄인은 교정시설 등에 수감되지 않음으로써 주위에서 범죄자라고 낙인 받는 낙인효과를 방지할 수 있어 범죄자와 그 가족들의 명예가 보호된다. 그 다음으로는 사회에 대한 배상과 범죄행위에 대한 속죄의 성격도 있다. 이는 사회에 끼친 해악에 대한 응보로서 남들이 하기 싫어하는 일을 의무로써 하게 하는 것이다. 물론 이 제도는 무보수로 하는 사회봉사명령 제도와는 달리 기본 생계비에나 해당되는 아주 적은 임금을 받지만 그런 임금은 중소기업체의 일반직원의 임금과는 비교도 안 될 만큼 적은 임금이므로 응보적 성격은 있다고 할 수가 있다.

범죄로 인한 사회의 피해에 대해 범죄자 스스로가 남들이 하기 싫어하는 3D업종이나 중소기업체의 기능적 일을 함으로써 국가경제에 기여한다는 보상심리를 가지고 일할 수 있다. 또한 산업연수명령제도는 미시적으로는 범죄인의 이익을 위한 것이지만 거시적으로 국가와 사회의 이익을 위해 지불하는 배상이라고도 볼 수가 있으며 피해자에 대한 배상이란 관점에서 벗어나 지역경제 사회에 대한 배상으로서 경제활동이라고도 할 수 있다. 또한 교정이념의 확산과 지역사회와 범죄인의 재통합이란 점도 생각할 수가 있다. 이러한 산업연수명령제를 시행하는 과정에서 국민이 교정에 대한 관심이 증대되고, 또한 중소기업연합회 등 관련 지역경제 단체와의 필수적 제휴 등으로 인하여 그 지역에서 발생한 범죄자에 대해 그 지역사회의 중소기업체가 그를 받아들여 중소기업에도 도움이 되고 나아가 본인과 지역사회에도 도움이 되어 실질적인 지역사회와 범죄인의 재통합효과를 볼 수가 있다.

ⓔ 장·단점: 산업연수명령제의 장점과 단점으로는 다음을 생각해볼 수가 있다. 먼저 장점으로는 교정시설 내의 과밀수용을 해소할 수 있어 과밀수용에 따른 각종 문제점이 완화될 수가 있다. 또한 비록 적은 임금이지만 임금을 지급함으로써 범죄인의 가정에 경제적 도움을 준다. 만약 그렇지 않고 범죄인을 구금했을 시

경제력이 어려운 그의 가족이 국민 기초보장 수급세대가 되면 국가와 지역사회의 사회적 비용부담이 증가되는데 산업연수명령제도는 이러한 증가를 어느 정도 막을 수 있고 나아가 궁극적으로는 국민 개개인에게 전가될 수 있는 사회적 비용의 증가분을 중소기업체로 넘김으로써 국민들에게도 도움이 된다. 또 범죄인이 교정시설에 수용되지 않고 자기 집에서 중소기업체로 출·퇴근함으로써 범죄인이라는 낙인을 막을 수 있고, 또한 가족과의 유대가 단절되지 않고, 오늘날 재소자와 그 배우자의 이혼사유의 하나로 언급되는 성생활도 보장됨으로써 이혼 등의 가정파괴도 그만큼 줄어들고 줄어든 만큼의 사회적 비용부담 부분이 국민에게 전가되지 않아 거시적으로는 국가와 국민에게도 도움이 된다. 또한 Four win 효과를 상징할 수 있다. Four win 효과란 산업연수명령제가 도입됨으로써 범죄자 개인에게는 기술습득과 임금 등의 경제적 이익과 범죄자이지만 구금되지 않고 여러 사회적 자유를 맛볼 수 있는 사회적 이익과 교정시설의 입장에서는 그만큼의 계호와 보안 등의 업무가 경감되고 교정경비 절감 등의 교정적 측면에서의 이익과 인력난으로 고통 받는 중소기업체들에서는 훨씬 싼 임금으로 인력을 채용함으로써 얻게 되는 경제적 이익, 그리고 국가적 입장에서는 그동안 중소기업체 등에 외국인이 취업함으로써 GDP는 증가했으나 국부의 개념인 GNP가 감소했지만, 이제 국내범죄인이 취업함으로써 그만큼의 GNP, 즉 국부가 증가되고 기술을 익힌 범죄인이 재사회하되어 범죄가 조금이라노 감소되므로 그로 인한 사회적 비용의 감소 등의 국가적 측면에서의 이익을 생각할 수 있다. 또한 이 제도는, 본인의 동의를 요하지 않아 헌법상 보장된 기본권인 양심의 자유를 침해할 수도 있는 사회봉사명령제도와는 달리 판결선고 단계에서부터 본인의 동의를 구해 선고하므로 범죄인의 기본권을 침해하지 않고, 그 결과 산업연수명령은 본인의 선택에 따른 것이므로 그만큼 자발적인 산업연수 효과를 기대할 수가 있다. 또한 이 제도는 시행과정에서 중소기업체 등의 참여가 중시되므로 그만큼 교정의 사회 내 처우기반이 확대되고 교정재의 생산에 대한 국민의 관심도 증대된다. 또 종전에 중소기업체 등에 많이 취업했던 외국인 대신에 국내범죄인들이 취업함으로써 그동안 제기되어온 외국인 불법취업 문제에 따른 각종 법적·사회적 문제점들이 조금은 해소될 수가 있다.

단점으로 예상되는 것은 범죄자에 대한 이런 사회 내 처우는 국민의 반발과 부정적인 여론이 형성될 가능성이 있다는 것이다. 또한 범죄 피해자의 감정 등도 문제가 될 수 있다. 또한 형벌집행의 통일성이 저해가 되고 대상자로 선정되지 못한 범죄인에게는 더 큰 낙인의 효과가 생기고 또한 판사가 이것을 선고하기 전에 범죄자에 대한 충분한 판결 전 조사가 이루어져야 하므로 법원의 부담도 커진다. 그리고 대상자들과 중소기업체의 일반직원들 간에 갈등이 있을 수도 있고, 산업연수명령 대상자들이 도주 등 교정사고의 가능성이 상존하고 있다.[38] 그리고 이 제도는 중소기업체의 참여가 필수적인데 중소기업체 등의 지속적 참여의 보장을 확신할 수가 없으며, 또 중소기업체 등에 취업하고 있던 기존의 외국인 취업자들의 반발이 예상될 수가 있고, 또한 대상자들의 가족들 중 일부가 산업연수명령제보다 엄격한 구금생활을 선호할 경우, 또 다른 피해자가 생길 수도 있다. 또 산업연수명령 대상자들이 작업이 끝난 뒤에 사회에서 범죄를 할 가능성이 있다. 또한 대상자들에게 작업만을 강요하다 보니 교정상담과 치료라는 전문적 처우가 없어 실제로는 교정공공재의 생산이 형식화될 가능성이 크다. 또한 상대적으로 관대한 사회 내 처우이므로 형벌의 일반위하적 효과가 적어 범죄를 경시할 가능성도 커진다. 또한 절차를 이원화시킴으로써 복잡해지는 문제점이 있다.

　ⓑ 산업연수명령제의 내용

　ⓐ 산업연수명령제의 대상자: 우선 판사의 사법처분으로서의 산업연수명령제의 대상자로는 경미한 범죄를 반복한 자, 교통법규 등을 자주 범한 자, 근로정신이 희박한 자로 직업적 범죄자, 기타 판사가 산업연수명령을 부과하는 것이 적정하다고 판단하는 대로 할 수가 있고 행정처분으로서의 산업연수명령제의 대상자로는 살인이나 가정파괴범 등을 제외한 중범죄자로서 3년 이하의 형기자 중에서 일정한 기간 이상[39]을 복역한 자로 재범우려가 없고 행상이 양호한 자, 간첩이나 국가보안법을 제외한 공안사범으로서 3년 이하의 형기를 받은 자 중에서 일정 기간 이상을 복역한 자로 재범우려가 없고 행상이 양호한 자, 3년 이하의 형을 받은 과실범수형자로서 일정 기간 이상을 복역한 자, 재범우려가 없고 행상이 양호한 자, 기타 교도소장이 적절하다고 판단하는 자 등으로 정할 수 있다.

　그리고 사법처분이든 행정처분이든 관계없이 산업연수명령 대상자가 될 수 없

---

38) 현재 전국의 15개 교도소에는 교도관의 인솔 없이 외부 기업체에 출근하였다가 교도소로 돌아오는 자율외부통근작업제를 시행하는데 현재 하루 평균 1500여 명이 외부 통근하지만 이 제도가 시행된 이후 현재까지 도주사고는 단 한 건도 없다고 한다. 이순길, 전게서, 69~70면.

39) 이 기간은 가석방 요건의 법적인 기간보다 작게 한다.

는 자로는 고령자, 육체적 장애로 인하여 작업을 수행할 수 없는 자, 간첩죄나 국가보안법 위반자, 마약이나 알코올중독자, 정신질환자, 미성년자, 일정 형기 이상의 장기수, 도주 등 교정사고의 전과가 있는 자 등으로 한다.

ⓑ 산업연수명령기간: 사법처분으로서의 산업연수명령을 받은 자는 그 기간을 1년 미만으로 하고 행정처분으로서의 산업연수명령을 받은 자는 2년 미만으로 한다.

ⓒ 산업연수명령분야: 원칙적으로 중소기업연합회에서 추천받은 중소기업체 또는 대한 광업공사가 추천하는 탄광, 농림부와 해양수산부가 추천하는 농촌이나 어촌, 해양수산부가 추천하는 선박업을 생각할 수 있다.

ⓓ 취지설명: 사법적 처분으로서 판사가 산업연수명령을 내릴 때는 대상자에게 그 취지를 설명하고 산업연수명령집행 기간 중에 준수할 사항을 서면으로 고지해야 하며 판결이 확정된 날로부터 10일 이내에 주거지를 관할하는 보호관찰소에 출석하여 보호관찰소의 지시를 따른다. 행정처분으로 산업연수명령을 내걸 때는 교도소장이 그 대상자에게 취지를 설명하고 준수사항 위반 시 벌칙 등을 고지해야 한다.

ⓔ 산업연수명령의 집행: 먼저 사법처분으로서의 산업연수명령은 보호관찰관이 집행하며, 보호관찰소장은 소속 보호관찰관 중에서 산업연수명령 집행담당관을 선정해야 하며, 담당관은 계획의 수립, 명령의 집행, 협력기관의 발굴·관리, 집행감독 등 명령집행에 관한 사무 일체를 관장하며, 보호관찰소장은 관할구역 내에 소재한 중소기업체, 탄광촌 등 중에서 명령집행에 적합한 중소기업 등을 협력기관으로 지정해야 하며, 협력기관을 지정할 때에는 사전에 당해 중소기업의 자산상태, 임금체불 여부, 명령집행 능력, 집행내용의 적합성 유무 등 관련 사항에 대해 충분히 검토한 후 결정해야 하고 당해 중소기업장에게 그 취지를 충분히 설명하고 동의를 받아야 한다. 지정된 중소기업이 산업연수 대상자에 대해 근로시간 등 노동법적 규약과 임금의 지급 등을 제대로 하는지 수시로 점검하고 필요한 지도를 행하여야 하며, 임금을 자주 체불하거나 노동법적 규약을 자주 위반하는 등 적절하지 아니하다고 판단하는 때에는 협력기관의 지정을 취소할 수 있다. 그리고 보호관찰소장은 산업연수명령의 효율적 집행을 위하여 협력기관 소속직원 중에서 감독자를 선임해야 하며, 이때에도 보호관찰소장은 집행상황을 정기적으로 확인·감독해야 하며, 보호관찰소장은 원활한 산업연수명령 집행을 위하여 관할 노동사무소에 협조를 요청할 수 있고, 이 경우 관할 노동사무소장은 협조의 의무가 있다. 그리고 행정처분으로서의 산업연수명령은 사회 내 처우이지만 형벌

집행 장소의 변경에 불과하므로 집행담당자는 당해 교도소장이 집행하며, 당해 교도소장은 교도소 내의 작업과의 소속직원 중에서 산업연수명령 집행담당관을 지정해야 하며, 집행담당관은 명령집행 계획의 수립, 명령의 집행, 협력기관의 발급과 관리, 집행감독 등 명령집행에 관한 사무 일체를 관장하며, 당해 교도소장은 관할구역 내에 또는 중소기업연합회가 추천한 중소기업체 중에서 명령집행에 적합한 기관을 신청 받아 지정해야 하며, 중소기업체 등을 지정할 때는 그 중소기업의 자산상태, 임금 지불능력, 명령집행 능력, 업무내용의 적합성 여부 등 관련 사항에 대해 충분히 검토한 후 결정해야 하며, 당해 중소기업체장에게 그 취지를 충분히 설명해야 한다. 지정된 중소기업체가 근로시간 준수 등 노동법적 규약 준수 여부, 명령의 적정하고 충실한 집행 여부 등에 대해 수시로 점검하고 필요한 지도를 해야 하며, 근로기준법 등을 자주 위반하거나 명령집행을 태만히 하는 등 적정하지 아니하다고 판단하는 때에는 담당자의 의견을 들어 협력기관 지정을 취소할 수가 있다. 그리고 교도소장 또는 담당관은 원활한 산업연수명령의 집행을 위하여 협력기관의 소속직원 중에서 감독자를 선임해야 하며, 감독자는 업무집행에 관해 교도소 담당관과 협조해야 한다. 한편 사법처분으로서의 산업연수명령 대상자가 취업한 중소기업체로부터 받는 돈은 작업상여금이 아닌 임금의 성격이며, 행정처분으로서의 산업연수명령제에 있어서는 지정된 중소기업체가 대상자의 작업에 대한 대가를 교도소 측에 먼저 지급하고 교도소는 신원보증보험료 등 소정의 경비를 제하고 나서 작업상여금으로서 산업연수명령 대상자에게 지급한다. 이렇게 임금이 아닌 작업상여금으로 보는 이유는 행정처분으로서의 산업연수명령에 있어 작업은 교도작업의 일종이며, 또한 기존의 구금된 수형자가 외부 기업에 나가 작업하는 외부 통근자가 받는 돈도 작업상여금이라는 점과, 기존의 구금된 수형자가 교도소 내에서 하는 교도작업과도 형평성을 기하기 위해서이다. 가령, 예를 들어 2003년 5월 현재 안산반월공단에서 취업자에게 월 90만 원을 주어도 구인율이 10%에도 훨씬 못 미치며,[40] 앞으로도 낮은 출산율을 고려할 때 이런 현상이 더욱더 지속되리라 볼 때 생산성이 낮은 산업명령 대상자에게는 이보다 적은 월 70~80만 원을 주어도 된다고 하여 중소기업체의 참여를 유인한 다음, 중소기업체가 대상자의 임금 70만 원을 교도소에 지급하면, 교도소는 일정 경비 등을 제하고 난 차감금액을 대상자에게 작업상여금으로 지급한다.

---

40) 2003. 5. 13. MBC PD수첩.

그리고 집행방법에 있어서 산업연수명령은 담당관의 협력기관인 중소기업체의 조력을 받아 집행하도록 하며, 그 집행의 1차적 책임은 중소기업이 지나 최종책임은 보호관찰소장 또는 교도소장이 지도록 한다. 또 산업연수명령의 집행에 있어서는 대상자의 범죄내용, 직업, 소질 등 제반 사항을 고려하여 작업의 종류와 분야를 선정하고, 대상자에 대한 처벌적 효과라는 공익성과 관련 중소기업체의 기업성이 적절히 조화가 되도록 한다. 그리고 행정형 산업연수명령 대상자는 월 1회 또는 2회에 한해 주간에 교도소에 수용되어 교정상담, 정신교육을 받도록 하는데 바로 이 점이 가석방제도와 다른 점이다.

ⓕ 집행시기 및 시간: 산업연수명령의 집행은 대상자가 해당 중소기업체에의 취업이 결정되면 지체 없이 실시하되 특별한 사정이 없는 한 평일 주간에 실시하도록 하며, 다만 작업의 성질 등 부득이한 사유로 대상자가 원할 때에는 제반 사정을 고려하여, 야간에 집행할 수 있으며 대상자가 질병, 또는 가사사정으로 명령의 집행이 곤란한 사유가 있다고 판단하는 때에는 대상자의 신청을 받아 명령집행의 시기를 연기할 수 있다. 집행시간은 하루에 근로기준법에 정한 시간을 원칙으로 한다.

ⓖ 불이행 시의 제재: 사법처분에 있어서 산업연수명령 대상자가 집행명령서를 받고서도 집행에 불응한 자에 대해서는 1차적으로 불참사유서를 받고 계속해 불이행 시에는 구인 또는 유치한 후 집행유예의 취소 등 제재조치를 부과할 수 있음을 서면 또는 구두로 경고해야 하며 경고조치에도 불구하고 계속 집행에 불응할 때는 관련법의 규정에 따라 구인 또는 유치한 후 집행유예의 취소를 신청할 수 있다. 또한 담당관은 대상자가 명령집행 중 중소기업체의 감독자의 지시에 불응하거나 태만 등의 사유가 있을 때에는 관련 절차에 따라 경고하고, 그 정도가 무거워 명령의 집행을 계속하는 것이 곤란하다고 판단되는 때는 집행유예의 취소를 신청할 수 있다. 행정처분에 있어서의 산업연수명령 대상자가 일단 조건부 석방된 후 일정 기간 내에 집행에 불응한 자에 대해서는 1차적으로 불참사유서를 받고 계속해서 불응할 시는 추가기소와 교도소에 재수용 등 제재조치를 할 수 있음을 서면 또는 구두로 경고해야 하며 경고조치에도 불구하고 명령집행에 불응 시는 관련 규정에 따라 교도소에 재수용하고 도주죄 등을 적용하여 추가기소할 수 있다. 또한 담당관은 대상자가 명령집행 중 중소기업체의 감독자의 지시에 불응하거나 태만 등의 사유가 있을 때에는 관련 절차에 따라 경고하고, 그 정도가 무거워 명령의 집행을 계속하는 것이 곤란하다고 판단되면 교도소에 재수용하며

누진계급 4급에 편입시킨다. 그리고 행정형 산업연수명령 대상자가 매월 지정된 날에 교도소에 입소를 거부할 때는 제재조치 등을 경고하고, 그 다음달에도 계속해서 교도소 소집일에 불응할 때는 정당한 사유가 있는 경우를 제외하고는 산업연수명령 대상자를 취소할 수 있다.

ⓑ 산업연수명령제의 효과: 행정형 산업연수명령 대상자가 명령집행 기간 중 처분의 취소됨이 없이 명령집행 기간을 완전히 이수했을 경우는 형의 집행을 마친 것으로 간주하며, 질병, 정당한 사유에 의한 결근 등으로 인해 부과된 명령집행 일수를 다 이수하지 못한 경우는 이수하지 못한 기간을 다 이수한 경우에 형의 집행을 마친 것으로 간주한다.

ⓢ 산업연수명령제의 과제: 먼저 국민건강보험, 산재보험, 고용보험, 국민연금법 등 사회보험을 산업연수명령 대상자에게 적용 여부와 적용방법 등이 과제로 대두된다. 사법형 산업연수명령제의 경우는 집행유예 시에 부가하는 처분이므로 국민건강보험, 산재보험, 국민연금법 등을 적용시키는 데 어려움이 없으나 행정형 산업연수명령제의 경우는 비록 조건부로 석방이 되었지만 법률상 신분은 여전히 수형자이므로 기존의 구금된 수형자의 경우와의 형평성을 고려할 때 국민건강보험, 산재보험 등을 어떻게 적용시키느냐가 문제가 된다. 기존의 구금된 수형자의 경우는 국민건강보험법이 적용되지 않고 국가가 의료비를 일정 범위 내에서 책임지지만 행정형 산업연수명령 대상자의 경우에 국민건강보험법을 적용시킬 경우 여러 가지 영향 등을 고려하여 결정해야 된다.

또한 행정형 산업연수명령제의 대상자는 주로 중소기업체 등에서 작업만을 하게 되어 교정공공재의 생산에 있어서 필수적인 교정담당, 각종 전문직, 과학적 처우 등이 무시되어 교정재의 생산의 질이 문제가 될 우려가 있으므로 이런 것을 어떻게 보완하느냐가 과제로 대두된다.

또한 원칙은 산업연수명령 대상자는 주간에 근무하므로 퇴근 후 범죄의 가능성이 있으므로 퇴근 후 시간을 어떻게 통제하느냐도 중요하다. 퇴근 후 그 다음 날 출근할 때까지의 시간 동안, 또는 공휴일에 이들을 전자감시의 기법으로 감시할 것인가 아니면 현재의 귀휴제도처럼 일정 시간마다 보호관찰소나 교도소에 보고를 하게 할 것인가, 또는 관할경찰서의 감호를 받게 할 것인가 아니면 그들을 신뢰해 아무런 제약도 가하지 않을 것인가가 해결과제로 된다.

또한 본인이 사견으로 제시한 산업연수명령제를 국내 중소기업체 산업에만 적용시킬 것인가 아니면 국내 중소기업의 해외지점에까지 확대시킬 것인가, 또는 대기업의 기능적, 단순노무직에도 확대시킬 것인가의 문제가 있다. 그리고 이 제도가 시행되기 위해서는 범죄 피해자의 감정, 국민 여론 등도 충분히 고려되어야 하는데 여론의 협조를 어떻게 끌어내느냐도 중요한 문제이며, 그리고 이 제도의 시행으로 인하여 교도소 내에 수형자가 줄어듦으로 인해 승진 등 여러 면에서 불이익을 받는다고 생각할 수 있는 일부 교도관의 조직적 저항을 어떻게 대처할 수 있느냐는 과제도 생각할 수 있다.

⑤ 의료특별선시제도

㉠ 서: 먼저 선시제도란 수형자가 선행을 하면 일정한 법률적 기준하에서 자율적으로 석방의 시기를 단축하는 제도로[41] 형기 그 자체가 감해지는 감형과는 구별되고 형기의 실질적 단축인 석방이라는 점에서 형기 중 사회 내 처우를 형의 집행방법을 변경하는 가석방과는 달리 교도소가 집행한다. 이 제도는 가석방제도가 실시되기 전에 고안된 것으로 1817년 미국에서 최초로 시행되었고, 우리나라는 1948년에 시행했으나 1953년에 폐지했다. 위 제도의 일반요건은 선행의 유지와 의무의 성실이행 등을 들 수 있고, 특수요건으로는 작업목표의 초과 달성을 들 수 있으며 선행감형제라고도 한다.

그런데 이러한 선시제도는 그동안 주로 교도소에서 선행을 하면 교도소에서만 통용되는 화폐인 토큰을 주어 칭찬하는 방법을 택해 주로 수형자의 행동 변화를 올바른 방향으로 변화시키려는 행동수정요법의 하나로 많이 시행되어 왔다. 그런데 본인이 여기서 사견으로 주장하는 의료특별선시제도는 주로 거시적·사회적 측면에서 의료라는 특별한 조건을 선시제도와 결부시킨 이론으로 예를 들어 일반사회에서 백혈병으로 고통 받는 아이들이 골수이식을 못 받아 생명에 위협을 받는 현실에서 건강한 수형자 중에서 본인의 선택에 의해 그의 골수가 백혈병 아이에게 이식되어 건강을 되찾을 수 있다면 그런 수형자의 의료적 선행행위에 대해 형기를 감해주자는 의미가 의료특별선시제도의 기본개념이다.

그러나 모든 인간은 합리적, 이기적이므로 타인의 백혈병에 대해 아무런 조건 없이 선뜻 자신의 골수를 제공하려 하지 않으며, 현재 우리나라의 경우에는 백혈

---

41) 정갑섭, 교정학, 을지서적, 1990, 247면.

병 등으로 고생하는 사람은 많지만 제공될 골수는 워낙 부족해 외국에까지 의뢰를 하고 있는 일정이다.

이러한 현실에서 수형자의 자발적 동의에 의해 자신의 골수를 백혈병으로 고통받는 사람에게 이식시켜주어 건강해진다면 의료선시제도를 신청한 수형자에게도 당연히 합리적 범위 내에서 이익이 돌아가야 하며, 그 가장 큰 이익은 형기의 감축이 될 것이다. 따라서 이 의료특별선시제도가 시행되면 누구의 효용도 상실시킬 필요 없이 수형자와 사회 모두에게 이익이 되므로 입법화할 필요가 있다고 생각된다.

ⓛ 연혁: 본인이 주장하는 의료특별선시제도는 우리나라뿐만 아니라 세계 어느 나라에서도 지금까지 시행된 일이 없다. 다만, 사형수가 죽기 직전 또는 사후에 장기를 기증하는 일은 종종 있었지만, 그것은 개인적 차원의 일로 아무런 대가도 없으므로 선시제도와는 무관하다.

ⓒ 개념: 의료특별선시제도를 다음과 같이 개념을 조작하고자 한다. 상당히 가치 있는 의료적 측면에서 현저한 사회기여적 행위로 모범이 된 성인 수형자에 대해 석방시기 단축 등을 해주는 행형상 이익처분이다. 따라서 가치 있는 의료행위를 전제로 하므로 단순한 의료기여 행위인 헌혈 등은 여기서 제외되며 성인을 전제로 하므로 아직 자라야 할 소년 수형자는 제외시키고, 보호감호소의 보호감호자도 대상으로 하며 수형자나 보호감호자를 대상으로 하므로 아직 형이 확정 안된 미결수용자 또는 사형수나 치료감호자는 제외한다. 또한 석방의 시기를 단축하는 점에서 형기 그 자체가 감해지는 감형과 구별되고 형기를 사회 내 처우를 형의 집행방법을 변경하는 가석방제도와 다르다. 단 기존의 일반선시제도가 질서유지, 작업성적 우수, 개선의 점이 현저한 교정의 여러 행위 등으로 요건을 다양화했지만 여기서는 의료적 기여 행위 하나만을 요건으로 한다.

ⓓ 필요성: 현재 우리나라에 이 제도의 도입이 필요하다고 생각하는데 그 근거는 우선 백혈병의 경우만을 통계를 들어 논하고자 한다.

2002년 12월 10일 국민일보 창간 14주년 특집기획 기사에 따르면 백혈병은 세계적으로 매년 인구 10만 명당 8명꼴로 발생하고 국내에서는 해마다 4000여 명의 환자가 새로 발생하며,[42] 이들 중 절반 이상은 발병 1년 안에 사망한다고 하며 골수(조혈 모세포)는 부모로부터 유전자를 절반씩 각각 물려받기 때문에 부모

---

42) 2001년에는 2507명의 백혈병 환자가 발생했는데 연령분포를 보면 20세 미만이 513명, 20~30대가 496명, 40~50대가 707명, 60, 70대 이상이 791명이다. 조선일보, 2003. 9. 30.

와 자식 간에는 조직형이 거의 일치하지 않아 백혈병 환자에게는 타인(비혈연) 간 골수 기증자를 찾아 골수를 이식 받는 것이 유일한 희망이나 2002년 12월 9일 현재 국내의 조혈 모세포 기증 희망자는 5만 7000여 명으로 이는 이들이 실제 모두 기증한다고 해도 현존하는 국내 백혈병 환자의 30%밖에 치료할 수 없으며, 미국은 350만 명이 기증 희망자 등록을 해 백혈병 환자들이 자신과 같은 조직형의 조혈 모세포 기증 희망자를 찾을 가능성이 90%에 이른다고 하며, 일본도 14만여 명이 등록해 70% 이상을 치료할 수 있고 우리나라보다 인구가 훨씬 적은 대만도 20만여 명을 기증 희망자로 확보해 놓았다고 한다.[43]

한편, 우리나라의 경우 10만 명의 조혈 모세포 기증 희망자를 확보하면 비혈연 간 조혈 모세포 이식이 필요한 백혈병 환자의 70%가 같은 조직형의 조혈 모세포 기증 희망자를 찾을 수 있다고 한다.

그리고 조혈 모세포 기증은 만 55세까지 가능하다고 하며, 조혈 모세포 이식 과정은 기증 희망자와 백혈병 환자의 조직 적합성항원형(HLA)이 일치되면 최종적인 본인 의사 확인과 가족동의를 얻어 공여 1주일 전에 입원해 골반 뼈에서 골수를 채취한 다음 그 다음 날 퇴원한다고 하며, 2002년 11월 말 현재 비혈연 간 조혈 모세포 이식수술은 490여 건이며 조혈 모세포 기증의 전 과정은 기증자와 환자 사이의 완전한 익명성과 무대가성을 원칙으로 한다.[44]

그리고 우리나라는 골수를 제공하겠다고 해놓고 막상 당일 오지 않는 사람도 많다고 한다.[45] 이렇게 우리나라가 다른 나라에 비해 골수 기증 희망자가 적은 이유는 1975년 시작한 헌혈 캠페인과 달리 조혈 모세포 기증 운동은 94년에 뒤늦게 시작해 일반인의 인식이 크게 부족한 때문이라고 하며 우리에게도 잘 알려진 미국 공군사관학교생도 성덕 바우만에게 1996년 7월에 골수 기증을 한 서한국 씨는 1995년 군대생활 중 한국 골수 은행협회에 조혈 모세포 기증을 해서 이루어졌다고 한다.[46]

---

43) 국민일보, 2002. 12. 10.
44) 국민일보, 2002. 12. 10.
45) 중앙일보 2002년 8월 9일 홍혜걸 기자에 의하면 2002년 현재 골수기증 의사를 밝힌 사람은 4만여 명인데 정작 자신과 조직형이 맞는 환자가 나타나 골수기증 요청을 하면 골수기증 의사를 밝힌 사람 5명 중 4명은 거절하며, 따라서 백혈병 환자 4명 중 3명은 골수이식을 받지 못해 숨진다고 한다.
46) 국민일보, 2002. 12. 10.

그리하여 우선 의료특별선시제도의 영역을 백혈병 환자를 위한 골수 부분에 한정하고 그 성과와 여론의 추세를 보아가며 성과가 좋으면 현재 전세계 교도소가 과밀수용으로 큰 문제점에 봉착해 있으므로 아시아권이나 또는 전세계권으로 영역을 확대해 협약 등을 통해 의료특별선시제도를 전(全)세계적으로 실시하도록 한다.

즉, 우리나라의 백혈병 환자가 국내에서 맞는 조혈 모세포를 못 찾아 외국의 수형자 중에서 항원이 맞는 조혈 모세포를 찾아 이식수술 한다면 해당되는 국가에서는 그 수형자에게 일정한 형기를 감축해 주도록 하며 이 반대의 경우에는 우리나라가 해당 수형자에게 일정한 형기를 감축해 주도록 하며 비용 등 자세한 행정절차는 협약을 통해 해결하도록 한다.

㉤ 이념: 의료특별선시제도는 사회에 대한 배상과 범죄행위에 대한 속죄, 범죄인의 사회복귀, 교정비용의 절감, 교정에 대한 국민의 관심 증대, 사회후생의 증가 등을 들 수가 있다.

먼저 사회에 대한 배상이라는 의미는 수형자가 자기의 골수를 사회에서 필요로 하는 자에게 자발적으로 줌으로써 자신의 범죄행위에 대한 속죄와 더불어 자신의 잘못에 대해 타인의 이익을 위해 사회에 대해 배상한다는 적극적·물질적 의미이다. 이러한 배상적 요소는 범죄자가 자신의 죄의 부담에서 어느 정도 벗어날 수 있어 죄의식을 완화시켜줄 수도 있으며 자신도 남을 도울 수 있다는 자기 긍정적 관념을 갖게 된다.

이 제도는 수형자 자신이 속죄하는 마음으로 자신의 자발적 선택에 의해 자신의 몸의 일부를 제공하는 것이므로 수형자를 보는 사회의 시각도 달라지게 한다.

그리고 수형자의 신속한 사회복귀를 들 수가 있는데 그가 자기 몸의 일부를 제공함으로써 지역사회와 화해를 하고 지역사회와의 재통합이 이루어지고 이 과정에서 수형자는 자신이 사회에 한 긍정적 행위에 대해 새로운 긍정적 자아관념을 획득하게 되어 재범의 동기도 감소하게 된다.

또 그의 의료기여적 행위로 석방의 시기가 빨라짐으로써 사회복귀도 빨라지고 그 결과 가족과의 단절기간도 적어짐으로써 가정해체와 같은 부정적인 사회문제도 감소된다.

그 다음에는 교정비용의 절감을 들 수 있는데 석방의 시기가 빨라짐으로써 그만큼 행형경비가 줄어들고 이로 인해 교정경제에도 도움이 되며 절약된 예산만큼을 다른 교정재 생산에 투입할 수 있어 질 좋은 교정재의 생산에도 도움이 된다.

또한 이 제도가 실시되면 그동안 교정행정에 대해 무관심했던 국민들도 선시제도 등 교정의 여러 이념에 관심을 가지는 계기가 되고 나아가 교정에 대한 관심의 증대는 교정행정에 대한 올바른 통제와 함께 교정의 여러 자원을 확보하는 데도 도움이 된다고 하겠다.

그 다음에 사회후생이 증가될 수가 있는데 개인적 효용함수가 효용무차별 곡선으로 표시되는 것과 같이 사회후생 함수도 사회후생 곡선으로 표시되는 가상적인 사회후생 곡선은 원점에 대해서 볼록하고 우하향하는 곡선으로 표시될 수도 있다. 이것을 그림으로 보면 다음과 같다.

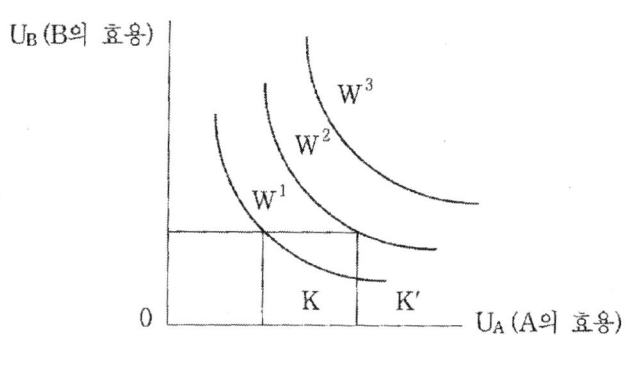

[그림 2] 사회후생 함수

위의 그림에서 경제 전체가 A와 B 두 사람으로만 구성되어 있다면 최초의 사회후생 곡선은 원점에 대해 볼록하고 우하향하는 곡선 W^1으로 되는데 만일 본인이 주장하는 의료특별선시제도가 경제 전체에 적용된다면(A는 백혈병 환자라고 가정하고 B는 수형자라고 가정) 수형자 B가 골수를 제공하면 B는 자신의 효용의 감소가 전혀 없이(골수는 매일 생산되므로 골수를 제공해도 자신의 몸에는 아무런 이상이 없음) A의 효용(만족도)이 증가되어 사회후생 곡선이 W^1보다 원점에서 먼 W^2로 되고 W^2는 W^1보다 보다 많은 후생을 가져다주는 사회후생의 무차별 곡선이므로 사회 전체의 후생은 증가하게 된다. 즉, 의료특별선시제도의 실시로 수형자가 자신의 효용의 감소가 없이 자신의 골수를 백혈병 환자에게 기증하면 기증하기 전의 자원 배분 상태보다 사회 모두의 후생이 증가하는 파레토 우위가 확보되어 파레토 최적이 달성된다.

파레토 최적이란 경제자원의 배분상의 효율성을 판단하는 기준으로 사용되는 개념으로, 어느 사회구성원의 후생을 감소시키는 일이 없이는 어느 개인도 이익을 볼 수 없는 자원의 배분상태를 파레토 최적이라고 한다. 즉, 배분의 변경에 의하여 아무도 불리하게 되는 일이 없이 적어도 한 사람의 개인을 유리하게 할 수 있는 경우에는 아직 경제후생을 증가시킬 여지가 남아 있어 파레토 최적 상태가 아니다.[47]

ⓗ 장단점: 이 제도의 예상되는 장점으로는 먼저 긍정적 외부효과가 발생한다. 이것은 수형자의 자발적인 신체의 일부 제공으로 인하여 교도소 내의 타 수형자에 대해서는 자신을 돌아보는 계기와 함께 긍정적인 자기관념을 갖도록 해 교정사고가 줄어들고 교도작업도 활성화될 수가 있고, 타 수형자의 갱생의식의 제고와 일반사회의 국민들에게도 바람직한 외부효과를 발생시켜 골수기증 등에도 관심을 갖게 한다.

또, 이 제도는 석방시기의 단축과 연계되어 있으므로 정기형의 엄격성에서 오는 문제점을 완화시킬 수가 있고, 그만큼 교정공무원의 업무부담은 줄어들며 교정경비가 줄어들고 또한 과밀수용의 해소에 크게 기여해 과밀수용에서 오는 문제점이 많이 해소될 수 있다.

또, 이 제도의 신청자가 되기 위해서는 건강한 육체의 소유자라야 하므로 수형자들은 자신의 건강에 관심을 갖게 되고 따라서 교정당국은 수형자들의 보건과 위생, 건강에 관심을 더 기울이게 된다.

또, 앞에서 주장한 산업연수명령제 등은 그 대상이 제한되어 무기수나 장기수는 혜택을 보지 못하나 이 제도는 사형수를 제외한 모든 수형자를 대상으로 하므로 형평성도 고려되므로 그만큼 수형자 간의 갈등의 소지가 없어져 교정사고의 감소에도 도움이 될 수 있다.

또한 현재 엄격히 실시되는 가석방제도[48]에서 제외된 수형자들에게도 어느 정도나마 불만을 해소할 수 있는 제도로 기능할 수 있다. 또한 사회적으로는 많이 부족한 골수를 수형자들의 자발적 동기에 의해 보충할 수 있어 사회후생의 증대

---

47) 성백남 외, 미시경제학, 박영사, 2000, 650면.
48) 가석방의 법적 허가요건은 형법 제72조 제1항과 행형법 제51조에 의해 형기의 3분의 1을 지나고 행형성적이 우수하고 재범의 위험성이 없어야 된다. 그러나 행형실무에서는 형기의 반 이상을 살아야 하고, 또한 범죄명과 전과 여부에 따라서는 형기의 70%, 90%까지 살아야 가석방이 되는 예규가 있고 이 예규에 따라 운용되고 있다. 이순길, 전게서, 74면.

와 나아가 국가경제에도 도움이 되며, 수형자와 일반수형자와 일반사회의 실질적
인 재통합이 가능해진다.

　예상되는 단점으로는 먼저 사법부에 의해 확정된 형기가 행정권에 의해 변경되므
로 적어도 형식적으로는 3권 분립에 위배되며, 이 제도는 이 제도의 목적에 부합되
는 유기형 수형자와 무기형 수형자는 대상이 되나 단기 수형자는 제외되기 쉽다.
　또한 이 제도가 도입되면 형벌의 통일성이 저해되고 형기 계산이 복잡해지며
수형자의 개별처우에도 불리해지고 개선이나 교화되지 않은 수형자가 이 제도를
악용할 수 있다.
　따라서 이 제도는 교화효과보다는 재소자의 관리를 위주로 운영될 수 있고 그
만큼 교정재의 생산이 형식화될 수가 있다. 또한 이 제도는 형기 자체만 단축되
므로 다양하게 운영될 수 없고 대상자 결정에 있어서 당국의 재량이 남용될 우려
가 있다.
　또한 이 제도는 재범의 위험성이 있다 해도 신체의 일부만 자발적으로 제공하
면 일찍 석방되므로 사회방위 면에서 보면 가석방제도보다 부정적이며, 이 제도
는 가석방과 목적이 다르므로 가석방제도에 흡수될 가능성은 없다. 또한 이 제도
는 개별 수형자의 개선과 갱생을 촉진, 자극하므로 일반예방과는 거리가 있다.
　또 수형자가 신체의 일부를 제공할 시 필요한 수술비용의 부담 문제와 계호
문제 등 여러 기술적 문제와 파생직 입무가 증가한다.
　Ⓐ 의료특별선시제도의 내용과 집행
　ⓐ 대상자(기증자) 선정 문제: 먼저 이 제도의 도입이 논의된다면 인권단체 등
의 강력한 반발이 예상되므로 반드시 이 제도의 기증자가 되기 위해서는 신청 수
형자의 강요되지 않은 자발적 동의와 신청이 필수적이다. 그리고 이 제도가 도입
된다면 많은 수형자들의 신청이 예상되므로 신청자에 대한 적격자 결정에 있어서
는 객관적이고 공정한 선정절차가 요구되며, 이를 위해 의료특별선시제도 위원회
가 설치되어야 하며, 이 위원회에는 교정공무원 등의 내부적 인사 외에도 시민단
체 등의 외부적 인사도 참여시켜야 한다. 이와 관련해 관련 법규도 만들어야 되
며 여기에는 적합한 대상자(기증자)로 다음을 상정할 수 있다.
　1년 이상의 유기 수형자, 무기수 중에서 누진 계급 2급 이상인 자를 대상으로
하되, 사형수와 1년 미만의 단기 수형자, 소년 수형자, 고령 수형자, 마약이나 알
코올중독자, 정신질환자, 간첩죄나 국가보안법 등 중요한 공안 사범자, 건강에 이

상이 있는 수형자는 제외하도록 한다.

그리고 대상자 선정 절차는 1년에 4회 등 정기적으로 실시하되 먼저 선정에 관한 신청자격 등에 관한 공고를 내어 충분히 알린 다음에 수형자의 신청을 서면으로 받는다. 신청서에는 본인과 가족 등의 동의서가 반드시 첨부되어야 한다.

그리고 교도소장이 아닌 외부인사를 위원장으로 하는 의료특별선시제도 위원회에서 적격 대상자를 심사하되 심사사항에는 신청자의 신원관계(건강 및 정신 상태, 근면성, 사상, 기타 참고사항), 신청자의 범죄관계(범죄의 성질, 동기와 정상, 범수, 범죄 시의 연령, 형명 및 형기, 기타 사항), 신청자의 환경관계(가족과의 관계, 가족의 동의 여부, 보호자의 연령 등 신원 관계, 피해자에 대한 관계, 기타 사항) 등에 대해 면밀히 심사해야 하며, 심사에 있어서는 교활한 행위 등 위선 여부와 국민의 감정 등 공익적 측면도 고려한다. 신청자가 많을 경우 각 심사항목에 대한 객관적 점수를 매겨 합산해 점수가 높은 자부터 예정된 기증자 수만큼 결정한다.

그리고 기증자(대상자) 수가 결정되면 교도소장은 관할 지방교정청장을 경유해 법무부장관에게 허가를 신청하며, 신청을 받은 법무부장관은 신청 받은 뒤 일정한 기간 내에 허가 여부를 결정해 당해 교도소에 회신한다. 회신을 받은 교도소장은 일정 기간 내에 대상 수형자의 신체 일부 기증에 대한 처리 절차에 들어가야 되며, 이에 관한 사항은 법무부장관이 정하도록 한다.

한편, 법무부장관은 이 제도의 실시와 관련해서 드는 비용은 수익자 부담 원칙에 따라 수익자가 부담하도록 관련 단체와 약정을 맺도록 해 대상 수형자나 교정기관에 비용이 전가되어서는 안 되도록 해야 한다.

그리고 이 제도의 원칙적 집행자는 교도소장으로 하되 교도소장은 병원에서 대상 수형자를 계호하고, 정신적 안정을 도와줄 직원을 보안과와 교화과에서 각각 지정해 집행담당관이 되도록 한다.

집행담당관은 관련 단체와 관련 병원과 긴밀한 협조를 맺어 원활한 집행이 되도록 한다. 그리고 의료특별선시제도의 집행은 집행담당관이 관련 단체와 협조하에 세부계획을 세우고 시술병원의 협조를 받아 집행한다. 이때는 사실상 집행은 시술병원이 해도 그 집행책임을 시술병원이나 협력기관에 맡기면 안 되고 시술되는 동안은 집행담당관이 계호하면서 집행과정의 전반을 감독해야 한다.

그리고 이 제도의 수혜자가 될 수 있는 의료범위는 관련 단체와 협의해 미리 명문화되어야 하는데 우선 생각할 수 있는 것은 백혈병 환자를 위한 골수이식 분야, 화상 환자를 위한 피부이식 분야, 그 외 간이나 각막 등을 상정할 수가 있다.

그리고 시술 당일 대상 수형자가 심경의 변화를 일으켜 시술받는 것을 거부할 때는 본인의 의사를 존중해 지체 없이 시술을 중단하고 취소로 인한 경비부담의 주체와 거부한 자의 징계 등 처리절차는 미리 규정을 명문화시켜 놓아 혼란이 없도록 해야 한다.

그리고 단축될 형기의 기간은 기증하는 부분에 따라 달라져야 하고 이에 관한 규정도 명문화시켜 놓아 수형자들의 선택에 도움이 되도록 한다.

◎ 의료특별선시제도의 과제: 이 제도의 실시가 논의된다면 수형자의 수의 감소로 인해 승진 등 여러 면에서 불이익을 볼 일부 관료들의 조직적 저항이 예상되므로 이에 대한 합리적 대책이 있어야 하고, 이 제도의 성공을 위해서는 범죄피해자의 반발, 인권단체의 반발, 국민 여론과 감정 등을 잘 극복해야 되는데 이 제도의 장점 등 정당한 논리와 근거를 잘 홍보해야 하는 과제가 있다.

또한 이 제도는 모든 의료범위에 대해 처음부터 실시하지 말고, 우선 가장 환자가 많은 백혈병 환자의 골수이식 부분에 대해서만 시행해보다가 성과를 보아가면서 점차 타 분야로 확대해나갈 필요가 있다.

한편, 중앙일보 2003년 9월 16일 기사에 따르면 우리나라는 해마다 400여 명에게 간이식수술이 시행되고 있는데, 생체부문의 간이식의 평균 성공률은 95%이며, 간은 전체 부피의 30%만 있어도 생존한다고 하며, 혈액형만 같아도 이식이 가능하다고 하는데, 수술 전날 기증자의 마음이 변해 거부하는 사례가 있어 이런 것에 대비하기 위해 최근에는 2명의 기증자가 2명의 환자에게 동시에 시행하는 교환 간이식수술도 시행하고 있다고 한다.

또한 이 제도는 국제적으로 타국들과 협정을 맺어 연계할 수도 있다. 만일 국내의 백혈병 환자에게 맞는 골수가 국내에 없다면 중국의 교정시설 등 타국의 수형자 중에서 찾아볼 수도 있고, 그렇게 되어 타국의 수형자가 국내의 환자에게 골수를 제공한다면 타국의 수형자도 형기가 일정 기간 단축되도록 관련 협정국끼리 협정을 맺을 수도 있으며, 그렇게 된다면 세계의 교정기관들이 직면한 가장 큰 당면 문제인 과밀수용 문제도 조금 해소되리라 생각이 된다.

그리고 이런 과정을 실시하는 과정에서 대상 적격자를 찾아야 하므로 수형자들의 건강 등이 정기적으로 체크될 수 있어 수형자들의 보건위생에도 도움이 될 수 있다. 따라서 의료특별선시제도의 국제적 확대를 위하여 관련 기관인 법무부, 외교통상부, 보건복지부 등의 관심과 협조가 중요한 과제로 된다.

그리고 수형자의 신체의 일부 기증으로 수혜를 본 수혜자 측에 일정한 교정발전 기금을 내도록 하는 방안도 생각해 볼 수 있으나 이때는 가난한 자는 혜택을 볼 수 없다는 문제점이 있는데 이를 어떻게 조화시켜 나가는가도 문제가 된다. 경제적으로 여유가 있는 자들은 교정발전 기금을 내서라도 혜택을 보려 할 것이고 또 그것은 사회정의에도 반(反)하지 않기 때문이다.

그리고 현재 골수이식 등과 관련된 사회단체는 사적인 단체와 국가가 설립한 공적 단체가 있는데 교정기관이 이 제도를 시행하려면 원칙적으로는 공익성만을 추구하는 공적 단체와 계약을 맺어야 되는 공적 단체의 본질인 관료제의 문제점으로 인해 신속하고 원활한 집행이 안 되는 것이 문제점인데 이를 어떻게 해결하느냐가 관건이고, 또한 사적 단체와도 계약을 맺을 경우 혹시 있을지도 모르는 사적 단체의 영리성과 비민주성에 대해서는 어떻게 대처하느냐의 문제점도 있다.

제 4 장

한국교정공무원론

1. 서

교정공무원은 한편으로는 사법부에 의해 결정된 형벌을 집행하는 형벌집행자의 위치와 또한 과학적으로 분류된 수용자를 개별적 특성에 맞게 교화시켜 선량한 사회인으로서 지역사회에 복귀하도록 하는 교육자적 임무도 가지는 이중적 지위에 있으므로 교정공무원은 형벌의 집행과 관련되는 각종 기술적 지식과 체력의 연마가 필요하며, 또한 교화업무와 관련해서는 각종 과학적인 교화기법의 체득이 요구된다고 하겠다.

한편, 교정공무원은 주로 교도소 등의 내에서 보안과 계호업무를 다루는 정복 교도관인 교정직 공무원과 수용자의 교육과 관계되는 교회직, 분류심사직, 직업훈련 교사 등과 수용자의 의료와 관계되는 의무직 공무원, 그 외에 기술직, 기능직 공무원 등으로 나눌 수가 있는데, 교도관직무규칙 제3조에 따르면 교정직 공무원을 제외한 나머지는 모두 사복교도관에 속한다.

여기에서는 미시적 입장에서 응시자격, 시험방법, 시험과목, 합격자 결정, 가산점 제도, 양성평등채용목표제, 합격생들의 시험성적으로 본 자질 등의 현실을 언급하고 문제점과 개선방안을 사견으로 제시하고자 한다.

2. 교정직렬 공무원과 소년보호직렬 공무원의 공개경쟁채용시험

1) 응시자격과 문제점 및 대안

① 현행제도: 먼저 응시결격 사유를 보면 국가공무원법 제33조 또는 지방공무

원법 제31조의 결격 사유에 해당되거나 공무원 임용시험령 등 관계법령에 의하여 응시자격을 정지당한 자는 응시할 수 없고, 응시연령의 제한에 관해서는 9급의 경우는 만18세 이상 28세 이하, 7급의 경우는 만 20세 이상 35세 미만, 5급의 경우는 만 20세 이상 32세 이하로 하되, 제대군인 지원에 관한 법률 제2조에 의한 제대군인 및 병역법 제26조 제1항 제1호의 업무에 복무하고 소집 해제된 공익근무요원(행정관리 요원)이 시험에 응시한 경우(면접시험 최종일 기준으로 전역 예정일 전 6월 이내에 있는 자 또는 소집해제 예정자 포함) 상기 응시 상한연령을 연장하는데, 군복무기간 1년 미만은 1세, 1년 이상 2년 미만은 2세, 2년 이상은 3세 연장한다.

그리고 학력이나 경력은 제한이 없으며, 7, 9급 교정직렬 중 교정직류와 소년보호직렬의 응시자는 신장이 남자는 165㎝(소년보호직은 162㎝), 여자는 154㎝ 이상이어야 하고, 체중은 남자는 55㎏ 이상, 여자는 48㎏ 이상이어야 하고, 흉위는 남자는 신장의 1/2 이상, 시력은 교정시력이 두 눈 각각 0.8 이상이어야 한다. 또한 색맹이 아니어야 하며, 7급 교정직렬의 교회직 및 분류직류의 신체조건은 각각 색맹이 아니어야 한다.[1]

② 문제점과 대안(사견): 우선 연령제한에 관해 비판하고자 한다.[2]

우선 연령제한의 하한선을 보면 9급의 경우는 18세, 7급과 5급은 20세로 하고 있는데, 이는 지나치게 낮다. 특히, 9급의 경우는 수용자를 직접 대면하는 교정의 일선자인데 18세가 임용될 경우 4, 50대의 교활한 수용자를 교화하기에는 경험법칙상 또는 사회관습상 교화의 실효성을 기대하기 어렵다. 따라서 교화하기에 너무 어린 공무원은 교화보다는 관료제 속성상 자신의 승진 등에만 관심을 갖게 되는 관료제화의 촉진이 일어나게 되어 교정재 생산의 본래 업무가 소홀하게 되며, 수단이 본질을 앞서게 되는 목적 전치현상이 발생하게 된다.

이렇게 연령 하한선을 일반행정직 공무원과 같이 낮게 잡게 된 것은 교정행정의 특수성을 간과한 정부당국의 무책임이라고 생각된다.

생각해보면 경찰직 공무원, 소방직 공무원, 그리고 군 공무원, 일반행정직 공무원 등에게는 상명하복이 요구되고, 또한 관료제 이론이 잘 적응되는 분야이다. 그러나 교정행정분야는 일반행정 분야와 그 성격이 다르다. 일반행정 분야는 그 고객이 국민이며 일반행정 수요도 고객, 즉 국민일반의 바람, 욕구이라면 교정행정

---

1) 행정자치부 공고 제2003-1호.
2) 본인의 사견임.

분야는 고객이 수용자이며, 교정행정 수요는 일반행정 수요처럼 고객(수용자)의
바람에 그치는 것이 아니라 고객과 관련된 자와 국민의 바람과 욕구와도 관계되
며, 따라서 일반행정 수요곡선과 교정행정 수요곡선은 그 궤적이 달라진다.

또한 원칙적으로는 엄격한 행정의 집행을 내용으로 하는 몰가치적, 기술적 성
격을 가진 일반행정과, 수용자를 교화시켜 바람직한 시민으로 사회에 복귀시키려
는 교육의 뜻이 강한 교정행정은 가치적·해석적 성격이 강하므로 일반행정과 교
정행정은 많은 본질적 차이가 나는데도 정부가 일반행정공무원의 임용요건에 관
한 내용을 교정행정의 특수성을 간과하고 교정행정공무원 채용에도 그대로 적용
시키는 것은 문제가 있다고 본다.

즉, 비교육적 성격이 강하고 집행적 성격이 강한 일반행정부문의 고전적 원리
로 기능했던 관료제 이론을 교정부문에도 그대로 적용해 복잡하면서도 교육적 성
격이 강한 교정의 모든 문제를 관료제 이론으로 해결하려는 정부당국의 자세는
비판받아야 한다. 연령제한의 하한선의 경우 5급, 7급도 마찬가지로 너무 낮다.

그 다음에 연령제한의 상한선3)을 보면, 원칙은 9급은 만 28세까지만 응시가
가능하고, 7급은 만 35세 미만까지, 5급은 만 32세까지 응시가 가능하다. 이러한
연령제한의 상한선도 모순이 있다고 생각된다.

우선, 교정수요의 한 축인 국민의 입장에서 볼 때는 국민들은 질이 좋은 교정
재의 산출을 바라며 기꺼이 세금을 낸다. 따라서 그들은 질 좋은 교정재의 산출

---

3) 정부가 공무원 채용 때 연령제한을 두는 이유에 관해 2003년 6월 11일에 중앙일보에 중앙인사위원회의 관계자는 나이 든 사람이 신규로 들어오면 공직에서 일 처리가 어렵다고 주장하고 있는데, 이와 관련하여 취업 시 연령제한의 문제점을 기사화한 부산타임즈 2002년 9월 11일자에는 한국여성단체협의회가 2002년 6월에 서울시에 거주하는 남녀 510명을 대상으로 여론조사를 한 결과 여성은 90%가, 남성은 74%가 연령제한이 심각한 편이라고 응답했고, 연령제한이 부당한가에 대해 전체 응답자의 48.6%가 매우 그렇다고 응답했고, 37.5%가 그런 편이라고 응답했으며 한국여성개발연구원의 김미경 연구위원은 2002년 8월 30일 한국여성단체협의회에서 주최한 모집채용에서의 연령제한에 관한 워크숍에서 "미국은 이미 30년 전 '연령차별금지법'을 만들어 고용, 해고, 승진, 직업훈련에서부터 구인광고나 이력서에 나이를 명시하는 것에 이르기까지 연령차별을 불법행위로 간주하고 있다"고 설명하고, 캐나다는 인권법, 호주는 인권 및 기회평등법에서 연령차별을 하지 못하도록 했으며, 또 영국에서는 모집, 채용, 교육, 승진, 해고 등의 과정에서 연령차별을 하지 못한다고 설명했다. 한편, 2003년 6월 11일 중앙일보에 기고한 대한은퇴자협회 주명룡 회장은 모집 등에 있어서 연령차별은 명백한 평등권 침해라고 하면서 2002년 11월에 만들어진 고령자 고용촉진법은 모집 등에 있어서 연령차별을 못 하도록 한 조항이 있으나 이는 강제성이 없는 권고조항이기 때문에 실효성이 없다고 하면서 미국처럼 처벌조항으로 바꾸어야 한다고 주장한다.

에 적합한 사람들이 교정직에 투입되기를 바라며, 그런 점에서 연령제한의 상한
선 위에 있는 자들이 질 좋은 교정재의 한계 생산량을 증가시킬 수 있다면 그런
자들의 공식적인 교정재 생산투입에 찬성할 것이다. 상식적으로 생각해도 다양한
경험을 가진 원숙한 중·장년층이 나이 어린 공무원보다 사회의 여러 현장에서
여러 한계상황을 극복하지 못한 수용자들의 교화에 훨씬 도움이 될 수도 있기 때
문이다.

질서유지와 상명하복을 중시하는 일반행정 분야에서는 신입 공무원이 상관보다
나이가 많으면 관료제의 속성상 여러 문제점이 나타날 수도 있지만, 교정행정분
야는 수직적, 관료제 조직보다는 교정직원 한 명 한 명이 교정재 생산에 중심이
되는 팀제나 수평적 조직이 더 어울린다고 생각되므로 현재 일반행정공무원 채용
에 적용되고 있는 응시연령 제한의 상한선을 그대로 교정행정분야에 적용시키는
것은 오로지 조직 내의 질서유지와 상명하복만을 중시한 것이며, 그 결과 우수한
교정자원을 잘못된 법에 의해서 구축(crowding-out)해버려 실질적으로는 질 좋은
교정재 생산에 저해가 된다.

그 다음으로 법적인 면에서 생각해볼 수가 있다. 헌법상 공무담임권과 평등권
이 국민에게 기본권으로 보장되어 있지만, 현재의 연령제한의 상한선은 국민들에
게 교정공직에 대해 수요하려는 마음이 일정 연령(가령, 9급은 만 28세까지)까지
형성되어 있어야만 교정직에 응시할 수 있다는 것을 나타내어, 어떤 면에서는 헌
법상 보장된 내심의 자유를 강제하는 면이 있다. 현재의 이런 제도는, 대학을 졸
업하고 다양한 사회경험을 하고 난 뒤에 뒤늦게 교정재 생산에 순수한 열성을 가
진 중·장년층 등의 교정공직에 진입을 막아 미시적으로는 헌법상 보장된 공무담
임권과 평등권을 침해하고, 거시적으로는 질 좋은 교정재의 생산을 바라는 국민
의 욕구에 반한다. 또한 7급의 경우는 연령제한 상한선을 만 35세 미만으로 하면
서 5급의 경우는 연령제한 상한선을 만 32세까지로 하고 있어,[4] 형평성에 의문이
제기되기도 한다.

한편, 외국의 경우를 살펴보면 미국은 교도관이 되는 데 특별한 제한조건은 없
으며, 나이가 많아도 신체적 조건만 되면 누구나 신청하여 교도관 연수과정을 받
을 수 있다.[5] 캐나다는 교도관이 되는 데 성별과 연령의 아무런 제한이 없어 50
대에 비로소 교정에 들어온 신입직원도 있으며,[6] 프랑스는 교정간부의 경우는 45

---

4) 행정자치부공고 제2003-1호.
5) 오광운, 미국 텍사스교정시설을 다녀와서, 교정, 2003. 2, 109면.

세 미만자가 응시할 수 있으나(하급직은 40세 미만) 때로는 연령제한을 완화할 때가 있다.[7] 뉴질랜드도 채용연령에 아무런 제한이 없어 50이 넘은 사람들이 신규 교도관 직원으로 들어온다고 한다.[8]

또한 현재 시행되고 있는 제대군인지원에 관한 법률 제2조에 의한 제대군인 및 병역법 제26조 제1항 제1호에 따라 응시 상한연령을 연장해주는 제도는 양성 평등채용목표제가 적용되지 않는 교정직, 소년보호직의 여성지원자에게는 불리할 수도 있으므로 응시 상한연령 연장제도는 폐지하고, 남·여 모두 5, 7, 9급의 경우 교정직류와 교회직류는 응시연령을 만 25세에서 만 55세까지로 하며, 소년보호직렬은 응시연령을 만 22세에서 만 45세까지로 할 것을 제안하며, 교정직렬 중 분류직류는 만 22세에서 만 40세까지로 할 것을 제안한다. 또한 교도소 내의 유사화 원칙에 따라 교정직류와 교회직류, 분류직류, 소년보호직의 경우에도 일정한 수의 장애인을 별도로 뽑도록 하며, 이들에게는 계호와 보안업무를 제외한 행정사무와 교화업무에 배치하도록 한다. 한편 이와 관련해 현재의 교정직렬 등의 공무원 정년규정을 재정비해 정년을 65세(5급 이상), 63세(6급 이하)로 하도록 할 필요가 있는데, 그것은 교정이 교육의 성격을 띠므로 연륜에 따른 경험도 교정재의 생산에 좋은 영향을 주기 때문이다.

한편, 현재는 7, 9급 교정직렬 중 교정직류와 소년보호직렬의 응시자에게는 일정한 신체조건을 요구하는데, 가령 신장을 남자는 165㎝ 이상(소년보호직은 162㎝ 이상), 여자는 154㎝ 이상, 체중은 55㎏ 이상(남), 48㎏ 이상(여), 흉위는 신장의 1/2 이상(남), 시력은 교정시력이 두 눈 모두 0.8 이상, 색신은 색맹이 아니어야 하며, 7급 교정직렬의 교회직류 및 분류직류의 응시자는 색맹이 아닐 것을 요구하고 있다.

한편, 외국에서는 대부분의 경우에 일정한 신체조건을 요구하고 있다. 그러나 본인의 사견으로는 현재의 7, 9급 교정직렬 중 교정직류와 소년보호직렬의 응시자의 신체조건 중 신장, 체중, 흉위 부분의 신체조건은 완전 폐지하고 시력도 그 기준을 좀더 완화시키고, 색신의 경우도, 색맹 중 가장 많은 비중을 차지하고, 또 그렇게 문제가 되지 않는 적록색맹자는 응시자격을 주어야 한다고 생각한다. 그리고 7급 교정직렬의 교회직류 및 분류직류의 응시자의 신체조건 중에서도 교회

6) 이정숙, 캐나다 교정청 연수기, 교정, 2002. 3, 36면.
7) 형사정책연구원, 외국교정현황연구, 2000, 454면.
8) 하영훈, 뉴질랜드교정연수기, 교정, 96. 9, 62면.

직류는 색맹자도 응시가 가능하도록 하고, 또한 분류직류의 경우에도 과연 적록색맹자가 업무를 수행할 정도가 아닌지를 현장의 공무원과 의학계의 의견을 객관적으로 받아서 조정할 필요가 있다고 본다.

먼저 교정직류와 소년보호직렬에서 요구하는 신장, 체중, 흉위 등의 신체조건은 인적 계호에 치중한 과거의 산물이고, 물적 계호가 급속히 발전하고 있는 현대 교정행정에서는 크게 중요시되지 않고 있다.

또한 키나 몸무게가 작다고 계호업무를 잘 수행하지 못하리라는 편견은 사라져야 하고, 또한 교도소 내의 사회 유사화 원칙에 따라 교정공무원의 신체도 다양화해질 필요가 있고, 무엇보다도 질 좋은 교정재의 한계 생산을 크게 가져올 수도 있는 신체적 열위자의 공무담임권도 중요하기 때문이며, 현재의 엄격한 신체조건은 공무담임권과 평등권 등에 위배될 우려가 있으며, 신체적 우위자만 아니라 신체적 열위자나 장애인 교도관도 수용자들이 보게 된다면 심리적 등 여러 측면에서 교정재의 한계 생산성이 올라갈 수도 있다.

2) 시험방법과 문제점 및 대안

① 현행제도: 현재의 교정직과 소년보호직렬의 시험방법에 대해서는 행정자치부에 따르면 5급의 경우는 2005년부터 1차 시험과목이 공직적성평가(PSAT)로 바뀌고, 2차 시험은 논문형 평가시험, 3차 시험은 면접시험으로 시행될 예정이지만 7, 9급의 경우는 현재처럼 제1차 시험과 제2차 시험은 선택형 필기시험으로 하여 병합 실시하며, 제3차 시험은 면접시험으로 하고 있다.

② 문제점과 대안(사견): 교정직렬과 소년보호직렬의 7, 9급의 경우는 다른 일반행정직렬과 마찬가지로 모든 이에게 공개응시 기회를 주고 평가의 객관성을 높이기 위해 제1, 2차 시험을 객관식으로 출제하고 있는데, 다른 일반행정직렬과 달리 단순히 형벌집행 외에도 교화라는 교육적 기능의 수행도 요구되는 교정직렬 등에 있어서는 교화에 필요한 원만한 인성과 인격이 요구되므로 단순히 지식의 암기로만 평가되는 객관식 시험만으로는 질 좋은 교정재 생산에 적합한 인물을 선발하는 데에는 문제점이 있다.

일반행정직렬의 경우에는 엄격히 말하면 고객의 범위가 너무 넓어 고객 중심적 행정이라고 볼 수가 없고, 실제로도 불분명한 고객과의 접촉도 많지 않고, 또 그러한 접촉도 1회성으로 끝나지만, 교정행정은 그 고객이 수용자로 특정화되어 제한되어 있어 고객 중심적 행정이며, 교정직 공무원과 수용자의 접촉은 1회성이 아니라 반복되는 인격과의 만남이므로 어느 직종보다 교화를 주도하는 교정직 공무원의 품성이 중요하나 현재의 시험방법으로는 나쁜 품성을 가지거나 부패친화적인 자도 단순지식만 있으면 들어갈 수 있어 이런 자들을 채용단계에서부터 배제할 필요가 있다.

따라서 대안으로는 7, 9급 교정직렬과 소년보호직의 경우에는 1차 시험을 인성검사를 실시해 교정에 부적정한 인성을 가진 자를 걸러내고, 2차 시험은 선택형 필기시험으로 하도록 한다. 또한 현재의 제3차 시험은 면접시험이지만 사실상 형식화되어 있는데, 이것을 실질적으로 활성화시켜 인성검사의 한계상 인성검사에서 발견하지 못한 교정에 부적정한 품성을 가진 자를 객관적으로 배제시켜야 하며, 그렇게 하기 위해서는 면접시험에 응시할 인원을 현재의 기준, 즉 최종합격 예정자의 130%를 뽑는 비율보다 더 늘이도록 한다. 5급 시험의 경우에도 일반행정직렬 등 모든 직종에 공통되는 공직 적격성 평가(PSAT)보다는 교정의 특성에 맞는 교정적격성평가를 제1차 시험으로 채택할 필요가 있다고 생각한다.

3) 선발예정인원과 문제점과 개선안

① 현행제도: 현재는 9급 교정직렬 중 교정직류는 행정자치부가 실시하는 공채와 법무부가 실시하는 특채로 되어 있는데, 선발예정인원은 보통 행정직 공무원 다음으로 많은 인원을 채용하고 있다. 9급 교회직류와 분류직은 시행이 그동안 없었다. 또 9급 소년보호직의 경우는 해마다 정기적으로 공채하지 않고, 필요할 때마다 공채를 하고 있다.

또, 7급 교정직류는 대개 2년마다 00명 정도의 인원을 채용하며, 7급 교회직류와 분류직류는 해마다 정기적으로 채용하지 않으며 채용해도 적은 수이다. 7급 소년보호직렬도 해마다 정기적으로 채용하지 않고 채용하더라도 극소수이다.

5급의 경우에는 교정직류는 2년마다 5명 미만의 극소수 인원만을 뽑고, 소년보호직은 수년마다 한 번씩 뽑으며, 교회직의 경우 아직 한 번도 시행된 일이 없다.

② 문제점과 대안(사견): 9급의 경우 적지 않은 인원을 뽑으므로 큰 문제는 없으며, 특히 교정직류는 해마다 정기적으로 채용하고 있다. 그러나 9급 소년보호직의 경우는, 적은 정원 탓 때문이겠지만 해마다 공채가 제도화되어 있지 않아 행정의 예측성과 신뢰성에 약간 오해가 있을 수도 있으므로 법무부 소년과는 소년보호 인력수요의 중기계획을 세워 발표해 행정의 예측성을 높이도록 한다.

또한 7급 교정직류의 경우에는 많은 인재들이 관심을 가지는데 이것의 시행이 거의 2년마다 이루어져 시차가 너무 커 교정에 적절한 인재를 놓칠 우려가 있으므로 인원을 적게 채용하더라도 해마다 시험을 제도화할 필요가 있다.

또, 최근 중요성이 더해가는 교회직류의 경우도 마찬가지이므로 인원을 적게 채용하더라도 해마다 시험을 제도화할 필요가 있고, 앞으로는 교정직류의 인원을 조금씩 줄이면서 그에 해당되는 인원을 교회직으로 충원토록 한다.

5급 교정직류도 2년마다 극소수의 인원만을 뽑는데, 이것은 6급에서 5급으로의 내부임용률이 너무 높기 때문이다.9) 따라서 앞으로는 내부승진율을 조금 줄이고 5급 공채인원을 증가시키되 해마다 시행하도록 제도화할 필요가 있다. 현재의 제도로 한다면 극소수의 인원을 격년제로 뽑으므로 우수한 인재들이 관심을 가질 수가 없고, 또한 1차 시험에 합격하고 2차에 탈락한 자들은 2년을 기다려야 하는 등 많은 문제점을 내포하고 있다.

5급의 소년보호직렬도 내부승진율이 너무 높아 5급 공채는 수년마다 극소수의 인원을 뽑는데, 이것도 중장기 고급인력 수요계획을 세우고, 내부승진 임용률도 조금 줄여가면서, 적어도 3년 또는 4년마다 시험을 실시하도록 제도화하여 행정의 예측성을 높이고 우수한 인재를 흡인토록 해야 한다.

4) 모집방법 및 문제점과 개선안

① 현행제도: 모집방법은 2가지 측면에서 논의될 수 있는데, 먼저 전국적 모집인가 지역별 모집인가를 중심으로 살펴보면, 현재 5급, 7급, 9급의 교정직렬과 소

---

9) 2003년의 경우 5급으로 임용할 자리가 30개이나 이 모두가 내부승진으로 채워졌고 (100%), 2002년의 경우 5급으로 임용할 자리가 21개이나 5급 공채자는 3명뿐이고 나머지 19개 자리는 모두 내부승진 임용되어 매우 높은 내부임용률을 보인다.<법무부 교정과 내부자료>

년보호직의 경우는 행정자치부가 실시하는 공채의 경우에는 전국적 모집을 한다. 단, 법무부가 자체 실시하는 9급 교정직의 특채는 지역별로 모집하는데, 현재는 응시자의 주소나 본적지 제한 등은 두지 않고, 다만 해당 지역의 교정기관에 합격 뒤 그 지역에서 일정한 의무복무기간을 두고 있다.

또, 모집방법의 적극성 여부와 관련해 현재는 서울신문 등 특정 신문에 연초에 계획을 공고하고, 또한 인터넷에도 공고하고 있다.

② 문제점과 대안(사견): 후술하겠지만, 본인은 교정행정 분권을 주장하므로 그런 면에서는 현재의 7급, 9급의 교정직렬과 소년보호직렬의 경우는 지역별로 모집인원을 할당하고, 응시생들은 해당 지방교정청에 응시하도록 한다. 물론 시험공고일 현재 주소나 본적지가 해당 지역에 등재된 자만이 응시가 가능하도록 한다. 이러한 지역별 모집이 이루어지게 되면, 합격 뒤에도 어디로 배치될지도 모르고, 또 자기 고향이나 주소와 다른 지역에 배치될 수 있는 전국적 모집에 비해 이직률도 적어지고, 간접적으로는 교정재의 생산에도 좋은 영향을 미칠 수가 있기 때문이다.

또한 전국적 모집을 법무부 내의 교정과가 담당하는 교정인사의 중앙집권적 태도는 인사행정의 통일성을 기하고 조직 내 갈등을 신속히 해결해주며, 지방교정청 간의 차이를 균등화시킬 수 있으나 지방실정에 맞는 융통성 있는 교정행정을 할 수가 없다.

또한, 중앙집권하에서는 지방교정청에 재량이 거의 없으므로 지방교정청 공무원의 사기와 창의력은 낮아지고 지방교정장의 리더십도 한계가 있어 조직 내의 만족감도 낮아진다. 또, 고객의 요구에 신속히 반응할 수가 없어 교정기관과 고객 간에 거리감이 커져 교정행정의 민주성이 저해되며, 지방교정청은 모든 인사문제나 갈등을 중앙에만 의존해 지방교정청은 중앙에 더욱더 예속화되어 중앙기관과 지방교정청 간에는 대등한 협조체제의 관계로 발달시킬 수가 없고, 또한 중앙기관도 과도한 부하로 또 다른 중요한 업무인 기획 등에 전념할 수가 없게 된다.

다만, 5급의 경우는 이들은 기획업무에 적당하고, 또 워낙 극소수만을 뽑으므로 전국적 모집을 하는 것이 낫다고 생각한다. 또, 모집방법의 적극성과 관련해 현재의 서울신문이나 인터넷에만 알리는 소극성을 떠나 적극적으로 여러 매체를 통해 알리는 적극적 모집을 통해 우수한 인재들이 몰리도록 해야 하며 대학이나 노동사무소 등에 적극적 홍보를 할 필요가 있다.

5) 현행시험시행기관과 문제점 및 개선안

① 현행제도: 현재는 교정직렬과 소년보호직렬은 해마다 정기적으로 실시하는 공채의 경우에는 각 기관의 특성을 무시하고 행정자치부가 일괄적으로 시행하고 있다. 다만, 부정기적으로 실시하는 교정직렬 9급 특채의 경우는 법무부 교정과가 실시하고 있다.

② 문제점과 대안(사견): 행정자치부가 현재와 같이 모든 직종의 시험을 일괄해서 담당하는 것은 각 기관의 인사행정의 특성을 무시한 획일적 행정이므로 많은 문제점을 낳고 있다. 따라서 교정직렬, 소년보호직렬, 보호관찰직렬 등은 법무부가 주관해서 실시하도록 하고, 5급 공개채용과 승진시험은 법무부 본부가, 7급과 9급 공개채용과 승진시험은 지방교정청별로 실시하도록 할 필요가 있다.

6) 현행 출제위원제도 및 문제점과 개선안

① 현행제도: 현재 교정직렬과 소년보호직의 공채에 있어 교정학의 출제는 행정자치부가 경기대학교 교정학과 교수들의 의견을 들어 출제위원을 선정하는 것으로 알려져 있는데, 경기대학교 교정학과 교수들만으로 해마다 출제를 할 수 없으므로[10] 형사법을 전공한 대학교수들도 출제에 참여해오고 있다.

형사정책의 경우는 행정자치부가 형사정책학회에 의뢰해 출제위원을 선정해오고 있다.

② 문제점과 대안(사견): 형사정책의 경우는 전문교수들이 담당해 출제하므로 문제가 없으나, 교정학의 경우는 교정학 교수만이 아니라 형사법을 전공한 교수도 출제위원으로 참여하는데, 문제는 일부 형사법 전공교수가 교정학의 출제범위를 넘어서 출제를 한 경우[11]도 있었고, 또한 법령이 개정된 것을 모르고 잘못된 문제를 출제한 경우[12]도 있었다. 이러한 교정학의 출제범위를 넘어선 출제는 그

---

10) 4년제 대학으로 교정학과는 2003년에 현재 경기대학교에만 있다.
11) 2002년 행정자치부 9급 공채시험의 교정학 문제에서 청소년성보호법과 형의실효등에 관한법률 등 형사법의 문제가 출제되었다. 천정환, 교정학, 한국고시회, 2003, 761면.
12) 2002년 행정자치부 9급 공채시험 교정학 문제에서 "참관이 금지된 곳이 아닌 곳은?"이란 설문에 보기를 구치소, 유치장, 미결수용실, 여자수용실로 들고 있으나 이것은 출제 미스다. 왜냐하면 미결수용실, 구치소, 유치장을 참관할 수 없다는 규정은 7차 개정 전

렇지 않아도 교정학의 출제범위에 논란이 있는 마당에 교정학 시험에 대한 신뢰를 저하시키는 요인이 되고 있다.

따라서 교정학의 시험출제 원칙은 교정학과 교수나 교정학에 깊은 지식이 있는 법학 교수로 하되 현직 교정관련직 공무원 중에서 교정관련 학문의 박사학위를 가진 자들도 참여시키되 출제에 있어서는 여러 번의 검토를 거치게 하여 교정학의 시험범위를 넘어선 출제나 문제의 오류가 없도록 해야 할 것이다. 그리고 교정학의 경우에는 공채든, 법무부가 하는 특채든 특정 대학의 교수진이 출제위원으로 들어갈 확률이 많으므로 문제보안에 대한 제도적 장치가 필요하다.

7) 시험과목과 문제점

① 현행제도: 교정직렬과 소년보호직렬의 각종 시험과목은 2004년부터 개정되어 시행되므로 여기서는 2004년부터의 시험과목을 중심으로 논하고자 한다.

관보 제15012호(2002. 1. 26.) 300~301면에 따르면 다가올 2004년 이후의 교정직류와 교회직류, 분류직류, 소년보호직류의 계급별 공개채용시험과 승진시험과목표는 아래와 같다.

[표 1] 2004년 이후 소년보호직렬 시험과목

계 급	시험과목		직렬	소년보호
			직류	소년보호
5급 이상	공 채	제1차	필수	언어논리영역, 자료해석영역, 상황판단영역, 영어
		제2차	필수	교육학, 심리학, 사회학, 형사정책
			선택	사회복지학, 상담심리학, 사회문제론 중 1과목
	특채전직승진	제1차	필수	헌법, 행정법
		제2차	필수	교육학, 심리학
			선택	
	공 승	제1차	필수	헌법, 행정법, 영어
		제2차	필수	교육학, 심리학, 형사정책

의 내용이고, 1999년의 개정으로 구치소, 유치장 등도 참관할 수 있기 때문이다.

계 급	시험과목		직렬	소년보호
			직류	소년보호
6급 및 7급	공 채	제1차 필수		국어(한문 포함), 영어, 한국사
		제2차 필수		헌법, 교육학, 심리학, 형사정책
	특채전직승진	제1차 필수		헌 법
		제2차	필수	교육학, 심리학
			선택	
8급 및 9급	공 채	제1차 필수		국어, 영어, 한국사
		제2차 필수		교육학개론, 형사정책개론
	특채전직승진	제1차 필수		사 회
		제2차 필수		형사정책개론

⇨ 출처: 관보 제15012호(2002. 1. 26.)

[표 2] 2004년 이후 교정직렬 시험과목

계 급	시험과목		직렬	교정		
			직류	교정	교회	분류
5급 이상	공 채	제1차	필수	언어논리영역, 자료해석영역, 상황판단영역, 영어	언어논리영역, 자료해석영역, 상황판단영역, 영어	언어논리영역, 자료해석영역, 상황판단영역, 영어
		제2차	필수	교정학, 형사소송법, 형법, 행정법	교정학, 교육학, 형법, 형사소송법	교정학, 심리학, 형법, 형사소송법
			선택	교육학, 사회학, 심리학 중 1과목	행정법, 사회학, 심리학, 종교학 중 1과목	행정법, 사회학, 교육학, 분류심사론, 종교학 중 1과목
	특채전직승진	제1차	필수	헌법, 행정법	헌법, 행정법	헌법, 행정법
		제2차	필수	교정학, 형사소송법	교정학	교정학
			선택		형법, 형사소송법, 교육학, 사회문제론, 종교학 중 1과목	형법, 형사소송법, 심리학, 사회문제론, 분류심사론, 종교학 중 1과목
	공 승	제1차	필수	헌법, 행정법, 영어	헌법, 행정법, 영어	헌법, 행정법, 영어
		제2차	필수	교정학, 형사소송법, 형법	교정학, 교육학, 형사소송법	교정학, 심리학, 형사소송법
6급 및 7급	공 채	제1차	필수	국어(한문 포함), 영어, 한국사	국어(한문 포함), 영어, 한국사	국어(한문 포함), 영어, 한국사
		제2차	필수	헌법, 교정학, 형사소송법, 행정법	헌법, 교정학, 교육학, 심리학	헌법, 교정학, 심리학, 사회학

계 급	시험과목	직렬		교정		
		직류		교정	교 회	분 류
6급 및 7급	특채전 직승진	제1차	필수	헌 법	헌 법	헌 법
		제2차	필수	교정학, 형사소송법	교정학	교정학
			선택		형사소송법, 교육학, 사회문제론, 종교학 중 1과목	형사소송법, 심리학, 사회문제론, 분류심리론, 종교학 중 1과목
8급 및 9급	공 채	제1차	필수	국어, 영어, 한국사	국어, 영어, 한국사	국어, 영어, 한국사
		제2차	필수	교정학개론, 형사소송법개론	교정학개론, 교육학개론	교정학개론, 심리학개론
	특채전 직승진	제1차	필수	사 회	사 회	사 회
		제2차	필수	교정학개론	교정학개론	교정학개론

⇨ 출처: 관보 제15012호(2002. 1. 26.)

② 문제점과 대안

㉠ 9급 교정직류의 공채시험과목의 문제점과 대안(사견): 2004년부터 9급 교정 직류의 공채시험과목은 제1차 과목은 국어, 영어, 한국사이고, 제2차 과목은 교정 학개론, 형사소송법개론이다. 본인은 여기에서 국어, 영어, 한국사 등의 교양과목 은 전문성을 보다 요하는 교정직류에서는 폐지해야 한다고 본다. 왜냐하면 우리 나라는 해방 이후 공무원 공개채용에 있어서, 그 당시는 학력이나 경력의 제한이 없었고, 또한 고학력자가 많이 응시하지 않았기 때문에 공무원이 될 사람의 최소 한의 교양지식을 요구한다는 차원에서 국어, 국사 등의 교양과목이 공무원 공채 시험과목에 들어가게 되었다. 그러나 오늘날 행정이 보다 복잡해져가고 있어 공 무원에게도 전문지식이 필요하게 되었으며, 또한 9급 시험공채에서 합격자의 대 부분이 대졸(전문대졸 포함)이므로 굳이 오랜 세월 동안 학교에서 습득한 국어, 국사, 영어 등의 교양과목을 다시 평가할 의미가 없어졌기 때문이다. 또한 복잡한 교정문제를 교정공무원이 현장에서 해결하기 위해서는 보다 전문지식이 요구되고 있으며, 이미 같은 공안직인 경찰공무원의 경우에는 2001년부터 국어, 국사 등의 교양과목을 폐지하고 실무중심의 시험과목[13]으로 개정하여 실시하고 있다.

따라서 2004년부터의 9급 교정직류의 제1차 시험과목과 제2차 시험과목을 통 합하여 제2차 시험과목으로 하고, 제2차 시험과목으로는 2004년부터의 2차 과목

---

13) 경찰순경의 공채시험과목은 국어, 국사가 폐지되고 형법, 형사소송법, 수사1, 경찰학개 론, 영어로 변경되었다.

인 교정학개론, 형사소송법개론 외에 교정심리학, 행정법총론을 대안으로 제시한다. 그 이유는 수용자의 어떤 행동이나 이상행동의 원인을 과학적으로 분석해 효과적으로 대처하기 위해서는 인간행동의 원인을 밝히는 교정심리학이 필수적이기 때문이다. 교정심리학적 지식이 있어야 수용자의 행동에 나타나게 된 내면을 객관적으로 분석할 수 있고 그로 인해 전문적 상담과 치료가 가능하기 때문이다.

또한 행정법총론이 중요한 이유는 오늘날 수용자의 인권의식의 제고로 각종 고소가 빈발하고 있으며, 따라서 행정쟁송 등 행정법 실무에 관한 지식이 있어야 교정현장의 법률적 문제에 효과적으로 대처할 수 있기 때문이다. 또한 행형법 자체를 특수행정법으로 볼 수 있고 교정공무원이 수용자에게 내리는 지시 하나하나가 행정법상의 하명으로 볼 수 있듯이 교정공무원과 수용자와의 공식적 관계는 거의 행정법상의 관계로 볼 수 있다. 따라서 교정공무원이 이런 행정법상의 지식이 충분해야 자신의 행위가 지니는 행정법상의 의미를 알 수 있으므로 좀더 신중하게 수용자에게 대할 수 있어 결과적으로는 수용자의 기본권 향상에도 도움이 될 수 있다.

그리고 영어를 폐지한 이유는, 교정직류의 합격생 대다수가 대졸로 기본적 영어실력을 갖춘 것으로 볼 수 있고, 또한 영어실력과 실질적인 교정재의 생산과는 상관관계가 없으며, 만일 영어를 시험과목으로 부과하게 되면 질 좋은 교정재의 생산을 가져올 수도 있는, 영어는 잘 못하지만 열정적인 지원자의 교정현장에의 진입을 가로막을 수 있기 때문이다.

현재까지 영어를 계속 부과해왔지만, 현직교도관들이 외국인 범죄자와 영어로 의사소통하는 데는 한계가 있고, 소극적이라는 것은 알려진 사실이므로 영어는 합격 후 연수과정에서 회화중심으로 하여 뛰어난 회화 실력자들은 외국인 범죄수용 교정시설로 보내면 되고 나머지 내국인 교정시설의 교도관들에게는 굳이 영어실력과 교정재 생산 간에는 상관성이 없기 때문이다.

한편, 제1차 시험은 교정직의 특수성에 비추어 인성검사와 심리검사를 부과한다.

ⓒ 9급 교회직류의 공채시험과목의 문제점과 대안(사견): 2004년부터 9급 교회직류의 공채시험과목은 제1차 시험과목이 국어, 영어, 한국사이며, 제2차 시험과목이 교정학개론, 교육학개론이다. 그런데 교회란 수용자에게 덕성함양과 윤리적인 정신강화를 함으로써 인격도야와 개과천선을 촉진시키는 모든 활동을 의미하며 교회담당 공무원은 상관의 지휘, 감독을 받아 수용자의 교육, 교회, 서신, 독서 등에 관한 사무와 석방자 보호에 관한 사무를 담당하며, 직무수행상 필요한 경우

에는 교정시설 안에서 수용자를 동행, 계호할 수 있다. 상설하면 이러한 교회직 공무원은 교도관직무규칙 제73조-81조에 따르면 수형자 등에 대한 학과교육을 시행해야 하며, 종교교회와 개인교회를 실시하고 정신교육, 정서교육을 실시하며 수용자의 서신검열과 수형자 등의 복지담당과 석방 예정자보호에 관한 사무를 실시한다. 따라서 교도관직무규칙에 규정된 교회직 공무원의 업무에 적합한 시험과목은 생생한 전문지식이 요구된다고 하겠다. 따라서 앞에서 이야기한 대로 국어, 영어, 한국사 등의 교양과목 위주의 제1차 시험과목은 폐지하고, 제1차 시험과목과 제2차 시험과목을 통합해 제2차 시험과목으로 통합한다. 물론 제1차 시험과목은 앞에서 본 바와 같이 인성검사나 적성검사로 대치한다. 그리고 제2차 시험과목으로는 원래 2004년부터 시행예정인 교육학개론, 교정학개론 이외에 교정심리학과 상담학 개론을 대안으로 제시한다.

앞에서 이야기했듯이 인간행동의 이해를 위한 학문인 교정심리학은 교회직 공무원에게도 필수적이며, 또한 교정현장에서 수시로 수용자와 면담과 상담을 해야 하는 교회직 공무원에게는 과학적이고 체계적인 상담학의 기초지식이 있어야 상담의 효과를 제고할 수 있고, 나아가 교정재 생산에 도움이 되기 때문이다. 그리고 교정심리학의 범위에 관해서는 후술하겠고, 상담학의 경우는 이미 학문적 정체성이 오래전에 자리 잡아 교회직 공무원의 시험과목으로 하는 데 별 무리가 없다고 생각한다.

ⓒ 9급 분류심사직의 시험과목의 문제점과 대안(사견): 현재 9급 분류직의 공채시험과목은 제1차 시험과목은 국어, 영어, 한국사이며, 제2차 시험과목은 교정학개론, 심리학개론이다. 이 직류 역시 앞에서 이야기한 대로 교양과목들로 된 제1차 시험과목은 모두 폐지하고, 제1차 시험과목과 제2차 시험과목을 통합해 제2차 시험과목이라 호칭하고(1차 시험은 인성검사), 제2차 시험과목으로 교정학개론, 교정심리학개론, 분류심사론, 상담학개론을 대안으로 제시하고자 한다. 먼저 교정학개론은 원래 2004년부터 시행될 과목에 포함된 과목이므로 운론할 여지가 없고, 다만 당국이 2004년부터 시행할 과목으로 포함시킨 심리학개론을 본인은 교정심리학개론으로 바꿀 것을 제안한다. 그 근거는 심리학이 이론심리학이라면 교정심리학은 교정현장에서 나타나는 제 현상을 심리학의 이론으로 적용시키려는 응용심리학이며 교정직렬 공무원에게는 실무중심의 응용심리학인 교정심리학이 더 요구되기 때문이다. 또한 본인이 심리학개론 대신에 교정심리학을 주장하는 이유는 이론심리학인 심리학개론이 그 범위가 너무 넓고, 또한 심리학의 한 분야

인 생리심리학 등은 의학과도 연관되어 있으며, 교정공무원의 담당영역이 아니기 때문이다. 그런 분야는 정신의학자의 영역이기 때문이다. 또한 심리학 개론으로 할 경우 응용심리학도 포함될 수 있으므로 범위가 애매할 뿐만 아니라 출제 교수의 선호도에 따라 특정 분야에서 편중되게 출제될 우려가 있기 때문이다.

물론 본인이 주장하는 교정심리학도 아직 그 학문적 정체성이 없고, 이 분야에 대한 연구학자도 국내에는 없으며, 교정심리학회도 없다. 그러나 교정심리학이 교정현장에서 응용되는 심리학이라면 어느 정도 그 범위를 한정할 수 있으며, 본인은 여기에서 교정심리학의 범위로 일반심리학의 범위에서 생리심리학과 심리학의 역사를 제외한 일반이론심리학에다가 사회심리학을 추가시키는 것을 제안한다. 교정심리학의 영역은 교정학자와 심리학자들과의 협의로 결정되어야 함은 물론이다. 따라서 시험 공고할 때 교정심리학의 범위를 알려주어 혼동이 없도록 하면 된다.

그 다음에 본인은 분류심사론을 시험과목에 넣을 것을 제안했는데, 이는 분류심사직 공무원에게는 가장 기초적 지식이므로 당연히 부과되어야 한다고 생각한다. 그리고 상담학개론을 시험과목에 넣은 이유는 분류심사직 공무원도 상담활동을 하기 때문이다.

교도관직무규칙 제93조에는 분류심사직은 분류심사 및 누진처우를 위하여 필요할 때에는 수형자 등을 상담하고, 그 결과를 상관에게 보고해야 한다고 되어 있다.

㉣ 7급 교정직류 공채시험과목의 문제점과 대안(사견): 2004년부터 계획되어 있는 7급 교정직류의 시험과목은 제1차 시험과목에는 국어(한문 포함), 영어, 한국사 등이고, 제2차 시험과목에는 헌법, 교정학, 형사소송법, 행정법이다. 앞에서 이야기한 대로 교양과목들인 제1차 시험과목은 폐지하고, 또한 제1차 시험과목과 제2차 시험과목을 통합해 제2차 시험과목이라고 호칭한다. 제1차 시험과목은 인성검사와 교정 적성검사로 대치한다.

여기에서 제2차 시험과목에 대해 사견으로는 2004년부터 예정되어 있던 교정학, 형사소송법, 행정법, 헌법 중에서 헌법은 기본권론으로 바꾸고, 행정법은 행정법총론으로 바꿀 것을 제안하고 추가되는 과목으로는 교정심리학, 형법을 제안한다.

먼저 헌법을 기본권론으로 바꾸려는 이유는 헌법학을 헌법서론, 기본권 이론, 통치기구론으로 대분할 수 있다면 추상적·이념적 성격이 강한 헌법학 서론과 대통령, 국회, 사법부 등과 관련 있는 통치기구 이론은 교정공무원의 교정현장에서 교정재 생산과 직접적 연관성이 없기 때문이다.

그리고 행정법을 총론과 각론으로 구분한다면 행정법각론 역시 교정재 생산과 큰 연관성이 없고, 수험생의 부담을 덜어줄 필요에서 실무중심으로 시험과목을 개편할 필요성이 있다고 보아 행정법을 행정법총론으로 제시한 것이다.

또한 추가되는 과목으로 교정심리학을 제시한 이유는 앞에서 언급한 논거와 비슷하고 또 형법을 제시한 이유는 적어도 7급 이상의 중견공무원은 행형과 관련성이 있는 형법의 기초를 알아야 된다는 생각에서 추가하였다.

㉺ 7급 교회직류의 공채시험과목의 문제점과 대안(사견): 2004년부터 예정되어 있는 7급 교회직류의 공채시험과목은 제1차 시험과목이 국어, 영어, 한국사이고, 제2차 시험과목이 헌법, 교정학, 교육학, 심리학으로 되어 있는데, 앞서의 논거와 마찬가지로 교양과목들로 된 제1차 시험과목들은 폐지하고, 그리고 제1차 시험과목과 제2차 시험과목들을 통합해 제2차 시험과목이라고 호칭한다.

여기서도 제1차 시험과목은 인성검사와 교정 적성검사로 대치하도록 하며, 제2차 시험과목으로는 헌법 대신에 기본권론, 심리학 대신에 교정심리학으로 바꿀 것을 제안하며, 추가되는 과목으로 상담학과 형사소송법을 제시한다. 이렇게 되면 제2차 시험과목으로는 기본권론, 교정심리학, 교정학, 교육학, 상담학, 형사소송법이 되는데, 형사소송법을 추가한 이유는 7급 이상의 초급간부는 최소한의 형사소송법적 지식은 있어야 하기 때문에 추가하였다. 또한 상담학을 추가한 이유는 앞에서 언급한 논거와 비슷하다.

㉻ 7급 분류심사직류의 공채시험과목의 문제점과 대안(사견): 2004년부터 예정되어 있는 7급 분류심사직류의 공채시험과목은 제1차 시험과목이 국어, 영어, 한국사이고, 제2차 시험과목이 헌법, 교정학, 심리학, 사회학 등이다.

이것도 앞에서 언급한 바와 같이 교양과목들인 제1차 시험과목은 폐지하고, 제1차 시험과목과 제2차 시험과목을 통합해 제2차 시험과목이라고 호칭하며, 제2차 시험과목으로 기본권론, 교정학, 교정심리학, 분류심사론, 상담학, 형사소송법을 제시하고자 하며 그 근거는 앞에서 적은 바와 비슷하다. 다만 2004년부터 예정된 시험과목인 사회학을 제외한 이유는 사회학 자체가 광범위하면서도 이념적, 추상적이므로 교정재 생산의 기초가 되는 분류심사에 직접적 도움은 되지 않는다고 생각하기 때문이다.

㊀ 5급 교정직렬 공채의 시험과목의 문제점과 대안(사견): 2004년부터 예정되어 있는 5급 교정직류의 공채시험과목은 제1차 시험과목이 언어논리영역, 자료해석영역, 상황판단영역, 영어이고, 제2차 시험과목은 필수가 교정학, 형사소송법, 형법, 행정법이며, 선택과목은 교육학, 사회학, 심리학이다. 2004년부터 예정된 제

1차 시험과목은(PSAT) 행정자치부가 모든 직종의 개별성과 특수성을 고려하지 않고 결정한 획일적 대안이므로 교정의 특수성을 무시한 그런 공직 적격성 평가는 바람직하지 않으므로, 본인은 제1차 시험과목으로 교정 적성검사와 인성검사를 제시하고자 한다. 제2차 시험과목은 필수과목으로는 교정학, 형법, 형사소송법, 교정심리학을, 선택과목으로 행정법총론, 교육학, 사회복지론을 제시하고자 한다.

교정심리학을 필수로 든 이유는 앞에서 언급한 논리와 비슷하며, 선택과목 중 사회학을 폐지하고 사회복지론으로 대체한 이유는 사회학 자체가 워낙 이념적, 추상적이어서 교정재의 직접적 생산에 별 도움이 되지 못하며 오히려 사회복지론이 교정재의 생산과 관련이 있거나 교정재 생산의 바탕이 되는 연구와 밀접한 관련이 있기 때문이다. 그것은 과거에는 행형학이나 교정학을 형사법의 한 분야로서 이해하는 규범적 접근이 주류를 이루었으나, 최근에는 교정학을 그런 규범적 접근보다는 하나의 복지의 개념으로 이해하여 교정사회사업으로 접근하는 시도가 있어왔으며, 수형자를 단지 형벌집행의 대상이나 교육의 대상이라는 종전의 시각에서 탈피해 복지적 차원에서 요보호자라는 개념으로 접근하는 추세로 수형자를 하나의 client로 보고자 한다.

따라서 이런 시대적 추세에 입각해 5급 등의 중견공무원에게는 이런 사회복지론 또는 사회사업적 지식이 필요하며, 그 결과 한국 교정에 대한 새로운 시각을 제공해 줄 수 있기 때문이다.

그 다음으로는, 2004년부터 예정되어 있는 5급 교회직류의 공채시험과목은 제1차 시험과목은 앞의 교정직류와 같고, 제2차 시험과목은 필수로는 교정학, 교육학, 형법, 형사소송법이고, 선택과목으로는 행정법, 사회학, 심리학, 종교학 중 1과목으로 되어 있다.

앞서와 마찬가지로 제1차 시험과목은 교정직류와 마찬가지로 교정 적성검사와 인성검사로 대치하고, 제2차 과목은 필수로는 교정학, 교육학, 형사소송법, 교정심리학으로 하고, 선택과목으로는 행정법총론, 형법, 종교학, 사회복지론으로 할 것을 제안한다. 즉, 선택과목에서 실무와 연관이 없는 사회학은 제외시켰다. 교정심리학의 중요성과 사회복지론과 사회학의 성격은 앞에서 언급하였다.

그 다음으로는 5급 분류심사직의 공채시험과목을 보면 제1차 시험과목은 앞의 5급 교정직류와 같고, 제2차 시험과목은 필수과목이 교정학, 심리학, 형법, 형사소송법이고, 선택과목으로는 행정법, 사회학, 교육학 분류심사론, 종교학 등이 있는데, 사견으로는 제2차 시험과목의 필수과목으로는 교정학, 교정심리학, 분류심사론, 형사소송법을, 선택과목으로는 행정법총론, 교육학, 종교학, 상담학으로 할 것을 제안한다. 사회학을 제외시킨 것은 앞에서 말한 논거와 비슷하다.

◎ 소년보호직렬의 경우: 소년보호직이란 교정재를 생산하는 교정직 공무원과 달리 소년원(요즈음은 각종 학교로 명명되었음)에 근무하는 공무원으로 시설 내에서 보호재(보호, 관찰, 교육, 상담 등의 서비스 활동)를 생산하는 점에서 시설 외에서 보호재를 생산하는 보호관찰직과는 그 성격이 다른데 소년보호직에서 보호재의 생산은 소년에 한정되나, 보호관찰직에서의 보호재의 생산은 성인과 소년 모두가 대상이다. 이러한 보호재를 생산하는 소년보호직은 2004년부터 9급의 공채시험과목은 제1차 시험과목이 국어, 영어, 한국사이고, 제2차 시험과목이 교육학개론, 형사정책개론이나 교양과목인 제1차 시험과목은 폐지하고, 제1차 시험과목과 제2차 시험과목을 통합하여 제2차 시험과목으로 하도록 할 것을 제안한다. 제1차 시험은 인성검사와 보호직 적성검사로 대치한다. 그리고 제2차 시험과목으로는 교육학, 형사정책개론, 교정심리학, 상담학개론을 할 것을 제안한다. 상담학개론을 추가한 이유는 상담학의 기본지식이 없이는 과학적이고 체계적인 보호재 생산이 어렵기 때문이다.

한편, 2004년부터 예정된 7급 소년보호직 공채의 시험과목은 제1차 시험과목이 국어, 영어, 한국사이고, 제2차 시험과목이 헌법, 교육학, 심리학, 형사정책인데 앞에서와 마찬가지로 교양과목 등인 제1차 시험과목은 폐지하고 제1차 시험과목은 인성검사와 보호직 적성검사로 대치하며, 제1차 시험과목과 제2차 시험과목을 통합하여 제2차 시험과목으로 호칭하며, 제2차 시험과목으로는 기본권론, 교육학, 교정심리학, 형사정책학, 상담학, 사회복지학을 제안하며 사회복지학을 추가한 이유는 보호재의 생산도 앞에서의 교정재의 생산과 마찬가지로 규범적 접근보다는 범죄소년을 고객(client)으로 보아 요보호자로 취급하는 사회복지적 접근도 필요하기 때문이다. 그리고 2004년부터 시행예정인 5급 소년보호직렬의 공채시험과목은 제1차 시험과목에는 앞에서의 5급 교정직렬과 같고, 제2차 시험과목은 필수과목에는 교육학, 심리학, 사회학, 형사정책이고 선택과목에는 사회복지학, 상담심리학, 사회문제론이다. 사견으로는 앞의 교정직렬과 마찬가지로 제1차 시험과목은 인성검사, 보호직 적성검사, 영어로 대치하고, 제2차 시험과목은 필수로는 교육학, 교정심리학, 형사정책, 상담학을 넣고, 선택과목에는 교정학, 사회복지학 상담심리학, 사회문제론을 포함시킨다. 선택과목에 교정학을 넣은 이유는 얼른 보기에는 교정재의 생산과 관계되는 교정학과 보호재의 생산에 관계되는 형사정책학이 관

계가 없는 것처럼 보이나 교정학의 교정상담이론과 교정이념, 사회 내 처우론 등
은 보호재의 생산과도 관계되듯이 교정재의 생산과 보호재의 생산은 어느 정도
관계가 있어 보호재의 생산과 기획에 깊이 참여하는 5급 이상의 중견공무원에게
는 관련지식으로 교정학이 필요하기 때문이다.

8) 공채시험의 실시기관과 문제점 및 대안

현재 교정직렬 공무원과 소년보호직렬 공무원의 정기적인 공채시험은 행정자치
부가 계속 실시해오고 있다. 그러나 교정직렬과 소년보호직렬의 특성을 무시하고,
이들은 공안직 공무원의 성격인데도 이들을 일반직 공무원으로 간주해 행정자치
부가 일반행정직 공무원과 같은 기준으로 시험을 주관하는 것은 문제가 있으며,
이들 직렬의 공무원의 공채는 해당 기관인 법무부로 이관시켜야 한다.

물론, 현재와 같이 중앙인사기관인 행정자치부가 공무원의 인력충원 과정에서
부터 능력발전 및 퇴직에 이르기까지 통일적이고 과학적인 인력개발 정책을 전담
하는 것은, 각 부처가 따로따로 인사관리 문제를 처리할 때 나타나기 쉬운 부처
의 할거주의나 정실주의를 막기 위해서는 필요할 수도 있다. 그러나 모든 정부직
인 인사관리를 통합적으로 수행하는 중앙인사기관의 전제는 그 대상이 되는 행정
부의 공무원 등이 어느 정도 일반행정직 기능을 수행한다는 유사성에 기초할 때
그 효력을 발휘한다.

교정직렬이나 소년보호직렬, 또는 경찰공무원, 소방공무원처럼 공직의 특성이
일반행정기능과 다른 분야에까지 공무원의 채용에서부터 능력발전과 퇴직에 이르
는 모든 인사행정 과정을 현재의 행정자치부가 담당할 수는 없다고 생각되며, 따
라서 교정직렬과 소년보호직렬, 보호관찰직렬 등은 채용에서부터 퇴직에 이르는
전 인사과정을 해당 기관인 법무부로 이관해야 된다고 본다.

물론, 교정직렬 등의 공개채용부터 퇴직에 이르는 전 인사과정을 법무부로 이
관시키기 위해서는 그 전제로 관련법의 개정과 더불어 교정공무원법 또는 교정보
호공무원법의 제정이 선결과제이다.

교정공무원법 제정의 필요성에 대해서는 여러 학자들이 언급하고 있으므로 여
기서는 더 이상 언급하지 않겠다. 다만 본인은 교정학자들이 주장하는 교정공무

원법 대신에 교정공사법의 제정도 생각해볼 필요가 있다고 생각한다. 교정공사에 대해서는 뒤에 교정조직편에서 후술하겠지만, 본인이 교정공무원법 대신에 교정공사법을 주장하는 것은, 복잡하고 전문적이며, 형벌집행적 성격과 교육적 성격 그리고 사회복지적 성격 등 다중적 성격을 내포한 교정행정과 소년보호행정의 업무를 과연 현재처럼 관료제로 다 해결할 수 있다는 데 의문이 들기 때문이다. 그런데 형벌집행적 성격과 교육적 성격 등에 관련되는 것은 교도작업이며, 교도작업의 능률화와 활성화가 중요한 과제로 되고 있는 오늘날 교도작업의 활성화나 질 좋은 교정재 생산의 생산량과는 관계없이 철저히 신분이 보장되는 공무원조직만으로는 이 모든 과제를 해결할 수 없다고 본다. 따라서 질 좋은 공공재의 생산이라는 공공성과 교도작업의 활성화와 관계되는 기업성을 가장 잘 조화시킬 수 있는 공사(公社)의 형태도 생각해볼 수 있다.

따라서 질 좋은 교정재의 생산이라는 특별한 목적을 위해 교정공사법이라는 특별법에 의해 교정공사의 창설을 생각해볼 수 있으며, 물론 이 경우에도 공사의 일반이론에 의해 정부가 전액 투자하며, 공사에 대한 최종적 책임은 정부가 지고, 경영의 자주성과 재정상 독립채산제, 독자적인 직원의 임용권을 가진다.

한편, 교정직렬과 소년보호직렬의 공개경쟁채용시험의 실시기관을 법무부로 이관하더라도 단기적으로는 법무부의 교정과나 인력충원과에서 중앙집권적으로 인사행정을 맡도록 하고, 중·장기적으로는 교정직렬 등의 채용에서부터 퇴직까지의 모든 인사행정 과정을 각 지방교정청에 분권화시킬 필요가 있다고 본다.

보호감호소나 치료감호소 또는 교도소 간의 수형자 이송 등 각 지방교정청이 해결하기 어려운 인사과제는 법무부의 중앙인사기관이 맡고, 그 나머지는 각 지방교정청기관이 독립적으로 담당할 필요가 있으며, 이런 문제는 교정자치의 문제와도 관련이 있다고 하겠다.

9) 합격자 결정 기준의 문제점과 대안(사견)

① 현행제도: 공무원 임용시행령 제11조 제1항(시험의 합격결정)에 따르면 5급 공개경쟁채용의 제1차 시험의 합격자 결정에 있어서는 매 과목 4할 이상, 전 과목 총점의 6할 이상 득점한 자 중에서 선발예정인원의 5배 수의 범위 안에서 시험성

적을 고려하여 고득점자순으로 합격자를 결정하며, 5급 공개경쟁채용시험의 제2차 시험의 합격결정에 있어서는 매 과목 4할 이상 득점한 자 중에서 전 과목 총득점에 의한 고득점자순으로 선발예정인원의 13할의 범위 안에 해당되는 자에 대하여 시험성적 및 제3차 시험 응시자 수 등을 고려하여 합격자를 결정한다고 되어 있다. 그리고 동 조항 제3항에서는 6급 이하 공개경쟁채용시험의 제1차 시험의 합격 결정에 있어서는 매 과목 4할 이상 득점한 자 중에서 선발예정인원의 5배 수의 범위 안에서 시험성적을 고려하여 고득점자순으로 합격자를 결정하며, 5급 공개경쟁채용시험의 제2차 시험의 합격결정에 있어서는 매 과목 4할 이상 득점한 자 중에서 전 과목 총득점에 의한 고득점자순으로 선발예정인원의 13할의 범위 안에 해당되는 자에 대하여 시험성적 및 제3차 시험 응시자 수 등을 고려하여 합격자를 결정하고 기능직 공개경쟁채용시험의 제1차 시험의 합격결정에 있어서는 매 과목 4할 이상 득점한 자 중에서 전 과목 총득점에 의한 고득점자순으로 선발예정인원의 13할의 범위 안에 해당되는 자에 대하여 시험성적 및 제2차 시험 응시자 수 등을 고려하여 합격자를 결정한다. 다만, 제13조 제1항 단서의 규정에 의하여 6급 이하 공개경쟁채용시험의 제1차 시험과 제2차 시험을 병합 실시하는 경우에는 매 과목 4할 이상 득점한 자 중에서 전 과목 총득점에 의한 고득점자순으로 선발예정인원의 13할의 범위 안에 해당되는 자에 대하여 시험성적 및 제3차 시험 응시자 수 등을 고려하여 합격자를 결정한다고 되어 있다. 그리고 동조 제6항부터 제12항에 따르면 제3차 시험의 최종합격자 기준은 다음과 같다.

제3차 시험은 면접시험의 경우 합격 · 불합격만을 결정하며, 실기시험과 면접시험을 병과하는 경우에는 제1항 · 제3항 및 제4항의 규정에 불구하고 제2차 시험에서 선발예정인원의 2배 수 범위 안에서 합격자를 결정할 수 있으며, 실기시험 합격자를 대상으로 면접시험을 실시하며, 실기시험과 면접시험을 병과하는 경우에 있어서 실기시험 합격자 결정방법은 시험실시 기관의 장이 정한다.

공개경쟁채용시험 및 특별채용시험의 최종합격 결정에 있어서는 제2차 시험성적과 출신학교장의 추천평가 성적을 각각 7 대 3(6급 이하 및 기능직 채용시험의 경우에는 7 대 3 내지 5 대 5)의 비율로 종합한 성적의 고득점자순으로 선발예정인원 및 충원사정 등을 고려하여 최종합격자를 결정한다. 다만, 특별채용시험의 경우에는 종합성적이 만점의 6할 이상을 득점한 자에 한한다.

그리고 공무원임용시험령 제11조의2에 따르면 동점자의 합격자 결정은 공개경쟁채용시험 · 공개경쟁승진시험 · 제한경쟁특별채용시험 및 일반승진시험의 합격결정에 있어서 선발예정인원을 초과하여 동점자가 있을 때에는 그 인원에 불구하고 모두 합격자로 하며, 이 경우 동점자의 계산은 소수점 이하 둘째 자리(일반승진 시험의 경우는 셋째 자리)까지 계산한다.

② 현행제도의 문제점과 대안(사견)

㉠ 5급 시험의 경우: 현행과 같이 1차 시험의 경우 매 과목 4할 이상, 전 과목 총점의 6할 이상 득점한 자 중에서 선발예정인원의 5배 수의 범위 안에서 시험 성적을 고려하여 고득점자순으로 결정한다고 되어 있는 것은 잘못된 합격결정 방법이라고 생각된다. 왜냐하면 의사고시와 같이 시험의 각 부문의 전문성이 중요시되는 자격시험에서는 40점 이하 등의 과락제도가 있을 수 있으나 단지 수요와 공급에 의해 합격자가 결정되는 채용시험에서는 과락제도와 친화성이 없기 때문이다. 이는 당국이 채용시험을 자격시험으로 의제한 데서 오는 잘못이라고 생각한다. 또한 전 과목 총점의 6할 이상을 기준으로 제시한 것도 자격시험의 합격자 결정기준을 그대로 원용한 것으로 시험의 난이도가 해마다 다르므로 형평성에도 문제가 있다.

따라서 본인은 사견으로 5급 공채의 제1차 시험의 합격결정은 선발예정인원의 5배 수의 범위 안에서, 시험성적을 고려하여 고득점자순으로 합격자를 결정할 것을 제안한다.

또한 5급 공개경쟁채용시험의 제2차 시험의 합격결정에 있어서는 매 과목 4할 이상 득점한 자 중에서 전 과목 총득점에 의한 고득점자순으로 선발예정인원의 13할의 범위 안에 해당되는 자에 대하여 시험성적 및 제3차 시험 응시자 수 등을 고려하여 합격자를 결정한다는 방법은 잘못되었다고 생각한다.

과락제도는 채용시험의 본질이 아니라는 것은 앞에서 언급한 바가 있고, 또한 여기서 큰 잘못은 제1차 시험의 경우는 객관식으로 만점이 100점이며, 실제로도 평균 100점에 가까운 자들도 있지만 제2차 시험은 주관식으로 형식적으로는 100점이 만점이나 사실상 채점기준으로는 60여 점이 만점인 것으로 알려져 있으며, 제2차 시험에서 평균 70점을 넘는 수험생은 없는 것으로 알려지고 있다. 따라서 사실상 60여 점이 만점으로 되어 있는 주관식 시험인 제2차 시험의 합격자 결정 방법을 형식상이나 실제상이나 100점이 만점으로 되어 있는 제1차 시험의 경우와 같이 취급해 40점 과락제도를 취하는 것은 모순이며, 따라서 본인은 제2차 시험의 합격자 결정에 있어서는 과락제도를 폐지하고, 전 과목 총득점에 의한 고득점자순으로 선발예정인원의 13할의 범위 안에 해당되는 자에 대하여 시험성적 및 제3차 시험 응시자 수 등을 고려하여 합격자를 결정할 것을 제안한다.

그리고 최종합격자 결정에 있어서 제2차 시험성적과 출신학교장의 추천성적을 종합한 종합성적은 폐지할 것을 제안하며, 그 내용은 다음 항목에서 후술한다.

ⓒ 6급 이하 공개경쟁채용시험의 경우: 현재는 공무원임용령 제13조 제1항 단서의 규정에 의하여 6급 이하 공개경쟁채용시험의 제1차 시험과 제2차 시험을 병합 실시하는 경우에는 매 과목 4할 이상 득점한 자 중에서 전 과목 총득점에 의한 고득점자순으로 선발예정인원의 13할의 범위 안에 해당되는 자에 대해 시험성적 및 제3차 시험 응시자 수 등을 고려하여 결정한다고 되어 있으나, 앞에서 언급한 바와 같이 과락제도는 채용시험의 본질이 아니므로 과락제도를 폐지하고 나머지 규정은 종전의 규정을 적용할 것을 사견으로 제안한다.

한편, 현재는 공무원임용령 제11조 제7항에 의해 최종합격 결정에 있어서는 제2차 시험성적과 출신학교장의 추천성적을 각각 7 대 3 비율로 종합한 종합성적으로 결정한다고 되어 있으나, 추천성적의 객관성 및 실효성에 의문이 많이 가므로 추천성적제를 폐지할 것을 제안하며, 오히려 합격·불합격만을 결정하는 제3차 시험을 내실화시켜 제2차 시험성적과 면접시험성적을 9 대 1로 반영하여 최종합격자를 결정할 것을 제안하며, 따라서 이와 관계되는 규정을 새로이 공무원임용령에 규정하고, 기존의 공무원임용령 제11조의 각 항목 등은 수정 내지 폐지하도록 한다.

10) 양성평등채용목표제의 문제점과 개선안

이 제도는 지난 1996년에 도입된 여성채용목표제, 즉 대통령령인 공무원임용시험령에 따라 직급별로 최고 30%를 여성 공직수험생에게 할당한 제도로 2002년도 말까지 시행되었고, 이 제도의 후속으로 시행되는 것이 양성평등채용목표제인데 '양성평등채용목표제'는 특정 직군에서 한쪽 성(性)이 전체의 70%를 넘지 않도록 유도하는 정책으로, 여성이 몰리는 직군에서는 남성이 할당제 혜택을 받게 된다. 이에 따라 여성이 70% 이상 합격하는 9급 교육·일반행정직 등 일부 직군에서는 남성이 혜택을 받을 것으로 보인다.

행정자치부 공고 제2003-1호에 따르면 양성평등채용목표제는 대상시험은 행

정·외무·기술·지방고등고시, 7·9급 공개경쟁채용시험 중 선발예정인원이 5명
이상인 시험단위(검찰사무직, 교정직, 소년보호직은 제외)이며, 채용목표는 30%
(시험실시 단계별로 합격 예정인원에 대한 채용목표 비율이며, 인원수 계산 시
선발예정인원이 5명 이상 10명 미만일 경우 소수점 이하는 적용하지 않으며, 10
명 이상인 경우에는 소수점 이하를 반올림)이나, 다만 행정고시 재경직의 경우
25%이다. 실시방법은 어느 한 성(性)의 합격자가 채용목표 비율에 미달할 경우
하한 성적 이상인 해당 성(性)의 응시자 중에서 성적순에 의하여 당초의 합격 예
정인원을 초과하여 추가합격 처리한다.(하한 성적: 5급의 경우 합격선-2점, 7·9
급의 경우 합격선-3점)

한편, 종전의 여성채용목표제와 현재의 양성평등채용목표제를 비교 정리하면
아래와 같다.

[표 3] 여성채용목표제와 양성평등채용목표제의 비교

구 분	여성채용목표제	양성평등채용목표제
적용대상	여성 수험생	여성 및 남성 수험생
채용목표	•5급: 20% •7급: 25% •9급: 30%	직급 구분 없이 30%
적용시험	10명 이상 채용 시험	5명 이상 채용 시험
추가합격선	•5급: 합격선-3점 •7, 9급: 합격선-5점	•5급: 합격선-2점 •7, 9급: 합격선-3점

이런 양성평등채용목표제에 대해서는 오히려 남성차별, 위헌소지가 있다는 여
러 반론이 많이 있어왔다. 그런데 그런 논란은 별개로 하고 현재 시행되고 있는
양성평등채용목표제는 검찰사무직, 교정직, 소년보호직에는 적용이 되지 않고 있
다. 이러한 사고방식은 검찰사무직, 교정직, 소년보호직과 같은 공안직에는 전통
적으로 남성 등이 맡아왔고, 또한 여성지원자도 거의 없었다는 사실로 인해 공안
직에는 여성들이 맞지 않다는 보수적이고 왜곡된 시각이 깔려 있다.

그러나 그런 시각은 잘못되었다고 생각한다. 현재 교정직렬과 소년보호직의 경
우에는 9급 공개경쟁채용 때는 남·여를 구분해서 채용하고 있지만, 5급과 7급의
공개경쟁채용시험에서는 그런 구분을 두지 않고 있어 사실상 합격자의 대부분은
남자 수험생들로 채워지고 있다.

그러나 교정재를 생산하는 데 있어서는 현재와 같이 남자 교도소에는 거의 남자 공무원만 있는 이러한 인원배치 방식은 오히려 질 좋은 교정재의 생산에 장애가 될 수도 있다. 현재처럼 남자 교도소에서 거의 남자 직원들만으로 교정재를 생산하는 것은 교도소 내의 사회와 유사화 원칙에도 반하고, 그러한 교도소 내에서 부자연스럽고 편중된 성비는 수형자의 진정한 교화에 도움이 안 된다.

따라서 사회접근주의 또는 유사화 원칙이라는 교정처우의 기본원리에 따라 교도소 내에서도 비슷하게 실현시킬 필요가 있다. 따라서 현재 남자 교도소에도 일정한 비율의 여자 공무원의 배치가 필요하며, 그렇게 하기 위해서는 현재 시행되지 않고 있는 양성평등채용목표제를 교정직렬 등에도 실현할 필요가 있으므로 7급 교정직렬 등에는 채용목표를 30%로 하여 당장 시행할 필요가 있고, 9급의 경우는 현재처럼 남·여 구분해서 모집하지 말고 통합해서 모집하되 채용목표를 최소한 30% 이상으로 유지하도록 한다.[14) 이렇게 하여 늘어난 여성 교정직렬 공무원은 여자 교도소 이외에도 남자 교도소나 구치소, 보호감호소에 계호 이외의 업무인 서무업무, 분류심사업무, 교무업무, 용도업무, 명적업무 등을 맡게 하고 장기적으로는 점차 계호나 보안 등의 업무도 맡게 하도록 한다.

그리고 5급의 교정직렬 등의 공개채용의 경우에는 워낙 적은 인원을 채용하므로 양성평등채용목표제를 적용시키지 않도록 한다. 그리고 이러한 양성평등채용목표제를 실시하기에 앞서 여성들에게 적극적인 방법으로 홍보하여 수형자의 교정에 진정 순수한 열정을 가진 우수한 자원들을 흡수할 필요가 있다. 참고로 지난 2001년까지의 연도별 여성채용목표제 적용 합격자 통계는 다음과 같다.

---

14) 2003년 현재 교정공무원 총수는 12,490명이며, 이 중 여성 공무원은 852명으로 교정 공무원 총수의 6% 정도를 차지한다. <법무부 교정국 내부자료>

[표 4] 연도별 여성채용목표제 적용 합격자 현황 (통계)

시험명	96년도			97년도			98년도		
	합격인원	여성합격자	목표제적용자	합격인원	여성합격자	목표제적용자	합격인원	여성합격자	목표제적용자
계	3,334	885 (26.5%)	19 (0.6%)	3,193	854 (26.7%)	20 (0.6%)	1,559	310 (19.9%)	14 (9.0%)
행 시	192	19 (9.9%)	2	224	25 (11.2%)	4	182	42 (23.1%)	5
외 시	41	4 (9.8%)	1	45	9 (20%)	0	30	5 (16.7%)	–
기 시	46	2 (4.3%)	비대상	120	4 (3.3%)	비대상	48	1 (2.1%)	비대상
지 시	88	1 (1.1%)	–	89	6 (6.7%)	2	43	2 (4.7%)	–
7급	500	41(8.2%)	16	512	32 (6.2%)	14	160	27 (16.8%)	9
9급	2,467	818 (33.1%)	비대상	2,203	778 (35.3%)	비대상	1,096	233 (21.3%)	비대상

시험명	99년도			00년도			01년도		
	합격인원	여성합격자	목표제적용자	합격인원	여성합격자	목표제적용자	합격인원	여성합격자	목표제적용자
계	2,109	288 (13.7%)	40 (1.9%)	3,800	1,224 (32.2%)	86 (2.3%)	3,845	1,286 (33.4%)	59 (1.5%)
행 시	182	31 (17%)	2	203	51 (25.1%)	7	233	59 (25.3%)	3
외 시	20	6 (30%)	–	30	6 (20%)	–	30	11 (36.7%)	–
기 시	40	1 (2.5%)	비대상	47	3 (6.4%)	–	41	5 (12.2%)	–
지 시	27	4 (14.8%)	–	26	–	–	27	1 (3.7%)	–
7급	492	30 (6.1%)	18	614	102 (16.6%)	36	599	96 (16.0%)	22
9급	1,348	216 (16%)	20	2,880	1,062 (37%)	43	2,915	1,114 (38.2%)	34

⇨ 출처: 행정자치부

한편, 행정자치부에 따르면 2003년도의 행정고시와 외무고시의 1차 시험에서는 각각 68명과 6명의 여성 추가합격자가 발생했고, 2003년 5월에 치러진 제45회 9급 공무원시험 합격자 2279명의 명단에는 올해 처음으로 채택된 양성평등제 채용목표제에 따라 추가 합격된 88명의 명단도 포함되었는데, 남성 추가합격자는 일반행정직 등 5개 직렬에서 64명이고, 여성 추가합격자는 출입국 관리직 등 8개 직렬에서 24명이다.

(11) 가산점 제도의 문제점과 개선안

① 현행제도: 현행 가산점 제도는 7, 9급 시험에 한하며, 이것은 2가지로 나누어 볼 수가 있다. 먼저 취업보호 대상자와 취업지원 대상자에 관한 가산점 제도와 자격증 소지자에 대한 가산점 제도가 있다. 먼저 전자에 관해서 살펴보면 다음과 같다.

우선 공무원시험에서 필기시험의 각 과목별 득점에 그 시험과목 만점의 10%의 가산점을 얻는 취업보호(지원) 대상자는 기존의 독립유공자예우에관한법률 제16조 및 국가유공자등예우및지원에관한법률 제29조 관련 취업보호 대상자와 2002년에 제정된 광주민주유공자예우에관한법률 제20조에 의해 광주민주유공자관련 취업지원 대상자가 추가된다.

위 3법률에 의하여 취업지원을 받을 수 있는 취업보호(지원) 대상 범위는 다음과 같다.

가. 독립유공자·전상군경·공상군경·무공수훈자·보국수훈자·제일학도의용군인·4·19혁명부상자·공상공무원·특별공로상이자 및 특별공로자와 그 가족, 광주민주화운동사망자 또는 행방불명자·광주민주화운동부상자·기타 광주민주화운동희생자와 그 가족

나. 독립유공자, 전몰군경·순직군경·4·19혁명사망자·순직공무원 및 특별공로순직자의 유족

다. 위 가항에 해당하는 국가유공자가 사망한 경우 그 유족

라. 독립유공자의 유족 중 호주승계인인 손자녀가 질병 또는 장애나 고령 등으로 인하여 취업이 어려운 경우에 그 자녀

마. 사망한 국가유공자의 제매. 다만, 사망한 국가유공자의 배우자 및 자녀가 없고 부모만 있는 경우로서 그 부모가 질병 또는 장애나 고령 등으로 인하여 취업이 어려운 경우에 한함.

바. 반공귀순상이자와 그 가족

사. 6·25 전몰군경 유자녀의 자녀

아. 고엽제후유의증환자와 그 가족

그리고 자격증 소지자에 대한 가산점 제도는 다음과 같다.

채용계급	자격증 등급별 가산비율					
7급	정보관리기술사, 전자계산조직응용기술사, 정보처리기사, 전자계산기조직응용기사	3%	사무자동화산업기사, 정보처리산업기사, 정보기술산업기사, 전자계산기조직응용산업기사	2%		
9급	정보관리기술사, 전자계산조직응용기술사, 정보처리기사, 전자계산기조직응용기사, 사무자동화산업기사, 정보처리산업기사, 정보기술산업기사, 전자계산기조직응용산업기사	3%	정보기기운용기능사, 정보처리기능사	2%		
7 · 9급	컴퓨터 활용능력1급	2%	워드프로세서 1급, 컴퓨터 활용능력 2급	1.5%	워드프로세서 2급, 컴퓨터 활용능력 3급	1%

(위 표에서 7·9급 행은 "워드프로세서 3급 0.5%" 항목이 추가로 있음)

워드프로세서 3급	0.5%

㉠ 공통적용 가산점(전산직렬 제외): 아래 표에 제시된 자격증(통신정보처리 분야 및 사무관리 분야)을 소지한 7급 또는 9급 시험의 응시자에게는 매 과목 4할 이상 득점자에 대하여 각 과목별 득점에 각 과목별 만점의 일정 비율(아래 표에서 정한 가산비율)에 해당하는 점수를 가산한다.

㉡ 직렬별로 적용되는 가산점

ⓐ 행정직 및 공안직: 다음 직렬의 응시자가 직렬별 인정대상 자격증을 소지하고 있을 경우 매 과목 4할 이상 득점자에 대하여 과목별 득점에 각 과목별 만점의 5%에 해당하는 점수를 가산한다.

- 검찰사무 · 마약수사직: 변호사, 공인회계사, 법무사
- 관세직: 변호사, 공인회계사, 관세사
- 교정 · 소년보호 · 보호관찰직: 변호사, 법무사
- 교육행정직: 변호사
- 세무직: 변호사, 공인회계사, 세무사
- 감사직: 변호사, 공인회계사, 감정평가사, 세무사
- 행정직: 변호사, 변리사

ⓑ 기술직: 국가기술자격법령 또는 그 밖의 법령에서 정한 자격증 소지자가 당해 분야(전산직은 제외)에 응시할 경우 매 과목 4할 이상 득점자에 대하여 필기

시험의 각 과목별 득점에 각 과목별 만점의 일정 비율(아래 표에서 정한 가산비율)에 해당하는 점수를 가산합니다(채용 분야별 가산대상 자격증의 종류는 공무원임용및시험규칙시행 별표12를 참조).

구 분	7급		9급	
	기술사, 기능장, 기사	산업기사	기술사, 기능장, 기사, 산업기사	기능사
가산비율	5%	3%	5%	3%

② 현행제도의 문제점과 대안(사견): 먼저 취업보호(지원) 대상자에 대한 문제점은 다음과 같다. 이에 대해서는 그동안 수험가에서 수험생들의 많은 공방이 이루어왔지만, 이것은 먼저 취업보호 가산점 제도의 위헌 여부와 10%에 이르는 가산점이 너무 많다는 것을 두고 논란이 있어왔다.

생각해보면, 공무원 채용시험은 실력주의에 따라 실력과 능력에 따라 선발하는 것이 원칙이고, 가산점 제도는 정책적인 목적으로 이루어지고 있다. 그리고 이러한 정책적인 목적에 의한 가산점 제도는 이미 헌법재판소에서 합헌 결정을 내린 바가 있다.

그런데 현재 이러한 취업보호(지원) 대상자는 독립유공자와 국가유공자 등 주로 국가보훈처에서 지정한 유공자들에게만 치우치고 있어, 국가유공자와 관련이 없는 사회적 소수자에게는 가산점이 인정되지 않고 있다.

사견으로는 진정한 국민의 통합을 위해, 그리고 관료제의 계층적 대표성을 위해, 사회적 소수자 공직 취업지원에 관한 법률(가칭)을 만들어 사회적 소수자에게도 가산점을 부여할 필요가 있다.

본인이 생각하는 사회적 소수자란 국민기초생활수급자와 그 가족 등의 극빈층, 한국 국적이 있는 혼혈아, 일정 기간이 경과한 귀화인, 일정 기간이 경과한 탈북자와 그 자녀, 북파공작원 등과 그 자녀, 일정 기간 이상을 근무한 청소부의 자녀, 일정 기간 이상을 근무한 탄광촌 광부의 자녀, 10년 이상의 장기수(단, 파렴치범이나 가정파괴범 등은 제외) 의사자나 의상자의 본인 또는 자녀 등을 의미한다.

그렇지 않아도 지난 2002년 7월 27일부터 시행에 들어간 광주민주유공자예우에 관한 법률의 시행으로 취업보호 가산점을 인정받는 수험생의 범위가 증가할 것으로 예상되는데 사회적 소수자에게도 가산점을 주면 더욱더 취업보호 가산점을 인정받는 수험생이 증가해 상대적으로 일반수험생 등의 불만이 높아질 가능성이 있다.

따라서 본인은 그 가산점 비율을 합리적으로 조정해 현재의 과목당 10%씩 가산하는 제도를 과목당 3%~5%로 하향 조정할 것을 제안한다. 그것은 본인이 주장하는 사회적 소수자에 대한 가산점 제도와 관계없이 현재와 같이 국가유공자 등에게 과목당 10%씩이나 주는 것은 현재 시험 커트라인이 직류에 따라 90%를 상회하는 경우도 있고, 합격선 1, 2점 사이에 많은 수험생들이 몰려 있는 상황에서 10%나 주는 것은 지나치며 실력주의의 본질을 훼손할 우려도 있기 때문이다.

이러한 국가유공자 등에 관한 10%씩의 가산점 제도는 과거에 공직에 대한 수요가 높지 않고 합격점도 높지 않던 시대에 만들어진 것이므로 공직에 대한 수요가 매우 높고 합격점이 아주 높은 현재에서는 지나친 가산점이므로 그 가산점 비율을 내려야 한다고 생각한다.

또, 하나의 사견을 제시한다면, 일반수험생의 불만이 높은 현실에서는 장애인을 따로 선발하는 것처럼 취업보호 대상자 중 그들끼리 별도로 선발하는 제도도 생각해볼 수가 있다.

그리고 가산점 제도와 관련해서 두 번째로 고찰할 수 있는 것은 자격증 가산점 제도인데, 이러한 자격증 가산점 제도는 수험생들로 하여금 실무능력을 배양하는 데 긍정적 기능을 하고 있으며 더욱이 취업보호 지원 대상자의 증가로 상대적으로 불리해진 일반수험생들 중에는 이런 가산점을 주는 자격증을 획득하는 수험생들이 증가하고 있다.

고시저널 제28호(2002년 11월호 11면)에 따르면 99년 7, 9급 합격자 1840명 가운데 자격증 가산점 수혜자는 모두 704명으로 38.3%였다. 그러나 군가산점 제도 폐지 첫해인 2000년에는 7급의 경우 614명 가운데 345명(56.19%), 9급은 2880명 중 1507명(52.34%)으로 자격증 가산점 수혜자가 늘었다. 그러던 것이 2001년에는 7급 시험에서는 66%, 9급 시험에서는 63.3%로 대폭 증가하는 추세를 보였다. 2002년 9급 시험에서는 2915명 가운데 무려 73.3%에 이르는 2136명이 자격증 가산점을 받았다.

그런데 현재 직렬별로 적용되는 자격증 가산점 제도에서 교정직렬과 소년보호직에는 변호사와 법무사의 자격증을 가진 사람에게만 자격증 가산점을 주고 있다.

이러한 제도는 교정직이나 소년보호직의 특성이나 본질을 과거의 고전적, 규범적 성격으로만 이해한 데서 오는 편협한 시각이며 교정을 형벌집행적 차원만이 아니고 교육과 치료, 사회복지적 차원에까지 접근하고 있는 오늘날의 현실을 전혀 반영하지 못하고 있다.

따라서, 본인은 사견으로 교정직렬과 소년보호직렬에 기존의 변호사와 법무사 외에도 교육학자, 심리학자, 상담사, 교사, 사회복지사, 임상심리사, 정신과 의사 등에게도 가산점을 인정하는 것이 보다 높은 전문성을 지향하는 현대 교정에 적합하다고 본다.

또한, 일정 기간 이상을 근무한 대학(전임강사 이상)교수의 경우에도 가산점을 인정해주는 것이 바람직하다고 본다.

그리고 본인은 자격증 가산점 제도와 관련해 정책적 제안을 할까 한다.

그것은 교정사 자격제도를 만들어 전문대학과 교정학과 졸업자와 각 대학교의 평생교육원의 교정상담 과정 이수자에게는 국가 공인 3급 교정사의 자격을 주고, 4년제 대학의 교정학과 졸업자에게는 국가 공인 2급 교정사 자격을 주며, 대학원의 교정학과 졸업자에게는 국가 공인 1급 교정사 자격을 주어 이런 교정사 자격을 취득한 교정직렬 응시자에게는 앞에서 말한 가산점을 주고 공직 임용 후 승진에 있어서는 제도적으로 우대하도록 법령을 개정할 필요가 있고, 또한 장기적으로는 교정사 자격증을 가진 자만을 대상으로 하는 교정직 특채제도 등을 생각해 볼 필요가 있다.

한편, 공무원임용규칙 속에 포함된 자격증 중에서 사회적으로 하락세를 타고 있는 자격증 등은 제외시킬 필요가 있다. 한편 2002년도 7, 9급 공채 가산특전자 현황은 다음과 같다.

[표 5] 44회 9급 공채 최종합격자 가산특전자 현황

구 분	전체 합격인원	가산점 없이 합격한 자	취업보호 가산점만 받은 자	자격증 가산점만 받은 자	취업보호 및 자격증 가산점 모두 받은 자
합 계	2,915	547	232	1,860	276
분포비율	100.0%	18.8%	7.9%	63.8%	9.5%
행정직(일반)	401	47	68	230	56
행정직 (장애인)	27	9	3	10	5
행정직 (정보통신부)	388	91	13	268	16
서 울	157	47	5	100	5
인천경기	38	11	1	24	2
강 원	21	5	1	15	

구 분	전체 합격인원	가산점 없이 합격한 자	취업보호 가산점만 받은 자	자격증 가산점 만 받은 자	취업보호 및 자격증 가산점 모두 받은 자
대전충남북	25	1	2	22	
광주전남	50	10	1	35	4
전 북	5	2		3	
대구경북	45	12	2	28	3
부 산	15	1	1	11	2
울산경남	29	2		27	
제주	3			3	
행정직(정통부장애인)	19	6	3	9	1
서 울	8	2	2	4	
인천경기	8			3	
강 원					
대전충남북	1	1			
광주전남	3	1		1	1
전 북					
대구경북	2	1		1	
부 산	1	1			
울산경남	1		1		
제 주					
행정직(철도청)	20	4		16	
행정직(철도청 장애인)	1	1			
행정직(병무청)	320	34	22	229	35
행정직(병무청 장애인)	16	10		6	
세무직	450	64	19	332	35
세무직(장애인)	23	14	1	7	1
관세직	140	27	17	85	11
관세직(장애인)	7	2	2	3	
교육행정직	20	1	4	9	6
교육행정직(장애인)	1		1		
교정직(남)	130	61	6	60	3
교정직(여)	30	9	2	19	
소년보호직	40	16	2	17	5

구 분	전체 합격인원	가산점 없이 합격한 자	취업보호 가산점만 받은 자	자격증 가산점 만 받은 자	취업보호 및 자격증 가산점 모두 받은 자
소년보호직	40	16	2	17	5
보호관찰직	65	16	1	48	
검찰사무직	372	60	37	237	38
마약수사직	15	3	2	10	
출입국관리직	100	12	13	60	15
기계직(일반)	61	2		45	14
전기직	53		2	44	7
화공직	11		1	7	3
농업직(일반)	37	3	2	31	1
임업직(일반)	36	1	1	29	5
토목직(일반)	36			23	13
건축직	5			3	2
전산직 (전산개발)	58	49	9		
전산직 (전산개발. 장애인)	5	4	1		
전송기술직	28	1		23	4

⇨ 출처: 행정자치부

[표 6] 40회 7급 공채 최종합격자 가산특전자 현황

구 분	합격인원 (=A +B +C +D)	취업보호 (=B +C)	(A)자격 증가점만 받는 자	(B)취업보 호가점만 받는 자	(C)취업보호 +자 격증가점	(D)가점 없이 합격한 자
합 계	623	189	346	82	107	88
행정(일반)	240	77	134	38	39	29
행정(장애)	17	6	6	3	3	5
행정(철도)	43	4	31	2	2	8
행정 (철도장애)	2	1	0	1	0	1
행정 (선관위)	32	3	21	0	3	8
행정 (선관장애)	2	0	1	0	0	1
세 무	91	18	65	9	9	8
세무(장애)	5	3	2	1	2	0

구 분	합격인원 (=A +B +C +D)	취업보호 (=B +C)	(A)자격 증가점만 받는 자	(B)취업보 호가점만 받는 자	(C)취업보호＋자 격증가점	(D)가점 없이 합격한 자
관 세	20	6	13	4	2	1
관세(장애)	1	1	0	1	0	0
교육행정	10	3	4	2	1	3
교육행정 (장애)	1	0	0	0	0	1
감사	22	13	7	7	6	2
감사(장애)	1	1	0	0	1	0
외무행정	3	2	1	1	1	0
교정(교회)	6	0	5	0	0	1
검찰사무	10	10	0	3	7	0
출입국관리	11	4	5	3	1	2
기 계	12	6	6	0	6	0
전 기	8	4	3	0	4	1
화 공	11	1	10	0	1	0
농 업	16	4	11	1	3	1
임 업	3	0	3	0	0	0
토 목	16	10	6	0	10	0
건 축	13	6	7	0	6	0
전 산	20	5	0	5	0	15
전산(장애)	2	1	0	1	0	1
전송기술	5	0	5	0	0	0

⇨ 출처: 행정자치부

3. 교정직렬 공무원과 소년보호직렬 공무원의 특별채용시험

1) 현행제도

현재 교정직렬 중 교정직류 9급의 경우에 한해 부정기적으로 특별 채용하고 있는데, 시험과목은 2003년까지는 사회, 교정학이었으나, 2004년부터는 교정학개론, 형소법개론으로 된다. 그 외에 시험방법, 합격자 결정, 가산점 제도 등은 공개채용시험의 경우와 같고, 다만 특별채용시험 실시 기관이 법무부 교정과이고 출제위원의 선정은 행정자치부가 아닌 법무부가 하며, 공개경쟁채용시험과 마찬가지로 양성평등채용목표제는 실시하지 않고 있다. 그리고 2003년 현재까지 교회직류나 분류심사직류, 소년보호직렬의 경우는 특별채용은 실시한 적이 없다.

2) 문제점과 대안(사견)

특별채용시험의 응시자격, 시험방법, 합격자 결정 등에 관한 문제점에 대해서는 앞에서 고찰한 공개경쟁채용시험의 경우와 같은 논리로 검토할 수 있다.

여기서는 새로운 대안을 제시하고자 한다. 지금 현재 교정직류 9급에 대한 특채제도는 일정한 무술 유단자를 대상으로 하는 경우가 있는데 이 제도 외에, 교정직류, 교회직류, 소년보호직렬에 교정시험에서 일정 기간 이상 자원봉사를 했거나 교화위원으로 근무한 자만을 대상으로 한 특별채용시험은 당장 실시할 필요가 있다. 그동안 교정시설 등에서 자원봉사자—특히 여성들이—란 사람들이 많이 있어왔지만 아무래도 파트타임으로 자기가 원하는 시간에 하는 자원봉사와 전업직 공무원은 책임 등 여러 면에서 차이가 나므로 오랫동안 열정적으로 교정시설 등에서 자원 봉사해온 이들을 교정조직 내에 전국 공무원으로 흡수할 필요가 있다.

왜냐하면, 이러한 자원봉사자들이나 교화위원 등은 대개가 경제적 동기보다 사회적 동기로 봉사해왔기 때문에 이들이 공직에 정식공무원이 될 경우 경제적 동기에 의해 공직에 들어온 일부 공무원보다는 교정재의 한계 생산량이 커지기 때문이다. 따라서 이러한 자원봉사자나 교화위원 등은 연령제한을 완화해 55세까지 응시자격을 주고 시험방법도 교정직류, 교회직류는 1차 시험과목은 교정 적성검사로, 2차 시험과목은 교정학개론으로 하며, 3차 시험과목은 면접으로 하거나 아니면 1차 시험과목은 교정 적성검사로 하고, 2차 시험과목은 교정시설 등에서 자원봉사 또는 교화위원으로 봉사한 경력을 주된 평가요소로 보는 서류심사로 하며 3차 시험은 면접시험으로 할 수도 있다. 그리고 소년보호직렬의 경우는 교정직렬 특채와 비슷하나 교정학개론 대신 형사정책학개론으로 대치하거나 서류심사 등으로 하면 될 것 같다.

한편, 교정직렬 등의 특채제도와 관련하여 허주욱 교수는[15] 심리학, 교육학, 상담학, 전공자의 특채제도를 주장했는데 본인은 그에 대해 반대한다.

왜냐하면, 오늘날 공직에 대한 수요가 워낙 높고, 합격점은 매우 올라가는 현실과, 특채제도의 지나친 확대는 실력주의를 저해한다는 사실에 비추어 심리학 등의 전공자에 대해 가산점을 부여하는 것이 더 낫다고 본다.

물론, 심리학, 상담학, 교육학 등의 전공자가 교정에 들어오는 것은 과학적 교정을 위해서는 좋지만 그런 전공자들이 지나치게 많아도 문제가 될 수 있다. 과학적 교정 못지않게 교정재의 생산에 중요한 인간적 교정도 중요하며, 이런 인간적 교정은 심리학 등의 전공이나 대학 출신과 관계없이 정말 교화에 순수한 열정을 가진 자에 의해서 달성될 수 있기 때문이다.

4. 교정직렬 합격생의 자질

1) 현 황

수험생들이 공직에 들어오게 되는 동기는 크게 경제적 동기, 명예적 동기, 사회적 봉사 등의 사회적 이타적 동기 등으로 나눌 수 있지만, 대개는 이러한 동기

---

15) 허주욱, 교정학, 법문사, 2002, 285면.

들이 혼합된 혼합적 동기를 가지고 들어온다고 할 수 있다. 그런데 교정직렬에 들어온 합격생들의 자질을 크게 인성과 실력 등으로 나눈다면 교정직렬에 들어온 합격생들의 인성이 타 직렬의 합격생보다 좋다거나 나쁘다고 말할 만한 통계는 없지만 적어도 소외된 수형자들을 교화하려는 순수한 의도를 갖춘 이타적 동기는 있다고 추론할 수도 있을 것이다.

따라서, 여기서 자질이란 공직에 들어올 때 나타난 객관적 필기시험 성적에 한정시켜 언급한다면 교정직렬의 합격생들은 타 직렬의 합격생들보다 수준이 조금 떨어진다고 볼 수 있다. 이런 현상은 교정직렬 합격생 전부가 타 직렬의 합격생보다 수준이 낮다는 의미가 아니라 교정직렬에 대한 잘못된 이해와 홍보부족 때문에 낮은 지원율로 인하여 커트라인이 낮아 교정직렬의 일부 합격생들이 타 직렬의 합격생들보다 수준이 떨어진다고 할 수가 있다.

그리고 2003년 행정자치부 9급 최종 출원인원 및 3년간 합격점과 2003년도 9급 시험의 합격점 및 행정자치부 이행 7급 공채 시험의 최근 3년간 경쟁률 및 필기시험 합격선은 다음의 표와 같다.

[표 7] 2003년 행정자치부 9급 최종 출원인원 및 경쟁률

직렬별	선발예정인원	출원인원	경쟁률	합격선				
				2002	2001	2000	1999	1998
합계	1,936	116,509	60.2					
행정직(일반)	428	56,594	132.2	87.50	93	91	90	95
행정직(장애)	27	824	30.6	79.00	81	81	-	90
행정직(철도청)	22	1,537	69.9	80.00	-	-	87	-
행정직(철도장애)	2	65	32.5	68.00	-	-	-	-
세무직	152	9,362	61.6	83.00	88	82	84	94
세무직(장애)	8	141	17.6	69.00	75	71	70	75
관세직	47	2,304	49.0	82.50	91.5	84	-	-
관세직(장애)	3	49	16.3	74.00	82	70	-	-
교육행정직	21	4,344	206.9	88.00	92	92	88	94
교육행정직(장애)	3	76	25.3	76.00	-	-	-	90
교정직(남)	220	2,566	11.7	79.00	80	77	79	82
교정직(여)	30	549	18.3	78.00	88	82	82	91

직렬별	선발예정인원	출원인원	경쟁률	합격선				
				2002	2001	2000	1999	1998
소년보호직(남)	21	270	12.9	82.00	86	–	–	94
소년보호직(여)	11	74	6.7					
보호관찰직	20	789	39.5	83.00	90	86	86	93.83
검찰사무직	130	7,123	54.8	85.00	91	90	92.66	92.33
마약수사직	5	461	92.2	82.16	89.66	89.33	88.33	–
출입국관리직	38	2,278	59.9	86.00	89	87	–	98
기계직(일반)	20	1,040	52.0	84.16	92.16	89.66	99.16	8.
전기직	30	1,149	358.3	87.16	90.83	91.33	96.66	94.5
화공직	10	368	36.8	85.50	91.33	92.16	97.16	99.16
농업직(일반)	50	1,292	25.8	81.00	95	–	88.33	96.66
임업직(일반)	40	855	21.4	83.00	92.83	91.33	93.33	98.33
토목직(일반)	35	2,408	68.8	92.50	97.5	100	94.16	97.5
건축직	12	1,218	101.5	93.50	100	98.33	97.16	94.33
전산직(전산개발)	77	3,630	47.1	773.50	83.33	85	88.53	88.83
전산직(전산장애)	5	72	14.4	66.66	79.16	74.16	77.5	78
전송기술직	25	869	34.8	83.83	87	79.16	96.33	94.16

⇨ 출처: 행정자치부

[표 8] 2003년 9급 시험 합격선

직 렬	선발예정인원(명)	1차 합격자(명)	1차 합격선(점)
일반행정	428(27)	482(34)	82.5(73.0)
정통부행정	420(24)	501(26)	72.5 − 80.0(58.0 − 72.0)
철도청행정	22(2)	26(2)	82.5(79.0)
세 무	152(8)	157(9)	86.5(77.5)
관 세	47(3)	49(3)	79.5(64.0)
교육행정	21(3)	23(3)	82.0(76.0)
교 정	220(남) / 30(여)	274 / 33	72.0 / 75.0
소년보호	21(남) / 11(여)	22 / 12	77.0 / 66.0
보호관찰	20	23	78.0
검찰사무	130	158	80.5
마약수사	5	6	79.66
출입국관리	38	55	84.0
기 계	20	22	92.16

직 렬	선발예정인원(명)	1차 합격자(명)	1차 합격선(점)
전 기	30	37	83.33
화 공	10	12	76.66
농 업	50	65	83.33
임 업	40	52	88.66
토 목	35	47	92.33
건 축	12	18	88.0
전 산	77(5)	93(5)	75.0(63.33)
전송기술	25	30	84.5
합 계	1,936	2,279	

⇨ 출처: 행정자치부

[표 9] 2000～2002년도 7급 필기시험 합격선

직렬별	선발인원	경쟁률 (00년/01년/02년)	2000년도 합격선	2001년도 합격선	2002년도 합격선	전년대비 등락(점)
총 계	579 / 582 / 610	79:1 / 78.7:1 / 45.3:1	85.67	84.82	87.29	2.47 ↑
행정(일반)	160 / 150 / 240	110:1 / 105.7:1 /	88.57	87.28	90.71	3.43 ↑
행정(장애)	15 / 8 / 15	29:1 / 35.9:1	82.14	84.28	83.00(82.85)	1.28
행정(철도)	20 / 20 / 40	40:1 / 31.3:1	86.57	85.85	88.71(87.28)	2.86 ↑(5.86) ↑
행정 (철도장애)	- / 2 / 2	/ 7:1		74.85	85.85	11 ↑
행정(선관위)	- / 55 / 30	/ 38.3:1	-	87.21	89.35(88.64)	2.14 ↑
행정 (선관위장애)	- / 5 / 2	/ 27.4:1	-	79.28	87.14	7.86 ↑
세 무	250 / 90 / 90	36:1 / 81.6:1	80.00	84.42(82.14)	89.28(88.71)	4.86 ↑(6.57) ↑
세무(장애)	7 / 5 / 5	14:1 / 35:1	67.14	78.57	85.14	6.57 ↑
관 세	10 / 20 / 20	72:1 / 71.4:1	87.14	87.14(85.14)	89.57	2.43 ↑
관세(장애)	- / 1 / 1	/ 27:1	-	77.71	89.42	11.71 ↑
교육행정	5 / 10 / 10	179:1 / 75.4:1	88.35	82.92	89.28	6.36 ↑
교육행정(장애)	- / - / 1	-	-	-	73.57	-
감 사	15 / 20 / 20	49:1 / 40.9:1	88.57	87.85(84.42)	90.28(85.85)	2.43 ↑(1.43) ↑
감사(장애)	- / 1 / 1	- / 32:1	-	81.42	75.00	6.42 ↓
외무행정	- / 3 / 3	- / 112.7:1	-	85.71	87.71	2 ↑
교정(교정)	- / 70 / -	- / 32.7:1	-	81.28	-	-
교정(교회)	13 / 16 / 6	73:1 / 30.1:1	80.28	80.71	83.71	3 ↑

직렬별	선발인원	경쟁률 (00년 / 01년 / 02년)	2000년도 합격선	2001년도 합격선	2002년도 합격선	전년대비 등락(점)
교정(분류)	- / 10 / -	- / 26.2:1	-	82.14	-	-
소년보호	- / 3 / -	- / 423:1	-	80.00	-	-
보호관찰	10 / 5 / -	59:1 / 64:1	80.85	86.42	-	-
검찰사무	10 / 10 / 10	458:1 / 319.2:1	92.71	92.85	93.42	0.57 ↑
출입국관리	10 / 10 / 10	171:1 / 105.6:1	90.00	87.21	89.28(88.71)	2.07 ↑
기계직	5 / 15 / 12	195:1 / 72.3:1	94.66	87.16(82.50)	89.16	2 ↑
전기직	5 / 15 / 8	231:1 / 82.5:1	91.66	81.33	90.83	9.5 ↑
화공직	- / 3 / 10	- / 78:1	-	89.16	80.00(78.83)	9.16 ↓
농업직	- / 3 / 16	- / 167:1	-	91.83	84.43	-7.5 ↓
임업직	3 / 3 / 3	213:1 / 181.3:1	87.83	89.16	87.50	-1.66 ↓
토목직	3 / 8 / 15	406:1 / 179.8:1	89.16	92.16	93.00(88.83)	0.84 ↑
건축직	3 / 5 / 12	338:1 / 187.8:1	91.66	92.83	91.00(90.83)	-1.83 ↓
전산직	25 / 10 / 20	79:1 / 155.1:1	85.00	89.16	85.00	-4.16 ↓
전산직(장애)	- / 1 / 2	- / 22:1	-	80.83	82.50	1.67 ↑
전송기술직	10 / 5 / 5	74:1 / 118:1	75.50	80.83	89.66	8.83 ↑

⇨ 출처: 행정자치부

상기 행정자치부 고시과의 통계자료를 보면 9급 교정직류의 경우는 2003년 경쟁률을 보면 남자는 11.7 대 1이고, 여자는 18.3 대 1이며, 소년보호직렬 9급의 경우의 경쟁률을 보면 남자는 12.9 대 1, 여자는 6.7 대 1이다. 이것은 위의 통계표에서 알 수 있듯이 모든 직렬과 모든 직류 중에서 가장 낮은 경쟁률로, 심지어 경쟁률이 가장 낮기로 알려진 행정직과 세무직의 장애인 구분모집보다 낮아 충격을 주고 있다.

그리고 실제로 시험 당일의 결시율을 고려한다면 교정직류와 소년보호직렬 9급의 실질 경쟁률은 더욱더 하락해 질적 저하를 초래하고 있다. 따라서 합격선의 경우도 9급 교정직류와 소년보호직렬의 경우는 일반행정직에 비해 많이 낮은 것으로 알려져 있다.

물론, 9급 행정직류와 9급 교정직류의 시험과목은 4과목(국어, 영어, 한국사, 사회)은 같으나 한 과목(행정직류는 행정학, 교정직류는 교정학)이 달라 정확한 비교는 어렵지만 일반적으로 교정학보다 학문의 범위가 넓은 행정학이 출제 난이도가 높은 것으로 알려져 있어 실제상의 비교는 조금 더 차이가 난다고 볼 수 있다. 특히, 남자 교정직렬의 경우 2002년도에는 일반행정에 비해 8점 정도밖에 차이가 나지 않았으나, 2003년 9급 공개채용시험 때는 일반행정 9급(82.5)보다 10점 이상이 낮은 72점을 기록해 갈수록 일반행정직과 합격선의 차이가 커지고 있다.

교정직렬의 경우도 마찬가지로 타 직렬에 비해 경쟁률과 합격점이 낮고 특히 2002년도의 경우는 교회직류와 7급 검찰사무직의 경우는 약 10점 가까이 차이가 난다.

한편 대학졸업생들이 매력을 가지는 2003년도 7급 공개채용 응시원서 출원현황은 아래와 같다.

[표 10] 2003년도 7급 채용응시 출원현황

직렬별	선발예정	출원인원	경쟁률
총　계	614	60,955	99.3
행정(일반)	225	28,633	127.3
행정(장애)	15	598	39.9
행정(철도)	39	1,251	32.1
행정(철도장애)	3	42	14.1
행정(선관위)	19	724	38.1
행정(선관위장애)	2	41	20.5
세　무	33	9,317	191.4
세무(장애)	2	94	47.0
관　세	9	927	103.0
관세(장애)	1	20	20.0
교육행정	11	1,269	115.4
감　사	14	836	59.7
감사(장애)	1	49	49.0
외무행정	5	702	140.4
교정(교정)	70	2,235	31.9
교정(교회)	16	453	28.3
교정(분류)	8	231	28.96
보호관찰	5	202	40.4
검찰사무	10	2,694	269.4
기계직	17	1,278	75.2
전기직	19	1,410	74.2
화공직	16	474	29.6
농업직	11	1,474	134.0

직렬별	선발예정	출원인원	경쟁률
토목직	18	2,292	127.3
건축직	19	1,641	86.4
전산직(전산개발)	20	4,305	215.3
전산직(장애)	2	93	46.5
전송기술직	4	670	167.5

⇨ 출처: 행정자치부

위의 통계를 보면 검찰사무직이 269.4:1로 최고 높고, 교정직(교회), 교정직(분류)이 각각 28.3:1, 28.9:1로 최하위를 기록하고 있으며, 교정직(교정)도 31.9:1로 거의 최하위에 있다.

특히, 다른 직종과 달리 교정직 7급 공개채용을 2년마다 실시하는 것을 감안할 때 지원율이 저조한데, 이는 결국 질적 저하로 연결되어 질 좋은 교정재 생산에 심각한 문제를 던져주고 있는데, 사견으로는 그 근본원인은 교정재의 생산의 질과 양에 관계없이 신분이 보장되는 직업공무원제도에 있다고 하겠다. 신분이 보장되니 인재를 유치할 적극성이 결여되어 교정직에 대한 적극적 홍보가 없다고 하겠다.

2) 문제점과 대안(사견)

위에서 살펴보았듯이 교정직렬과 소년보호직렬의 지나친 낮은 경쟁률과 낮은 합격선은 결국, 질 좋은 교정재의 생산과 보호재의 생산에 어떤 식으로라도 영향을 줄 수 있기 때문에 보다 우수한 인적자원과 보다 품성과 덕성이 뛰어난 자원을 교정재로 흡수하기 위해서는 우선 교정직렬이나 소년보호직렬에 대한 사회의 잘못된 인식을 고칠 필요가 있고, 그러기 위해서는 법무부나 한국교정학회 등 유관기관들은 매스컴이나 각 대학의 언론을 통해 교정직렬 등에 대한 올바른 홍보 활동을 강화해야 한다.

또한, 앞에서도 언급했듯이 교정직렬과 소년보호직렬의 경우는 하루빨리 시험기관을 법무부로 이관해야 되며, 또한 교정직렬 등의 특수성에 비추어 응시자격에서 응시제한 연령의 상한선을 대폭 올려 교정에 관심이 많은 우수하고 열정적인 자원들을 교정재로 흡수해야 된다고 생각한다.

또한, 앞에서 가산점 제도에서 본인이 주장했듯이 교정재의 생산과 관련이 있는 사회복지사, 교사, 임상심리사, 상담사 등에게는 가산점을 주어 이들이 교정직렬에 매력을 느껴 응시하도록 유도하고, 그리고 본인이 앞에서 주장한 대로 양성채용 평등목표제를 교정직렬과 소년보호직렬 등에도 실시해 여성들의 지원율을 높이도록 한다. 그리고 현재 각 대학교의 법학과 커리큘럼에는 대부분의 대학이 사법시험과목 위주로 되어 있어 교정학 대신에 형사정책학을 넣고 있는데, 각 대학의 법학과에도 교정학을 넣도록 유도하여 학생들이 교정직렬 등에 대한 관심을 유도하도록 한다.

제 5 장

한국교정위원론

1. 서

2000년 5월에 제정된 「교정위원활동및교정위원운영지침(법무부예규)」에서 교화위원, 종교위원, 교육위원을 합쳐 교정위원(제3조 제1항)이라 하며 동 지침 제3조 제2호에는 교정시설의 장의 승인을 받아 수용과 교화활동에 참여하는 민간 자원봉사자를 교정참여인사라 하고 있으나, 여기서는 교정에의 외부 참여자를 교정위원, 교정참여단체로 나누어 서술하고자 한다.

2. 교정위원제도의 역사와 현황

우리나라는 1894년 감옥규칙의 제정을 통해 서적열독허가제 실시로 교화직 제도의 출현을 보았고, 1908년 통감부 감옥관제가 시행되면서 전임교회사제도가 생겨났다.[1]

그 뒤 우리나라에서 범죄인 교화를 위한 본격적인 외부 참여는 1911년경의 '사법보호위원회' 등의 명칭으로 출소자를 돕기 위한 민간조직이 결성되기 시작한 때부터이며, 시설 내 수용자들을 대상으로 하는 자원봉사활동은 독지방문제도에 의해 시작되었으며, 독지방문제도는 민간인이 교정시설을 방문하여 상담과 지도, 원조를 행하는 방식의 교화사업을 말하며, 1960년대까지는 종교인들에 의한 개인적 활동의 수준에 머물렀다.[2]

독지방문제도가 국가에 의한 공적 제도로서 처음 출발하게 된 것은 1970년 12월 19일부터였는데, 즉 각 교도소의 장은 학식과 경험이 풍부한 자로서 수형자의 교정교화에 관심이 많은 민간인을 독지방문위원으로 위촉하여 수시로 교정시설을

---

1) 송경효, 수형자에 대한 종교교육의 효과가 교화에 미치는 영향에 관한 연구, 교정, 2002. 12월, 24면.
2) 김상희 외, 교정시설의 교화활동에 관한 연구, 한국형사정책연구원, 1992년, 169면.

방문하고, 수형자와의 상담 등을 통하여 각종 지도활동을 하게 하였다.[3]

그 뒤 1983년에는 독지방문위원을 교화위원과 종교위원으로 나누어 제도화하였고, 1998년에 교화위원과 종교위원을 통합하여 교정위원이라고 칭하고, 교정위원 중앙협의회를 구성하여 교정당국과 일선교정위원 간의 통로를 만들었다.[4] 그리고 2000년 10월 1일에 교육위원제도를 신설하여, 교정위원에 포함시키고 있는데 2001년 12월 31일 현재 교화위원 2,394명, 종교위원 1,895명, 교육위원 233명이 활약하고 있다.[5]

교정위원은 전국의 교정시설별로 교정위원협의회가 조직되어 교무과에 소속되어 활동하며, 각 교정시설에 50~100명 정도가 활동하며, 이들은 각 사회 각 분야에서 전문가로 활동하고 있는 자들로 수용자를 위한 상담과 출소 후 생활지도와 취업알선을 주로 맡고 있다.[6]

교정위원활동 및 교정협의회 운영지침(2000. 5. 30. 법무부예규 533호)에 의하면 교화위원은 지역사회에서 신망이 두텁고 학식과 경험이 풍부한 지도급 인사로서 교화사업에 헌신적으로 봉사할 수 있는 자질과 능력을 갖추고 있어야 하며(운영지침 제4조 제1항), 종교위원은 기독교, 불교, 천주교 등 국민정서에 반하지 않는 종교단체에 소속된 지도급 인사로서 신앙지도에 헌신적으로 봉사할 수 있는 자질과 능력을 갖추어야 하며(운영지침 제4조 제2항), 교육위원은 교육자, 강사 등 교육 및 직업훈련의 한 분야를 담당하여 지도할 수 있는 전문지식과 능력을 갖고 수용자 교육에 헌신적으로 봉사할 수 있는 자질이 있어야 한다(운영지침 제4조 제3항).

한편, 교정위원의 임기는 2년으로 연임이 가능하며 교정위원은 2개 이상의 교정기관에 중복 위촉될 수 없다(동조 제5조 제3항). 한편, 소장이 신규위원을 추천할 때에는 이력서와 범죄경력 조회결과, 6개월 이상의 교정참여활동 성적의 서류가 첨부되어야 하고, 범죄경력이 있는 사람을 신규 또는 재위촉할 때는 소장의 의견서를 첨부하도록 한다(동조 제6조 제3항).

한편, 사회물의를 야기하거나 파렴치한 범죄행위로 실형선고를 받는 등 품위를

---

3) 김상희 외, 전게논문, 97면.
4) 최옥채, 교정복지론, 아시아미디어리서치, 2001년, 283면.
5) 허주욱, 교정학, 법문사, 2002, 444면.
6) 최옥채, 전게서, 283면.

손상한 때, 연 2회 이상 활동실적이 없거나 위촉기간 중 활동실적이 6회 미만으로 부진한 때 등은 해촉사유로 들고 있다(제11조 제1항).

　교정위원의 위촉절차와 교정위원 수는 먼저 교정위원의 위촉절차를 보면, 소장이 교정위원을 위촉하려고 할 때에는 교정위원의 자격요건과 교정참여활동 실적 등을 종합 검토한 후 교도관 회의의 심의를 거쳐 매 분기 개시 1개월 전까지 지방교정청장에게 추천하여야 하며(운영지침 제6조 제2항) 지방교정청장은 소장의 추천서를 심사하여 위촉 여부를 결정한 후 매 분기 개시 15일 전까지 법무부장관에게 위촉상신을 하여야 한다(운영지침 제6조 제2항).
　또, 교도소, 소년교도소, 구치소 및 구치지소, 보호감호소에 두는 교정위원의 수는 수용정원 1,500명 이상의 기관은 100명 이상으로 하고, 수용정원 1,000명 이상 1,500명 미만인 기관은 90명 이상, 그리고 수용정원 1,000명 미만인 기관은 80명 이상으로 되어 있다(운영지침 제10조 제1항).

　한편, 교정위원의 활동영역은 운영지침 제7조 제1항에 따르면 교정위원은 소장의 허가를 받아 다음과 같은 교화활동을 할 수 있는데, 그 내용은 교화강연, 상담, 자매결연, 불우재소자 및 그 가족지원 등 수용자의 갱생을 촉구하고, 안정된 수용생활을 도모하기 위한 활동과 수용자가 신봉하는 종교의 종파별 교의에 따른 신앙지도 및 종교활동 학업 및 기술습득에 필요한 교육 및 취업알선 및 갱생기반 조성지원과 소장이 추천하는 교정·교화사업 지원을 할 수 있고, 또한 소장은 교정위원으로 하여금 수용자에 대한 고충상담 또는 법률상담 등을 하게 할 수 있으며(운영지침 제7조 제2항), 교정위원은 수용자의 고충해소 및 교화상 필요한 사항에 대하여 해결방안을 소장에게 건의할 수 있다(운영지침 제7조 제3항).
　한편, 1998년 11월 26일 창립된 법무부 교정위원 중앙협의회는 회장 1명과 부회장 5명, 교화분과위원회, 복지분과위원회, 기독교·불교·천주교분과위원회로 구성되어 있으며,[7] 그리고 교정위원의 업무의 활성화를 위하여 자체조직을 둘 수 있으며, 소장은 당해기관에 소속된 교정위원 전체가 참여하는 '교정협의회'를 설치·운영하도록 되어 있다(운영지침 제12조 제1항). 교정협의회에서는 ① 교정위원 소속감 고취 및 연대, ② 교정·교화사업 계획 및 추진, ③ 효율적 교정·교

---

7) 한국형사정책연구원, 형사절차에서 민간 자원봉사활동의 실태와 개선방안, 2001년, 110면.

화활동 촉진, ④ 사업추진 실적 점검 및 평가, ⑤ 교정·교화사업에 관한 소장의 자문 등의 업무를 수행한다(제13조). 교정협의회는 효율적 운영을 위하여 종류별로 분과위원회를 둘 수 있다(제12조 제2항).

한편, 1970년도부터 교육자, 사회사업가 등을 교화위원으로 위촉하여 수용자 개인상담, 자매결연, 교화공연, 취업알선 등 수용자에 대한 지원활동과 함께 교도소와 지역사회 간의 유대증진에도 적극 기여하고 있으며, 2001년 12월 31일 현재 教化委員 현황은 아래 표와 같다.

[표 11] 교화위원 현황 (단위: 명)

구 분	계	교 육	법 조	사회사업	실 업	의 료	공무원	기 타
인 원	2,394	142	76	178	1,436	86	37	439

⇨ 자료: 교정연감 207면.

이는 2000년도의 교화위원 2,094명보다 조금 증가했다.

[표 12] 교화위원의 직업별 현황

구 분	계	교 육	법 조	사회사업	실 업	의 료	공무원	기 타
인 원	2,094	146	65	1,060	156	88	42	537
비율(%)	100%	7.0%	3.1%	5.6%	7.4%	4.2%	12.0%	25.7%

3. 종교위원의 역사와 현황

우리나라에서 종교교육은 해방 전에 종로감옥에서 일본인 승려가 교회를 실시했고, 그 뒤 해방이 되면서 기독교도 함께 실시되기 시작했으며,[8] 한편 천주교를 통한 종교교육은 신유박해(1801)와 기해박해(1839) 때 수감된 신자들을 위로하고, 신앙의 힘으로 투옥생활을 이겨나가도록 용기를 북돋아주기 위해 감옥을 찾았던

---

8) 송경효, 전게논문, 24면.

사람들로부터 시작되었다고 볼 수 있으며, 그러다가 본격적인 교정사목이 시작된 것은 1965년 명동성당 분원장이었던 김문숙 수녀와 어머니회에 의해 수형자들에게 복음을 전하고자 하면서 시작되었다.[9]

교정시설에서 종교교육이 공식적으로 활발하게 이루어지게 된 것은 1962년 재소자교화대책협의회가 설립되고 나서 기독교, 불교, 천주교 등에서 적극적인 활동을 실시하게 되면서부터이며, 그 뒤 일반사회인사들과 함께 독지방문위원이란 명칭으로 활동하다가 1983년에 교화위원과 종교위원으로 분리되었고, 1998년에 다시 통합적인 명칭으로 교정위원에 포함되었다.[10]

종교위원은 교화위원과 함께 교정위원협의회에 속해 있으며, 교화위원과 구별되는 점은 지역사회의 성직자들로 목사, 승려, 신부, 수녀, 교무 등으로 구성되었고, 수용자의 신앙생활 지도, 교회집회, 종교상담, 자매결연 등을 담당한다.[11] 그리고 종교위원의 위촉절차 등은 앞의 교정위원의 경우와 같다. 그리고 종교위원의 종교별 현황과 활동실적은 다음 표와 같다.

[표 13] 종교위원 현황(2001년 12월 31일 현재)

연 도 구 분	1990	1991	1992	1993	1994	1995	1996	1997	1998	1999
교리지도	139,362	64,444	54,282	59,490	56,135	67,277	72,204	72,418	66,646	72,568
신앙상담(명)	37,323	42,688	34,319	29,239	24,050	24,888	26,379	22,264	24,215	26,745
자매결연(명)	4,548	6,808	2,681	4,484	5,156	2,624	2,846	3,078	2,808	2,327
수용생활지원 (명)	23,987	17,781	20,187	17,042	15,643	14,856	10,881	5,529	8,120	14,846
교화도서기증 (권)	11,424	17,929	18,175	20,519	6,020	18,031	10,330	7,349	4,303	5,664

⇨ 자료: 법무연감, 2002년, 207면.

[표 14] 종교위원 활동실적(단위: 명)

구 분	계	기독교	불교	천주교	기 타
인 원	1,895	955	597	334	9

⇨ 출처: 허주욱, 전게서, 446면.

---

9) 송경효, 전게논문, 25면.
10) 송경효, 전게논문, 25면.
11) 최옥채, 전게서, 284면.

4. 교육위원의 현황

2000년 5월 교정위원운영지침을 개정하면서 그동안 수용자 학과교육 및 기술지도 등을 해온 교정참여인사들을 교정위원제도의 교육위원으로 위촉, 수용자 교육, 상담 등에 많은 도움을 주고 있으며 2001. 12. 31. 현재 교육위원 현황은 아래 표와 같다.

[표 15] **교육위원 현황**(2001. 12. 31. **현재**)

구분	계	교사	교수	학원강사	직업훈련강사	기타
인원	177	30	30	17	8	32

⇨ 자료: 법무연감, 2002년, 208면.

그런데 법무부 교정국의 법무연감 2001년도의 자료에 의하면 2000년 10월 1일 교육위원현황은 아래 표와 같다.

[표 16] **교육위원 현황**(2000. 10. 1.)

구 분	계	교 사	교 수	학원강사	직업훈련강사	기 타
인 원	233	44	61	56	12	60

⇨ 자료: 법무연감, 2001년, 383면.

위의 표들에서 알 수 있듯이 2000년에 비해 2001년도에는 교육위원 총수는 증가했지만, 그중 학원강사의 증가폭이 가장 높았는데 이는 교사나 교수 등 타 직업군보다 학원강사의 영역이 워낙 다양하고 인원이 많고, 또한 상대적으로 시간적 여유가 있기 때문인 것으로 보이며 기타 부문의 대폭적 증가도 눈여겨볼 만한 대목이다.

5. 교정참여단체

1) 서

여기서는 종교단체 등이 부분적으로 수용자의 교화활동을 행한 부분적 참여를 교정참여단체로 본 기존 견해와는 달리 사견으로서 교정참여를 기독교 세진회처럼 국가주도의 교정재 생산을 인정하고, 관주도의 교정재 생산에 협조하면서 제한적으로 참여하는 부분적·협조적 교정참여단체와 인권운동사랑방같이 관주도의 교정재 생산이 올바른 방향으로 가도록, 비판·견제하는 입장에서 부분적으로 참여하는 부분적·비판적 교정참여단체와 아예 관주도의 교정재 생산을 거부하고 외부 민간단체 자신들이 교정재 생산에 참여할 것이라는 기독교교도소와 같은 전면적·독자적 교정참여단체로 나누어 운론하고자 한다.

2) 제한적·협조적 교정참여단체

① 담안선교회: 서울시 면목4동에 컨테이너박스로 된 가건물 안에 있는 담안선교회는 수용자의 교정활동을 위해 열정적으로 일하는 선교단체로, 원래는 1980년에 '담안해'라는 주부들의 교도소 방문모임이 1983년 임석근 목사를 만나면서 담안선교회로 되어 교정선교사업, 무의탁 출소자 보호사업, 교정시설 순회교육, 서신통한전도, 수용자 고충처리, 수용자 영치금 지원, 수용자에게 도서보급, 출소자 결혼주선 및 후원 등 주로 교정과 관련하여 열정적인 수용자 교화사업을 전개하고 있는데, 담안선교회 직원들은 임석근 목사부터 식당 아주머니까지 대부분 교도소나 감호보호소 등의 수형 경험이 있는 자로 구성되어 있으며, 교정사업 등에 드는 비용은 정부보조금 17%, 후원금, 그리고 적립 운영하는 사업의 이익으로 충당하는데, 적립 운영하는 사업은 프린터 카트리지 재생업으로 출소자들에게 일도 마련해주는 효과도 있고, 생산품의 반은 정부기관에 납품하며, 임석근 목사는 "아무리 무식한 사람이라도 사랑을 받으면 절대로 타인을 해치치 않는다"라는 믿음으로 전국의 교도소를 순회하면서 강연해오고 있다.[12)

다른 교정참여단체와는 달리 목사부터 전도사까지 전과자가 대부분이라는 사실은 시설 내에서 방문선교와 서신선교의 효과를 높이는 것으로 평가되고 있고, 재소자와의 관계형성에서 허심탄회하게 상담할 수 있고, 한때 자기들과 비슷했던 인사의 이야기에 귀를 기울이게 만드는 호소력이 생겨날 수 있다.13)

그런데 이 담안선교회의 교정참여는 시사하는 바가 크다. 경험에 의하지 않고 이론적 강의로만 교화를 행하는 교정위원보다 수형경험을 바탕으로 경험에서 우러나오는 교화가 더 질 좋은 교정재를 생산할 수도 있다는 사실이다.

② 천주교 사회교정사목위원회: 천주교는 수용자와 사형수에 대한 교정·교화 활동을 사회사목부 아래의 사회교정사목위원회에서 열정적으로 행하고 있는데, 교정사목의 시작은 천주학장 이후부터 비공식적으로, 비밀스럽게 시작되다가 일제시대 이후 종교 자유의 퇴보로 교정사목도 개별적, 산발적이었고 본격적으로 교정사목은 종전 후 친일파, 사상범들이 형무소에 수용되면서 시작되었으며, 1950년대에 와서 고중렬, 분도 형제와 박귀훈 신부, 윤형중 신부 등의 희생적인 교정사목이 있다가 조직적, 체계적인 교정사목을 위해 1970년 교도소 후원회가 생겼고, 현재는 사회교정사목위원회로 개칭하여 활동 중이다.14) 천주교 사회교정사목위원회는 교정시설에서 직접 교화활동을 하는 것 외에도 교도소와 소년원 봉사에 뜻이 있는 사람들을 대상으로 교정상담 교육도 하며, 그 외에 교도관을 대상으로 교도관 성심회 피정을 실시하기도 하며, 그 외에 위원회 산하에 민영교도소 연구팀을 마련해 한국에서 민영소년교도소를 설립할 준비단계로 연구를 하며, 또한 사형폐지운동을 지속적으로 전개하고 있다.15) 교정시설에서 행하는 프로그램의 예를 보면 서울 영등포 구치소 남사팀은 음악치료, 미술치료, 현실요법, 비디오 포럼 등을 행하고 서울 구치소 남사팀은 신앙체험, 생활체험 발표, 글·시·그림으로 마음 표현하기, 연극공연, 클래식연주단 초청공연 등의 문화체험을 통해 자신과 화해할 수 있는 기회를 마련하는 프로그램들을, 분류심사원팀은 게임을 통한 심성개발 프로그램, 성서퀴즈, 분노조절 프로그램 등 다양한 프로그램을 행한다.16)

그리고 사회교정사목위원회는 교도소 등에 자원 봉사하려는 자들을 대상으로

---

12) 김자영, kmcweb.or.kr/mag/cw/2203.
13) 한인섭, 교정교화 분야의 민간인 참여에 관한 연구, 한국형사정책연구원, 1993년 3월, 79면.
14) 사회교정사목위원회, 빛의 사람들, 2002년 2월호.
15) 천주교 서울대 교구 사회사목부 사회교정사목위원회, 빛의 사람들 85호-91호.
16) 천주교사회교정사목위원회, 빛의 사람들 91호, 5면.

주기적으로 14주기간의 교정상담 교육을 행하는데, 그 주요내용에는 범죄이론, 범죄사례 행형절차, 심리상담, 심리치료, 분노조절상담, 교정현장의 실제와 참관 등의 내용이 있으며, 위의 교육을 이수한 자는 한국심리학회 산하 범죄심리사 자격관리위원회가 발급하는 이수증을 취득할 수 있다.[17]

이 밖에도 사회교정사목위원회는 출소자 재활사업, 교도행정 개선사업, 지역교회에 대한 교정사목지원, 소년원, 분류심사원 실무자 세미나 개최, 봉사자를 위한 피정도 한다.

③ 기독교 세진회: 기독교 교회 중에서 가장 활발한 수용자 교정활동을 보이는 기독교 세진회는 1968년 7월 7일 특수선교위원회로 발족하여 오늘에 이르고 있는데,[18] 주요 교정사업으로는 수용자와 사형수와 자매결연, 정신교육, 교리 등을 행하고 각종 신앙서적, 다락방 등 정기간행물을 전국의 재소자들에게 전달하며 교도소의 체육대회와 위문잔치 때 물품을 지원하고, 출소자의 생활지원과 수시상담도 행하며 서신선교사를 양성해 2002년도는 전국 30개 교정시설의 재소자들과 약 3,500여 통의 편지를 교환했고, 재소자에게 영치금도 지원하는데 2002년에는 매월 118명에게 7,518,280원을 지급하였다.[19]

그 외에도 재소자 가족 돕기 프로그램이 있는데 가정의 달인 5월에 소외되기 쉬운 재소자들의 가족을 돌봄으로써 깨어진 가정을 회복시키는 사랑의 선물 나누기 행사(Angel's Tree)와 일부 재소자 자녀에게 장학금과 생활비를 지급하며, 또 교정기관의 순회예배와 정신교육을 하고 있다.[20]

그리고 기독교 세진회는 교화사업에 필요한 재정이 회원의 회비, 정부와 국내외의 보조금, 기타 찬조금과 수익금으로 구성되나(기독교 세진회 정관 제26조) 기독교 세진회의 프로그램의 특징은 교정현장에서 재소자의 교화교정사업 외에 불우 재소자의 가정을 지원함으로써 가족관계를 강화시켜준다는 중요한 의미를 갖고 있다. 왜냐하면 재소자는 사회의 가족들이 여러 면에서 안정이 되어야 자신도 정신적 부담이 줄어들어 질 좋은 교정재의 생산에 기꺼이 협조하게 되고, 또한 지원을 받은 재소자의 가족들이 여러 면에서 건강해야 가족들이 해체되지 않고 가족들과 재소자의 지속적인 접촉으로 재소자의 교화에 긍정적으로 작용하기 때

---

17) 사회교정사목위원회, 빛의 사람들 제85호(2002년 8월).
18) 세진회 30년사, 기독교 세진회, 1998년, 215면.
19) 기독교 세진회, 은혜로, 2003년 2월, 18호.
20) 기독교 세진회, 은혜로, 2003년 2월, 18호.

문이다.

한편, 기독교 세진회처럼 재소자 가족을 돌보아주면서 가족들의 재소자 방문을 지원하는 종교단체로 1996년에 설립된 빌립보 선교회가 있는데, 이 종교단체는 재소자 및 그 가족에 대한 선교를 목적으로 하는데, 교도소를 방문하여 재소자의 개별상담을 실시하면서 불우한 재소자 가족들을 지원하고 장거리로 인해 방문이 어려운 가족을 위해 운송수단을 제공하기도 한다.[21]

④ 불교: 불교단체도 개별적으로 교도소 교화사업을 하고 있지만 정확한 통계 결과를 알 수 없어 본인이 사단법인 한국불교 교화복지 선도회에 문의한 결과 위의 단체에서 2002년도에 행한 교화사업의 내역을 통보해온 바 통보내용에 따르면, 먼저 교도소 포교로는 정기법회(51회 총 인원 5,000명)와 불교달력(1회, 전국 교정기관 및 유관단체)을 배포했으며, 재소자 체육대회에 15회 참관하여 격려금을 지원했다고 하며, 문서포교로는 불교서적(불경 및 각종 신앙, 일반교양서적)을 40회 지원했고, 법무교화신문을 발행했으며 교화활동 및 행사지원으로는 찬불가 경연대회, 즉 안양 교도소 등 재소자 대항 경연대회를 9회 실시해 총 인원 450여 명이 동참했고, 자매상담 등을 통한 교화활동과 18회나 영치금을 지원했으며, 춘천 교도소에 연예인 초청 재소자 위문공연을 1회 했고, 안양 교도소 불교반 재소자들을 상대로 월 1회 기초교리 강좌를 연간 12회 개최했으며, 특별법회로 태국 교도소 내 한인수용자 법회(방콕교도소 외 2곳)를 했으며, 한국불교포교사대학과 자매결연을 통해 최**(목포) 외 27명 분기별 등록금을 지원했다고 하며, 또한 전국 교정기관에서 활동 중인 법사들을 지원하고 만기출소 후 귀향을 원하는 사람들 170여 명에게 귀향여비를 지원했으며, 재소자 및 직원불자들을 위한 수계법회 시 불교성물인 염주 등을 지원했는데 총 46회로 총 인원은 4,600여 명이라고 한다.

3) 제한적, 비판적 교정참여단체

이것은 관주도의 교정재 생산은 인정하지만 앞에서 본 제한적, 협조적 교정참여단체가 정부의 교정재 생산정책 등 가치의 문제에는 관여하지 않고 제한적으로

---

21) 남상철 외, 재소자의 가족관계 강화를 위한 교정정책의 방향, 교정연구 2002년 15호, 110면.

참여하나 제한적, 비판적 교정참여단체는 정부의 교정재 생산정책 등 가치의 문제에도 관여하면서 정부가 올바른 교정재 생산을 하도록 비판적, 견제적 위치에서 교정재의 생산에 참여하려고 한다.

여기에는 광주인권운동단체, 다산인권운동센터(수원), 전북 평화와 인권연대(전주) 등이 있으나 가장 대표적으로 활발한 활동을 하는 단체는 인권운동사랑방이다.

인권운동사랑방의 효시는 1992년 인권운동가들이 기존의 인권운동에 회의를 느끼면서 새로운 단체인 인권운동연구모임을 창설했고, 그 뒤 1993년 인권운동사랑방으로 개칭하였는데 인권운동사랑방은 수용자의 인권만 아니고 인권 일반에 관한 참여단체이며, 인권운동사랑방의 산하에 있는 감옥의 인권팀이 바로 제한적, 비판적 교정참여단체라고 볼 수 있다. 감옥의 인권팀[22]은 상임활동가와 기타 자원봉사가들로 구성되어 있는데 지금까지 정부의 교정재 생산이 질 좋은 생산이 되도록 비판적 입장에서 열정적으로 교정에 참여해왔는데, 그동안의 활동내역을 보면 수용자와의 상담, 출소자와의 상담, 교정시설 내의 인권침해와 관련된 피해자와 가족과의 상담 등을 해왔고, 또한 교정시설 내의 수용자의 인권침해문제를 사회화시켜 정부의 왜곡된 교정재 생산에 제동을 걸어왔다.[23]

또한 사회보호법 등 질 좋은 교정재 생산에 저해가 된다고 생각하는 법의 폐지운동과 국제기준에 맞는 행형제도와 행형제도의 개선을 요구하고 올바른 행형법 개정을 위한 모임을 갖는 등 교정재 생산에 있어 가치의 문제에도 개입해 왔다.[24]

또한 수용자가 알아야 할 상식 등을 적은 뉴스레터 등을 발간해오고, 수용자 스스로의 권리를 찾아주기 위해 인권보장지침서를 발행하는 등의 활동을 통해 지금까지의 교도관 중심의 일방적인 교정재 생산에 대해 또 하나의 실질적인 교정재의 생산자일 수용자에게 비판적 생산의식을 심어주어 교정재 생산에 있어 주체적 태도를 갖게 하였다.

그리고 국제인권단체와 감옥개혁단체와 연대를 모색하고 있고, 1993년 9월 7일 인권하루소식의 창간, 1998년 11월 한국감옥의 현실출간, 2002년 4월에 교정시설 수용자의 의료권 보장을 위한 심포지엄 등 많은 세미나를 개최해왔으며,[25] 이제

---

22) 교정참여에 있어 열렬한 활동가로 상담하러 청송 보호감호소까지 내려가는 등 지속적인 활동을 하고 있다.
23) http/antiprison.org
24) http/antiprtison.org

는 교정에 있어 비판적 참여단체의 대표적 단체로 자리 잡아 2003년 5월 15일 한국교정사상 초유의 민관합동 행형개혁토론회에도[26] 초대되어 상임활동가가 발제를 하기도 했다.

이러한 인권운동사랑방의 감옥의 인권팀은 모든 형태의 억류 또는 구금하에 있는 사람들은 인도적이고도 인간 고유의 존엄성을 바탕으로 처우되어야 한다는 이념을 갖고 활동해오고 있다.[27]

한편, 감옥의 인권팀의 재정문제는 제한적, 협조적 교정참여단체와는 달리 일체의 정부보조금이 없으며, 오직 간행물 판매수입과 후원회비에 의존하여 꾸려가고 있다.[28]

4) 전면적, 독자적 교정참여단체

2003년 현재까지 교정공공재의 생산은 국가가 거의 독점하였으며, 제한적으로 특정종교단체 등이 국가의 교정재 생산주체를 인정하는 범위 내에서 교화 프로그램에 참여해왔다. 그러나 여러 이유와 외국의 사례에서 나타나듯이 교정재의 국가 독점생산에서 오는 여러 문제점이 대두되어왔고, 그런 와중에 민영교도소로서 기능할 한국기독교교도소가 1995년 기독교교도소 설립 추진위원회를 설립한 뒤 많은 세미나와 위원회의 활동을 거쳐 2000년 1월 28일에 민영교도소의 설치, 운영에 관한 법률이 공포되었으며, 그 뒤 재단법인 아가페의 설립을 거쳐 2004년 하반기 개소를 목적으로 하는 기독교교도소의 운영모델을 2003년 2월 초에 밝혔다. 즉, 특정종교단체가 자신들이 직접 교정재 생산에 전면 참여하겠다는 것이다. 2003년 2월 28일 동아일보의 보도에 의하면 민간 교도소 추진내용은 아래와 같다.

기독교교도소를 추진해온 재단법인 '아가페'(이사장 김삼환 목사)는 최근 경기

---

25) http/antiprison.org
26) 법무부 교정국 주최, 토론회의 제목은 '교정행정의 당면과제와 개혁안'
27) http/antiprison.org
28) 담안선교회 등은 법무부 보호국에서 일정한 재정적 보조를 받는다. 담안선교회 등은 수용자 교화사업과 출소자 보호사업 등을 하는데 수용자의 교화와 관계되는 법무부 교화과에서는 재정적 보조를 하지 않고, 출소자 보호와 관계되는 법무부 보호국에서 일정한 재정적 지원을 한다.

여주군에 6만 5000평의 터를 확보하고 8월 착공에 들어가며, 건축비 300억 원은 아가페가 부담하며 운영비는 국고지원과 종교단체 기부금으로 충당하고, 아가페 측은 형기 2년 이상을 남긴 재소자 중 지원을 받아 500명을 선발할 예정이며, 대우는 수형번호 대신 이름을 부르고 수의 대신 다양한 색상과 디자인의 옷이 지급되고, 교도소 외부로 사역을 나갈 때도 수감자 티가 나지 않도록 옷을 입게 하고, 인터넷 활용과 TV시청, 신문구독 및 독서도 허용할 예정이며, 시설 면은 현재 2명당 평균 1평인 수감평수도 1명당 1평으로 늘리고, 5명이 한 방을 쓰도록 하고 개인 사물함도 지급되며, 기존 교도소처럼 오후 4시면 방문을 닫고 밖으로 나올 수 없게 하는 폐쇄적 운영 대신 교도소를 4개의 관구로 나눠 관구 내에선 재소자들이 자유롭게 오갈 수 있게 하고 화장실, 세탁실, 휴게실을 따로 이용케 하고 수감방을 자유롭게 오갈 수 있도록 할 예정으로 따라서, 쇠창살 등 폐쇄적 구조물을 최소화하고 대신 첨단 경비시스템으로 사고를 예방할 예정이고, 운영은 방마다 방장을 두고 관구마다 일정 수의 대의원을 뽑아 스스로 일을 정하고 필요한 것을 교도소 측과 협의하도록 하며, '아가페' 측은 500명이 수감된 일반교도소에 필요한 직원이 200명이나 자치 방식으로 운영하면 100명만으로 충분할 것으로 보고 있으며, 프로그램은 새벽기도회와 저녁식사 후 성경공부 등의 프로그램이 주를 이루나 기독교 색채가 없는 프로그램도 제공될 것이고, 1000여 명의 전문직 자원봉사자를 확보해 컴퓨터 외국어 교육을 비롯해 심리상담과 각종 예술활동도 지원하며, 수감자와 피해자의 화해를 위해 용서의 편지를 보내는 프로그램도 마련한다는 것이 개략적인 앞으로의 운영모델이라고 한다.

한편, 이러한 운영방침을 한국기독교교도소가 밝힌 한국 제1호 민영교도소 사업개요와 보고회 서류 등을 중심으로 하여 교화와 관계된 것을 상설하면 다음과 같다.

기독교교도소의 목표는 출소자의 재범률을 5%로 낮추고, 프로그램을 통하여 수용자가 가족에 대한 지속적인 관계를 유지하여, 출소 후 가족공동체를 회복시키고 성경적 교화 프로그램의 국내 및 세계에의 확장과 피해자에 대한 배상을 통해 사회공동체와의 관계를 회복시키는 것이다.[29]

기독교교도소가 추구하는 교화 프로그램의 이념은 화목을 위한 기독교 교정 (Christian, Correction for Reconciliation, CCR)인데, 이는 회복주의적 형사정책에

---

29) 아가페, 민영교도소사업개요, 2002년, 10~11면.

입각하여 수용자로 하여금 윤리적 의사결정 능력을 고양하며, 성경적 가치관을 실생활에 적용하고 실천하는 방법을 지도하여, 자신의 인격과 이웃과의 인간관계가 회복되는 새로운 창조가 이루어짐을 통하여 하나님께 영광을 돌리는 데 있다고 한다.[30]

CCR 프로그램의 목표는 기독교 공동체를 세워가는 것이라며, 그것은 성경을 통한 영적 교제의 회복, 인격의 변화, 봉사의 삶 영위, 영적 공동체의 형성을 통해 이루어진다고 하며, 기독교교도소의 교정교화 프로그램은 신앙교육과 밀접한 연관성을 갖고 성경적 원리에 바탕을 둔 것으로, 그중 핵심 프로그램은 훈련된 자원봉사자와의 상담 프로그램, 가해자가 피해자에게 수익의 일부를 송금하고 용서의 편지를 발송하는 등의 수용자와 피해자의 화해 프로그램, 그리고 사회적 관계성 회복 프로그램, 분노조절 등 관련 치유 프로그램, 그리고 출소 후 사회정착에 도움을 줄 생활기술 프로그램, 또한 출소 후 프로그램 등이 있는데 출소 후 프로그램은 기독교교도소의 특징으로 이것은 출소한 개개인과 양육관계를 맺고 있는 후견인, 그리고 출소자의 취업알선 등 생활안정 대책수행과 가족문제, 심리적 요인을 파악하는 것이다.[31]

한편, 기독교교도소는 이러한 프로그램을 효율적으로 운영하기 위해 종합적인 전문 자원봉사 시스템을 구축할 계획인데, 그 내용에는 실제 가용인원의 2~3배에 해당되는 자원봉사자 은행의 구축, 자원봉사사에 대한 전문적, 지속적 교육, 수용자와 자원봉사자의 지속적 접촉, 자원봉사센터의 설치 등이 있다.[32]

그리고 기독교교도소가 계획하는 지원 및 협력 프로그램에는 선진적인 미디어의 활용과 도서열람을 내용으로 하는 매체활용 프로그램과 작품 전시회, 음악·미술·연극 발표회, 체육활동과 같은 문화 프로그램, 그리고 사회봉사활동과 사회견학을 내포하는 사회연결 프로그램, 교도작업과 학과교육, 또한 가족유대 강화 프로그램이 있는데, 가족유대 강화 프로그램의 내용에는 '가족과의 만남', '부부간의 만남', '좋은 남편 되기', '좋은 아빠 되기' 등에 관한 내용이 계획되어 있다.[33]

그리고 기독교교도소가 계획하고 있는 교도소 내의 각 동별에는 청사동, 생활동, 강당, 교육동, 보안동, 의무동, 식당동, 공장동, 자원봉사센터, 프로그램 블록

---

30) 아가페, 제1호 기독교 민영교도소 수탁감사예배 및 보고회, 2002년 7월 5일, 22면.
31) 아가페, 전게보고서, 25~27면.
32) 아가페, 전게보고서, 27~28면.
33) 아가페, 전게보고서, 29~30면.

등이 있는데, 식당동은 수용자와 직원들이 같이 이용한다는 점에서 그렇지 않은 현재의 국영교도소와 좋은 대비가 될 것이며, 자원봉사센터에서는 자원봉사자들의 상시출입이 가능하고 자원봉사 관련 업무가 기획, 확대 재생산되고, 프로그램에 대한 연구기능을 수행할 곳이며 프로그램 블록에서는 수용자와 직원, 자원봉사자들이 프로그램을 매개로 접촉하며 상호역할이 이루어질 교도소 내의 주된 활동영역이다.[34]

그리고 2004년에 개소예정인 기독교교도소의 비용은 우선 설치비용은 운영주체의 부담 원칙에 따라 한국 기독교계의 기부금 등으로 하며, 2004년에 개소되면 운영비용은 국가부담 원칙에 따라 법률에 의하여 기독교교도소 전체 운영경비의 90%를 국고에서 지원하며 나머지는 정부에서 지원하는 수익사업 등으로 비용을 댈 계획이다.[35]

6. 외국의 제도

1) 미 국

미국에서는 각종 단체에 의해 수용자에 대한 자원봉사활동이 전개되고 있으나, 형사사법제도 전체에서 활동하는 자원봉사 인력과 비교할 때 교정시설에서 활동하는 자원봉사자들의 비율은 매우 낮은 편이며 자원봉사자는 교육, 오락, 운동, 종교활동, 상담, 보안업무 보조 등 다양한 활동을 한다.[36]

그런데 미국은 2002년 현재 재소자 수가 200만으로 지난 10년간 재소자 수가 2배로 증가하였는데, 그 이유는 3진아웃제 등 보수적, 엄격한 형사정책 결과 때문이며 그 결과 교도소에 더욱더 많은 예산을 투입하는데도 범죄는 더 증가하여 재정부담은 증가되고, 법에 대한 신뢰는 저하되고, 재범률은 80%라는 높은 비율

---

34) 아가페, 전게보고서, 32~34면.
35) 아가페, 민영교도소 사업개요, 16면.
36) 한국형사정책연구원, 전게서, 49면.

이다.37)

　따라서, 이에 대한 반성으로 범죄처벌 시스템을 바꾸어야 한다는 여론이 드높아졌고, 그와 관련하여 미국에서는 수용자에 대한 특별 교정 프로그램으로 IFC (속사람의 변화)라는 것이 생겨났는데, 이는 관민합작 프로그램으로 국가는 경비 등 관리만 하고 교정 프로그램은 민간단체가 주도하며, IFC의 기본이념은 다양한 것을 언급해 인생의 모든 것을 변화시키는데 핵심은 신앙에 기초한 생활훈련으로 수용자의 내면적 변화를 이끄는 프로그램으로 출소 후 살아갈 여러 가지 지식을 전수한다.38)

　IFC 중에서 가장 높은 효용을 보이는 곳이 텍사스 주의 카롤 반스 교도소로 여기서는 잔여형기가 24개월 미만인 자 중 신청자를 대상으로 실시하는데, 이때 수용자들은 정역의 1/2만 일하고 나머지 4시간은 이들 프로그램에 참여하며 이들 수용자에게 상담과 충고를 해주는 외부 사람을 멘토라고 하며, 멘토들은 이들이 출소 후에도 종전의 수용자와 만나 상담한다고 하며, 멘토들이 제공하는 프로그램에는 피해자와의 대면제도도 있는데 좋은 효과를 거둔다고 하며, IFC 프로그램으로 달라지는 출소자를 보면서 관영교도소도 놀라워하고 있다고 한다.39) 이것은 교도소가, 교정의 효과를 위해 민간단체와 새로운 파트너십을 도모한 것으로 볼 수 있다.

　한편, 2000년도에 2590만 건의 범죄가 발생한 미국은 그중에서 반복범죄의 가장 큰 원인이 마약범인데, 이에 따라 마이애미 가정법원은 법원 내에 마약법정을 두고 단순투약자는 교도소로 안 보내고 치료센터로 보내어 관리하는데, 여기서 치료된 마약사범이 다시 치료센터의 심리조사원으로 일하면서 마약중독자들에게 자신의 경험과 교훈을 전달하여 좋은 효과를 거두는데,40) 이것은 범죄를 한 출소자가 교화위원으로 되어도 좋은 교정재를 생산할 수도 있다는 의미에서 중요한 시사점을 던져주고 있다.

---

37) 경인TV, 벽이 없는 교도소, 2002년 10월 19일.
38) 경인TV, 벽이 없는 교도소, 2002년 10월 19일.
39) 경인TV, 벽이 없는 교도소, 2002년 10월 19일.
40) 경인TV, 벽이 없는 교도소, 2002년 10월 19일.

2) 캐나다

캐나다에 있어서도 자원봉사자들, 즉 교화위원들은 대단히 중요한 역할을 담당하는데 직업별로도 정신과 의사, 변호사, 형사학자, 카운슬러, 목사 등 다양하게 참여하며 그들은 재소자들이 또다시 범죄행위를 하지 못하도록 노력하고 출소 후의 생활준비를 하는 데도 실제적인 도움을 주고 있다.[41]

특히, 캐나다는 지역교정센터, 중재제도 등 많은 교정 프로그램들이 지역사회와 밀접한 관련을 갖고 있으며 최근에는 '시민 충고위원회(Citizen's advisory Committees)'가 재소자들에게 많은 영향을 미치고 있는데 이 모임은 교정에 관심을 가진 지역사회 시민들로 구성되어, 교도소의 운영활동을 객관적으로 평가하고, 개선해야 할 사항을 소내 감독자들에게 충고하기도 하는데 대부분의 충고위원들은 정기적으로 재소자위원회와 개개의 재소자를 만나고 있다.[42]

교도소가 생긴 이래로 존호워드협회, 구세군, 성레너드 등 많은 지역사회단체가 재소자를 돕는 데 크게 기여해 왔고, 현재에도 재소자고용알선위원회, 의료 및 건강보건위원회, 중범죄자 상담위원회 등 많은 지역사회의 봉사단체들이 재소자와 사회를 연계시켜주는 가교역할을 담당하고 있으며, 캐나다에서는 매년 약 2,000여 명의 교화위원들이 교도소 내에 들어가서 활동하고 있는데 직원들에게도 많은 도움을 주고 있다.[43]

3) 일 본

일본에서는 형무소 내의 수용자들에 대한 교화를 독지면접위원(篤志面接委員)이나 교회사(教誨師)로 불리는 자원봉사자들이 하는데, 독지면접위원은 민간의 학식경험자, 종교인, 갱생보호관계자로 구성되고 임기는 2년으로 연임이 가능한데, 1998년 현재 1,221명이며 전국조직으로 재단법인 전국독지면접연맹이 있으며, 교회사는 수용자의 덕성을 함양하는 정신적, 윤리적 지도를 하는데, 1998년 교회사 수는 1,532명이며 전국조직으로 재단법인 전국교회사연맹이 결성되어 있다.[44]

---

41) 캐나다의 교정제도, 교정, 1990. 10, 101면.
42) 캐나다의 교정제도, 전게서, 102면.
43) 캐나다의 교정제도, 전게서, 103면.

이것을 상설하면 독지면접위원은 수용자가 교양을 쌓게 하고, 취미를 향상시키며, 기능을 향상시키고, 정신적 고민을 해결해주기 위한 활동을 하는데 교양, 취미의 분야에 대해서는 집단지도에 의한 형태가 많으며, 정신적 고민의 해결 등의 문제에 대해서는 그 성질상 개인지도의 형태에 의한 것이 많은데, 1998년에 독지면접상담 내용별 실시 횟수는 아래의 표와 같다.[45]

[표 17] 독지면접상담 내용별 실시 횟수(1998년)

내 용	실시 횟수
총 수	15,177
교 양	5,140
취 미	3,707
정신적 고민	1,617
보호상담	750
직업상담	446
종교상담	276
가정상담	389
법률상담	374
기 타	2,478

한편, 1872년부터 시작된 교회사제도는 1947년까지는 교회사는 공무원의 신분이었으나, 지금은 민간 자원봉사자의 신분으로서 행형시설에서 교회사의 역할은 확고한 위치를 차지하여 왔으며, 또한 소년원에서도 교회사에 의한 지도의 중요성이 커져가고 있는데, 교회사의 조직으로서 재단법인 전국교회사연맹하에 교정관구, 도도부현, 시설의 각 단위마다 교회사회가 설치되어, 1,700명을 초과하는 교회사가 연평균 10회에 걸쳐 시설을 방문해 교회를 하고 있다고 한다.[46]

---

44) 한국형사정책연구원, 전게서, 64면.
45) 한국형사정책연구원, 전게서, 84면.
46) 한국형사정책연구원, 전게서, 85면.

4) 브라질

브라질에는 일반교도소, 중구금교도소, 개방교도소와 민영교도소가 있는데, 이 중에서 민간 자원봉사자의 참여가 가장 활성화된 곳이 아빠끼 교도소라고 불리는 개방교도소와 민영교도소이다.

그런데 브라질의 아빠끼 교도소의 수용자에 대한 민간 자원봉사자들의 교정교화 참여는 미국 등 세계 대부분 나라에서 행하는 민간 자원봉사자들이 수용자들에 대한 교화방식과는 조금 차이가 난다. 우리나라와 세계 대부분의 나라에서는 교화위원이나 민간 자원봉사자들이 교화의 주체가 되어 수용자들을 올바른 방향으로 이끌고 간다는 방식이어서 수용자는 교화의 피동적 객체로만 존재하나, 브라질의 아빠끼 교도소는 교화위원이나 민간 자원봉사자들이 교화의 주체가 아니고 교화의 주체는 수용자 스스로이며, 다만 민간 자원봉사자들은 그런 분위기를 만들어줄 뿐이다.

원래 브라질은 교도소 수용자가 적정 재소자의 40%를 항상 초과해 많은 문제점이 대두되어, 이런 교도소의 문제를 해결하기 위해 민간 외부 자원봉사자들의 본격적인 사회참여를 위해 아빠끼 교도소를 1972년에 만들었는데, 아빠끼의 뜻은 수용자 보호와 도움을 위한 협회란 의미로 아빠끼 교도소의 정착은 사랑과 관심, 신뢰에 기초해 스스로 운영하고 교화하는 것이며, 외부 자원봉사자가 교정과 교화에 참여하나 교화의 주체는 수용자이다.[47]

예를 들어, 브라질의 이따우나 시내에 있는 아빠끼 교도소에는 많은 민간 자원봉사자가 교정과 행정과 교화에 참여하나, 아빠끼 교도소의 운영은 수용자들의 자율에 의해 운영되며 자원봉사자들은 수용자들이 교정행정 운영과 교화되는 것을 잘하도록 도와주는 역할만 하며, 아빠끼 교도소에는 공무원인 교도관과 경찰도 없고 교도소장은 민간 자원봉사자가 상근으로 근무하고, 교정행정 운영은 민간 자원봉사자와 수용자가 대등한 관계에서 협조하여 이루어지며, 아빠끼 교도소의 출입문 단속도 수용자가 하며 수용자들은 민간 자원봉사자들을 남으로 생각하지 않고 사랑으로 대하며 수용자들이 매달 이달의 자원봉사자를 선정한다.[48]

그런데 이 아빠끼 교도소의 자원봉사자들은 다양한 연령대와 다양한 직업인으

---

47) 경인TV, 벽이 없는 교도소, 2002년 10월 26일.
48) 경인TV, 벽이 없는 교도소, 2002년 10월 26일.

로 구성되어, 70대의 할머니도 있고 범죄 피해자도 있는데, 이는 범죄는 사회의 산물이며, 따라서 범죄인의 재적응도 사회의 책임이라고 말하는 이따우나시의 시장의 인식에서 알 수 있듯이 사랑으로 뭉친 많은 자원봉사자가 수용자의 교화에 참여하고 있다.[49]

그리하여 전세계 수용자의 재범률이 70%인 데 반해 브라질의 아빠끼 교도소는 재범률이 5%에 그쳐 많은 나라들의 벤치마킹의 대상이 되고 있고, 아르헨티나도 이 제도를 도입하고 있는데,[50] 이같이 아빠끼 교도소가 성공한 요인은 수용자의 주체성을 인정하고, 자율과 신뢰에 의하여 교화가 될 수 있다는 믿음과 사랑을 가지고 교정에 참여한 민간 자원봉사자 때문이다.[51]

한편, San Jose dos Campos에 있는 민영교도소인 휴마이타 교도소는 재소자들과 자원봉사자들로 운영되며, 교도관이나 총, 창살도 없고 출소자 재범률이 4%에도 못 미칠 정도로 성공을 거둔 곳인데, 그 원인은 인간에 대한 신뢰로 이루어진 교화 프로그램 때문이다.[52] 이 교도소는 5단계 과정의 프로그램을 거치는데 1단계인 지원과 선발과정을 거치면 2단계인 중구금 보호단계에서는 자원봉사자의 적극적 개입이 있는데, 이들 자원봉사자들은 역할모델로서 재소자를 대리아들, 또는 양아들로 삼고 그가 그들의 친자식인 것처럼 호적에 입적하여 대리부모, 양부모로서 봉사하거나 또는 후원자로서 봉사하는데 재소자와 그의 가족 사이에 화해를 유도하는 중재자로서의 역할도 하며, 이때 지원봉사라는 그들의 실천적인 사랑의 표현을 통해 재소자들이 사랑을 깨닫게 된다고 믿으며, 재소자들은 자기존중감을 느끼고 상호유대, 상호책임의 가치를 배우게 된다.[53] 그다음 3단계인 중간구금

---

49) 경인TV, 벽이 없는 교도소, 2002년 10월 26일.

50) 경인TV, 벽이 없는 교도소, 2002년 10월 26일.

51) 기독교교도소로 브라질 교도선교협의회가 운영하며, 브라질 교도선교협의회의 본래 명칭을 따 APAC교도소라고도 하며, 이곳 수용자의 평균 복역기간은 평균 10년으로 중범죄자들이며, 이곳의 보안체계는 신뢰를 바탕으로 해 재소자가 출입문 키를 담당한다. 오늘날 브라질 교도선교협의회는 APAC교도소 외에 몇몇 국영교도소에서도 특별감방을 운영하고, 과테말라의 한 단체도 이와 비슷한 프로그램을 개발시켜 이미 5개 교도소에서 실행하고 있다. 브라질의 APAC프로그램은 콜롬비아, 니카라과, 칠레, 엘살바도르, 파나마의 PFI(국제교도선교협의회)에도 영향을 미쳐 프로그램이 시작되었고, 몇 년 뒤 PFI미국지부는 1997년 Inner change freedom, Initiatine(내적 변화를 위한 자유)라는 프로그램을 시작했는데, 미국판 APAC이며 현재 미국에는 3개 교도소가 이같이 운영되고 있는데, 그것은 텍사스, 아이오와, 캔자스의 IFC교도소이다. 아카페, 기독교 민영교도소 보고회 제1호, 48~51면.

52) 세진회 30년사, 기독교 세진회, 123면.

53) 세진회 30년사, 기독교 세진회, 129면.

보호단계는 사회복귀 준비로 옮겨가는데 자원봉사자들이 재소자들이 사회에서 외부 통근할 직장을 찾아주며, 재소자들은 지역사회 내에서 직장을 갖게 되고 지역사회 내에서 자원봉사활동에도 참여하고 자원봉사자와의 접촉이 더욱더 증대된다.[54] 그다음 4단계인 최소보호단계는 지역사회로 완전 복귀해 자기 집에서 거주하면서 매일 보고하는데 그들 형량의 2/3를 이 단계에서 보내며 이때 자원봉사자는 대리부모 또는 후원자로서 계속 사랑과 지원을 하며 5단계는 조건부 석방인데 이때도 재소자와 자원봉사자는 월례모임을 계속 갖는다.[55]

5) 유럽국가들

영국의 경우는 수용자의 교화와 교정을 위해 종교인과 방문위원회가 참여하는데, 모든 수용시설마다 목사, 신부, 성공회 목사가 배치되어 있고, 신청에 따라 해당 종교의 교역자를 배정해주며, 가능한 한 모든 곳에 어떤 종교이든 아무리 작은 집단이라도 해당 종교의 집회를 가질 수 있고, 기도를 위한 종교서적의 개인적 이용이 가능하고, 이해가 될 수 있는 한도 내에서는 믿음을 가진 수용자를 위해 종교의식을 가질 수 있고, 모든 종교활동의 집행은 교회관의 감독하에 있으며, 종교 center에서 예배에 필요한 설비와 교육을 담당하며 또한 모든 교정시설에는 지방장관이 포함된 방문위원회가 구성되어 있는데, 이들의 주요업무는 자발적이고 무보수이며 다음의 3가지 기능을 수행한다고 하는데,

첫째, 재소자의 불평이나 요구를 그들의 정기적인 만남(보통 몇 주간)이나 개별적 만남을 통해 들어줄 독립적인 지역대표단을 구성하며

둘째, 정기적으로 교정시설을 방문하고 재소자의 진술내용, 행정의 질, 재소자가 받는 처우 등을 조사하고

셋째, 수용시설의 규칙으로서 재소자가 비교적 심각한 규율위반 행위를 했을 경우 이를 심의하며

이러한 업무수행을 위해 행형규칙은 방문위원에게 모든 시설에 들어가도록 하고, 기록을 조사하여 어느 재소자에게나 이야기할 권리를 허락하고, 필요한 경우

---

54) 세진회 30년사, 기독교 세진회, 132면.
55) 세진회 30년사, 기독교 세진회, 132~133면.

관리자나 직원들과 함께 업무를 수행할 수 있도록 해야 하고, 이들의 주요활동은 일상생활에 대한 그들의 경험과 전문지식으로 시설에 도움을 주며, 지방위원회에 대한 법령의 해석 그리고 지역적으로 또는 국가적으로 공적인 신뢰도를 도모하는 것이다.[56]

독일에서는 종교단체, 교회, 교정전문가들이 자문위원회를 통하여 교정행정과 교화에 참여할 수 있고, 독일행형법 제15조는 출소 전 수형자에 대하여 특별한 조치를 규정하고 있는데, 우선 교정시설의 장은 출소를 준비하게 하기 위하여 행형법 제11조의 행형의 완화조치를 취해야 하는데 여기에는 감독 없이 외출하는 것이 포함된다.[57]

한편, 독일 헷센주의 교정제도를 교정지 1997년 4월호에 소개한 김병주 씨의 글에 의하면 교정과 교화에의 외부 참여자는 교정자문위원회와 자원봉사자가 있는데, 개별 교정시설에는 교도소와 일반공공 사이의 중간자로서 기능하는 교정자문위원회가 구성되어 있고, 교정시설이 소재한 시의회(Magistrat) 또는 군의 군위원회(Kreisausschuβ)의 추천에 의거, 부츠바흐, 다름슈타트, 프랑크푸르트 제1, 카셀 제1 등의 교도소에는 7명, 기타는 5명의 자문위원회 위원을 헷센주 법무부가 5년 임기로 위촉하며, 위원회를 위해서는 교정의 과제와 목표에 대한 관심과 이해를 가지고 출소수형자의 사회재통합을 위한 여론형성에 영향을 미칠 태세가 되어 있는 인사가 위촉되어야 하며, 위원회에는 노동자단체, 사용자단체, 외국인위원회 그리고 범죄자 보호에 종사하는 사람이 속한 사회적 처우단체의 대표자가 선임될 수 있도록 해야 하고, 위원회에는 남성과 여성이 균등하게 대표될 수 있어야 하며, 교정업무를 주로 다루는 사법행정상의 직원이나 교정시설에 영업적 관계를 가지는 사람은 위원회 구성원에서 배제된다고 한다.[58]

한편, 자원봉사자는 수형자의 개인적인 어려움을 해소 또는 경감해주고, 학습과 직업상의 능력증진에 도움을 주고, 석방을 준비하며, 자유로운 상태에서의 생활에 적응할 수 있도록 돕고 준비하며, 수형자가 자유시간을 의미 있게 지낼 수 있도록 하는 데 기여할 것이 요구된다고 하며, 헷센주에는 1994년의 경우 약 540명의 자원봉사자가 활동하며 자원봉사활동을 위해서는 그의 능력과 소질이 주어진 행형과제에 적합하고, 만 18세 이상인 사람이 선발되는데 자신이 지난 5년 이내에

---

56) 박성근, 영국의 교정제도, 교정, 89년 12월, 125 ~ 126면.
57) 한국형사정책연구원, 외국의 교정현황, 2000, 183면.
58) 김병주, 독일 헷센주의 교정제도, 교정, 1997년 4월, 73면.

자유형 또는 소년형벌을 복역하였거나, 보호관찰 또는 행장 감독을 받았거나, 형사소송 절차상의 조사를 받았거나, 형사소송에 계류 중인 사람은 자원봉사자인 보호자로서는 고려될 수 없다고 한다.[59]

　Damstadt교도소의 교정에 대한 외부 참여는 종교교화는 매주 일요일 기독교 목사와 천주교 신부가 번갈아 가면서 미결수와 기결수를 위한 종교활동을 하며, 또한 약물중독자 상담원들은 일주일에 4번씩 교도소를 방문하여 의뢰인과 대화를 나누고 지속적인 접촉을 유지하며, 우리나라의 교정위원제도와 같이 40여 명의 명예직 공동작업인이 교도소와 접촉을 가지면서 개별적인 자문활동을 하고, 7명의 회원으로 구성된 교도소 자문위원들은 정기적으로 교도소를 방문해 수용자 대표회의와 같은 개별 그룹과의 면담이 이루어진다.[60]

　이탈리아는 지역별로 각 법원에 소속된 교화담당 검사를 포함하여 교화위원회가 구성되어 수용자의 교정·교화에 참여한다.[61]

6) 기타 국가들

　중국은 2001년 말에 여자 감옥이 28개소(중국 전역에는 697개의 감옥)이며 이곳은 항시 여성 감옥 인민경찰이 관리하며, 특히 중국은 지방정부와 시민단체가 여성 수용자에 대한 교정교화와 지원활동을 적극 펼치며, 특히 여성 법조인들과 부녀회 회원들이 그 역할이 뚜렷한데, 면담, 법률자문, 도서지원 등 형식으로 진행되는 교정교화 지원활동은 여성 수형자들이 새롭게 사회에 복귀하는 데 많은 역할을 수행한다.[62]

　스리랑카는 주로 종교교회가 발달하고 있는데, 종교교회는 교도소 소재지역의 민간 자원봉사자인 승려들의 협력을 얻어, 주로 불교신자를 중심으로 교화를 실시하고 있으나, 다민족국가인 만큼 타 종교 신봉 재소자를 위한 편의도 배려하고 있다.[63]

---

59) 김병주, 전게논문, 75면.
60) 이성우, 독일교정시설참관기, 교정, 2000년 12월, 64면.
61) 양봉태, 구미교정제도, 교정, 1995년 10월, 62면.
62) 김성화, 중국의 여성 수형자 교정사업에 대한 신방법론연구, 교정연구, 2003년 18호, 272면.
63) 강대성, 스리랑카의 범죄처우, 교정, 1990년 6월, 129면.

태국의 경우는 사회사업가 중에서 재소자 직업훈련 요원으로 자원 봉사하여 그 부족을 보완하면서 재소자와 사회의 관계를 유지하고, 1977년부터 1985년까지 82개 과정에서 자원봉사를 받았었고, 1986년에도 16개 과정이 교정당국에 설치되었으며, 재소자에 대한 종교교화활동은 불교뿐 아니라 비불교 종파를 위한 교화활동도 마련되어 있는데, 화이퐁 개방교도소는 불교승려가 매월 4회씩 내소하여 설법교화를 하고, 신교목사가 매월 1회씩 교화설교를 하고 있다.64)

싱가포르의 경우는 타국처럼 교정에 대한 민간 자원봉사자의 활동도 있지만 각종 협회의 교정참여도 활발한데, 1956년에 설립된 싱가포르 애프터케어협회(SACA)는 마약남용자가 아닌 수용자와 수용전과자 그리고 그들의 가족을 돕는 것이며, 이것은 자발적인 복지서비스를 제공하므로 달성되는데 협회는 재정의 50퍼센트 정도가 내무부에 의해 지원되며, 수용자의 경우 사카의 직원이 석방 3개월 전에 교도소를 방문해 상담하며, 가족이 재정적 문제를 갖고 있을 경우 가족 수에 따라 1개월에 최소 100달러에서 최대 200달러까지 지원하고 있다.65)

또한 마약재사회화센터에서 수용자들을 위한 시설 내 상담과 마약전과자들이 다시 유용한 시민이 되도록 도울 수 있는 애프터케어상담과 실제적 지원을 하는 싱가포르마약협회(SANA)가 있는데, 사나는 자원봉사자들을 수시로 모집하고 있으며, 마약남용 예방에 관련된 산업조직들 그리고 법정위원회들에 초점을 맞춰 각 조직들이 싱가포르 달러 1,000불씩을 지원하도록 하는 등 마약남용자늘을 돕기 위한 재정적인 도움을 주며, 마약남용자 스스로도 자조협회를 구성하여 스스로 자립하는 발판을 마련하도록 하고 있으며, 하프 웨이 하우스 등을 통해 그들이 사회에 나가기 전에 사회환경에 적응할 수 있도록 배려하고 있으며, 특히 부모의 마약남용 때문에 어린이들의 삶에 상처를 주는 일이 없도록 가족구조를 유지하게 도와주고 그들 부모들을 격려하는 활동들을 계속한다.66)

또한 앞에서 보았던 브라질의 APAC, 즉 교도관 없이 재소자와 자원봉사자의 신뢰 속에 교정 교화되는 프로그램을 가진 민영교도소의 경험은 뉴질랜드에 영향을 주어 뉴질랜드는 자신들의 문화적 특성을 적절히 접목시켜 이러한 기독교적 민영교도소의 설립허가를 내주었는데, 그 이름은 'Wairu Whakora'인데 이는 뉴질랜드 원주민인 마오리족의 언어로 변화된 영혼이라는 뜻이며, 노르웨이의 국제교

---

64) 태국의 교정기행, 교정, 1900년 12월, 112~114면.
65) 손용주, 싱가포르 교정연수원연수기, 교정, 2001년 11월.
66) 손용주, 전게서, 2001년 11월.

도선교협의회도 노르웨이에 브라질의 APAC를 시작하기 위해 'New life'라는 기독교단체협의회를 만들었다.[67]

한편, 홍콩은 교정의 외부 참여자로는 치안판사와 일반사회단체 및 종교인들이 있는데, 치안판사는 교정시설의 종류에 따라서 1개월에 1회 또는 2주일에 1회 정기적으로 교정시설을 방문하고 재소자의 불평사항을 조사하고, 재소자의 주·부식, 수용시설, 건물의 적합성도 살펴보며, 재소자의 교도소 내 및 석방 후의 취업 등에 관하여 교정국장에게 조언을 하는데 치안판사의 교도소 방문은 사전통보 없이 불시에 한다.[68]

또한 각종 종교단체를 대표하는 인사들을 비롯하여 홍콩 출소자 보호단체의 직원들이 교정시설을 방문하여 재소자의 교정교화, 복지 및 출소 후 보호 등을 도와주며 사회봉사를 원하는 자선인의 모임인 재소자와의 친교협회(Prisoners, Friends, Association)의 회원들이 정기적으로 가족이나 친구가 없는 재소자를 방문하여 사회와의 연계를 도모하여 주고 있다.[69]

7. 한국의 교정외부 참여의 문제점과 개선안

여기서는 교정위원과 교정참여단체 중 제한적·비판적 교정참여단체와 전면적·독자적 교정참여단체를 중심으로 살펴본다.

1) 교정위원제도의 문제점과 개선안

① 법규상의 문제점과 개선안: 우선 교정위원의 자격과 위촉 등을 규정한 교정위원활동 및 교정협의회 운영지침(2002. 5. 30. 법무부예규533호)에 따르면, 교화

---

67) 아가페, 전게서, 51면.
68) 변동윤, 교정직 공무원과 스트레스, 삼화문화사, 1999년, 363면.
69) 변동윤, 전게서, 364면.

위원이 되기 위해서는 지역사회에서 신망이 두터우면서도 학식과 경험이 풍부한 지도급 인사로서 수용자 교정교화사업에 헌신적으로 봉사할 수 있는 자질과 능력을 갖추어야 된다고 규정하고 있어, 교화위원이 되려는 사람은 적어도 지역사회의 신망성과 학식과 경험 및 지도적 위치와 헌신성 및 봉사자질과 능력 등을 모두 갖추어야 되는데, 이렇게 많은 자격요건을 두는 것은 교정에 뜨거운 열정을 가진 사람들의 교정위원에로의 진입을 막아 결과적으로는 질 좋은 교정재의 생산을 저해하는 잘못된 규정이라고 생각한다.

앞에서 브라질의 아빠끼 교도소의 예에서 보았듯이 브라질의 아빠끼 교도소가 성공한 이유는 자원봉사자 때문이라고 할 수 있는데, 아빠끼 교도소의 경우에는 자원봉사자가 직업, 연령 등에서 매우 다양해 동네의 평범한 70대 할머니와 가정주부, 심지어 피해자의 가족까지도 자원봉사자로 활동하는데 이들의 공통적 특성은 교정에 대한 뜨거운 열정 때문이다.

그런데 우리나라의 경우 신망성, 학식, 경험, 지도적 위치, 봉사자질과 능력을 모두 요구하는데, 지역사회에 있어서 신망성이 있고 지도적 인사라야 한다는 것은 그냥 평범하지만 교정에 참여하고 싶어 하는 인적자원들, 예를 들어 가정주부, 처녀, 대학생, 노인, 실업자, 건설업 일일노동자나 청소부와 같이 사회의 하층민들, 범죄전과자나 탈북자와 같은 사회적 소수자, 지도적 인사가 되지 못하는 평범한 직장인들의 교정재 생산에의 진입을 막는 권위주의적 규정이라고 생각된다.

그리고 교정위원이 되려면 학식이 있어야 한다는 규정은 학력이나 지식의 많고 적음은 교육위원의 경우를 제외하고는 질 좋은 교정재의 생산과 무관하다고 할 것이므로 지나친 규정이라고 생각되며, 이렇게 될 경우 교정재의 생산에 뜨거운 가슴을 가진 저학력층들의 교정에의 진입을 막아 질 좋은 교정재의 생산이 저해되고 저학력층의 수용자들에게도 실질적인 교화효과와 일체감을 주지 못할 수가 있다.

또한 교정위원이 되기 위해서는 일정한 경험을 요구한다는 규정은 일견 타당성이 있어 보이지만, 그러나 소년교도소의 나이 어린 수형자에게는 경험 많은 장년층보다는 경험이 적은 젊은 사람들과의 상담이 세대차이도 적고 친화성도 느낄 수 있어 교정재의 생산에 유리하므로 보편성이 부족한 규정이라고 생각되며, 만약 위와 같이 풍부한 경험을 요구한다면 젊은 층이나 또한 중·장년층이라 하더라도 경험이 적은 주부 등의 교정에의 진입을 막아 열정적이고 질 좋은 인적자원의 확보에 장애를 가져온다.

그리고 교정위원이 되기 위해서는 헌신적인 봉사자세를 요구하는데, 이것은 교정위원 자체가 무보수로 자기의 여유시간을 내어 교정에 참여하는 자원봉사자라는 것을 생각할 때 지나치게 무리한 규정이라고 생각되며, 비헌신적이지만 틈틈이 시간을 내어 자원 봉사하려는 계층의 진입을 막는다. 생각해보면 진정 헌신적으로 봉사해야 할 교정공무원의 응시자격에도 들어 있지 않는 헌신적 자세는 무보수로 일하는 자원봉사자에게는 지나친 규정이다.

한편 현재의 교정위원이란 명칭 자체도 문제가 있다고 생각한다. 위원이란 말 자체는 수용자와 위원과의 거리감을 더 생기게 할 수도 있으며, 또 위원이란 말은 교정위원은 언제나 모든 면에서 완벽하다는 인상을 줄 우려가 있어 인성에 문제가 있는 전통적 범죄인에게는 거부감이 생기게 할 수도 있다.

또한 브라질의 아빠끼 교도소의 예에서 보듯이 교정재 생산의 주체는 실질적으로는 수형자 자신이고 자원봉사자는 그러한 분위기를 만들어주는 보조적 위치에 있다는 사실에서 볼 수 있지만, 우리나라의 경우는 현재의 교정위원이란 명칭은 교정재 생산을 교정위원이 주도적 위치에서 끌어가고 수용자는 피동적 입장에서만 생산에 참가한다는 의미를 주므로 진정한 내구성이 있는 교정재의 생산은 수용자가 자발적·주체적으로 참여할 때 가능하다는 사실을 생각할 때 교정위원의 명칭은 바뀌어야 한다고 생각한다.

그 다음에 교정위원의 해촉사유를 규정한 교정위원활동및교정협의회운영지침 제11조에는 사회물의를 야기하거나 파렴치한 범죄행위로 실형선고를 받는 등 품위를 손상한 때와 연 2회 이상 활동실적이 없거나 위촉기간 중 활동기간이 6회 미만으로 부진한 경우 등이 포함되어 있다. 그러나 사회물의를 야기한 때의 사회물의는 다의적, 포괄적 개념으로 소장의 재량이 남용되어 교정재 생산에 비판적인 교정위원을 해촉할 수 있는 명분이 될 수도 있어 문제가 될 수도 있고, 또한 위촉기간 중 활동실적이 6회 미만인 경우를 해촉사유 중 규정한 것도 지나친 규정이라고 생각되는데, 그것은 활동실적이 많다고 반드시 질 좋은 교정재가 생산되는 것은 아니며, 또한 활동의 양보다 활동의 질이 더 중요하므로 삭제되어야할 규정이라고 생각한다.

또한 교정위원은 업무와 관련해서는 부패하면 안 되므로 교정위원이 수용자나 그의 가족 등으로부터 물품이나 금전을 수수할 경우에는 범죄의 성립과 관계없이 해촉할 수 있도록 명문화되어야 하는데 이에 관한 규정이 없는 것도 문제이다.

그리고 현재 동 운영지침 제6조에는 교정위원의 위촉절차를 규정하고 있는데, 앞에서 보았듯이 현재는 교도소장의 추천과 지방교정청장의 위촉 여부 결정과 법무부장관에게 위촉상신의 절차를 거치는데, 이것은 번문욕례의 복잡한 행정절차로 간소화시킬 필요가 있으며, 또한 현재의 교정위원 추천에는 교도관회의 등의 심의를 거쳐야 되도록 되어 있어 교정위원들로 구성된 교정협의회는 완전 배제되어 있는데, 이는 관료적 입장에서 교정위원이 위촉될 수 있고, 또한 공공주도의 교정재 생산에 비판적이거나 교정행정에 비판적인 인사의 진입을 막을 수 있고, 또한 교도관들과의 친소관계에 따라 위촉 여부가 결정될 수 있는 문제점이 있다.

그리고 동 운영지침 제5조 제3항에는 교정위원은 2개 이상의 교정기관에 중복 위촉될 수 없다는 규정을 두고 있는데, 이는 관료적 입장에서 나온 규정이라고 생각된다. 왜냐하면 자원봉사자는 공무원, 또는 교사나 직장인처럼 특정기관에 소속되어, 전업적인 업무에 종사하는 자도 아니므로 자유의사에 의해 여러 교정기관에서 자원봉사도 할 수 있다고 생각되는데, 예컨대 이동성이 발달한 현대 또는 정보화 사회에서 인터넷으로 전국의 어느 수용자와도 인터넷 상담을 할 수 있고 또한 성격이 다른 교정재 생산에 관심을 갖는 자들은 소년교도소에서 소년교정재의 생산에도 참여하고, 성인교정시설에서 성인교정재나 감호재의 생산에도 참여할 수가 있다고 생각되는데, 현재의 운영지침 규정은 열정적인 교정참여자의 교정재 생산을 막을 수 있다고 생각된다.

그리고 동 운영지침 제6조 제3항에는 소장이 교정신규위원을 추천할 때는 이력서와 범죄경력조회서, 6개월 이상의 교성참여 활동실적 등의 서류를 첨부해야 되는데, 이 또한 윤리적이면서 진입장벽이 높은 규정이다.

위의 운영지침대로 한다면 사실상 교정에 열정적 의사를 가진 범죄전과자는 위촉될 수도 없으며, 또한 6개월 이상의 교정참여 활동실적이 없는 자도 위촉에서 배제되는 문제점이 있다.

그리고 동 운영지침 제4조 제2항에는 종교위원의 위촉요건으로 기독교 등 우리나라 국민정서에 反하지 않는 종교단체에 소속된 지도급 인사를 들고 있는데, 이때 우리나라 국민정서라는 개념은 상당히 다의적이고 불확정적 개념으로 논란의 여지가 많으며 다수의 횡포가 될 수도 있고, 국민 대다수의 종교인이 불교, 기독교, 천주고, 원불교임을 생각할 때 이에 속하지 않는 민족종교나 이슬람교, 대순진리회 등 종교적 소수단체는 국민정서에 反하는 종교단체로 해석될 여지가 있어 소수종교단체 입장에서는 평등권·종교의 자유 등이 문제가 되며, 소수종교를 믿는 수용자 입자에서는 간접적으로 포교 받을 자유, 헌법상의 행복추구권, 평등권 등을 침해당할 여지가 있다. 그리고 국내 교도소에 수용 중인 외국인 수용자가 자기 나라의 독특한 민족종교를 믿는 경우에는, 이것은 우리나라 국민정서에 반하는 종교에 해당되므로 역시 문제가 될 수 있다.

소수파의 보호 또한 민주주의의 핵심적 내용이란 점에서 우리나라 국민정서에 反하지 않는 종교단체란 개념은 문제가 있다고 생각된다.

그리고 동 운영지침 제4조 제3항은 교육위원의 요건으로 교육자, 학원강사, 직업훈련강사 등이라고 예시적 표현을 하여 교육자나 강사가 아니면 교육위원이 될 수 없는 것으로 오해할 소지가 있는데, 이럴 경우 교육의 경험이 전혀 없으나 전문지식을 가진 가정주부 등의 유휴자원을 많이 교정으로 끌어올 수 없는 문제점이 있다.

또한 동 운영지침 제14조에 따르면 교정협의회는 회장, 부회장, 간사를 두는데 간사 중 1명은 당해기관의 교무과장 또는 교회사가 당연직으로 참여하도록 되어 있는데, 이런 규정은 아마도 교정협의회와 교도소의 업무연락 등 매개적 기능을 위하여 둔 것으로 생각이 되나 간사의 중요성에 비추어 오해할 소지도 있고, 무엇보다도 교정협의회는 교정위원 전체가 참여하고 운영하는 교정위원 자체조직이라는 동 운영지침 제12조 제1항의 정신에 위배되며 교정협의회의 순수성이 훼손될 수도 있다. 따라서 법규상의 개선방안은 앞에서 언급한 문제점을 개정하는 방향이 개선방안이 된다.

② 교정위원 구성상의 문제점과 개선안: 현재 법무부가 공식적으로 내놓은 각종 통계에는 교정위원의 총수만 나와 있지 교정위원의 성별구성이나 연령, 학력 등 자세한 통계는 나와 있지 않아, 이 부분에 대해서는 2001년에 한국 형사정책연구원 정진수 씨가 발표한 형사절차에서 민간 자원봉사활동의 실태와 개선방안에 포함된 통계자료[70]를 근거로 운론하고자 하는데, 물론 정진수 씨의 통계자료는 2001년 8월 30일까지 도착된 서울과 경기일원의 교정위원 191명의 회신에 대한 통계자료[71]이므로 표본의 대표성 등 문제가 있겠지만, 그러나 어느 정도 통계적 유의성은 있다고 생각되므로 이를 바탕으로 사견을 제시할까 한다.

정진수 씨의 통계자료에 의하면 교정위원의 성별 구성비율은 남자는 131명(70.4%), 여자는 55명(29.6%)으로 되어 있다.[72] 이렇게 남성위주의 교정위원제도

---

70) 정진수, 한국형사정책연구원, 민간 자원봉사활동의 실태와 개선방안, 2001년, 123면
이하.
71) 정진수, 전게서, 124면.
72) 정진수, 전게서, 125면.

는 교정의 사회와 유사화 원칙에도 어긋나며 질 좋은 교정재의 생산에 장애가 될 수도 있다.

왜냐하면 우리나라의 수용자는 거의 대부분이 남성이며, 또한 외국과 달리 남성 교도소 내부의 교도관은 대부분이 남성으로 되어 있고, 또한 남성 수용자 대부분이 여성과의 성 접촉이 제한된 상태에서 외부와 교통하는 교정위원마저 수용자가 선택하지 못하고, 대개가 남성위주로 공급되었다는 것은 오랜 세월 동안 이성(異性)과의 대화가 단절되어 성적 박탈감을 느끼는 수용자에게는 교화의 효과가 그렇게 크지는 않을 것으로 추론된다.

다른 모든 조건이 같다면 남성 교정위원보다는 상대적으로 부드러움과 섬세함과 모성 보호본능을 가진 여성 교정위원이 오랜 세월 동안 사실상 여성과의 자연스러운 만남이 제한되어온 남성 수용자에게는 교정재의 생산성을 올릴 수가 있다고 추론될 수 있으므로, 현재의 남성위주의 교정위원 현황은 문제가 있다고 생각되므로 개선안으로는 일정한 비율의 여성 교정인원을 확보할 정책이 있어야 한다.

그 다음으로 연령별 통계에 의하면 29세 이하 0명으로 0%이고 30~39세 3명으로 1.6%이며, 40~49세 68명으로 35.8%이고, 50~59세 64명으로 33.7%이며, 60세 이상 55명으로 28.9%로 되어 있다.[73]

이런 통계는 40세 이상의 중·장년층과 노년층의 참여가 가장 많다는 것을 보여주는데, 이것은 오랜 세월 동안 다양한 사회적 경험을 가진 사람들이 자발적으로 교정재의 생산에 참여함으로써 좀더 진지하고 성숙된 교화가 기대될 수 있는 장점이 있으나 이 역시 교정의 사회와 유사화 원칙에 어긋나며, 특히 소년 수형자의 경우에는 노년층의 교정위원보다 청년층의 교정위원이 더 교정재의 생산성에 기여할 수가 있으므로 현재와 같은 편중된 연령층의 교정위원 구성은 바람직하지 못하며 다양한 연령층의 교정위원 구성이 요구된다고 하겠다.

그 다음으로 학력별 통계를 보면 중학교졸업 이하 13명(6.9%), 고등학교졸업이 38명(20.0%), 전문대학교졸업이 20명(10.5%), 대학교졸업 55명(28.9%), 대학원졸업 64명(33.7%)으로 되어 있다.[74]

이 통계에 의하면 대학교졸업 이상의 고학력자가 62.6%로 반수 이상을 차지하는데, 이렇게 고학력자가 많은 것은 수용자에게 직접 강의를 하는 교육위원의 경우에는 바람직하지만 주로 상담을 통해 교정재를 생산하는 교화위원의 경우에는

---

73) 정진수, 전게서, 126면.
74) 정진수, 전게서, 126면.

바람직하지 않다. 왜냐하면 화이트칼라 범죄자를 제외한 전통적 범죄인들은 대개 저학력자가 많은데 이들에게는 문화적 차이가 나는 고학력자 출신의 교정위원보다 자신과 동질감을 일으키게 하는 저학력자 출신의 교정위원이 더 교정재의 생산성을 높일 수도 있기 때문이다. 따라서 학력은 지나치게 대학교 졸업자 등 고학력자 위주로 되는 것보다 다양화할 필요가 있다.

그 다음 전문대학졸업 이상의 학력소지자 중 전공별 비율을 보면 신학 47명 (33.6%), 행정학 10명(7.1%), 교육학 12명(8.6%), 심리학과 사회사업학 각각 5명 (3.6%), 법학 8명(5.7%), 기타 53명(37.9%)으로 되어 있다.[75]

이 통계에 의하면 신학이 가장 많은 것은 종교위원 때문이라고 생각되며, 교정과 밀접한 관계가 있는 사회사업학과 심리학 출신이 적은 것은 문제점으로 지적될 수 있으며, 교정관련학과 출신이 거의 없다는 것도 문제점이다. 따라서 개선안으로는 교정재의 생산과 밀접한 관계가 있는 학과 출신들을 포섭할 교정정책이 있어야 한다.

그다음 직업별 통계를 보면 종교인 67명(36%), 주부 23명(12.4%), 교육자 8명 (4.3%), 의료인 4명(2.2%), 회사원 10명(5.4%), 자영업 9명(4%), 사회사업가 8명 (4.3%), 무직 4명(2.2%), 기타 17명(9.1%), 공무원 2명(1.1%)으로 되어 있다.[76]

이 통계에서 종교인이 가장 많은 것은 종교위원 때문으로 이해가 가며, 특이할 것은 가정주부가 상당히 많다는 것은 상당히 고무적인 일로 평가될 수 있으나, 상대적으로 시간적 여유가 많은 무직자의 비율이 낮은 것이 아쉬운 대목이다. 따라서 무직자와 자영업자와 의료인의 참여를 증대시킬 정책을 개발할 필요가 있다.

그 다음에 자원봉사 모집방법에 관한 통계에 따르면 관계기관을 통하여 47명 (24.7%), 관계공무원을 통하여 42명(22.1%), 기존위원이 이야기하여 22명(11.6%), 광고를 통해서 1명(0.5%), 기타 78명(41.1%)으로 나타났다.[77]

위의 통계를 보면 교정위원의 모집방법이 폐쇄적으로 이루어진다는 것을 알 수가 있는데, 이는 보다 열정적이고 우수한 교정위원이 교정에 진입하는 데 장애가 될 수 있고 다양한 수용자에 어울리는 다양한 교정위원을 유치하는 데도 장애가 된다. 또한, 홍보자료를 통해서 교정위원이 된 경우가 1명이라는 사실은 교정홍보가 얼마나 소극적인가를 알 수 있고, 이런 원인은 상품의 생산성에 따라 임금과

---

75) 정진수, 전게서, 127면.
76) 정진수, 전게서, 129면.
77) 정진수, 전게서, 132면.

임기가 결정되는 사기업과는 달리 교정재의 생산성 정도와 전혀 관계없이 임금과 임기가 획일적으로 보장되는 관료주의 때문이며, 이러한 관료주의는 교정재의 질을 저하시키는 원인이 될 수 있다.

따라서 우선 적극적인 홍보를 통한 모집방법을 실시해야 하며, 장기적으로는 자원봉사 교화요원 중 열성적인 봉사자는 교정공무원으로 특채하는 방안도 모색하여 자원봉사의 유인체계를 확립해야 한다.

③ 교정위원의 활동에 있어 문제점과 개선안: 이 경우도 앞서의 정진수 씨의 통계자료를 인용하고 나름대로의 사견을 제시하고자 한다. 교정위원의 참가활동에 대해서는 교화강연 38.7%, 자매결연 20.4%, 도서기증 8.9%, 상담 6.3%, 기타 6.3%, 교리지도 5.8%, 취업알선 5.8%, 학과교육 2%로 나타났다.[78]

이 통계에 따르면 강연이 가장 많고 개별상담은 6.3%로 아주 적다는 사실을 알 수 있는데 생각하건데, 강연이 개별상담보다 훨씬 많은 것은 문제점으로 지적될 수가 있다. 왜냐하면 강연은 교정위원의 일방적인 강의로 수용자의 반응과 관계없이 교정위원이 주도하므로 수용자 각 개인의 특성에 맞는 교정재의 생산이 곤란하기 때문이다. 질 좋은 교정재의 생산은 개별상담을 통해 수용자와 교정위원이 대등한 지위에서 교정위원은 수용자의 고충과 욕구, 교정의 저해요인과 생산가능성 등을 파악하여, 케이스워크를 통해 수용자가 가진 교정의 저해요인을 제거하고, 교정재의 생산가능성을 발전시킬 때 가능하기 때문이다. 그런데 교정위원의 강연에는 강연료가 지급되나 그 외의 자매결연이나 교정상담에는 아무런 반대급부가 없으므로 이러한 교정상담 등의 활동에도 자원봉사의 뜻을 훼손하지 않는 범위 내에서 반대급부를 행할 필요가 있다.

그 다음으로 활동 시 기관지원에 관한 통계를 보면 관련 기관의 지원을 받기 어렵다는 데에 대하여 전적으로 그렇다 12.4%, 상당히 그런 편이다 28%, 별로 그렇지 않다 42.2%, 전혀 그렇지 않다 17.4%로 나타났다.[79]

이 통계에서 보듯이 관계기관의 지원이 부족하다는 비율이 40.4%로 상당히 높게 나타난 것은 문제가 있다. 왜냐하면 현재와 같이 교정재의 생산을 교정공무원과 교정위원이 공동 생산하고 있을 때는 공동생산기관 간의 지원과 협력이 생산성을 높일 수 있는 필요요건인데도 관계기관의 지원이 부족하다는 것은 생산성을 저하시킬 수 있기 때문이다.

---

78) 정진수, 전게서, 147면.
79) 정진수, 전게서, 153면.

비록 공동생산이라 하더라도 생산의 주도권과 생산에 대한 최종책임은 교정기관에 있음에도 교정위원에 대한 지원이 부족하다는 것은 교정재의 생산성과 관계없이 신분과 임금이 보장되고, 생산된 교정재에 대해 어떤 책임도 따르지 않는 관료주의 때문이라고 생각되므로 관계기관의 지원을 법규화할 필요가 있다.

그 다음으로 정부에서 활동에 대한 예산지원에 대해 매우 필요하다 37%, 상당히 필요하다 47.4%, 별로 필요하지 않다 15%, 전혀 필요하지 않다 0.6%로 나타났다.[80] 이 통계에 의하면 교정위원 대부분이 자원봉사활동에 대해 예산지원을 바라는 것으로 나타났는데, 이는 비록 교정위원이 보조적으로 교정재의 생산에 참여해도 최소한의 생산비용이 든다는 사실을 알 수 있는데도 정부는 교정재 생산에 있어 교정위원의 생산성은 바라면서도 교정위원의 생산비용에 대해서는 인식이 부족하여 결국은 질 좋은 교정재의 생산에 저해가 될 수 있다는 것을 인식하고 최소한의 예산지원은 해주도록 해야 한다.

그 다음에 교정협의회의 활성화에 대해서는 매우 필요하다 30.6%, 상당히 필요하다 58.8%, 별로 필요하지 않다 10.6%, 전혀 필요하지 않다 0%로 나타났다.[81]

이 통계에 따르면 현재 교정협의회 운영의 활성화가 부족하다는 것을 알 수 있는데, 이는 교정협의회가 교화사업을 계획하고, 교화활동을 촉진시키며, 사업추진 실적을 평가하는 업무를 담당하고 있음을 생각할 때 문제가 된다고 볼 수 있다. 교정협의회가 좋은 방향으로 활성화될수록 교정위원들 간에 질 좋은 교정재 생산기법을 공유할 수 있고, 교정위원들 간에 선의의 경쟁을 유도해 교정재의 생산성 향상에 기여할 수 있기 때문에 교정협의회가 활성화될 수 있도록 제도적 뒷받침과 함께 교정협의회를 이끌어나갈 임원들이 열정적인 임원들로 구성되어야 한다.

따라서 교정협의회 임원의 구성을 관행대로 하지 말고 임원 모두는 직선에 의해 선출되어야 한다.

그리고 교정위원들이 연중 수용자와 몇 차례나 상담하는지에 대한 질문에는 2회 16.5%이고, 3회 8.3%, 1회 7.5%, 4회 6.8%, 5회 5.3%, 6회 이상 55.6%로 나타났다.[82]

위의 통계에 따르면 2회 이상 상담이 24%가 되는데, 물론 상담 횟수와 교정재

80) 정진수, 전게서, 157면.
81) 정진수, 전게서, 159면.
82) 정진수, 전게서, 165면.

의 생산성이 반드시 비례관계에 있는 것은 아니나, 1년에 1번 또는 2번 정도의 상담은 생산성을 논하기에는 너무 적은 횟수이므로 상담 횟수를 올릴 제도적 장치가 필요하다고 하겠다. 그리고 교정위원이 수용자와 상담 시 주요 대화의 내용에 대한 통계는 정신적 번민이 48.4%, 신앙문제 27.6%, 가정문제 12.7%, 취업문제 6.7%, 법률문제 1.5%로 나타났다.[83]

위의 통계에서 주된 대화내용이 정신적 문제가 가장 많다는 것은 교정시설에서 의식주문제에 대해서는 큰 불만은 없지만, 교정재 생산의 가장 중요한 대상요소인 정신적 영역에 대한 욕구가 강한데도 교정재 생산의 중심축인 교도관에 의한 수용자의 정신적 영역에 대한 교정재 생산이 잘 이루어지지 않는다는 것을 반증하고 있어, 관료주의적 생산의 한계를 보여주고 있어 근본적인 문제점이 되고 있으므로, 교도관의 채용에 대한 근본적인 개혁이 요구된다고 하겠다.

④ 매스컴을 통해 본 교정위원제도의 문제점과 개선안: 지금까지는 법규상, 통계상에 나타난 교정위원제도의 문제점만 보았기 때문에 실제로 교정위원제도의 이면에 있는 문제점을 파악할 수 없었으나, 그러한 교정위원제도의 이면에 대한 언론보도를 통해서 문제점을 살펴보기로 한다.

2002년 10월 6일 MBC TV시사매거진2580에서 방영된 한국교정위원제도의 문제점이란 방송에는 다음과 같은 내용이 있다. 즉, 일부 교정위원이 수용자나 그의 가족에게 특별면회를 시켜주겠다고 유혹하면서 뒷돈을 요구한 일이 있다고 하고, 밖으로 줄을 대는 루트가 교정위원이라는 내용도 있으며, 청송 교도소의 한 교정위원은 수형자의 가석방을 돕는 대가로 1억 원을 수뢰했다가 구속되어 그 뒤 집행유예로 풀려난 적도 있다고 하며, 일부 교도소의 대기실은 일부 교정위원이 수형자 가족에게 접근해 자신이 해당 수형자와 자매결연을 하여 도와주겠으니 돈을 요구한다는 내용도 있으며, 이렇게 수형자 가족에게 접근해 특별면회 등을 알선하고 돈을 요구하는 사건이 발생하자, 청주 여자 교도소는 대기실 안내문에 수형자 가족들에게 주의할 것을 알리는 안내문을 부착했다고 하며, 수형자 가족에게 사기사건을 한 일부 교정위원에 대해 해당 교도소에서 출입금지를 시키니 물의를 일으킨 그 교정위원은 다른 교도소의 교정위원으로 갔다는 내용 등이 있으며, 20년간 교화활동을 해오고 현재 의정부 교도소 교정위원으로 있는 박순애 씨는 일부 교정위원은 교정위원제도를 이용해 물질적 이익을 보려는 사람이 있다고 비판

---

83) 정진수, 전게서, 168면.

했으며, 이러한 일부 교정위원의 계속된 부조리에 대해 MBC의 이상호 기자가 교정국장에게 질의하자 교정국장은 대답하지 않고 무대응으로 일관했다는 내용이 방송의 핵심적 내용이었다.

방송내용에 나와 있듯이 청송 교도소의 일부 교정위원이 가석방과 관련해 수뢰한 사건이나 다른 교도소의 일부 교정위원에 의한 특별면회 알선 등은 관련 공무원과의 유착이 없으면 힘들므로, 이렇게 일부 교정위원과 일부 교도관의 부패는 교정재 생산을 저해할 뿐만 아니라, 이런 사실을 알고 있는 수형자와 그의 가족이나 국민들은 교정시설 내에서도 돈으로 거의 모든 것을 해결할 수 있다는 사고방식의 확산을 가져와 교정행정에 대한 불신을 증폭시킨다. 문제는 일부 교정위원의 부패에 대한 강력한 내부적·외부적 통제장치가 없다는 점이다. 또한 교정위원들에 대한 윤리교육이 없다는 점과 한번 교정과 관련해 부패한 적이 있는 교정위원이 다른 교도소의 교정위원으로 쉽게 갈 수 있다는 점도 문제이다.

현재 교정위원활동 및 교정협의회 운영지침 제6조 제3항에 따르면 범죄경력 또는 사회물의를 야기한 위원을 신규 또는 재위촉할 때는 소장의 의견서를 관련서류로 첨부하도록 하여, 사실상 교정과 관련해 부패한 교정위원이 해당 교도소나 타 교도소의 교정위원이 될 수 있는가는 교도소장의 재량으로 되어 있으므로, 이러한 재량이 남용되어 교정과 관련해 부패한 교정위원이 계속해서 교정위원으로 활동할 수 있다는 데 문제점이 있다. 따라서 적어도 교정과 관련해 한 번이라도 부패한 교정위원은 다시는 교정위원으로 위촉될 수 없도록 관련 법규의 보완이 필요하며, 교도소장의 재량행위를 견제할 장치가 필요하며, 부패한 교정위원과 유착한 일부 교도관이 있다면 강력한 중징계로 대처해 나가야 한다. 또한 밀행주의가 지배하는 교정행정에 대한 효율적인 통제는 매스컴 등 언론에 의한 통제이므로 매스컴의 지속적인 관심과 건설적 비판이 있어야 한다.

2) 교정참여단체의 문제점과 개선안

① 제한적, 비판적 교정참여단체의 문제점과 개선안: 1996년부터 활동에 들어간 인권운동사랑방 산하 감옥의 인권팀이라는 비판적 교정참여단체가 나오기 전까지는 앞에서 보았던 제한적·협조적 교정참여단체가 공공주도의 교정재 생산에 제한

적, 간접적으로 참여하여 교정재 생산에 기여한 바가 크지만, 공공주도의 교정재 생산에 있어 기본적 가치에는 간섭하지 않아 잘못하면 교정재 생산에 외부 단체가 참여하여 민주적으로 생산된다는 상징조작에 휩쓸릴 가능성이 있어왔고, 바로 그런 한계를 보완하여 교정재 생산의 이념과 가치 등의 문제에까지 간섭하는 단체가 제한적·비판적 교정참여단체이며 그 대표적인 예가 감옥의 인권팀이다.

따라서 정부로부터 일정한 재원을 후원받는 제한적·협조적 교정참여단체와는 달리 감옥의 인권팀은 정부로부터 일체의 보조금은 없고 오로지 간행물 판매수입과 신문구독료 수입으로 겨우 재정을 꾸려가고 있다. 따라서 정부주도의 교정공공재 생산에 비판적으로 참여하는 감옥의 인권팀의 재정이 최소한 안정되어야 교정재 생산이 올바른 방향으로 갈 수 있다는 점에서 열악한 재정문제가 시급한 문제점으로 대두되고 있으므로 재정적 지원을 할 필요가 있으며, 또한 현대 감옥의 인권팀에는 상임활동가가 2명밖에 되지 않아 업무에 비해 너무 적은 인원이고, 따라서 전문화가 되어 있지 않는 점도 문제점이 될 수 있는데, 이 역시 재정문제와도 일부 관계된다고 하겠다. 그리고 업무처리 관점에서도 균형감각이 부족한 면도 있는데 즉, 지나치게 수용자의 이야기에만 치우쳐 수용자의 입장에서만 교정재의 생산을 바라는 면이 있는데, 따라서 개선안으로는 감옥의 인권팀에 대해 법무부가 정확한 정보와 공지를 하여 감옥의 인권팀이 일부 오해할 소지를 줄여나가야 한다.

그리고 지나친 급진개혁을 주장하는 면도 있는데 지난 2003년 3월 15일에 열린 민관합동 행형개혁토론회에서 인권운동사랑방의 감옥의 인권팀은 교정공무원 노동조합 설립의 당위성을 주장하면서, 그 근거로 유럽의 행형개혁은 교정시설의 민주화를 위해 노력한 교도관 노동조합이 있어 가능했다고 주장하고, 또한 교도관 노동조합의 설립을 통해서만 열악한 교도관들의 처우도 실질화가 이루어진다고 하며, 결국 우리나라는 교정시설 내부로부터의 개혁이 없으면 행형개혁은 달성되지 않는다고 주장한 바가 있다.[84]

그러나 교도관들의 노동조합 인정은 극히 일부 국가에나 있으며, 또한 공무원들의 부패지수가 낮고 부패문화에 물들지 않아 왔던 유럽국가와 부패지수가 높고 오랫동안 부패문화에 젖어온 한국과는 여러 문화적 차이가 나는 점을 간과한 면이 있으며, 또한 사회학적 관점에서 공무원 노동조합은 어디까지나 자기 집단 이

---

84) http:antiprison.org

익의 존재의 최고 목적이며, 그것을 위해 여러 상징조작을 한다는 사실과 또한 성숙된 합의문화의 전통이 없는 한국은 현재 세계에서 이익집단의 폐해가 큰 나라 중의 하나라는 사실을 상기할 때 감옥의 인권팀의 주장은 문화적 차이와 이익집단의 속성, 한국적 상황을 고려치 않은 급진적 주장이라고 할 수 있다.

그리고 감옥의 인권팀은 계속해서 일관되게 사회보호법의 폐지를 주장해 오면서도 교도관들의 공무원 노동조합의 필요성을 주장하는데, 만일 감옥의 인권팀의 주장대로 교도관 노동조합이 구성되면 집단의 속성상 조직이나 인원의 축소는 반드시 반대하기 마련이며, 그것은 현재 구성된 일반공무원 노동조합하에서 공무원 조직이나 인원이 더 늘어난 것을 통해서도 알 수 있는데, 만약 감옥의 인권팀의 주장대로 사회보호법이 폐지되면 보호감호소가 폐소되는 과정에서 수많은 교정공무원이 일반교정시설로 가야 되는데, 과연 조직의 축소나 인원의 축소를 반대하는 공무원 노동조합이 찬성할지도 의문이며, 만약 찬성한다고 해도 그 많은 인원을 재배치해야 하므로 새롭게 교정직에 들어가려는 사람들의 진입을 상당기간 동안 막게 되어 국민이 피해를 볼 수도 있다. 또한 감옥의 인권팀은 교도관 노조의 인정과 함께 교정시설 내부로부터의 개혁을 통해서만 행형의 개혁이 달성된다고 했지만, 그러나 현재 행형상의 여러 가지 문제점은 조직 내부보다는 조직 외적 요인에 의해 교정정책이 많이 결정되어온 점과 집단의 속성상 공무원들 자신의 이해와 관계되는 부분들은 절대로 공무원 노동조합을 개혁하지 않는다는 철칙을 생각할 때 교도관 노동조합의 인정을 통해서 교정시설 내부로부터의 개혁은 그 한계가 있기 때문에 행형의 실질적인 개혁은 될 수 없으며, 오랜 세월 동안 교정의 생태계적 요인에 의해 교정재의 생산방침과 가치가 결정되어온 만큼 한국의 행형개혁은 외부로부터의 개혁이 있어야 진정한 개혁이 될 수 있다고 생각한다.

따라서 제한적·비판적 교정참여단체인 감옥의 인권팀은 좀더 현실적이고 온건한 개혁적 접근의 가능성도 염두에 두어야 하며, 또한 기존의 공공주도의 교정재의 생산에 대한 비판에 있어 피구금자에 관한 국제적 기준 또는 수용자나 교도관들 어느 한쪽의 입장에만 치우치지 말고 교정의 수요자인 국민과 범죄 피해자 교정재의 공급자인 교도관들과 교정참여자, 그리고 교정고객인 수용자와 한국적 상황이라는 맥락(context) 등을 종합적으로 고려하여 대안을 제시하는 균형감각도 필요하다고 생각하며 감옥의 인권팀의 그러한 행태의 배경에는 교정의 밀행주의도 한 원인이 되므로 교정행정이 개방화와 민주화가 선행되어야 한다.

② 전면적·독자적 교정참여단체의 문제점: 2004년 하반기에 개소할 예정인 기

독교 민영교도소는 지금까지 교정재 생산을 국가가 독점하고 제한적으로나마 협조적 교정참여단체가 교정재 생산에 참여해왔지만, 이러한 국가주도의 교정재 생산과 달리 새로운 패러다임으로서 교정재 생산에 전면적으로 참여함으로써 국가와 민간이 각기 교정재를 생산하는 복점생산시대로 들어가게 되었다.

특히, 2004년에 개소예정인 기독교 민영교도소는 미국 등의 이윤추구적 경제적 민영교도소와는 달리 이윤추구가 아닌 정신적 교화에 초점을 둔 점에서 차이가 난다고 할 수 있다. 특히, 2004년도에 교화에 중점을 둔 기독교 민영교도소가 개소되면 그 외부효과는 상당하리라 예상되는데, 예를 들어 지금까지 교정재 생산을 독점해온 기존의 국영교도소는 보다 나은 생산방식을 추구할 것이 예상되며 보다 많은 다양한 교화 프로그램을 짤 것이 예상된다.

재단법인 아가페가 발행한 민영교도소 사업개요서와 보고서를 근거로 예상되는 문제점을 살펴보기로 한다.

우선 기독교교도소는 새벽기도회부터 저녁식사 후 취침시간 전까지 기독교 신앙에 근거한 교정 프로그램을 철저히 시행할 계획이며,[85] 석식 후부터 취침 전까지 진행될 프로그램의 첫 번째 요소는 신앙교육인 성경공부와 제자훈련이며 체계적인 신앙교육 및 관리시스템을 통해 전체 재소자들이 기독교적 세계관을 갖도록 교훈할 계획이며,[86] 또한 기독교교도소의 모든 교정 프로그램은 1,000명 이상의 기독교 자원봉사자들의 참여를 통해 운영되며,[87] 이러한 기독교 민영교도소는 "죄성(罪性)에 대한 궁극적 해결은 오직 하나님에게 있다"는 명제를 대전제로 하여 오직 하나님의 말씀에 의한 죄로부터의 회복을 강조하고, 또한 성도의 교제를 통한 '상한 심령의 치유'만이 범죄에 대한 궁극적 해결방법이라고 하여, 이것을 충족할 수 있는 이곳은 기독교교도소뿐이라고 주장하며 기독교교도소의 운영을 기독교인들에게 주어진 하나의 21세기형 선교전략적 차원에서 접근하고 있다.[88]

이렇게 기독교교도소의 운영계획에 따르면 교정교화 프로그램은 사실상 철저한 기독교의 교리를 근거로 한 기독교 신앙에 근거하고 있어 균형적인 교정재의 생산에 장애가 될 수도 있다. 우선 기독교신자가 아닌 재소자에게는 새벽부터 취침시까지 기독교에 근거한 프로그램을 강요받고 자신들을 도와줄 직원과 자원봉사

---

85) 아가페, 기독교교도소 보고서, 19면.
86) 아가페, 전게서, 24면.
87) 아가페, 전게서, 25면.
88) 아가페, 전게서, 37~38면.

자들마저 기독교적 논리로 무장되어 있어, 사실상 헌법상의 종교의 자유와 양심의 자유, 행복추구권을 침해받을 수가 있고, 균형적인 종교감각을 형성할 기회도 사실상 봉쇄되어 결과적으로 교정재의 생산이 저해될 수가 있다.

또한 기독교신자인 재소자에게도 이렇게 새벽부터 취침까지 기독교적 프로그램을 받게 하는 것은 올바르고 균형 잡힌 교정재의 생산을 막을 수가 있다. 기독교신자인 재소자가 그런 것을 싫어하지 않는다고 하더라도 진정한 교정재의 생산에 있어 종교적 영역의 강조는 교정재 생산에 동원되는 한 자원일 뿐이지 생산의 절대적 이념이 되어서는 결코 안 되며, 또한 진정한 교정재의 생산에 있어 동원되는 자원은 종교적 영역만이 아니고 다른 수많은 비종교적 영역을 동원해야 질 좋고 균형 잡힌 교정재가 생산될 수 있다.

왜냐하면 아무리 민영교도소라 하더라도 어디까지나 교정재의 생산이 목적이지 기독교적 가치관을 가진 인간으로 개조시키는 것은 있을 수 없으며, 그것은 종교의 영역이기 때문이다. 또한 국영교도소보다 각종 처우가 좋은 기독교교도소에 들어가려면 기독교신자이거나 신자가 아니더라도 기독교교도소의 교정 프로그램을 희망하는 재소자만 들어갈 수 있어, 불교 등 타 종교의 재소자에게는 사실상 국가에 의한 종교적 차별이 될 수도 있고, 그것은 국교를 금지한 종교의 자유와 평등권을 국가가 침해할 수도 있다. 왜냐하면 기독교교도소는 설립 초기에만 기독교계에서 교도소건물 신축비용을 부담하고 그 다음 해부터는 법률에 의해 정부의 운영비용으로 교도소를 운영할 수가 있어 사실상 국가가 특정종교의 재소자를 위한 종교교도소를 운영한다고도 볼 수 있기 때문이다.

또한 처우가 좋은 기독교교도소에 들어가기 위해 기독교신자가 아니면서도 거짓으로 신자로 행세해 들어가려는 교활한 재소자가 생겨날 수도 있으며, 또한 기독교교도소도 기본적으로는 행형법령의 적용을 받으므로 행형법령조항에 있는 각종 소장의 재량행위적 처분에 있어, 예를 들면 귀휴나 가석방, 부부 만남의 집 등의 혜택은 사실상 비기독교신자 재소자보다 기독교신자 재소자에게 많은 혜택이 돌아갈 여지가 있어 헌법상의 평등권을 침해할 수도 있고, 또한 국적, 성별, 종교 또는 사회적 신분에 의한 차별을 금지한 행형법 제3조에 위배될 수도 있다.

그리고 기독교교도소에서는 수형자의 번호 대신에 이름을 부를 것이라고 하는데, 이는 언뜻 생각하기에는 교화에 좋고 인격권을 옹호하는 측면도 있으나 이름을 밝히고 싶지 않은 수형자에게는 헌법상 프라이버시권의 침해가 될 수도 있다. 출소 후 자신의 수형사실을 알리고 싶어 하지 않는 수형자나 또는 수용 중 이름이 노출됨으로써 출소 후 피해를 당할 수도 있다고 생각하는 수형자는 번호로 호칭되는 것이 나을 수도 있으므로 획일적으로 모든 수형자를 이름으로 호칭하기보다는 수형자의 선택에 맡기는 것이 낫다고 생각된다.

따라서 개선방안으로 가장 중요한 것은 특정종교의 사실상 강요행위를 막을 법적·제도적 장치가 있어야 하며 예산사용에 대한 합리적 감사활동과 통제가 있어야 한다.

제 6 장
한국경비교도대론

1. 서

원래 경비교도대란 교정시설에 대한 경비임무와 무장공비 등의 침투거부 등 작전임무를 수행하기 위하여 법무부장관하에 설치된 조직이나 교정시설경비교도대설치법 제5조의 규정에 의하여 무기사용 규정이 있는 행형법 제15조의 적용에 있어서는 경비교도대의 대원은 교도관으로 간주되며, 경비교도대운영규칙 제66조 제2항에 의하여 해당 분야의 교도관 업무를 보조할 수 있어 사실상 교정재 생산에 있어 중요한 주체에 포함되며, 교정실무에는 학과강의 등 다양한 분야에서 교도관의 교정업무를 보조하고 있다.

여기서는 경비교도대의 현황과 외국의 유사제도를 살펴보고 우리나라 경비교도대의 문제점과 대안을 사견으로 제시한다.

2. 경비교도대의 현황

1) 연혁과 설치목적

교정시설경비교도대는 1980년대 초 광주민주화항쟁을 기점으로 국가중요시설인 교도소에 대한 범죄 및 사회방위문제와 범죄자 구금확보가 국가안보적 차원에서 중요성이 강조되면서 창설되었다.[1]

즉, 교정시설경비교도대는 '81. 4. 13. 교정시설경비교도대설치법 법률 제3431호로 공포, 시행됨으로써 동년 7월 31일 김천 교육대에서 제1기생 80명이 4주간의 자체교육을 마치고 4개 소대로 나뉘어 춘천 교도소 등 4개 교도소에 배치됨으로써 태동하였으며, 84. 12. 31. 대통령령 제11592호로 법무부에 경비과가 창설되어 경비교도 업무를 관장해오다가 '91. 9. 30. 법무부 경비과가 폐지되고 현재

---

1) 고동민, 경비교도의 관리방안, 2002년 3월, 56면.

는 보안 제2과에서 경비교도대를 관리하고 있는데, 경비교도대란 교정시설에 대한 경비임무와 무장공비의 침투거부[2] 등 작전임무를 수행하기 위하여 법무부장관 소속하에 설치된 경비교도대대 및 중대를 말하며, 그리고 정원은 '81년도 3,455명에서 '01년 현재 4,731명으로 전국 38개 교정시설에 따라 조정되어 있고, 복무기간은 육군과 동일하게 26개월이며, 근무는 주요개소 경비근무와 교도관 보조근무(수용자 간접계호 원칙)로 주간 및 야간 근무로 나뉘어 있다.[3]

2) 조직과 임용

경비교도대는 병역법 제42조의 규정에 의하여 소정의 기초훈련을 마치고 국방부에서 전임된 자를 임용하는 경비교도와 중대장, 소대장으로서 경비교도를 지휘·통솔하는 교정직 공무원으로 구성되어 있고, 현재 경비교도대는 교도소, 구치소, 보호감호소 단위로 대대 또는 중대가 설치되어 있고[4] 법무부 보안 제2과에서 이를 관할하고 지방교정청 및 일선교정기관의 보안과에서 각각 담당하고 있다.[5]

한편, 경비교도의 충원은 병역법 제25조에 의거해 매년 익년도에 경비교도로 할 소요인원을 2월 말까지 국방부에 요청하여 연간 2400~2700명을 충원하고 있다.[6]

그리고 교정시설경비교도대설치법 시행령 제7조에 따르면 경비교도의 계급은 특교, 수교, 상교, 일교 및 이교로 구분하고, 경비교도의 초임계급은 이교로 한다.

한편, 경비교도는 법무부장관이 국방부장관에게 현역병으로 복무 중인 자를 교정시설경비교도대의 임무에 종사하도록 그의 군인으로서의 신분을 변경(전임) 임용함으로써 성립한다(병역의무특례규제에관한법률 제2조, 제6조, 교정시설경비교

---

2) 1968년 1월에 무장공비 김신조 일당이 청와대습격목적으로 침투했을 때 김신조 일당의 침투목표물 중에 교도소가 포함되어 있었다고 한다. 이순길, 교도소 사람들, 찬섬, 2003, 5면.

3) 고동민, 전게서, 57면.

4) 그런데 교도소와 유사한 시설로 법무부 산하 외국인 보호소가(화성) 있는데, 여기는 불법체류 근로자나 형사범으로 형집행이 끝나 강제 출국시킬 일시적 대기소인데, 현재 이곳의 경비직원 20명에는 민간경비업체직원 11명 공익근무요원 4명과 법무부직원으로 구성되어 있어 경비교도대가 파견되어 있지 않고 있으며, 한편 여수 외국인보호소는 서해안으로 밀입국한 사람들만 임시 수용하며 나머지는 출입국관리소별로 10명 정도 수용할 수 있어 전국적으로 800명가량 수용이 가능하다. 중앙일보, 2003. 9. 29.

5) 허주욱, 교정학, 법문사, 2002, 298면.

6) 고동민, 전게서, 58면.

도대설치법 제3조).

　전임기간은 현역병의 복무기간을 마칠 때까지로 하며, 전임기간을 마친 때에는 현역복무를 종료한 것으로 보아 전임을 해제하고 예비역에 편입(병특례법 제6조 제3항)되어 경비교도로서의 신분을 상실하는 동시에 전역 시 경비교도의 계급은 육군의 계급으로 환원된다.[7] 그리고 경비교도는 군인의 신분에서 경비교도로 전임된 자이므로 신분은 군인이 아니라 경비업무와 무장공비 등의 침투거부 등 작전임무 등을 수행하는 경비교도이다.[8]

3) 업　무

　1981년에 제정된 교정시설경비교도대설치법 제1조에 명시된 임무는 보호감호소, 구치소 및 교도소에 대한 경비임무와 무장공비 등의 침투거부 등의 작전임무를 수행하며, 동법 제4조에서 경비교도대의 대원은 직무수행상 필요하다고 인정할 때는 경비지역 안에서 검문을 할 수 있고, 동법 제5조의 규정에 의해 무기를 사용할 수 있는 규정이 있는 행형법 제15조의 적용에 있어서는 경비교도대의 대원은 교도관으로 본다고 하여 일정한 경우에는 수용자와 수용자 외의 자에 대해서도 무기를 사용할 수 있다. 그리고 경비교도는 외정문, 정문, 감시대, 구외작업, 출정 등 간접계호 근무개소만 배치하여야 한다(경비교도대운영규칙 제66조 제1항). 그러나 문민정부의 출범과 함께 사회여건의 다변화와 업무량의 과중, 수용자 계호 및 경비인력의 부족 등으로 교정공무원의 격무를 해소하기 위한 방책으로 보안·출정·외부출역 등 교도관을 보조하여 간접계호 업무에(운영규칙 제66조 제2항)[9] 배치하고 있어 경비교도대의 본래 업무보다 교도관의 업무보조·수용자 간접계호가 주된 임무로 되어 있다.[10] 그리고 현재는 위의 업무 외에 교무과 강사요원, 경운 및 접견보조 등의 업무로 교도관을 보조하면서 간접계호 업무까지

---

7) 박현조, 경비교도대 관리방안, 교정, 1991. 2월, 112면.
8) 박현조, 전게서, 115면.
9) 경비교도로 임용된 후 상당한 기간이 경과되고, 책임감이 강하며 근무능력이 탁월하다고 인정되는 자로서 특별한 자격과 기능을 보유한 자나 전문 분야의 업종에 종사한 경력이 있는 자는 제1항의 규정에도 불구하고 해당 분야의 교도관 업무를 보조하게 할 수 있다.
10) 장익평, 경비교도대의 합리적 관리방안, 교정, 1996년 1월, 33~35면.

확장하여 수행하고 있다.[11]

4) 훈 련

경비교도에 대한 훈련의 법적 근거는 교정시설경비교도대설치법 시행령 제6조
에 나와 있고, 제6조 제2항에 따라 교육훈련기간, 교육훈련내용, 기타 필요한 사
항은 법무부장관이 정한다고 되어 있다. 이에 따라 교육훈련으로는 신임교육, 군
위탁교육, 자체교육으로 구분하여 실시되고, 신임교육은 법무연수원에서, 군위탁
교육은 군교육기관에서, 자체교육은 각 교정시설의 장이 신임교육을 마치고 교정
시설에 배치된 자를 대상으로 각각 실시한다.[12]

이를 상설하면 육군의 각 훈련소에서 6주간의 신병교육을 마친 후 3주간 수원
에 있는 법무연수원에서 직무교육을 마치고 자대배치를 받으면, 모범이 되는 대
원을 선별해 신병분대장으로 임명해 신병들과 2주간 숙식을 같이하면서 신병교육
을 하는데, 주별로 보면 신병이 전입한 후 1주일간은 부대 내 실정 등에 대한 차
트를 이용한 이론교육을 통하여 막연한 불안감과 기대감을 없애고 현실을 직시하
는 능력을 배양하는 데 주안점을 두고 있는 반면, 2주차에는 고참대원과 여러 근
무지를 복수 배치시켜 체험을 통한 교육이 되도록 하고 있다고 한다.[13]

3. 외국의 제도

현재 우리나라의 교정시설에 대한 경비임무는 경비교도대가 담당하고 있는데,
외국의 경우는 교정시설에 대한 경비임무는 대개 정복교도관들이 담당하며 그 외
군인이나 경찰이 담당하는 경우도 있다. 그러나 우리나라의 경우처럼 육군으로

---

11) 고동민, 전게서, 57면.
12) 허주욱, 전게서, 298면.
13) 하인식, 창조적 병영문화를 위한 경비교도관리, 교정, 1997년 12월, 100~101면.

입대한 신병 중에서 본인 의사에 반해 경비교도로 전환 복무시켜 교정시설의 경비를 맡기는 입법례는 찾아볼 수가 없다. 이를 좀더 자세히 살펴보기로 한다.

미국은 교도관이 교정시설 경비를 담당하며, 현대화된 물적 계호시설의 완비로 교정시설 경비를 담당하는 교도관의 수는 적다. 미국의 애리조나주에 있는 Maricopa county구치소의 경우는 타워형 거실을 감시하는 교도관이 2명으로 1명이 감시역이라면 다른 1명은 감시탑에 있는 기기조작에 종사해 실제 감시자는 1명인데 이 인원으로 120명을 동시에 손쉽게 감시할 수 있도록 설계함으로써 대단한 인원절감의 효과를 거두고 있다.[14]

미국의 경우 엄정처우하에 있어 교도소 내의 긴장이 매우 높으나 그런 긴장의 완화를 한 요인은 자동설비·첨단화로 직접적 감시인력을 줄여 인력질감 효과를 얻음과 동시에 대면접촉에 따른 위험성과 긴장도를 줄이는 효과를 얻는다.[15]

한편, 뉴욕에 있는 그린교도소(Green Correction Facility)의 시설경비는 보안과 계호직원이 8시간씩 3교대 근무를 하며, 콘크리트 주벽은 없고 전자감지 장치된 2중의 펜스와 CCTV 감지장치로 경비에 만전을 기한다.[16]

한편, 미국의 엘도라도 교도소의 보안근무자는 1일 3교대 근무하지만 역시 직원인 특별기동타격대가 있어 이들이 경비근무 및 난동 등 유사시에 진압부대로서의 역할을 한다.[17]

그리고 스웨덴의 Kumla교도소도 계호직원이 보안관리를 하는데 중앙통제실과 관구통제실을 통해 재소자의 동정감시, 외곽경계, 각종 문의 개폐 등이 이루어지며, 중앙통제실에 배치개소가 3개 있는데, 근무자 셋이서 교대로 근무한다고 한다.[18]

영국도 교정시설 경비는 직원이 담당하는데, 영국의 교도소는 우리와 같은 감시대 시스템이 아니고, 외벽과 그 안쪽으로 철조망 펜스가 있는 2중벽장치로 되어 있고, 그 사이를 직원이 셰퍼드를 데리고 24시간 교대로 순찰한다.[19] 그런데 영국은 호송직원도 교도봉과 무기는 휴대나 사용할 수 없고 응급 시 경찰의 협조를 받으나 일반경찰도 무기를 사용할 수 없고, fire arms라는 특수경찰부대에서만 사용이 가능하다고 한다.[20]

---

14) 한인섭, 미국의 교정시설과 그 운용상의 딜레마, 교정, 2000년 2월, 26면.
15) 한인섭, 전게논문, 22면.
16) 김화수, 구미선진교정제도소개, 교정, 97. 5, 46면.
17) 양봉태, 구미교정제도, 교정, 1995년 9월, 70면.
18) 김화수, 전게논문, 99면.
19) 김종기, 영국교정제도, 교정, 1998년 4월, 68면.

한편, 이탈리아의 Rebibbia교도소는 교정행정과 수용관리는 교정공무원이 담당하나, 외곽경비와 호송은 육군소속의 경비경찰이 담당하는데, 교정시설 주벽 위에 순찰로를 설치하고, 무장경찰이 감시대 사이를 오가며 경비를 한다.[21] 그러나 이탈리아에는 10여 개의 여자 교도소가 있으며, 그중 Pozzuoli 여자 교도소에는 공무원인 78명의 교도관이 근무하며 교도소의 외곽경비는 여자 교도관이 한다.[22]

호주의 롱메이 복합 교정단지의 시설경비는 교정직원이 하는데, 주벽외부 감시는 4개의 무장감시대에서 하고, 내부는 정문사동 등 요소에 설치된 카메라와 모니터, 검산기에 의해 관리하여 물적 계호 의존도가 높으며, 직원들은 1일 8시간씩 근무하며 정문을 비롯해 남자 수용자 사동에도 여직원이 많이 배치되어 있다.[23]

그리고 호주는 폭동과 비상사태에 대비하여 자체계획을 수립하고 있는데, 교정시설 내에 설치된 비상대기반은 특별히 이를 위하여 훈련된 교정직원이 근무하며, 교정시설 인질대책반은 경찰인질대책반과 유기적인 관계를 맺으면서 서로 정보를 교환하고 있다.[24]

프랑스[25]의 경우도 교정시설 경비 등은 보안직원인 정복교도관이 담당하는데, 이들은 감시초소 근무, 출입문 근무, 사동 근무 등 배치에 따라 다양한 업무를 수행하는데, 어떤 배치는 주 7일 근무에 24시간 교대근무체제로 운영되는데, 보안담당 교도관은 부(equipes)로 구분하여 근무한다.[26]

한편, 북한은 교도소가 정치범 관리소, 교화소, 노동교양소로 구분되어 있는데, 북한교화소는 사회안전부(경찰청) 교화국의 지휘에 따라 움직이며 교화소의 외곽경비는 경비중대가 담당하는데, 경비중대에는 중대장, 중대 정치지도원, 소대장, 분대장, 대원들로 구성이 되었고 경비중대는 관리소 내의 경비와 밖으로 일하러 나갈 때의 호송을 책임지며 군조직과 같이 운영되지만 역시 사회안전부 직원들이며, 경비중대의 근무성원들은 외부경비를 담당하기 때문에 규정생활을 하며 군인

20) 김종기, 전게논문, 77면.
21) 양봉태, 구미교정제도, 교정, 1995년 11월, 48면.
22) 교정, 2000년 7월, 64면.
23) 최강주, 오세아니아 교정, 교정, 1996년 3월, 52면.
24) 형사정책연구원, 외국의 교정현황에 관한 연구, 2000년 325면.
25) 프랑스는 제1 제정시대에는 강제수용소에 수천 명이 수용되었는데 이때의 행형시설의 외벽계호는 군인들이 주로 담당했다. 형사정책연구원, 전게서, 438면.
26) 형사정책연구원, 전게서, 453면.

과 똑같은 생활을 진행하며, 경비중대는 외부경비를 2시간 간격으로 근무교대를
한다. 그리고 북한의 관리소 직원들의 복장은 사회안전부(경찰관) 소속이므로 안
전부 직원들의 복장과 똑같다.[27]

한편, 중국의 경우는 교정시설의 경비는 인민경찰이 담당하는데, 중국은 감옥에
근무하는 직원은 모두 인민경찰이 담당하는데, 이는 우리나라와 같은 교도관제가
아니다.[28] 중국의 경우는 사법부가 전국 감옥의 주관기관이며 감옥에서 근무하는
인민경찰대원의 관리와 양성을 지도·감시하며, 법률의 규정에 의하여 감옥의 관
리인은 인민경찰인데 2002년 현재 전국에 감옥인민경찰이 28만 6000여 명으로 감
금범죄자와의 비례는 18%이며, 사법부에는 중앙사법경관학원이 있고, 각 성에는
감옥경찰학교가, 각 기층 감옥에는 감옥양성반을 설치해 인재를 양성하고 있다.[29]

그런데 인민경찰의 한 종류로서 인민무장경찰부대가 있으며, 이들은 주로 공안
보위 임무를 담당하며, 감옥, 노동개조관교공장세칙 제87조 규정에 의하여 범죄인
의 무장경계에 대해서는 인민무장경찰부대가 담당하는데, 감옥·노동개조관교공
작대는 무장경찰부대를 지휘하는데, 이러한 인민무장경찰부대는 그 연혁이 1983
년 초에 중국인민해방군의 내위근무부대와 공안부문의 무장, 병역, 소방, 경위병
역제 경찰이 합해진 조직으로 그 구성은 의무병과 지원병이 서로 경합된 제도로
서 인민해방군의 규칙과 조례를 따르며 인민해방군과 동등한 대우를 받는데 이런
인민무장경찰부대는 우리나라의 경비교도대의 조직과 유사하다.[30]

태국도 계호직원이 시설경비를 담당하는데, 1999년 현재 계호직원은 10,275명
이며, 중앙의 CCTV실은 컬러 모니터 등 현대시설이 있고 6개 주벽에 고압전류
가 흐른다.[31]

일본은 교정국 아래에 보안과 등 여러 과가 있는데 교정시설 경비 등은 보안
과에서 담당하며, 비상시에는 행형시설의 경비대책의 기준으로서 행형경비요강을
정하고 있는데, 1954년에는 이 요강을 개정하여 새로이 각 교정관구마다 기동경
비대를 두도록 하여 행형시설의 경비력이 강화되었다.[32]

이상 여러 나라를 살펴보았지만 대개의 국가는 교정시설의 경비를 정복교도관

---

27) 전영일, 북한교도관의 근무, 교정, 2000년 6월, 79~81면.
28) 왕명적, 중국감옥사업의 현황과 교정이념, 교정연구, 2002, 294면.
29) 왕명적, 전게논문, 294~295면.
30) 유병철, 중국의 교정제도, 교정, 1997년 9월, 82~83면.
31) 교정, 1999. 12월호, 70면.
32) 형사정책연구원, 외국의 교정현황에 관한 연구, 2000, 278면.

인 공무원이 하고 있고 미국 등 선진국은 첨단화된 물적 계호시설로 교도관의 업무부담을 줄여주고 있다. 우리나라의 경비교도대와 같이 군과 경찰의 본래 업무인 작전임무권을 교정시설 구성원에게 주는 입법례는 찾아볼 수가 없었다.

4. 경비교도대의 문제점

1) 정체성의 문제

앞에서 보았듯이 경비교도대원은 육군 신병훈련을 마치고, 병역법 제42조의 규정에 의해 전임(신분변경)된 자이므로 법적으로는 군인도 아니고 또한 교도관도 아니며 경비교도라는 어정쩡한 지위에 서 있게 된다. 이와 관련해 경비교도대원의 신분에 관한 대법원판례를 소개하면 대법원 1993. 4. 9. 선고 92다 43395판결에 따르면[33] 현역병으로 입영하여 소정의 군사교육을 마치고 복무 전환되어 법무부장관에 의하여 경비교도로 임용된 자는 군인으로서의 신분을 상실하고 새로이 경비교도로서의 신분을 취득하게 되었다 할 것이며 경비교도가 전사상 급여금을 지급받는다든지 원호(援護)와 가료(加療)의 대상이 된다든지 만기전역이 되는 등 처우에 있어서 군인에 준하는 취급을 받는다 하여 군인의 신분을 유지하는 것이라고는 할 수 없고, 경비교도로 근무 중 공무수행과 관련하여 사망한 자를 국가유공자예우법률 제4조 제1항 제5호 소정의 순직군경에 해당한다 하여 국가유공자로 결정하고 사망급여금 등이 지급되었다 하더라도 그러한 사실 때문에 신분이 군인 또는 경찰공무원으로 되는 것은 아니다라는 판결요지가 있었다.

한편, 대법원 1998. 2. 10. 선고 97다 45914 판결요지에 따르면[34] 현역병으로 입영하여 소정의 군사교육을 마치고 병역법 제25조의 규정에 의하여 복무 전환되어 구교정시설경비교도대설치법(1997. 1. 13. 법률 제5291호로 개정되기 전의 것) 제3조에 의하여 경비교도로 임용된 자는, 군인의 신분을 상실하고 군인과는 다른

---

33) 박병선, 교정판례연구, 경비교도대 정체성 확립을 위한 연구, 2001, 128~129면.
34) 박병선, 전게논문, 129면.

경비교도로서의 신분을 취득하게 되었다고 할 것이어서 국가배상법 제2조 제1항 단서가 정하는 군인 등에 해당하지 아니한다고 판시(判示)하였다.

이와 같이 육군으로 자원입대했더라도 자신의 의사와 관계없이 신분이 변경된 경비교도대원은 군인신분은 아니며 이로 인해 경비교도대원은 자신의 신분이 무엇인지에 대한 정체성의 혼란을 초래하고 있어 이것은 여러 문제를 낳고 있다.

즉, 처음 교정시설로 자대 배치된 경비교도대원들은 배속받은 느낌을 자신의 군 생활에 대한 기존사고가 무너지는 데서 오는 허무감, 초조감, 불안감 등으로 표현하기도 하며 친구들의 얘기를 듣고 허황된 생각을 가지는 대원들도 있다고 한다.[35] 또한 막사환경, 의료시설, 피복 등 개인 생활용품 지급 등 육군의 현역병과 비교되는 상대적 열악한 환경 속에서 경비교도대라는 조직에 대한 정체성이 부족한 것은 예상된 일이다.[36]

그런데 군대집단은 성원의 행동과 사고를 통제하고 성원 사이의 관계를 규정하는 군인복무규율 같은 표준을 정함으로써 질서를 유지해왔고 그렇게 함으로써, 군대집단의 목적을 수행하고 집단의 발전도 거듭해왔고 군인은 군대사회의 구성원으로서 행동하고 사고할 것으로 기대되지만 경비교도는 의식적으로는 군인집단에 속해 있어 분명히 군대사회의 구성원으로 행동하고 사고할 것으로 기대되고 있으나 군인도 교도관도 아닌 경비교도의 신분으로서 교정문화권에 속해 있어 군인과 다른 생활습관을 가지고 있다.[37]

한편, 월간교정 2000년 11월호에 실린 대구구치소의 경비교도인 장필덕 씨는 그의 글에서[38] 정체성은 경비교도에게 가장 필요한 문제라고 하고 경비교도는 직원이 아닌 이상 군인으로서 인정받고 싶어 하는데, 예를 들어 경비교도들은 은연중에 육군에 대한 향수를 발휘하여 전투화를 상당히 아낀다고 하며, 군인으로서 확고히 신분을 보장받고 싶어 하나 엄밀히 민간인인 직원과 새롭게 형성된 계급 속에서 혼돈하며, 더 이상은 군인이 아닐 수도 있다고 생각한다고 하며 경비교도는 군인이라 하기에도 애매하고 직원 또는 재소자라고 하기에는 더욱 애매하다고 한다.

따라서 군인신분이 아닌 경비교도는 자신을 의식적으로는 군인이면서 실제적으

---

35) 하인식, 창조적 병영문화를 위한 경비교도관리, 교정, 1997년 12월, 100면.
36) 하인식, 전게서, 111면.
37) 박현조, 경비교도대의 관리방안, 교정, 1991년 2월, 125면.
38) 장필덕, 경비교도대 정체성 확립을 위한 제언, 교정, 2000년 11월호, 81~83면.

로는 경비교도이며, 교도관 업무보조를 하고 있으므로 3원적인 의식을 가진다고 할 수 있다.[39)]

따라서 이러한 경비교도들의 정체성의 위기는 사기저하, 교정사고 등 여러 방면에서 문제점이 나타날 수 있다. 특히, 경비교도대원들은 대상이 항상 같은 범법자를 매일 관리해야 하는 단조로운 근무와 규율의 엄격성을 요구하는 조직체계상 심한 거부감을 느껴 경비교도대는 군인이고 교도관은 봉급생활자인 공무원인데 왜 군인을 교도관이 관리하느냐 등 지위체계와 위계질서를 무시하고 상관에 대한 불복종으로 표출함으로써 복무기강을 흩트려버리는 경우도 있다고 한다.[40)] 그리고 이러한 정체성의 심화는 일사불란해야 할 조직체제에 적응하지 못해 경비교도의 사고로 이어지고 이는 해마다 증가하고 있다고 한다.[41)]

2) 갈등과 사기문제

결론부터 말하면 자신의 의사에 반해 전임된 경비교도대원들은 조직 내외의 열악한 환경과 여러 갈등상황으로 인하여 교정재의 생산성에 영향을 미칠 수 있다. 왜냐하면 이들도 사실상 교정재의 생산활동에 참여하기 때문이다.

우선 물리적 여건으로 취약한 의료문제를 들 수 있는데 경비교도 외부 병원진료는 90년까지 대학부속병원 등에서 무상으로 해왔으나, 91년부터 법무부 자체예산으로 유상가료를 원칙으로 하고 있으며, 경비교도는 군인은 아니지만 현역으로 군복무 중일 때는 그 기간 중 보험급여가 정지된다는 국민건강보험법 제42조의 군인으로 의제되어 일반환자, 일반수가로 되어 있어 진료에 극심한 애로를 겪는다고 한다.[42)] 그리고 급식문제에 있어서 현재 급식하고 있는 식단에 대해 67%가 불만족을 표시하고 있고, 그 이유로는 주·부식의 질적 저하 32%, 메뉴의 비다양성 21%, 솜씨부족 17% 등을 들고 있다.[43)]

또한 경비교도대원에게 지급되는 피복류는 근무복, 기동복, 운동복, 러닝, 양말,

39) 박현조, 경비교도대의 관리방안, 교정, 1991년 3월, 118면.
40) 장익평, 경비교도대의 합리적 관리방안, 교정, 1996년 1월, 41면.
41) 박현조, 경비교도대의 관리방안, 교정, 1931년 3월, 119면.
42) 김연호, 경비교도의 현 실태 및 문제점, 교정, 1999년 10월, 91면.
43) 김연호, 전게논문, 93면.

팬티 등이 있는데, 양적으로 부족한 편이며 개인물품 중 자비로 가장 많이 구입하는 것에 대한 질문에 76%가 러닝, 팬티, 양말을 들고 있고 사제에 비해 질적으로도 많이 떨어진다고 하며, 하루에 12시간 이상을 내무반에서 생활하는 경비교도대원들은 67%가 잠자리 폭이 너무 좁다고 대답하는 등 내무반의 시설이 만족할 수준은 아니라고 한다.[44]

그리고 교정조직은 라인조직, 스탭조직, 경비교도 등으로 구성된 이원화체제(경비교도와 교도관)하에서 오는 욕구불만, 심리적 갈등이 원인이 되어 경비교도 자신들은 관리주체와의 관계에 있어 동일조직의 구성원이 아니라 하나의 이질집단으로서의 단체의미를 가지고 있어 조직관리상의 심각한 문제로 대두된다고 한다.[45]

먼저 갈등은 젊은 경비교도대원과 공무원인 경비교도대의 지휘관과의 갈등을 들 수가 있는데 이러한 갈등의 원인은 연령 차이, 가치관의 차이, 경험의 차이, 시각의 차이, 기대의 차이 등 여러 가지가 있겠지만 근본적인 것은 자신들을 군인이라고 생각하는 경비교도대원들이 월급생활자인 민간인을 왜 상관으로 모셔야 하는 데서 오는 사고의 혼란일 것이다. 또한 갈등은 경비교도대원들과 일반교도관들 사이의 갈등이 있을 수 있다. 서로가 서로에 대한 관점이나 기대수준의 차이 때문에 조직상의 갈등이 생길 수가 있다. 경비교도는 근무복, 성하복, 하복 등은 매년 1벌씩 지급하고 있으나 경비교도는 착용을 회피한다고 하는데 이는 세탁, 다림질 등은 핑계이고 교도관과 신분이 다른 국방의무기간의 군인이라는 의식구조가 팽배해 있다고 한다.[46] 그리고 경비교도대가 교정행정 운영에 있어 재소자 보호 및 계호목적 이행에 있어 교도관과 더불어 많은 기여를 함에도 일부 교도관은 경비교도의 역할에 대해 매우 불만족한 표현도 하고 그들의 명예·감정을 고려하지 않고 하대적 호칭을 함으로써 준재소자 취급을 하여 경비교도대원은 상관에 대해 반감 등 인화를 해치는 경우도 있는데, 이렇게 갈등의 원인은 잘못된 선입견을 가지고 경비교도의 지휘역할의 경시, 언어호칭의 불만, 급여품의 부적정 등 상호관계의 부조화 때문이라고 한다.[47]

이렇게 경비교도로서 확실한 신분으로 인정받기를 원하는 경비교도대원과 교도관 사이에 상호 신분차이로 마찰, 갈등 등으로 인하여 조직에 대한 불만과 반감

44) 김연호, 전게논문, 94면.
45) 박현조, 경비교도대의 운영방안, 교정, 1991년 2월, 124면.
46) 장익평, 경비교도대의 합리적 관리방안, 교정, 1996년 1월, 38면.
47) 장익평, 전게논문, 40면.

을 갖게 되고 그로 인하여 이질감이 형성되어 사기가 저하되는 등 소외감이 팽배해 있음은 물론 조직운영상의 여러 가지 부작용이 발생되기도 한다.[48]

한편, 경비교도대설치법에 의하면 대원들의 상관의 범위는 교도 이상의 교정직 공무원을 모두 지칭하는데도 경비교도대원들은 이를 부인하고 자신들의 영역에 대한 내부결속만을 강조하고 있다.[49] 이러한 것도 또한 경비교도대원과 일반교도관의 갈등의 한 원인이 된다고 생각한다. 한편 또 하나의 갈등은 경비교도대원들 간의 갈등을 들 수가 있다. 경비교도 간의 갈등은 기수별, 계급별, 내무반별, 출신지역별, 학력별, 행정·취사·운전병 등 속칭 특과병이라 일컬어지는 대원 간의 갈등 등 다양한 형태로 존재한다.[50] 또한 상급자인 경비교도대원은 상관으로부터 집단 문책당할 경우 그 책임을 하급 경비교도대원에게 돌려 추궁하는 경우도 있으므로 이 또한 갈등의 원인이 된다.

그리고 은밀히 이루어지는 상급자와 하급자 사이의 사역, 지나친 잔소리(대원들 사이에서는 일명 밥질이라고 함), 그리고 사별 등의 문제들이 심지어 하급자의 탈영이나, 자살과 같은 경과를 초래하기도 함을 부인할 수만은 없다고 한다.[51] 그리고 경비교도대원과 수용자 사이의 미묘한 갈등이 있을 수 있는데 대개 범죄전과자는 현역병으로 징집이 안 되므로 신세대 경비교도대원들은 범죄 비경력자들이므로 이들은 범죄경력자에 대한 부정적 인식을 할 수가 있고, 또한 연령의 차이, 세대의 차이, 경험의 차이, 가치관의 차이 등으로 인해 갈등이 생길 수가 있다. 특히, 오늘날 경비교도대가 계호업무와 일부 효과업무까지 간접적으로 관여함으로써 교정재의 생산에 참여하고 그 결과 수용자들을 전보다 더 많이 대면적 접촉을 하는데, 아무래도 젊은 신세대 경비교도대원은 범죄경력자에 대한 경험의 부족, 업무에 대한 책임의 부담감 등으로 인하여 소극성을 띨 수 있어 교화에 필요한 자연스러운 관계가 되지 못하고 권위적, 딱딱한 관계가 계속되어 갈등의 한 원인이 되며, 수용자의 입장에서도 부드러운 정식직원이 아닌 군사복장을 한 청소년 같은 젊은이한테서 계호나 간접적 교화를 받는다는 것이 거부감을 일으키게 할 수도 있다. 그리고 경비교도대원들은 일반사회와의 갈등도 생각할 수 있다. 교도소 등에 대한 사회의 부정적 이미지 때문에 생길 수 있는 사회의 일부 집단이

---

48) 장익평, 전게논문, 45면.
49) 하인식, 창조적 병영문화 위한 경비지도관리, 교정, 1997년 12월, 111면.
50) 고동민, 경비교도의 관리방안, 교정, 2002년 3월, 71면.
51) 김연호, 전게논문, 95면.

나 일반인이 가지는 경비교도대원에 대한 무지 또는 상대적 차별감 때문에 육군 등으로 징집된 또래에 비해 상대적 박탈감을 느낄 수도 있다. 이러한 여러 갈등들이 합리적·순기능적으로 처리되지 못하면 조직생활의 적응에 장애가 오고, 그것은 경비교도대원의 사기에도 영향을 미친다. 사기와 생산성과의 관계는 논란의 여지가 있으나 사기가 저하되면 교정재의 생산이 저해될 수도 있으므로 합리적·순기능적으로 대처하지 않으면 문제의 심각성이 있다고 하겠다.

3) 교정시설경비교도대설치법령상의 문제점(사견)

교정시설경비교도대설치법 시행령 제3조에는 경비교도는 병역법 제25조 제2항의 규정에 의하여 전환 복무된 자 중에서 법무부장관이 임용한다고 되어 있는데, 문제는 전환 복무되는 과정에서 훈련신병의 동의가 없이 이루어지는 것에 문제점이 있다. 현재 전환 복무되는 과정은 육군본부 논산 훈련소에서 신병의 훈련이 끝나면, 법무부 보안2과 담당 공무원이 논산훈련소 분류과로 내려와 신병들의 개별 차트를 보고 정해진 기준에 의해 신병을 차출해서 경비교도대로 입소하는 과정을 거친다. 따라서 육군이 되기 위해 자원입대하여 훈련받던 신병들은 자신의 의사와 전혀 관계없이 정책적으로 경비교도대에 입소하게 되는데, 이는 여러 가지 헌법상의 문제를 내포하며 더군다나 육군모병 안내서에는 육군이 되기 위해 자원의사를 갖고 자원입대하더라도 자신의 의사와 관계없이 경비교도대로 갈 수 있다는 조항이 없어 이는 신뢰의 의무와 고지의 의무까지 위반하는 실정이다. 따라서 자신의 의사와 무관하게 경비교도대로 배치되는 것은 헌법상의 행복추구권, 직업선택의 자유, 양심의 자유를 침해하고 있다.

즉, 우리 헌법 제10조 후단에는 모든 국민의 행복추구권을 규정하고 있다. 이러한 행복추구권은 물질적 풍요와 정신적 만족의 동시적 충족을 행복으로 이해하고 행복추구권의 성격을 포괄적 기본권으로 이해한다면 그 내용도 다양한 것이 된다.[52] 행복추구권의 주요내용으로는 헌법에 열거된 기본권으로서 행복추구의 수단이 될 수 있는 개별적 기본권 외에 헌법에 열거되지 아니한 생명권·신체를 훼손당하지 아니할 권리·자유로운 활동과 인격발현에 관한 권리(人格權)·평화

---

52) 권영성, 헌법학원론, 법문사, 2001, 361면.

적 생존권·휴식권·수면권·일조권·스포츠권 등등을 말하며,[53] 또한 자기결정권도 포함된다고 하겠다.

또한 우리 헌법재판소는 자기운명결정권, 성적자기결정권과 소비자의 자기결정권도 인정하고 있다.[54] 따라서 육군으로서 정체성을 갖기 위해 또한 육군으로서 자신의 인격과 개성을 마음껏 발휘하기 위해 자원입대했는데 본인 의사에 반해서 교정시설에서 경비임무와 계호업무와 수형자의 교정업무를 강제로 보조하게 하는 것은 헌법의 행복추구권을 침해하는 것이 된다. 행복추구권의 내용인 자유로운 활동권에는 자신의 의사에 반해서 수형자를 계호하고 교정하는 업무를 하지 않을 자유, 즉 부작위의 자유도 포함되기 때문이다.

우리 헌법 제15조는 모든 국민에게 직업선택의 자유를 인정하는데, 이러한 직업선택의 자유는 직업에 관한 포괄적인 권리로서 직업결정의 자유, 직업수행의 자유, 직업이탈의 자유와 겸직의 자유와 경쟁의 자유를 내용으로 하며, 직업선택의 자유는 국가의 간섭을 받지 아니하고 자신이 원하는 직업을 자유로이 선택할 수 있는 자유라는 성격과 직업은 노동을 통한 인격발전에도 일조하므로 인격발로에 관한 권리라고 할 수가 있다.[55] 그런데 육군으로 자원입대한 신병을 본인의 의사와 무관하게 경비교도로 전환 복무시켜 경비업무 외에 간접계호와 교정업무 보조까지 하도록 한 병역법 제25조, 교정시설경비교도대설치법 제3조, 경비교도대 운영규칙 제66조는 직접적으로는 직업선택의 자유를 침해하는 것은 아니나 사실상, 결과적으로는 넓은 의미의 직업의 자유를 침해할 수도 있는 여지가 있다고 생각된다. 왜냐하면 육군으로 입대해 병역의 의무를 마쳐도 본인 의사에 의해 장기복무, 즉 직업군인의 길이 열려 있으므로, 그러한 장기복무를 하기 전 단계로서 육군에 자원입대하는 경우도 있는데 현재의 전환복무제도는 그런 길을 봉쇄하기 때문이다.

우리 헌법은 제19조에서 모든 국민은 양심의 자유를 가진다고 규정하고 있는데 양심의 자유에서 양심은 헌법재판소에 의하면 세계관, 인생관, 주의, 신조 등은 물론 널리 개인의 인격형성에 관계되는 내심에 있어서의 가치적, 윤리적 판단까지도 포함되며,[56] 양심의 자유란 인간의 존엄과 가치의 내면적 기초가 되는 각

53) 권영성, 전게서, 363면.
54) 김철수, 헌법학신론, 박영사, 2001년, 253면.
55) 권영성, 헌법학개론, 법문사, 2001년, 526~527면.
56) 헌재 1998. 7. 16. 93헌바35.

자의 윤리의식과 사상을 자유로이 형성하고, 또 그것을 외부에 표현하도록 강제
당하지 않을 자유와 더불어 그 윤리의식이나 사상에 반하는 행위를 강요당하지
않을 자유를 말한다.[57] 이러한 양심의 자유는 최상급 기본권이며 가장 소극적 자
유권이고, 공권력에 의한 양심강제를 배제할 수 있는 단순한 주관적 공권이 아니
고, 정의와 자율의 원리를 바탕으로 하는 사회공동체를 형성하고 지탱하는 객관
적 가치질서를 가지는 점에서 이중적 성격을 가진다.[58]

　이러한 양심의 자유는 양심결정의 자유와 침묵의 자유를 그 내용으로 하는데,
침묵의 자유는 자기가 갖고 있는 사상 및 양심을 외부에 표명하도록 강제되지 않
는 자유, 즉 직접적으로 양심을 표명하도록 강제하는 것뿐만 아니라 충성선서나
십자가 밟기 등과 같은 외부적 행위를 통하여 간접적으로 내면의 양심을 추지하
는 것도 금지되며, 또한 양심에 반하는 행위를 강제당하지 않을 자유도 넓은 의
미의 침묵의 자유의 일환이다.[59]

　이러한 양심에 반하는 행위를 강제당하지 않을 자유와 관련해서 그동안 양심적
반전주의자, 음주측정거부, 보안관찰처분, 사죄광고, 시위진압명령 등이 논란이 되
어왔는데,[60] 시위진압명령과 관련해 헌재 1995. 12. 28. 선고 91헌마80 전투경찰
대설치법 등에 대한 헌법소원에 있어서, 즉, 현역입영자인 청구인을 본인 의사에
반해 전투경찰순경으로 전임시킨 것은 청구인의 양심의 자유를 침해하는 위헌이
라는 헌법소원에 대해 헌재는 기각결정을 했다. 이때 김문희 등의 반대의견이 있
었는데, 즉 경찰의 순수한 치안업무인 집회 및 시위 진압의 임무는 국방의무에
포함된 것이라고 볼 수 없으므로, 이 진압명령은 곧 헌법 제39조 제1항 소정의 국
방의무 이외에 헌법상 아무런 근거가 없는 또 다른 의무를 청구인에게 부과하는
것이 된다. 따라서 이는 누구든지 병역의무의 이행으로 인하여 불이익한 처우를
받지 아니한다는 헌법 제39조 제2항 규정에 위반되며 이로 인하여 일반적인 행
동 자유권과 개성의 자유로운 발현권을 함축하고 있는 헌법 제10조의 행복추구권
을 침해한 것이다라는 내용이었다.[61]

　그러나 현재의 육군자원입대병을 본인의 의사에 반해 경비교도로 전환 복무시

57) 권영성, 헌법학개론, 법문사, 2001년, 452면.
58) 권영성, 전게서, 452면.
59) 김철수, 헌법학개론, 박영사, 2001년, 382면.
60) 김철수, 전게서, 382 ~ 383면.
61) 김철수, 전게서, 383면.

키는 병역법 제25조와 교정시설경비교도설치법 제3조와 또한 교도관의 본래 업무인 간접계호와 교정업무를 경비교도대원이 하도록 한 경비교도대운영규칙 제66조 제1항과 제2항은 군인으로서의 양심과 정체성을 갖기 위해 자원입대한 사람의 양심의 자유를 정면 침해하는 것이라고 생각한다. 즉, 자신의 윤리의식과 사상에 기초해 범죄를 행한 수형자를 전혀 교정시킬 의사가 없는 사람에게까지 자신의 양심에 반해 그들을 교정 교화하는 업무에 간접적으로 동원시키는 것은 헌법에 보장된 양심의 자유를 침해한다고 생각된다.

그리고 교정시설경비교도대설치법 제1조에는 보호감호소, 구치소 및 교도소에 대한 경비임무와 무장공비 등의 침투거부 등 작전임무를 수행하기 위하여 경비교도대를 설치한다고 하여 경비교도대의 임무를 밝히고 있다. 그런데 상기의 법률은 1980년 광주민주화운동 이후 들어선 전두환 정권에 의해 만들어진 냉전적 규정으로 현시대의 흐름과 맞지 않아 우선 반공사상은 중요하지만 무장공비라는 냉전적 용어는 교정재를 생산하는 교도소와 어울리지 않으며 무장공비 등의 침투거부 등의 작전임무권은 군대와 경찰[62]에게 있기 때문에 교정재의 생산을 책임져야 할 소장에게 그러한 작전임무권까지 부여하는 것은 어울리지 않다.

다시 말해서 현재의 교정이 민주적 교정을 향하며, 그것은 교정주체와 객체의 자연스러운 협조 속에서 교정공공재의 생산이 이루어짐을 의미하며, 따라서 국방재나 치안재의 생산과 관련되는 무장공비 등의 침투거부에 대한 직진권은 교정재를 생산하는 교정기관의 영역이 아닌 것인데도 그렇게 임무를 강요하는 것은 모든 사회집단에 군사문화를 강요하는 군부정권의 지나친 가외성(redundancy) 장치[63]라고 할 수 있다. 또한 무장공비 등의 침투 등 비상사태가 발생했을 시 경비교도대의 1차적 작전임무권은 소장에게 있는데 그는 군사전투에서는 비전문가이고, 또한 그러한 작전임무권에 대한 소장과 경찰 및 육군부대 간의 갈등 및 책임문제가 대두될 수 있는데 이들 기관들의 협조와 지휘관계 등에 대한 규정은 관련 법규에는 없다. 따라서 원칙대로 무장공비 등이 발생했을 시에는 관할 전투경찰대와 육군본부의 산하부대에 맡겨야 한다고 생각한다. 그리고 교정시설경비교도

---

62) 전투경찰대설치법 제1조에는 무장공비를 포함한 간첩의 침투거부, 포착, 섬멸 기타의 대간첩작전을 수행하고 치안업무를 보조하기 위하여 지방경찰청 및 대통령이 정하는 경찰기관의 장 또는 해양경찰기관의 장 소속하에 전투경찰대를 둔다고 되어 있다.
63) 조직의 신뢰와 안전을 위하여 중복장치를 둔다는 의미이다. 김일 외, 행정학, 한국교육문화원, 2001.

대설치법에서 경비의 대상이 교정시설로 한정되어 있고, 또한 동법 제1조에서 경비교도대의 경비대상 지역을 교정시설로 한정하며, 동법 제4조에서 검문대상 지역을 경비지역인 교정시설로 한정시키는 것은 조금 문제가 있다. 왜냐하면 실제로 경비교도대는 교정시설 외의 행형구역에 있어서도 경비와 검문을 행하기 때문이다. 행형구역은 교정시설보다 넓은 개념으로 교정시설 이외에 외부출역장, 또는 출정 때 호송구역과 구치감 등도 포함되기 때문이다. 그리고 경비교도대의 설치목적은 자체시설 경비와 방호에 있으나, 교도관집무규칙 제6조에서 경비교도대는 교도관 업무보조와 재소자에 대한 간접계호 업무가 주된 업무로 전환되어 교도관과 같이 행형구역 내에서 행동을 통하여 지시명령을 하는 일에 종사하고 있어 사실상 계호권을 행사하고 있다.

그런데 행형법 제14조와 교도관직무규칙의 해석상 고유한 의미의 계호권자는 교정직렬 중에서 제복을 착용하는 교정직 공무원이지만 사복교도관 중 교회직, 분류직, 직업훈련직 공무원도 직무상 필요할 때는 계호권이 있으나 경비교도대원은 계호권이 없다. 그런데 경비교도대운영규칙 제66조 제1항에는 경비교도는 외정문, 정문, 감시대, 구외작업, 출정 등 간접계호 근무개소에만 배치한다고 되어 있으나 행형법과 행형법시행령에는 경비교도대에 계호권 규정이 없고, 또 기본법인 교정시설경비교도대설치법에는 경비교도대의 계호권에 대한 언급도 없고, 하위법규에 위임도 하지 않았는데도 하위규정인 운영규칙에서 계호업무를 주는 것은 위법적인 규칙이다.

그리고 교정시설경비교도대설치법 제53조에는 경비교도대원은 직무수행상 필요할 때는 무기를 휴대할 수 있다고 했는데 직무수행상 필요 여부의 판단주체는 경비교도대원이고, 직무수행상 필요란 개념은 자의적, 재량적 개념이므로 문제가 될 수 있으므로 그 요건을 좀더 엄격히 강화시킬 필요가 있다.

한편, 동법 제5조에 따라 경비교도대원은 행형법 제14조의 요건에 해당되는 경우에는 무기를 사용할 수 있다고 하고, 이 경우 행형법 제15조의 적용에 있어서는 경비교도대의 대원은 이를 교도관으로 본다고 되어 있는데 이에 따르면 경비교도대원은 타인에게 중대한 위해를 가하거나 가하려고 하여 그 사태가 위험하다고 인정되는 때(행형법 제15조 제1항) 또 폭동을 일으키거나 폭동을 일으키려고 하는 때(동법 제15조 제3항)도 무기를 사용할 수 있다고 하는데, 행형법 제15조 제1항 후단이나 동법 동 조항 제3항 후단의 경우는 경비교도대원의 판단에 따라서 무기를 사용할 수 있는 경우가 너무 확대되고 재량에 따라 남용될 우려가 있어 문제가 될 수 있는데, 이런 것은 행형법 제15조 제5항에서 무기사용 요건으로 위험의 중대성과 위험의 긴급성을 들고 있는 것과도 조화가 되지 않는다. 그리고 교정시설경비교도대설치법 시행령 제14조의 검문절차 규정에 있어 좀더 자세한 요건과 검문권의 시간적 한계를 규정할 필요가 있다. 현재는 경비교도대원은 검문을 행함에 있어 그 장소에서 질문을 행하는 것이 본인에게 불리하거나 직무수행상 불가피한 사정이 있는 경우에는 피질문자의 동의를 얻어 교정시설에 동행할 수 있다고만 되어 있다. 이 경우도 경찰관련법규[64]의 규정과 비슷하게 경비교도대원은 직무상 불가피한 사정이 있는 경우에는 증표를 제시하면서 소속과 성명을 밝히고 목적과 이유를 설명한 뒤 피질문자의 동의를 얻어 교정시설에 동행하되 동행한 경우에는 피질문자를 6시간을 초과해 교정시설에 머무를 수 없게 하는 등으로 개정해 검문권의 요건을 강화시키고 검문권의 남용을 막도록 해야 한다. 그리고 동 시행령 제15조는 무기사용과 보고에 관한 규정인데 여기서는 경비교도대원이 무기를 사용하는 경우에는 직무수행에 불가피하게 필요한 최소한 내로 국한해야 한다고 되어 있으나 무기의 사용은 상대방에 대한 중대한 법익의 침해가 예상되므로 요건을 좀더 강화해 직무수행에 필요하다고 인정되는 상당한 이유가 있는 때로 요건을 강화하고, 또한 그런 경우에도 무기를 사용하기 전에 사전에 대상자에게 경고하는 절차를 거치도록 하는 것이 나을 것 같다. 그리고 교정시설경비교도대설치법 제1소에 나와 있듯이 경비교도대의 임무는 경비임무와 작전임무에 한정되지만 그러한 기본법에는 명시되어 있지도 않고 하위법규에 위임하지도 않은 경비교도의 교도관의 업무보조 규정조항을 경비교도대운영규칙 제66조 제2항에 규정한 것은 위법한 것이다.

즉, 동 규칙 제6조 제2항에는 경비교도로 임용된 후 상당한 기간이 경과되고 책임감이 강하며 근무능력이 탁월하다고 인정되는 자로서 특별한 자격과 기능을 보유한 자나 전문 분야의 업종에 종사한 경력이 있는 자는 해당 분야의 교도관 업무를 보조할 수 있게 하여 사실상 교화업무도 할 수 있게 하는데, 이는 교정시설경비교도대설치법 제1조의 경비교도의 임무에는 어긋나지만 또 하나 문제가 되는 것이 사회경험이 일천한 청소년 후반기의 신세대 경비교도가 범죄경험이 많은 수형자들을 대상으로 교정재를 생산하기에는 너무 젊어 실효성에도 의문이 간다는 것이다.

---

64) 경찰공무원이 행하는 불심검문과 임의동행의 방법에 대해서는 경찰관 직무집행법 제3조에 자세히 나와 있다.

4) 발전적 대안(사견)

경비교도대와 관련된 문제점은 앞에서 살펴보았는데, 이러한 문제점을 해소하는 방식으로 발전적 대안을 사견으로 제시하고자 한다. 이것은 두 가지 방향에서 언급될 수 있는데, 우선 경비교도대를 현재처럼 존속시키는 경우와 아예 경비교도대를 폐지하고 정복공무원으로 그 기능을 대체하도록 하는 방안이 있다. 경비교도대를 현재처럼 존속시키고 경비교도에게 경비임무와 작전임무 외에 교도관의 업무보조와 계호업무까지 시키면 예산과 경비의 절감 면에서는 좋으나 젊은 경비교도대원의 정체성 문제와 엄격한 위계질서를 가진 군사적 문화를 내포한 경비교도조직과 상대적으로 자유로운 민간공무원조직과의 병존에서 오는 조직관리상의 문제점과 여러 갈등 등 여러 문제가 있고, 경비교도대를 폐지하고 1981년 이전에 해왔던 방식인 정복교도관이 교도소의 외곽경비를 담당했던 때로 환원하는 방식65)은 상대적으로 많은 경비상의 문제가 발생하지만 기존의 교정경비교도대하에서의 여러 문제점은 해소될 수가 있다.

① 경비교도대의 존속하에서의 대안

㉠ 교정시설경비교도대설치법령의 개정: 앞에서 보았듯이 교정시설경비교도대설치법 제1조의 경비교도의 임무가 교정시설에 대한 경비임무와 무장공비 침투거부 등 작전임무의 수행에 있으나, 오늘날 냉전시대의 종막과 함께 부족한 교도관들로 인해 교정공무원들의 업무부담을 덜어주기 위해 간접계호 업무와 교도관의 교정업무 보조가 사실상 업무로 되고 있는 실정이 되어 기존의 교정시설경비교도대설치법 제1조의 내용에 맞지 않게 되어 하위법규와의 관계 등 여러 문제가 제기되므로 동법 제1조의 개정이 요구된다.

한편, 이러한 것에 대하여 현재 제주교도소에서 교정판례연구회를 이끌고 있는 박병선 씨는 다음과 같이 동법 제1조의 개정을 제시하였다.66) 즉, 보호감호소, 구치소 및 교도소(이하 '교정시설'이라 한다)에 대한 경비임무와 무장공비 등의 침투거부 등 작전임무를 수행하고, 교정업무를 보조하기 위하여 법무부장관 소속하에 교정시설경비교도대(이하 '경비교도대'라 한다)를 둔다고 개정을 제안하였는데, 기존의 규정에다가 교정업무를 보조하기 위하여라는 표현을 추가하였는데 이는

---

65) www.gic.go.kr 5월 27일: 1981년 이전에는 교도소의 외곽경비 등은 정복교도관이 담당했고, 담당부서는 보안과이며 (갑), (을)부 형식으로 근무했다.
66) 박병선, 경비교도정체성확립을 위한 판례연구, 교정판례연구 2001년 2호, 130면.

전투경찰대설치법 제1조 제1항[67])에 있는 전투경찰대의 임무가 대간첩작전 외에 치안업무 보조가 들어가 사실상의 기능을 규정하고 있는 점에 비추어 적절한 견해라고 생각한다.

다만, 사견으로는 앞에서도 밝혔듯이 냉전시대적 용어이며, 대간첩작전을 수행하는 본래의 기관들이 있는 만큼 무장공비 등의 침투거부 등의 작전임무란 표현은 제외했으면 하며, 또한 교정시설 이외의 행형구역에도 경비임무가 있다는 점을 감안하여 다음과 같이 개정할 것은 제안한다.

보호감호소, 구치소 및 교도소와 기타 행형구역에 대한 경비임무와 교정업무를 보조하기 위하여 법무부장관 소속하에 교정시설경비교도대를 둔다. 한편 이와 관련해 동법 제11조 등에 나와 있는 무장공비 관련부분은 동법과 시행령 등에서 삭제했으면 한다. 그리고 동 법률 제3조에서는 경비교도는 병역법 제25조의 규정에 의하여 전환 복무된 자 중에서 이를 임용한다고 되어 있으나 앞에서 이야기했듯이 본인의 동의 없는 전환복무 임용은 헌법상의 행복추구권과 양심의 자유를 침해할 여지가 있으므로 본인의 동의를 얻도록 하며, 또한 갈수록 저하되는 출산율로 인한 병역자원의 부족으로 인하여 줄어들 것으로 예상되는 전환복무자에 대비하여 일정한 특혜를 주는 조건의 공개채용시험을 실시하는 방안을 생각해봐야 하므로 다음과 같이 제3조를 개정할 것을 제안한다.

제3조(경비교도의 임용) 경비교도는 병역법 세25조의 규정에 의하여 본인의 동의를 얻어 전환 복무된 자 중에서 이를 임용하며 소요인원이 부족할 때는 법무부장관은 공개경쟁채용시험을 거처 임용할 수 있으며 공개경쟁채용시험 등에 관하여 필요한 사항은 법무부장관이 정한다.

그리고 동법 제5조는 경비교도대원은 직무수행상 필요할 때는 무기를 휴대할 수 있다고 하여 법률적으로는 계구와 보안장비 등은 사용하지 못한다. 그러나 앞에서 보았듯이 경비교도대운영규칙 제66조 제1항과 제2항에서 경비교도대에도 간접계호권이 있고, 교도관의 교정교화업무 보조기능을 하는 근거가 마련되었고, 사실상 현재하고 있으므로 계호권의 수단인 계구와 보안장비 등도 사용해야 하므로, 동법 제5조에 근거규정을 마련해야 한다. 따라서 경비교도대의 대원은 직무수행상 필요한 때에는 무기 또는 계구 등을 사용할 수 있다고 제5조 전단을 개정할 필요가 있다.

---

67) 간첩의 침투거부, 포착, 섬멸 기타의 대간첩작전을 수행하고, 치안업무를 보조하기 위하여 전투경찰대를 둔다.

한편, 교정시설경비교도대설치법 시행령에서 경비교도의 임용을 규정한 제3조 제1항은 앞에서 언급한 바와 같이 교정시설경비교도대설치법 제3조의 개정안과 같이 개정하면 되며, 동 시행령 제13조에서 경비교도대원의 임무조항에서 제2항에 있는 무장공비 등의 침투를 막기 위한 작전임무를 불순분자 등의 침투를 막기 위한 경비임무로 바꾸고, 제3항을 신설해 외부출역장 등 기타 행형구역에서 경비임무를 신설하고, 또 제4항을 신설해 교도관의 업무보조라는 항목을 신설한다. 그리고 그 이외의 개정에 대해서는 앞에서 언급한 교정시설경비교도대설치법상의 문제점에 대해 해소하는 방향으로 개정해 나가는 것을 제안한다.

ⓒ 경비교도대원의 임용방법의 개선: 앞에서 언급했듯이 현재처럼 본인의 동의 없이 병역법 제25조의 규정에 의하여 전환 복무된 자를 경비교도대로 임용하는 것은 헌법상의 여러 가지 문제를 제기할 수가 있다. 그런데 이 경비교도의 임용제도 개선에 관해 제주교도소의 박병선 씨는 경비교도의 임용을 의무전투경찰 순경임용방법과 같이 제1국민역 또는 보충역에 해당하는 자 중에서 지원에 의한 공개경쟁선발시험을 실시해 전환복무자를 선발하는 제도로 개정한다면 보다 양질의 대원을 확보할 수 있으나, 현재와 같이 경비교도대에 대한 홍보부족으로 인식이 좋지 못한 현실에서는 그 선발에 어려움이 있을 것으로 예상된다고 한다.[68] 박병선 씨의 견해에 동의하나 본인은 조금 다른 생각을 하고 있는데, 사견으로 다음과 같은 경비교도대원의 임용방안을 제시하고자 한다. 우선 단기적으로는 육군모병 단계의 안내서부터 그리고 징집신체검사장에서 등 모든 단계에서 경비교도대의 특성과 임무와 그리고 경비교도대로 근무하고 전역 시 특채나 일정 가산점 등의 혜택 등의 자세한 홍보를 통해 징집대상자들의 관심을 끌게 하고 나중에 육군 논산훈련소에서 신병들이 분류과로 넘어갈 때 자세한 설명과 함께 지원을 받도록 하고 만약의 결원에 대비하여 각 지방교정청별로 징집예정자를 대상으로 수시로 지원받도록 하는데 이 모든 것은 중앙에 있는 법무부 교정국이 주도한다.

그 다음에 중기적으로는 각 지방교정청별로 공개경쟁채용시험을 실시하도록 하며, 의무기간을 경과한 자에 대해서는 경비교도대원들 출신만이 응시할 수 있는 교정공무원 제한경쟁시험의 혜택이나 교정직 공무원시험에 가산점 제도를 주도록 하며, 또한 모범경비교도대원은 교정직 공무원으로 특채할 수 있는 법적 근거를 마련하여 유인체계를 갖추도록 한다. 이 두 번째 방안은 첫 번째 방안과 달리 각

---

68) 박병선, 전게논문, 131면.

지방교정청이 선발 등 모든 것을 주도하고, 법무부 교정국은 정책적인 기획 등에만 관여한다. 장기적으로는 경비교도의 임용권을 완전히 해당 교정시설의 장에게 주어 해당 교정시설이 경비교도대원을 선발하는 것으로, 이때는 여성 경비교도나 가벼운 장애인도 일정 비율을 뽑을 수 있도록 하며, 특채나 가산점의 혜택, 응시 자격 등 기본적 사항은 중앙의 방침을 크게 벗어나지 않는 범위 내에서 해당 지역의 특성을 고려하여 각 교도소가 자체적으로 결정하도록 한다.

이 3가지 방안은 주로 징집대상자들을 대상으로 실시하여 임용하므로 이 경우는 교정경비가 절감되는 장점은 있으나 실제로 이들이 계호업무나 교정교화업무에도 관여해 교정재의 생산에 개입하게 되는데 낮은 연령과 경험의 부족 등으로 질 좋은 교정재의 생산에는 바람직하지 못하고 기존 교정직 공무원들과의 갈등은 여전히 존재하는 등 조직관리상의 문제는 남아 있다.

ⓒ 경비교도대원의 사기진작방안 마련(사견): 앞에서 언급한 제주교도소의 박병선 씨는 경비교도의 사기문제와 관련하여 현재 대부분의 국민은 경비교도에 대한 존재 자체를 인식하지 못하고 있는 실정이며, 경비교도 또한 소속감, 자긍감이 크지 않아서 이를 제고할 필요가 있다고 하여 경비교도의 명칭을 의무교도관이나 경비교도관으로 개칭하여 교도관의 범주에 포함시킨다면 경비교도의 사기진작은 물론 현재 잔존하고 있는 교도관과 경비교도관의 갈등요소는 많은 부분이 해소될 것이라고 한다.[69)]

본인도 그러한 견해에 일부 동의하나 의식의 변화가 없이 이름만 개칭된다고 해서 사기가 오른다는 것은 의문이 가며, 또한 '의무교도관'이란 표현은 의무전투경찰과 연상되는데 의무란 말에서 느껴지듯이 지나치게 소극적이며 마치 하기 싫은 일을 억지로 한다는 의미가 내포되어 그것은 교정재의 생산에서 필요로 하는 적극성과 맞지 않는다고 생각한다. 따라서 개칭한다면 사견으로는 경비교정사가 나을 듯하며, 이는 교정환경편에서 후술하겠지만 교도관의 명칭을 교정사라고 개칭할 것을 본인이 제안한 논리와 비슷하다.

한편, 경비교도대원은 앞에서 언급했듯이 열악한 환경과 각종 갈등상황으로 인해 사기가 저하될 수 있다고 언급하였는데, 경비교도대원은 육군에 비해 의·식·주 등이 상대적으로 열악한 환경, 그리고 국민건강보험의 혜택을 받지 못하는 점, 또한 일반교도관과의 갈등, 기간교도대원과의 갈등, 동료대원과의 갈등, 수용자와의 갈등

---

69) 박병선, 전게논문 131면.

등 여러 갈등상황에 직면할 수 있고, 이러한 갈등이 적절히 해소되지 못하면 조직 생활에 장애를 가져와 사기가 저하될 수 있다고 보았다. 따라서 경비교도대원의 사기를 올리기 위해서는 열악한 환경의 개선과 갈등처리 시스템의 효율적 작용이 있어야 하며, 또한 경비교도대원의 정체성을 확립시키는 방안을 모색해야 하며 이 외에도 소속감과 인정감의 부여, 원활한 의사소통체계의 확립, 경비교도대원이 집단생활에서 느끼는 욕구불만을 해소시킬 수 있는 고충처리제도의 확립, 교도소 내 분위기의 쇄신, 적정한 업무, 대원관리의 공정화와 인간화의 실현이 있어야 한다.

② 경비교도대를 폐지할 경우의 대안(사견): 1981년에 군부정권하에서 제정된 교정시설경비교도대설치법령은 앞에서 보았지만 병역법 제25조에 의거해 전환 복무된 자를 본인의 동의 없이 지금까지 임용해왔으나 헌법상의 양심의 자유권, 행복추구권 등을 침해할 여지가 있었고 또한 1981년에 동 법령이 제정될 당시 경비교도의 임무였던 무장공비 등의 침투거부 등에 대한 작전임무권은 냉전시대의 종식과 함께 의미가 약해졌고, 설사 그렇지 않다고 하더라도 무장공비 등에 대한 작전임무권은 군과 경찰에도 있으므로 대간첩작전임무에 있어 국가 전체적으로 보면 경비교도대에 작전임무권을 부여한 것은 지나친 가외성으로 인해 중복되는 등 여러 문제가 있을 수가 있다.

그리고 보다 중요한 것은 현재 경비교도대원은 병역법 제25조에 의해 병역자원에 의존하는데, 우리나라는 가임여성의 출산율이 1.2명으로 세계에서 가장 낮은 출산율을 기록하고 있고, 이런 현상은 앞으로 병역자원의 감소가 예상되고 이에 따라 육군으로부터 전환 복무될 자원도 점차 감소하리라는 예상은 가능하다.[70]

또한 현재의 군사문화적 성격을 가진 청소년 후반기의 젊은 경비교도대원들과 일반민간인으로 구성된 교정직 공무원집단 간의 준거 차이 등에서 오는 갈등과 이로 인한 조직상의 여러 문제점이 노출되었고, 무엇보다도 경비교도대원들의 정체성도 문제가 되었다. 그리고 앞에서 보았듯이 경비교도대원들은 작전임무 등 본래의 임무 외에도 교도관의 업무보조와 간접계호 업무가 추가적으로 부과됨으로써, 교도관들의 과중한 업무해소에는 도움이 되나 실제로는 경비교도대원들이 간접적으로라도 교화업무에도 관여하므로 교정재 생산의 질에 영향을 미칠 수가

---

70) 2003년 8월 11일 조선일보의 기사에 따르면 출산율은 세계에서 가장 낮고, 이미 올해부터 필요한 대체복무요원을 채우지 못할 정도로 입영대상자 수가 급감해 현재처럼 매년 32만 명을 징집한다고 하면 2007년에는 7만 명, 2025년에는 10만 명이 부족해진다고 한다.

있다. 왜냐하면 자신의 의사와 관계없이 마지못해 교정업무에 종사하는 것도 문제이지만 질 좋은 교정재의 생산에는 아무런 경험도 없는 청소년 후반기의 경비교도대원보다는 다양한 인생의 경험을 갖고 자발적으로 교정재의 생산에 참여한 사람이 더 좋은 교정재를 생산할 수 있기 때문이다. 또한 우리나라처럼 본인의 의사와 무관하게 육군에서 전환 복무되어 교정시설에 경비교도로 임용시키는 것은 세계적으로 입법례도 찾아볼 수가 없다. 따라서 이렇게 여러 문제점을 가진 경비교도대를 폐지하고, 교정시설의 외곽경비 등은 1981년 이전에 우리나라가 해 왔던 정복교도관에 의한 경비방식으로 환원시키는 방식을 검토할 수도 있다. 따라서 현재의 교정시설경비교도설치법령과 운영규칙을 폐지하고, 경비교도라는 명칭도 사라질 것을 가정하면 현재의 교정시설과 행형구역에 대한 경비임무는 기존의 정복교도관이 할 수도 있고, 이때는 교정직 공무원의 대폭 증원이 필요해 예산의 부담이 문제가 된다. 또 하나의 방안은 현재의 교정직 공무원은 교정행정직렬로 개칭하고, 교정시설 등에 대한 경비를 맡을 공무원을 교정경비직렬 또는 교정보안직렬로 신설하여 특화시킬 필요가 있다. 만일 교정경비직렬을 신설한다면 응시연령을 대폭 완화시키고, 신체적 조건도 본인이 앞에서 제시한 방안을 생각해볼 수 있으며, 장기적으로는 가벼운 장애인이나 여성에게도 문호를 개방할 필요가 있다. 교정경비직렬의 시험과목으로는 2004년부터 교정직 9급 시험과목에 포함될 형사소송법 대신에 경비학 개론을 넣을 것을 생각할 수가 있다.

또 하나의 방안은 경비절약 차원에서 소위 민·관합동기구이론인 제3섹터이론을 원용하여 교정시설의 외곽경비나 출정호송 등 행형구역에서의 경비 등은 민간경비회사와 계약을 맺는 방안을 생각할 수가 있는데 이럴 경우 교정시설 등에 파견된 민간경비회사 직원은 공무원이 아니므로 월급, 연금 등 여러 면에서 경비가 절약되나 교정시설 내에 민간인이 개입됨으로써 보안문제와 공무원조직과의 갈등문제, 교정사고 시 최종책임은 교정기관이 부담해야 하는 점, 아직 국내 민간경비시장이 활성화가 되지 않아 충분한 인적 자원이 미비한 점, 또한 파견된 민간경비회사 직원의 자질문제와 수용자와의 부정거래 가능성 등 여러 문제점이 노출될 수가 있다.

또 하나의 방안은 육군의 협조를 얻는 방안이 모색될 수가 있는데, 이것은 현재의 병역법 제25조에 의한 전환복무제도와 달리 현재 육군에서 근무하고 있는 현역병 중에서 1년씩 교대로 인원을 차출받아 교정시설 경비를 시키는 방안을 생각해볼 수가 있는데, 예산은 대폭 절약되나 육군의 협조문제, 기존 공무원조직과의 갈등 등이 문제가 된다.

제 7 장
한국교정고객급여론

1. 서

수용자들에 대한 급여란 의류, 침구, 음식 등의 지급 또는 대여를 말하는바, 이러한 급여는 수용자들의 생활에 있어 가장 기본적인 재화들이므로 중요하다고 하겠다. 여기서는 그러한 급여와 관계되는 현행 우리나라의 제도와 외국의 제도를 살펴보고 급여품, 예를 들어 지급되는 음식도 영양학적 관점만 아니라 급식도 교정재의 생산에 관계되는 교육이라는 관점에서 현행급여제도의 문제점과 개선방안을 추론하고자 한다.

1) 현행법령상 급여의 내용

우선 의류와 침구 등에 대해서는 행형법 제20조에서 수용자에게는 일정한 의류, 침구, 기타 생활용품을 급여하며, 의류, 침구, 기타 생활용품의 급여에 관한 사항은 대통령령으로 정한다고 되어 있으며, 행형법 제22조에는 소장은 필요하다고 인정하는 경우 수용자에게 의류, 침구 기타 생활용품 및 음식물의 자비부담을 허가할 수 있다고 하며, 미결수용자가 법률이 정하는 수사, 재판, 국정감사 또는 조사에 참석할 때 사용하기 위하여 의류 및 신발의 자비부담을 신청하는 경우에는, 특히 부적당하다고 인정되는 사유가 없는 한 당해 소장은 제1항의 규정에 의한 허가를 해야 한다고 하며, 자비부담의 의류, 침구 기타 생활용품 및 음식물에 관한 사항은 대통령령으로 정한다고 되어 있다.

한편, 행형법시행령 제73조에는 급여하는 의류와 침구는 수용자의 건강유지에 적합해야 한다고 하며, 동 시행령 제74조에는 수용자에게는 수용생활에 필요한 식기, 기타 물품을 급여할 수 있고, 수형자에게는 화장지, 칫솔, 치약, 비누 기타 생활용품을 급여하여야 한다고 하며, 동 시행령 제75조에는 수용자에게 급여하는 의류 및 침구의 수는 1인에 대해 1매로 하고, 소장은 날씨, 수용자의 건강상태 기타 사정을 고려하여, 특히 필요하다고 인정하는 때에는 의류 또는 침구의 수를 증감할 수 있으며, 식기와 생활용품의 수량은 당해 소장이 정하도록 하고 있다. 동 시행령 제76조에는 식기 등의 정결규정이 있고, 동 시행령 제77조에는 수용생활에 필요한 생활용구의 비치에 관한 규정을 두고 있다.

한편, 수형자분류처우규칙 제52조에서는 수형자에 대한 물품급여는 누진계급에 상응하도록 하지만, 식량, 음료, 기타 건강을 유지함에 필요한 물품은 계급에 의하여 구별하지 아니한다고 규정하며, 동 규칙 제53조에서는 수형자의 거실에 둘 수 있는 비품규정을 두고 있고, 동 규칙 제54조에서는 교도소장은 제2급 이상의 수형자에 대하여 처우상 부적당하다고 인정되는 물품을 제외하고는 수형자 자신의 필요에 의한 차입물품의 사용을 허가할 수 있다고 하며, 동 규칙 제55조에서는 제2급 이상의 수형자에 대해서는 공동으로 사용할 식기 기타 생활용품을 대여할 수 있다라는 규정을 두고 있다.

한편, 음식물에 대해서는 행형법 제21조에서 수용자에게 체질, 건강, 연령과 작업 등을 참작하여 필요한 식량을 급여하는 규정을 두며, 행형법시행령 제78조에는 음식물은 주식, 부식, 음료 기타 영양물로 하되 필요한 영양을 보급할 수 있는 정도의 것이어야 한다고 하며, 동 시행령 제79조에는 주식은 쌀과 보리의 혼합으로 한다고 하며, 재소자 주·부식 급여규칙 제4조 제1호에 의하면 수용자 1인당 1일 급여하는 주식은 작업을 하는 자에게는 750g을, 비작업자에게는 660g을 준다고 하며, 재소자 주·부식 급여규칙 제3조와 제8조에 따르면 주식은 교도소와 구치소에 수용된 자에 대해서는 백미8, 맥류2의 비율로 혼합해서 급여하며, 보호간호소에 수용된 자에 대해서는 백미9, 맥류1의 비율로 혼합 급여한다고 되어 있다.

그리고 행형법시행령 제82조에는 국경일 기타 이에 준하는 날에는 특식을 급여할 수 있다는 규정이 있고, 동 시행령 제84조는 환자의 음식물은 소장이 정한다고 하며, 동 시행령 제88조는 자비부담 음식물의 종류와 분량은 당해 소장이 정하도록 하며, 동 시행령 제89조는 자비부담 음식물의 검사는 의무관이 하도록 하고, 동 시행령 제90조는 혼거수용자의 자비부담 음식물은 다른 수용자와 분리된 장소에서 식사하게 하며, 동 시행령 제91조에는 소장은 음식물의 자비부담을 원하는 자에 대해서는 수용질서를 문란하게 하지 아니하도록 당해 교도소 등의 직원회에서 경영하는 판매소에서 이를 판매 공급해야 한다고 되어 있다. 한편, 재소자 주·부식 급여규칙 제7조에는 소장은 환자, 노쇠자, 임산부 및 유아를 데리고 있는 자 등에 대해서는 의사의 의견을 들어 필요한 양의 쌀밥, 죽 등 주식과 특별히 마련된 부식을 급여할 수 있으며, 유아에 대해서는 분유 등 대용식을 급여할 수 있다고 되어 있다. 그리고 외국인 재소자, 주·부식 급여규칙에 의해 외국인 수용자에게 급여하는 주·부식의 총 열량은 1인당 1일 3,000킬로칼로리를 기준으로 하고, 미곡을 주식으로 하는 외국인 수용자에 대해서는 백미 및 맥류를, 그 외의 자에 대해서는 빵·기타의 대체식품을 주식으로 급여하며, 주식은 작업 자에 대해서는 1일 800g을, 비작업자에 대해서는 700g을 기준으로 한다.

한편, 재소자 주·부식 급여규칙 제6조에 의해 부식은 주식과 함께 급여하며, 성년과 소년 수용자별 1일 1인의 부식의 표준 급여량을 정한다. 한편, 재소자 주·부식 급여규칙 제7조에는 수용자에게 특식을 급여할 때 주식은 백미로 급여하고, 부식 또는 간식은 예산의 범위 안에서 특별히 마련하여 급식한다고 되어 있다.

2) 현행급여의 문제점과 대안

현행법령상의 수용자에 대한 급여에 대한 사견으로서의 비판은 우선 크게는 두 가지 측면에서 접근하고, 그 다음에 세부적인 접근을 제시하고자 한다.

우선 첫 번째 측면은 수용자에 대한 음식물과 생활용품의 급여에 대해 우리 행형법령은 무료로 관급으로 하고 있는데, 이런 기본적 생필품의 무료관급은 세계의 거의 모든 나라에서 행해지고, 우리나라의 교정학자들도 당연시하고 있는데, 과연 이런 무료관급이 타당한가에 관한 문제이다.

우리 헌법 제34조에는 모든 국민은 인간다운 생활을 할 권리를 가지며 국가는 사회보장과 사회복지의 증진에 노력할 의무를 진다고 규정하여, 모든 국민은 인간다운 생활권을 가지며 그에 따라 교정시설에 수용된 수용자도 인간다운 생활권과 생존권이 보장되며 그런 차원에서 수용자에 대한 적절한 급여는 논의될 수 있다. 이러한 수용자에 대한 급여를 관급과 자비부담 중 어느 것에 의하느냐에 대하여 허주욱 교수는[1] 특별한 경우를 제외하고는 형벌의 공평성과 단체생활의 공동적 규율 및 위생적 견지에서 관급에 의한다고 하며, 교정의 목적이 수형자를 개선, 교화하여 건전한 사회의 일원으로 복귀시키는 데 있다고 본다면 수형자도 역시 국민의 일원으로서 최저한도의 인간다운 생활을 할 권리와 보호로 건전한 문화적 생활을 영위하도록 해야 한다고 하여 최저한도의 보온유지를 위한 의류와 침구, 생존을 위해 영양과 칼로리를 확보할 만한 식량과 음료의 급여가 요구된다고

---

1) 허주욱, 교정학, 법문사, 2002년, 390면.

주장하여 최저한도의 급여는 무료로 관급해야 함을 밝히고 있다. 한편, 이윤호 교수도 이러한 교정경비는 당연히 국가예산으로 지원되어야 한다고 주장하고 있다.[2]

그러나 이러한 수용자에 대한 음식물이나 생활용품 등을 무료 관급하는 것, 즉 수용자에 대한 모든 교정비용이 무료로 이루어지는 것에 대해 본인은 이미 2001년 2월의 석사논문에서 세계 최초로 비해자(非害者)이론을 주장하여, 즉 범죄 가해자도 범죄 피해자도 아닌 비해자인 국민들에게 교정비용을 전가시키는 것은 비해자에게는 역차별이 될 수가 있으므로 실질적 형평을 위해 고전적 가해자에게는 강한 책임의 원칙과 비례의 원칙을 적용시켜 수형자의 여러 소득에 비례해 교정비용을 차등화시켜 부담할 것을 주장했다.[3]

한편, 이 책의 교정경비부담이론에서 후술하겠지만 수용자에 대한 음식물 등의 기본적 생필품에 대한 교정경비 부담에 대해서는 사견으로 생산비 이론과 형평성 이론에 근거해 생산자-수익자에게 부담시키고 그 다음에는 복지접 접근을 추가해 능력별로 수용자들에게 교정경비를 부담시킬 것을 주장하고자 하는데, 즉 응보주의시대는 구금의 목적이 사회방위에만 있어 교정재의 생산이라는 개념이 없어 수익자인 국민이 구금비용을 부담했고, 교정재의 생산자와 수익자가 아닌 수용자는 구금비용의 의무가 없었으나, 오늘날은 구금의 목적이 공공재 생산의 기초단계로서의 성격이 있으므로 이러한 교정재의 생산자이면서 동시에 수익자인 국가와 수용자는 생산비 자기부담 원칙과 수익사 부담의 원칙에 따라 수용자도 교정경비의 일부를 부담할 책임이 있으며, 또한 형평성 이론에 의해 수용자에게도 교정경비를 부담시켜야 된다고 생각한다.

따라서 수용자에게 급여되는 음식물과 기타 생활용품은 원칙적으로 수요자가 그 비용을 부담해야 되며, 능력이 없는 수용자에 대해서는 사회복지적 접근으로 예외적으로 관급해야 된다고 주장하며, 이런 교정비용의 자기부담 원칙의 실시를 위해 교도작업에 대해 현재의 작업상여금제도 대신에 근로기준법상 최소임금이 보장되는 작업임금제의 도입을 주장한다.

그 다음에 두 번째 측면에서 제기하고자 하는 것은 수용자에게 급여되는 음식물과 의류, 침구 기타 생활용품은 현재는 음식물에 대해서는 행형법령에서는 영양적 차원에서만 접근하고 있으며,[4] 허주욱 교수도 수용자들에게 최저한도의 보

2) 이윤호, 교정학개론, 박영사, 2002년, 393면.
3) 천정환, 경상대 석사논문, 2001년, 39면.
4) 행형법시행령 제78조는 수용자에게 급여하는 음식물은 주식, 부식, 음료 기타 영양물로

안유지를 위한 의료와 침구를 급여하고, 생존을 위해 영양과 칼로리를 확보할 만한 식량과 음료의 급여가 요구된다고 하여,[5] 수용자에 대한 음식물의 공급은 영양적 차원에서만, 의류와 침구는 온도적 차원에서만 접근하고 있음을 알 수가 있다. 그러나 본인은 위의 그러한 입장, 즉 의류와 침구는 온도적 차원에서만 이해하고, 수용자에게 급여하는 음식물은 영양적 차원에서만 접근하는 부분적, 단편적, 미시적 접근을 반대하며 급식도 교육과 교정이며 의류와 침구도 교정이라는 총체적, 종합적, 거시적 입장에서 접근할 것을 주장한다.

즉, 우리의 행형법령과 기존의 교정학자들은 수용자에게 급여하는 음식물의 내용에 대해 영양학적 차원에서만 접근하나 본인은 그런 입장을 반대하며, 음식물의 어떤 내용이 수용자의 공격성에 영향을 주느냐 하는 것을 분석해 수용자의 공격성을 저하시키는 음식물의 공급을 통해서도 수용자가 교정이 될 수 있다는 총체적 접근법을 제시하고자 하며, 마찬가지로 의류와 침구, 기타 생활용품은 현재는 보안적 차원과 온도적 차원에서만 접근하나 본인은 그러한 소극적 입장보다는 의류를 관복 또는 사복으로 하느냐의 문제와 관복으로 할 경우는 의류의 색깔을 보안적 차원이 아닌 교정의 효과를 높이는 색깔심리학과 교정심리학적 입장에서 접근하고자 한다.

따라서 본인의 위와 같은 주장, 즉 음식물 등의 급여비용은 수용자 자기부담의 원칙과 급식과 의류 등도 이제는 교정이라는 종합적, 적극적 접근을 해야 한다는 두 가지 원칙을 전제하고 이제 행형법령의 세부적인 사항의 문제점을 나름대로 적시하고자 한다.

2. 의류와 침구 등에 관한 문제점과 대안

1) 의류와 침구 등에 관한 국제기준

먼저 의류와 침구에 대해 국제기준을 살펴보면 피구금자처우최저기준규칙 제17

하되 필요한 영양을 보급할 수 있는 정도의 것이어야 한다고 되어 있다.
5) 허주욱, 전게서, 391면.

조에는 자기의 의류를 입도록 허용되지 아니하는 피구금자에 대해서는 기후에 알맞고 건강유지에 적합한 의류가 지급되어야 하며, 이런 의류는 결코 저급하거나 수치심을 주는 것이어서는 안 된다고 규정하여 의류급여를 수용자의 건강과 자존심의 유지차원에서 접근하고 있으며, 또한 유럽규칙 제22조에는 의류는 청결하고 좋은 상태로 유지되어야 하며 내의는 위생상태를 유지하기 위해 가급적 자주 교환되고 세탁해야 한다고 규정하며, 동 규칙 제23조에는 수용에서 각 피구금자의 의류를 좋은 상태로 유지하고 사용에 적합한 상태로 유지하기 위하여 적절한 조치를 해야 한다고 하며, 동 규칙 제24조에서는 모든 피구금자는 지방 또는 관습에 따라 개인용 침대 및 깨끗한 상태를 유지하고 청결을 유지하기 위하여 적절히 교환되는 개인용 침구가 제공되어야 한다고 규정하고 있다.

따라서 위의 피구금자처우최저기준규칙과 유럽규칙을 보면 의류와 침구는 위생과 건강차원에서만 소극적으로 접근하고 있음을 알 수 있다. 즉, 의류를 어떤 색깔로 하면 수용자의 공격성을 저하시키고 심성을 순화시킬 수 있느냐는 복식심리학(服飾心理學)적 접근을 고려하지 않아 의류나 침구도 교정재의 생산과 직접 연결될 수 있다는 것을 간과하고 있다. 한편, 피구금자처우최저기준규칙 제17조에는 예외적인 상황에서 피구금자가 정당하게 인정된 목적을 위하여 시설 밖으로 나갈 때에는 언제나 자신의 사복 또는 너무 눈에 띄지 아니하는 의복을 입도록 규정하고 있고, 동 규칙 제18조에는 피구금자에게 자기 의류를 허용할 때는 청결하고 사용에 적합하도록 적당한 조치를 하도록 규정하고 있고, 유럽규칙 제95조에는 미결구금자에게 자기 소유의 사복이 청결하고 적당하다면 그 착용기회가 제공되어야 하며 미결구금자가 법원에 출두하거나 허락된 외출을 할 때 적당한 사복이 없는 경우에는 양호한 상태의 의복이 제공되어야 한다고 규정하고 있다. 따라서 위의 국제기준들은 수용자에게 사복착용의 근거를 제시하고 있지만 사복착용도 청결의 차원에서 접근해 위생 측면에서만 소극적으로 접근하여 사복의 색깔과 종류에 따라 교정재가 생산될 수 있다는 적극적인 교정심리학적 관점에는 미치지 못함을 알 수 있다.

2) 한국감옥의 현실의 책에서 나타난 설문조사 결과

한편, 인권운동사랑방에서 엮은 한국감옥의 현실6)에서 나타난 수용자들의 설문조사에 따르면 겨울철에 지급되는 침구는 매우 위생적이란 대답이 86명(43%)이고, 보통이다가 51명(25.5%)이며, 위생적이다가 5명(2.5%)으로 나타났고, 관에서 지급하는 수인복에 대한 느낌은 81명(36.7%)이 굴욕감을 느낀다고 하며, 97명(43.9%)이 자신이 초라하게 느껴진다고 하며, 40명(18.1%)이 덤덤하다고 대답했다고 하며, 수감생활 중 침낭은 반수 이상이 허가받았다고 대답했고, 49명(21.3%)이 허가되지 않았다고 대답했다고 한다.

위의 설문조사의 결과를 보면 급여되는 침구가 상당히 비위생적이며 많은 수용자가 관복에 대해 수치심을 느끼는 것을 알 수가 있다.

3) 행형법령상의 규정의 문제점과 대안

그 다음으로 행형법령상에 나타난 규정의 문제점을 살펴보면 행형법시행령 제73조에는 의류와 침구는 급여요건으로 건강적 차원만 언급하는 소극성을 띠고 있는데, 이에 대하여 유해정 씨는 한국감옥의 현실에서[7] 위의 규정은 국제기준에 어긋난다고 하며, 수용자에게 지급되는 의류와 침구는 수용자의 건강을 유지하기에 적합하고 수용자의 자존심을 보호할 수 있는 것이어야 한다는 조항의 신설을 주장하고 있다. 그러나 행형법시행령 제73조와 거기에 대한 유해정 씨의 주장은 의류와 침구 등의 교정재의 생산가능성과는 거리가 있으므로 만약 시설 내에서 사복착용을 허가하지 않는다면 행형법 제73조를 법 제20조의 규정에 의하여 수용자에게 대여하는 의류와 침구는 수용자 각 개인의 건강유지와 심리적 안정에 적합한 것이어야 하며 대여의류와 침구의 품목·색채·규격·대여료 및 기타 필요한 사항은 법무부령으로 정하도록 고칠 것을 제안하며, 현재 수용자의류 및 침구급여에 관한 규칙은 실내복 의류의 색채는 남자 수용자는 청람색, 베이지색, 갈색으로, 여자 수용자는 회색, 베이지색으로 하며, 우량 수형자는 갈색으로 하고, 호송복은 남녀 수용자 모두 회색으로 하고 있고, 침구의 색채는 종류에 따라 청록색, 하늘색, 청람색 등으로 획일적으로 규정하고 있는데,[8] 이러한 수용자의 선택권이 없는 획일적 색채규정과 우량 수형자와 비우량 수형자 간의 의류색채를

---

6) 이승호 외, 사람생각, 1999년, 172면 이하.
7) 유해정, 한국감옥의 현실, 사람생각, 1999년, 175면.
8) 법무부 교정국.

달리하는 것은 오히려 심리적, 정서적 장애와 갈등을 초래해 교정재의 생산에 저해가 되고 헌법상의 행복추구권을 침해할 여지가 있으므로 수용자 의류 및 침구급여에 관한 규칙을 개정하여 우량 수형자와 비우량 수형자 간의 의복색채의 차별을 폐지하고, 또한 실내복의 경우에는 남자와 여자는 각기 획일적으로 다른 색채로 규정한 것도 보안적 차원만 고려했지 각 개인의 성격이나 기호를 고려하지 않아 복식심리학이나 교정심리학적 측면이 고려되지 않아 교정재의 생산과 거리가 있으므로 그러한 남·여 수용자 간의 획일적 색채구별조항은 폐지하며, 또한 현재의 제한된 수의 색채종류를 보다 많이 확대하여 수용자들이 자신의 정서적 안정이나 교정심리적 효과를 줄 수 있다고 생각하는 색채를 스스로 결정할 수 있도록 해야 하며, 침구도 마찬가지의 논리로 다양한 색상의 침구를 준비하여 스스로가 선택할 수 있도록 해야 한다. 호송복의 경우도 남녀 수용자 모두 회색으로 하나 이것도 자신의 색채를 정하도록 해야 하는데, 이는 특히 수용자들이 외부로 호송될 때는 심리적으로 예민해지기 때문이다. 이렇게 의복이나 침구의 색채의 선택권을 수용자에게 부여해주면 정서적, 심리적 안정과 효과는 물론 의복색채의 결정에 있어서 헌법상의 행복추구권 보장에도 적합하게 되어 제한적이나 교정재의 생산에 도움이 된다고 생각한다.

그리고 위에서 본인이 주장한 행형법시행령 제73조 개정안에서 기존의 행형법시행령 제73조에 들어 있는 '급여'라는 표현과 농 시행령 세73조에 대해 유해정 씨가 주장한 개정안에 들어 있는 '지급'이란 표현 대신에 대여라는 표현을 사용한 것은 의류나 침구는 수용자에게 소유권이 넘어가는 지급의 개념이 아니고 나중에 수용자가 반환해야 하므로 대여의 개념이 적절하며, 또한 행형법령의 급여라는 개념은 지급과 대여를 의미하므로 대여라는 표현을 사용했으며, 또한 위에서 본인이 주장한 행형법시행령 제73조의 개정안에서 대여료를 신설한 것은 본인이 앞에서 언급한 생산자비용부담이론과 수익자부담원칙 및 형평성 이론에 따라 교정경비를 교정재의 생산자이면서 동시에 수익자에게 부담시켜야 한다는 논리에 따라 대여료 조항을 주장하였으며, 대여료는 일반 국민의 상식선에서 결정하되 극빈한 수용자에게는 면제해 줄 필요가 있으며 이렇게 적은 대여료를 받게 되면 수용자들은 종전의 수혜자적 입장에서 대등한 위치로 입장이 전환되고 그것은 결국 교정재의 생산에도 도움이 될 수 있다고 생각하며, 또한 대여료를 받는 교정당국의 입장에서는 소비자의 욕구에 따라야 하므로 의류와 침구의 질도 향상되어 수용자의 건강과 위생에도 도움을 줄 수 있다.

또한 따라서 교정경비의 수용자부담원칙에 따라 행형법 제74조 제3항을 소장 은 수형자에게 화장지, 칫솔, 치약, 비누 기타 생활용품을 급여할 수 있으며, 급 여비용과 급여대상에 관해 필요한 사항은 법무부장관이 정하도록 개정할 것을 제 시하는데 위에서 본인이 기존 행형법 제74조 제3항에 규정되어 있는 '급여하여야 한다'란 표현 대신에 급여할 수 있다고 한 것은 칫솔, 치약 등은 보안검사를 거 친 후에 자신이 외부에서 갖고 올 수 있도록 하고, 외부에서 갖고 오지 못하는 수형자에게는 원칙적으로 비용을 받고 급여하자는 뜻이다.

한편, 행형법시행령 제75조에는 수용자에게 급여하는 의류와 침구의 수는 1인 1매로 하되 소장의 자유재량에 의해 그 수를 증감토록 하고 있으나, 이는 소장의 재량이 남용될 수 있고 난방이 잘되지 않는 교정시설의 현실을 감안하여 수용자 가 원할 경우 특별한 사정이 없는 한 자신의 비용을 추가 부담하는 조건하에서 허용하는 방향으로 나아가야 한다.

한편, 인권운동사랑방에서 엮은 한국감옥의 현실에 나타난 설문조사 결과에 따 르면 겨울철 침구에 대해서는 162명(83%)이 부족하고 추우며 겨울에 지급되는 방한복도 너무 얇아서 몹시 추웠다가 148명(64.3%), 약간 춥다가 48명(20.9%)으 로 대부분이 춥다고 느끼고 있다.[9] 이에 대해 유해정 씨는 겨울에 지급되는 의류 와 침구류가 방한의 목적을 달성하지 못해 재소자의 건강에 심대한 위협이 된다 고 하며, 의류 및 침구 수를 1인 1매로 제한할 것이 아니라 건강과 신체위생유지 가 가능한 범위 내에서 충분한 의류 및 침구의 보장을 하는 내용으로 수정할 것 을 주장하고 있다.[10]

한편, 유해정 씨는 국내행형법규는 침구와 의료의 소독 후 지급만을 규정하고 있어 청결과 적절한 신체위생, 자존심 유지를 어렵게 하므로 "지급되는 의류와 침구는 청결해야 하며 합리적이고 잦은 교환이 이루어져야 한다"라는 규정의 신 설을 주장하는데,[11] 참고할 만한 견해라고 생각한다.

---

9) 이승호 외, 전게서, 173면.
10) 이승호 외, 전게서, 176면.
11) 이승호 외, 전게서, 175면.

4) 수용자의 사복착용에 관한 입법례

한편, 수용자의 사복착용문제에 대해 입법례를 보면 대부분의 국가는 의류와 침구는 관급하는 것이 원칙이라고 한다.[12]

독일은 기결과 마찬가지로 사복을 입으며 사복은 시설 내는 물론, 외출, 외부 통근 때도 허용되고 수용자들이 즐겨 입는 복장은 청바지에 티셔츠 형태의 간편 복이며, 양복도 원하면 허용되고 수용자가 원할 경우 영치창고에 보관된다고 하며 양복과 함께 구두와 허리띠도 허용되며, 사복의 수량제한은 수용거실의 규모를 감안하여 소장이 결정하며 특정 문양이나 직원복과 유사한 옷은 금지되고 사복이 없는 미결수는 관복을 주는데, 사복착용 수용자와 직원의 구별은 보안과 직원은 제복을, 기타 사복직원은 열쇠와 신분증을 부착하는 것으로 구별한다고 하며 수용자의 사복은 거실 내 또는 영치창고에 보관되고, 사복세탁은 소내의 세탁실에서 이루어지는데 모든 수용자들은 월 21,000원 정도의 세탁비를 부담하고 있다고 한다.[13]

한편, 독일의 아델스하임 소년교도소에는 기결도 미결과 마찬가지로 사복을 입고, 사복은 교도소 내, 외를 막론하고 입으며 작업 때는 작업복이 지급되며 양복도 원하면 가능하며, 사복세탁은 세탁기와 탈수기를 이용하며, 소장이 사복허용 수량을 결정하며, 사복의 색깔이나 문양 등이 수용실서에 유해하지 않는 조건으로 사복착용이 허용된다.[14]

영국은 남자 교도소나 구치소에 수용된 미결수용자나 시민재소자는 교도소기준에 충족되는 한 사복을 입을 수 있으며 교도소기준은 적절하고, 단정하고, 깨끗해야 한다는 것이고, 여성 재소자는 교도소 의복을 입지 않지만 남성과 동일한 기준에 의해 사복을 입는다고 하며, 재소자가 옷이 부족할 경우에는 교도소에서 옷을 지급해주나 이때 옷은 수용자 의복은 아니며, 교도소 내의 세탁시설은 일반적으로 제한이 되어 있어서, 방문자들의 방문 시에 세탁이 필요한 옷과 깨끗한 옷을 교환할 수 있으며, 성인남자 교도소에서는 재소자가 원할 경우 교도소 의복을 입을 수 있다고 한다.[15]

12) 박재윤, 수형자의 권리와 구제제도, 국민대학교 출판부, 1997년, 80면.
13) 박병용, 외국의 미결수용자 사복착용, 교정, 1999년 4월, 27면.
14) 박병용, 전게서, 30면.
15) 형사정책연구원, 외국의 교정현황연구, 2000년, 130면.

한편, 영국의 벨마쉬 교도소에서는 기결수도 미결수와 같이 사복이 가능하며, 수용생활의 성적에 따라 사복의 보유량도 달리하며, 사복으로 양복, 평상복을 허용하고 양복을 허용할 경우 넥타이, 구두도 허용되며, 독일과 달리 별도로 수용자에게 세탁비용은 받지 않고 교도소 내 세탁을 원하지 않는 경우 접견을 오는 가족을 통해 세탁하거나 외부 세탁소를 이용하게 하며, 도주 우려가 있는 수용자에게는 노란 줄이 있는 옷을 입히고 족쇄도 겸한다.16)

일본에서는 수형자와 피감치자에게 일정한 의류가 대여되나, 구류수형자 및 피감치자에게는 자의의 착용을 허가하고 그 밖의 수형자에게는 내의의 자변이 허용될 수 있고, 미결구금자와 노역장 유치자의 의류는 원칙적으로 자변이나 자변할 수 없는 자에게는 대여하고, 노역장 유치자의 경우에는 수형자에 준하는 것이 원칙이나 의류에 대해서는 예외적으로 미결구금자와 마찬가지로 자변이 원칙이라고 한다.17)

호주에서는 수용자는 교도소에서 제공하는 피복을 입게 되며, 피복은 계절에 적합해야 하고, 여자 수용자를 제외하고는 내의는 교도소에서 제공하지 않고, 별도로 구입해야 하며, 미결수용자는 법적으로 소내에서 사복착용이 가능하나 수용자 관리의 편의와 위생문제 등으로 실제사복을 소내에서 착용하는 경우는 많지 않으며, 대부분이 관복을 착용하고 있으며, 미결수나 기결수가 출정을 가는 경우에는 사복착용이 허용되며, 사복이 없는 경우 소장은 출정 수용자에게 사복을 제공해야 하는 것으로 되어 있다고 한다.18)

프랑스의 수용자들은 미결수든 기결수든 간에 모두 개인의류를 소지할 수 있으며, 수용자의 의류와 다른 속옷은 좋은 상태로 잘 유지, 관리되어야 하고 시설당국에서 지급하는 의류도 잘 관리되어야 하고, 수용자 개인이 소지할 수 있는 의류의 수량은 제한되어 있고 허가된 품목 이외에 추가로 소지하고 있는 옷은 수용자의 사물함에 속옷과 구분해서 잘 정리해야 한다고 한다.19)

미국의 경우는 주마다 조금씩 다르나 중구금교도소인 엘도라도 교도소에서는 신입 수용자에게는 오렌지색의 피복을, 일반수용자에게는 청바지에 반팔 진을, 관용부 수용자에게는 흰색으로 구분해서 착용시킨다고 하며,20) 알렉산드리아 구치감

---

16) 박병용, 외국의 미결수용자 사복착용, 교정, 1999년 4월, 31면.
17) 형사정책연구원, 전게서, 271면.
18) 형사정책연구원, 전게서, 367면.
19) 형사정책연구원, 전게서, 484면.

(Detention center)에서는 수용자 전원에게 관복착용을 원칙으로 하며, 재판출정 시에도 관복을 입게 하고, 다만 배심원의 재판 시에만 사복을 허용하는데, 관복의 색채는 남자는 청바지에 진을 착용하고, 여자 수용자에게는 청색관복을 착용시키며 관용부 수용자는 흰색관복을 착용한다.[21]

복합교도소인 허치슨 교도소는 모든 수용자에 대하여 하의는 청바지, 상의는 진으로 통일하고, 1인당 3벌을 지급하는데 혁대도 같이 주며 피복지급 시 거실번호와 호칭번호를 옷에 부착시켜 관리한다.[22]

이탈리아의 레비비아 교도소에서는 출역 수용자에게는 관급복을 착용하도록 하고, 출역수 이외의 자는 자유복을 착용할 수 있으며,[23] 스페인의 마드리드 Ⅲ교도소에서는 자변으로 자유복을 착용할 수 있고 자변이 불가능한 자는 관급한다고 한다.[24]

대만에서는 행형법 제45조에 의하면 수형자에게 보건상 필요하다고 인정되는 음식물, 옷, 담요 및 기타 필수품을 지급하여야 한다고 하여 관급을 원칙으로 하고 있다.[25]

뉴질랜드에서는 일반수용자에게는 갈색의 의복을 착용케 하고, 관용부 수용자에게는 흰색을 착용케 한다.[26] 스웨덴의 경우는 수용자는 교정당국에서 관급한 제복과 사복 중에서 택일할 수 있지만 소내에서 다수 수용자는 제복을 입지만, 외부로 출입할 때는 사복을 착용해야 한다는 규정이 있다.[27]

네덜란드의 경우는 기결수용자도 미결수용자와 마찬가지로 사복을 입을 수 있으며, 사복에는 양복과 평상복 모두를 허용하고 있고, 양복을 허용한 경우 넥타이, 구두도 허용하고 있으며 세탁비용으로서 주 2.50길드(약 15,000원)를 부담하고 있으며 교도소 내에서 세탁을 원하지 않는 경우는 접견을 오는 가족 등에게 세탁물을 전달하거나 가족을 통해서 새 옷을 받을 수 있다고 한다.[28] 이상과 같이 외국의 입법례를 보았듯이 유럽의 선진국들은 기결수와 미결수에게 수용시설

---

20) 양봉태, 구미교정제도, 교정, 1995년 9월, 67면.
21) 양봉태, 전게서, 1995년 10월, 39면.
22) 양봉태, 전게서, 1995년 9월, 78면.
23) 양봉태, 전게서, 1995년 11월, 46면.
24) 양봉태, 전게서, 1995년 10월, 52면.
25) 교정, 1989년 11월, 46면.
26) 최강주, 오세아니아교정, 교정, 1996년 2월, 99면.
27) 한인섭, 스웨덴 방문기, 신동아 1997년 4월, 488면.
28) 박병용, 전게서, 32면.

내에서 사복착용을 많이 허용하고 있음을 알 수 있는데 우리나라에도 시사하는
바가 크다고 하겠다.

5) 사복착용에 관한 헌법재판소의 판례 내용

한편, 우리나라의 사복착용문제에 대해서는 우리는 수용자에게 의복은 관급을
원칙으로 하되(행형법 제20조), 행형법 제22조에 의해 필요한 경우에는 자비부담
을 허용하며, 미결수용자가 출정 시 당사자의 신청에 의해 사복착용이 가능하지
만 자비부담의 의류에 관한 것을 대통령령에 위임하여 행형법시행령 제85조에 의
해 수용자는 사복의류를 사용할 수 있지만 외의는 제외되므로 사실상 미결수가
출정 때 사복을 입는 경우를 제외하고는 외의를 사복으로 입는 것은 기결수든 미
결수든 금지되며, 동 시행령 제86조에 의해 자비부담의 의류와 침구는 계절 및
위생에 적합하고 교도소 등의 규율에 적합해야 한다고 하여 자비부담의 의류도
위생과 보안의 관점에서 규제됨을 알 수가 있다.

그런데 그동안 문제가 되어왔던 것은 헌법상 무죄추정을 받는 미결수용자들에
게 구치소 내에서나 출정 시에 재소자용 의류를(관급의복과 법무부장관이 지정하
는 자비부담의 평상복을 포함) 입게 하는 것은 헌법 제10조의 존엄권과 행복추구
권, 헌법 제27조 제4항의 무죄추정권을 침해한 것이 아니냐는 문제로 이와 같은
이유로 1997. 3. 28. 공용물건손상 및 폭력행위 등 처벌에 관한 법률 위반혐의로
성동구치소에 수감된 강기현 씨가 1997년 5월 8일에 헌법소원심판청구를 했고,
역시 같은 이유로 1997. 11. 12. 국가보안법 위반혐의로 영등포 구치소에 수감된
서준식 씨가 1998. 1. 3. 헌법소원심판청구를 하였는데, 이에 대해 헌법재판소는
미결수용자들에게 수용시설 안에서 재소자용 의류를 입게 하는 것은 구금목적의
달성, 시설의 규율 등을 위한 것으로 정당성과 합리성을 갖춘 것이지만, 수사단계
에서부터 방어의 권리가 보장되어야 하고, 재판단계에서 당사자로의 지위를 가지
는 미결수용자에게 수사 또는 재판과정에서까지 재소자용 의류를 입게 하는 것은
어떤 이유를 내세우더라도 정당화될 수 없어 비례원칙에 위반된다고 그 이유를
밝혔다.[29]

---

29) 신용해, 재소자용 수의착용처분 위헌결정에 관한 연구, 교정판례연구, 2001년 2호, 34면.

이를 좀더 자세히 살펴보면 헌법재판소는 구치소 안에서의 사복착용문제에 대해서는 다음과 같이 판단하였다.

구치소 안에서 사복을 입지 못하게 하는 것이 구금의 목적이나 시설의 규율과 안정유지를 위한 제한의 한계범위를 벗어난 것인지 여부에 관하여 헌법재판소는 미결수용자에게 구치소 안에서 사복을 입지 못하게 하고, 재소자용 의류를 입게 하는 것은 개인의 자유로운 인격의 발현을 억제하고, 모욕감이나 수치심을 느끼게 하여, 인간으로서의 존엄과 가치를 침해하는 면이 있으나, 시설 안에서는 재소자용 의류를 입더라도 일반인의 눈에 띄지 않고, 수사 또는 재판에서 변해(辨解), 방어권을 행사하는 데 지장을 주는 것도 아니고, 또 미결수용자에게 사복을 입도록 하면 면회객 등과 구별이 되지 아니하며, 의복의 수선이나 세탁 및 계절에 따라 의복을 바꾸는 과정에서 증거인멸 또는 도주를 기도하거나 흉기, 담배, 약품 등 소지 금지품이 반입될 염려도 있고, 사회적 신분이나 빈부의 차이가 의복을 통하여 드러나고 이로 인한 수용자 간의 위화감으로 사고발생도 예상되므로 미결수용자에게 시설 안에서 재소자용 의류를 입게 하는 것은 구금목적의 달성, 시설의 규율과 안전유지를 위한 필요최소한의 제한으로서 정당성, 합리성을 갖춘 재량의 범위 내의 조치라고 판단하였다.[30]

또한 구치소 밖에서의 사복착용문제에 대해서는 다음과 같이 판시하였다.

미결수용자가 수사 또는 재판을 받기 위해서 구치소 밖으로 나올 때에 사복을 입지 못하게 하는 것이 구금의 목적달성이나 시설의 규율과 안전유지를 위한 제한의 한계범위를 벗어난 것인지 여부에 관하여 헌법재판소는 미결수용자가 일반인과 같은 사복을 입고 시설 밖으로 나오게 되면 중형에 해당하는 죄의 수사 또는 재판을 받는 자는 도주할 생각을 갖는 경우가 있고, 또 도주를 하면 일반인과 구별이 어려워 이를 제지하거나 체포하는 데도 어려움이 있으므로, 수사 또는 재판을 받을 때에 재소자용 의류를 입게 하는 것은 이와 같은 사고방지에 필요하고도 유용한 수단이지만, 미결수용자가 수사 또는 재판을 받기 위하여 시설 밖으로 나오면 일반인의 눈에 띄게 되어 재소자용 의류 때문에 모욕감이나 수치심을 느끼게 되며, 미결수용자는 수사단계부터 고지, 변해, 방어의 권리가 보장되어야 하고 재판단계에서는 당사자로서의 지위를 가지므로, 유죄가 확정되지 아니한 미결

---

30) 신용해, 전게논문, 36면.

수용자에게 재소자용 의류를 입게 하는 것은 심리적인 위축으로 위와 같은 권리를 제대로 행사할 수 없게 하여 실체적 진실의 발견을 저해할 우려가 있다고 판시하였다.[31]

위의 헌법재판소 판결이 나온 이후 법무부는 1999년 3월 17일 미결수용자 사복착용에 관한 규칙을 제정·시달하여 같은 해 6월 1일부터는 전국 교정시설에서 이를 전면적으로 시행하고 있다.[32]

즉, 이 제도에 의해 미결수용자는 법정에 출석하거나 검찰조사, 국정감사, 국정조사, 청문회 출석 등으로 외출하는 경우에 사복을 착용할 수 있으며, 사복의 종류로 정장, 잠바, 셔츠 등의 외출복장을 규정하고, 구두, 운동화, 고무신을 착용할 수 있게 되었고, 다만 사복 수량은 겉옷, 받침옷, 신발, 부속용구 각 1점만을 허용하고, 금속제 장식물이 부착되어 보안상 위해(危害)로운 것이나, 한복, 망사류, 코트류, 고가의류, 등 관리가 어려운 것이나, 남자반바지, 배꼽티셔츠, 무릎 위 15센티 이상 노출되는 미니스커트 등 풍속상 위해로운 것은 착용을 제한하고 있다.[33]

6) 헌법재판소 판결에 대한 비판 및 수용자의 사복착용에 관한 사견

먼저 앞에서 헌법재판소는 미결수용자가 출정 등의 이유로 인해 귀소 밖에서 사복을 입게 하지 못하는 것은 미결수용자가 심리적 위축으로 방어권이 제대로 행사되지 못하여 무죄추정의 원칙에 반하고, 미결수용자의 인격권, 행복추구권, 공정한 재판을 받을 권리를 침해한 것으로 판시했고, 미결수용자가 구치소 내에서 사복을 입게 하지 못하는 것에 대해서는 미결수용자가 사복을 입으면 면회객 등과 구별이 안 되고, 사복착용 과정에서 도주기도 우려와 부정소지금품의 반입 우려가 있고, 사복을 통해 빈부차이가 드러나 수용자 간의 위화감이 드러나므로 구치소 내에서 사복을 입지 못하게 하는 것은 구금목적의 달성과 시설의 규율 및

---

31) 신용해, 전게논문, 36면.
32) 그런데 신용해의 전게논문 39면에 따르면 이 제도가 전면 확대 시행한 뒤에도 전국적으로 10% 미만의 수용자만 출정 시 사복을 착용하여 예상보다도 저조하다고 하며, 제주교도소는 전면 시행한 1999. 6. 1.부터 7. 7.까지 사복착용률은 8.6%에 불과한데 그 이유는 사복착용이 판사에게 불손한 태도 또는 반성의 빛이 없는 모습으로 비춰져서 재판상 불이익을 우려해 그렇다고 한다.
33) 신용해 전게논문, 38면.

안전유지를 위한 필요최소한의 제한이라고 판시하였다.

　그러나 생각해보면 형사피의자들은 형사소송법 제70조에 따라 일정한 주거가 없거나 도주 우려 또는 증거인멸의 우려가 있다고 법관이 판단할 때 구속영장이 발부됨으로써 교정시설에 구금되어 신체의 자유 등이 제한되지만 그러한 신체의 자유 등 헌법상 기본권의 제한은 법관이 영장을 발부한 이유인 도주와 증거인멸의 방지를 위해서만 최소한의 범위 내에서 이루어져야 함은 비례의 원칙만 아니라 헌법상 무죄추정을 받는 미결수용자의 형사사법단계에서의 진정한 방어권을 위해서는 당연한 것이다.

　그러나 헌법재판소가 교정당국이 구치소 내에서 미결수용자에게 사복을 입지 못하게 한 것은 구금목적의 달성을 위한 필요최소한의 제한이라고 판시한 것은 문제가 있다고 생각한다.

　왜냐하면 구치소 내에서 미결수용자가 사복을 착용한다고 해도 그것은 도주나 증거인멸의 방지 등 구금의 목적을 본질적으로 해치지 않으며, 도주나 증거인멸의 방지를 위한 조치는 보안상의 기술적 문제로 수단적 성격을 가지므로 그러한 수단적 성격을 지나치게 강조하여 본질적인 미결수용자의 존엄권과 행복추구권을 저해하는 것은 비례의 원칙을 위반한 것이 된다. 즉, 미결수용자가 관급의복보다 사복을 교정시설 내에서 입을 때 증거인멸이나 도주기도의 염려가 있다는 헌법재판소의 판결내용은 우리나라 교정시설의 엄격한 인적·물적 경비세호 수준과 소지품검사, 나체검신 등 철저한 보안검사를 하고 있는 현실을 생각할 때, 또한 유럽선진국들의 대부분이 도주 우려 또는 증거인멸 우려 때문에 교정시설 내에서 미결수용자에게 사복을 금지하는 경우는 없으며, 오히려 기결수에게도 사복을 착용케 한다는 사실을 생각할 때 헌법재판소의 판결이유는 보안에 치우친 지나친 과잉해석이라고 생각하며 합리성이 결여되어 있다. 또한 헌법재판소는 미결수용자에게 사복을 허용하면 사회적 신분이나 빈부의 차이가 의복을 통해 드러나 이로 인해 수용자 간의 위화감으로 사고발생도 예상되므로 사복착용 제한의 정당성을 주장하나 그것은 교정현실과 의복이 가지는 복식심리학적 효과를 간과한 주장이다.

　왜냐하면 사복착용과 관계없이 당연한 일이지만 교정시설 안에서도 자본주의사회의 속성이 표출되어 수용자들이 차입하거나 입소 때 갖고 온 영치금액의 현저한 차이, 매점에서 수용자들이 사용하는 씀씀이의 차이, 또한 좀더 배운 자나 사회적 신분이 있는 자는 봉사원으로 임명하는 제도, 재력가의 자비치료현실, 또한 수용자의 경제력과 사회적 신분에 따라 교도소 은어인 '범털'과 '개털'로 수용자들이 나뉘고, 특히 유력정치인이나 기업인에 대한 특별처우 또한 시설 내에서 교정직원은 일반담배를, 경비교도대원은 담배사업법에 의해 특수담배를 흡연하나 수용자들은 그렇지 못해 생기는 직원에 대한 위화감 등 이미 수용자들 간에는 너무나 많은 위화감이 당연히 형성되어 있으며, 따라서 사복착용으로 인해 위화감이 드러난다는 것은 집단사회에서 당연한 일이고, 또한 위화감을 일으키는 사유가 그것 이외에도 많다는 사실을 생각할 때 아무런 문제도 되지 않으며 오히려 사복착용으로 수용자 간에 위화감이 줄어들 수도 있으며, 설사 사복착용으로 수용자 간에 위화감이 생긴다고 해도 관복의 경우에 비해 사복을 허락하면 그런 위화감을 상쇄하고도 남을 만큼의 심리적 만족도를 줄 수가 있다.

즉, 무죄추정을 받는 미결수용자들이 수용된 교정시설에는 관복을 입는 기결수도 같이 수용되고 있고, 미결수용수들이 지금까지의 획일적이고 타의에 의한 관복 대신에 자신의 기호와 정서에 맞는 사복을 선택할 수 있게 하면 자아존중감과 개체성이 증가되고 정체성이 확립되어 높은 정서적 안정과 심리적 만족도를 줄 수 있고, 또한 관복 입은 기결수와 달리 사복을 입음으로써 생기는 긍정적 심리감이 생기고, 가족과의 면회 때도 당사자와 가족이 느끼는 의복심리적 효과 등은 오히려 교정사고를 줄일 수도 있고, 또한 심리적 안정으로 인해 형사소송단계에서 방어권을 더 잘 행사할 수 있는 분위기가 마련될 수 있다. 또한 헌법재판소는 미결수용자에게 사복착용을 허가하면 면회객 등과 구별이 안 되고, 담배 등의 부정물품이 반입될 우려 등을 사복착용 제한의 한 이유로 들고 있으나 미결수용자에게 사복을 착용시켜도 사복 입는 교회직 공무원들에게는 외국의 경우처럼 표식장치를 통해 얼마든지 구별되므로 문제는 되지 않으며, 또한 면회객은 면회실만 이용할 수 있고 또 차단된 투명 벽을 통해 면회하므로 면회객과의 구별은 언급할 필요도 없고, 또한 사복착용 허용 시 담배 등의 부정물품 반입 우려는 보안검사로 해결되므로 염려할 것은 못 되며 오히려 교도직원들의 보안의식과 계호의식을 증대시키는 파생적 외부효과가 발생하여 교정질서 유지에 더 도움이 될 수도 있다.

따라서 단기적으로는 무죄추정을 받는 미결수용자들에게는 문양의 일정한 표시 등의 제한을 지키는 조건으로 교정시설 내에서도 사복착용을 허가할 필요가 있다고 생각한다. 또한 현재는 앞에서 언급했듯이 의복과 침구 등은 철저히 위생과 보안적 차원에서만 우리 행형법령과 헌법재판소 판결은 접근하고 있어 교정재의 생산과는 거리가 있다. 본인이 앞에서 주장한 총체적 교정(Total correction), 즉 음식, 의복, 침구, 서신 등을 영양, 위생이나 보안 등 개별적, 단편적 차원에서만 접근하지 말고 종합적, 거시적 차원에서 접근해야 교정의 총생산성이 증가될 수 있다는 논리하에서 의복도 위생 또는 보안적 차원의 소극적 개념을 넘어서서 의복 그 자체가 그런 소극적 의미만 아니라 바로 교정의 생산성과 직결될 수 있다는 사고방식, 즉 복식심리학적 효과를 고려한 의복에 관한 결정이 있어야 한다는 것이다.

따라서 장기적으로는 기결수든 미결수든 따지지 말고 유럽선진국처럼 모두에게 교정시설 내에서 사복, 또는 관복을 자신의 선택에 의해 착용하게 할 필요가 있다고 생각되며, 다만 유럽의 경우를 무조건 따르기보다는 한국적 문화를 반영하여 시행할 필요가 있다고 생각한다. 의복은 각 개인이 자신만이 가지는 독특한 본질과 정서를 이루며 그것은 개인의 존엄권과, 자신만의 독특한 정체성과 개성을 발현시킬 수 있는 행복추구권과 직결된다는 사실에서 의복은 교정의 한계 생산성을 증대시킬 수 있는 교정심리적 효과를 가져온다는 사실을 전제한 뒤에 수용자의 의복에 관한 정책이 결정되어야 한다.

3. 음식물 등에 대한 문제점과 대안

1) 음식물에 관한 국제기준들

피구금자처우최저기준규칙 제20조에서는 모든 피금자에게 통상의 식사시간에 건강과 체력을 유지하기에 충분하고 영양가와 위생적인 품질을 갖춘 잘 조리된 음식을 급여하여야 하며, 모든 피구금자는 필요할 때 언제나 음료수를 마실 수 있어야 한다고 규정하고 있으며 유럽규칙 제25조에서는 당국은 피구금자에 대하여 위생당국이 정한 기준에 따라 통상의 횟수로, 피구금자의 연령, 건강, 작업의 성질 및 가능한 범위에서 종교상 또는 문화상의 요구를 고려하고 근대적인 영양학 및 위생학의 기준에 따른 질 및 양을 갖춘 음식물을 제공하여야 한다고 되어 있다.

이러한 국제기준들의 규정을 살펴보면 음식과 식사는 영양학과 위생학의 견지에서 접근하는 소극적 규정을 하고 있다. 즉, 음식물의 종류와 내용 등에 따라서 수용자의 반사회성이나 공격성을 저하시켜 교정재의 생산성을 증가시킬 수 있다는 종합적, 적극적, 총체적 접근이 아닌 영양이라는 부분적, 미시적 접근을 하고 있다.

2) 한국감옥의 현실이란 책에 나타난 설문조사 결과

인권운동사랑방에서 1999년에 엮어낸 한국감옥의 현실에 나오는 설문조사 결과에 따르면[34] 밥을 먹을 때 모멸감을 느낀다가 93명(40.4%), 느낌 없이 먹는다가 120명(52.2%), 만족한다가 12명(5.2%)이었고, 식사가 건강을 유지하는 데 적당하지 않다는 답변이 170명(73.9%)이고, 적당하다는 답변이 54명(23.5%)이며, 식사의 위생상태는 좋지 않았다가 163명(73.9%), 적당하다가 61명(26.5%)이었으며, 조리 상태에 대해서는 맛있다가 50명(21.7%)이고, 억지로 먹는다가 170명(73,9%)이었으며, 식수의 질에 대해서는 보통이다가 104명(45.2%)이고, 물이 맑지 않다가 116명(50.4%)이며, 깨끗하다는 3명이었다.

식사의 문제점으로는 비위생적이다가 120명(22.6%)이고, 재료가 좋지 못하다가 119명(22.4%)이며, 메뉴가 적다가 86명(16.2%)이고, 부식이 부족하다가 80명(15.1%)이며, 식사와 관련해서는 부정행위가 없다고 생각한 경우는 10명에 불과하고 나머지는 부정이 있다고 대답했다고 한다. 그 외에도 많은 수용자들은 식사가 비위생적이고, 음식에서 비린내, 소독냄새가 난다고 대답하는 경우도 있었고, 식사를 지급하는 용구가 청결하지 못하다는 의견도 많았다고 한다.[35]

3) 행형법령상의 문제점과 대안

먼저 행형법 제21조에는 체질, 건강, 연령과 작업 등을 참작해 식량을 급여한다고 되어 있으나, 체질이란 용어는 일본 감옥법상의 용어를 그대로 차용한 것이

---

34) 이승호 외, 전게서, 181면 이하.
35) 이승호 외, 전게서, 183면.

며, 또한 체질이란 개념은 동양의학적 용어로 소양인, 소음인, 태양인, 태음인을 말한다.

그런데 우리의 행형법령에서 전제하는 것은 서양의학을 전공한 의사를 말하며 한의사를 말하는 것은 아니며, 실제로도 양의사가 배치되는데 이러한 양의사는 한의학적 지식이 당연히 없고, 또한 대개 한의학적 관점을 부정하므로 서양의학을 전공한 의무관이나 한의학적 지식이 없는 소장은 수용자의 체질을 참작하거나 판단할 수도 없으므로 체질 등을 참작한다는 표현은 잘못된 것으로 이것은 서양의학적 용어로 바꾸어야 위생과 의료와 급여 등에 대해 서양의학적 관점에서 전개되고 있는 우리의 행형법령과 통일성을 기할 수 있다.

또한 작업을 식량급여의 참작기준으로 하고 있는데, 이것은 작업자에 비해 비작업자에게는 상대적으로 적은 량의 음식물은 준다는 것이나 작업을 하지 않는다고 작업자보다 더 적게 먹어도 된다는 것은 입소 전에 대식가인 금고형 수형자나 비작업 수용자에게는 고통이 될 수 있고, 또한 비작업자라고 하더라도 끊임없이 움직이므로 작업 수용자보다 더 적게 급여해도 된다는 것은 합리성이 결여되어 있다. 또한 행형법 제21조는 모든 수용자에게 식량을 급여한다고 하여 무료급식을 전제로 하나 앞에서 본인이 주장했듯이 음식비 등을 포함한 교정경비는 당연히 교정재의 생산비용에 포함되고, 또한 교정재의 생산자이면서 동시에 수익자인 수용자는 마땅히 교정경비를 부담할 필요가 있으므로 수용자에게 필요한 음식물을 유료로 급여하는 것을 원칙으로 하되 극빈 수용자 등 일정한 기준 이하의 수용자에게는 복지적 차원에서 무료로 공급한다는 취지의 내용을 규정할 필요가 있고, 음식물 급여의 기준과 음식물 공급비용 등은 법무부령으로 정한다는 취지를 삽입할 필요가 있다.

한편, 행형법시행령 제74조에는 수용자에게 식기 등의 품목을 급여할 수 있다고 하고 있고 동 시행령 제76조에는 식기는 정결하고 소독되어야 급여될 수 있다고 하여 식기를 위생차원에서만 접근하고 있다. 그런데 한국감옥의 현실의 책자에서 설문조사의 내용에 식기 중에 탐바구니라는 것이 있는데, 이것에는 납이 검출된다라는 내용이 나온다.[36] 수용자에게 급여되는 식기에서 납이 검출된다는 것은 교정재의 생산을 저해할 수가 있는데 그 이유는 계속 축적되는 납이 인간의 공격성을 증가시키기 때문이다.[37]

---

36) 이승호, 전게서, 264면.
37) 중앙일보, 2003년 1월 8일 보도에 의하면 미국 피츠버그대학의 니들먼 박사는 "신경

따라서 수용자에게 지급하는 식기는 현재의 정결과 소독 등의 위생조건 외에 유해한 성분이 검출되지 않아야 한다는 조항이 들어가는 방향으로 개정할 필요가 있다.

그리고 행형법시행령 제78조에서는 주식, 부식 등의 급여기준을 오직 영양적 차원에서만 접근하고 있는데 영양은 필수적으로 아주 중요한 급여의 최소요건이지만, 동 시행령 제78조에는 필요한 영양을 보급해야 한다고 하여 영양을 양적인 개념으로만 접근하고 질적인 관점은 도외시하고 있다. 여기서 영양의 질적 개념이란 수용자의 음식물에는 영양이 충분히 들어 있어야 하지만, 그 영양은 수용자의 공격성을 증가시키거나 정서의 혼란을 초래하는 그런 영양이 아니고 수용자의 공격성이나 반사회성을 감소시키거나 최소한 증가시키지 않는 그런 영양이어야 한다는 개념으로 다시 말하면 수용자의 공격성을 저하시키면서도 충분한 영양이 들어 있는 음식물이 급여될 때 음식물은 영양이라는 소극적 차원을 넘어서서 교정재의 생산이라는 적극적 차원으로 나갈 수 있다는 것이다.

따라서 행형법시행령 제78조를 수용자에게 지급(또는 공급)하는 음식물은 주식, 부식, 음료 기타 영양물로 하되 위생적이면서 정신건강에 도움을 주는 것이어야 한다고 개정하는 것을 검토할 만한데 기존의 행형법시행령 제78조에서 위생 조항과 동시에 공격성과 정서 등과 관계되는 정신건강을 추가시켜 수용자에게 공급되는 음식물의 필수조건으로 영양과 위생을 충분조건으로 정신건강이 내포되어야 한다는 의미를 내포하고 있다.

그리고 행형법시행령 제79조에는 주식은 쌀과 보리의 혼합으로 하고, 소장은 필요하다고 인정할 때에는 곡류를 변경할 수 있다고 되어 있어, 후단을 소장은 필요하다고 인정할 때에는 영양사의 의견을 들어 곡류를 변경하거나 대용식을 급여할 수 있다고 개정하는 것이 더 낫다고 생각한다. 그것은 영양사는 질병예방과 건강증진을 위해 영양서비스와 급식관리, 즉 급식운영계획, 식단작성, 위생과 안전관리, 조리검색 및 배식관리, 품질평가, 급식평가를 전문적으로 하는 사람이다.[38]

그리고 식품위생법 제35조에 따라 대통령령이 정하는 집단급식소의 운영자는 대통령령이 정하는 바에 따라 영양사와 조리사를 두어야 하고, 1일 1회 급식인원이 50인 이상인 집단급식소에는 영양사가 당연히 근무해야 하며, 교정시설은 집

중독학" 최신호에 발표한 보고서에서 범죄소년 200명의 체내 납 농도가 일반청소년의 7.3배에 달해 납이 축적될수록 비행 가능성이 증가한다고 한다.
38) 대한영양사협회 홈페이지.

단급식소의 특수시설에 포함이 되므로 교정시설에는 마땅히 영양전문가인 영양사를 두어야 하고, 영양사가 곡류변경 등 급식식단 작성과 급식운영을 해야 하므로 영양에 관한 비전문가인 소장이나 의무관이 자의적으로 식단을 작성하거나 음식물의 변경을 할 수가 없기 때문에 곡류를 변경하거나 대용식을 급여할 때는 전문가인 영양사의 의견을 듣도록 하는 것이 수용자의 건강급식에 도움이 된다.

따라서 행형법시행령 제84조를 환자에게 급여하는 주식, 부식 기타 영양물은 영양사의 의견을 들어 소장이 정한다고 개정할 필요가 있으며, 재소자 주식·부식 급여규칙 제7조는 소장은 환자, 노쇠자, 임산부 및 유아를 데리고 있는 자 등에 대해서는 영양사의 의견을 들어 필요한 양의 쌀밥, 죽 등 주식과 특별히 마련된 부식을 급여할 수 있고, 유아에 대해서는 분유 등 대용식을 급여할 수 있다고 개정할 필요가 있다. 또한 행형법시행령 제88조를 자비부담 음식물의 종류 및 분량은 영양사의 의견을 들어 소장이 정한다고 개정할 필요가 있다.

한편, 재소자 주식·부식 급여규칙 제3조에는 수용자에게는 백미8, 맥류2의 비율로, 보호감호소의 비보호감호자에게는 백미9, 맥류1의 비율로 급여한다고 하나 이 규정은 교정재의 생산을 저해할 수 있는 규정이므로 개정이 되어야 한다. 즉, 동 규칙의 해당 조항을 수용자와 피보호감호자에게는 백미와 현미8, 맥류2의 비율로 할 것을 제안하는데, 기존규칙에는 피보호감호자를 수용자보다 우대하여 백미의 비율을 1을 더 높이고 있으나, 이는 사실상 거의 차이가 없으므로 구별을 할 필요가 없으며, 보다 중요한 것은 본인이 기존규칙에 있는 백미 대신에 백미와 현미의 혼합을 주장하는 이유는 우선 백미보다 현미가 영양가가 훨씬 많다는 것으로 이 점은 대체의학뿐 아니라 이제는 한의학, 현대의학과 현대영양학도 모두 이전하고 있는 점이다.

백미와 현미의 영양소를 비교하면 다음과 같다.[39]

---

39) 안현필, 공해시대건강법, 동진문화사, 253면 이하.

[표 31] 백미와 현미의 비교표

구 분	영양소	현 미	백 미
1	단백질	7.2g	6.5g
2	지질(지방)	2.5g	0.4g
3	당질(당분)	76.8g	77.5g
4	회 분	1.2g	0.5g
5	섬 유	1.3g	0.4g
6	칼 슘	41 mg	24 mg
7	인	284 mg	147 mg
8	철	2.1 mg	0.4 mg
9	마그네슘	120 mg	50 mg
10	비타민 B^1	0.54 mg	0.12 mg
11	비타민 B^2	0.06 mg	0.03 mg
12	니코틴산	5.1 mg	1.5 mg
13	판토텐산	1.2 mg	0.4 mg
14	피오틴	4 μg	2 μg
15	엽 산	15 μg	10 μg
16	비타민 B6	1.0 mg	0.5 mg
17	이노시톨	120 mg	10 mg
18	코 린	10 mg	60 mg
19	P - 아미노 안식향산	32 mg	14 mg
20	비타민 K	10 mg	1 mg
21	비타민 E	1.0 mg	0.2 mg
22	피트산	2.4 mg	41 mg

위의 표에서 알 수 있듯이 백미에 비해 현미의 영양가가 훨씬 높고 다양한 것을 알 수 있으므로 수용자의 실질적 영양보급을 위해서는 현미식을 보급할 필요가 있게 된다.

그리고 백미는 현미보다 맛은 있으나 영양가가 거의 없다는 사실을 위의 표에서 알 수 있으므로, 수용자에게 충분한 영양을 보급하기 위해서는 완전현미식이 이상적이지만 그렇게 될 경우 맛이 없는 약점이 있고 수용자들의 반발을 살 수 있으므로 조화를 꾀해 백미와 현미의 혼합으로 하자는 것이다. 그리고 백미는 현대의 문명병의 원인이며 저혈당을 일으켜 각종 문제를 일으킨다고 하는데, 미국은 인구의 약 반수가 문명병에 걸리자 그 대책을 강구하기 위해 미국회 상원에 영양의료문제특별위원회가 설치되어 세계 각국의 식품과 질병에 관한 것을 19c 말부터 추적 조사했는데, 조사활동 기간은 1975년부터 1977년까지로 전 세계의 총 연구기관이 동원되어 연구하여 1977년 1월에 미상원보고서를 발표했는데, 이 위원회가 현대의 문명병을 없애기 위하여 내린 결론 중의 일부내용에는 지방질은 현대 총칼로리의 40%를 차지하고 있는데, 이것을 30%로 감소시키되 동물성 지방은 10%, 식물성 지방은 20%의 비율로 하고, 곡물은 정제하지 않은 것(현미, 현맥)과 콩과 야채를 많이 섭취할 것이 들어 있다.[40]

백미의 무서움은 현재 미국에서 시행되고 있는 Read식 보호감찰법에서도 알 수 있는데, 미국 오하이오주 지방재판소 수석보호감찰관인 Read는 자기가 담당하는 범죄자에게 흰 밀가루, 백미, 흰 설탕 대신에 정제되지 않은 자연식 등의 식사요법을 시행하여 효과를 보자 지금 미국에서는 100여 군데의 재판소에서 Read식 식사개선법을 소위 리드식 보호감찰법이라고 부르면서 채택·활용하고, 재판 판결문에도 "리드식 보호감찰법에 따를 것"이라고 명시할 정도가 되었는데 리드식 보호감찰법의 주요내용에는 흰 설탕, 흰 밀가루, 흰쌀 등은 일체 금하고 가공되지 않은 자연식품을 공급한다는 것이다.[41]

즉, 리드식 보호감찰법의 핵심은 범죄인에 대한 대책으로 식사개선으로 그들의 정신을 맑게 하여[42] 재범을 막자는 것이다.

이와 같이 백미의 영양은 훨씬 부족할 뿐만 아니라, 오늘날 각종 현대병의 원인이 되고 있음을 알 수 있고, 현미 등 정제되지 않은 음식은 혈액을 맑게 하고, 또한 공격성을 저하시켜 정신을 맑게 함을 알 수 있는데, 이같이 현미식은 교정재의 생산과 직결될 수 있음을 알 수 있다.

따라서 현재의 외국인 재소자 주·부식 급여규칙 제3조에 있는 미곡을 주식으로 하는 외국인 수용자에 대해서는 백미 및 맥류를 급여한다는 규정을 백미와 현미 및 맥류를 급여한다고 고칠 필요가 있고, 또한 재소자 주·부식 급여규칙 제7조에 나와 있는 수용자에게 특식을 급여할 때 주식은 백미로 급여한다는 조항은 백미와 현미의 혼합식으로 급여한다고 고칠 필요가 있다.

한편, 재소자 주·부식 급여규칙 제6조에 따르면 부식(총단백질, 동물성 단백

---

40) 안현필, 전게서, 202면.
41) 안현필, 전게서, 197면 이하.
42) 백미에는 비타민 B1이 거의 없어 정신이 이상해지고 혼란해진다고 한다. 안현필, 전게서, 199면.

질, 지방, 연령, 칼슘, 비타민A, 비타민B, 비타민C)의 표준 급여량은 20세 이상자와 20세 미만자, 외국인 수용자로 구분하여 규정해놓고 있는데 아래의 표와 같다.

[표 32] 내국인 수용자의 부식의 표준 급여 등

구 분 성분별	20세 이상자	20세 미만자
총단백질(g)	45	48
동물성 단백질(g)	25	30
지방(g)	22	28
열량(Kcal)	450	500
칼슘(mg)	550	750
비타민A(RE)	750	750
비타민B1(mg)	0.5	0.5
비타민B2(mg)	0.5	0.5
비타민C(mg)	55	60

[표 33] 외국인수용자의 부식의 표준 급여량

성 분	급여량
총단백질	60
동물성 단백질	40
지 방	50
칼슘(mg)	1,000
비타민A(RE)	1,000
비타민B1(mg)	1.5
비타민B2(mg)	1.5
비타민C(mg)	70

위의 표들에서 보듯이 동물성 단백질이 총단백질에서 내국 성인 수용자는 약 54%, 내국 미성년자는 내국 미성년 수용자는 약 63%, 외국인 수용자는 약 70%가 됨을 알 수 있는데, 이렇게 식물성 단백질보다 동물성 단백질을 더 많이 공급하는 이유는 과거부터 미국이 주도하는 현대영양학이 계란, 우유, 고기 등 동물성 단백질 영양분이 최고로 좋다는 이유로 적극 장려한 데서 영향을 받은 것으로 생각되나, 현대에 와서는 동물성 단백질 위주의 식사가 오히려 건강에 해를 끼친다

는 사실이 알려져 왔고, 또한 영양이나 정신 면에서 식물성 단백질이 동물성 단백질보다 좋다는 사실이 알려져 있고, 또한 동물성 단백질 위주의 현대영양학을 주도해 온 미국 자신이 현대영양학을 적극 보급했음에도 미국 내에서 문명병과 성인병이 급증하자 현대영양학의 한계를 깨닫고 그에 대한 대안으로 나온 것이 앞에서 언급한 1977년 1월에 나온 미국상원 영양의료문제특별위원회의 영양보고서에서 현대성인병과 문명병의 최고원인으로 제시한 것이 동물성 단백질과 동물성 지방이었다.[43)]

따라서 우리의 교정당국도 현재의 수용자 부식에서 동물성 단백질 위주의 식단은 재고되어야 하며, 동물성 단백질의 비율을 현재 기준보다 내리고 식물성 단백질의 기준을 올려야 할 것이고, 또한 현재의 부식의 표준 급여량에는 식물성 지방과 동물성 지방을 구별하지 않고 총체적으로 지방이라고 하여, 교정시설의 재량이나 자의에 따라 식물성 지방과 동물성 지방의 비율이 결정되는데, 현대에 와서는 동물성 지방과 동물성 단백질의 편중된 섭취는 온갖 성인병의 원인이 되고, 공격성을 증가시켜 교정재의 생산을 저해하므로 재소자 주·부식 급여규칙에 지방을 식물성 지방과 동물성 지방으로 구분하되, 식물성 지방에 좀더 높은 비율을 두는 방향으로 규정될 필요성이 있다.

또한 외국인 수용자 부식의 표준 급여량에는 지나친 동물성 단백질과 지나친 지방 위주의 식단으로 되어 있는데, 이것은 고단백질과 고지방식을 해온 미국인 성향에 맞춘 기준표인데, 최근에는 미국만이 아니라 아시아인의 외국인 범죄자도 많아지고 또한 동물성 단백질을 싫어하는 문화권도 있으므로 세분화시켜 구분할 필요가 있다.

한편, 행형법시행령 제88조에는 자비부담의 음식물은 교도관의 참여 아래 의무관이 검사하여야 한다고 되어 있는데, 이것은 부패음식물과 유해물을 제공, 차입하여 수용자를 살해하든지 통모물을 은닉하여 공모하거나 증거를 인멸하는 등 교정질서를 문란케 하는 사례를 방지하기 위함이라 한다.[44)]

그러나 음식물 등의 검사와 평가는 전문가인 영양사의 고유영역인데 의무관이 음식물의 검사를 하게 하는 것은 의문이 간다.

한편, 행형법시행령 제91조는 음식물의 자비부담을 원하는 자에 대해서는 수용질서를 문란하게 하지 아니하도록 당해 교도소 등의 직원회에서 경영하는 판매소

---

43) 안현필, 전게서, 209면.
44) 허주욱, 전게서, 399면.

에서 판매, 공급하여야 한다고 되어 있어, 자비부담 음식물 등의 공급도 수용자의
건강적 측면보다는 보안적 차원에서 소극적으로 이루어지고 있음을 알 수 있다.
즉, 수용자의 생활필수품도 그 종류와 수량 등이 무질서하게 차입, 교부되면 질서
유지 또는 교화상 지장이 많으므로 이에 대한 제한은 일부 불가피하다고 하여 자
비부담하에 식사 또는 간식을 제공받기 위하여 자신의 영치금으로 이를 구입하고
자 하는 경우 교도소에 설치된 매점이나 식당에서 공급하고 있다.[45]

그런데 본인이 앞에서 주장했듯이 음식물 비용 등을 포함한 교정경비는 교정재
의 생산자이면서 수익자인 수형자가 당연히 부담할 필요가 있으므로 극빈한 수용
자 환자 등 일정 기준에 해당되는 수용자를 제외하고는 매월마다 자신의 작업임
금에서 수용자의 경제력에 아주 미미한 영향을 줄 정도의 저렴한 음식비를 식사
횟수 여부와 관계없이 매달 일정액을 공제해야 하므로 이 제도가 채택되면 사실
상 관급하는 음식물에 대해서는 자비부담이라고 할 수 있으므로 언젠가 그렇게
개정된다면 행형법시행령 제88조부터 제91조에 있는 자비부담 음식물이란 자비추
가부담 음식물로 바뀔 필요가 있다.

그러나 그렇게 제도가 바뀌든 안 바뀌든 관계없이 현재의 행형법시행령 제91
조에서 자비부담으로 음식물을 구입하려면 반드시 교정직원회에서 운영하는 판매
소에서만 사도록 하는 것은 일부 수용자에게는 헌법상의 생존권과 건강권, 행복
추구권을 침해할 수가 있다. 왜냐하면 교정시설에 입소하기 전에 특정한 질병이
있는 수용자가 자신에게 맞는 식이요법을 해왔다면, 현재의 교정시설의 관급 음
식물이나 제한된 품목이 있는 매점의 음식물이 그런 질병을 고치지 못하거나 악
화시킬 수가 있는데도 지나치게 보안상의 이유만 내세워 교도소 내의 매점에서만
구입을 강요하는 것은 헌법상의 기본권을 저해하며 질서유지 등을 이유로 헌법상
의 기본권을 제한할 때에는 기본권의 본질적 내용은 침해할 수 없다는 헌법 제37
조 제2항에 저촉할 가능성도 있다. 특히, 오늘날은 질병관리나 질병예방을 위한
다양한 생식제품들이 나오고 생식인구도 점증하는 추세이므로 교도소 내의 보안
에 해를 주지 않는 범위 내에서 정당한 이유가 있는 경우에는 자비부담으로 음식
물을 외부에서 공급받을 수 있도록 할 필요가 있다.

그리고 50인 이상을 급식하는 집단급식소에는 조리사와 영양사를 두어야 한다
는 식품위생법 제35조에 따라 교정시설마다 조리사와 영양사를 두도록 해야 한다.

---

45) 허주욱, 전게서, 522면.

한편, 우리나라는 1998년 6월 1일부터 법무부는 수용실 내에 식탁, 책상 겸용의 탁자를 비치해 식사를 하도록 해 그전에 마루바닥에서 음식물을 놓고 식사한 것보다는 개선되었다.[46]

그러나 현재 교정시설 내에는 교정직원 식당이 따로 있어 직원과 수용자 간에 음식물의 종류와 질이 차이가 나 수용자들의 불만의 요인이 될 수 있고, 또한 현재 수용자들이 문에 있는 조그만 구멍을 통해 음식물을 급여받는 것은 인간의 존엄성에도 해가 될 수 있으므로 장기적으로는 식사동을 건립하여 모든 수용자와 직원이 같은 조리배식대에서 나오는 음식물로 식사하는 것이 교정재 생산 면에서 바람직하다.[47]

한편, 식사규칙은 그 지역적, 문화적, 종교적 특성에 따라 다르기 때문에 서구의 경우처럼 문화적, 관습적, 종교적 식사규칙을 따를 수 있도록 허용해야 한다는 의견이 있고,[48] 또한 많은 재소자들은 교도관과 교도소 당국, 취사장 출역수들 사이에 부정행위가 이루어지고 있다고 생각하는 것으로 밝혀졌고, 어떤 재소자는 자신이 직접 부정행위를 한 적이 있다고 시인했다며 식사에 관련된 부정행위를 근절하기 위해서는 취사와 관련된 사람들에 대한 철저한 교육과 부정행위자에 대한 엄격한 처벌조항을 두어 규제토록 하자는 의견이 있다.[49]

생각하건대 그러한 부정행위에 대해서는 철저한 교육만으로는 한계가 있다고 생각되며 모든 공직부문에서 밀행주의가 나타나지만, 특히 정보를 알시 못해 외부적 통제가 잘 되지 않는 곳이 교정시설이므로 교정시설 내의 공무원의 부정행위에 대해서는 기존의 내부감사와 감사원에 의한 감사 등은 사실상 한계가 있다.

또한 현재의 국가인권위원회도 교정과 관련해서는 인권을 침해당한 경우에만 조사활동을 할 수가 있고, 또 너무 제한된 인력이므로 그런 활동에도 상당히 제약

---

46) 이승호 외, 전게서, 183면.
47) 이승호 외, 전게서, 184면에 따르면 현재 외국의 경우에는 직원용 식사와 일반재소자용 식사를 따로 구분하지 않고 한곳에서 조리하여 배급하고 있어 재소자들과 교도관들의 식사차이가 존재하지 않는다고 한다.
48) 이승호 외, 전게서, 182면.
49) 이승호 외, 전게서, 184면.

제 8 장

한국교정교회론

1. 서

　교화라는 개념이 형사학에 도입된 것은 1949년 전후로서 범죄자도 환자와 마찬가지로 심신의 결함으로 인해 문제가 있으므로 이를 치료해야 한다는 의료모형에 근거해 Rehabilitation을 교화라고 번역하고 나면서부터라고 한다.[1]

　그런데 Rehabilitation을 교정, 교화, 사회복귀, 교화개선이라고 번역하는 학자가 있으나, 이인순 씨는 수형자를 중심으로 일반화되어 있는 교육활동들을 지칭하여 교화라는 개념으로 통일해 교화란 수형자를 개별적 방법으로 교정하여 건전한 사회인으로 복귀시키는 것이라고 보고 교화활동은 생활지도, 학과교육, 종교지도, 직업훈련, 민간인의 교화활동 참여로 나누고 있다.[2]

　우리나라에서도 이러한 교화 프로그램을 놓고 학문적 입장에서는 교정교육으로 분류해왔고, 행형법과 행형법시행령에서는 '교육'과 '교회'로 규정하고 있으나 아직도 개념의 통일이 이루어지지 않고 있다.[3]

　그런데 교회에 대해 허주욱 씨는 수형자의 정신적 결함을 교정하고, 도덕적이고 윤리적인 사회생활에 적응하도록 종교, 기타의 방법으로 교화하는 것이라고 한다.[4]

　그런데 일반인도 이해하기 어렵고 용어상 개념의 혼동이 있는 教誨(교회)에 대해 김용준 씨는 교회는 일본 감옥법 제6장 교회와 교육, 제29조 교회에 있는 말로, 이는 일본식 한문조로 불교에서 주로 사용하는 용어이고, 종교와 교육의 중간 형태의 말이며, 외국의 입법례인 독일행형법 제6절의 종교행사, 일본의 형사시설법안 제1편 제5장의 종교, 형사시설구금자처우법안 제5장 종교, UN최저기준규칙 제6조 제2항의 모든 수용자에게 개인예배, 종교행사에의 참여, 개별적인 종교교회의 권리보장이 규정되었듯이, 따라서 지금의 행형법 용어인 교회를 종교로 수정할 것을 주장하고 있다.[5]

---

1) 김병주, 미국의 사회복귀이념의 전개, 교정교화사업연구소, 교정교화 2호, 1989, 64면.
2) 이인순, 교화활동의 연구, 한국형사정책연구원, 1992년 37면 이하. 송경효, 종교교육효과가 교화에 미치는 영향에 관한 연구, 교정, 2002년 12월, 21면에서 재인용.
3) 송경효, 전게논문, 21면.
4) 허주욱, 전게서, 437면.
5) 김용준, 행형이념과 행형법개정에 관한 연구, 한양대학교, 1995년, 158면.

따라서 그는 현재의 행형법 제7장 교육과 교회를 분리하여 교육과 종교라고 수정하여 독립장으로 하되, 종교는 수용자의 종교상의 행위와 종교교회 등을 수정 확대하여 규정할 것을 제안하고 있다.6)

그러나 여기에서는 교회를 종교교회만 아니라 일반교회도 포함하고 있다는 통설적 입장에 따라서 논의하고자 하며, 다만 개념상 혼동이 올 수 있으므로 여기서는 교회의 의의와 학설을 살펴보고 나서 교회에 관한 국제적 기준과 현행법령상의 교회의 문제점과 대안을 논하고자 한다.

2. 교회(教誨)의 의미와 학설

교회란 정신감화를 통해 수용자의 덕성을 함양하고 인격을 도야하여, 장차 건전한 사회인으로 살아갈 수 있도록 재사회화를 돕는 교화의 한 수단을 말한다.7)

원래 교회는 발생사적 견지에서 볼 때에 종교를 바탕으로 했으나, 오늘날은 이 밖에도 광범위한 심리학적, 도덕석, 사회학적, 교육학직 견지에서 운영되기에 이르렀고, 오늘날 그 방법은 종교교회와 일반교회의 두 가지로 나뉜다.8)

한편, 교회에 관한 학설을 종교교회설, 일반교회설, 절충설로 아래와 같이 나눌 수 있다.9)

종교교회설은 순종교교회설과 종교교회설로 나뉘는데, 전자는 교회는 순종교교회를 기초로 한다는 학설로서 신의 존재와 섭리를 인식함으로써 건전한 덕성을 함양한다는 것이고, 후자는 다시 종교교회설과 종파교회설로 구분되는바 종교교회설은 일반종교를 기초로 하여 사람의 마음을 선화시키는 것이고, 후자는 일종일파의 교리에 의하여 사람의 마음을 선화시키는 것이라고 한다.

또 일반교회설은 종교교회를 아편과 같은 것이라고 하여 부인하고 학과교육과 사회교육이 시행되어야 한다고 주장한다.

---

6) 김용준, 전게논문, 156면.
7) 배종대, 행형학, 홍문사, 2002년, 222면.
8) 허주욱, 교정학, 법문사, 2002년, 437면.
9) 허주욱, 전게서, 438면.

절충설은 교회란 수형자에 대한 덕성의 함양으로서 그 방법에는 종교교회와 일반교회의 두 가지 방법이 있다고 하며, 종교교회는 神을 대상으로, 이를 신망함으로써 덕성을 함양하는 것이고, 일반교회란 종교의 방법에 의하지 않고 수형자의 덕성을 함양하는 방법으로 저명한 인사의 강화를 듣는다든지, 교도관들의 인격으로써 선도하는 교회를 말한다고 하는데, 현대의 통설은 교회란 일반교회와 종교교회를 병행하여 적절히 시행하는 절충설이라고 한다.[10]

3. 교회에 관한 국제기준들의 규정

피구금자처우최저기준규칙 제6조에는 피구금자가 속하는 집단의 종교적 신조와 도덕률은 존중되어야 한다고 되어 있고, 동 규칙 제41조에는 시설 내에 같은 종교를 가진 충분한 수의 피구금자가 있는 경우 그 종교의 자격 있는 대표자가 임명되거나 승인되어야 하며(제1항) 전항의 규정에 의하여 임명되거나 승인된 유자격 대표자는 정규적인 의식을 행하고 수시로 직접 그 종교소속의 피구금자를 심방하도록 허가되어야 하고(제2항), 종교적 유자격 대표자에 대한 접근은 어떤 종교에서도 어느 피구금자에게도 거부되어서는 안 되며, 피구금자가 교역자의 방문을 거절하는 경우 그의 태도는 충분히 존중되어야 한다고 되어 있고, 동 규칙 제42조에는 실제적으로 가능한 한 모든 피구금자는 시설 내에서 거행되는 종교행사에 참석하고, 또 자기 종파의 계율서와 교훈서를 소지함으로써 종교생활의 욕구를 충족할 수 있도록 허용되어야 한다고 되어 있다.

한편, 유럽규칙 제46조에는 실제적으로 가능한 한 모든 피구금자는 시설 내에서 거행되는 종교행사에 참석하고, 필요한 종교서적들을 소지함으로써 자신의 종교적, 정신적 그리고 도덕적 생활의 욕구를 충족할 수 있도록 허용되어야 한다고 되어 있고, 동 규칙 제47조에는 시설 내에 같은 종교를 가진 충분한 수의 피구금자가 있는 경우 그 종교의 자격 있는 대표자가 임명되거나 승인되어야 하며, 피구금자의 인원수로 보아 상당하다고 인정되고 또 여건이 허락하는 경우 그 조

---

10) 허주욱, 전게서, 439면.

치는 상근제를 기초로 하여야 하고(제1항), 전항의 규정에 의하여 임명되거나 승
인된 유자격 대표자는 정규적인 의식을 행하고 수시로 직접 그 종교소속의 피구
금자를 심방하도록 허가되어야 하며(제2항), 종교적 유자격 대표자에 대한 접근은
어떤 종교에서도 어느 피구금자에게도 거부되어서는 안 되며, 다만 피구금자가
어느 종파의 대표의 방문에 반대할 때에는 방문을 거부할 수 있도록 허용되어야
한다고 규정되어 있다.

4. 현행법령상 교회에 관한 규정

우선, 우리 헌법 제20조에는 모든 국민은 종교의 자유를 가지며, 또한 국교는
인정되지 않는다고 하여 종교와 정치는 분리됨을 선언하고 있다. 따라서 정교분리
주의 원칙에 따라서 국가기관인 교정시설의 장은 수용자들에게 특정종교를 강조하
거나 모든 수용자들에게 종교를 갖도록 강제할 수 없다. 또한 국민의 한 사람인
수용자는 종교의 자유를 당연히 가지므로 특정종교에 대한 신앙의 자유를 가질
수 있고 동시에 무종교의 자유와 자신의 종교에 대해 침묵할 자유도 포함된다.

한편, 행형법 제31조에는 수형자가 그가 신봉하고 있는 종파의 교의에 의한 특
별교회를 청원할 때에는 당해 소장은 그 종파에 위촉하여 교회를 할 수 있다고
하여 교회의 대상자는 수형자임을 밝히고 있고, 또한 수형자란 징역형, 금고형,
구류형을 받은 자와 환형처분을 받아 노역장에 유치된 자를 의미하므로 사형확정
자와 미결수용자, 피치료감호자 등은 교회의 원칙적 대상자는 아니나 사회보호법
의 적용을 받는 피보호감호자는 보호처분에 관하여 사회보호법에 특별한 규정이
있는 경우를 제외하고는 행형법 등을 적용한다는 사회보호법 제42조에 따라 교회
의 대상자가 된다.

또한 특별교회의 실시 여부는 소장의 재량행위로 하고 있어 소장의 종교관에
따라 재량이 남용될 수 있다는 것으로 해석될 수가 있다. 그리고 행형법시행령
제107조에는 교회는 휴업일에 하나, 다만 당해 소장이 필요하다고 인정하는 때에
는 예외로 한다고 하여 교회의 일시도 소장의 재량에 따라 평일에도 할 수 있도

록 하고 있으며, 동 시행령 제108조에는 병실 또는 독거실에 수용된 수형자에 대한 교회는 그의 거실에서 한다고 하고 이를 특별교회라고 칭하고 있다.

동 시행령 제109조에는 부모, 배우자, 자녀, 또는 형제자매의 사망통지를 받은 수형자는 2일간, 부모 또는 배우자의 기일은 1일간 작업을 면제하는데, 이때 작업이 면제된 수형자에게는 수시로 교회를 하여야 한다고 하여 작업이 면제된 수형자는 자신의 의사와 관계없이 수시로 교회를 받아야 한다는 내용을 내포하고 있는데, 이 시행령 제109조는 2000년 3월 28일에 개정된 것으로 개정되기 전에는 작업이 면제된 수형자에게는 독거실에 수용하고 수시교회를 해야 한다고 되어 있는데, 2000년 3월 28일의 개정에서 독거실 수용부분이 빠졌음을 알 수가 있다.

그리고 동 시행령 제110조에는 소장은 사면 또는 가석방을 하거나 상장 등을 수여하는 때에는 수형자의 전부 또는 일부를 집합시킨 후 교회를 하여야 한다라는 은전(恩典)교회를 규정하고 있으며, 동 시행령 제111조에는 소장은 수형자가 사망한 때에는 그와 연고가 있거나 기타 필요하다고 인정하는 수형자를 집합시킨 후 교회를 할 수 있다는 소위 관전(棺前)교회를 규정하고, 관전교회의 실시 여부는 소장의 자유재량 행위에 맡기고 있다.

그리고 교도관직무규칙 제72조에는 교회담당 공무원은 상관의 지휘, 감독을 받아 수용자의 교육, 교회, 서신, 독서 등에 관한 사무와 석방자 보호에 관한 사무를 담당한다고 하여, 교회의 대상자로 수용자를 들고 있음으로 인하여 수형자와 미결수용자가 대상자임을 밝히고 있고, 동 규칙 제74조에서는 교회담당 공무원은 매월 1회 이상 소장의 허가를 받아 교육자, 법조인, 사회사업가 등 덕망을 갖춘 외부인을 선정하여 교회를 실시한다고 하여, 일반교회의 매월 1회 이상의 교회를 의무화시키고 있다. 동 규칙 제75조에는 교회직은 수용자가 신봉하는 종파의 교의에 의한 종교교회를 요청하는 때에는 특별한 사정이 없는 한 그 종파에 위촉하여 교회를 하게 하여야 한다고 하고 있으며, 동 규칙 제76조에는 개인교회를 규정하고 있는데 그 내용에는 제1항에서 교회직은 환자, 독거수용자 및 징벌자에 대해서는 매주 1회 이상 개인교회를 하여야 하나 환자에 대해서는 의무관의 의견을 들어 그 시기 및 횟수를 늘리거나 줄일 수 있다고 되어 있고 제2항에서는 교회직은 신입수형자에 대해서는 입소한 날로부터 7일 이내, 석방 예정자에 대해서는 석방 3일 전에 개인교회를 실시해야 한다고 하며, 3항에서는 교회직은 사형의 선고를 받은 자에 대해서는 수시 개인교회를 하여 정신적 위안을 베풀어야 한다고 하며, 제4항에서는 제1항 내지 제3항에 규정되지 않은 수용자에 대해서도 필요하다고 인정하는 때에는 교회직은 적절한 개인교회를 하여야 한다고 하여, 제1항 내지 제3항에 규정되지 않은 수용자에 대한 개인교회의 실시 여부는 교회직의 재량에 맡기고 있으며, 제5항에서는 제1항 내지 제4항의 규정에 의한 개인교회를 하고자 하는 때에는 미리 그 수용자의 죄질, 범죄경력, 교육 정도, 직업, 연령, 환경, 기타 수용자의 신상을 파악하여 활용하도록 하고 있다.

한편, 동 규칙 제82조에서는 수용자의 교회 등의 시행과정에서 수용자에게 심경 변화 등의 특별한 상황이 발생한 때에는 교회직은 당해 사유에 관한 상황과 의견을 지체 없이 상관에게 보고하고 그의 지시를 받아 이를 처리하도록 하고 있다. 그리고 수형자분류처우규칙 제66조에서는 교도소장 등은 제1급 수형자에 대하여 처우상 필요하다고 인정되는 때에는 당해 수형자가 신봉하고 있는 종파에서 실시하는 교도소 등의 밖에서의 종교행사 참석을 허가할 수 있고, 외부의 종교행사에 참석하는 수형자에 대해서는 자비부담 의류를 입게 할 수 있다고 하여 외부의 종교행사 참석의 대상자는 수형자에 한정시키고 외부의 종교행사 참석의 대상자를 제1급 수형자로 한정해 누진처우와 연계시키고 있으며, 제1급 수형자의 외부의 종교행사 참석과 그에 따른 자비부담 의류는 소장의 재량사항으로 하고 있다.

5. 교회에 관한 외국의 입법례

미국의 경우는 수형자들은 성일을 지킬 수 있고 자신의 신앙과 관련되어, 시설의 안전, 질서에 해가 되지 않는 옷 등을 입고 이용할 수 있으며, 미 헌법수정 제1조는 신앙과 의식의 권리를 보장하고 있기 때문에 종교 프로그램들은 모든 재소자들이 이용할 수 있고, 미국 교도소 내의 가장 주요한 두 종교는 기독교와 이슬람교이지만 신앙의 자유를 보장하므로 서부와 남서부에서는 아메리카 인디언들이 '신문실(sweat lodge)'에서 단식과 좌선을 할 수 있고, 북동부와 남서부에서는 매일 천주교 미사를 보는 것이 일반적이라고 하며, 미국 남부의 신앙이 두터운 지역의 교도소 내에서는 종교 프로그램들이 대단히 복음주의적 경향이 있다고 한다.[11]

---

11) 한국형사정책연구원, 외국의 교정현황연구, 2000년, 81면 이하.

한편, 영국의 경우는 종교교회에 관한 행형법조항은 다음과 같다.[12]

제10조(종파) 재소자는 행형법 1952. 제10조 (5)에 의거 제정된 규정에 명시되어 있는 종파에 따라 처우되어야 한다. 그러나 소장은 적절한 경우에 또는 타당한 조사를 한 후 그 규정을 개정하도록 지시할 수 있다.

제11조(교회사 및 교도소 목사의 임무) (1) 교도소의 교회사 또는 목사는 다음 사항을 이행하여야 한다.

   a. 재소자의 입소 즉시 또는 출소 직전 개별적으로 그들의 종파에 속한 재소자에게 상담을 실시해야 한다.

   b. 교도소에서 사망한 재소자의 장례식에는 달리 준비가 되어 있지 않은 경우 조사를 낭독해야 한다.

(2) 교회사는 영국교회에 속해 있는 재소자 중 환자, 시갑자 및 독거수용자를 매일 방문해야 한다. 그리고 교도소 목사는 가능한 한 자신의 종파에 속한 재소자를 위하여 앞에 언급한 업무를 수행해야 한다.

(3) 교회사는 영국교회에 속해 있지 않는 환자, 시갑자, 독거수용자 또는 자신이 속한 종파교회 목사가 교도소를 방문하지 않는 재소자의 경우 그가 원한다면 면담을 해야 한다.

제12조(목사의 정기방문) (1) 교회사는 영국교회에 속해 있는 재소자를 정기적으로 면담해야 한다.

(2) 교도소 목사는 가능한 한 정기적으로 자신의 종파에 속한 재소자를 면담해야 한다.

(3) 재소자가 교도소 목사가 임명되어 있지 않은 종파에 속해 있을 경우 소장은 그 재소자의 요구가 있을 때에 그가 속한 종파의 목사가 정기적으로 교도소를 방문할 수 있도록 가능한 조치를 취해야 한다.

제13조(종교의식) (1) 교회사는 매주일 1회 이상 또는 성탄절, 성금요일에 영국교회에 속한 재소자를 위하여 예배의식을 거행하여야 한다. 그리고 그러한 성스러운 행사나 주일예배는 계획된 대로 이행되어야 한다.

(2) 교도소 목사는 자신의 종파에 속한 재소자를 위한 예배의식을 일정한 기일에 거행하여야 한다.

제14조(교회사 및 교도소 목사 대행자) (1) 내무부장관의 승인을 받은 자는 교회사의 부재중 그를 대행할 수 있다.

(2) 교회사는 내무부장관의 허가를 받아 자신의 부재중에 그를 대행할 수 있는 자를 지정할 수 있다.

---

12) 이정구, 영국행형법, 교정, 1992년 4월, 106면 이하.

제15조(일요일 작업) 기독교를 신봉하는 재소자에게는 일요일, 성탄절 또는 성금
요일에 불필요한 작업을 시키지 못하도록 조치하여야 하며, 타 종교를 신
봉하는 재소자의 경우에도 그들의 종교적으로 인정된 날에도 작업을 시켜
서는 안 된다.

제16조(종교서적) 내무부장관이 교도소에서 사용하도록 승인한 자신의 종파에 속
한 종교서적은 재소자가 개인적으로 온당하게 사용하는 한 이를 이용할 수
있도록 하여야 한다.

독일의 경우에는 교정과 관련된 연방자체의 교정직원에서 종교교회와 관계되는
사제직이 120명(2000년 1월 1일 기준)이며, 성직자는 신교와 구교로 나뉘며 이들
은 예배 등 종교행사의 집전 외에도 종교를 통한 수형자의 교화, 개선을 위한 활
동을 수행하며 행형시설의 장의 동의가 있으면 시설 내 사제는 임의의 외부 보조
사제를 둘 수 있고, 예배 및 기타 종교행사를 위하여 외부사제를 초빙할 수도 있
다고 한다.13)

일본은 수용자의 종교 자유를 보장하는 관점에서 신앙을 가지고 있거나 가지려
고 하는 자의 희망에 따라 민간독지의 종교가인 교회사에 의한 종교활동이 행해지
며 종교교회는 신앙을 가지는 자의 종교적 욕구를 충족시키고, 종교교회에는 같은
종교교파의 종교교회를 희망하는 자를 모아 행하는 집단교회와 개별적으로 행하는
개인교회가 있으며, 교회사의 전국조직으로서 재단법인 전국교회사연맹이 있으며,
1998년 12월 31일 현재 교회사 수 및 1998년의 종교교회의 실상은 아래와 같다.14)

[표 34] 일본의 교회사 수 및 종교교회 실시현황(1998)

종 파	교회사 수	실시 횟수		
		총 수	집 단	개 인
총 수	1,532	14,668	9,337	5,331
불 교	1,014	8,590	5,685	2,905
기독교	212	3,137	1,724	1,413
神 道	303	2,934	1,924	1,010
기 타	3	7	4	3

13) 형사정책연구원, 전게서, 149면.
14) 형사정책연구원, 전게서, 262면 이하.

한편, 일본은 수형자 개개인이 가지는 정신적 고민이나 가족, 직업, 장래의 생활설계 등에 관한 문제들에 대해 적절한 조언, 지도를 행하는 것은 생활지도의 중요한 방법인데, 따라서 민간의 학식경험자 등의 지식이나 경험에 의한 조언이나 지도가 효과적인데 이런 취지로부터 독지면접위원제도가 1953년에 시행되어 갱생보호, 사회복지, 교육 등 다양한 분야에 걸쳐 민간독지가의 협력을 얻어 성과를 올리는데 독지면접위원들은 수형자나 소년원 재소자 등의 개선갱생을 위해 다양한 봉사활동을 수행하고 있다.[15]

한편, 일본의 신법안(형사시설법안)에서는 다음 사항을 법문상 명확하게 해서 수용자의 신앙의 자유의 법적 보장을 도모하려고 한다고 한다.[16] 즉, 수용자가 교정시설 내에서 스스로 개별적으로 행하는 예배, 성서의 낭독, 독령 등 종교상의 행위가 원칙적으로 자유스러운 권리여야 하지만, 규율 및 질서 기타 관리운영상 지장을 초래할 염려가 있는 경우에는 그 행위를 금지 또는 제한할 수 있어야 하며, 교정시설의 장은 수용자가 민간의 독지가인 종교가가 행하는 종교상의 의식행사에 참가하거나 그 종교가가 행하는 종교교회를 개별적으로 받을 수 있는 기회에 한해야 하며, 교정시설의 장은 규율 및 질서의 유지 기타 관리운영상 지장을 초래할 염려가 있는 경우 및 미결수용자에 대해서는 증거인멸의 방지상 지장을 초래할 염려가 있는 경우에는 종교교회를 받을 수 없게 할 수 있는 사항들이다.

이와 같이 일본의 신법안에서는 신체적 행동의 자유가 박탈된 수용자의 종교적 욕구가 일반인의 그것보다 강한 것을 고려해서 그 권리보장의 정도의 차이는 있지만, 개별적으로 행하는 종교상의 행위, 종교상의 의식행사, 개별종교교회를 보장할 취지의 규정을 만들려고 하는 것이라고 한다.[17]

호주의 경우는 교회담당 성직자는 수용자의 정신적인 욕구 등을 충족시키는 등의 일을 하는데, 교정국에 속한 풀타임 성직자도 있고 파트타임으로 교도소를 방문하여 자발적으로 종교상담을 하는 경우도 있다고 한다.[18]

한편, 1978년에 제정되었고, 1992년에 개정된 수용자최저처우준칙에 나오는 교회에 관한 내용에는, 종교의 자유는 모든 수용자에게 인정되며, 교도소 보안 및 관리에 문제가 없는 한 다른 수용자와 함께 종교행사를 가질 수 있으며, 종교에

---

15) 형사정책연구원, 전게서, 263면.
16) 김용준, 전게서, 142면.
17) 김용준, 전게서, 144면.
18) 형사정책연구원, 전게서, 370면.

따른 기구를 소유할 수 있다고 하며, 원주민 수용자에게는 원주민 고유의 신앙에 정통한 원주민과 접촉할 수 있는 기회가 부여되어야 하고, 교도소 내에 같은 종교를 가진 수용자의 수가 종교행사를 가질 수 있을 정도의 숫자이면 해당 종교대표자를 지정하거나 승인하여야 하며, 수용자의 수가 많고 사정이 허락된다면 종교종사자가 풀타임으로 일할 수 있도록 고려되어야 하고, 승인된 종교종사자들은 적절한 시간에 방문하여 종교집회를 가져야 한다는 내용이 포함되어 있다.[19]

이스라엘은 교정시설에서는 유대교, 이슬람교 및 기독교 재소자를 위한 종교 프로그램을 제공하며, 교정시설에서 실시하는 종교활동은 유대교를 공부하기 위한 所內施設인 예쉬봇(yeshivot)과 dbeorymf 연구하기 위한 단과대학과정인 미드라쉬욧(midrashiyot) 및 교도소 밖에서의 종교활동을 들 수 있는데, 이 모든 종교활동은 재소자의 사회복귀에 초점을 맞추고 있고, 여기서 꼭 지적해야 할 사실은 종교활동이 상습범과 마약범을 줄이는 데 크게 기여하고 있다고 한다.[20]

대만은 행형법 제38조에는 수형자는 그 소속된 종교에 따라 예배, 기도를 행하거나 기타 적당한 의식을 행할 수 있지만 이는 기율을 해하지 않는 범위 내로 제한된다고 규정하고 있고, 제40조에는 감옥은 학식과 덕망을 갖춘 인물을 초빙하여 강연을 실시할 수 있으며, 또한 그 지역의 학술, 교육전문가를 초빙하여 감옥에서의 교회교육의 필요성을 공동으로 연구할 수 있다고 규정하고 있고, 제44조에는 감옥은 영화, 음악을 교화의 보조수단으로 사용할 수 있다고 되어 있다.[21]

---

19) 형사정책연구원, 전게서, 416면.
20) 권태정, 이스라엘의 교정제도, 교정, 1991년 6월, 101면.
21) 교정, 대만행형법, 1989년 10월, 78면.

6. 한국의 교회의 문제점과 대안

1) 행형법령상의 교회규정의 문제점과 대안

먼저, 행형법 제31조 제2항에는 수형자가 그가 신봉하고 있는 종파의 교의에 의한 특별교회를 청원할 때에는 당해 소장은 그 종파에 위촉하여 교회를 할 수 있다고 하여 종교교회의 실시 여부는 당해 소장에게 맡기고 있다.

우선, 위의 조항에서 문제가 되는 것이 수형자가 특별교회를 청원할 때라는 표현에서 청원이란 말을 사용하고 있는데, 여기서의 청원은 헌법이나 청원법상의 청원이 아니고 행형법상의 청원으로 볼 여지도 있는데, 그런데 행형법 제6조에 의해 수용자가 청원할 수 있는 경우는 자신의 처우에 대해 불복이 있는 경우에 한하고, 또한 청원의 대상자는 법무부장관이나 순회점검 공무원에게 청원할 수 있으므로 소장에게 청원할 수 있는 것은 아니므로, 또한 행형법 제31조에서 수형자가 행하는 청원은 소장에게 하는 것으로 이해할 수 있으므로, 행형법 제31조의 청원의 개념과 행형법 제6조의 청원은 다른 것으로 볼 수 있지만, 행형법 제31조 제2항의 청원을 행형법 제6조의 청원으로 오해할 여지도 있으며, 또한 행형법 제31조의 청원은 단순한 요청의 뜻이므로 개념의 정확성을 위해 행형법 제31조의 청원을 신청으로 바꿀 것을 제안하고자 한다.

두 번째로 위의 제31조 조항에서 문제가 되는 것은 수형자가 그가 신봉하고 있는 종파의 교의에 의한 특별교회라는 표현에서 수형자가 특별교회로서의 종교교회를 청원하려면 수형자가 이미 그가 특정종파의 교의를 믿고 있어야 한다는 것을 전제로 하고 있다. 따라서 현재 종교가 없는 수형자나 또는 다른 종교로 개종하려는 수형자들은 그들이 현재 신봉하고 있지는 않지만 새로이 믿어보려고 하는 종파의 교의에 의한 특별교회를 청원할 수가 없으므로, 이 경우는 종교의 자유나 헌법상의 행복추구권을 침해할 수 있는 여지가 있으므로, 행형법 제31조 제2항의 '신봉하고 있는' 표현을 삭제하는 것이 더 합리적이라고 생각한다.

한편, 행형법 제31조 제2항은 수형자가 특별교회를 청원할 때에는 당해 소장은 그 종파에 위촉하여 교회를 할 수 있다고 하여 종교교회로서의 특별교회의 실시 여부는 소장의 재량행위에 맡기고 있는데, 한편 교도관직무규칙 제75조에는 교회직은 수용자가 신봉하는 종파의 교의에 의한 종교교회를 요청하는 때에는 특별한 사정이 없는 한 그 종파에 위촉하여 교회를 하게 하여야 한다고 하여 수용자가 종교교회를 요청할 때는 원칙은 교회를 실시하도록 의무를 지우게 하여 교도관직무규칙 제75조와 행형법 제31조 제2항의 내용은 종교교회의 신청요건은 같으나 처리는 각각 기속행위와 재량행위로 처리케 함으로써 혼동을 주고 있다.

교도관직무규칙은 행형법률을 구체화시킨 것으로 볼 수 있고, 또한 교도관직무규칙 제72조에 의해 교회담당 공무원은 수용자의 교회에 관해서는 상관의 지휘와 감독을 받는다고 규정해 놓았으므로 새 조항을 추가하지 않는다면 행형법 제31조 제2항은 "교정시설의 장은 수형자가 특정종교의 종교교회를 신청할 때에는 특별한 사정이 없는 한 해당 종파에 위촉하여 종교교회를 하게 하여야 한다"라고 새롭게 규정하는 것이 교도관직무규칙 제75조와도 균형에 맞고, 또한 원칙적으로 기속행위로 하는 것이 수용자의 종교 자유의 실질적 보장에도 도움이 된다고 할 수 있다.

물론 행형법 제31조 제2항과 교도관직무규칙 제75조에는 종교교회의 대상자를 각각 수형자와 수용자로 표현해 놓았지만, 행형법 제67조 제1항의 규정에 의해 미결수용자는 신청이 있는 경우에 교회를 행할 수 있고, 동 조항 제2항에 의해 행형법 제31조 제2항 등은 미결수용자의 교회에 관해서도 준용되므로 문제될 것은 없다고 하겠다.

그리고 우리 행형법에는 교회에 관한 규정은 제31조의 한 조항만 있고, 이것은 종교교회를 의미하는데 이에 관하여 김용준 씨는 우리나라 행형법에 제31조 한 개의 조문만이 종교에 관한 규정이고, 이런 한 개의 조문만으로 오늘날의 행형이념인 수형자를 교정 교화하여 사회에 복귀시킨다는 것과는 거리가 멀다고 하며, 따라서 종교의 자유를 최대한 허용하고 교정교육을 적극적이고 능동적으로 할 수 있는 보다 세밀한 법규정이 필요하다고 주장하고, 독일 행형법은 제2장 제6절(종교행사)에 제53조(사제직), 제54조(종교행사), 제55조(세계관단체) 3개 조문을 갖고 있고, 일본형사시설법안에서도 제30조(수용자의 종교상의 행위), 제31조(종교상의 의식행사 및 종교교회)의 2개 조문을 갖고 있다는 예를 들면서, 우리나라 행형법도 수용자의 종교행위와 종교교회 등의 2개 조항을 수정·확대하여 규정할 것을 주장하고 있다.[22]

---

22) 김용준, 전게논문, 156~159면.

그의 주장에 따르면 행형법 제7장 교육과 교회를 분리하여 교육과 종교라고 수정하여 독립장으로 하되, 종교는 수용자의 종교상의 행위와 종교교회 등 2개 조항을 신설할 것을 주장하고, 수용자의 종교상의 행위라는 조문의 내용에는 "교정시설에서 수용자 자신이 개별적으로 행하는 예배 기타의 종교적 행위는 이를 금지하거나 제한할 수 없다. 그러나 교정시설의 규율 및 질서유지 기타 관리운영상 지장을 초래할 우려가 있는 경우에는 예외로 한다"라는 내용을 주장하고, 그 다음 종교교회 등이라는 조문에는 "① 소장은 수용자가 민간독지가인 종교가가 행하는 종교교회를 개별적으로 받을 수 있는 기회를 주도록 노력해야 한다. ② 소장은 교정시설의 규율 및 질서의 유지 기타 관리운영상 지장을 초래할 우려가 있는 경우에는 수용자를 제1항에 규정하는 종교상의 의식행사에 참가시키지 아니하거나 종교교회를 받게 하지 아니할 수 있다"라는 내용을 넣을 것을 주장한다.23)

그러나 사견으로는 행형법 제7장의 교육과 교회를 분리하자는 김용준 씨의 주장에 반대한다. 왜냐하면 교육과 교회는 교정재를 생산하는 데 있어서 가장 중요한 생산요소이면서, 이 두 가지의 생산요소는 상호유기적 관련성이 가장 크고 종교교회는 종교교육의 일종이므로 그의 주장처럼 분리할 것이 아니고 현재처럼 같이 묶어야 한다.

또한 그는 현재의 교회를 종교 또는 종교교회로 수정할 것을 주장하면서 종교교회 등이라는 조문을 신설할 것을 주장하나, 만일 관련조항을 확대한다면, 사견으로는 일반 국민들은 교회라는 용어를 거의 모르고 있고 지나치게 어려운 용어이므로 본인은 이를 교화라고 바꿀 것을 제안한다. 그리고 현재의 행형법률은 종교교회만을 교회로 관념하여 일반교화의 근거를 두지 않지만, 종교에 못지않게 일반교화도 중요하므로, 사견으로는 제7장을 교육과 교화라고 제목을 붙이고 현재의 교회를 규정한 제34조를 세분화시켜 2개 조문으로 만들 것을 제안하며, 첫째 조문에는 제목을 종교교화라고 하고 그 내용에는 "교정시설에서는 질서유지에 지장을 주지 않는 범위 내에서는 수용자의 종교행위의 자유는 원칙적으로 보장되며, 수용자가 특정종교의 종교교화를 신청할 때에는 교정시설의 장은 특별한 사정이 없는 한 시설 내의 질서유지에 지장을 주지 않는 범위 내에서 해당 종파에 위촉하여 종교교화를 하게 하여야 한다"라는 내용을 넣을 것을 주장하며, 두 번째 조문에는 제목을 일반교화라고 제목을 붙이고 그 내용에는 "교정시설의 장은

---

23) 김용준, 전게논문, 156 ~ 157면.

정기적으로 교정에 모범이 될 만한 외부인을 선정하여 일반교화를 실시하여야 하며, 다만 일반교화를 원하지 않는 수용자는 제외시킨다"라는 규정을 두고 "교정시설의 장은 수용자가 일반교화에 의한 특별교화를 신청할 때는 해당 수용자의 교정에 적절한 인사를 선정해야 한다"라는 규정을 넣는 것을 대안으로 제시하고자 한다.

그리고 행형법시행령 제109조는 부모, 배우자, 자녀, 형제자매의 사망통지를 받은 자와 부모 또는 배우자의 기일에는 2일간 또는 1일간 작업을 면제하는데, 이 때 작업이 면제된 수형자에게는 소장은 수시로 교회를 해야 한다고 규정하고 있는데, 이와 같이 행형법 제37조 규정에 의해 작업이 면제된 수형자는 의무적으로 수시로 교회를 받게 하는데, 이 조항은 잘못하면 해당 수형자의 종교의 자유나 양심의 자유 또는 헌법상의 행복추구권을 침해할 수가 있다.

행형법시행령 제109조는 개인교회로서 조상교회인데 본인의 의사와 관계없이 의무적으로 교회를 받게 하는 것은 문제가 되며, 특히 그 내용이 종교교회로서 수용자와 다른 종교일 경우는 종교의 자유와 문제되고 일반교회라고 해도 본인이 원치 않는 경우에도 받게 하는 것은 행복추구권과 관련해서 문제가 될 수 있으므로 행형법 제109조의 조상교회는 본인의 동의를 얻어 실시하는 방향으로 개정할 것을 제안한다.

그리고 행형법시행령 제110조는 은선교회를 의미하고 있는데, 이때도 해당 수형자만 아니라 은전과 관계없는 수형자까지 강제로 참여시켜 교회를 받게 하는 것은 만일 그 교회의 내용이 특정종교교회의 성격을 띠면 그 종교와 다른 수형자에게는 특정종교를 강요하는 것과 다름없고 그 교회의 내용이 일반교회의 내용이라 하더라도 수형자의 의무에 반해서 강제로 교회를 받게 하는 것은 내심의 자유를 침해하는 것이 되고, 또한 교육과 교회를 통해서 교정재를 생산할 때도 교회를 하는 쪽이나 교회를 받는 수형자 모두 자발적 참여를 통해서 생산해야 된다는 것은 수형자 역시 교정재의 생산주체로서 교정재의 생산방법에 최소한의 결정권이 있음으로 인해 본인의 의사와 관계없이 일방적인 교회는 받지 않을 권리를 내포하기 때문이다.

따라서 행형법시행령 제110조의 은전교회도 은전을 받는 수형자만 아니라 은전과 관계없는 수형자들도 본인이 동의를 하는 경우에만 은전교회를 실시하는 쪽으로 개정되어야 한다.

그리고 행형법 제111조의 관전교회를 실시할 때도 현재는 사망한 수형자와 연고가 있거나 연고가 없다 해도 소장의 자유재량에 의해 관전교회에 참석이 결성된 수형자들의 의사와 관계가 없이 교회를 하는 것은 역시 문제가 있고, 특히 관전교회는 그 성격상 종교교회가 되기 쉬운데 국가기관인 소장이 특정종교에 의한 종교교회를 관련 수형자들에게 받게 하는 것은 정교분리의 원칙이 있는 헌법조항을 침해할 우려가 있고, 타 종교를 믿는 수형자들의 종교 자유를 침해할 우려가 있으며, 특히 가치관이나 종교관이 확립되지 않은 수형자에게는 특정종교의 의식형성을 타율적으로 생기게 할 수 있다.

따라서 행형법 제111조에 의한 관전교회를 실시하더라도 그것에 동의를 하는 수형자들에게 대해서만 실시하는 방향으로 나아가야 한다.

한편, 교도관직무규칙 제72조에서 수용자의 교회 등을 담당하는 공무원을 교회직 또는 교회담당 공무원이라고 하는데, 앞에서 이야기했듯이 교회보다는 교화가 더 평이한 용어이므로 교화직 또는 교화담당 공무원이라고 하는 것이 낫다. 그것은 교도관직무규칙 제72조에서 교회직 공무원의 담당사무로 수용자의 교육, 교회, 서신, 독서, 석방자 보호를 규정하고, 동 규칙 제77조에서 정신교육과 정서교육을 담당하게 하는 데서 알 수 있듯이, 위에서 열거된 담당업무는 단순한 종교적 의미가 큰 교회보다는 그것을 포함한 교화의 개념에 가까우므로 교화직 공무원이라고 하는 것이 낫다고 생각하며, 따라서 동 규칙에 나오는 교회라는 용어는 교화라고 바꿀 것을 제안한다.

그리고 동 규칙 제74조에서 교회직은 매월 1회 이상 소장의 허가를 받아 교육자, 법조인, 사회사업가 등 덕망을 갖춘 외부인을 선정해서 교회를 실시하도록 하여 정기적인 교회를 행하기 위해서는 덕망이 있어야 하고, 그것의 예시조항으로 교육자, 법조인, 사회사업가로 들고 있으나 이는 문제가 있는 조항이라고 생각한다.

그것은 교도관직무규칙 스스로가 교육자, 법조인, 사회사업가 등 덕망을 갖춘 사람들이라고 가치판단을 이미 하고 있어 특정 직업군에 대해 편견을 가지고 있음을 나타내고 있다.

덕망의 구비 여부와 특정 직업인과는 연관이 없으며 교육자라고 하여도 덕망이 구비 안 된 교육자가 있으며, 3D업종에 종사하거나 범죄전과자 또는 수형자라고 하여도 덕망을 갖춘 분이 있으므로, 교도관직무규칙 스스로가 윤리적 가치판단을 내려 특정 직업인들을 예시하는 것은 옳지 않고, 또한 교육자, 법조인, 사회사업가 등만 아니라 이름이 없는 평범하면서도 모범적인 시민들도 교회에 참여시켜 다양한 계층과 직업인들이 교회에 참여하는 것이 유사화 원칙에 적합하며 수용자들의 자발적 참여를 이끌어 낼 수 있고, 또한 다양한 집단의 다양한 가치관을 전파함으로써 수용자들이 균형감각을 갖게 하여 특정 계층의 가치관의 전파에서 오는 의식의 고착화 현상을 막을 수도 있다.

따라서 동 규칙 제74조를 교회직은 매월 1회 이상 소장의 허가를 받아 교정에 모범이 될 만한 외부인을 선정하여 교화를 실시하여야 한다고 하는 것이 나을 것 같다.

그리고 교도관직무규칙 제76조에는 교회직은 환자, 독거수용자, 징벌자에 대해서는 매주 1회 이상 교회를 해야 한다고 되어 있어, 환자수용자 등은 본인의 의사와 관계없이 강제로 정기적으로 교회를 받게 하는 것은 앞에서 보았듯이 헌법상의 여러 문제점을 내포할 수 있고, 특히 특정종교적 가치관을 지닌 교회직 공무원이 교회라는 명목으로 환자수용자들에게 특정종교를 강요할 수도 있는데, 인권운동사랑방에서 펴낸 한국감옥의 현실에 나타난 설문조사에 따르면, 교도관 다수가 기독교인이고 이들에 의한 선교가 많으며 특정종교가 장려된다는 의견과 특히 기독교를 강요한다는 의견이 나와 있다.[24]

따라서 이런 문제점을 극복하기 위해서라도 환자수용자들에 대한 개인교회는 본인의 동의가 있을 때에만 실시하도록 하는 방향으로 나아가야 하며, 한편 환자수용자나 징벌수용자, 특히 징벌수용자는 교정행정에 불만을 품고 교정사고를 일으킨 자인데 교회직 공무원, 특히 사회경험이 일천한 20대의 교회직 공무원이 그런 자들을 교화하여 교정재를 생산할 수 있는가에 대해 의문이 생기며, 또한 진정한 교정재의 생산을 위해서는 교정재의 핵심적 요소인 교화활동이 아주 중요하므로 수용자들에게 교회를 하는 자들에 대한 선택권을 주어 자신이 원하는 사람에게 교회를 받게 하는 것이 좋으므로, 환자수용자들에 대한 개인교회 실시권을 현재의 교회직 공무원에 한정시키지 말고 외부의 종교인사 또는 외부의 비종교인사 또는 교정참여인사들도 개인교회를 할 수 있도록 법제화할 필요가 있다고 생각한다.

또한 교도관직무규칙 제76조 제2항에는 교회직은 신입수형자들에 대해서는 입소한 날로부터 7일 이내에 석방 예정자에 대해서는 석방 3일 전에 개인교회를 실시하도록 하나 교도소에 처음 입소하는 사람은 일반사회의 문화에서 완충장치를 거치지 않고 바로 완전 이질적 문화인 교도소 문화를 접하므로 문화적 충격이

---

24) 이승호 외, 전게서, 334면.

있을 수 있어, 이 경우에는 수형자의 정신적 안정을 위해 개인교회가 필요하지만 원치 않는 경우에도 강제로 시행하는 것은 앞에서 본 여러 문제점이 있으므로 본인의 동의를 얻는 조건으로 시행할 필요가 있으며, 이 경우에도 교회직 공무원만 아니라 외부인사도 참여할 수 있는 길을 명문화시킬 필요가 있다.

그리고 동 규칙 제3항에서는 교회직은 사형 선고를 받은 자에 대해서는 수시로 개인교회를 해야 한다고 하고 있는데, 이 경우도 앞의 경우와 마찬가지로 사형을 선고받은 자의 동의를 얻도록 하고, 특히 사형선고를 받은 자에 대해서는 종교교회가 중요한 의의를 가지므로 본인이 원하는 경우에는 외부 종교인과의 개인교회를 받을 수 있도록 법제화할 필요가 있다.

이 문제와 관련하여 도재형 씨는 우리나라의 행형법령에는 종교대표자인 목사, 신부, 승려 등이 신자인 수용자를 심방하는 경우에 대한 명확한 규정이 없어 현재 소장의 재량에 좌우되는 특별면회의 형식으로 행해져 종교활동이 소장의 개인적인 종교적 취향에 좌우될 소지가 있어 부적당하다고 하는데,[25] 사견으로는 그러한 특별면회제도는 위화감을 줄 수도 있고, 소장의 재량에 따른 사실적 행위로서 여러 문제점이 나타날 수 있으므로 그런 특별면회를 폐지하고, 수용자의 의사에 반하지 않고 교정질서에 지장을 주지 않는 범위 내에서 종교대표자들이 수용자를 심방할 수 있도록 명문화시킬 필요가 있다.

한편, 수형자분류처우규칙 제66조에는 교도소장 등은 제1급 수형자에 대하여 처우상 필요하다고 인정되는 때에는 당해 수형자가 신봉하는 종파에서 실시하는 교도소 등의 밖에서의 종교행사 참석을 허가한다고 하여 수형자의 외부의 종교행사 참석 여부는 누진처우와 연결시키고, 소장의 자유재량 행위로 하고 있는데 누진계급이 낮더라도 도주의 우려가 없다고 생각되는 자들에게도 대상을 확대시킬 필요가 있다.

그리고 우리나라의 행형관계법령에는 수용자 등이 교회를 받을 때는 유료로 한다는 규정이 없어 현재 수용자 등에 교회는 무료로 행해지고 있다. 그러나 본인이 앞에서 주장했듯이 수형자는 교정재의 생산을 유발시킨 자이면서도 동시에 교정재의 생산자이면서 교정재의 수익자이므로 교정재 생산비용 유발부담에 대한

---

25) 이승호 외, 전게서, 112면.

책임도 있고, 또한 생산자의 자기비용 부담이론과 수익자의 비용부담이론에 따라 교정재의 중요한 생산요소인 교회에 대한 비용을 부담할 필요가 있으며, 현실적으로는 집합교회 등을 행한 외부인사에게 강연료와 교통비를 주고 있으며, 종교교회를 실시하는 종교인사에게도 그러한 비용을 주고 있고, 또한 교정시설 내에서 예배당과 법당 등 종교시설을 설치해 종교를 가진 수용자에게 예배 등을 보게 하므로, 그러한 종교시설의 설치와 유지에 들어가는 비용도 현재 국민의 비용으로 지출되고 있다.

따라서 그러한 종교교회나 일반교회의 실시에서 오는 비용의 일부를 수용자들에게 전가시킬 필요가 있으며, 이러한 교회비용은 수용자들의 경제력에 영향을 주지 않을 정도의 미미한 비용이어야 하며, 이렇게 상징적으로라도 적은 비용을 받게 하면 수용자들이 자기들도 비용을 부담하고 교회에 참여한다는 주체적 의식을 갖게 되어 질 좋은 교정재의 생산에도 도움이 된다.

물론 작업임금제를 전제로 하는 것으로 매달 일정 교회비용을 공제하는 식으로 하되 극빈한 수형자 등 일정 기준 이하의 수형자에게는 면제해주도록 한다.

한편 교회에 관한 행형관계법령을 보면 행형법 제31조와 행형법시행령 제108조부터 제111조까지에는 교회의 대상자가 수형자임을 나타내고 있고, 또 한편 행형법 제31조와 행형법시행령 제107조부터 제111조까지에 나타나는 교회의 실시권자는 소장임을 나타내고, 교회가 이루어지는 장소는 교정시설 내임을 나타내고 있다.

물론 미결수용자도 신청이 있을 경우는 교회의 대상에 포함이 되나, 위와 같이 우리나라의 행형법령이 전제하는 교회의 장소는 교정시설 내임을 알 수 있는데, 문제는 구류의 경우인데 구류는 형법 제245조의 공연음란죄, 형법 제260조의 폭행죄, 형법 제266조의 과실치상죄, 형법 제283조의 협박죄나 경범죄처벌법이나 기타 단행법규에 있는 형벌로 구류는 1일 이상 30일 미만의 기간 동안 구치하며(법 제46조), 구치장소는 형무소에 구치하며(형법 제68조), 구류형 수형자는 본인의 신청에 의해서만 작업을 과하는 점(행형법 제38조)에서 금고와 동일하지만 구류는 형벌이므로 형사소송법상의 강제처분인 구금과는 다르다.

문제는 구류형 수형자는 행형법에서 말하는 수형자이므로 행형법령에서 말하는 교회의 대상자이다. 그런데 형법 제68조에 의해 형무소, 즉 교도소에서 형을 집행하도록 되어 있다. 그런데 행형법 제68조는 경찰관서에 설치된 유치장은 미결수용실에 준한다고 하여 경찰서의 유치장은 미결수용자를 수용하도록 하지만, 행형법시행령 제175조에는 경찰서에 설치된 미결수용실에는 수형자를 30일 이상 수용할 수 없도록 규정하고 있어, 이것은 수형자라고 하더라도 29일까지는 경찰서 유치장에 수용할 수 있도록 해석되며 또한 실무에서는 구류형 수형자는 경찰서 유지창에서 집행되고 있다.

따라서 형법에 의하면 구류형 수형자는 교도소에서 형을 집행하지만 행형법시행령 제175조에 의해 교정시설이 아닌 경찰서 유치장에서 형을 집행하므로, 교정시설에서 교회를 실시한다는 것을 전제로 하고 있는 현행 행형법령에는 사실상 경찰서 유치장에 수용된 구류형 수형자에 대한 교회규정이 없어, 입법론적으로 문제가 되며 구류형 수형자에 대한 교정재 생산이 문제가 되고 있다.

물론 구류형 수형자가 신청에 의해 작업을 할 경우에는 교정시설 내로 들어오게 되므로 이론상은 문제가 없어 보이나 작업을 하지 않는 경우에는 독거실이나 병실이 없는 경찰서 유치장에 있게 되므로 독거실과 병실수용을 전제로 하는 행형법시행령 제108조의 특별교회는 유치장에 수용된 구류형 수형자에게는 성립될 여지가 없으며, 또한 행형법시행령 제110조의 은전교회와 동 시행령 제111조의 관전교회는 사실상 불가능하다.

이것은 수형자분류처우규칙 제2조에서 징역수형자와 금고수형자에 한하여 적용한다고 하여, 구류형 수형자를 제외시키고 있어 문제가 되지 않으나 교회를 규정한 행형법은 제1조의 2에서 징역형과 금고형 수형자만 아니라 구류형 수형자와 환형처분자[26])도 수형자임을 분명히 밝히고 있고, 동법 제31조에서 교회의 대상자로 수형자임을 분명히 하고 있으나 사실상 경찰서 유치장에 수용된 구류형 수형자는 교회재의 생산에서 제외되어 수용자 간의 차별은 금지된다는 행형법 제1조의 3의 조항에 저촉되고 있다.

따라서 구류형 수형자에 대해서도 본인의 동의가 있으면 유치장 내·외에서 교회를 받을 수 있도록 입법화할 필요가 있다.

한편, 미결수용자도 본인의 신청이 있으면 교회를 받을 수 있지만, 미결수용자 중에서 교정시설이 아닌 준미결수용실에 해당하는 경찰관서의 유치장과 재판이나 검찰조사를 받기 위해 검찰청에 설치된 검찰청 구치감에 수용된 미결수용자에게는 사실상 행형법령상의 교회의 혜택을 누릴 수가 없으므로 이에 대한 적절한 규

---

26) 그런데 형법 제69조에는 벌금만 아니라 과료미납자도 노역장에 유치하는 환형처분의 근거가 있는데, 우리 행형법 제1조의 2에는 과료미납자의 노역장 유치의 경우는 수형자로 보지 않아 입법적 미비를 보이고 있다.

정이 필요하다.

2) 운용상의 문제점과 대안

우선, 헌법상의 평등 원칙과 행형법 제1조의 3에 나오듯이 국정, 성별, 종교 또는 사회적 신분 등에 의한 수용자 간의 차별은 금지되므로 여성 수용자와 남성 수용자도 교회 프로그램에서 차별을 받아서는 안 된다.

그러나 현재 교정직원 식당의 취사를 거의 여성 수용자가 담당하고 있어,[27] 따라서 여성 수용자들은 상당수가 실질적으로 교회 프로그램에 참여할 수 없게 되어 교정재의 생산을 저해하고 있고, 상대적으로 남성 수용자들에 비해 교육이나 교회, 훈련 프로그램 등에 있어 남성 수용자보다 차별대우를 받고 있다고 할 수가 있다.

그런데 교정직원들의 식사를 위한 취사를 여성 수용자들이 한다는 것은 이해하기 힘든 일로서 교정직원들은 국민들의 위임에 의해 교정재의 생산에 참여하고, 그 생산에 대한 참여 대가로서 임금을 받고 있고 수형자는 교정재의 생산이지만 동시에 국민의 세금으로 만들어지는 교정재의 수익자이다.

즉, 국민이 부담하는 교정경비로 교정재 생산에 참여하는 교정직원은 임금을 받고 그와 동시에 교정재를 생산할 책임이 법적으로 있음에도 여성 수형자를 교정재의 생산과 무관한 교정직원 식당에 취업시킴으로써 여성 수형자들이 교회, 교육, 직업훈련 등에 참여하지 못하게 되어 교정재의 생산을 저해하는 것은 교정직원의 책임에 反하는 일이므로 여성 수형자는 직원식당의 취사에서 해방시켜 교정재의 생산에 참여하도록 해야 한다.

한편, 행형법 제1조의 3에서 사회적 신분 등의 차이를 이유로 수용자 간의 차별은 금지된다고 했지만, 인권운동사랑방에서 펴낸 한국감옥의 현실에 나타난 설문조사에 따르면 공안사범의 경우는 종교집회에 참석 못 하게 한다는 내용(7명)과 미결수용자는 사실상 종교활동이 불가능하다는 의견(3명)과 미결수의 종교활동을 바란다는 의견이 8명이고, 공안사범은 반성문을 써야 종교활동을 허가했다는 의견이 6명으로 나타났다.[28]

---

27) 이승호 외, 전게서, 121면.
28) 이승호 외, 전게서, 335면.

따라서 법적으로는 공안수나 미결수용자들에게도 종교활동이 보장되지만, 교정 현장에서는 보안상의 이유로 제약되는 현실이므로 이에 대한 시정이 요구된다고 하겠다.

제 9 장
한국교정조직론

1. 서

　　교정재의 생산을 직접 담당하는 우리나라의 교정조직은 중앙기구인 법무부의 교정국과 중간 감독기구 또는 제2차 특별일선교정기관인 지방교정청(서울, 대구, 대전, 광주)과 제1차 특별일선기구인 교도소 등 일선교정시설의 중층제의 구조이며 교정국과 지방교정청, 교도소 등 일선교정기관은 각각 계급제에 의한 계층제와 관료제 조직으로 구성되어 있다.

　　여기 우리나라의 교정조직편에서는 현재 우리나라의 교정조직과 교정시설, 교정공무원제도에 대해 살펴보고 비교교정론적 관점에서 다른 국가들의 교정조직의 특성들을 언급한 다음 우리나라 교정조직의 문제점과 개선방안에 대해서는 정갑섭 씨와 허주욱 교수의 주장을 소개하고, 또한 일선교정시설이지만 관심밖에 있는 검찰청의 구치장과 경찰서의 유치장에 관한 서울지방변호사회, 인권위원회의 주장을 소개하며, 최근 교정조직론에 관한 개혁론을 주장하고 있는 허주욱 교수의 주장에 대한 반론을 사견으로서 제시하고자 한다.

2. 한국의 교정조직

1) 중앙교정기구

　　우리나라는 1948년 7월 17일 헌법의 발효와 동시에 법률 제1호로 정부조직법이 제정됨에 따라 이에 준거하여 1948년 11월 4일에 법무부직제가 시행되었고, 동 직제에 의하여 법무부는 1실 4국 21개 과로 발족하였고, 그중 교정행정을 총괄하는 형정국(刑政局)은 감사과, 형무과, 작업과, 교육과, 후생과 등 6개 과로 조직되었다.[1]

　　그 뒤 1992년 5월 21에 법무부직제 개정에 의해 형정국은 교정국으로 형무과

---

1) 김화수, 교정논총, 시사법률, 1999, 426면.

는 교정과로 변경되었고, 1978년 5월 2일에 교정국에 보안과를 신설하고 계획과를 작업지도과로 변경하였고, 1983년 7월 22일에 교정국에 교정심의관을 설치하고 교육과를 교화과로 변경하고, 1984년 12월 31일에 경비과를 신설했으나, 1991년 9월 30일 법무부와 그 소속기관 직제 개정에 의해 경비과를 폐지하는 등 여러 번의 직제 개정을 거쳐, 현재는 중앙교정기구인 교정국은 법무부장관 소속이며 교정국장을 보좌하는 기구로 교정심의관을 두고 있으며, 교정국에는 교정과와 보안 제1과, 보안 제2과, 작업지도과, 교화과, 관리과를 두고 있다.

한편, 법무부 산하기관으로서 교정과 관련되는 기구로는 법무연수원, 보호감호소, 치료감호소, 지방교정청, 교도소, 구치소가 있다.

법무부와 그 소속기관 직제법 제14조에 의하면 교정심의관은 교정행정과 수용자의 수용관리 및 교화업무에 관하여 국장을 보좌하며 교정국 각 과의 분장사무의 내용은 아래와 같다.

[표 37] 교정국 각 과의 분장사무

교정과	• 교정행정의 종합기획의 수립과 시행 • 교도소 등의 순회점검과 지방교정청에 대한 지도와 감독 • 교정공무원의 배치, 교육훈련 및 복무감독 • 교정시설에 대한 지도감독 및 조직과 정원관리에 관한 자료 • 기타 과 및 담당관의 주관에 속하지 아니하는 교정관련 업무
보안 제1과	• 수용자의 수용·구금·처우·이송 및 석방, 계호, 보안장비 • 교도소 등의 무기 및 탄약관리 • 지방교정청 간의 수용자 이송 조절 • 교도소 등에 대한 시찰 및 참관 • 수용자의 청원, 교정행정 전산업무
보안 제2과	• 공안관련사범의 수용·구금·처우·이송 및 석방 • 교정시설 경비교도대의 조직 및 정원관리 및 경비교도의 임용·훈련·징계
작업지도과	• 교도작업 특별회계 • 교도작업 및 감호작업의 회계관리 및 통계와 자재 구입
관리과	• 교정행정 예산의 편성·배정에 관한 자료작성 • 수용자의 영치금 관리제도, 교정시설과 장비에 관한 사항 • 수용자의 피복 및 급양, 보건위생, 수용자급식관리위원회의 운영에 관한 사항
교화과	• 수용자의 교화 및 교화위원의 위촉과 해촉 • 수용자 직업훈련계획의 수립 • 기능공 양성 및 검정시험 지도 • 수용자 위탁훈련에 관한 기본계획 수립

한편, 보호재의 생산과 관계되는 보호국에는 보호과, 조사과, 관찰과, 소년 제1 과, 소년 제2과가 있다.

2) 지방교정청

법무부와 그 소속기관 직제법 제2조 제2항에 따르면 법무부장관의 소관 사무를 분장하기 위하여 법무부장관 소속하에 지방교정청을 두는데 이는 관할 내의 일선교정기관을 직접 감독하는 광역 교정기구의 성격을 지니는 것으로 법무부와 그 소속기관 직제법 제26조 제1항에 따라 지방교정청은 수형자와 미결수용자와 피보호감호자의 수용관리, 교정교화, 기타 교정사무에 관하여 교도소 등을 지휘, 감독하며 동법 제27조 제2항에 의해 지방교정청장은 법무부장관의 명을 받아 소관 사무를 통괄하고 소속 공무원을 지휘, 감독한다.

현재 지방교정청은 서울, 대전, 대구, 광주 4개 지역에 설치되었으며 지방교정 청장 아래에 행정심판위원회와 총무과, 보안과, 의료분류과, 작업과, 교무과가 있는데 법무부와 그 소속기관 직제법 제27조 3항에 따르면 과별 분장사무의 내용은 아래와 같다.

[표 38] 지방교정청의 분장사무

총무과	● 보안 ● 관인 및 관인대장의 관리 ● 소속 공무원의 인사 및 복무·교육훈련 및 연금 ● 문서의 분류·수발·통제·보존 기타 문서의 관리 ● 물품의 구매 및 조달 ● 국유재산 및 물품의 관리 ● 예산·회계·결산 ● 관할 교도소 등에 대한 복무지도 및 감독 ● 특별기동감찰반의 운영 ● 수용자의 영치금품에 관한 사항 ● 소속 공무원·경비교도·수용자의 피복 및 급양에 관한 사항 ● 기타 청내 다른 과의 주관에 속하지 아니하는 사항

보안과	• 소속 공무원의 규율 · 점검 및 훈련 • 수용자의 수용 · 구금 · 규율 · 계호 · 이송 · 석방 및 보안에 관한 사항 • 수용자의 이송조절 및 외부호송의 지휘 · 감독 • 특이수용자의 관리 · 감독 • 교정시설 경비교도의 배치 · 교육훈련 · 복무감독 및 운영 • 교도소 등의 보안장비 및 방호에 관한 사항 • 수용자의 청원에 관한 사항 • 교도소 등에 대한 시찰 · 참관에 관한 사항
의료분류과	• 수용자의 분류처우에 관한 사항 • 수용자의 적성판정에 관한 사항 • 수용자의 가석방(가출소) 신청의 조정 • 수용자의 보건위생 · 의료 및 약제에 관한 사항 • 수용자 순회진료반의 설치 · 운영
작업과	• 교도작업 특별회계의 경리 · 용도 및 결산 • 교도작업 및 감호작업의 운영지도 및 관리 • 교도작업 특별회계 소관물품의 구매조달 및 국유재산 관리 • 작업상여금 지급 및 작업 연장(1개월 이상) 승인 • 수용자의 직업훈련에 관한 사항
교무과	• 수용자의 교육, 교화 및 교화위원 추천 • 수용자의 서신, 도서, 귀휴, 사회견학, 기능검정, 자격시험 • 출소자 보호, 교정상담실의 설치

　　그리고 지방교정청 산하에 있는 행정심판위원회는 행정심판을 담당하는데 예를 들어 부산 교도소에 있는 수형자가 위법 또는 부당하게 권리를 침해당한 경우에는 대구지방교정청 산하에 있는 행정심판위원회에 행정심판의 청구가 가능하다.

3) 일선교정시설

　　교정시설을 업무의 주된 내용에 따라 분류하면 교도소는 징역, 금고, 구류 등 자유형에 처한 자를 사회로부터 격리, 구금해 교화, 개선시키는 것을 주 임무로 하며, 구치소는 형사피고인, 피의자 등 미결수용자를 수용해 형사소송 수행의 원활을 기하기 위한 목적에서 임무를 수행하며, 보호감호소는 죄를 범한 자로서 재범의 위험성이 있는 자에 대해 특수한 교육, 개선, 치료가 필요하다고 인정되는 자를 수용하여 이들의 사회복귀와 사회보호를 목적으로 운영되는 곳이다.[2]

---

2) 정갑섭, 교정학, 을지서적, 1990, 161면.

(1) 일선교정시설의 종류

① 형의 확정판결에 의한 종류: 일선교정시설은 형의 확정판결 여부에 의해 행형법 제2조에 의해 형이 확정된 수형자는 교도소에, 형이 확정되지 않은 미결수용자(피의자, 피고인)는 구치소에 수용되며, 단 행형법 제68조에 따라 경찰관서에 설치된 유치장은 미결수용실에 준하며, 행형법 제13조에 의해 사형을 선고받은 자는 구치소 또는 미결수용실에 수용되며, 또한 재판이나 검찰의 검찰조사를 받기 위한 출정자들인 미결수용자는 검찰청 구치감에 수용되는데, 구류형 수형자는 확정판결을 받은 자이지만 기결심판에 관한 절차법 제1조에 의해 실제로는 유치장에 수용되고 있다. 기결수용시설에는 구치소 외에도 교도소(소년교도소 포함)에 부설된 미결수용실이 있다.

그런데 교도소와 구치소는 선진국처럼 별개의 독립시설로 설치하는 것이 바람직하나 우리나라는 과거에 대부분은 교도소를 분계하여 1개의 시설에 기결감과 미결감을 분리 운영해왔다.[3]

그러나 피의자, 피고인은 형이 확정될 때까지는 무죄로 추정되고 비행성 감염과 인권존중의 문제로 미결수용시설을 독립시키는 것이 오늘날의 대세이므로 우리나라도 종래의 부설을 지양하기 위해 서울, 부산, 영등포, 성동, 수원, 인천, 대구, 울산, 천안, 평택, 강릉, 안양, 서산, 통영에 구치소 또는 구치소 지소가 있으며, 그 밖의 교도소에는 미결수용실을 두도록 하여 우리나라에서는 구치소를 완전 독립시킨 것이 아니라 독립과 부설을 병행하고 있다.[4]

② 연령에 의한 종류: 행형법 제2조에 따라 성인교도소에는 만 20세 이상의 수형자를, 소년교도소에는 만 20세 미만의 수형자를 수용하나, 소년법 제63조에 의해 징역 또는 금고의 선고를 받은 소년에 대해서는 특히 설치된 교도소 또는 일반교도소 내에 특히 분계된 장소에서 그 형을 집행할 수 있다고 하여 소년에 대해서는 소년교도소 외에 성인교도소 내의 분계된 장소에서도 수용할 수 있으며, 또한 소년법 제63조에 의해 소년교도소에 수용 중인 소년 수형자는 23세에 달한 때까지는 소년교도소에서 집행할 수 있다.

우리나라는 중졸 미만의 누범자는 김천 소년교도소에, 중졸 이상의 초범자는 천안 소년교도소에 수용하며, 그 외에 일반교도소 내 분계된 지역에서도 소년을

---

3) 정갑섭, 전게서, 65면.
4) 허주욱, 전게서, 212면.

수용한다.

③ 성별에 의한 종류: 행형법 제4조에 의해 남자와 여자는 격리 수용한다. 남자교도소와 여자 교도소는 별개의 독립시설로 설치하는 것이 바람직하나, 우리나라는 재정형편상 성별에 따라 별도의 교도소를 설치하지 못하고 동일 교도소 내에 주벽을 설치하여 남사(男舍)와 여사(女舍)로 격리 수용(분계주의)하나 1989년에 청주여자교도소(분리주의)를 설치하였다.[5]

④ 신분에 의한 종류: 군인 수형자와 미결수용자는 군교도소에 일반인 수형자와 미결수용자는 일반교도소에 수용하나 여자 군인 수형자와 미결수용자는 인원이 적어 군행형법에 의해 일반교도소에서 수용하여 형을 집행한다.

우리나라에서는 육군, 공군, 해군의 남자 수형자는 이천의 육군 교도소에 수용한다.

⑤ 경비등급에 의한 종류: 교정시설은 시설의 크기와 구금계호의 엄중도에 따라 重구금, 中구금, 輕구금교도소로 분류되는데, 우리나라는 重구금교도소로 대구, 안양, 대전, 광주, 청송 등이 있고, 輕구금교도소는 천안 개방교도소와 수원교도소가 있고, 그 외 교도소는 中구금시설이라 할 수 있으나, 重구금교도소는 최대 1200명을 초과하지 말고, 中구금교도소는 최대 600명을 초과하지 않아야 한다는 미국의 교정기준 편람에 따르면 우리나라의 대부분 교정시설은 重구금시설에 해당될 수도 있다.[6]

⑥ 기타 목적에 따른 종류: 사상범은 법무부장관이 정한 교도소에 수용하고 영등포, 청주, 순천 교도소는 직업훈련전담소이며, 정신미약자 등은 의료교도소의 성격이 있는 진주 교도소에, 한미행정협정 사건의 수형자는 천안 소년교도소에, 한미행정협정 사건을 제외한 외국인 수형자는 대전 교도소에 수용하고, 장애인 수형자들의 직업훈련시설은 군산 교도소에서 건축 중에 있고, 안양, 광주, 부산, 청주 교도소에는 지체부자유자를 수용하며, 천안 개방교도소는 가석방 예정자 전담교도소에서 2002년부터 과실범전담교도소로 바뀌었고, 사회보호법에 따라서 피보호감호자를 수용하기 위해 청송에 제1, 2보호감호소를 운영하고 있으며, 정신질환자로서 법원의 치료감호처분을 받은 자를 수용하는 치료감호소(보호관찰직 공무원이 근무)가 있으며, 벌금 또는 과료를 완납하지 못한 자는 환형처분에 의해 교도소, 구치소의 노역장에서 집행한다.

---

5) 정갑섭, 전게서, 166면.
6) 정갑섭, 전게서, 166~167면.

⑦ 구조에 따른 종류: 우리나라 교도소의 대부분은 일자형의 사동을 병렬로 배치한 1~3층의 전주형이나, 1996. 6. 29. 「법무부와 그 소속기관의 직제 개정」에 따라 고층오피스 형태의 수원 구치소가 개청(9층)되었고, 그 뒤 12층의 인천 구치소도 고층오피스형 빌딩형태로 건축되었는데, 여기에는 각 수용사동마다 승강기, 운동장, 목욕탕, 방송시설, 인터컴 등 다양한 처우시설을 구비하고 있다.[7]

(2) 일선교정시설의 조직과 분장사무

법무부와 그 소속기관 직제시행규칙 제16조에 따르면 일선교정시설에 두는 조직은 다음과 같다.

① 항: 교도소 및 보호감호소에 서무과·보안과(천안 개방교도소의 경우에는 지도과 이하 같다)·작업과·교무과·용도과 및 의무과를, 구치소에 서무과·보안과·출정과·명적과·접견영치과·교무과·용도과 및 의무과를 둔다. 다만, 대구 교도소·대전 교도소·안양 교도소·광주 교도소·전주 교도소·마산 교도소·의정부 교도소 및 춘천 교도소에는 출정과를, 서울 구치소·부산 구치소·영등포 구치소·성동 구치소·수원 구치소·인천 구치소·대구 교도소·대전 교도소·청송 교도소·안양 교도소·광주 교도소·전주 교도소·영등포 교도소·수원 교도소·부산 교도소·마산 교도소·청송 제1보호감호소 및 청송 제2보호감호소에는 따로 분류심사과를 둔다.

② 항: 법무부장관이 특히 필요하다고 인정하는 교도소 및 구치소에는 제1항의 과외에 구치과와 작업소 및 작업제품 직매소를 둘 수 있으며, 제1항의 규정에 의하여 구치소에 두는 보안과를 보안 제1과 및 보안 제2과로 구분하여 설치할 수 있다.

③ 항: 제2항에 의하여 설치하는 과에는 과장, 구외 작업장에는 작업소장, 작업제품 직매장에는 직매소장을 둔다.

그리고 각 과의 과장이 담당하는 사항은 동 규칙 제16조 제6항~제15항에 따라 다음과 같다.

서무과장은 인사, 관인, 문서접수, 발송, 보존, 그리고 보고, 수용, 석방, 영치, 차입, 예산, 결산, 기타 과의 주관에 속하지 아니하는 사항을 담당하고, 보안과장은 직

---

7) 허주욱, 전게서, 224면 이하.

원의 훈련과 점검, 수용자의 계호(천안 개방교도소는 지도)를 담당하고 작업과장은 재소자의 직업훈련, 작업계획과 경영, 상여금의 계산을 맡고, 교무과장은 귀휴, 교육, 교화, 생활지도, 서신을 용도과장은 재산관리, 재소자에 대한 급여, 물품의 출납과 용도, 건축, 영선을, 의무과장은 위생, 보건, 의료, 약품조제를 명적과장은 수용과 석방, 형기계산, 이송, 신분장관리, 구치소에서는 작업의 운영을 담당하고, 접견영치과장은 접견과 영치금품의 검사, 영치금품의 보관과 출납을, 출정과장은 출정통지와 출정계호를 담당한다. 분류심사과장은 수용자의 자질검사, 처우의 분류, 교육과 작업의 적성판정, 누진처우와 가석방(보호감호소는 가출소)을 담당하나 분류심사과를 두지 않는 교도소와 구치소에서는 보안과장이 이를 담당한다.

한편, 법무부와 그 소속기관 직제시행규칙 제18조에 따라 치료감호소에는 서무과와 감호과를 두고, 감호과장은 피치료감호자의 감호집행 및 교육, 교화 등을 담당하며, 동 규칙 제19조에 따라 의료부에는 일반정신과, 시회정신과, 특수치료과, 감정과, 신경과, 일반진료과, 간호과, 약제과를 두는데, 사회정신과장은 치료감호가 종료 또는 가종료된 자와 그 집행이 정지된 자의 사후관리와 피치료감호자의 사회와의 연계치료 업무를 담당한다.

일선교정시설의 조직을 다시 정리하면 교도소는 소장, 부소장 아래에 서무과, 보안과, 출정과, 분류심사과, 작업과, 교무과, 용도과, 의무과를 원칙적으로 두며(출정과와 분류심사과가 없는 교도소도 있음), 구치소는 소장과 부소장 아래에 서무과, 출정과, 명적과, 보안과, 분류심사과, 접견영치과, 용도과, 의무과, 교무과를 두며, 보호감호소에는 소장과 부소장 아래에 서무과, 보안과, 분류심사과, 작업과, 교무과, 용도과, 의무과를 두며, 개방교도소에는 소장과 부소장 아래에 서무과, 지도과, 작업과, 교무과, 용도과, 의무과를 둔다.

4) 특수조직

(1) 중앙위원회

여기에는 중앙급식관리위원회와 법무자문위원회, 가석방심사위원회가 있는데 중앙급식관리위원회는 재소자 및 원생관리위원회규정 제1조에 따라 교정시설과 소년원, 소년분류심사원에 수용된 수용자와 원생 등에 대한 급식관리에 관하여 법무부장관의 자문에 응하고 건의하기 위해 설치된 것으로, 동 규정 제4조에 의해 위원은 영양 또는 조리에 관한 학식과 경험이 많은 자 중에서 법무부장관이 위촉(보호국장과 교정국장은 당연직위원)하며, 법무부장관이 위원장이 되고, 중앙급식관리위원회는 재소자 급식에 관한 사항을 심의, 건의하며, 재적위원 과반수의 출석으로 회의가 열리며, 출석위원 과반수의 찬성으로 의결한다.

법무자문위원회는 법무자문위원회규정 제1조에 의해 법무관계법령의 개선과 운영에 관한 사항과 법률학설과 판례를 조사해 법무부장관의 자문에 응하기 위해 설치된 것이며, 동 규정 제2조에 의해 위원은 법률학에 조예가 깊은 자 중에서 법무부장관이 임명 또는 위촉하고 위원장은 법무부차관이 된다.

가석방심사위원회는 행형법 제49조에 의하여 형법 제72조의 규정에 의한 가석방의 적격 여부를 심사하기 위하여 법무부장관 소속하에 가석방심사위원회를 둔다고 되어 있고, 행형법 제50조에 의해 가석방심사위원회는 위원장을 포함한 5인 이상 9인 이하의 위원으로 구성되고 법무부차관이 위원장이 되며, 위원은 판사, 검사, 변호사, 법무부 소속 공무원 및 교정에 관한 학식과 경험이 풍부한 자 중에서 법무부장관이 임명 또는 위촉한다.

행형법 제51조와 제52조에 따라서 소장은 일정 요건을 갖춘 수형자에 대하여 법무부령이 정하는 바에 따라 가석방심사위원회에 가석방심사를 신청해야 하고 가석방심사위원회가 가석방결정을 한 때에는 5일 이내에 법무부장관에게 가석방허가를 신청하여야 하며, 법무부장관은 그것이 정당하다고 인정되면 허가할 수 있다.

(2) 지방위원회

각 일선교도소에 있는 위원회로는 교도관회의, 징벌위원회, 귀휴심사위원회, 지방급식관리위원회, 분류처우회의가 있다.

교도관집무규칙(1995. 9. 14. 법무부부령 414)에 의하면 각 교도소에는 교정행정에 관한 중요한 시책의 집행방법 등을 심의하기 위하여 소장 소속하에 교도관회의를 두는데 6급 이상의 교도관으로 구성되는 소장의 자문기구이다.

징벌위원회는 행형법 제47조의 규정에 따라 3인 이상 5인 이내의 위원으로 구성되며, 위원장은 당해 소장이 되고, 위원은 위원장이 당해 교도소 등의 부소장과 과장 및 교정에 관한 학식과 경험이 풍부한 외부인사 중에서 임명 또는 위촉한다. 그리고 행형법시행령 제140조와 제141조에 의하여 징벌위원회는 위원장이 필요하다고 인정할 때 소집하며 위원장이 사고가 있을 때에는 위원장이 지정한 위원이 그 직무를 대행한다.

귀휴심사위원회는 위원장(소장)과 5인 내지 7인 이내의 위원으로 구성되는 자문기구로 귀휴시행규칙 제2조에 의해 교도소장 등은 위휴요건에 해당하는 사유가 있을 때에는 귀휴심사위원회의 심의를 거쳐 귀휴를 허가할 수 있다.

분류처우회의는 수형자분류처우규칙 제83조와 제84조에 의해 분류처우회의는 정기회와 임시회로 구분되며 처우회의는 의장을 포함한 7인 이상 9인 이하의 7급 이상의 교도관으로 구성하며 처우회의의 의장은 당해 교도소장이 한다.

5) 우리 교정조직의 성격과 교정공무원 개요

우리나라의 교정행정조직은 중앙집권조직의 관료제 형태로 자치교정제도는 인정하지 않고 있으며, 교정재의 생산계층도 일반행정기관의 계층인 중앙-시·도-시·군·구처럼 법무부 교정국-지방교정청-일선교정기관의 3계층 구조로 되어 있다.

한편, 교정행정을 직접 집행하는 계선(line)과 계선을 지원하는 막료(staff)조직으로 나눈다면 직계부문조직으로서 교정이사관, 교정부이사관, 교정감, 교정관, 교감, 교위, 교사, 교도 등 8개 계급이 있고, 기능부문조직(staff)에는 교회직(교정부이사관, 교회감, 교회관, 교회사, 교회사보), 분류심사직(분류감, 분류관, 분류사, 분류사보), 의무직(의무부이사관, 의무서기관, 의무사무관, 약무사무관), 기타 직(건축사무관, 건축주사, 기능직) 등이 있다.[8]

　따라서 교정직은 교정이사관까지 승진이 가능하나, 교회직은 교정부이사관까지만 승진이 가능하고, 분류심사직은 분류감까지가 최고 직급이어서 교정직 공무원 간에 갈등의 소지가 있다.

　한편, 교정행정의 실질적 최고 중앙기구가 교정청이 아닌 교정국이라는 일개 국으로 되어 있어 많은 교도관들의 불만사항이 되어 있고, 또한 일본처럼 교정공무원법이 없다.

　교정조직의 인적 구성요소인 교도관인 교정공무원은 교도관직무규칙 제3조 제1항에 의해 교도소, 구치소, 보호감호소에 재직 중인 공무원으로서 교정업무를 담당하는 공무원을 교도관이라 하고, 동 규칙 제3조 제2항과 제3항에 의해 정복교도관은 교정직류공무원을 말하고, 사복교도관은 교도관 중 정복교도관 외의 공무원으로서 교회담당 공무원, 직업훈련담당 공무원, 분류심사담당 공무원, 의료직 공무원, 기술직 공무원, 기능직 공무원을 말한다.
　따라서 치료감호소나 소년원에서 피치료감호자나 소년원생의 교정업무를 담당하는 공무원은 교정직 공무원이 아님을 알 수가 있다.
　그리고 동 규칙 제3조 제5항에 의해 당직간부는 교도소 등의 장이 지명하는 정복교도관으로서 보안과장을 보좌하고, 공휴일 또는 야간에는 소장을 대리하는 자라 하고, 동 규칙 제61조와 제62조에 의해 당직간부는 교감 또는 교위가 되고 당직간부는 보안근무 정복교도관의 근무상황을 감독하고, 그 결과를 보안과장에게 보고해야 하며, 동조 제63조에 의해 당직간부는 정복교도관에 대해 총검술 등 직무교육훈련을 실시하여야 한다.
　따라서 사복교도관은 당직간부가 될 수 없으며, 정복교도관의 경우에는 지휘감독체계가 교도소장－보안과장－당직간부－정복교도관으로 공식적으로 되어 있음을 알 수가 있다.
　그리고 교도관의 근무는 동 규칙 제5조에 의해 보안근무와 사무근무로 구분하고 보안근무는 계호업무를 주된 직무로 하고 사무근무는 사무처리를 주된 직무로 하며, 동 규칙 제10조에 의해 정복교도관(사복교도관)은 담당직무수행을 위하여 필요한 때에는 그 직무수행에 참여하는 하위 계급의 사복교도관(정복교도관)을

---

8) 허주욱, 전게서, 288면.

지휘, 감독할 수가 있다.

 그리고 정복교도관의 담당직무는 동 규칙 제33조에 의해 남자 정복교도관은 상관의 지휘와 감독을 받아 수용자의 지도, 처우, 계호, 경계, 경비교도대의 운영관리를 맡고, 여자 정복교도관은 상관의 지휘와 감독을 받아 여자 수용자의 지도, 처우, 계호 등의 사무를 담당하나 교도소장은 교도소 등의 운영을 위해 특히 필요 하다고 인정되는 경우에는 정복교도관으로 하여금 사복교도관의 직무를 수행하게 할 수가 있다.
 따라서 여자 정복교도관은 교도소의 경계와 경비교도대의 운영관리의 사무가 없음을 알 수 있다.
 교회담당 공무원은 동 규칙 제72조에 의해 상관의 지휘와 감독을 받아 수용자의 교육, 교회, 서신, 독서 등에 관한 사무와 석방자 보호에 관한 사무를 담당하고, 직무수행상 필요한 때에는 교정시설 안에서 수용자를 동행, 계호할 수가 있다.
 직업훈련담당 공무원은 동 규칙 제83조에 의해 상관의 지휘, 감독을 받아 수형자 등의 직업훈련에 관한 사무를 담당하며, 분류심사담당 공무원은 동 규칙 제80조에 의해 수형자 등의 자질검사, 처우의 분류, 교육 및 작업의 적성판정 등 분류심사와 누진처우에 관한 사무를 담당하며, 직무수행상 필요한 경우에는 교정시설 안에서 수용자를 동행, 계호힐 수 있고 기술직 공무원은 상관의 지휘, 감독을 받아 기술작업, 기계 · 기구의 취급, 수형자 등에 대한 관계 기술지도 등에 관한 사무를 담당한다.

 한편, 교정직 공무원은 신분이 법에 의해 보장되는 경력직 공무원이고, 또한 국가공무원법상 경찰관과 소방관과 같은 특정직 공무원이 아닌 일반직 공무원으로 분류되고 있다.

 교정공무원의 임용은 크게 공개경쟁채용과 승진에 의해 이루어지는데 9급, 7급, 5급에 있어 공개경쟁채용 때는 연령과 신체조건에 의한 제한 외에는 일반공무원과 마찬가지로 학력, 경력, 자격증의 제한을 두지 않고 있으며, 승진제도는 7급, 8급에의 승진은 일정한 근무연수에 달하면 자동 승진시킬 수 있는 근속승진제도와 8급, 6급, 5급은 승진시험제도를 실시하며, 또한 8급, 6급, 4급 이상은 근무성적 등에 의한 승진심사방법도 이용하고 있다.

또한 교정직 공무원 승진임용규정 제21조에 의한 특별승진 요건에는 7급 이하 교정직 공무원이 재소자의 자해행위 또는 재난 등의 위험으로부터 재소자의 신체와 생명을 보호하는 데 공이 있거나 재소차의 도주 기도를 방지 또는 재소자의 검거에 공이 있을 때, 외부로부터의 재소자 탈취 또는 교정시설 침투의 방지에 공이 있는 경우, 난동 등 교정행정 기능을 저해하는 각종 장애를 진압하고 질서유지에 이바지한 때, 교정행정 발전에 지대한 공헌을 하여 모든 교정직 공무원의 귀감이 될 때 특별승진 임용할 수가 있다.

교정공무원의 정년은 5급 이상은 60세이다.

교정공무원에 대한 보수는 공무원보수규정과 수당규정에서 정한 바와 같이 봉급표의 경우 일반직 공무원에 비해 다소 상향 조정된 공안직 봉급표의 적용을 받고 교정공무원에게만 지급되는 각종 수당으로는 특수지근무수당(가, 나 등급), 감호수당(보호감호소 등), 계호수당 등이 지급되고, 그 밖의 보안야간근무자에게는 직급에 따라 예산의 범위 내에서 시간외근무수당과 급식비가 지급되는 등 일반직 공무원에 비해 우대 지급되고 있다.[9]

그리고 우리나라는 전체 교정직 공무원의 70% 이상이 보안직원이며, 우리나라의 교도관 1명당 수용자와의 비율은 교도관 인원 12,490명 대비 재소자 58,741명 (2003. 5. 8. 기준)으로 4.7명이며, 스웨덴(1.0명), 영국(1.3명), 홍콩(1.8명), 독일(2.0명), 프랑스(2.0명), 일본(3.3명)보다 많고 중국(5.0명), 태국(20.4명), 싱가포르(6.7명)보다는 적다.[10]

한편, 교정공무원의 근무여건과 관련해 형사정책연구원이 2002년 12월에 발행한 "교정공무원의 사기진작 방안"의 주요내용은 아래 표와 같다[11]

---

9) 허주욱, 전게서, 291˜292면.
10) 허주욱, 교정조직, 기구의 발전적 개편방안, 교정연구, 2003, 19호, 78˜79면.
11) 허주욱, 전게논문, 89면.

[표 39] 교정공무원의 사기와 관련된 조사 (형사정책연구원)

구 분		만족도(%)			비 고
		불 만	만 족	기 타	
인사관리	1) 승진제도의 객관성, 공정성	*54.5	19.4	26.1	
	2) 인사제도의 객관성, 공정성	*45.9	35.9	18.2	*없다 (P34)
	3) 채용제도(필기시험 위주)	80.2	17.6	2.2	
	4) 여성 교정공무원 채용의견	*52.8	45.1	2.2	필요하다(P37)
	5) 교육훈련	52.4	40.2	7.4	(P38)
	6) 교정연수부 독립	43.5	7.0	11.0	*필요하다(P39)
	7) 대학, 대학원 진학	*91.8	7.5	0.7	*확대요망(P40)
	8) 해외연수	*90.3	9.4	0	*확대요망(P41)
대우	1) 보수수준	43.5	12.0	34.8	(P42)
	2) 경찰직 등과의 보수비교	79.9	5.9	14.2	(P43)
	3) 근로시간이 길어 피로	81.9	6.6	11.5	(P44)
위험도	1) 사고위험	*83.7	15.3	1.0	*많다(P47)
	2) 신체위험	*84.2	15.8	1.0	*많다(P48)
복지근무여건	1) 주 5일 근무제	91.2	3.7	5.1	(P49)
	2) 시간 외 수당 현실화	96.3	0	3.7	(P49)
	3) 의료시설 확충	94.8	0	5.2	(P49)
	4) 노후장비 교체	*95.0	1.2	3.5	*필요하다(P49)
	5) 직원 1인당 수용자 인원감축	*96.2	1.0	2.8	*필요하다(P49)
	6) 사동 / 공장 내 지구언의 특수배치	*67.8	18.1	14.1	*필요하다(P49)
태도협박	1) 교도관 지시에 대한 순응	*69.6	1.0	29.4	*않는다 (P66)
기타	1) 정복직원과 사복직원 간의 갈등유무	*71.1	28.9	0	*갈등 있다 (P69)
	2) 사회의 정당한 평가 유무여하	70.9	29.1	0	(P74)
	3) 가족 등 주위의 평가 유무여하	62.8	37.2	0	(P75)
	4) 교정직에 대한 태도(경찰 / 검찰 / 법원)	58.9	7.7	33.4	(P76)
	5) 외부기관 조사 시 무시 및 책임전가(인권위 등)	85.5	14.5	0	(P77)
	6) 언론기관의 공정한 보도유무	83.8	1.8	14.4	(P78)
	7) 교정행정의 언론홍보 필요성	*98.0	2.0	0	*필요하다 (P79)
	8) 교정청 독립	*83.9	16.1	0	*필요하다 (P83)

위의 조사내용에 의하면 교정공무원들은 신체적 위험을 많이 느끼고 대학과 대학원의 진학 기회를 바라며, 교정청의 독립과 교정홍보의 필요성을 느끼며, 주 5일 근무제 등 근무여건의 개선을 바라며 경찰과의 보수와 비교해 불만이 높고, 또한 근로시간이 길어 불만이 높은 것으로 나타났다.

그리고 교정국의 경찰청과 비교한 현황을 분석한 허주욱 교수의 분석에 따르면 (2001. 12. 31. 기준), 외청별 공무원 수는 16개 외청 중 4위이고, 외청별 예산액은 16개 외청 중 5위이지만, 경찰공무원은 교정공무원 수의 7.7배(96,102명 / 12,490명)이며, 경찰청의 예산은 교정국의 7.4배(3조 4,800억 / 4,701억)이며, 급료는 9급호봉 기준으로 순경이 591,300원이며, 교도는 576,100원이고, 경찰공무원은 20년 이상 장기근속자가 질병 시 공로퇴직수당제도가 있다고 한다.[12]

한편, 교정공무원의 교육훈련기관으로 중심 되는 것이 법무연수원 교정연수부가 있는데, 여기에서는 교정공무원과 신임경비교도대에 대한 교육과 훈련을 담당하는데, 법무연수원 교정연수부에는 운영과와 교정연수과가 있는데, 법무부와 그 소속기관 직제 제24조에 의하면 분장사무는 아래와 같다.

[표 40] 법무연수원교정연수부 보조기관별 분장사무

구 분	분장사무
운영과	① 부내 보안 및 문서사송 ② 부내 공무원의 복무 ③ 부내 회계와 물품 및 시설관리 ④ 부내 교육평가 및 효과분석 ⑤ 부내 도서 및 교정행정자료실의 관리·운영 ⑥ 기타 부내 주관에 속하지 아니하는 사항
교정연수과	① 교육훈련계획의 수립 및 실시 ② 피교육자의 등록·반 편성 및 학적관리 ③ 피교육자의 원내 생활지도 ④ 규율·신분관리 및 병적 기록 등의 병무행정 ⑤ 교재발간 ⑥ 시청각기자재 기타 교육기자재의 관리 ⑦ 교육훈련과 관련된 섭외활동 ⑧ 기타 교육훈련에 관한 사항
교 수	강의와 교재집필

---

12) 허주욱, 전게논문, 86면.

법무연수원에서의 교육은 직무분야 및 각 직급에 상응하는 교육훈련을 실시하는데 교육과정은 기본교육, 전문교육, 특별교육으로 나뉘며, 기본교육에는 4급 승진 예정인 5급 교정공무원을 대상으로 하는 과장 후보자 과정, 5급 승진시험 합격자를 대상으로 하는 사무관 후보자 과정, 7급 승진 합격자 등을 대상으로 하는 중견 실무자 과정, 7급과 9급 공개경쟁채용시험 합격자를 대상으로 하는 신규 실무자 과정이 있고, 전문교육에는 상담실무반, 계호실반 등21개 반의 전문교육과정과 영어회화교육을 위주로 하는 외국어 교육과정이 있으며, 특별교육은 국방부에서 전임된 경비교도대원을 대상으로 복무기강, 방호능력, 수용자 간접계호 능력배양 등을 교육시킨다[13]

법무연수원에서의 교육 이외에도 위탁교육과 교정기관별 자체교육이 있는데 전자에는 교정행정 전문과정이 있는 국내 대학원의 석사과정이나 외국의 대학에 입학 또는 파견시키며, 후자는 직무수행에 필수적 과목과 실기훈련을 자체적으로 훈련시키는 것을 말한다.[14]

3. 외국의 교정조직

1) 스페인

중앙기구인 교정청은 1996년부터 내무부 산하에 소속하게 되었는데, 내무성장관 밑에 소속된 교정청은 교정국장 밑에(별도의 부속기관인 시술심의관이 있음) 인사과, 총무과, 관리과, 위생과, 감찰과 등 5개 과로 구성되어 있으며, 위 교정국장과 대등한 지위에 작업과 용역자치기구국장이 행정심의관을 부속기구로 두고 그 아래 작업과 용역자치과를 두고 있으며, 중앙기구는 마드리드에 위치한 교정국 1개가 카탈루냐 지역을 제외한 전국 교도소를 총괄하고 있으며, 그 직원 수는

13) 허주욱, 전게서, 295~296면.
14) 허주욱, 전게서, 297면.

약 450여 명으로 구성되어 있고, 카탈루냐 지역에도 교정청이 별도로 1개가 있다고 한[15]

스페인에는 2001년 4월 현재 총 80개의 교도소가 있으며, 교정시설은 체포단계, 미결, 기결에 따라 구치감, 구치소, 교도소로 분류하나 각 시설이 별도로 된 것이 아니고 한 교도소에 여러 개의 사동으로 구분해 수용한다. 한편, 스페인에는 특별교도소나 사설교도소는 없다.[16]

스페인의 미성년범죄자(만 12세 이상 19세 미만)는 교도소에 수용되지 않고 각 지방자치단체에서 관리하고 독자적 프로그램으로 교정교육을 시키며, 교정청의 지휘, 감독을 받지 않아 우리나라와 같은 소년교도소는 존재하지 않으며, 다만 18세 이상 20세 이하까지의 청소년범은 성년범과 분리 수용하는데, 만 30세 이하까지 본인이 원할 경우 소년범 사동에 함께 수용하여 함께 교육한다고 한다.[17]

한편, 마드리드 자치구역 내에는 소년교정보호소가 4개(1개는 미결수, 나머지는 기결수 수용)가 있는데, 이곳은 반개방제도로서 낮에는 수용자들이 학교나 공장에 가고 밤에는 보호소에 귀소해 잠을 자며, 주말에는 외박이 가능한데, 미결수가 수용된 교정보호소의 직원들은 모두 교사로서 소년들을 가르치는데, 이곳의 소년범들에 대해서는 판사가 형을 선고하기 전에 모든 교사들로 구성된 보도위원회의 의견을 청취해 참고한다고 한다.[18]

2) 프랑스

중앙의 교정국은 법무부 소속이며, 교정국과 중앙감독기관인 지방교정청과 지방교정기관으로 교도소, 구치소 등의 일선교정시설이 있고, 교정국에 소속된 부서에는 수용관리과, 조직 및 기능관리과, 인사관리과, 교정행정 관리감독 및 감사과,

---

15) 강신엽, 스페인의 행형제도, lrti.go.kr, 2002, 40면.
16) 강신엽, 전게논문, 42면.
17) 강신엽, 전게논문, 45면.
18) 강신엽, 전게논문, 46면 이하.

지방교정국, 국립교정행정학교, 해외교정시설관리과, 커뮤니케이션 및 국제관계과 가 있는데, 특징적인 것은 커뮤니케이션 및 국제관계과인데, 이는 국제관계가 빈 번해지고 교정행정분야에 민간의 참여가 활발해지면서 교정기관 내부·외부와의 원활한 의사소통을 지원하고 외국 교정기관과의 국제적 연계를 모색하고 관리하 는 임무를 가지고 있다.[19]

지방교정청은 일선교정시설과 해외에 있는 교정시설과 보호관할소 및 교도소가 있으며, 교도소에는 반구금 개방교도소, 여자 교도소, 교정병원이 포함되어 있고, 교도소는 보안등급에 따라 중구금시설, 경구금시설, 복합구금시설, 개방시설로 나 뉜다.[20]

그리고 교정행정과 관련된 것에는 교정행정최고회의, 형집행위원회, 형집행판사 가 있는데, 형집행위원회는 모든 교정시설 내에 설치되어 있으며, 내부규칙제정, 15일 이상의 금치결정을 하는데 권한을 갖는 위원에는 형집행판사(의장), 관할검 사, 소장이 있으며, 형집행판사는 지방법원 소속으로 교정국 직원은 아니지만 보 호관할관을 감독하고, 형집행위원회를 주관하는데, 이와 같이 프랑스의 교정행정에 는 사법부의 영향력이 크게 작용하여 징벌에 대한 항소나 처우기관 결정은 물론 가석방, 감형조치, 귀휴, 반구금 등 처우부분에 대한 권한도 판사들이 행사한다.[21]
그리고 교정행정최고회의는 법무부장관의 주재로 열리며, 법무부장관은 교정직 원과 그 직무에 관한 법령에 대해서 자문을 얻는데, 이와 같은 자문 역할을 효과 적으로 수행하기 위하여 교정행정최고회의 소속으로 가석방자문위원회와 교정수 용시설에 대한 외부통제문제를 논의하기 위한 위원회를 두고 있다.[22]

한편, 프랑스는 1992년부터 교정행정업무에 민간 참여를 활성화시키는데. 교정 업무 중에서 수용자 취사업무, 직업교육 의료업무, 취업알선, 교도작업 등을 민간 인에게 위탁하는 아웃소싱제도를 도입하고 있다.[23]

---

19) 한국형사정책연구원, 외국의 교정현황 연구, 2000, 445면 이하.
20) 한국형사정책연구원, 전계논문, 447면.
21) 한국형사정책연구원, 전계논문. 449면.
22) 한국형사정책연구원, 전계논문, 449면 이하.
23) 한국형사정책연구원, 전계논문, 444면.

3) 호 주

호주는 각 주가 독자적으로 교정제도를 운영하므로 호주 전체를 총괄하는 미국과 같은 연방교정국은 존재하지 않으며 가장 수용인원이 많은 뉴사우스웨일즈주에서는 18세 미만의 범죄자는 소년사법국의 관할에 속하고 성인 범죄자는 교정국에서 수용 관리하는데, 뉴사우스웨일즈주 교정국은 교정장관을 정점으로 교정국장, 수석부국장(수용자 및 보안서비스), 부국장(수용자 관리), 재정과장, 행정과장, 교정국장실 과장, 정보관리과장, 법률서비스과장으로 구성되어 있는데, 보호업무도 교정국에서 관할하고 있음을 알 수 있으며, 호주 수도 특별구에서는 미결수를 수용하지만 수도 특별구에서 형이 확정된 기결수는 뉴사우스웨일즈 교정국이 관리하며, 뉴사우스웨일즈주의 교정시설은 민영교도소와 주말 구금시설을 합쳐서 42개이다.[24]

퀸슬랜드주 교정국은 경찰 및 교정장관을 정점으로 교정국장이 있고 그 밑에 교정부국장, 보안과, 지역사회 교정과(보호관찰 등 지역사회 교정업무), 정책, 프로그램 개발과, 교정국 감독과, 운영지원과로 구분되어 있고 교정국장 밑에 내부감사실, 여성정책실 및 원주민 담당실이 있어 교정국장을 보좌하고 있으며 퀸슬랜드 교정위원회와 관리위원회가 있는데, 관리위원회는 교정국장을 포함하여 모두 9명으로 교정국장을 보좌한다.[25]

4) 영 국

중앙교정 행정조직은 내무성차관 아래에 사무차관이 있고, 사무차관 아래에 교정본부장이 있으며, 교정본부장 아래에 인사복무과, 재정기획과, 교화과, 수용관리과, 보안과, 의료보건과, 지방교정관구가 있는데, 인사복무과에서는 급여, 복무, 훈련, 국유재산과 교정시설관리, 급식과 무기수형자 가석방에 관한 사항을, 교화과에서는 재소자 관리제도 교육, 교회, 작업, 농장관리 등에 관한 사항을, 수용관리

---

24) 한국형사정책연구원, 전게서, 308~309면.
25) 한국형사정책연구원, 전게서, 310면 이하.

과에서는 재판, 청원, 귀휴, 가족관계, 인종문제, 방문자위원회, 교도소 규칙 등을 다루고 보안과에서는 외부교통, 안전, 가석방, 언론에 관한 사항을 다루며, 교정관련조직에는 교도소장 협회와 범죄 및 형사사법연구센터가 있다.[26]

일선교도소는 잉글랜드 외 웨일지 지역에 있는 교도소는 12개 지역으로 구분되어 있고, 각 지역은 지방교정청을 가지고 있으며 각각 13개의 교도소를 운영하고 있으며 지방교정청장은 일선교도소를 감독하고 지원하며 교정국의 지시사항을 이행하고, 일선교도소는 도주 우려를 기준으로 미결수용자, 도주 전력자, 도주 우려자 중에서 시민과 경찰에 위험성이 높은 자를 수용하는 CATEGORY A교도소, 엄격한 보안이 반드시 필요하지는 않지만 도주 우려 있는 자와 죄질이 나쁜 자를 수용하는 CATEGORY B교도소, 25세 이하 자로서 4년 미만의 수형자와 절도, 강도 범죄자를 수용하는 CATEGORY C교도소, 그리고 도주 우려가 없는 자를 수용하는 개방교도소인 CATEGORY D교도소로 나뉘고, 민간인과 계약(3년마다 계약 갱신)하는 사설교도소는 전국에 4개가 있고, 교정공무원의 계급체계는 AUX OFFICER(시보), OFFICER(교도), SENIOR OFFICER(교사), PRINCIPAL OFFICER (교위), GOVERNOR V(교감), GOVERNOR IV(교정관), GOVERNOR III(교정감), GOVERNOR II(부이사관), GOVERNOR I(이사관)으로 되어 있다.[27]

5) 일 본

중앙교정기구로는 법무성 교정국이 있는데, 교정국에는 총무, 보안, 작업, 의료분류, 교육의 5과가 있고, 참사관이 1명 배치되어 있으며, 또한 교정국의 사무를 분장하고 관할구역 내의 교정시설을 관리하는 교정관구가 있는데 교정관구에는 제1부(총무과, 직원과, 관구조사관), 제2부(보안과, 작업과, 불복심사조사관), 제3부(의료분류과, 교육과)가 있으며, 일선교정시설에는 보통 행형시설로 총칭되는 형무소, 소년형무소, 구치소와 그 외에 소년원, 소년감별소, 부인보도원(매춘방지법에 의해 보도처분을 받은 자를 수용하는 곳)이 있으며, 한편 교정행정과 보호행정과 관련된

26) 한국형사정책연구원, 전게서, 93면 이하.
27) 김중기, 영국교정제도, 교정, 1998. 4, 60면 이하.

법무대신의 자문기구로서 교정보호심의회가 있는데, 교정보호심의회에는 교정부회, 갱생보호부회, 교정보호과학부회가 설치되어 있으며, 교정보호과학부회는 의학, 정신의학, 심리학, 교육학, 사회학, 통계학 등 종합적 측면에서의 범죄자의 처우와 전문적 지식을 필요로 하는 직원의 교육훈련에 관한 사항을 조사·심의한다.28)

그리고 교정직원의 연수를 담당하는 기구로서 교정연수부가 있는데, 교정연수소는 東京都에 두고 교정연수소지소는 8곳에 있으며, 교정연수소에는 소장 1명과 소장을 보좌하고 소장이 없을 때 소장의 직무를 대리하는 교두(敎頭) 1명과 교관 12명을 두고 각 지소에는 지소장과 교두 1명을 두고 지소 전체에 교관 16명을 두 며 교정연수소에는 서무과와 교무과가 있다.29)

한편, 일본의 대규모 형무소에는 5부제시설, 즉 총무부, 처우부, 교육부, 의무부, 분류심사실로 되어 있지만, 휴쮸(府中)형무소에는 특히 국제대책실이 있고, 국제대책실 산하에는 2명의 총괄교정처우관이 있는바 총괄교정처우관은 외국인 수용자의 처우에 관한 번역과 통역에 관한 사항 및 외국인 수용자의 처우에 관한 조사와 관계기관과의 연락조정에 관한 사항을 담당한다.30)

그리고 일본의 여자 수용시설은 5개가 있는데, 그중에서 외국인을 수용하는 대표적 시설로 도찌기형무소(板刑務所)가 있는데 여기에는 2000년 현재 필리핀, 태국, 중국, 한국 순으로 외국인 범죄자가 수용되어 있고 직원의 82%가 여자라고 한다.31)

그리고 의료교도소가 전국에 5개가 있으며 대표적인 곳이 하찌오찌(八王子)의료형무소이며, 그 외에 나고야형무소 등 5개소는 의료 중점시설로 지정되어 있다.32)

6) 홍 콩

중앙교정기구에는 교정국이 법률과 질서유지에 관한 기획과 감독부서인 보안사에 속해 있으며, 교정국 아래에는 운영 및 기획개발과, 감독 및 인사과, 행정 및

---

28) 한국형사정책연구원, 전게서, 209면 이하.
29) 금용명, 일본교정연수소 고등과 연수기, 교정, 2002. 7, 54면.
30) 한국형사정책연구원, 전게서, 227면.
31) 교정, 2000. 11, 53면.
32) 허주욱, 전게서 221면.

작업과가 있으며, 교정국 산하에는 21개의 교도소와 3개의 Half-way House와 직원연수소가 있으며, 전국의 교도소에는 청소년 범법자를 수용하는 훈련센터와 구금센터 마약중독자를 수용하는 마약중독자 처우센터, 수형자와 미결구금자를 구금 교화하는 Reception 센터와 교도소 등이 포함되고 있으며, 모든 교도소는 안전도에 따라 중구금시설 및 경구금시설로 분류되고 Stanley교도소는 가장 큰 중구금시설로서 장기형 수용자를 수용한다.[33]

또한 정신병자는 슈람정신병자 수용센터에 수용하며 의무관에 의하여 노령자로 인정된 수형자는 마항교도소와 마포핑교도소에 수용하며, 성년여자 수용자는 타이람 여자 교도소에, 불법 입국한 여자는 빅토리아, 치마탄 또는 케이프콜린슨교도소에, 21세 미만의 여자 재소자는 타이람교도소에, 여자 마약중독자는 타이람마약중독자처우센터(남자 마약중독자는 하이링차우 마약중독자처우센터)에 수용하며 홍콩에서는 교정에 치안판사가 개입하는데 치안판사가 교정시설의 종류에 따라서 1개월에 1회 또는 2주일에 1회 정기적으로 교정시설을 방문하고 재소자의 불평사항을 조사하는 것을 비롯하여 재소자의 주·부식, 수용시설 및 건물의 적합성 등 법령상의 임무를 수행하고 재소자의 교도소 내 석방 후의 취업 등에 관해 교정국장에게 조언하는데 치안판사의 교도소 방문을 사전통보 없이 불시에 한다.[34]

7) 미 국

미국의 연방정부, 주, 군(county), 시(municipal)는 한 가지 이상의 교정제도를 가지고 있으며, 연방정부는 연방법을 위반한 사람을 다루고, 주와 지방정부는 각각 법을 위반한 사람들에 대한 교정을 제공하는데 각 수준의 정부가 운영하는 교정제도는 다양하다.[35]

법무부 내의 연방교정국은 교정국장 1명과 6개 지역의 장과, 직원으로 구성되어 있고, 연방범죄자의 대부분은 연방교정국이 운영하는 교도소나 구치소에 구금

33) 변동윤, 교정직 공무원과 스트레스, 삼화문화사 1999, 343면 이하.
34) 변동윤, 전게서, 352면 이하.
35) 한국형사정책연구원, 전게서 26면.

되어 있고, 나머지는 주와 지방정부의 동의를 통하여 민간 지역사회교정센터에 구금되고 있으며, 주(州)교도소는 경비수준에 따라 重구금, 中구금, 輕구금교도소로 분류된다.36)

2000년 현재 연방교도소는 100개 이상이며 12만 4천 명을 수용하고 있는데, 이 중 연방범죄자 중 가장 중대한 범죄자들과 주의 교도소에서도 다루기 어려운 자들을 주정부와의 계약으로 수용하는 초중경비교도소(Administrative Maximum Security: ADX)도 있으며, 여성의 경우는 남성처럼 경비수준에 따라 구분하지 않고 낮은 위험, 높은 위험으로 구분하기도 하고 더블린 연방교도소처럼 구분 없이 함께 수용하기도 한다.37)

그 외의 지방교정시설로는 구치소 또는 지방교도소(jails), 유치장, 노역소 (work-house), 감화소(House of correction)가 있는데, 지방교도소는 범죄혐의자를 48시간 이상 구금할 수 있는 권한과 1년 이하의 단기형을 받은 자를 수형자로 수용하고 있고, 대부분이 郡의 치안을 맡고 있는 군경찰(County sheriff)에 의해 운영되며, 유치장은 대부분 시경찰서 내에 설치되어 있고, 범죄혐의자를 48시간 이내에 한하여 유치하며 시나 군(county)에 의해 운영되는 노역소나 감화소는 군교도소(county prison) 등의 다른 이름으로 불리는 경우도 있으며 단기형을 받은 수형자를 수용하고 있다.38)

1988년을 기준으로 미국에 있는 약 3,300개의 구치소(jails) 중에서 2,700개는 郡 수준에서 관할하고, 대부분은 선출된 보안관(sheriff)에 의해 관리되고, 나머지 600개 정도는 市구치소로 운영되며, 연방교정국은 뉴욕 등지에서 4개의 구치시설을 가지고 있다.39)

8) 중 국

중국에서는 감옥사업에 대하여 중앙과 성(省)(자치구, 직할시)의 이중지도를 하

---

36) 한국형사정책연구원, 전게서, 27~28면.
37) 한인섭, 미국의 교정시설과 그 운용상의 딜레마, 교정, 2000. 2. 16면 이하.
38) 변동윤, 전게서, 267면.
39) 한국형사정책연구원, 전게서 63면.

며, 성(省)(구, 시)의 지도를 위주로 하는 관리체제를 실시하며, 사법부는 전국 감옥의 주관기관이며, 사법부 감옥관리국은 전국 감옥에서의 형벌집행과 법률정책의 관청을 감독하며, 여러 지방의 감옥배치계획, 교육의 실시, 생산의 조직, 감옥에서 근무하는 인민경찰대원의 관리와 양성 등을 지도하며, 각 성(省)(구, 시)에는 감옥관리국을 설치하고 소속된 사법청의 지도하에 본 관할구의 감옥을 직접 관리한다.40)

관리 감독하는 조직에는 옥정(獄政)관리, 교육, 생산, 옥정(獄偵), 정치 등의 부서가 있으며, 감옥행정집행기관에는 감옥 노동개조관교대, 소년범관교소, 구역소(拘役所)가 있는데, 감옥은 감외노동을 시키기에 적당치 않은 반혁명사범, 집행유예부 사형, 무기징역, 10년 이상 유기징역의 중요형사범, 외국인, 기밀누설범을 구금하고, 감옥조직에는 감옥장, 정치위원 각 1인, 부감옥장과 副政委 약간명으로 구성되어 있고 옥정, 교육, 생산, 재무, 생활위생관리부서가 있으며, 감옥 내에 대대, 중대, 분대가 설치되어 있는데 감옥의 기초행정단위는 중대로 1개 중대에 120명 정도의 수용인원이 있다.41)

노동개조관교대는 감옥 외 노동에 적당한 반혁명사범과 형사범(1년 이상의 유기징역형 수형자 중 감옥에 구금하는 범위에 속하지 않은 자)을 수용하여 주로 생산노동에 투입하는 곳으로 소대, 중대, 대대 및 총대가 설치될 수 있지만 보통 지대를 독립단위로 하며, 소년범관교소는 유기징역과 무기징역, 집행유예부 사형을 선고받은 14세 이상 18세 미만의 소년범과 형사 처벌되지 않는 16세 이하의 범죄소년을 수용하는 곳으로 성, 자치구, 직할시의 필요에 따라 설치되나 소년범의 수가 적은 지역은 감옥이나 노동개조관교대를 선정하여 소년범을 구금(분리수용)할 수 있고, 구역소는 구역형을 선고받은 자, 즉 단기간의 자유를 박탈하는 형벌로서 6개월 이하의 기간 동안 징벌과 교화를 집행하며, 집행기간 내에 매월 1~2일 동안 귀가가 가능하며 노동에 참가하면 보수가 지급되는데 구역소가 없는 곳은 구역형은 감옥이나 노개대에서, 그것도 없으면 간수소 내에서 집행(분리수용)한다.42)

40) 王明迪, 중국감옥사업의 현황, 교정연구, 2002, 17호, 294면.
41) 유병철, 중국의 교정제도, 교정, 1997. 9, 74~75면.
42) 유병철, 전게논문, 76~78면.

그리고 교정과 관련된 조직에는 인민법원, 인민검찰원, 인민경찰, 인민경찰의 한 종류인 인민무장경찰부대, 간수소, 노동교양관리소가 있는데, 인민검찰원은 감옥 노개대, 소년범관구소, 구역소, 간수소, 노동교양기관의 진행을 감독하며, 인민무장경찰부대는 범죄인의 무장경계를 담당하며, 구성은 의무병과 지원병이 결합된 제도로 인민해방군의 규칙을 따르며, 우리의 경비교도대 조직과 유사하나 인민무장경찰부대는 사법부의 지휘와 감독을 받는다.[43]

그리고 간수소는 형사소송법에 의하여 형사 구류된 자와 체포된 형사피고인을 구금하는 장소이며, 노동교양관리소는 범죄가 경미하거나 형사처벌을 받은 정도가 아닌 반혁명사범, 반당주의자와 형사처벌을 받을 정도가 아닌 형사사범, 16세 이하의 형벌을 받지 않는 범죄소년에게 교양이 필요한 경우에 1~3년의 기간 내에서 교육, 교화하는 곳으로 노교중대가 노동교양관리의 기초 행정단위이다.[44]

2002년 현재 감옥은 697개소(여자 감옥 28개 포함), 구금된 자는 1백 52만여 명(여자는 6만 2,000여 명, 미성년자는 1만 5,000여 명), 감옥인민경찰이 28만 6,000여 명이 있고, 공무원제도를 실시한 이후에 새로 채용되는 인원은 반드시 대학 또는 전문학교 이상 학력 소지자로(18세 이상) 국가공무원시험에 합격해야 하며 사법부에는 중앙사법경관학원, 각 성(구, 시)에는 감옥경찰학교가 설치되어 고급과 중간감옥 경관을 각각 양성함과 동시에 사회에서 공개적으로 학생을 모집하여 인재를 양성하고, 각 기층감옥에는 감옥양성반을 설치해 기층사업 일꾼에 대해 법률과 업무의 양성을 행하고 있다.[45]

한편, 여자 감옥이 없는 지역에는 남자 감옥 내에 별도로 여자 수용시설을 설치하는데, 이들에 대한 관리는 여성 인민경찰이 직접 담당하며, 대부분 여자 감옥의 소장도 여성 감옥인민경찰이 담당하고 있다.[46]

---

43) 유병철, 전게논문, 80~82면.
44) 유병철, 전게논문, 82~83면.
45) 王明迪, 전게논문.
46) 김성화, 중국의 여성 수형자 교정사업에 관한 신방법론 연구, 교정연구, 2003년, 18호, 270~271면.

9) 독 일

독일은 교정행정 등 거의 모든 분야에서 독자적 권한이 있는데, 다만 연방차원의 행형법이 있고 또 각 주가 합의한 행형법시행규칙, 행형근무 및 보안규칙, 행형사무규칙 등이 있지만, 이들 이외의 사항과 운영에 관해서는 각 주의 법무부 교정국의 고유권한이다.[47)]

독일의 교정시설의 조직은 소장, 총무부, 보안부, 교화부, 수용부로 나뉘어 있는데, 총무부에는 작업지도과와 영선과, 총무과 등이 있고 또한 전문 직원으로는 사회복지담당관, 작업기사, 심리사, 학과교사가 있으며 목사 또는 사제직도 정식 직원으로 구성되어 있으며, 사회복지담당관은 수형자의 입소 시 분류조사에서부터 처우계획 수립시행, 수형자 상담 및 출소준비에 대한 대책을 세우는 분류·교화 분야에 지속적으로 관리하는 큐레이터와 같은 역할을 맡고 있는데 심지어 출소자가 출소 후에도 도움이 필요할 때에는 그의 임무는 계속되며, 각 교정기관에는 경영자협회, 노동자협회, 교육기관, 종교단체, 시민단체 등 지역사회 각 분야의 대표성을 띤 저명인사들로 구성된 자문위원회가 있어 이들이 수형자와의 상담결과를 교도소장에게 제안할 수 있다.[48)]

교정공무원은 2000년 현재 총 37,134명이 있는데, 그중 교정직 공무원은 크게 일반교정직(37,394녕), 숭급교정직(2,308명), 상급교정직(1,453명), 고위간부직(447명)으로 구성되고 일반적으로 교정공무원은 각 교정시설 인사담당자의 서류심사를 거치면 각 주의 법규에 따라 설치된 선발위원에서 정한 일반상식, 심리테스트, 그룹토론, 개별면접 등으로 구성된 채용시험을 통해 최종 선발하게 된다.[49)]

독일의 교정시설은 행형법상으로 교정시설(제139조), 사회치료시설(123조), 정신병원(136조), 금단시설(제137조), 소년원(제176조)으로 나뉘고, 독일에는 보안처분이 있는데 보안처분으로는 보안감호, 정신병원에 수용, 금단시설에 수용 등이 있으며, 보안감호자는 분리된 교정시설에 수용하며 1996년에 Rostock 근처에 최초로 민영교도소가 설립되었다.[50)]

---

47) 이상국, 독일과 영국 교정시설 참관기, 교정, 2002. 4, 57면.
48) 이상국, 전게논문, 57~58면.
49) 이상국, 전게논문, 58면.
50) 한국형사정책연구원, 전게서, 155면 이하.

10) 캐나다

캐나다는 징역 2년 이상의 수형자를 수용하는 교도소의 관리는 연방정부가 하며 주정부는 구치소와 징역 2년 이하의 수형자를 수용하는 교도소를 관리하고 보호관찰 행정에 대해 책임을 지며, 징역형의 집행은 연방교도소나 주(洲)교도소가 집행하는데, 캐나다의 징역형은 구금처우, 가석방위원회의 결정에 따른 조건부가 석방처분, 캐나다에 특유한 제도로 형기의 3분의 2 이상을 복역하면 가석방관찰관의 감독하에 사회에서 생활해주도록 자동 석방해주는 의무감독 가석방처분(Mandatory Supervision) 등의 3가지가 있다.[51]

그리고 교정국은 재소자의 징역형 집행에 대해 전적으로 권한을 갖고 있으나 가석방에 대해서는 전혀 권한이 없는데, 주(州)가석방위원회가 있는 온타리주, 퀘백주, 브리티시 골롬비아주를 제외하고는 연방 및 주교도소의 수용자에 대한 가석방허가, 취소에 대해서는 국가가석방위원회가 관할권을 가지며, 특별한 경우에 임시가석방에 관한 권한을 연방교도소장에게 위임할 수 있지만, 가석방에 대한 최종권한은 국가가석방위원회가 갖는다.[52]

1996년에 캐나다 의회는 법무부와 그 산하에 교정국, 왕립경찰, 국가가석방위원회를 인정했고, 현재 교정국은 60여 개의 각 경비등급별 교도소와 70여 개의 가석방사무소를 감독하고 있으며, 교정국장은 법무부장관의 지휘를 받고 오타와 市에 있는 교정본부에서는 재소자의 처우에 관한 기획을 담당하며, 전국의 5개 교정관구에서는 각 관구소재의 교도소와 가석방사무소의 운영을 감독한다.[53]

연방교도소는 중(中)구금시설, 경구금시설(개방교도소), 지역 중(重)구금시설, 지역 정신질환 치료센터로 나뉘며, 지역사회교정센터는 일종의 중간 처우의 집으로서 주간 가석방자를 수용하는 시설이며, 수용자는 국가가석방위원회의 감독하에 그의 승인을 받은 업무에 종사하게 된다.[54]

교정조직에서 특이한 것은 교도소 옴부즈맨이라고 하는 교정조사관이 있어 그는 재소자가 요구하는 불만사항을 조사해 법무부장관에게 보고하며, 또한 교도소

---

51) 교정, 캐나다의 교정제도, 1990. 10, 84~85면.
52) 교정, 캐나다의 교정제도, 1990. 10, 85~86면.
53) 교정, 캐나다의 교정제도, 1990. 10, 92면.
54) 교정, 캐나다의 교정제도, 1990. 10, 96면.

내에서 징벌청문회를 주관하는 독립변호위원(변호사들 중에서 임명)제도도 있다.55)

11) 대 만

교정관련 기관으로는 소년관호소, 소년보육원, 간수소, 감옥 등이 있으며 이 기관들은 모두 법무부의 지휘, 감독을 받으며, 일반감옥에는 18세 이상의 성년자를 수용하고 소년시설에는 18세 미만자를 수용하며, 감독조직은 전옥장을 정점으로 통계실, 회계실, 인사실 등 3개 실과 총무과, 위생과, 계호과, 작업과, 교화과, 조사분류과가 있고, 위생지도위원회, 작업지도위원회, 교화지도위원회, 조사분류지도위원회가 있으며, 감옥 밑에 분감(分監), 여감(女監), 노역장이 있는데 수용은 보통수형자, 소년, 여자, 병자, 마약중독자, 누범자, 격리범자, 중형자, 외역자 등 9종으로 분리 수용한다.56)

형사미결수를 수용하는 간수소는 각 지방법원 검찰청의 소재지에 있는데 여기의 수용자는 그의 범죄, 지식 정도, 연령 및 심신상황에 의해 분리 수용하여 신청에 의해 교도작업을 부과하며, 12세 이상 18세 미만의 범죄소년을 수용하는 소년보육원은 수용소년의 불량 습성의 교정과 기능습득 및 학과교육을 실시하는데 원생으로서 계속 학과교육을 시키는 것이 직절하다고 인정되는 자는 高中, 國中, 國小 과정 등 정도에 맞는 교육을 실시하여 매년 정기적으로 시행하는 학력측정시험에 응시케 하여 합격한 자는 동등한 학력을 인정해준다.57)

그리고 소년관호소는 법원의 심리를 위한 짧은 기간 동안 소년을 구금하는 기관으로 수용소년의 품행, 경력, 교육 정도 등을 조사하여 소년법원의 심리 등에 참고자료를 제공하며, 또한 수용소년의 심신을 교화하여 사회 정상생활에 적응할 수 있도록 하는 데 있다.58)

한편, 법무부의 내부조직에서 교정관련 부서는 법률事務司, 檢察司, 監所司, 保護司가 있는데, 교도소 등에 대한 법령초안은 법률사무사에서, 형벌집행 지휘의 감독과 보호처분 지휘집행의 감독은 검찰사가 행형에 관한 사항의 기획 감옥, 간

---

55) 교정, 캐나다의 교정제도, 1990. 10, 98〜99면.
56) 변동윤, 대만의 교정, 교정 88. 7, 122〜123면.
57) 변동윤, 전게논문, 124면 이하.
58) 변동윤, 전게논문, 128면.

수소 등 교정관련 사무는 감소사에서 갱생보호사업과 범죄예방에 관한 사항은 보호사에서 맡고 교정직원의 훈련은 법무부 소속의 사법관 훈련소에서 담당한다.[59]

12) 기타 국가들

인도네시아는 법무성장관 밑에 교정국장이 있고 그 밑에 시설 내 처우위원회와 시설 외 처우위원회가 있으며 지방에는 지역교정위원회와 그 아래에 교정위원회 사무소가 산재해 있고 교도소는 3계급 구분을 하는데 이러한 시설 내 처우(교도소)와 시설 외 처우가 상호 유기적으로 처우를 보완하는 것이 특징인데, 지방 대도시에 위치하고 수용능력이 500명 이상인 곳을 교도소 Class Ⅰ로 하고, 이에 대응하여 보호관찰소 Class Ⅰ이 있고, 도시에 위치하나 수용능력이 250~500명 미만인 곳을 교도소 Class Ⅱ라 하고, 이에 대응하여 보호관찰소 Class Ⅱ가 있고, 250명 미만의 수용능력을 가진 곳을 교도소 Class Ⅲ라 하고 이에 대응하여 보호관찰소 Class Ⅲ가 있다.[60]

그리고 인도네시아의 교정조직은 완전히 이원화되어 있어 성인재소자 시설 내 처우라고 불리는 렘바가페마랴다카탄(House of Correction)과 모든 재소자의 시설 외 처우와 청소년 범죄자의 시설 내 처우로 불리는 발라이비스파(probation office)로 나뉘는데, 렘바가페마사랴카탄은 행정부서와 처우부서 및 관리부서가 있고, 발라이비스파는 행정부서와 성인재소자 처우부서 및 청소년 재소자 처우부서가 있으며, 그 외에 개장처우로서 농업기술 등을 효과적으로 배양할 수 있는 open campus를 설치하고 있다.[61]

스리랑카의 교정행정은 영국의 교정제도를 모방해 제정된 1878년 행형법에 기초해 법무장관이 발한 각종 법령에 의해 실시되며, 전국의 교정시설을 총괄 감독하는 중앙관서는 법무성 교정국이며, 교정국장 밑에 2명의 부국장이 각각 총무와 처우를 총괄하고 있으며, 스리랑카의 교정시설에는 중경비를 요하는 수형자를 수용하는 폐쇄교도소, 미결수와 형기가 짧은 기결수를 수용하는 구치소, 형기가 짧고 개방처우에 적합한 자를 수용하는 교도작업장, 비교적 형기가 긴 수형자 중

---

59) 변동윤, 전게논문, 119~121면.
60) 교정, 1990. 9, 136~137면.
61) 교정, 1990. 9, 137면 이하.

개방처우에 적합한 자를 수용하는 교도작업장, 비교적 형기가 긴 수형자 중 개방
처우에 적합한 자를 수용하는 개방교도작업장, 16세 이상 22세 미만을 수용하는
청소년훈련원, 22세 이상 26세 미만을 수용하는 청소년 교정센터, 외부통근센터,
구치지소, 수형자를 원격지에 이송 때 일시 수용하는 이송캠프 등이 있다.[62]

그리고 16세 미만의 소년은 원칙적으로는 법무성 교정국이 관리하는 교정시설
이 아닌 교호원에 수용토록 하며, 스리랑카의 교정시설에는 선시제(善時制)가 적
용되어 규율을 준수하면 3일에 1일씩 형기가 단축되고 있으며, 형의 감면제도가
활발해 사형수도 복역 후 20년을 경과하면 무기형으로 감형된다.[63]

이스라엘의 교정국의 최고책임자는 교정국장이며 그는 경찰청 장관의 요청에
따라 이스라엘 정부에 의해 임명되며, 교정국장의 직속기관에는 법률자문관, 교정
참모장, 예산실, 감사관, 대변인(교정관련 문제 홍보)제도가 있는데, 법률자문관은
재소자의 청원 불만사항의 처리와 직원과 재소자에 대한 징계와 징벌조치의 감독
등의 임무가 있으며, 교정참모장은 교정국의 활동조정과 경찰청, 다른 기관과의
업무조정과 본부 지시사항의 이행 여부를 감독하며, 교정국에는 보안부, 남부지구
감독, 인사부(연수과, 교도관학교, 인사과), 중부지구감독, 용도부, 북부지구감독,
재소자처우부가 있다.[64]

이스라엘 지역에는 교정시설로 교도소, 구치소, 작업갱생시설, 여자 교도소 개
방시설, 분류센터가 있고, 유대－사마리아 및 가자지구에는 8개의 교도소가 있으
며, 사마리아와 가자지구에 수용된 재소자에 대해서는 더욱더 세심한 배려를 하
여 재소자의 사회활동에 관하여 국제 적십자와 연계시키는 특징이 있다.[65]

네덜란드는 중앙교정기구가 교정국인데 교정국은 1995년부터 법무부 산하로
편입되었는데, 네덜란드의 국가기관 중 30번째로 규모가 크며 16,000여 명의 직
원이 감호치료 대상자를 포함하여 약 14,000여 명의 수용자를 관리하고 있으며
교정시설은 60개 정도인데, 이들 시설은 교도소, 구치소, 그리고 TBS service 등
3가지 등급으로 구분되는데, TBS service는 전문적인 정신치료기관으로 유럽에서
는 유일무이한 교정시설로 수용기간 중 정신이상을 보이는 강력범죄자들을 치료,

---

62) 교정, 스리랑카의 범죄처우, 1990. 6, 120면 이하.
63) 교정, 스리랑카의 범죄처우, 1990. 6, 128~129면.
64) 권태정, 이스라엘의 교정제도, 교정, 1991. 4, 88면 이하.
65) 권태정, 전게논문, 89면 이하.

교화하는 곳으로 치료과정은 개방적으로 외부인과의 접촉을 허용한다.[66]

덴마크의 교정국은 중앙본부와 직원 중앙교육기관, 6개의 국립교도소, 36개의 감화원(Reformatory), 22개의 준개방센터(semi-free center)로 구성되어 있으며 교정직원은 4,000여 명이며 그중 2,868명은 계호담당 교도관이며, 503명은 행정담당 직원, 324명은 social worker, 149명은 교사, 94명은 성직자 내지 보건인력이며, 교정국의 수용시설은 교도소와 준개방센터를 합해 총 3,700명을 수용할 수 있고 가장 최근에 완성된 Vejle교도소는 32명을 수용할 수 있다고 한다.[67]

태국은 행형을 담당하는 중앙기구인 교정국이 영국의 영향을 받아 미국, 일본 과는 달리 경찰조직과 같이 내무성에 소속해 있으며, 교정국은 1936년에 제정된 교정법에 의해 수용자의 구금확보와 교화, 보호에 전체적인 책임을 지며, 교정국 장 아래에는 기술부국장과 행정부국장, 감사관이 있고, 교정국에는 비서실, 인사 행정과, 재정과, 인성개발 및 갱생과, 행형학과(연구기획 교정실행, 법률문제계)가 있으며, 교정시설에는 21개의 중앙교도소, 20개의 특수교도소, 51개의 지방교도소 (Provincial Prison), 13개의 지역교도소(District Prison), 44개의 야영시설, 2개의 마약중독 수형자 처우센터를 포함한 한 10개의 각종 교도소, 1개의 중앙구치소와 136개의 지방구치소, 1개의 중앙위탁소와 118개의 지방위탁소, 83개의 비행소년 감화원, 1개의 특수훈련센터가 있다.[68]

중앙교도소의 하나인 방콕시 외곽에 있는 Klong-Prem Center Prison(K.P.C.P) 는 1974년에 설립된 교정병원도 같이 운영하는 대형기관으로 부서는 총무부, 보 안부, 교화부, 수형자 복지부서가 있으며, 마약사범이 전체 수용인원의 52.8%로 분리수용을 하고 있고, 교정병원은 태국의 교정시설에 수용 중인 모든 수형자를 치료하는데 재정부족으로 외부에서 의약품을 기증받는다.[69]

---

66) 교정, 2000. 2, 92면.
67) 교정, 2001. 3, 92면.
68) 변동윤, 태국의 교정, 교정, 1988. 2, 100면 이하.
69) 윤재권, 홍콩, 태국 교정시설찾기, 교정, 2000. 1, 37면 이하.

4. 문제점과 개선방안

1) 교정시설과 교정조직의 문제점과 개선안

(1) 정갑섭 씨의 견해

정갑섭 씨는 현재 갈수록 교정국의 업무는 폭증하나 현재의 기구로는 대응하지 못하니 1974년 치안국이 치안본부로, 내무부 민방위국이 1975년에 민방위본부로 개편된 사실을 예로 들면서 현재의 교정국은 교정본부 또는 교정청으로 승격 개편하여 방대한 교정기구와 교정시설 등의 업무를 능률적으로 조정, 처리해야 한다고 주장한다.[70]

그리고 현재 일선기구의 조직구조가 소장 밑에 각 과(課)가 설치되어 있어 날로 방대해지고 전문화되어가는 교정업무의 추세에 비추어 볼 때 소장 1인에게 지휘감독 업무가 집중되는 것은 비능률적이 되고 일상업무 처리에 있어서도 소장에게 매사를 문의 또는 보고하여 결과적으로 책임전가식의 자신 없는 업무수행을 초래하는 문제점이 있으므로 우리나라의 일선기구에도 최소한 ㅗ 部를 두어야 한다고 주장하며, 또한 분장업무가 지나치게 과다하여 과장 1인으로는 원활한 지휘감독이 곤란한 보안과를 분과해야 한다고 주장한다.

그리고 교정공무원을 일반직 공무원 등에서 분리하여 경찰, 소방 등과 같이 특정직화함으로써 교정업무의 특수성에 상응한 조직형태를 갖추어야 하며, 이를 위하여 국가공무원법의 개정과 동시에 교정공무원법의 특별법 제정이 필요하다고 주장한다.

그리고 현재 우리나라는 교정공무원의 교육을 타 법무공무원과 같이 법무연수원에서 종합적으로 실시함으로써 특수성, 전문성 등에 적합한 교육훈련이 어렵다고 지적하고, 미국 연방교정국의 훈련센터, 일본의 교정연수소 영국의 2년제 웨이크필드 교정대학처럼 우리나라도 교정공무원 교육기관의 강화를 위해 교도관 학

---

70) 정갑섭, 교정학, 을지서적, 1990, 443~453면.

교 또는 교정 전문대학을 설립할 것을 주장한다.

또한 우리나라의 교정시설은 1개 시설당 수용인원이 과다함으로써 수용자에 대한 개별처우에 많은 애로와 다수직원의 근무로 인한 조직관리상의 문제점, 대규모 시설로 인한 시설 및 예산관리상의 문제점을 들면서 교정시설의 증설과 교정시설의 소형화를 주장한다. 그리고 우리나라는 많은 미결수용자가 교도소가 분계지역에서 수용 관리됨으로써 교도소 조직으로 구치업무를 수행하게 되어 수형자와 미결수용자와의 처우상 마찰을 유발할 가능성이 상존하고 동시에 교도소의 특수성 때문에 법원, 검찰청과 보통 원거리에 위치해 출정계호상에도 많은 문제점이 있다고 지적하고 구치시설의 증설을 주장하고 있다.

그리고 우리나라의 교정시설은 대부분이 획일적이고도 유사하며 전문화되어 있지 않아 시설에 의한 단계적 완화 처우가 어렵다고 지적하며 단계적 처우시설의 확보를 주장하며 일본의 의료교도소와 같이 의료교도소와 미국과 같은 사회 속의 석방 전 처우센터의 확보를 주장한다.

(2) 허주욱 교수의 견해

허주욱 교수는 현재의 교정행정의 중앙조직은 법무부장관의 1개 보조기관에 지나지 않는 법무부의 내국 형태로 존재해 교정 전문성을 살릴 수 있는 연구, 기획, 정책개발, 교육훈련 등의 전문적인 업무를 독자적으로 수행할 수 없는 문제점이 있고, 또한 교정국은 그 인력 규모 면에서 외청 중 4번째에 해당하는 조직이나 한 부처의 보조기관으로 운영되어 기획뿐만 아니라 정책의 집행과 교정기관에 대한 감독원을 직접 행사해 문제점이 많으므로 교정행정의 특수성을 감안하고 방대한 교정조직을 감안하여 교정국을 법무부의 외청으로 승격해 독립성을 확보해 주어야 한다고 주장한다.[71]

최근에 허주욱 교수는 조선일보 기고에서 교정공무원 숫자는 16개 외청들과 비교하면 4위(교정공무원 1만 2,400여 명, 보호직 직원 1,500여 명, 경비교도대원 4,700여 명)라는 사실과 교정청이 따로 설치된 호주와 뉴질랜드, 홍콩 교정본부가 있는 영국과 싱가포르의 예를 들면서 교정행정의 폭발적 수요를 감당하기 위해서

---

71) 허주욱, 전게서, 262～263면.

교정보호청의 신설을 주장하고 있다.72)

즉, 허주욱 교수는 과거에는 교정청의 독립만을 주장했으나 교정의 최종목표가 교정 이외에 보호의 사회화와 불가분의 연계성이 있음을 감안해 교정보호청의 독립과 교정보호공무원법의 제정 등을 제기하고 있다.73)

즉, 교정직 공무원과 보호직 공무원의 격무에 의한 과로와 사기저하, 교정공무원과 보호공무원에게 일반공무원법을 적용하는 데서 오는 교정공무원의 위축되고 자기비하적인 의식구조와 직장 분위기, 경찰 등에 비교해서 열위에 있는 인사관리에서 오는 문제점, 범죄인들과의 끊임없는 마찰, 국민들의 부정적 인식, 교도관의 상대적으로 높은 이직률, 경찰 등과 비교하여 상대적인 자질 문제, 교정업무의 특성과 전문성의 인식의 필요 등 이유로 경찰공무원법과 동일한 수준으로의 교정보호공무원법의 제정, 교정국과 보호국을 통합하여 교정보호청을 신설하고 현재의 4개 지방교정청을 8개 지방교정보호청으로 확대, 개편할 것을 주장한다.74)

한편, 허주욱 교수는 우리나라 교정시설의 수용현황이 1개 시설당 1,300~1,500여 명이고, 서울·부산 구치소, 안양·대전·대구 교도소는 3,000명 이상을 수용해 수용자에 대한 교화 등 개별처우가 어렵고 직원관리, 시설관리, 예산관리의 문제점이 있으므로 교정시설의 소규모화와 구치소의 증설, 교정시설의 전문화를 대안으로 제시하고, 또한 그 외의 교정기구의 개편방안으로는 일선교정기구의 대단위 보안과 조직의 분과, 분류처우에 입각한 단계적 처우시설의 확보, 지역별 개방처우시설의 증설, 분류심사과의 확대 설치를 들고 있다.75)

그리고 교정공무원의 증원과 하위직 공무원의 승진제도의 개선, 교정공무원의 처우개선을 위해 교화수당, 분류수당, 출정수당의 신설, 특수성에 상응하는 복리후생을 주장한다.76)

한편, 2003년 6월 4일 한국교원총연합회관에서 열린 한국교정학회 제24회 학술발표논문에서 허주욱 교수는 종전의 주장을 되풀이하고 이 외에 보호국에 편입되어 있는 소년원과 소년분류심사원도 교정국으로 이관하고, 청송보송감호소는 보

---

72) 허주욱, 조선일보, 2003년 2월 6일.
73) 허주욱, 전게서, 머리말 4면.
74) 허주욱, 전게서, 270~277면.
75) 허주욱, 전게서, 264~265면.
76) 허주욱, 전게서, 286~287면.

호국으로 이관해서는 안 되며, 21개 교정시설 내 분류심사직이 과장으로 보임되 도록 조직 확대할 것 등을 주장하며, 인사순환의 원활을 위해 5급 이상에 대한 계급정년제의 도입과 공무원 노조설립의 금지를 주장하고 있다.

또한 분류직, 교회직, 기능직, 의무직, 직업훈련 교사를 총칭하는 사복직원(1,326명) 과 정복직원(11,084명) 사이에는 심각한 갈등이 있다고 하며, 그 주요원인으로 서울 구치소 등 12개소의 장은 교정부이사관으로 보해지고 기타 소장은 교감으로만 보하 도록 규정해 교회직과 분류직은 과장 승진 이후 교정기관장으로 승진하여 그 직에 보해지는 경우가 전무한 사실과 분류직은 19개소만 과장보직이 가능하여 나머지 21 개소는 분류직 5급이라 해도 무보직 상태로 근무해야 한다는 것을 들며, 이러한 갈 등을 해소하기 위해 분류직과 교회직 등 간부에게 승진의 기회를 확대할 것과 분류 직의 경우에는 21개 교정시설에 분류심사과를 신설할 것을 제시하고 있다.[77]

그리고 교정공무원의 근무환경 개선을 위해 우리나라의 교도관 1명당 수용자와 의 비율은 교도관 인원 12,490명 대비 재소자 58,741명(2003. 5. 8. 기준)으로 4.7 명이므로 적어도 일본 수준인 1명 대비 3.3명으로 하기 위해 단계적인 증원책을 수립할 것과 교정시설의 현대화와 과학적 보안장비, 즉 기계 중심의 계호체계로 전환하고 이때 현대화로 많은 유휴인력(현재는 보안직원이 전체 교정직원의 70% 이상)을 분류심사직, 교회직 등으로 순환 전보 처리 할 것과 한국형사정책연구원 이 2002년 12월에 발행한 "교정공무원의 사기진작방안에 관한 연구"에 나온 내 용인 "전직의사가 있다"는 교정공무원이 66.4%에 달한다는 사실을 인용하면서 교정공무원에 대한 사기진작책을 즉시 수립할 것을 제안하고 있다.[78]

한편, 이순길 씨는 교정조직 역량을 강화시키기 위하여 교도관의 사기와 직결 된 안정된 수용관리 시스템의 확립과 인사 및 보수제도의 개선, 그리고 현장 근 무교도관들에 대한 직무상 권한과 책임이 배분될 것을 주장하는데, 이는 조직성 원이 의사결정과정에서 배제될 때 책임성을 약화시켜 피동적으로 되기 때문이라 고 한다.[79]

또한 관리자들의 직원관리 방식과 지휘통솔 기법이 개선되어야 하며, 교도관의 자아실현 및 직무 만족도를 위해 다각적인 근무환경 개선이 있어야 한다고 주장 한다.[80]

---

77) 허주욱, 교정연구, 2003년, 19호 76면.
78) 허주욱, 교정연구, 2003년, 19호 77~79면.
79) 이순길, 교정환경 변화와 미래대응전략, 교정, 2002년 1월, 27면.

2) 구치감과 유치장의 문제점과 개선안

한편, 일선교정시설의 한 종류로 볼 수 있는 경찰서 유치장에 대해 국가인권위 원회는 문제점에 대해 유치실은 부채꼴 형태로 거실의 전면이 쇠창살로 되어 있 어 거실 내부가 훤히 들여다보이는 구조로 유치인은 24시간 간수의 감시하에 놓 이고, 유치실 내 화장실은 전면이 문으로 된 경우는 거의 없고 한쪽 면이 그대로 개방되어 있는 경우도 있어 생리적 욕구를 해결하기에는 적합한 구조가 아니며, 또한 유치장 설계 표준규칙은 채광, 통풍이 용이하도록 규정하나 실제 통풍을 위 한 창문이 없거나 페인트칠을 해 채광효과가 전혀 없는 경우가 대부분이며, 또한 유치실 밖에서 안으로 조명을 하도록 되어 있어 생활에 불편을 주는데, 일본의 유치장은 유치인의 프라이버시 보호를 위해 종래의 부채꼴 설치형태를 병렬형태 로 고치고 유치실의 화장실은 박스형태로 고치고 유치실의 화장실은 박스형태로 문으로 밀폐되었고 야간에는 감광을 하여 수면에 지장이 없도록 하고 있다.[81]

그리고 여성 유치인 전용시설이 있으나 구획이 분리되어 있지 않아 유치인보호 관과 다른 남성 유치인에게 노출될 수 있으며, 또한 장애인을 위한 별도의 시설 이 없어 장애인의 경우는 인간 이하의 생활을 하며 미성년자를 위한 별도의 시설 도 없으며, 외국인의 의사소통을 위한 통역장치 등 기본시설이 전혀 없고, 경찰청 훈령인 「피의자유치및호송규칙」에서는 유치장에 유치인보호관(종전의 간수가 2001년 이후 유치인보호관으로 개칭)을 배치하는 과정에서 선정기준이나 자격요 건 등에 대한 기준이 모호하고 유치장 근무담당자를 선발하는 과정에서 유치업무 를 담당하기 위한 전문성을 검증할 수 있는 과정이 생략된 채 유치장 업무에 배 치되고, 또한 서울청을 제외하고는 경찰관 인력의 부족으로 전경과 합동 근무하 며 또한 유치인보호관에 대한 교육은 전무하고 유치인보호관을 교육하는 유치주 무자 또한 유치업무와 관련한 전문성이 없어 문제점으로 대두되며, 그리고 유치 인 보호관들은 과다한 업무시간, 휴식공간의 부재 등으로 유치인보호관들의 근무 조건이 열악한 현실이라고 한다.[82]

그리고 현재 유치장에 대한 관리감독은 정기 또는 비정기적 순시를 통한 자체

---

80) 이순길, 전게논문 27~28면.
81) 국가인권위원회, 유치장시설환경 인권실태 조사보고서, 2003, 178~179면.
82) 국가인권위원회, 전게서, 181~182면.

관리감독과 형사소송법 제198조의2에 의해 검사가 매월 1회 이상 관할 수사관서의 피의자 체포, 구속장소를 감찰하도록 하지만 이러한 관리감독 체계는 수사담당자에 의한 구금시설 감독이라는 측면에서 한계를 지닐 수밖에 없다고 하며, 이러한 유치장의 여러 문제점에 대하여 국가인권위원회는 유치장 시설의 환경과 유치인 처우에 대한 개선과 유치인보호관의 선정에서부터 명확한 기준으로 적절한 인력을 선발하고 이들에 대한 엄격한 정기교육을 해야 하며, 또한 시민단체로 구성된 유치장 감시 및 자문기구를 둘 것과 장기적으로는 일본, 이스라엘, 한국 등에만 있는 유치장 제도를 폐지해야 한다고 한다.[83]

한편, 행형구역이며 일선교정시설의 하나인 구치감에 대한 서울지방변호사회의 인권위원회가 서울지방검찰청 내 구치감에 대한 방문설문조사(2002. 4. 22.) 결과에 의하면 구치감 내의 대기실은 과밀수용 상태이고 독거실은 창문이 없고 조명도 어두워 심리적으로 위축되는 구조이고 혼거실은 외부채광이 불가능하며, 독립적인 냉난방 시설이 따로 설치되어 있지 않고 구치감 내의 청결상태에 관해 과반수가 불만을 가졌다고 하며, 또한 대기 시간이 지나치게 길어 이런 대기관행은 수감자에게 좁고 냉난방이 부족한 대기실에 지나치게 오래 대기하게 해 정신적 고통을 주고 때로는 그것이 수감자로 하여금 자백을 받아 내거나 변호인의 접견권의 제한수단으로 악용되기도 한다고 하고, 또한 설문조사 결과 구치감이 경찰서 유치장에 비해 시설 일반이 열악하다고 하는데 이는 구치감에 대한 관리감독의 소홀에 기인한 것, 즉 서울지검 구치감은 구치소가 관리하고 있으나 구치소와 같은 일상적인 관리가 행해지지 않고 검찰청은 유치장의 감찰은 하나 구치소 감찰은 행하고 있지 않는데 이는 구치감 감찰에 대한 별도의 규정은 없고 행형법과 시행령을 준용하는 데 있다고 한다.[84]

따라서 구치감은 정식 수용시설인 유치장이나 교도소, 구치소와 달리 임시 수용시설이라는 특성 때문에 감독과 관리가 제대로 미치지 못하여 행형일반규칙이 제대로 준수되지 않고 수용시설이 열악해 수용자들이 불편을 호소한다고 하며, 이에 따라 지속적인 점검과 시설개선의 노력 및 내부관리 감독에 대한 규정을 정비할 것을 제안하고 있다.[85]

---

83) 국가인권위원회, 전게서, 178~184면.
84) 서울지방변호사회, 구금실태 보고서, 2002, 52~61면.
85) 서울지방변호사회, 전게서, 51면 이하.

3) 허주욱 교수의 주장에 대한 반론과 사견

첫 번째로, 허주욱 교수는 갈수록 폭증하는 교정업무와 16개 외청들과 비교해 2003년 5월 7일 현재 정원 면에서는 교정국이 12,490명으로 1위인 경찰청에 이어 4위이고, 예산 면에서는 교정국이 5,514억으로 1위인 철도청에 이어 5위인데, 이와 같이 교정국은 외청이나 경찰청과 대비컨대 방대한 조직이 법무부의 1개 내국에 불과함은 조직의 규모 면이나 효율성 면에서 더 이상 지체할 수 없다고 하며, 경찰청과 동등하게 전문적이고 효율적인 교정행정을 위해 교정청을 신설할 것을 주장하고, 교정직 5, 6급 직원들의 83.9%가 교정청의 독립을 원한다는 내용을 들어 교정청의 독립을 주장하고, 교도관 1명당 수용자의 비율을 일본 수준인 1명 대비 3.3명으로 하기 위해 약 5,200명의 교정공무원이 증원되어야 한다고 하며 공무원의 증원을 주장하고 있다.[86]

그러나 사견으로는 그의 주장은 일반행정이나 경찰 등에서 생산하는 일반공공재와 교정주체와 교정객체가 합동으로 생산하는 교정재라는 특수한 공공재를 동일시하는 오류를 범하고 있다.

즉, 교정국이 예산이나 인원 면에서 다른 외청보다 방대한 조직이므로 효율성 차원에서 교정청을 신설해야 한다는 주장은 교정행정과 일반행정의 차이점을 간과한 주장이라고 생각한다.

또한 허주욱 교수는 교정업무가 폭증하는 데 대응하고 교정공무원의 근무환경 개선, 즉 교도관 1인당 수용자의 비율을 일본 수준으로 낮추기 위해 교정공무원의 증원을 주장하나 그의 주장은 교정업무의 폭증은 교정공무원 증대로 해결된다는 관료제 만능사상의 오류에 젖어 있다.

교정업무는 일반행정이나 경찰행정과는 다른 특성이 있는데, 허주욱 교수는 교정업무의 특성을 인정하면서도[87] 교정행정이나 교정행정 수요 그리고 교정재의 생산을 일반행정이나 일반행정 수요 그리고 일반공공재나 치안재의 생산과 동일시하는 잘못된 전제에서 출발하고 있다.

즉, 일반행정 공공재, 예를 들어 국방재, 외교재, 치안재, 일반행정재, 환경재 등은 매일매일 대량 생산되고 바로 소비되어 대체로 생산과 소비의 시간적 격차

---

86) 허주욱, 교정연구, 2003년, 19호 62면 이하.
87) 허주욱, 전게서, 274면.

가 없으며, 또한 대체로 행정주체가 공급하며 이러한 일반공공재는 일반행정재 외에 국방, 치안 등 다양하고 전문성이 있다 해도 대량생산을 특징으로 하며, 그러한 대량 생산되는 일반공공재는 몰개성을 특징으로 해 공급되는 상품은 획일적으로 공급된다.

예를 들어 국방이나 환경 등 전문 분야의 공공재의 생산은 매일 대량으로 생산되고 국민이 바로 소비하지만, 이때 제공되는 국방 등의 공공재 각각은 내용이 동일하며 개별적 특성은 없다.

즉, 일반공공재는 내용이 동일한 상품을 매일 대량 생산하므로 이러한 대량생산을 지배하는 이념은 최소의 비용으로 최대의 산출량을 만드는 능률성과 효율성이며, 이러한 능률성과 효율성에 친화적인 조직 패러다임이 바로 관료제이론, 즉 피라미드형, 계층제, 명령통일, 보고와 명령, 계선과 막료의 관계를 근간으로 하는 공무원조직 이론이다.

다시 말해 일반행정 분야의 영역에서 행정 수요가 증가하면 그러한 많은 분량의 업무를 계층적, 합리적, 분업적으로 처리하기 위해 관료제 조직의 도움이 필요하며, 이는 공무원의 증대를 필요로 한다는 것이 근대 국가의 관료제 이론이라고 생각한다.

그러나 교정재라는 특수공공재는 행정재이면서도 사회사업적 특성을 가지고 있고, 또한 생산주체가 일반공공재와 달리 교정공무원과 수형자의 합동에 의해 생산되며 정기형 제도로 인해 생산과 소비에 있어 시간적 격차가 있으며, 일반공공재처럼 동일한 성격의 내용을 대량 생산하는 것이 아니라 각기 다른 성격을 가진 교정재를 다품종 소량씩 생산하게 된다.

즉, 과실범, 마약범, 정신병 수형자, 격정범, 상습범 등 다양한 수형자의 특성에 맞게 개별적으로 조금씩 생산되어 시장에 공급되는데, 이러한 다품종 소량생산에 지배되는 이념은 다양성과 개별적 적합성, 상황성이며, 이러한 다양성과 개별적 적합성에 친화적인 조직 패러다임은 탈관료제 이론, 또는 수평적 조직이론이라고 생각한다.

따라서 교정행정 업무가 증가하고 교정수요가 증가한다고 하여 관료제 이론처럼 계층적, 기계적, 피라미드적 조직과 공무원의 증대에 의해 해결해서는 안 되며, 탈관료제적 조직 또는 수평적 조직이나 팀(Team)제적 접근에 의해 해결해야 되며, 따라서 공무원 수의 증대나 공무원제도로만 해결해서는 안 되며 그것은 과거 우리나라가 과거부터 지금까지 교정업무의 증대와 교정수요가 증대될 때마다 경비과 신설(1984) 보안2과 설치(1986), 지방교정청 설치(1991) 등 관료조직의 강화와 공무원의 증대로 대응해 왔으나 80년대 30%에 불과하던 재범률은 97년 52%, 98년 56.6%, 99년 59.5%, 2000년 61.2%, 2001년 63.1%, 2002년에는 64.3%로 해가 갈수록 재범률의 비율이 늘어가고 있다.[88]

이런 경찰청의 통계사실은 교정재의 생산을 일반공공재의 생산과 동일시해 관료제로만 교정재를 생산하는 데서 오는 그 한계를 알 수 있고, 또한 암수범죄의 높은 비율을 생각할 때 재범률은 2002년의 경우 64.3%보다 훨씬 높다는 것을 추론한다면 관료제만으로의 교정재 생산은 실패했다고 할 수 있다.

따라서 교정재라는 사회사업적 성격을 가진 특수공공재를 국방, 치안, 환경 등의 일반공공재와 동일시해 교정업무의 증가에 대응해 교정청을 설치해 관료제를 더욱더 강화하고 계층구조를 심화시키며 공무원 수를 증가시켜 공무원제도로 모든 것을 해결하려는 허주욱 교수의 주장은 그 이론적 전제가 잘못되었다고 생각한다.

따라서 본인은 허주욱 교수가 주장하는 교정청 또는 교정본부의 신설 주장에 반대하며, 만약 현재처럼 교정국이 인사와 예산 등 모든 권한을 가지는 중앙집권적 형태를 전제한다면 현재의 교정재 생산에 관계되는 3층제, 즉 중앙기구의 교정국, 제2차 일선기관인 지방교정청, 제1차 일선기관인 교정시설의 3단계 제도를 폐지하고 단층제 구조, 즉 교정국과 전국의 교정일선기관의 체제로 할 것을 한 방안으로 세시할 수 있다.

왜냐하면 현재의 중간감독기구로서의 지방교정청은 일선기관의 교정재 생산방식에 대한 감독과 지휘기능이 주 기능으로 이런 기능은 중앙의 교정국의 업무와 일부가 중복되며, 따라서 가외적(加外的) 성격을 띠고 있어 교정행정과 교정재 생산의 신뢰성은 확보가 되나 비용의 증대 문제와 교정재의 생산과 어울리지 않는 관료제의 강화와 계층제의 심화, 그리고 일선교정기관의 자율적 생산방식에 저해가 될 수 있으므로 폐지하는 것이 낫다고 생각한다.

따라서 다품종 소량생산과 사회사업적 성격을 갖는 교정재의 생산은 관료제 만능주의에 의해 생산할 것이 아니라 탈관료제, 관료제의 완화, 수평적 조직이론에 의해 생산해야 된다고 생각하며, 따라서 현재 우리나라의 교정재 생산방식이 모두 공무원조직에 의해 생산되는 것은 지양해야 한다고 생각한다.

여기에 제3섹터(sector)이론에 의해 교정재 생산이론을 할 것을 제안한다.

---

88) 2003년 8월 5일, 조선일보.

즉, 현재 교정조직 중 보안과, 분류심사, 출정, 인사, 서무 등만 공무원제도를 이용해 공무원을 임명하고 작업지도, 직업훈련, 교화, 구매, 급양, 교정의료, 수용자 교육, 보건, 위생, 약제, 출소자 보호, 용도 등 나머지 모든 부문은 민간에 이양시켜 관·민(官民)합작에 의해 교정재를 생산하면 종전의 관료제로만 생산할 때보다 훨씬 저렴한 비용으로 질 좋은 교정재를 생산할 수가 있다.

즉, 종전에는 교정재의 생산을 모두 국가가 독점하고, 공무원 신분의 철저보장으로 경쟁의식이 없어 형식주의, 무사안일주의, 보수성을 초래했고 교정밀행주의의 결과로 실질적인 통제를 받지 않아 교정재 생산비는 계속 증가해 왔지만 재범률은 갈수록 증가하고 있다.

그러나 작업지도, 직업훈련, 구매, 교화 등을 민간에 이양시켜 이들 부문에는 공무원 신분이 아닌 계약직 민간인 또는 민간단체를 경쟁을 통해 선발하고 일정기간마다 해당 부문의 성과나 실적과 비교해 재계약하도록 한다.

가령, 수용자의 교화 등에 있어서는 충분한 홍보를 하고 각종 민간단체가 제시하는 교화 프로그램을 합리적으로 심사하여 채택하고 이들 민간단체가 가진 뛰어난 교화 프로그램을 교정현장에 투입하면 종전의 관료제적 역기능은 불식되고 수용자의 개별처우에 적합한 교화를 할 수 있어 결국은 질 좋은 교정재의 생산이 가능하다.

왜냐하면 한번 계약 맺은 민간인 또는 민간단체는 나중에 재계약을 하기 위해 또는 수용자인 고객으로부터 정기적인 교화 프로그램 평가에서 좋은 점수를 받기 위해 헌신적이고도 전문적, 개별적, 고객만족적 교화를 할 수밖에 없기 때문이다.

그리고 현재 수용자에게 급양되는 주식, 부식은 일선교정시설의 용도과에서 담당하는데 용도과의 공무원이 담당함으로써 그 본질적 한계가 있고 효율성, 즉 최소비용으로 질 좋은 부식 등을 확보하는 데는 민간전문가보다 경쟁력이 약하고 실질적인 통제에도 문제가 있을 수 있다.

따라서 야채나 반찬원료 등 부식의 구매담당을 민간의 구매전문가에게 이양하면 현재보다 훨씬 질 좋은 부식재료를 저렴한 비용으로 충당할 수가 있다.

그리고 그가 제공하는 부식재료에 대한 수용자의 정기적 평가를 하게 하고 그의 구매의 효율성과 재계약 및 연봉을 연계시키면 민간인 구매전문가 역시 구매의 효율성을 위해 최선을 다할 것이기 때문이다.

왜냐하면 현재처럼 구매담당을 교정공무원이 하게 되면 교정공무원은 구매의 효율성이나 실적과 관계없이 평생 신분이 보장되므로 그로 인한 무사안일과 정체성이 올 수 있고, 또한 구매담당 공무원은 구매에만 전념하는 것이 아니라 자신의 승진을 위한 노력도 하게 되고, 또한 관료제적 체제 속의 한계를 가지므로 전문성과 효율성, 통제성 면에서 민간전문가보다 떨어질 수밖에 없기 때문이다.

교정의료 부문도 현재는 공무원체제로 함으로 인해 높은 월급을 주어도 전임의사의 확보가 곤란하고 전임의사가 있어도 겨울에는 오후 5시가 되면 퇴근해 야간에는 의료공백 상태가 오며, 또한 부족한 의사로 인해 형식적 진료를 하는 현상이 되고 있는데 이것도 민간, 특히 아시아 등 외국의 민간인이나 민간기구에 교정의료를 개방시키면 우리나라보다 상대적으로 저렴한 인건비로 알려진 외국의 의료 인력과 치과의사 중에서 질 좋은 의료 인력을 확보할 수 있어 위에서 제기한 공무원 체제로 인한 문제점이 해결되고 고객만족적 교정의료가 되어 결국은 질 좋은 교정재의 생산에 기여할 수가 있다.

물론, 이때는 외국의 의료 인력이므로 통역 등 언어상의 문제가 있으나 이때도 치과의 경우는 큰 문제가 되지 않고 일반의료부문은 외국어에 유능한 자원봉사자를 확보하여 해결하도록 한다.

그리고 현재 일선교정기관에 있는 수용자들이 과자 등 물품을 구입하려면 구매담당 공무원이 미리 물품가격표를 보여주고 구매신청서를 받으면 교정협회를 통해 구매하게 되는데, 이때 교정협회가 바로 공급하는 것이 아니고 보통 중간단계인 총판이 교정시설에 공급하여 중간단계 등을 거치게 함으로써 수용차에게 공급되는 물품가격(세금은 면제됨)이 보통 대형할인매장에서의 공급가보다 높아 극빈한 수용자에게는 고비용이 발생하고, 또한 구매행정이 관료화됨으로써 여러 문제점이 발생하는바 현재의 야채 등 일부 품목을 제외한 대부분의 구매물품을 공공기관인 교정협회를 통해서 집중 구매하는 현재도 보다 일선교정시설마다 공개 전자입찰을 통해 쌀 등 주식과 부식을 효율적 비용으로 공급하는 민간업체나 구매전문가를 선정해 대행하는 것이 낫다.

왜냐하면 그것이 지역실정에 맞고 농수산물 등은 여러 요인에 따라 시세의 등락 폭이 크므로 현재의 중앙공급기구인 교정협회는 공급의 적기성과 공급의 현지성을 담보할 수 없고 그로 인한 여러 문제가 파생되기 때문이다.

또한 현재는 설날, 추석 등 명절에는 수용자들이 통닭 등 여러 물건에 대한 수요가 증가하고 이때는 교정협회를 거치지 않고 바로 구매담당 공무원이 구매신청을 받아 구매하나 이 역시 구매의 전문성이 떨어지는 공무원보다 앞에서 이야기한 구매전문 민간인을 계약직 민간인 신분으로 선발하거나 또는 민간대행업체를 통해 구매하도록 하는 것이 질 좋은 제품을 싸게 공급할 수 있다.

두 번째로, 허주욱 교수는 교정조직·기구의 발전적 개편방안에서 중앙독립기구인 교정청의 신설을 주장하고 교정청장 산하에 차장 3명을 두며, 현재 중간감독기구인 4개 지방교정청을 확대 개편해야 한다고 주장하여[89] 중앙집권적인 교정조직을 주장하나 본인은 그러한 주장에 반대하며 오히려 지방분권의 일환으로서 준(準)교정자치를 제안한다.

즉, 현재의 법무부 교정국은 정책개발과 기획업무 및 자료작성, 교정공무원의 교육훈련, 5급 이상 공무원의 배치, 5급 이상 교정공무원의 공개채용시험과 승진시험, 보호감호소, 재소자 이송조절, 일선기관의 지도, 감독, 교정행정 관계법령의 입안, 공안사범의 수용 등에 관한 사항 등 지방교정청과 지방일선기관이 할 수 없는 사항만 하고, 현재의 지방교정청별로 준(準)교정자치를 실시한다.

즉, 현재 서울, 대전, 대구, 광주에만 있는 지방교정청에 부산 지방교정청을 신설하고, 각 지방교정청은 6급 이하 공무원에 대해서는 인사권을 자주적으로 행사할 수 있는 준교정자치를 제안한다.

따라서 교정공무원의 채용도 각 지방교정청별로 입안해 실시하되 지역과의 연계성을 가진 지방 교정재로서의 성격도 갖게 하기 위해 해당 지역에 연고를 가진 자에게만 응시자격을 준다. 예를 들어 대구 지방교정청이 공고하되 예를 들어 청송 교도소에 지원하려면 청송에 연고가(출신학교 또는 본적지나 주민등록지) 있는 자만 응시할 수 있도록 하되 시험은 지방교정청이 주관해 동시에 실시하도록 한다. 물론 현재의 경비교도대원도 교도관으로 하지 않을 경우는 위와 같은 방식에 의해 지원에 의한 선발방식을 택하도록 한다. 이와 같이 되려면 교정공무원법의 제정과 관련법의 개정이 필요하다.

이러한 지방분권으로서 교정자치를 주장하는 이유는 현재의 중앙집권적 교정기구로서는 지역적 특수성을 무시하고 획일적 행정이 되며, 중앙기구의 행정적 부담의 증가로 행정능률의 전체적인 저하를 초래하고 지역 일선교정기관의 자주성과 창의성을 무시하고 중층구조로 인한 계층제의 역기능이 초래되며, 중앙집권적 인사행정으로 일부 지방교도소는 교정재의 생산에 장애를 가져온다. 예를 들어 기피지역으로 알려진 청송 교도소 등 오지의 교도소에는 과거부터 교도관들이 근무를 기피한 지역이고 신임 공무원도 처음부터 청송 교도소로 발령 나면 사표 내는 일도

---

89) 허주욱, 교정연구, 2003년, 19호 62~64면.

있어 청송 교도소의 수형자들 입장에서는 교정재의 생산에 장애가 될 수 있다.

따라서 청송 교도소가 거쳐 가는 또는 기피하는 교도소가 아니고 진정 청송 교도소에서 교정재의 생산에 열의를 갖고 일할 공무원을 뽑기 위해서는 청송지역 등 해당 지역에 연고가 있는 사람을 뽑아야 되고, 그러기 위해서는 교정자치가 이루어져야 한다. 이렇게 교정자치의 실시로 채용된 교정인력은 타 지역으로는 갈 수 없도록 해야 한다.

물론 현재도 행정차치부에서 실시하는 정기적인 공개채용시험 외에 각 일선교정시설별로 근무할 교정공무원을 동시에 특별채용에 의해 채용해오고 있으나, 이 때는 지역제한을 두지 않아 자기의 연고지역과 관계없이 아무 지역에나 지원할 수 있고, 특히 합격을 위해서 합격점이 낮을 것으로 예상되는 일선교정기관에 지원하는 경우도 있으며 이렇게 특별 채용된 교정공무원도 일정 기간이 지나면 타 지역의 교정기관으로 전보가 가능한바 교정자치와는 거리가 멀다.

이렇게 지역에 연고가 있는 주민들로 일선교정기관의 조직이 구성되면, 교정재의 생산에 지역주민이 참여하게 되어 교정재 생산의 시너지 효과가 극대화될 수가 있다. 물론 이러한 교정자치의 전제는 형이 확정된 수형자를 자신의 고향 또는 주민등록지가 있는 일선교정시설로 이송해야 한다(소년수나 특수수형자를 제외하고). 가령, 청송에 연고가 있는 범죄인이 형이 확정되면 청송 교도소로 이송케 하고 이러한 수형자에 대한 교정재의 생산을 지역주민들로 구성된 교정인력이 교정재를 생산하게 하면 교정재의 생산에 대한 지역주민의 관심과 지원을 끌어내질 좋은 교정재가 생산될 수 있다.

물론 대륙형의 지방자치제도를 채택하는 우리나라에서 현재의 지방교정청은 법무부 교정국 산하에서 특수한 부문의 국가행정사무를 처리하고 중앙행정기관의 통제를 받는 2차 일선기관으로 볼 수 있지만 이러한 2차 특별일선기관으로의 지방교정청이 시·군·구와 같은 순수한 교정자치단체는 아니지만 본인이 주장하는 준교정자치의 근본취지는 현재 국가공공재로 규정된 교정재를 국가공공재와 동시에 지방 교정재로의 성격을 갖게 할 필요가 있고 그런 측면에서 원칙은 지방교정청은 해당 지역의 주민들로 교정인력을 구성하고 그 인력으로 해당 지역에 연고가 있는 범죄인에 대해 교정재를 생산하자는 취지이며 이를 위해 현재 국가공무원으로 되어 있는 교정공무원과 보호공무원 및 소년보호공무원을 법무부 산하의 특수지방공무원으로 할 필요가 있다고 생각하지만 이에 관해서는 좀더 심도 깊은 논의가 필요하다고 생각한다.

세 번째로 허주욱 교수는 교정조직·기구의 발전적 개편방안에는 효율적 교정 행정이란 표현 등[90] 효율성 이념을 아주 중시하며 교정행정의 기본이념으로 간주하여 논리를 전개하고 있다.

그리하여 허주욱 교수는 교정재의 생산방식에 있어 효율성 이외의 이념의 중요성에 대해서는 간과하고 있는데 그가 간과하고 있지만 교정재의 생산방식에 있어 중요한 이념들을 제시하고자 한다.

먼저 대표성이 우리나라의 교정재의 생산방식에 있어 취해야 할 중요한 이념으로 생각되며, 본인은 그러한 대표성의 예시로서 현재 청주 여자 교도소를 제외한 대부분의 교정시설에는 대부분 남성 교도관으로 되어 있다. 본인은 교도소 내에도 사회 유사화 원칙, 즉 일반사회 내에는 남성과 여성이 비슷한 비율로 있고 대부분은 정상인이지만 장애인도 있다는 사회현상을 교도소 내에도 이와 유사한 사회현상을 만들어야 수용자의 정상적인 재사회화가 촉진되어 질 좋은 교정재가 생산될 수 있다고 보므로 현재 왜곡되고 보수적인 시각에 의해 남자 교도소 내에 적은 여성 교도관의 비율은 전체 교도관의 30~40% 수준에까지 올려야 된다고 생각하며 현실의 여건을 고려하여 점차적으로 증원하여 교도관의 구성에 있어 성(性)에 의한 대표성이 충족되어야 한다고 생각한다.

오래전부터 유럽과 미주 등 외국에서는 남성 교도소 내에서도 많은 여성 교도관, 특히 보안담당부서까지도 근무하고 있는바, 독일의 테겔 교도소 내에는 여성 교도관들이 남자 수용사동을 관리하며,[91] 미국의 캘리포니아 교정국 아래의 교정시설에 근무하는 여성 직원은 4,812명으로 전체 교도관의 19.6%이며, 캘리포니아 교정국 산하의 베카빌 의료교도소에는 여자 교도관이 포승 등 보안장비를 갖고 남성 수형자를 계호하고 있으며,[92] 뉴질랜드의 교도소에는 여자 직원이 남자 직원과 함께 남자 재소자 수용사동을, 여자 재소자 수용사동에는 남자 직원이 여자 직원과 함께 근무한다.[93] 미국 텍사스 주의 교정시설에도 남자 교도소에서 여자 직원이 직접 남자 수형자를 계호하며,[94] 이탈리아의 레비비아 교도소에는 교도소의 행정공무원 중 50%가 여성이며,[95] 미국의 알렉산드리아 구치감에는 여자 공

90) 허주욱, 교정연구, 2003년, 19호, 63면.
91) 교정, 2000, 4, 104면.
92) 교정, 2001, 5, 51면.
93) 교정, 94, 2, 43면.
94) 오광운, 교정, 2003, 2, 106면.
95) 양봉태, 구미교정제도, 교정, 1995, 11, 43면.

무원이 수용자를 계호하고 신체검사까지 하며,[96] 중국에서는 전체 교도관 중 25%가 여성이며, 호주의 교도소에는 여자가 남자 교도소에서 남자가 여자 교도소에서 일하는 것이 일반화되어 있고, 캐나다에서는 여자 교도관이 증가하자 몇몇 남자 수용자들이 여자 교도관들에 대해 불평한 것에 대해 대법원은 동등한 입장에서 교도관의 권리는 수용자의 우려보다 우선한다고 하였다.[97] 미국의 엘도라도 교도소에는 엄정독거실, 문제수용자 수용사동 등 보안상 위험한 근무처의 담당근무도 남녀 구별 없이 엄하게 하고 여자 직원은 남자 수용자에 대한 신체검사도 한다고 한다.[98] 미국 텍사스 주의 교정시설에는 여자 교도관의 비율이 전체 교도관 중 30%에 이르고 남자 수용사동에도 여자 직원들이 많이 근무하며,[99] 스웨덴의 틸베르야 교도소에는 여성 직원이 전체 교도관의 3분의 1에 해당되며 수송부서 외에는 모든 분야에 여성 공무원이 근무하는데 교도소가 남성문화적 요소를 갖는 데서 생기는 문제점을 여성 직원이 중화하는 데 도움이 된다는 조사결과가 쌓이면서 여성 직원이 교도소의 자연스러운 일부로 수용되었다고 하며, 스웨덴에서 가장 중범죄자를 수용하는 1급 폐쇄교도소인 쿰라교도소에는 교정직원 중 40%가 여성이며, 특히 쿰라교도소에서 가장 위험한 범죄자가 수용된 특별사동에도 여성 교도관 2명과 남성 교도관 1명이 근무한다.[100] 캐나다의 프레리 지방교정청의 경우는 전체 교정직원 중 60% 이상이 여성으로 높은 비율을 차지하고 교정직원 채용에 있어서도 성별의 제한이 없으며 여직원이라고 해서 출장, 세미나 참석 등에 전혀 예외를 두지 않는다고 한다.[101] 캐나다의 미션 中(중)구금교도소에는 남자 수용자에게 부드럽고 스킨십으로 인한 보호본능을 느낄 수 있도록 할 수 있고 감정 순화와 안정적인 심성을 유지할 수 있어 과격한 행동과 반항 등은 없고 지금까지 사고는 거의 없었다고 한다.[102]

또한 교정재의 생산 주체의 대표성과 관련해 신체조건에 있어서도 일정 비율의 대표성을 고려해야 하며 그것은 사회의 유사화 원칙에도 합당하다.

즉, 현재는 키나 체중이 일정 기준 이하이거나 장애인은 아예 교정공무원에 응

---

96) 양봉태, 구미교정제도, 교정, 1995, 10, 89면.
97) 교정, 1997, 12, 94면.
98) 양봉태, 구미교정제도 교정, 1995, 9, 70면.
99) 이용배, 미국의 교정제도, 교정, 1996, 4, 96면.
100) 한인섭, 스웨덴방문기. 신동아, 1997, 4, 436~445면.
101) 이정숙, 캐나다지방교정청 직무연수기, 교정, 2002, 3, 37~38면.
102) 임동섭, 캐나다교정시설 시찰기, 교정, 2001, 6.

시할 수 없지만 다른 일반행정직렬의 경우처럼 교정직, 교화직, 분류심사 등에 일정 비율로(5% 정도) 장애인 할당 모집을 하도록 할 필요가 있다.

특히, 갈수록 계호의 중심이 첨단설비 등에 의한 물적 계호로 그 비중이 옮겨가는 마당에 가벼운 신체장애자도 보안이나 계호를 담당할 수 있다고 생각된다. 물론 사복교도관의 경우는 더 말할 나위도 없고, 특히 사복교도관의 경우에 장애인을 별도 모집하지 않는 것은 타 직렬과의 형평성에도 어긋난다.

이렇게 장애인들이 ─ 사회 속에 장애인들이 섞여 생활하듯이 ─ 교정시설 내에 정상인 교도관과 함께 근무하게 되면 수용자에게는 여러 측면에서 재사회화에 순기능을 할 수 있는 면이 있고, 그것은 결국 질 좋은 교정재의 생산에 기여하고 또한 교정에 열의나 실력 있는 인재를 유지하게 될 수도 있다. 스웨덴의 틸베르야 교도소에는 여성 신체장애자가 교도소장을 맡는 등[103] 유럽국가에는 가벼운 장애인들도 교정직에 근무하고 있어 우리와 근본적인 시각차를 보여주고 있다.

우리나라도 교정현장 근무에 지장이 없는 가벼운 신체장애인들을 일반행정직렬처럼 구분할당 모집을 할 필요가 있으며, 따라서 응시자격 등을 규정한 관계 공무원임용법령을 개정할 필요가 있다.

그리고 지금까지는 교정재의 생산에 있어 제3섹터 모형 등 공무원조직을 일부이용하는 전제 위에서 논의했지만 앞에서 전개했듯이 사회사업적 성격을 갖는 교정재는 다품종 소량생산이 특징이며 이와 친화적인 조직개념이 탈관료제적 이론이라는 것을 생각할 때 아예 교정재의 생산에 있어서 공무원을 완전 배제하고 민간인들로만 생산하는 방식이 논의될 수가 있는데 예를 들어 한국교정공사(가칭)를 창립하고 현재의 중간기구인 지방교정청은 폐지하고 지역 일선교정시설들로만 구성되는 모형을 생각해볼 수 있는데, 직업훈련, 교도작업, 구매, 용도 등의 분야에서는 기업성이나 영리성을 추구하고 보안, 교화, 교육 등의 면에서는 공공성을 추구하는 모형이 그것인데 이에 관해서는 다른 국가들의 경우에는 입법례가 없어 많은 논의와 연구가 필요하다고 생각한다.

한편, 교정공무원 연수기관의 조직개편에 대해 교정보호 공무원의 특수성에 비추어 법무연수원 내 교정연수부를 교정보호 연수원으로 독립시켜야 한다는 허주욱 교수의 주장에는[104] 근본적으로 동의한다.

이와 관련하여 일본에서는 교정공무원의 전문 훈련기관으로 중앙에 교정연수소

---

103) 한인섭, 스웨덴방문기, 신동아 1997, 4, 436면.
104) 허주욱, 전게서, 278면.

가 있고 지방교정관구마다 교정연수지소가 설치되어 있다.105)

그리고 현재의 교정재와 보호재의 생산을 지금처럼 완전히 관료조직이 맡는다면 현재 경찰의 연수기관인 중앙경찰학교처럼 중앙교정학교를 설립할 필요가 있으며 그리고 중앙교정학교가 신설된다면 기본교육과 전문교육으로 나누어 커리큘럼을 짜되 기본교육의 내용에는 종전의 법무연수원 내에서의 교정연수과에서 행하던 과목 이외에 윤리교육, 철학, 종교학, 인간관계론, 상담학 등을 보강할 필요가 있고 전문교육과정에서도 기존의 교정실무 과정 중심만 아니라 사회복지론, 사회사업방법론, 교정심리학, 상담심리학, 이상심리학, 정신의학 등 새롭게 요구되는 전문 분야의 교육도 포함시켜야 한다고 생각한다.

---

105) 허주욱, 전게서, 278면.

제 10 장

한국교정통제론

1. 서

    교정통제를 교정조직 내부에서 이루어지는 내부통제와 교정조직 외부에서 교정제도, 교정공무원, 행정행위 교정행정 등에 의한 통제인 외부통제로 구분할 수 있다면 내부통제에는 순회점검, 소장면담, 청원, 내부감사, 상급기관에 의한 통제, 대통령에 의한 통제, 비공식적 조직에 의한 통제가 있고, 외부통제에는 시찰, 참관, 국가인권위원회에 의한 통제, 국회의 국정감사와 국정조사, 알 권리에 기초한 정보공개 청구권, 교정관련 소송에 대한 사법부의 판결, 옴부즈맨제도에 의한 통제, 신문, 방송 등 여론과 각종 시민단체(인권운동사랑방, 대한변호사회, 종교단체)에 의한 통제가 있을 수 있다. 특히, 국민의 알 권리 보장과 국정에 대한 국민의 참여 및 국정의 투명성 확보를 목적으로 1996년에 공공기관의 정보공개에 관한 법률이 제정된바 이에 따라 교정당국에 대한 정보공개 청구제도의 존재는 교정행정의 투명성 확보를 위한 교정통제라고 할 수가 있다. 여기서 공직윤리에 의한 자율규제는 내부통제이지만 그 중요성에 비추어 항목을 달리하여 교정통제를 내부통제, 외부통제, 공직윤리에 의한 통제로 구분하여 전개하기로 한다.

2. 교정통제의 내용

1) 내부통제

(1) 순회점검

    이것은 권한관청이 감독작용으로서 교도소 등을 순회하여 일반교정행정과 수용자의 처우실태를 검열하는 것으로 행형법 제5차 개정(1995년) 전까지는 순회점검 대신에 순열이라는 용어를 사용했다.

    교정행정은 특히 전통적인 행형하에서는 밀행주의하에 운영하여 왔으며, 행형질서 유지를 위한 강제력의 행사가 외부의 적절한 통제 없이 자행되어 와 수형자의 인권은 무시되어 왔으나 오늘날의 교정은 질서유지를 위한 모든 강제력의 행사는 교화를 위한 수단으로 인식하게 되었고 동시에 부당한 인권침해가 없도록 권리구제제도도 광범위하게 인정되어 오며, 따라서 교정행정에 대한 전반적 사항을 감독하고 수형자의 인권을 보장하고자 하는 감독상의 필요성에서 순회점검의 의의가 인정되고 있다.[1] 행형법 제5조에 의하면 법무부장관은 교도소 등을 순회점검하거나 소속 공무원으로 하여금 순회 점검하게 할 수 있다고 하여 순회점검의 주체를 법무부장관과 소속 공무원으로 하고 있다. 또한 행형법시행령 제2조에 의하여 법무부장관 또는 순회점검 공무원은 행형법 제5조 제1항의 규정에 의하여 2년에 1회 이상 교도소, 소년교도소, 구치소, 구치지소를 순회 점검한다고 규정하고 있어 과거에 1년에 1회 이상 교정시설을 순열하도록 한 규정보다 순열의 시기가 완화되었다.

순회점검은 일반순회점검과 특별순회점검이 있으며, 후자는 계호순회점검, 작업순회점검, 교화순회점검, 위생순회점검 등으로 법무부장관이 필요하다고 인정할 때 행하며 현행 순회점검의 실시와 운영실태는 법무부 소속 공무원과 지방교정청 소속 공무원으로 구성되어 대상기관에 따라 상호교차 실시되고 있다.[2]

(2) 소장면담

행형법시행령 제9조에 의하면 수용자는 교정처우 및 일신상의 사정에 관하여 소장에게 면담을 신청할 수 있다. 이때 제9조의 처우란 교정공무원 또는 교정행정에 의한 교정처우로 그러한 교정처우로 수용자가 권리를 침해받았다고 생각하거나 또는 권리를 침해받지는 않았지만 권리를 침해받을 우려가 있거나 또는 문제가 된다고 생각할 경우에 소장과의 면담을 통해 구제 또는 대책을 구하는 제도이므로 만일 교도관에 의한 잘못된 교정처우가 있을 경우 그것을 소장과의 면담을 통해 시정을 구할 수 있고 그런 점에서 교도관의 교정처우에 대한 소장의 교정통제로 볼 수가 있고, 또한 이것은 수용자의 입장에서 보면 권리구제 수단과 고충해소 수단이 되고 교정당국의 입장에서는 수용자 각 개인에게 맞는 교정재의 생산에 필요한 정보나 자원획득 방안이 된다. 그리고 행형법시행령 제9조 제2항

---

1) 정갑섭, 전게서, 179~180면.
2) 허주욱, 전게서, 300면.

에 따라 소장은 면담을 신청한 자가 있을 때에는 그 성명을 면담부에 기재한 후 순서에 따라 면담을 하여야 하며 당해 수용자에게 표시한 의견의 요지를 면담부에 기재하도록 하고 있는데 보통 소장면담의 남용을 방지하기 위하여 직원면담제도를 실시한다.

(3) 청 원

행형법 제6조에 의하면 수용자는 그 처우에 대하여 불복이 있을 때는 법무부장관 또는 순회점검 공무원에게 청원을 할 수 있다고 되어 있는데, 이와 같이 수용자는 교정기관 또는 교정공무원의 잘못된 교정처우에 대해 청원을 하면 법무부장관은 그것을 해결하는 과정에서 일선교정기관 또는 교정공무원의 잘못된 행정행위에 대해 통제할 수가 있다.

그런데 행형법 제6조에 의한 행형법상의 청원과 모든 국민은 법률이 정하는 바에 의하여 국가기관에 문서로 청원할 권리를 가진다는 헌법 제26조의 청원과 청원법상의 청원은 차이가 나는데 우선 청원법상의 청원은 주체가 수용자를 포함한 모든 국민이나 행형법상의 청원은 수용자에 한하며 청원법상의 청원은 국가는 심사의무만 지지만 행형법상의 청원은 심사의무 외에 청원인에게 문서로 전달할 의무까지 진다. 왜냐하면 행형법 제6조 제6항에 청원에 대한 결정은 문서로써 해야 하며 그 결정서는 당해 소장이 지체 없이 이를 청원인에게 전달해야 한다고 규정하고 있기 때문이다. 한편, 청원법 제4조에 의하면 행정심판의 대상은 행정청의 위법, 부당한 처분, 부작위 등으로 인한 것이나, 청원의 대상은 이에 한정되지 않고 공무원에 대한 징계나 배상요구, 법령의 제정, 개정, 공공의 제도 등 광범위한 사항에 걸쳐 인정된다.

행형법 제6조를 해석하면 청원의 주체는 수용자이므로 수형자, 미결수용자, 내국인과 외국인 수용자 모두가 가능하나 석방된 자는 수용자가 아니므로 청원을 할 수 없다. 그리고 청원의 요건은 행형법 제6조의 해석상 수용자가 그가 속한 교정시설 내에서 자신의 처우에 대해 불복이 있을 때 해당 수용자가 청원이 가능하므로 처우와 무관한 사항이나 타 행정관청에 대한 사항, 행형제도에 관한 것은 청원할 수 없고, 또 자신의 처우에 대해 자신만이 청원이 가능하므로 공동청원과 타 수용자의 부당한 처우에 대해서는 청원할 수가 없다.

청원절차에 대한 규정은 행형법 제6조와 행형법시행령 제6조와 제7조의 규정에 의해 법무부장관에게 청원할 때는 수용자는 청원서를 작성하여 봉한 후 당해 소장에게 제출하면 소장은 청원서를 개봉하지 않은 채로 지체 없이 법무부장관에게 송부해야 하며, 순회점검 공무원에 대한 청원은 서면 또는 구술로 할 수 있는데 순회점검 공무원이 구술에 의한 청원을 청취할 때에는 교도관을 참여시키지 못하며, 소장은 순회점검 공무원에게 청원을 하고자 하는 수용자가 있을 때에는 그 성명을 청원부에 기재해야 하고, 순회점검 공무원은 수용자로부터 구술청원을 받은 때에는 그 요지를 청원부에 기재하여야 한다. 또한 순회점검 공무원은 청원을 심사 후 스스로 그에 대한 결정을 하였을 때는 그 요지를 청원부에 기재해야 하고 순회점검 공무원은 청원 중 특히 중요하다고 인정되는 것은 이를 법무부장관에게 보고해야 하며 스스로 그에 대한 결정을 하지 못하며, 순회점검 공무원이 청원에 대하여 스스로 결정을 하고 그 요지를 청원부에 기재한 때에는 소장은 결정서를 청원인에게 전달해야 한다.

청원의 효과로는, 행형법 제6조에 따라 소장은 청원했다는 이유로 수용자를 부당하게 처우하면 안 된다. 청원사항이 이유 없다고 인정되면 기각하며 기각되었을 때에도 행정소송을 제기할 수 있고 부적합한 청원과 형식요건을 구비하지 못한 청원은 각하되며, 청원의 제출이 있다고 해도 당해 처분절차의 진행은 그대로 진행되며 청원에 대한 결정이 있다고 해서 바로 취소효과가 있는 것이 아니라 소장의 서면 또는 구두에 의한 취소명령이 있어야 효과가 나타난다. 한편, 수용자 청원 처리지침에 의하면 청원신청을 하면 교도관은 지체 없이 소장에게 보고하고 소장은 당해 수용자에게 청원서를 작성하여 봉한 후 제출케 하며 법령을 위반한 청원, 자신에 대한 처분이 아닌 것을 내용으로 하는 청원, 모해 목적으로 허위사실을 적시한 청원, 타 법률에 의해 쟁송 중에 있는 사항을 대상으로 한 청원, 동일 내용의 청원서를 2회 제출 때는 각하한다.

(4) 상급 행정기관 및 조직적 요인에 의한 내부통제

직속기관에 의한 통제로는 법무부 교정국의 교정과는 지방교정청에 대한 지도와 감독권이 있고, 교도소 등의 순회점검에 관한 사항을 관장하며, 교정행정 공무원에 대한 복무 감독권이 있다. 또한 교정심의관은 교정행정과 수용자의 수용관리 및 교화업무에 관하여 국장을 보좌하며, 지방교정청장은 소속 공무원을 지휘·감독하며, 지방교정청의 총무과는 관할 교도소 등에 대한 복무지도와 감독권이 있으며, 지방교정청의 보안과는 경비교도의 복무감독권과 소속 공무원의 점검과 훈련권이 있다.

그리고 위법, 부당하게 권리를 침해당한 수용자는 지방교정청에 있는 행정심판 위원회에 행정심판의 청구가 가능하다. 행정심판법 제1조에 의하면 행정심판은 행정청의 위법, 부당한 처분, 그 밖의 공권력의 행사, 불행사 등으로 인하여 권리 와 이익을 침해당한 자가 그 구제를 위하여 시정을 행정청에 요구하고 행정청에 서 이를 심판하는 쟁송절차로서 행정소송의 전심절차를 의미한다.

이러한 행정심판은 개별 법률에 따라 이의신청, 심사청구, 심판청구, 불복신청, 소원 등 여러 명칭으로 사용되어 왔으며 당해 법률에서 그 절차도 다르게 규정한 것을 행정심판법은 개정하여 종전의 소원법상의 소원을 행정심판법상의 행정심판 이라는 말로 통일하였으나 이의신청, 심사청구, 불복신청 등의 용어는 개별 법률 에서 그대로 사용하고 있으며, 행정심판은 제기사항, 제기권자, 제기관계, 제기기 간 등에 제약이 있고, 심사절차・판정형식・판정내용 등에 법적 기속력과 불가쟁 력・불가변력 등을 가지는 점에서 그렇지 않은 청원과 구별된다.[3] 우리나라의 행 정심판법 제3조에서는 행정청의 처분 또는 부작위에 대하여 다른 법률에 특별한 규정이 있는 경우를 제외하고는 이 법에 의하여 행정심판을 제기할 수 있다 하여 행정심판의 대상에 관하여 열기주의가 아닌 개괄주의를 취하고 있다.

그런데 행정심판법은 물론 행형법과 기타 법률에도 수형자에 대하여 특별히 행 정심판을 제한하는 규정이 없으므로 수용자에게도 당연히 행정심판청구권이 인정 되어 교정기관에 의하여 위법 또는 부당한 처분을 받았거나 그 부작위에 대하여 불복이 있는 수용자는 재결청인 지방교정청장에게 대하여 제4조 제1항의 취소 심 판을 구하거나 제4조 제2항의 무효 등 확인심판을, 제4조 제3항의 의무이행심판 을 청구할 수 있으며, 이 같은 수용자 등의 행정심판 청구에 대하여 지방교정청 장은 행정심판 위원회의 심리와 의결을 거쳐 심판청구가 이유 있다고 인정할 때 에는 처분의 취소, 변경, 무효 등의 확인과 이행을 명하는 인용재결을 행한다.[4] 이 외에 행정조직적 요소에 의한 내부통제로서 생각할 수 있는 것으로는 기획에 대한 통제로서 대통령, 국무총리, 국무회의, 재정경제원에 대한 통제가 있고, 또한 조직화의 구성요소인 분업체제의 재편, 인사, 예산과 정보에 대한 통제, 행정절차에 의한 통제, 기획과 업적의 심사분석에 의한 진행과정 통제, 그리고 법적인 것에 대

---

3) 김용준, 교정법학, 박영사, 2001, 250면.
4) 박재윤, 수형자의 권리와 권리구제제도, 국민대 출판부, 1997, 162면.

한 통제로서 감사원, 검찰, 경찰, 청와대의 사정담당관에 의한 통제 등이 있다.[5]

2) 외부통제

외부통제에서 중요한 것으로는 시찰, 참관, 감사원의 감사, 국가인권위원회의 통제 등이 있다.

(1) 시 찰

행형법 제5조 제2항에 의하면 판사와 검사는 교도소 등을 수시로 시찰할 수 있으며, 행형법시행령 제3조에 따라 판사나 검사는 교도소 등을 시찰하고자 하는 때에는 미리 신분증명서면을 교도소 등의 장에게 제시한 후 시찰부에 서명 또는 날인해야 하고, 소장은 소속 공무원으로 하여금 시찰을 요구받은 장소를 안내하게 하고 그 시간을 시찰부에 기재해야 한다. 이러한 시찰은 감독작용이 아닌 점에서 순회점검과 구별되고 직무상 인정되는 점에서 참관과 구별되지만, 이것은 형벌집행상태 파악에 그 목적이 있으므로 그 점에서 교정행정에 대한 통제수단이 될 수 있다. 시찰의 취지는, 검사는 구형 등의 형사소추를 위하여 구속영장의 집행을 받은 미결수용자의 수용실태와 형집행실태를 파악하는 데 있으며, 판사의 경우에는 미결수용과 형사재판에 관한 결과인 형벌집행이 어떠한가를 살펴보고, 관련 자료를 수집하여 직무상 재판에 참고하도록 하기 위함이다.[6]

(2) 참 관

이것은 주로 범죄학자 등 형사관계 학자 등에게 그 학문 연구를 위하여 형벌집행상황을 공개하는 것으로 사회 일반인에 대하여 학술연구 목적과 그 밖의 정당한 목적이 있을 경우에 한하여 허가하는 제도로서 교정시설 내부를 사회인에게 공개하여 형벌집행상황에 대한 일반인의 이해를 증진시키고 교정에 대한 사회참여를 촉진시키는 등 그 의의가 크다.[7] 즉, 참관제도는 형벌집행의 밀행주의를 완화하여 교정의 개선을 도모하는 점에서 교정행정에 대한 통제적 성질을 갖고 있다.

---

5) 박동서, 한국행정론, 법문사, 1998, 650면.
6) 허주욱, 전게서, 301면.
7) 정갑섭, 전게서, 382면.

행형법 제5조 제3항에는 판사와 검사 이외의 자가 학술연구 기타 정당한 이유로 교도소 등을 참관하고자 할 때에는 그 이유를 명시하여 당해 소장의 허가를 얻어야 한다고 규정하고 있다. 따라서 위의 조항을 해석하면 참관의 목적은 학술연구와 기타 정당한 이유가 있어야 함을 알 수가 있고 참관의 주체로는 판사와 검사 이외의 일반인으로 되어 있으나 판사와 검사도 시찰 외에 학술연구 목적 또는 정당한 이유가 있으면 참관의 주체가 될 수 있다고 해석되므로 누구나 학술연구 목적 또는 정당한 이유가 있으면 참관이 가능하다고 해석된다. 다만 행형법시행령 제4조 제2항에 의해 외국인이 참관하려고 할 때에는 소장은 법무부장관의 승인을 얻어 허가하여야 한다고 되어 있으나 법무부장관의 승인권이 지방교정청장에게 위임되어 있어 실제로는 지방교정청장 승인만으로 가능하다.

그리고 행형법 제63조에는 미결수용자와 사형이 확정된 자가 수용된 거실은 참관할 수 없다고 규정되어 있는데 7차 개정되기 전에는 구치소와 미결수용실 유치장은 참관할 수 없다고 되어 있었다. 즉, 미결수용자는 헌법상 무죄추정의 원칙을 받으므로 인권존중 차원에서 참관을 허가하지 않는데, 일본 감옥법 제5조에는 미결수용자가 수용된 미결수용실의 참관을 허용하고 있다. 그리고 행형법 제63조를 문구와 취지에 따라 해석하면 미결수용자와 사형이 확정된 자가 현재 수용되어 있는 거실은 참관할 수 없다는 뜻이므로 미결수용자와 사형이 확정된 자가 지금 현재 수용되어 있지 않은 또는 출역 등으로 자리를 비운 미결수용실은 참관이 가능하다고 해석되며, 또한 구치소도 지금 현재 미결수용자가 수용되어 있는 중인 미결수용실을 제외한 구치소 내의 작업장이나 기결수의 수용실, 기타 시설은 참관이 가능하다. 따라서 2002년 5월 12일 행정자치부가 시행한 교정직 9급 공개 채용 때의 교정학 문제, 즉 참관이 금지된 곳이 아닌 곳이란 문항을 주고 보기로 ①번 구치소, ②번 여자수용실, ③번 유치장, ④번 미결수용실로 출제된 것은 문제가 있다고 생각된다. 왜냐하면 구치소, 미결수용실, 유치장은 참관할 수 없다는 표현은 행형법 제7차 개정 전의 내용이고 개정행형법 제63조는 미결수용자와 사형이 확정된 자가 수용되어 있는 거실을 참관할 수 없다고 하여 구치소 등도 참관할 수 있기 때문이다.

그리고 행형법 제5차 개정(1995. 1. 5.) 전의 구행형법 제5조 제4항에는 남자 또는 여자가 이성(異性)을 수용한 교도소, 소년교도소를 참관하고자 할 때에는 당해 소장이 법무부장관의 승인을 얻어 이를 허가한다고 하여 이성(異性)에 대한 참관을 원칙적으로 금지했으나, 이 조항은 행형법 제5차 개정 때 삭제되었으므로 이제는 이론상으로는 남자 또는 여자가 이성(異性)을 수용한 교도소 등도 소장의 허가가 있으면 참관이 가능하다고 해석된다. 그리고 미성년자의 참관에 대해 이를 제한하는 규정이 없으므로 이론상 미성년자도 참관이 가능하다고 할 것이나, 허주욱 교수는 미성년자들의 순진한 심정을 손상하게 한다는 취지에서 참관을 인정하지 않음을 원칙으로 한다고 하며,[8] 정갑섭 씨도 보도금지를 규정한 소년법 제68조 규정을 유추 해석하여 미성년자의 정서 및 교육상 참관을 허가하지 않아야 한다고 주장하고 있다.[9] 그러나 미성년자는 만 20세 미만이고 대학생들도 많이 포함되므로 무조건 일률적으로 미성년자라고 하여 참관을 인정하지 않는다는 것은 잘못된 주장이라고 생각하며, 따라서 원칙적, 법적으로는 미성년자도 학술연구 또는 정당한 이유가 있을 경우는 참관을 허용해야 한다고 생각한다.

한편, 행형법시행령 제4조에 따라 행형법 제5조 제3항에 의하여 소장은 교도소와 소년교도소의 참관허가를 하고자 하는 때에는 그 성명, 직업, 주소, 연령과 참관의 목적을 확인한 후 그 허가의 여부를 결정해야 하며 소장은 제4조 제1항과 제2항의 규정에 의하여 허가를 받은 자에 대해서는 참관상의 주의사항을 고지하여야 한다고 규정되어 있다. 그런데 1995. 8. 26. 이전의 구행형법시행령 제3조 제3항에는 소장은 참관을 허가한 자에게는 참관상의 주의사항을 고지하여 기율유지, 재소자의 명예보전에 유의하여야 한다고 규정되어 있어 참관상의 주의사항의 고지의 목적을 명시하였으나 1995년 8월 26일 개정을 통해 기율유지와 재소자의 명예보전이 삭제되었다.

그리고 참관자는 교도소 직원의 안내에 따라야 하며 참관 중 정숙을 해하는 잡담, 질문, 비평 등이 금지되며, 수형자와의 교담이나 물품의 수수, 끽연 등이 금지되며, 참관자가 이러한 주의사항을 위반하는 때에는 참관을 정지시킬 수 있다.[10]

(3) 감사원에 의한 통제

감사원의 교정기관에 대한 감사는 회계감사와 교정공무원에 대한 직무감찰권한도 감사원법에 규정되어 있으므로 이를 통하여 교정행정에 대한 통제가 가능하며, 그리고 감사원법 제43조에는 수용자와 법정대리인, 배우자, 변호사, 형제자매 등은 피구금자가 소장이나 직원으로부터 받은 조치가 부당하다고 판단될 경우,

---

8) 허주욱, 전게서, 303면.
9) 정갑섭, 전게서, 184면.
10) 정갑섭, 전게서, 184면.

감사원에 심사청구를 할 수 있도록 규정하고 있다.

(4) 국가인권위원회에 의한 통제

국가인권위원회법은 2001년 5월 24일에 공포되었고, 2001년 11월 25일부터 시행되었는데, 동법 제1조에는 국가인권위원법은 개인이 가지는 불가침의 기본적 인권을 보호하고 그 수준을 향상시킴으로써 인간으로서의 존엄과 가치를 구현하고 민주적 기본질서의 확립에 이바지함을 목적으로 한다고 규정하고 있다. 따라서 그동안 수용자의 인권에 많은 문제가 제기되어 왔던 교정행정기관에 대해 국가인권위원회법은 여러 부문에서 관여를 하고 있는데 국가위원회법률의 주요골자는 다음과 같다.

① 업무와 권한: 인권위원회의 업무로는 인권상황에 관한 실태조사, 구금, 보호시설의 방문조사와 시정권고, 인권침해 행위조사 및 각종 구제조치(관계자 고발, 시정 및 징계권고, 조정, 법률구조 요청), 인권 관련법률 제정, 개정 시 권고 및 의결표명, 인권침해의 유형과 판단기준 및 그 예방지침의 제시 및 권고, 인권교육 실시, 위원회의 활동상황에 대한 대통령과 국회보고권 등이 있다.

권한으로는 구금, 보호시설의 수용자를 자유로이 면담할 수 있고 관계기관에 자료제출 및 관계 공무원 등의 출석요구나 청문회를 개최할 수 있으며, 인권위원회의 시정권고를 받은 경우에는 관계기관은 이를 존중해야 하고, 이행치 않은 경우에는 서면으로 그 이유를 설명해야 한다.

② 교정관련 진정절차: 먼저 교정과 연관된 진정권자의 범위에는 인권을 침해당한 수용자, 인권을 침해당한 사실을 알고 있는 타 수용자나 기타 사람, 인권을 침해당한 사실을 알고 있는 단체, 그리고 직권진정으로 인권위원회가 있다(제30조 제1항: 위원회는 진정이 없는 경우에도 인권침해가 있다고 믿을 만한 상당근거가 있고 또한 그 내용이 중대하다고 인정할 때에는 이를 직권으로 조사할 수 있다). 진정은 서면진정과 구두진정(면접진정) 모두 인정된다.

㉠ 서면진정절차: 수용자 등 진정권자가 서면으로 진정하려고 하면 교정직원은 즉시 진정권자에게 진정에 필요한 시간과 장소, 편의를 제공해야 하며, 교정직원은 수용자가 작성한 진정서를 즉시 위원회에 송부하고 위원회로부터 접수증명원을 발급받아 이를 진정인에게 교부해야 한다(교정직원은 수용자가 작성한 진정서 또는 서면을 열람할 수 없다).

그 뒤 인권위원회의 조사가 있게 되는데 여기에는 수용자와 피진정인 또는 관계인에 대해 출석요구와 진술청취 또는 진술서 제출을 요구할 수 있다. 이때 진술서 제출을 요구받은 자는 14일 이내에 진술서를 제출해야 한다. 이 외에도 조사사항과 관련이 있다고 인정되는 자료의 제출요구와 감정, 사실조회가 가능하며, 필요한 경우에는 교정시설의 방문조사와 감정을 하게 할 수 있고, 이때 위원회는 그 장소에 관계인의 출석을 요구해 진술을 들을 수 있다. 또한 위원회가 자료나 물건의 제출을 요구하거나 자료, 물건, 시설에 대한 실지조사나 감정을 하려고 하는 경우 당해자료, 물건, 시설이 국가안보 또는 외교관계에 중대 영향이 되는 국가기밀이거나 수사나 계속 중인 재판에 중대한 지장을 초래할 우려가 있을 때는 관계 국가기관의 장은 그 사실을 소명하고 위의 요구사항을 거부할 수 있다. 그 외에 위원회는 질문, 검사권이 있다.

조사가 끝나면 인권위원회의 조사결과 및 조치가 있게 되는데 여기에는 진정의 기각, 구제조치권고, 합의권고, 조정, 고발 및 징계권고, 법률구조 요청, 긴급구제조치권고 등이 있다.

진정의 기각사유에는 사실이 아니거나, 인권침해 행위가 아닌 경우, 이미 피해회복이 이루어진 경우 등이다(진정의 각하사유에는 진정내용이 조사대상이 아닌 경우, 진정내용이 명백히 거짓 또는 이유 없다고 인정되는 때, 진정이 익명 또는 가명으로 제출될 경우, 진정을 취하 시, 진정원인이 된 사실이 발생한 날로부터 1년 이상 경과하여 진정하는 때, 진정이 제기될 당시 진정의 원인이 된 사실에 관해 재판 또는 수사, 다른 권리구제 절차가 진행 중이거나 종료될 때 등이 있다).

또 당사자에 의한 합의가 이루어지지 않으면 당사자의 신청 또는 직권에 의해 조정절차를 개시할 수 있고 조정절차 중에도 합의가 안 되면 조정에 갈음하는 결정(재판상 화해와 같은 효력)을 할 수 있다.

또 위원회는 조사결과 인권침해가 있었다고 판단 시 피진정인, 그 소속기관(교도소 등) 또는 감독기관(법무부)의 장에게 구제조치의 이행 등을 권고할 수 있다.

또 조사결과 진정내용이 범죄행위에 해당하고, 형사처벌이 필요하다고 인정 시 검찰총장에게 고발할 수 있고, 조사결과 인권침해가 있다고 인정 시 피진정인(교도관 등) 등에 대한 징계를 소속기관장에게 권고할 수 있으며, 징계권고 받은 소속기관 등의 장은 이를 존중해야 하며, 그 결과를 서면으로 위원회에 통보해야 한다.

또 진정접수 뒤 인권침해 행위가 계속 중에 있다는 상당한 개연성이 있고, 이를 방치할 경우 회복기 어려운 피해 발생의 우려가 있다고 인정할 때는 그 진정에 대한 결정 이전에 진정인이나 피해자의 신청에 의해 또는 직권으로 교정시설장에게 긴급구제조치를 권고할 수 있다(의료, 급식제공, 수용장소 변경, 인권침해행위의 중지, 인권을 침해한 공무원의 직무로부터 배제……)

그러므로 진정권자는 인권위원회에 진정하면서 긴급구제조치로 처분의 중지를 동시에 신청할 수 있도록 하였다.

ⓒ 구두진정절차: 수용자 등이 인권위원의 면전에서 진정할 것을 바랄 때에는 교정직원은 즉시 인권위원회에 통보해야 하며, 통보를 받은 경우 또는 수용자가 진정을 원한다고 믿을 만한 상당한 근거가 있을 시 위원회는 위원으로 하여금 교정시설을 방문케 하여 구술 또는 서면으로 진정을 접수해야 하고 이때 진정을 접수한 위원은 즉시 접수증명원을 수용자에게 교부해야 한다(인권위원이 수용자와 면담 시 녹음, 녹취는 금지되나 교정직원의 참여는 가능하며, 인권위원과 진정자의 면담에는 직원의 참여와 청취, 녹취는 금지되나 보이는 거리에서 감시할 수 있다).

그 뒤의 인권위원회의 조사 및 결과, 조치 등은 앞의 서면진정과 같다.

ⓒ 허위진정에 대한 제재: 형법상 무고죄, 수용자규율및징벌에관한규칙 제3조 제25항에 의한 제재 등이 있다.

③ 처벌규정: 국가인권위원회의 업무를 방해한 때에는 5년 이하의 징역 또는 3천만 원 이하의 벌금을, 진정서 작성을 방해할 경우에는 3년 이하의 징역 또는 1천만 원 이하의 벌금을, 긴급구제조치를 방해한 경우에는 1년 이하의 징역 또는 500만 원 이하의 벌금을, 국가인권위원회의 방문조사를 거부하면 1천만 원 이하의 과태료에 처한다.

한편, 2002년에는 인권위원회법시행령이 통과되었는데, 이것의 내용 중 교정과 관련된 주요내용은 아래와 같다.

1. 인권위원회는 교도소, 감호소, 구치소, 소년원 등을 방문하고자 할 때는 시설의 장 또는 관리인에게 취지, 일시, 장소 등을 미리 통지해야 하나 긴급할 때 또는 미리 통지하면 조사의 목적달성이 어렵다고 인정되면 그러하지 아니하다.

2. 방문조사위원 등은 필요하다고 인정되는 때에는 관계 행정기관의 장(법무부장관)에게 지원을 요청할 수 있다.

3. 방문조사위원 등은 구금, 보호시설의 직원이나 수용자의 진술을 들을 수 있고, 구금·보호시설의 장 또는 관리인에게 자료제출을 요구할 수 있고, 녹음·녹화·촬영·수용자의 건강 확인을 할 수 있다. 단, 녹음 또는 녹화한 내용은 조사

의 목적으로만 사용해야 하며, 당초 녹음 또는 녹화된 상태 그대로 공표해서는 안 된다(③조항은, 수용자가 면전에서 진정을 원하는 것을 공무원으로부터 통보받거나 수용자가 진정을 원한다고 믿을 만한 상당한 근거가 있어 위원이 방문하는 경우에도 준용됨).

4. 위원 등이 수용자와 면담 시 구금, 보호시설의 장 또는 관리인은 자유로운 분위기에서 면담이 이루어질 수 있는 장소를 제공해야 하며, 이때 위원 등은 면담장소에 입회하는 직원의 수를 제한토록 요구할 수 있으며 구금, 보호시설의 장 또는 관리인은 특별한 사유가 없는 한 이에 응해야 한다. 또 입회하는 직원은 위원의 승낙 없이는 면담에 참여할 수 없으며, 그의 의견을 나타내는 방식으로 수용자의 진술을 방해 못 한다. 또 이때 면담위원은 면담했다는 이유로 직원 또는 시설수용자가 단체, 건강상의 위해 그 밖의 불이익을 받을 우려가 있는 경우 구금, 보호시설의 장 또는 관리인에게 방지조치를 요청할 수 있고, 구금, 보호시설의 장 또는 관리인은 그런 조치를 했을 때는 그 내용을 위원회에 즉시 통보해야 한다.

5. 구금, 보호시설의 장 또는 관리인은 신입자에게 인권침해사실을 위원회에 진정을 할 수 있다는 뜻과 그 방법을 고지해야 하며, 장 또는 관리인은 인권침해에 관해 위원회에 진정할 수 있다는 뜻과 그 방법을 기재한 안내서를 수용자가 상시로 열람할 수 있는 곳에 비치해야 한다.

6. 구금, 보호시설의 장은 내부에 진정함을 설치하고, 용지, 필기도구, 봉함용 봉투를 비치해야 하며 위원회에 진정함이 설치된 장소를 통보해야 한다. 장 또는 관리인은 수용자가 직접 진정서를 봉투에 넣고 이를 봉함한 후 진정함에 넣을 수 있도록 해야 하며, 직원 등은 매일 지정된 시간에 수용자가 작성한 진정서 등이 진정함에 들어 있는지 확인하고, 들어 있을 때는 지체 없이 이를 위원회에 송부한다.

7. 직원 등은 위원회 명의의 서신을 개봉한 결과 그것이 진정을 낸 수용자에게 발송한 서신임이 확인되면 당해 서신 중 위원회가 열람금지를 요청한 특정서면은 열람해서는 안 된다.

8. 수용자가 장 또는 관리인에 대해 진정서 그 밖의 서면의 작성의사를 표명때는 장 또는 관리인은 이를 금지 또는 방해해서는 안 된다. 교정직원 등은 수용자가 위원회에 보내기 위해 작성 중이거나 소지한 진정서 또는 서면을 열람, 압수, 폐기해서는 안 되나, 수용자가 미리 위원회에 보낸다는 작성의사를 표명치 않

고 작성 중이거나 소지하고 있는 문서는 그러하지 아니하다. 또 교정직원은 수용자가 징벌혐의로 조사 중이거나 징벌을 받고 있는 중이라는 이유로 위원회에 보내기 위한 진정서 또는 서면을 작성하거나 제출할 수 있는 기회를 제한하는 조치를 해서는 안 된다.

9. 인권위원회 위원장은 방문조사를 거부한 교정시설장에게 과태료 부과 시 10일 이상의 기간을 정해 구술 또는 서면에 의한 의견진술의 기회를 주어야 한다.

(5) 사법적 통제

먼저 교도관이 계구를 부당하게 사용해 수형자의 인체에 해를 가했거나 불법한 방법으로 직접강제 때는 수형자는 해당 교도관을 형사 처벌해 달라고 고소를 제기할 수 있으며, 교정법령에 위헌적 요소가 있어 수용자의 기본권이 침해되었을 때는 구제절차를 모두 거친 후라도 구제받지 못한 경우에 헌법소원의 청구기간 내에 헌법재판소에 헌법소원심판을 청구할 수 있다. 그리고 교도소 당국의 위법한 처분 또는 공권력의 행사 또는 불행사로 권리가 침해되었거나 또는 법무부장관과 순회점검 공무원에 대한 심판청구가 기각되거나 교도소장 등에 대한 이의신청이 기각되었을 때는 행정소송을 제기할 수 있다.

그 외에 민사소송 등을 청구할 수도 있다.

(6) 언론과 시민단체 등에 의한 통제

신문, TV, 라디오, 잡지 등의 언론기관에 의한 교정행정 통제가 있고 인권운동사랑방, 참여연대, 대한변호사회, 각종 종교단체, 사형폐지운동협회 등의 각종 시민단체 등에 의해 오랫동안 교정행정에 대한 비판적 통제가 있어 왔는데, 법무부는 과거와는 달리 2003년 5월에 비판적 시민단체와 교정학자, 교정공무원 등이 법무부에서 교정제도 개혁에 관한 최초로 관민(官·民) 합동토론회를 개최하여 시민단체 등에 의한 비판적 의견을 검토하려는 자세를 보이고 있고 그것의 하나로 2003년 7월에는 준법서약서의 폐지를 결정했고 그동안 많은 문제가 되었던 청송 보호감호소 제도의 개선과 피보호감호자의 작업보상금 인상, 청송 보호감호소의 보호국으로의 소속 변경을 제시하고 있다.

(7) 정보공개 청구제도에 의한 통제

공공기관의 정보공개에 관한 법률(1996. 12. 31.)에 따르면 정보란 교도소 등이 직무상 작성 또는 취득하여 관리하고 있는 문서, 도면, 사진, 필름, 테이프, 슬라이드와 컴퓨터에 의해 처리되는 매체이고 동 법률 제6조에 따라 모든 국민은 정보의 공개를 청구할 수 있다.

또한 정보공개법 제5조에는 교도소 등 공공기관은 정보공개 청구하는 국민의 권리가 존중될 수 있도록 이 법을 운영하고 소관 관련법령을 정비하여야 하며, 신속한 검색이 이루어지도록 정보관리 체계를 정비하여야 한다고 되어 있다. 그러나 동법 제7조에서는 교도소 등 공공기관이 공개하지 않을 수 있는 비공개 대상 정보를 규정하고 있는데 그 내용은 아래와 같다.

① 다른 법률 또는 법률에 의한 명령에 의하여 비밀로 유지되거나 비공개 사항으로 규정된 정보

② 공개될 경우 국가안전보장·국방·통일·외교관계 등 국가의 중대한 이익을 해할 우려가 있다고 인정되는 정보

③ 공개될 경우 국민의 생명·신체 및 재산의 보호 기타 공공의 안전과 이익을 현저히 해할 우려가 있다고 인정되는 정보

④ 진행 중인 재판에 관련된 정보와 범죄의 예방, 수사, 공소의 제기 및 유지, 형의 집행, 교정, 보안처분에 관한 사항으로서 공개될 경우 그 직무수행을 현저히 곤란하게 하거나 형사피고인의 공정한 재판을 받을 권리를 침해한다고 인정할 만한 상당한 이유가 있는 정보

⑤ 감사·감독·검사·시험·규제·입찰계약·기술개발·인사관리·의사결정과정 또는 내부 검토과정에 있는 사항 등으로서 공개될 경우 업무의 공정한 수행이나 연구·개발에 현저한 지장을 초래한다고 인정할 만한 상당한 이유가 있는 정보

⑥ 당해 정보에 포함되어 있는 이름·주민등록번호 등에 의하여 특정인을 식별할 수 있는 개인에 관한 정보, 다만 다음에 열거한 개인에 관한 정보를 제외한다.

㉠ 법령 등이 정하는 바에 의하여 열람할 수 있는 정보

㉡ 공공기관이 작성하거나 취득한 정보로서 공표를 목적으로 하는 정보

㉢ 공공기관이 작성하거나 취득한 정보로서 공개하는 것이 공익 또는 개인의 권리구제를 위하여 필요하다고 인정되는 정보

⑦ 법인·단체 또는 개인의 영업상 비밀에 관한 사항으로서 공개될 경우 법인 등의 정당한 이익을 현저히 해할 우려가 있다고 인정되는 정보, 다만 다음에 열거한 정보를 제외한다.

㉠ 사업활동에 의하여 발생하는 위해로부터 사람의 생명·신체 또는 건강을 보호하기 위하여 공개할 필요가 있는 정보

㉡ 위법·부당한 사업활동으로부터 국민의 재산 또는 생활을 보호하기 위하여 공개할 필요가 있는 정보

⑧ 공개될 경우 부동산 투기 등으로 특정인에게 이익 또는 불이익을 줄 우려가 있다고 인정되는 정보

그리고 동법 제9조에 의해 교도소 등 공공기관은 정보공개 청구를 받은 날로부터 15일 이내에 공개 여부를 결정해야 하며 부득이한 사유로 그 기간 내에 공개 여부를 결정할 수 없을 때에는 그 기간의 만료일 다음 날로부터 기산하여 15일의 범위 내에서 공개 여부 결정기간을 연장할 수 있는데, 이때는 그 연장이유를 청구인에게 지체 없이 서면으로 통지해야 하며 정보공개를 청구한 날로부터 30일 이내에 공공기관이 공개 여부를 결정하지 아니한 때에는 비공개의 결정이 있는 것으로 본다.

3) 공직윤리에 의한 통제 내용

공직윤리에 의한 자기통제는 내부통제 방법 중에서도 가장 중요한데 이것은 행동을 하는 본인들 자신이 자율적으로 행동기준을 설정하고 이에 따라 행동하도록 스스로 또는 집단규범으로 규율하는 것이기 때문이다.[11]

우리나라도 공무원의 행정윤리와 관련하여 과거 1980년에 공무원윤리헌장과 1981년에 공직자윤리법을 제정하고 있는데 공무원윤리헌장의 주요 특성으로는 공무원은 국가가 지향하는 가치와 이상을 내재화하고 충성을 다해 그것의 실현을 위해 노력해야 함을 강조하여 유교의 전통적인 정치·행정윤리와 유사하며 공직자윤리법의 내용에는 법률로 정한 일정 범위 내의 공무원의 재산등록의무화, 선

---

11) 박동서, 한국행정론, 법문사, 1938, 651면.

물신고, 국회와 대법원, 정부에 공직자윤리위원회의 설치, 퇴직공직자의 유관기업체 취업제한이 있다.[12]

한편, 공무원 부패행위에 대한 효율적 규제를 통하여 청렴한 공직풍토의 확립을 목적으로 한 부패방지법이 2002. 1. 25.에 시행됨에 따라 부패방지법 제8조가 규정하고 있는 공무원 행동강령이 제정된바 이것은 공직사회의 윤리적 기반을 확립하기 위해서는 기존의 사후적 처벌을 통한 접근방법에서 벗어나 사전예방 차원에서 공무원이 직무수행 과정에서 준수해야 할 구체적 행위기준을 마련하여 제시하는 것이 필요했기 때문이며 공무원 행동강령은 모든 행정기관과 공무원을 적용대상으로 하는 행위에 대한 기본규범이다.[13]

공무원 행동강령 중에서 특히 공직윤리와 관련해 주요한 내용은 아래와 같다.

제3조(공무원의 윤리적 행동기준) 공무원은 국민에 대한 봉사자로서 자긍심과 사명감을 가지고 다음 각 호의 규정을 윤리적 기준으로 삼아 행동하여야 한다.
가. 법령에 따라 공정하고 성실하게 직무를 수행하여야 한다.
나. 공사의 구분을 명확히 하고 품위를 유지하여 자신의 직위나 직무와 관련하여 국민의 신뢰를 얻도록 노력하여야 한다.
다. 직무수행 과정에서 알게 된 부패행위에 대해서는 지체 없이 시정되도록 노력하여야 하며, 시정이 어려운 경우에는 이를 신고하는 등 부패방지에 적극 노력하여야 한다.
제4조(위법·부당한 지시에 대한 처리)
① 공무원은 상급자가 법규에 위반된 지시를 하거나, 알선·청탁 등 공정한 직무수행을 현저히 저해하는 지시를 한 경우에는 그 사유를 명시하고 이의 취소 또는 변경을 요청할 수 있다.
② 제1항의 규정에 의한 지시의 취소 또는 변경요청에도 불구하고 같은 지시가 계속될 때에는 즉시 소속기관의 장 또는 제23조의 규정에 의한 행동강령담당관에게 그 지시에 대하여 보고하여야 한다.
③ 제2항의 규정에 의한 보고를 받은 행동강령담당관은 즉시 지시내용의 위법·부당 여부를 조사하여, 지시내용의 취소 또는 변경이 필요하다고 인정되는 경우 소속기관의 장에게 보고하여야 한다.
④ 제3항의 규정에 의한 보고를 받은 소속기관의 장은 지시의 취소·변경 등 적절한 조치를 취하여야 한다.

---

12) 김도훈 외, 전게서, 358〜359면.
13) 부패방지위원회, 부패방지백서, 2002, 256면.

⑤ 소속기관의 장이 제1항의 지시를 하는 경우에는 이를 부패방지위원회에 신고할 수 있다.

제6조(특혜와 차별의 배제)

① 공무원은 공정하고 객관적인 기준에 따라 직무를 수행하여야 한다.

② 공무원은 직무를 수행함에 있어 지연·혈연·학연 등을 이유로 특정인에 대하여 특혜를 주거나 차별을 하여서는 아니 된다.

제9조(이권개입 등의 금지)

① 공무원은 직위를 이용하여 부당한 이익을 얻거나 제3자에게 부당한 이익을 얻도록 하여서는 아니 되며, 직무관련자가 당사자가 되는 거래에 영향을 미치는 행위를 하여서는 아니 된다.

② 공무원은 자기 또는 제3자의 이익을 위하여 타인으로 하여금 소속기관의 명칭이나 직위를 이용하게 하여서는 아니 된다.

제10조(알선·청탁의 금지)

① 공무원은 자기 또는 제3자의 이익을 위하여 다른 공무원의 직무수행에 영향을 주는 알선·청탁 등을 하여서는 아니 된다.

② 공무원은 직무수행과 관련하여 자기 또는 제3자의 이익을 위하여 직무관련자를 다른 이해관계자에게 알선·소개하여서는 아니 된다.

제11조(인사청탁 등의 금지) 공무원은 직위를 이용하여 다른 공무원의 임용·승진·전보 등 인사에 부당하게 개입하거나 청탁을 하여서는 아니 된다.

제12조(공용물의 사적 사용·수익 금지) 공무원은 관용차량 등 공용물을 정당한 사유 없이 사적인 용도로 사용·수익하여서는 아니 된다.

제13조(금전·선물·향응을 받는 행위 제한) ① 공무원은 직무관련자로부터 금전·선물·향응(이하 '금품 등'이라 한다)을 받아서는 아니 된다.

제14조(공무원 간의 금품 등 받는 행위 제한) 공무원은 하급자 또는 직무와 관련된 다른 공무원으로부터 금품 등을 받아서는 아니 된다. 다만, 통상적인 관례의 범위 내에서 제공되는 소액의 물품이나 식사 접대 또는 직원 상조회에서 공개적으로 제공되는 금품 등은 그러하지 아니하다.

제18조(금전의 차용금지) 공무원은 직무관련자로부터 금전을 차용하여서는 아니 된다. 다만, 금융기관으로부터 통상적인 조건으로 금전을 차용하는 경우에는 그러하지 아니하다.

제21조(강령의 준수의무와 책임)

① 공무원은 이 강령을 성실하게 준수하여야 하고, 그에 따른 의무와 책임을 진다.

② 공무원은 직무를 수행하는 중 이 강령위반 여부가 분명하지 아니하거나

윤리적 갈등상황에 처한 경우에는 행동강령담당관과 상담한 후 이를 처리하여야 한다.

제22조(부패방지 교육)

① 중앙행정기관의 장 등은 소속 공무원에 대한 부패예방을 위한 교육계획을 수립·시행하여야 하며, 매년 2회 이상 부패예방교육을 실시하여야 한다.

② 중앙행정기관의 장 등은 공무원의 신규 임용 시 이 강령을 교육하여야 한다.

제24조(강령위반행위의 신고와 조사)

① 누구든지 이 강령을 위반한 사실을 알게 된 때에는 소속기관의 장이나 당해기관의 행동강령담당관에게 신고할 수 있다. 다만 소속기관의 장과 차관급 이상의 공무원 또는 행동강령담당관의 강령위반행위에 대해서는 부패방지위원회에 신고할 수 있다.

② 신고자는 본인 및 위반자의 인적 사항과 함께 위반자의 위반내용을 적시하여야 한다.

③ 강령위반행위를 신고받은 소속기관의 장과 행동강령담당관은 신고자와 신고내용에 대하여 비밀을 보장하여야 하며, 신고에 따른 어떠한 불이익도 받지 아니하도록 하여야 한다.

④ 행동강령담당관은 제1항의 규정에 의하여 신고된 강령위반행위를 조사하여 위반사항이 확인되는 경우에는 당해 공무원으로부터 제출받은 소명자료와 함께 소속기관의 장에게 보고하여야 한다.

제25조(강령위반행위에 대한 징계 등)

① 제24조 제4항의 규정에 의한 보고를 받은 소속기관의 장은 보고된 내용과 제출된 소명자료의 심사를 통하여 강령을 위반한 것으로 확인되는 경우에는 부패방지법 제8조 제3항 및 제4항에 따라 해당 공무원에 대하여 징계 등 필요한 조치를 취하여야 한다.

② 제24조 제1항 단서의 규정에 해당하는 공무원의 강령위반행위를 신고받은 부패방지위원회는 필요한 조치를 취하여야 한다.

한편, 위의 공무원 행동강령 외에도 교정공무원을 규율하는 기본강령에는 교도관직무규칙 제4조에 나와 있는데, 여기에 의하면 교도관은 법령을 준수하고 복종의 의무와 복종기강을 확립하며, 교도관은 사명감과 긍지를 가지고 상관에 대한 존경과 부하에 대한 신애를 바탕으로 한마음 한뜻으로 뭉치고, 창의와 노력으로써 과학적 교정기법을 개발하고 교정행정의 능률을 향상시키며, 청렴결백하고 근면 성실한 복무자세와 직무수행 결과에 책임을 지며 인격도야에 부단히 노력을 해야 한다고 규정되어 있다.

한편, 피구금자처우최저기준규칙 제48조에는 직원은 모범적 행동을 통하여 피구금자에게 좋은 감화를 주고 그들의 존경을 받을 수 있도록 행동하고 임무를 성실히 수행해야 한다는 윤리강령을 두고 있다.

그리고 부패방지법의 시행 전에는 조직 내부의 부패행위에 대한 기존의 내부공익신고자에 대한 아무런 법적 보호장치가 없어 문제점으로 되어 있었다. 그러나 이제 부패방지법과 부패방지위원회의 창설(2002. 1. 25.)로 신고자보호제도가 운영되고 있는데 신고자보호제도는 공직사회 내부에 있는 부패행위에 대하여 신고자가 안심하고 신고할 수 있도록 보호장치를 마련하고 있는 것으로서 신고자에게 어떠한 불이익도 받지 않도록 하는 법적·제도적 장치인 것이며 신고자보호제도의 대표적인 보호장치로는 신고자의 동의 없이 신분공개를 금지하는 비밀보장, 신고로 인한 신분상 불이익처분 및 근무조건상의 차별금지와 원상회복 또는 전직 등의 조치요구, 금지사항 위반자에 대한 처벌, 신고자 및 친족 등에 대한 신변안전보호, 그 밖에 신고로 인한 신고자의 책임에 있어서 형의 감면제도 등이 있다.[14]

3. 외국의 교정통제 제도

먼저 UN 피구금자처우최저기준규칙에서 교정행정 통제와 관련된 내용에는 제55조와 제35조, 제36조가 관련되는데 제55조에는 교정시설 및 교정업무에 관해서는 권한 있는 관청에 의하여 임명된 자격과 경험이 있는 감독관이 정기적인 감독을 행하여야 하며, 감독관의 임무는 특히 이러한 시설이 현행법령에 준거하여 형벌집행과 교정업무의 제 목적을 달성한다는 관점에서 관리 운영되고 있는지를 확인하는 것이어야 한다고 규정하고 있다.

그리고 제35조에는 모든 피구금자는 수용에 있어서 자기가 소속하는 부류의 피구금자 처우에 관한 규칙, 시설의 규율을 위하여 요청되는 사항, 정보를 구하고 불복신청을 하기 위하여 허용되고 있는 방법, 기타 자기의 권리와 의무를 알고 또 시설의 생활에 순응하기 위하여 필요한 모든 사항에 대하여 서면에 의한 정보

---

14) 부패방지위원회, 부패방지백서, 2002, 378면.

를 제공받아야 한다고 규정하고 있다.

또한 제36조에는 모든 피구금자는 평일에 소장 또는 그를 대리하는 권한을 가진 직원에게 건의 또는 불복신청을 할 기회가 주어져야 하며, 피구금자는 교도소 감사관의 감사 중에 감사관에게 요구 또는 불복신청을 할 수 있어야 하며, 모든 피구금자는 허가된 방법에 따라 중앙교정당국, 사법관청 또는 기타 관청에 대하여 적합한 형식으로 그 내용의 검열을 받지 아니하고 요구 또는 불복신청이 허용되어야 한다고 규정하고 있다.

한편, 1990년 가을 유엔총회에서 채택된 「자유를 박탈당한 소년의 보호에 관한 유엔 규칙」 제72조에서는 시설의 관리기구에 속하지 않은 자격 있는 사찰관 또는 정당하게 조직된 동등한 기관은 정기적으로 사찰할 권한과 자신의 의사로 소년교정시설에 통고 없이 사찰할 수 있다고 규정하고, 동 규칙 제73조에서는 사찰기관에 의사를 포함시켜 의료서비스 등과 소년의 건강에 영향을 주는 생활에 관한 모든 측면을 평가하도록 하고 있으며, 또한 동 규칙 제74조에서는 사찰종료 후 사찰관의 보고서 제출의무와 법규정 위반 발생을 발견한 경우의 수사, 소추권을 가진 기관에의 통보의무를 규정하고 있고, 동 규칙 제77조는 소년수형자가 행한 불복신청을 접수하고 조사하며 공평한 문제 해결의 달성을 지원하는 독립된 직무를 행하는 옴부즈맨의 설치를 규정하고 있다.[15]

1) 호 주

수용자 처우에 있어서 불만이나 의문이 있으면 수용자의 가족이나 지역사회의 일원은 우선적으로 소장과 면담을 할 수 있으며, 이러한 불만사항 등은 서신으로도 소장에게 답변을 요구할 수 있고 수용자는 소장, 국회의원, 또는 옴부즈맨에게 권리구제를 요청할 수 있으며, 뉴사우스 웨일즈주와 서호주에는 공식방문자 제도가 채택되어 있어 이들은 지역사회의 저명한 인사들로서 주(州)장관에 의해 임명되어 언제든지 수용자들과 면담할 수 있고, 이때 소장 등은 업무상의 편의를 위하여 협조해야 할 의무가 있지만 공식방문자들은 교도소 당국이 내린 행정조치들

15) 박병식, 소년교정의 국제준칙과 외국현황, 천주교 민영교도소 연구발표회(2003. 2. 20.) 99면.

을 직접 시정할 권한은 없고 조사결과 시정이 필요한 사항에 대하여 시정권고만 할 수 있다.[16)

빅토리아 교정법 제34조와 제35조에 의하면 대법원이나 군(郡) 판사 또는 하급 판사는 교정시설을 항상 방문할 수가 있으며 교정시설을 방문한 결과 시정이 필요하다고 인정되는 사항은 교정장관에게 보고해야 하며, 또한 호주는 옴부즈맨제도를 채택하고 있는데 국민들은 교정공무원 등이 업무를 부당하게 처리했다고 생각되면 옴부즈맨에게 전화 또는 서면으로 이에 대한 조사와 시정을 요구할 수 있는데, 피해를 당한 당사자가 직접 옴부즈맨에게 요청하든지 또는 친구나 변호사 등을 통하여 옴부즈맨에게 시정조사를 요구할 수 있으며 옴부즈맨의 결정에 불만이 있을 시에는 옴부즈맨 책임자에게 재조사를 요청할 수 있고 여기에도 불만이 있으면 국회 내 옴부즈맨 사무실로 재조사를 요청할 수 있다.[17)

2) 스페인

검사는 법적으로 교정기관에 매월 1회씩 감찰 순회를 해야 하고, 이때 수감자들이 검사에게 청원할 수 있지만 스페인에서 검사는 공소유지권만을 행사하고 형벌의 집행에는 관여 안 하며, 스페인에서의 형벌집행권은 법원에 귀속되어 있어 법원에서는 형벌집행과 관련하여 교정관여 판사를 지정하는데 교정관여 판사는 형소법 제87조 제3항처럼 재판의 집행관련 기관으로서 교정기관의 교정행정을 감찰하는 판사로 교정기관의 직권 남용을 바로잡고 죄수들의 권리를 보호하며 법과 규칙에 따라 접수된 항고장을 처리한다.[18)

교정관여 판사의 기능에는 형벌을 집행하고 교정기관의 부당행위와 수감자의 권리를 감시하며, 수감자의 가석방에 대한 최종결정권을 가지고 있고, 교정기관에서 수감자와 변호인과의 접견교통권을 제한할 때 이를 사전에 통보받을 권한이 있고, 수감자의 교도소 간 이송에 대하여 수감자의 이의신청이 있을 때 이를 결정하며, 교정기관의 조직과 발전, 규칙, 작업장, 의료 등 교정행정에 대한 의견을 제시할 수 있고, 이를 위해 교정관여 판사는 교정기관을 매월 1회 방문하여야 한다.[19)

---

16) 한국형사정책연구원, 외국의 교정현황 연구, 2000, 374면.
17) 한국형사정책연구원, 전게서, 390~391면.
18) 강신엽, 스페인의 행형제도, www.lrti.go.kr 12면.

교정관여 판사의 구성에 있어서는 각 지방에 따라 형사재판제도 내에서 이루어져 있고, 일반 형사재판을 담당하는 판사가 겸직할 수도 있으며 판사의 행형에 대한 결정이 부당할 때는 검사가 이견을 제시할 수도 있으며, 2001년 현재 스페인의 교정판사는 총 60명이며, 교정관여 판사는 관할 교도소의 구역 내에 거주하도록 행형법 제78조 제2항에 규정되어 있다.[20]

그리고 스페인에는 스웨덴에서 유래한 옴부즈맨제도와 유사한 제도로 국회에서 선출하는 데펜소르 델 뿌에불로가 있는데, 데펜소로 텔 뿌에블로는 국회에서 1명을 선출하여 이는 전국을 관할로 하고 있고, 스페인의 17개 자치구역 중 8개 자치구역에서도 자체로 지역의회에서 데펜소르 델 뿌에블로를 각 1명씩 선출하는데 데펜소르 델 뿌에블로는 교정행정에 결정권이 없지만 주요 교정정책 결정 시에 의견개진을 할 수 있고, 이 외에 수형자들의 불만사항에 대한 청원을 해결하지만 이러한 옴부즈맨제도는 극소수의 인원이 모든 행정, 재판, 경찰, 교정 등의 분야에까지 관여하고 있다.[21]

3) 이탈리아

이탈리아는 중앙교정기구로 교정국이 있으며, 교정국 산하에 총무부 등 6개 부서가 있는데 이 중 감사부가 교정행정에 대한 내부통제와 관계되며 외부통제 제도로서 옴부즈맨제도도 실시하고 있다.[22]

한편, 이탈리아 형법은 유럽에서 최초로 행형분야에 대한 법관의 참여를 규정하였는데, 이탈리아 형법 제144조, 제148조, 제627조와 행형법 제14조에 따라 행형법관은 행형당국의 개별적 업무에 개입하지 않는 선에서 행형시설을 규칙적으로 감찰하고, 수형자를 특별한 수용시설에 수용하는 것과 같은 자유형의 개별화에 대한 결정권을 행사하고, 수형자의 가석방 및 사면과 관련한 자문역할을 수행할 수 있다.[23]

---

19) 강신엽, 전게논문, 13면.
20) 강신엽, 전제논문, 15면.
21) 강신엽, 전게논문, 37~38면.
22) 양봉태, 구미교정제도 소개, 교정, 1995, 10, 57면.
23) 배종대 외, 행형학, 홍문사, 2002, 332면.

　　행형법관은 두 달에 한 번씩 관할구역 내의 행형시설을 방문하여 규정준수 여부를 확인하고 법무부장관에게 보고서를 제출해야 하는데, 이탈리아의 모든 법원은 관할구역 내의 숫자에 따라 한 명 또는 여러 명의 행형법관을 두며, 이러한 행형법관은 대개 영장심사법관이 겸임하거나 1심 재판의 법관이 되기도 하고 행형법관은 특별한 경우는 직접 징벌권한을 행사하고 행형법이 그에게 위임한 권한을 행사할 수 있으며 가석방의 권고 등을 위해 필요한 자료를 행형시설의 장으로부터 제공받는다.24)

4) 프랑스

　　프랑스의 경우에 교정행정에 대한 내부적 통제는 교정국 산하에 있는 교정행정관리감독 및 감사과에서 교정시설에 대한 감독과 지원 및 교정행정기관의 감독자에 대한 기술적 지원을 담당하며, 외부통제기관으로서의 형집행판사는 지방법원 소속으로 임기 3년이며 연임이 가능한데 그는 사회 내 처우와 관련해서는 보호관찰관을 감독, 통제하고 시설 내 처우와 관련해서는 모든 교정시설 내에 있는 형집행위원회를 주관하는데 형집행판사는 수용자 개인의 신상에 대해서 알고 싶은 경우 수용시설 소속직원이면 어느 누구라도 소환할 수 있으며, 또한 징벌에 대한 항소나 처우기관 결정은 물론 가석방과 감형에 대한 권한도 판사들이 갖고 있다.25)

　　이와 같이 프랑스의 교정행정에 있어서는 사법부의 영향력이 큰데, 이것은 1959년 형사절차법의 개정을 통해 행형법관의 기구를 신설하면서부터인데, 형사절차법 제772조에는 행형법관은 모든 수형자의 처우에 대한 본질적 변경, 특히 시설 외에서의 작업의 여부, 외출 및 휴가의 허가에 대해 결정하며 긴급을 요하는 경우를 제외하고는 행형법관은 행형위원회의 의견을 고려하여 그의 결정을 내려야 한다고 규정하고 있다.26)

---

24) 배종대 외, 전게서, 352～353면.
25) 한국형사정책연구원, 전게서, 446～449면.
26) 배종대 외, 전게서, 333면.

5) 독 일

독일의 교정행정에 대한 내부적 통제에 관해 독일 행형법을 살펴보면 151조에는 주법무부는 행형시설에 관해 감독하며 주교정국에 감독권한을 위임할 수 있으며, 근로사항에 대한 감독과 수형자의 사회적 곤경지원, 재교육, 위생보호와 기타 전문적인 처우에 대한 감독은 각각의 전문가가 담당해야 한다고 되어 있으며, 동법 제108조에는 수형자는 그 자신이 관련되어 있는 사건에서 그의 소망사항과 제안사항, 이의사항을 가지고 시설의 장에게 소원할 수 있고 감독관청에서 행형시설을 순시하는 경우에는 수형자가 그 자신이 관련되어 있는 사건을 감독관청의 순회공무원에게 소원할 수 있도록 보장되어야 하며 직무감독에 대한 이의신청권은 이에 영향을 미치지 않는다고 규정되어 있다.

그리고 동법 제156조에 따르면 각각의 행형시설에는 직무감독을 위한 차상급 직책 공무원을 임명하여야 하며 특별한 사유가 있는 경우 행형시설은 상위직책의 공무원에 의하여 지휘받을 수 있다고 규정하고 있다.

한편, 교정행정에 대한 외부적 통제를 살펴보면 수용자들은 정기적으로 각자의 사동에서 그들의 대표자를 선출하는데 수용자 이익대표의 서기와 같은 의장은 매주 교정행정에 참여하며 한 달에 한 번 교도소 행정담당자와 수용자 이익대표 사이에 면담을 가진다.[27] 그리고 독일의 행형시설에는 자문위원회를 설치해야 하는데 동법 제162조에 따라 교정공무원은 자문위원회의 구성원이 될 수 없고, 동법 제164조에 따라 자문위원회의 구성원은 소원사항, 격려사항, 이의사항을 받아들일 수 있고 자문위원회의 구성원은 수용, 작업, 직업교육, 급식, 의료보호와 처우에 대하여 보고받을 수 있고, 행형시설과 그 부속시설을 시찰할 수 있고, 수형자와 수용자를 그들의 거실에서 접견할 수 있으며 의견개진과 서신교류는 감시받지 않는다. 또한 동법 제163조에 따라 자문위원회의 구성원은 집행의 형태와 수형자의 보호에 협력하고 격려와 개선의 조언으로 시설의 장을 후원하며 석방 후 수형자의 사회복귀에 도움을 준다. 그리고 동법 제165조에 따라서 자문위원회의 구성원은 그 성질상 비밀로 하여야 하는 모든 업무에 관해서는 비밀을 유지하여야 할 의무가 있다.

자문위원회의 구성에 대해서는, 사회일반을 어느 정도 대표할 수 없는 전문가도

---

27) 이성우, 독일교정시설시찰기, 교정, 2002, 12, 64면.

자문위원으로는 적당하지 않으며 경영자협회, 노동자협회, 교육기관, 종교단체, 스포츠단체, 시민단체 등의 대표자 등이 자문위원으로 고려될 수 있고 자문위원의 수와 임기는 주마다 차이가 있으나 대부분 임기는 2∼5년, 수는 5∼9인으로 구성되며 자문위원은 행형에 문제점이 있을 경우에 이의 개선을 위한 제언 등을 통해 사회일반의 관심인 행형의 투명성을 확보하며, 또한 자문위원에게는 수용자의 개인기록을 포함한 일체의 서류에 대한 열람권이 인정된다고 본다.[28] 한편, 독일기본법 제17조에 따라 수형자는 모든 해당관청과 의회에 대해 청원권을 갖는데 의회에 대한 청원은 공개토론의 가능성이 많은 경우 사법적 통제보다 더 큰 효력을 발휘할 수 있다.[29]

한편, 행형법 제109조 이하에서는 교정행정의 문제와 관련해 행형관여판사(행형부)의 사법적 재판을 규정하고 있다. 독일은 1975년 법원조직법 개정을 통해 주법원 내에 형집행부를 신설하고, 1976년에 행형법의 개정을 통해 행형부의 관할사항들을 규정했는데 형집행부는 행형분야에서 사후결정의 영역, 즉 사실심법원이 판결로 선고한 형벌을 행형과정에서 사후적으로 변경하거나 변형할 수 있으며, 또한 행형부는 수형자에 대한 사법적 구제의 임무, 즉 행형기관이 내리는 조치들에 대한 행정심판을 거친 이후의 2차적 관할권을 갖는다.[30] 그리고 형집행부의 관할인 사후결정의 경우는 법원이 우선적 관할권, 즉 형집행부가 행정기관의 전치과정 없이 직접 결정을 담당하는데 형집행과 관련해 사후결정의 성격을 갖는 영역에는 형벌기간의 계산, 형벌의 연기, 보호관찰부 가석방에 대한 결정들, 보안처분 집행기간의 형벌기간 산입 등에 대한 결정 등이 있다.[31]

6) 미 국

미국은 연방국가이므로 교정조직 역시 연방교정조직과 각 주의 교정조직으로 이원적으로 구성되어 있으며, 미연방정부의 교정행정은 연방법무부 내의 연방교정국에서 총괄하며 6개의 교정관구와 70여 개의 교정시설에 4만여 명의 재소자

---

28) 한국형사정책연구원, 전게서, 150∼151면.
29) 배종대 외, 전게서, 337면.
30) 배종대 외, 전게서, 334∼335면.
31) 배종대 외, 전게서, 335면.

를 관리하고 있다.[32] 그러나 미국은 각 주(州)마다 다른 교정형태를 가지는 등 매우 다양하지만 교도소의 관리는 주(州)정부의 행정부에서 담당하는데, 예를 들어 미시간주의 교정국은 산하의 회계 및 내부감사부에서 내부통제가능을 수행하는데, 예를 들어 당해 부서조직원에 의해 이루어질 가능성이 있는 범죄심사 또는 법이나 규칙의 행정적 위반을 조정하고 주 구치소(jail)의 규칙을 집행하는 행정단위를 감독한다.[33] 교정의 내부통제로서 중요한 것이 재소자 불만처리제도인데 이것은 코네티컷주를 제외한 모든 주에서 시행하는데, 이 제도는 1973년 미연방교정국에서 재소자 불만처리제도를 도입해 시행해오다가 1979년 10월 12일 행형시스템프로그램예규 1330-7호로 재소자 불만의 행정적 처리절차를 시행해오고 있는데 그 내용은 3단계의 심리제도로 되어 있다.[34]

그 절차는 다음과 같은데 먼저 재소자는 불복사항을 본인이 수용되어 있는 행형시설의 장에게 제출하면 소장은 불만사항에 대한 사실조사를 하고 그 결과를 15일 이내에 제출한 재소자에게 통보하여야 하며, 만약 불만대상이 긴급한 사항인 경우에는 48시간 이내에 그 결과를 통보하여야 하고, 만일 재소자가 그 결과통보서에 불복이 있는 경우는 20일 이내에 지역교정청장(Regional Director)에게 재심을 요구할 수 있고 지역교정청장은 이를 접수한 후 30일 이내에 그 결과를 당해 재소자에게 통보하여야 하는데, 만일 지역교정청장의 결과 통보에도 불복이 있는 경우에는 최후로 워싱턴 D.C에 있는 교정본부의 총괄청문(General Counsel)에게 삼심을 요구할 수 있고 당해 재소자에 대한 결과 통보는 역시 30일 이내에 하여야 한다.[35] 그런데 미국연방교정청에서 약 20여 년 동안 시행하여온 불만처리 시스템은 많은 장점을 가지고 있으며, 특히 재소자의 불만처리를 위한 시설 내 행정직 처리기구가 설치됨으로써 수형자의 불만에 관한 소송으로 인한 미국 각급 법원의 심리부담이 현저히 감소했다고 한다.[36]

그리고 교정행정에 대한 외부통제에는 사법적 통제, 언론과 의회, 시민단체 등에 의한 통제, 옴부즈맨제도, 위원회제도(9개주), 시민위문위원회(12개 주) 등이 있으며 9개 주에서는 재소자가 다른 재소자를 대신하여 불만처리 절차에 참석하

---

32) 이영근, 형사사법조직과 그 기능연구, 교정연구, 1999, 6, 91~92면.
33) 한국형사정책연구원, 전게서, 30~31면.
34) 변동윤, 교정직 공무원과 스트레스, 삼화문화사, 1999, 140면.
35) 변동윤, 전게서, 141면.
36) 변동윤, 전게서, 147면.

여 불만내용을 설명할 수 있도록 허용하고 있다.[37)]

여기서 먼저 옴부즈맨제도를 살펴보면 원래 옴부즈맨(민원조사관)이란 공무원의 위법, 부당한 행위로 말미암아 권리의 침해를 받은 시민이 제기하는 민원을 조사하여 관계기관에 시정을 권고함으로써 국민의 권리를 구제하는 기관으로 행정감찰관이라고도 하며, 이 제도는 스웨덴에서 발생해 이제는 많은 나라에서 채택되고 있는데, 특히 의회에 의한 통제가 국민의 권익을 빠르게 구제할 수 없는 오늘날에는 행정의 재량영역이 넓어짐에 따라 국민의 권익보호라는 측면에서 또한 법원보다 신속하고도 저렴한 비용으로 처리된다는 점에서 옴부즈맨제도가 환영을 받고 있다.[38)]

미국에서도 옴부즈맨 프로그램은 10년 이상 성공적으로 이용되며, 또한, 옴부즈맨은 교정공무원, 교도소정책이나 관행에 대한 재소자의 불만을 조사하며 교정문제 해결방안을 권고하는 권한이 있으며 재소자나 교도관을 만날 수 있고 기록을 볼 수도 있다.[39)] 그런데 옴부즈맨제도는 의회 옴부즈맨제도인 스칸디나비아제국과 영국과는 달리 대부분이 행정형 옴부즈맨제도이다.[40)] 현재 미국에는 알래스카, 하와이, 아이오와, 네브라스카루 등이 옴부즈맨제도를 채택하고 있고 시정부에서도 도입하는 추세이다.[41)]

교정행정에 대한 사법적 통제를 살펴보면 미국에서는 행형에 대한 법관의 참여와 관련해서는 대부분의 주에서 캘리포니아 모델, 즉 법관은 내용이 확정되지 않은 판결만을 선고하고 그 판결을 개별하여 적용하는 것은 행정관청이 담당하여 법관은 행형과정에 참여하지 않지만 거의 모든 주(州)에서 소원(訴願)제기절차에 대한 규정을 두고 있고, 판례는 법원에 의한 권리구제를 신청할 수 있는 수형자의 권리를 제한 없이 보장하고 행형당국의 조치에 대한 통제가능성을 어느 정도 인정함으로써 수형자의 권리구제 신청에 의해 분류처우부터 징계에 이르기까지 일정 정도의 사법적 통제가 이루어지고 있다고 한다.[42)]

한편, 교정행정에 대한 내부통제 방법으로 가장 바람직한 자기규율의 전제가 되는 교정윤리에 있어서 캘리포니아 교정국의 교정윤리규약은 아래와 같다.[43)]

---

37) 변동윤, 전게서, 140면.
38) 박용치, 행정학연습, 고려원, 1987, 887면.
39) 한국형사정책연구원, 전게서, 87면.
40) 박재윤, 전게서, 166면.
41) 김규정, 행정학원론, 법문사, 1998, 859면.
42) 배종대 외, 전게서, 329~332면.

교정직 직원으로서 내가 중요시해야 할 것은 인간애를 위해 봉사한다는 것이다. 항상 친애하는 국민들로부터 내게 위임된 책임들을 잊지 않는다. 나의 책임하에 있는 사람들을 보호한다. 항상 강자의 협박으로부터 약자를 보호한다. 폭력과 무질서에 평화적으로 대항한다.

나는 내가 상대하는 모든 사람, 수용자, 하급직원, 상사 그리고 시민들을 정직하고 바르게 대한다.

임무수행에 꼭 필요한 경우를 제외하고는 나에게 위임된 기밀을 절대로 누설하지 않는다.

나는 타인의 일에 간섭하지 아니하고 자신에게 혹독할 줄 알며 직업적 판별력에 개인적 감정이 절대로 유입되지 않도록 행동한다.

나는 나의 공적, 사적 생활 모두를 진실 고결되게 행동하며, 동정심이 있고, 자신을 억제할 수 있는 사람이 되고자 노력한다.

나는 고난과 믿음에 수반되는 표상을 받아들이며 위의 목표들을 달성할 수 있도록 지속적으로 노력한다. 내가 선택한 직업에서 얻을 수 있는 이상향을 위해 나 자신을 바친다.

7) 싱가포르

앞에서 언급했지만 교정행정에 대한 내부통제 방법에는 여러 가지가 있지만 그 중에서 교정공무원들의 행정윤리의 확립을 전제로 한 자기규제 또는 자율통제가 가장 효과적이다. 이 점에서 공무원윤리가 가장 잘 확립된 것으로 알려진 싱가포르의 교정에 대한 내부적 통제로서 교정공무원의 윤리를 살펴보고, 또한 특이한 행형관여 판사제도를 내용으로 하는 사법적 통제를 살펴보기로 한다.

내무부 산하에 있는 교정본부는 교도관의 윤리성을 확보할 수 있는 방법이 교도소법으로 명백히 규정되어 있음에도 불구하고 교정공무원의 윤리성을 제고하기 위하여 교정공무원의 새로운 윤리구조를 만들고 있는데, 그 내용으로는 Operations Branch의 Assistant Director가 의장이 되는 교정본부 차원의 윤리집행위원회를 만들고 그러한 위원회는 기관에 의해 표면화되는 윤리적인 문제들을 해결할 것이고 기

---

43) 교정, 2001. 5, 41면.

관단계에서 선임윤리공무원들(Senior Ethics Officers)과 윤리공무원들(Ethics Officers)을 둘 것이고, 이러한 기관의 교도관들은 윤리관의 중요성과 인식을 심어주는 데 도움을 주게 되며 동시에, 현장근무자와 윤리적인 문제들과 어려움들을 해결하게 될 것이며 윤리회의의 다양한 단계에서 논의되는 사례들은 그 모임의 서기에 의해 감독되고 정기적으로 모든 윤리집행위원회에 제출된 사례들은 수집되어 사례연구와 참고가 될 수 있게 모든 기관들에 배부될 것이다.44) 그리고 모든 선임 윤리공무원들과 윤리공무원들은 그들의 의무를 수행하는 데 필요한 지식과 기술들을 갖추도록 훈련되고 신규직원들은 기본교육과정에서 윤리 가이드라인을 배운다고 한다.45)

싱가포르에서는 행형관여 판사제도로 방문판사위원회(The Board of Visiting Justices)가 있는데, 방문판사는 어느 때나 형무소를 방문하여 재소자의 불만이 있는 경우 불만을 청취하고 이를 조사 처리할 수 있으며, 형무소의 운영과 재소자의 처우에 있어 불법적인 점이 발견되면 소장에게 주의를 줄 수 있고, 한편으로는 재소자의 법률위반 행위가 중대하여 소내 징벌로 처리하는 것이 경하다고 생각되면 소장은 방문판사에게 통보하고 이때 방문판사는 출두한 후 처벌을 할 수 있는데 처벌의 종류는 30일 이내의 금치, 24대 이하의 태형, 몰수결정 등이 있다고 하여 다른 나라의 교정관여 판사와 달리 재소자의 중대한 규율위반 행위도 소장요청에 의해 조사해 처벌할 수 있는 점이 특이하다고 한다.46)

8) 기타 국가들

기타 국가들의 경우에는 중요한 사항만 살펴본다. 교정행형에 사법부의 판사가 통제 관여하는 형태로는 앞에 언급된 것 외에 행형법관이 행형에 깊숙이 관여하여 행형과정의 모든 구체적인 부분들까지 직접 결정하는 국가로는 포르투갈, 브라질 등이 있고, 또한 사실심의 법관이 판결을 선고할 때 구체적으로 행형의 형태(수용시설의 종류, 교육종류)를 결정하는 형태는 과거 사회주의 국가들이 있으며 오스트리아처럼 행형법관이 수형자가 개방교도소에 수감될지 여부를 결정하는

---

44) 손용주, 싱가포르연수기, 교정, 2001. 10. 92면.
45) 손용주, 전게논문, 92면.
46) 변동윤, 전게서, 139면.

곳도 있다.47)

홍콩은 외부통제로서 한 달에 두 번 최고관리자가 방문하여 수용자들의 불만사항을 처리하는 옴부즈맨제도를 운영하여 고충처리를 하고 있으며,48) 치안판사가 정기적으로 교정시설을 방문해 재소자들의 불평사항을 조사하고 재소자의 주·부식, 수용시설 내 건물의 적합성 등 법령상의 임무를 수행한다.49)

캐나다에서 교정통제와 관계되는 것 중 특이한 것에는 재소자위원회(In mate Committees)가 있는데 이는 재소자들과 교정당국과의 대화창구 역할을 하는 재소자 조직으로 비밀투표에 의해 선출되며 목적은 재소자들이 보다 많이 교정 프로그램에 참여할 수 있도록 하는 것이다.50)

또한 캐나다에서는 재소자는 그들의 처우에 불만사항이 있을 때에는 먼저 문서로 청원할 수 있고, 그 다음에는 3단계의 절차를 통해 이의를 제기할 수 있는데, 즉 1단계는 재소자 고충처리위원회(직원 2명과 재소자 2명으로 구성되며 의장은 직원이나 재소자 중에서 선출되는데 투표권은 없음)와 교도소장에게 제기하고, 2단계는 교정국의 지역관구부국장에게 제기하며, 3단계는 교정국장에게 제기하며, 또한 캐나다에는 교도소 옴부즈맨이라고 불리는 교정조사관이 있는데 그는 재소자가 요구하는 불만사항을 조사하여 권고사항을 법무부장관에게 보고한다.51)

뉴질랜드에는 법무부 아래에 교정국(교정운영 관리자)이 있고, 교정국 산하에는 지역사회 교정, 행형시설, 심리학 서비스(지역사회 교정에 근거한 판결을 선고받은 자 중에서 심리학적 치료가 요구되는 중독자들을 치료)가 있는데, 교정통제와 관련한 제도 중에는 수석조사관(Senior Inspectors)제도가 있는데, 이는 재소자의 고충처리와 원만한 교정행정의 수행을 위하여 4명의 조사관들이 해당 지역의 교도소를 정기적으로 방문해 재소자의 고충해소와 교정사고 발생 시 이를 조사하여 법무부차관에게 조사 보고함으로써 교정행정을 바르게 집행하는 데 기여한다.52) 뉴질랜드는 스칸디나비아 국가가 아닌 나라로서는 최초로 옴부즈맨제도를 도입하였다.53)

이스라엘의 법률자문관은 교정국 활동에 관련된 사법처리업무의 수행과 조직

---

47) 배종대 외, 전게서, 329~330면.
48) 윤재권, 홍콩, 태국교정시설 참관기, 2000. 1, 33면.
49) 변동윤, 전게서, 363면.
50) 교정, 1990. 10, 95면.
51) 교정, 1990. 10, 98면.
52) 辛京文, 뉴질랜드의 교정, 1994. 1, 37~44면.
53) 김규정, 전게서, 859면.

내의 부서에 법률적 조언을 하는 것 외에 교정국 직원과 시설 내의 내부조사 활동에 대한 감독과 재소자의 청원, 불만사항, 그리고 고충사항도 처리하며, 또한 법률자문관은 재소자가 옴부즈맨에게 제시한 불만사항도 처리하였는데, 이러한 불만사항들은 철저한 조사 후에 옴부즈맨에게 넘겨졌다.[54]

그런데 이스라엘에서는 감사원의 감사관이 옴부즈맨의 역할을 수행하고 있다.[55]

일본의 감옥법상의 고충처리제도로는 대신 또는 순열관에 대한 정원(情願)과 소장면접제도가 있는데, 청원의 일종인 정원은 처우에 대한 불복이 있을 때 대신에 대해서는 서면으로, 순열관에 대해서는 서면 또는 구두로 행하는데 모두 신청이 직원에게 알려지지 않도록 비밀리에 신청하는 것이 보장되고 소장면접도 대리자에 의한 실시를 포함하여 활발히 운용되며, 한편 행형에 대한 실지감사는 순열관이 행한다.[56]

그런데 일본의 행정불복심사법은 불복심사, 즉 행정심판의 대상에 관해 열기주의를 채택하나, 그 예외로서 제외사항을 광범위하게 인정하고 있으며, 행형시설에 있어서 수용의 목적을 달성하기 위하여 피수용자에 대하여 행하는 처분도 불복심사의 대상에서 제외해 수형자가 행정불복심사법에 의해 행정심판을 청구할 수 있는 길은 없지만, 행정불복심사법은 동법에 의한 불복신청 대상에서 제외되는 처분에 관해 따로 법령으로 당해 처분의 성질에 의한 불복신청제도의 설치를 방해하지 않아 형사시설법안은 일반법인 행정불복심사법에 대한 특별법적 성격을 갖는 규정으로서 심사의 청구제도를 신설하고 있다.[57]

영국의 경우에 교정통제와 관련된 것으로 행형법 제94조에 따르면 교도소방문자위원회는 내무부장관이 요구하는 어떤 문제에 대해서도 조사해야 하며, 소장의 주의를 요하는 어떤 문제에 대하여 소장이 관심을 가질 수 있도록 해야 하고, 내무부장관에게 긴급하다고 생각하는 문제에 대해 이를 보고해야 한다. 또한 동 위원회는 교정당국의 권력남용이 있다고 생각하는 경우 이를 즉시 내무부장관에게 보고해야 하며 내무부장관의 결정이 내려질 때까지 교도관의 직무를 중단케 할 수 있는 권한을 가지며, 행형법 제95조에 따르면 교도소방문자위원회 및 동 위원은 재소자가 그들에게 어떤 불복신청을 하는 경우 이를 청취해야 하며, 동 위원회는

---

54) 전태정, 이스라엘의 교정, 1991. 4, 100~101면.
55) 김규정, 전게서, 859면.
56) 한국형사정책연구원, 전게서, 290면.
57) 박재윤, 전게서, 163~164면.

그들이 접수한 재소자의 건강이 구금상태에 의해 해롭게 영향을 미칠 가능성이 있다는 보고서를 검토해야 하며, 행형법 제96조에 따라 교도소방문자위원회 위원은 교도소를 자주 방문해야 하며 동 위원회의 위원은 모든 재소자를 만나서 교도관의 입회 없이 재소자와 상담할 수 있고 교도소의 각종 기록물을 열람할 수 있다.

또한 행형법 제97조에 따라 교도소방문자위원회는 매년 말에 내무부장관에게 권고와 제안사항을 포함하여 교정행정의 상황에 대한 연례보고서를 작성해야 한다.

그리고 행형법 제87조에 따라 법령에 의하거나 내무부장관의 지시에 의해서 외부인의 교도소참관을 허가할 수 있으며 외부인은 재소자와 교담을 할 수 있다.

재소자는 소장, 목사, 의사, 방문위원과의 면담청원을 제기할 수 있으며, 교정국 직원, 지역감독관, 국무장관, 방문위원회, 국회의원, 유럽인권위원회, 사무변호사(Solicitor), 보호관찰관, 옴부즈맨에게 청원서를 쓸 수 있는데 옴부즈맨은 재소자의 청원에 대해 독립적으로 조사할 수 있다.[58]

중국은 모든 교정활동이 중앙행정기관인 사법부의 관할에 있으며 감옥은 공안부에서 통제하며, 노동교양기관의 모든 활동은 인민검찰원의 법률감독을 받아야 한다.[59] 그리고 감옥관리국이 감옥, 노동개조관교대, 소년범관교소 등을 통제, 관리, 감독하며 감옥의 인민경찰은 사법부의 지휘감독을 받으며 수형자는 청원의 일종인 신소권(申訴權)이 있는데 이는 수형자가 형벌집행 중에 관련 기관에 고충이나 부당함에 대한 처리를 요구하는 행위로 징벌의 부당함에 대한 처리를 요구하는 행위로 징벌의 부당함은 인민검찰원에 제기할 수 있고, 그리고 수형자는 수용기간 중 관리교육, 노동생산과 생활위생 등 업무에 대하여 합리적 건의를 제출할 수 있다.[60] 한편, 교정행정에 대한 외부적 통제로서 옴부즈맨제도가 발달한 스웨덴과 덴마크의 옴부즈맨제도를 살펴보면, 스웨덴은 헌법 제96조에서 옴부즈맨의 자격에 대해 법률적 소양이 있는 인격자라고 규정하지만 보통 법관 중에서 선출되며, 옴부즈맨은 의회에 의하여 임명되고 의회는 옴부즈맨의 개별적 활동을 감독할 수 없으며, 옴부즈맨은 비밀문서를 포함한 모든 공문서를 열람하고 자율적으로 조사할 권한이 있으며, 또한 옴부즈맨은 소추권을 갖고 있고 그는 연간 6주간에 걸쳐 전국의 행정기관을 순회하면서 감시활동을 하며 연차보고에 있어서 법률이나 제도의 개선을 권고할 수 있다.[61]

---

58) 한국형사정책연구원, 전게서, 135 ~ 136면.
59) 이영근, 전게논문, 94면 이하.
60) 유병철, 중국의 교정제도, 교정, 1997. 9, 74면 이하.

덴마크의 옴부즈맨도 의회소추의 공무원이지만 직무수행은 의회로부터 독립된 지위에 있으며, 그의 권한은 국가의 행정활동 전반에 걸쳐 제한 없이 감시기능을 수행하며, 그는 국민으로부터의 불복신청에 의하거나 또는 직권으로 행정활동의 타당성 여부를 조사해 시정을 요청 또는 권고할 수 있는데, 옴부즈맨의 자격요건으로는 법률지식을 요구하며 임기는 의원임기와 같고 대법원 판사의 대우를 받고 연례보고서를 의회에 제출하는 것은 스웨덴의 경우와 같고 직권주의와 신청주의를 겸용할 수 있지만 주로 후자에 의존해 민원을 취급한다고 한다.62)

한편, 스웨덴은 1776년에 제정된 출판의 자유에 관한 기본법에서 국민은 교도소 등 공적 기관의 불법한 행위나 부당한 고발에서 자신을 보호하는 수단으로서 공문서를 자유로이 열람할 수 있다고 하였고, 1996년 12월에 출판의자유에관한기본법에서 공문서는 한정된 예외를 제외하고는 공중에게 공개해야 한다고 규정하였다.63)

4. 교정통제의 문제점

1) 내부통제의 문제점

우선 순회점검은 교도관의 전단이나 비행에 의한 전근대적 인습을 시정하고 수용자의 인권을 보장하도록 교정행정상의 부정과 비리를 적발, 시정하려는 데에서 인정된 제도이다.64)

그러나 교정통제로서의 순회점검은 과거에는 1년에 1회씩 의무적으로 행하여졌으나 1999년의 행형법 개정을 통해 2년에 1회 이상으로 행한다고 하여 그 실시 횟수가 줄어들어 내부통제적 기능이 약화되었다.

특히, 일반순회점검은 교정행정에 대한 내부적 통제의 성격이 가장 강하고 수

---

61) 이광종, 행정책임론, 대영문화사, 1991, 237~238면.
62) 이광종, 전게서, 239면.
63) 지승우, 행정학의 제 문제, 대명출판사, 2000, 756면.
64) 허주욱, 전게서, 299면.

용자와 교정시설의 실제상황을 알 수 있는 가장 중요한 방법임에도 순회점검 횟수를 줄인 것은 교정행정의 밀행주의를 더욱더 강화시킬 수 있다.[65]

또한 현재 행형법 제5조와 시행령 제2조에 나와 있는 순회점검은 교정행정과 교정시설에 대한 일반순회점검으로서의 성질을 갖고 있어 교정행정의 전문 분야에 대한 특별순회점검에 대한 근거가 없어 문제점이 되며, 또한 법무부장관의 명을 받은 소속 공무원과 교정청 공무원으로 구성되는 순회점검반은 순수하게 법무부 내부 공무원으로만 구성되어 있어 처음부터 교정행정이나 교정시설의 근본적 문제점에 대한 내부통제에는 사실상 한계가 있다고 할 것이다.

또한 행형법 제5조는 순회점검이 교정행정과 교정시설에 대한 내부통제와 점검, 감독의 성격을 띠고 있으나 수용자의 순회점검 공무원에 대한 청원을 규정한 행형법 제6조에 의하면 순회점검은 수용자의 권리구제적 성격도 띠고 있어 순회점검 자체의 이중적 성격으로 인해 모호한 위치에 있다고 할 것이다.

또한 행형법 제5조와 동법시행령 제2조에 의해 법무부장관도 순회점검의 주체로 들고 있으나 법무부장관이 전국의 모든 교도소와 소년교도소, 구치소와 그 지소를 순회한다는 것은 사실상 불가능하며, 만일 법령의 규정대로 법무부장관이 전국의 교정기관들을 순회한다면 교정통제로서의 실효성은 거의 없다고 할 수 있다. 왜냐하면 법무부장관은 시간이나 전문지식의 제약상 교정행정과 시설, 처우의 세세한 전문 분야에 대한 통제를 할 수 없기 때문이다.

한편, 서울지방변호사회가 영등포 교도소와 영등포 구치소에 대한 설문조사(2002년) 결과에 따르면 순회점검에 대해 들어본 적이 있느냐는 질문에 대해 응답자 68명 중 30명이 들어보지 못했다고 답했으며, 1명은 교도관이 사전에 "순회점검 시 검열관에게 이야기하면 큰일 난다"는 경고를 했다고 답변했다고 한다.[66]

위의 결과에 따르면 순회점검제도는 수용자의 권리구제로서보다는 내부점검적 요소가 강함을 알 수 있다.

그 다음에 소장면담제도를 보면 소장면담은 수용자가 권리침해를 당했다고 생각되는 교도소의 처우와 자신의 일신상의 사정 등이 있는 경우에 소장과 면담을 통해 구제 또는 조언을 구하는 제도이다.[67]

---

65) 참고로 군교도소의 경우는 군행형법시행령 제2조에 의해 매년 1회 이상 순회점검을 행한다.
66) 서울지방변호사회, 구금실태조사보고서, 2002, 70면.
67) 허주욱, 전계서, 304면.

따라서 소장면담은 수용자의 비사법적인 권리구제 수단으로서의 성격도 있고, 또한 이 과정을 통해 하급공무원의 잘못된 처우에 대한 내부통제가 될 수 있다. 그러나 행형법시행령 제9조에 의하면 수용자가 처우 및 일신상의 사정에 관해 면담을 신청하면 소장은 순서에 따라 면담을 하도록 규정하고 있으나(제9조 제2항), 제9조 제2항은 2000년 3월 28일에 개정된 것으로 개정되기 전에는 소장은 매주 1회 이상의 면접일을 정하고 수용자의 처우 또는 일신상의 사정에 관하여 면담을 원하는 수용자를 면접해야 한다고 규정하여 면담의무 규정을 두었으나 이번에는 그런 의무규정을 삭제하여 후퇴하고 있음을 알 수 있다. 따라서 의무규정이 삭제된 만큼 교정현실에서는 소장면담제도는 형식화되고 있는 것으로 조사되고 있다.

이에 대해 국가인권위원회가 펴낸 구금시설인권실태보고서에 따르면 소장면담 신청을 하여도 소장에게 제대로 보고되지 않거나, 소장에게 보고되더라도 면담이 제대로 이루어지지 않고 있는 실정이다.[68] 소장면담은 신청하더라도 거절하는 일이 거의 대부분이다.[69]

그리고 인권운동사랑방에서 펴낸 한국감옥 현실에 나타난 수용자들에 대한 설문조사 결과에 따르면 수용자가 교정시설에 입소할 때 불복신청을 할 권리가 있다는 사실과 구체적 방법 등에 대해 교도관으로부터 정식으로 통지를 받은 사실이 있느냐의 질문에 "있다"는 응답이 2명(0.9%)이었고, 담당교도관에게 소장면담을 신청한 일이 있느냐의 질문에 "있다"라는 응답이 104명(45.2%)이고, 이 중에서 소장면담 신청이 받아들여졌느냐는 질문에는 소장면담이 받아들여지지 않았다가 80%로 88명이 있다는 사실에[70] 미루어보면 소장면담이란 제도가 얼마나 형식적인가를 알 수가 있다. 따라서 법제도나 규정보다 실제운용이 더 중요하다는 것을 알 수가 있다.

한편, 서울지방변호사회가 2002년에 영등포 교도소와 영등포 구치소에 대한 방문조사 결과에 따르면 수감생활 중 소장과의 면담을 신청한 자는 73명의 응답자 중 10명이었고, 위 10명 중 4명만이 소장과 면담하였다고 답변했고, 면담을 거절당한 자에게 어떤 방식에 의해 거절당했는지 질문한 결과 15명의 응답자 중 7명이 거부통지도 없이 묵살당했다고 답했고, 소장면담 신청 이후 신청에 대한 결정통지가 지연되거나 면담신청이 묵살되는 과정에서 수용자와 교도관들 사이에 불

---

68) 구금시설연구모임, 구금시설인권실태보고서, 2002, 33면.
69) 배종대 외, 전게서, 315면.
70) 인권운동사랑방, 한국감옥의 현실, 1999, 298˜299면.

필요한 충돌이 많다고 한다.[71)

　따라서 낮은 소장면담 신청률과 높은 면담 거절률을 막기 위해서 소장면담제도의 충분한 홍보와 소장의 면담의무를 법규화할 필요가 있다.

　그 다음으로 청원의 경우를 보면 법령에 청원의 주체와 대상과 청원의 방법에 대하여 나와 있으나 청원의 기회 및 청원의 환경과 청원의 실질적인 보장에 대한 규정이 없어 청원제도가 형식화될 수 있다. 즉, 자유로운 분위기에서 청원할 수 있어야 되고 청원서 집필의 보장과 출역자나 징벌자 또는 사방에 있는 수용자 모두가 순회점검 공무원 또는 법무부장관과 접할 수 있는 기회가 있어야지 그런 기회가 없다면, 즉 출역 중 또는 징벌 중이라고 하여 순회점검 공무원 등을 만나지 못하거나 사방에 있어도 순회점검 공무원 등이 그냥 지나가버리거나 또는 청원서 집필이 자유롭지 못하면 이 제도는 실효성이 없기 때문이다.

　피구금자처우최저기준규칙 제36조 제2항에 의하면 피구금자는 교도소 감사관의 감사 중에 감사관에게 요구 또는 불복신청을 할 수 있어야 하며, 피구금자는 소장 또는 기타 직원의 참여 없이 감독관 또는 시설을 감독하는 자와 면담할 기회가 주어져야 한다고 규정되어 있는데, 이와 같이 모든 피구금자에게 감사관의 감사 중에 실제로 면담할 기회가 주어져야 한다.

　인권운동사랑방에서 펴낸 한국감옥의 현실에 나타난 설문조사 결과에 따르면 청원집필 신청이 받아들여졌냐는 질문에 받아들여졌다는 응답이 4.8%(11명)이며, 법무부 당국자가 교도소 등을 순회 점검한다는 사실을 알고 있느냐는 질문에 "알고 있다"는 응답이 45.2%(104명)에 불과하며 순회점검 때 검열관에게 청원을 하려고 한 적이 있느냐는 질문에 66.1%(152명)가 "없다"라고 응답했고, "없다"라는 응답자에게 왜 청원을 하지 않았느냐는 질문에 38.71%(72)가 청원을 해봐야 소용이 없다고 했고, 32.6%(60명)는 누가 순시하는지 전혀 몰랐다고 대답했다.[72)

　위의 설문조사 결과에서 알 수 있듯이 청원제도가 소극적으로 운영되어 왔고 형식적 측면이 강하다는 것을 알 수 있는데, 이와 같이 청원권의 행사 자체가 어렵고 청원권이 실질적으로 보장되지 않는 이유에 대해 국가인권위원회의 구금시설연구모임이 펴낸 구금실태인권실태보고서의 분석에 따르면 1999년 개정된 행형법에서 신입자에게 권리구제 수단과 청원에 관한 사항을 고지하도록 했으나 고지방법에 대해 구체적으로 규정하고 있지 않고, 수용자들이 이해할 수 있는 방법으

---

71) 서울지방변호사회, 구금실태조사보고서, 2002, 71~72면.
72) 인권운동사랑방, 한국감옥의 현실, 사람생각, 1999, 299~301면.

로 고지하는 경우는 극히 드물다 하며, 수용자 청원 처리지침에서는 수용자로부터 청원집필 신청을 받은 담당교도관은 지체 없이 소장에게 보고하여 청원서 집필허가를 받도록 규정하고 있으나 담당교도관이 소장에게 집필신청 자체를 보고하지 않거나, 늦게 보고하거나 소장이 집필허가를 하지 않아 청원권을 침해하는 일이 발생하고, 청원처리 과정에서 수용자의 청원에 대하여 제대로 조사하지 않는 경우가 많다 하며 순회점검제도가 형식적으로 운영되는 경향이 강하다고 분석하였다.[73]

한편, 서울지방변호사회가 2002년에 영등포 교도소와 영등포 구치소의 수용자에 대한 설문조사 결과에 따르면 법무부장관에게 청원하기 위하여 집필신청을 하였느냐는 질문에 대해 64명 중 4명만이 신청해본 경험이 있다고 답했고 교도소를 방문한 공무원에게 구두나 문서로 청원해본 적이 있느냐는 질문에 대해 53명의 응답자 중 50명이 없다고 대답했다고 한다.[74]

따라서 위의 결과에 의하면 청원비율이 아주 낮은데 이런 결과에 대해 서울지방변호사회는 수용자들이 청원제도 자체를 모르거나, 청원이 불이익으로 연결될 것이라는 막연한 두려움을 갖고 있거나, 죄를 짓고 들어왔으면 조용히 살다 나가야 한다는 주변의 명시적, 묵시적 압력 때문으로 분석하고 있다.[75]

한편, 청원의 주체에 대해 행형법에서는 수용자 본인에 한정시키거나 수용자가 교정시설에 구금된 특수한 처지에 있으므로 실질적인 청원권의 행사가 어려울 수 있으므로 수용자의 배우자나 직계가족 등에게도 행형법상의 청원권을 인정할 필요가 있고, 또한 현재는 공동청원을 금지시키고 있으나 동일한 교정처우를 집단으로 받는다는 점을 감안할 때 공동청원도 인정할 필요가 있다.

2) 외부통제의 문제점

시찰에는 내부기관에 의한 시찰과 외부기관에 의한 시찰이 있는바, 전자는 소장이나 소장의 명을 받은 교도관, 의무관 등이 수용자의 건강상태나 동정을 파악

---

73) 구금시설연구모임, 구금시설인권실태에 관한 보고서, 2002, 28~31면.
74) 서울지방변호사회, 구금실태조사보고서, 2002, 69~70면.
75) 서울지방변호사회, 전게서, 70면.

하기 위한 것이며(독거수용자에 대한 시찰 등), 외부통제로서의 성격을 갖는 것은 후자이다. 외부에 의한 시찰의 경우를 보면, 사법부의 판사 또는 검사에 의해 행하는 시찰의 경우는 미결수용과 형벌집행상황을 시찰하여 앞으로의 직무상 사법작용에 참고하도록 하는 것이지만 판사의 시찰과정을 통해 그것은 결과적으로는 교정행정에 대한 외부통제적 성격을 지닌다고 할 수 있다.

즉, 판사가 시찰할 경우 교도소는 처우에 대한 의견진술이라든지 참고자료의 수집에 최대한 협력하여 그의 직무상 연구에 적극 협조해야 한다는 점에서[76] 판사의 시찰이 비록 교정행정에 대한 감독작용은 아니지만 판사의 교정처우에 대한 질문 또는 자료요구 자체가 사실상 통제적 성격을 지닌다고 할 수 있고, 또한 그것은 견제와 균형이라는 3권분립의 정신에 맞기도 하다. 따라서 판사의 시찰제도가 활발할수록 교정행정은 더욱더 투명해진다고 할 수 있다.

그런데 우리의 행형법 제5조 제2항에는 판사와 검사는 교도소 등을 수시로 시찰할 수 있다고 하여 판사와 검사의 기속행위가 아닌 재량행위로 함으로써 시찰조항이 형식화될 수 있다.

물론 판사와 검사의 업무가 폭증하는 현실에서 그들에게 정기적으로 시찰의 의무를 지우게 하는 것은 무리가 있다고 하겠지만 교정관여 판사 또는 행형법관제도를 채택하고 있지 않은 현 제도를 감안할 때 미결수용의 실제상황이나 형벌집행의 현 상태나 문제점을 모르는 상태에서 판사가 사법재를 생산하는 것은 문제가 된다고 하겠다.

또한 현실적으로 판사가 교정기관에 대한 시찰은 거의 없다는 점에서 재량행위로 규정화한 시찰조항은 형식화된 조항이라고 할 수 있다.

또한 청원의 경우와는 달리 시찰의 경우에는 시찰의 구체적 방법에 내해 자세히 나와 있지 않고, 다만 행형법시행령 제3조에서 시찰의 대상을 요구받은 장소로 한정시키고, 시찰시간을 한정하고 있다.

그리고 시찰이 판사가 요구한 장소만을 시찰하는 것보다 요구한 장소에 수용된 또는 출역된 수용자들과의 대화를 통해서 형벌집행의 실상과 문제점을 파악해 나중에 사법재의 생산에 참고한다는 데 의의가 있다면 시찰에 있어서 수용자와의 자유로운 만남과 대화권이 보장되어야 하나 법규에는 그런 규정이 없어 한계점을 드러내고 있으며 실효성에 의문을 가지게 한다.

---

76) 허주욱, 전게서, 301면.

그 다음에 참관의 경우를 보면 종래는 범죄인의 개선복귀를 위하여 그들을 다른 시설에 수용하는 것을 선량한 일반사회인에게 공개함은 수용자의 명예감정 손상 등을 초래한다는 측면에서 밀행주의 아래 운영되어 왔으나 교정이 밀행주의를 철두철미하게 관철할 때에 교정의 개선을 저해한다는 점에서 형벌집행의 밀행주의를 완화하는 수단으로 참관제도가 인정되었다.[77]

현행 행형법 제5조 제3항에는 참관의 목적으로 학술연구와 기타 정당한 이유를 들고 있고 이러한 정당한 이유가 있다고 해서 바로 참관하는 것은 아니고 참관의 허용 여부는 소장의 자유재량 행위에 맡겨두고 있다. 왜냐하면 행형법시행령 제4조에서 소장은 참관의 목적을 확인한 후에 그 허가의 여부를 결정하여야 한다고 규정하기 때문이다.

따라서 학술연구의 목적으로 참관을 신청해도 그 목적에 대한 해석 즉, 그것이 학술연구인가 아닌가는 오로지 소장만이 해석권을 가지므로 소장의 가치관이나 편견 또는 교정의 상황 등에 따라 허가 여부가 결정될 수 있어 재량의 남용이 문제가 될 수 있다.

또 하나는 행형법 제5조 제3항의 "기타 정당한 이유"가 무엇인가에 대한 해석이 문제가 될 수 있는데, 이것 역시 정당한 이유인가 아닌가에 대한 유권해석권은 오로지 소장의 재량에 맡겨져 있어 똑같은 사안이라도 소장에 따라서 허가 여부가 달라질 수 있다.

그리고 행형법시행령 제4조에는 참관의 허가를 받고자 하는 자는 성명, 주소, 직업, 연령, 참관의 목적을 적도록 하고 있으나 이 중에서 직업을 적도록 하는 것은 사실상 무직자의 참관을 제한할 수 있고, 또 직업을 적음으로써 교정당국이 어떤 예단을 가질 수 있으므로 직업조항은 임의적 기재사항으로 하는 것이 낫다고 생각한다.

그리고 현재 참관의 규정에는 소장이 참관의 목적을 확인한 후 그 허가의 여부를 결정하도록 하고 있으나 그 결정시기에 대한 규정이 없으며, 또한 현재의 참관을 규정한 조항에는 참관신청에 대한 방법이 없으며 정보화 시대에 맞게 인터넷으로 참관을 해당 교정기관에 신청할 수 있도록 해야 하나 이에 관한 규정이 없다.

그리고 행형법시행령 제4조 제3항에는 소장은 허가를 받은 자에 대해서는 참

---

77) 허주욱, 전게서, 302면.

관상의 주의사항을 고지한다고 하나 주의사항에 대한 내용이 없어 소장이나 그때 그때의 상황과 맥락에 따라 주의사항이 달라질 수가 있다.

그런데 행형법시행령 제4조 제3항은 1995년 8월 26일에 개정된 것으로 개정되기 전에는 소장은 참관을 허가한 자에게 참관상의 주의사항을 고지하여 기율유지, 재소자의 명예보전에 유의하여야 한다고 규정하여(구행형법시행령 제3조 제3항) 주의사항 고지의 목적을 규정하였다.

그리고 참관자는 질문, 비평 등은 금지되고 수형자와 무단대화를 하는 것이 금지된다고 하는바,[78] 학술연구의 목적을 위한 참관의 실질적 효과를 위해서는 그 연구목적상 필요한 범위 내에서는 수형자에 대한 질문권과 대화권이 보장되어야 하는데, 현재는 실무상 그것이 금지되어 있어 참관제도의 실효성에 의문을 주고 있다.

한편, 행형법 제63조에는 미결수용자와 사형이 확정된 자가 수용된 거실은 참관할 수 없다고 규정되어 있는바 이는 미결수용자는 아직 형이 확정되지 않아 무죄추정을 받으므로 그들의 명예와 인권존중상 참관을 금지하고 있다.

그런데 위의 조항은 과거에는 구치소와 미결수용실의 참관은 금지한다고 규정되었다가, 그 뒤 구치소, 유치장, 미결수용실은 참관할 수 없다고 개정되었다가 1999년 12월 28일에 현재의 규정으로 다시 개정되었다.

따라서 이제는 구치소 등도 참관이 가능하나, 다만 구치소 내에서 미결수용자가 수용된 거실은 참관할 수 없다고 해석되는바, 이 문제와 관련하여 2가지의 문제가 있다. 첫 번째는 현재의 행형법 제63조, 즉 미결수용자와 사형이 확정된 자가 "수용된" 거실은 참관할 수 없다라는 조항에서 "수용된"이란 문구는 "수용 중인" 또는 "수용되어 있는" 또는 "현재 수용된"이라는 문구로 바뀌어야 한다.

왜냐하면 미결수용자의 인권과 명예를 보호하기 위해 미결수용자가 현재 수용되어 있는 거실을 참관할 수 없다는 뜻이지 미결수용자가 "수용된" 거실이라 하더라도 현재 출역 또는 접견 등으로 거실에 없는 경우에는 이때의 미결수용실은 참관할 수 있다.

그런데 현재 행형법시행령 제63조에서 미결수용자가 "수용된" 거실은 참관할 수 없다는 표현은 미결수용자가 현재 수용된 거실만 아니라 출역 등으로 자리를 비운 경우의 거실도 참관할 수 없다고 해석될 수 있으므로 "현재 수용된"으로 바

---

78) 허주욱, 전게서, 303면.

꿰어야 한다는 뜻이다.

또 하나의 문제는 미결수용자와 사형이 확정된 자가 수용된 거실의 참관을 금지시키는 취지는 그들의 인권보호와 명예감정을 위한 것이다.

따라서 인권보호와 명예감정을 해치지 않는다면 참관이 가능하다고 할 것이고 명예감정의 손상 여부는 교정당국이 판단할 문제가 아니고 미결수용자와 사형이 확정된 자가 판단할 문제, 즉 미결수용자 자신이 학자들의 참관을 꺼리지 않고 원한다면 참관을 금지시킬 필요가 없다.

특히, 우리나라와 같이 교정의 밀행주의가 심하여 문제가 되는 곳에서는 오히려 자신들의 거실이 참관되는 과정을 통해서 인권개선에 도움이 된다고 생각하는 미결수용자들도 있을 것이므로 현재처럼 미결수용자 등이 수용된 거실은 무조건 참관을 금지시킬 것이 아니라 참관의 취지를 살려서 참관을 반대하지 않는 미결수용자들의 거실은 참관 후 허용하는 방향으로 나아가야 한다고 생각한다.

그런데 이 문제와 관련하여 행형법 제68조에는 경찰관서에 설치된 유치장은 미결수용실에 준한다고 규정하여 유치장의 미결수용자에 대한 참관도 금지되는 것으로 해석되지만, 이와 관련하여 우리 행형법에는 검찰청 내의 구치감, 즉 재판이나 검찰의 조사를 받기 위한 출정자들을 위해 검찰청 내에 설치한 구치감에 대한 규정이나 준용규정이 없으며, 구치감 내의 미결수용자에 대한 참관이 문제가 될 수 있다고 본다.

왜냐하면 행형법 제63조에서 말하는 미결수용자와 사형이 확정된 자가 수용된 거실이란 교도소와 구치소, 구치지소 등을 의미하지 경찰서의 유치장이나 검찰청의 구치감이 포함되지 않는데, 그것은 행형법 제2조와 제3조에서 미결수용자는 구치소에 수용하나 미결수용자를 수용하기 위하여 교도소 또는 소년교도소 안에 미결수용실을 둘 수 있다고 규정한 데서 알 수 있기 때문이다.

따라서 검찰청 구치감의 경우에도 형이 확정된 수형자가 재심을 받기 위해 구치감 내에 수용된 경우는 참관이 가능하겠지만 보통은 대개 미결수용자들이 재판 또는 검찰조사를 받기 위해 검찰청 내의 구치감에 수용되므로 구치감 내의 미결수용자가 수용되어 있는 거실도 해당 수용자가, 참관하는 것을 원하지 않는 이상 참관을 금지해야 하므로 행형법 제68조를 경찰관서에 설치된 유치장과 검찰청에 설치된 구치감은 미결수용실에 준한다고 개정할 필요가 있고, 또한 행형법 제63조는 미결수용자와 사형이 확정된 자가 수용되어 있는 거실은 본인들의 의사에 반해서 참관할 수 없다고 개정할 필요가 있다.

그리고 또 하나 문제가 되는 것이 행형법 제68조에서는 경찰관서에 설치된 유치장은 미결수용실에 준한다고 하는데 미결수용실은 미결수용자가 수용되는 거실인데도 행형법시행령 제175조에서는 경찰관서에 설치된 미결수용실에는 수형자를 30일 이상 수용할 수 없다고 하여 수형자를 수용할 수 있는 근거가 마련되어 있고, 또한 현실적으로 경범죄처벌법을 위반하여 구류형을 받은 자는 대부분 경찰서의 유치장에서 집행되고 있다. 따라서 경찰서에 설치된 유치장에 수용된 구류(자유형)형 수형자는 참관이 가능함에도 행형법 제68조가 유치장은 미결수용실에 준한다고 규정하고, 또한 행형법 제63조에 따라서 유치장은 획일적으로 참관할 수 없다고 하는 것은 문제가 된다고 할 수가 있고, 또한 한국현실에서는 유치장의 유치실을 구류형 수형자와 미결수용자용으로 구분하지 않고 혼거 수용하는 데서 오는 현실적 제약점이 있다고 할 수가 있다.

그리고 행형법시행령 제4조 제2항에는 외국인이 참관을 하고자 할 때는 법무부장관의 승인을 얻어 소장이 허가하도록 규정하여 내국인의 경우보다 엄격한 절차를 거치게 하나 교정의 사회화, 교정의 국제화가 도모되어야 하는 점에서 이런 관료제적 규정은 방해가 될 수 있으므로 외국인이 참관을 허가받고자 할 때에도 소장에게 허가권을 주고 단지 소장은 허가하고 난 뒤에 법무부 교정과에 참관의 내용에 대해 보고하도록 하면 될 것이다.

물론 외국인이 우리나라의 교정현실을 참관하고 돌아가서 자기 나라와 비교하여 비판할 수도 있겠으나, 그런 비판을 두려워하여 참관허가 절차를 어렵게 하여 참관을 허가하지 않으면 오히려 더욱더 나쁜 인상과 오해를 줄 수도 있고, 또한 열린 행정의 이념과, 비판을 통해서 교정행정이 성숙되므로 외국인의 참관에 대해서도 내국인과 같이 하면 된다고 생각한다.

그리고 현재 행형법에는 참관의 주체에 대한 제한은 없어 이성(異性), 미성년자도 이론상은 가능하다고 할 것이다.

그런데 구행형법 제5조 제4항에는 남자 또는 여자가 이성을 수용한 교도소, 소년교도소를 참관하고자 할 때에는 당해 소장이 법무부장관의 승인을 얻어 이를 허가한다고 규정했으나, 1995년 1월 5일의 행형법 제5차 개정 때는 그러한 이성참관 제한규정이 폐지되어 이제는 이성참관도 소장의 재량에 따라 허가 여부를 결정할 수 있다.

그리고 또 하나 문제가 되는 것이 미성년자가 교정시설을 참관하려고 할 때에는 행형법상으로 이를 제한하는 명문규정은 없다.

이에 대해 허주욱 교수는 미성년자의 순진한 심정을 손상하게 한다는 취지에서 참관을 인정하지 않아야 한다고 주장하고 있으나,[79] 미성년자라도 대학생의 경우는 학문연구의 목적에서 참관이 인정될 수 있으므로 미성년자라고 획일적으로 참관을 금지할 것이 아니라 소장이 구체적 사정을 검토한 후에 허가할 수 있다고 생각된다.

그리고 또 하나 문제가 될 수 있는 것이 현재의 참관에 관한 행형법령의 규정은 성인교도소와 소년교도소에 대해 구별하지 않고 동일하게 취급해 소년교도소에 대한 참관을 제한하지 않고 있는데, 이에 대해 정갑섭 씨는 소년법 제68조의 규정 즉, 소년법에 의해 보호사건 또는 형사사건에 대해서는 성명, 연령, 직업, 용모 등에 의하여 그 자가 당해 본인으로 추지할 수 있는 정도의 사실이나 사진을 신문지, 기타 출판물에 게재 또는 방송할 수 없다라는 규정을 유추하여 본다면 교육상 참관을 허가하지 않음이 바람직하다고 주장하나,[80] 그러나 소년법 제68조의 취지는 아직 형이 확정되지 않은 소년 미결수용자의 무죄추정법리상 규정된 것이며, 소년교도소에는 원칙은 형이 확정된 수형자를 수용하므로 소년법 제68조의 규정과 연계시킬 필요가 없다고 생각되며 더욱이 소년교도소에는 소년법 제63조의 반대해석에 의하여 만 23세까지의 성인도 수용될 수 있으므로 소년교도소에 대한 참관도 학술연구 등 정당한 이유가 있으면 허가해야 되고, 그것이 교정의 밀행주의를 막고 궁극적으로는 질 좋은 교정재의 생산에 기여한다고 생각된다.

그 다음에 신문과 방송에 의한 외부통제를 살펴보면 교정행정에 대한 언론에 의한 외부통제는 생각하기에 따라서는 가장 강력하고 효과적인 통제수단이 될 수 있다. 왜냐하면 한국에는 언론의 영향력이 매우 크고 관료와 관료조직은 관료제의 속성상 언론의 보도에 민감하기 때문이다. 그러나 우리 언론이 교정에 대한 보도는 근본적이고 체계적이지 못하고 화재경보적 수준이다. 즉, 교정사고가 발생하면 금방이라도 큰일이 날듯이 호들갑을 떨고 교정사고, 예를 들면 수용자의 탈주사고에 대해서는 탈주하게 된 근본적 배경이나 원인보다는 계호나 보안 등의 수준에서 접근하는 근시안적 시각을 보여주어 왔다.

또한 최근의 각종 범죄사건을 언론이 보도하면서 범인들은 출소한 지 얼마 되지 않았고 교도소에서 알게 되어 범죄를 공모하게 되었다고 보도하면서도 범죄가 발생한 것에 대해 경찰의 치안공공재의 생산이나 치안재의 생산방법 – 과학적 수사기

---

79) 허주욱, 전게서, 303면.
80) 정갑섭, 전게서, 183~184면.

법의 부족이니 초등수사의 허술 등등 - 에 대한 비판위주로 접근을 하고 그러한 치안재의 수요를 발생시킨 잘못된 교정재의 생산에 대해서는 접근을 하지 못하여 범죄발생의 근본원인을 간과하고 있다. 즉, 수용자에 대한 교화 등 교정재가 잘 생산이 되면 재범률이 줄어든다는 논리가 아니라 치안재의 생산방법이 잘되지 않아서 범죄가 자꾸 발생한다는 측면에서 접근을 하여 그 근본적 한계를 보여주고 있다.

만일 그러한 범죄사건, 특히 재범사건에 대해 치안재의 생산방법만 아니라 그동안의 교정재의 생산방법이 잘못되었다는 태도로 접근을 하게 되면 기존의 타성에 젖어 있는 교정당국은 긴장을 하게 되고, 또한 이 과정에서 교정재의 생산에 대한 새로운 접근방법이 정책의제로 형성될 가능성이 있게 되므로 이것이야말로 가장 실효적인 교정통제 방법이 될 수 있다.

한편, 교정사고에 대한 보도도 단지 사실적 측면만 보도하고 또는 양비론적 입장에서 보도함으로써 교정사고의 발생원인에 대한 근본적 접근이 부족해 교정행정에 대한 통제적 수단으로는 한계가 있다.

예를 들어 가장 비판적 신문이라고 알려진 한겨레신문의 2002년 11월 7일자 기사에는 청송 감호소에서 응급환자가 발생했으나 소홀히 돌봐 숨졌다는 의혹에 대해 감호소가 하루 늦게 병원으로 옮기는 바람에 숨졌다고 하는 출소자의 주장과 이에 대한 감호소 측의 다른 주장을 단순히 나열하는 데 그치고 있어 응급환자가 사망하게 된 근본배경에 대한 언급이 없어 그 한계를 보이고 있다.

응급환자가 교정시설 내에서 발생해도 전임의사가 24시간 내내 시설 내에 상주했다면 사망하지는 않았을 것이며, 그러면 의사들이 교정시설에 근무를 꺼리는 근본원인이 무엇인가에 대한 접근이 있어야 교정시설 내의 교정의료 인력에 대한 새로운 관심과 공중의제가 형성됨으로써 교정의료 행정에 대한 새로운 정책의제가 형성될 수 있고, 그것은 결국 교정행정과 국가행정에 대한 건설적 통제수단이 될 수가 있다.

즉, 2003년 2월 11일 동아일보 기사에 따르면 전북의 한 병원은 의사를 초빙하기 위해 승용차와 30평 이상의 APT와 1500만 원의 월급을 준다고 해도 오지 않는다는 사실에 비추어 교정시설에 의사가 오지 않는 이유는 의사수가 지나치게 부족한 것이 근본원인이며, 따라서 의사수를 증가시켜 교정시설에도 많은 의사를 확보시키려면 의사수의 확대방법 또는 공무원임용법을 개정해 외국의사도 교정공무원이 될 수 있다는 등의 정책적 대안들을 제시해야 올바른 교정재가 생산되고 교정의 선진화가 되는데 현재의 언론은 이러한 근본적 접근을 하지 못하고 있다.

그 다음으로 국가인권위원회에 대한 문제점에 대해, 우선 허주욱 교수는 진정권의 범위가 너무 광범위하여 남용될 우려가 있어 진정의 폭주가 예상되며, 수용자의 권리구제제도 중 비사법적인 권리구제제도의 종류가 너무 산만하게 분산되어 오히려 혼란과 중첩으로 신속하고 합리적인 권리구제제도의 운영이 어려울 수 있고, 구두진정의 남용이 우려되며 수용자의 인권을 지나치게 중시한 나머지 교도관에 대한 불신증폭으로 형벌권 집행자와 피집행자 간의 전후 모순이 초래되어 결과적으로 교정의 격리질서가 파괴될 우려가 있고 진정권자인 수용자 이외의 진정권자가 인기영합이나 진정권자 구명운동의 전개 및 사회단체들의 진정행위가 집단화, 어용화, 이적화가 되지 않을지 신중한 접근이 필요하다고 주장한다.[81]

그러나 그의 견해는 지나치게 교정질서 확립의 입장에 선 주장이다. 물론 국가인권위원회의 설치로 진정이 늘어나겠지만 그것은 교정행정 자체가 밀행주의에 의해 오랫동안 지배되어온 결과이며 교정행정이 투명화, 민주화가 될수록 그런 진정의 남용은 없어지리라고 생각된다.

또한 그는 사회단체들의 진정행위가 어용화, 이적화가 되지 않을지 우려된다고 주장했는데 누구에게 이용당하고, 또 어떤 적을 이롭게 한다는지 그가 말하는 '적'은 누구인지 도저히 이해가 가지 않는다.

오늘날 교정행정이 이만큼이라도 투명하게 된 이유 중의 하나는 인권운동사랑방, 구금시설연구모임, 참여연대 등 여러 사회단체들의 헌신적인 구금실태와 수용자 및 출소자에 대한 조사와 교정행정에 대한 민주적 비판과 견제가 있었기 때문에 가능했다는 사실을 생각할 때 이러한 사회단체들을 지나치게 부정적으로 폄하시키는 그의 보수적 시간이 문제가 있다고 생각한다.

특히, 언론도 교정행정에 관심을 갖지 않던 군사정권시절에 인권운동사랑방의 자원활동가들은 무보수로 청송 보호감호소 등을 찾아다니면서 수용자들을 면담하고 자료를 모으고 지금까지 밀행주의적 교정행정에 건설적 통제를 해왔다는 것을 기억할 때, 이러한 사회단체들에 대해 이적화라는 표현은 적절치 못하다고 생각한다.

한편, 국가인권위원회법령에 대한 문제점을 살펴보면 우선 국가인권위원회법 제2조 제2호에 나오는 구금, 보호시설의 정의에 검찰청 구치감이 포함되어 있지 않고 있다.

---

81) 허주욱, 전게서, 312면.

물론 동법 제2조 제2호의 ㉯목에 경찰서 유치장 및 사법경찰관리가 그 직무수행을 위하여 사람을 조사, 유치, 수용하는 데 사용하는 시설이라고 하여 구금, 보호시설에 검찰청의 구치감도 포함될 수 있다고 해석될 수 있겠지만 구치감에는 교도관도 파견되는 행형구역이 있으며 교도관은 형사소송법에서 말하는 사법경찰관리가 아니므로 언어의 명확성을 전제로 하는 법률에서는 문제점이라고 할 수 있다.

그리고 국가인권위원회가 교정에 대한 민주적이고 외부적 통제기능을 잘하기 위해서는 국가인권위원회 자체가 민주적이고 열린 행정이어야 하는데 벌써부터 국가인권위원회의 비민주성에 대한 비판이 제기되고 있다.

인권하루소식 제2231호에 따르면 2002년 8월 새사회연대의 이창수 대표가 인권위원회의 각 회의별 의사일정과 회의록의 정보공개를 요구했으나 인권위원회는 모두 비공개결정을 내렸고, 새사회연대의 이창수 대표는 "회의록은 국민의 알 권리를 충족하는 전제이며, 인권위원회와 인권위원의 수준을 가늠하는 유일한 잣대"라며 "인권위원회의 폐쇄적 운영을 개선하고 나아가 인권위원들을 검증하겠다"라며 행정소송을 제기했다.[82]

또한 인권하루소식 제2236호에 따르면 인권위원회의 정책과 활동을 국민에게 알려야 할 국가인권위원회가 공보담당관실을 통해서만 제한적으로 홍보되고 있어 인권위원회에 대한 국민의 알 권리가 제대로 보장되지 않고, 현재 기자들이 진정사건에 관해 기사를 작성하려면 인권위원회의 의결 후에만 가능하고 그것도 공보담당관실에서 배포하는 보도자료에만 의존하도록 하여 기자들이 사건을 먼저 쓸 수 없도록 만들며, 또한 공보담당관실은 공개된 사건에 대해서도 제때 충분한 정보를 제공하지 않았다고 한다.[83]

한편, 인권위원회의 2기 새 인권위원에 과거 법조비리에 연루된 인사가 청와대의 밀실인선을 거쳐 임명된 것에 대해 인권하루소식 제2242호에 따르면 인권위원의 자리는 이 나라의 인권정책을 좌우할 중요한 자리이므로 인권적 감수성과 강직함, 도덕성과 헌신성이 요구되는데도 공개적인 검증절차 없이 밀실에 의해 임명됨으로써 국민의 알 권리를 무시했다고 비판하고 있다.[84]

---

82) 인권운동사랑방, 인권하루소식, 2002년 12월 5일.
83) 인권운동사랑방, 인권하루소식, 2002년 12월 12일.
84) 인권운동사랑방, 인권하루소식, 2002년 21월 21일.

3) 공직윤리에 의한 자기통제의 문제점

자율규제와 관계되는 공무원의 윤리수준에 의하면 공직윤리는 소극적으로는 부
정부패를 방지하고 직권남용과 무사안일을 타파하는 측면이 있고 적극적으로는
공익성과 봉사성을 확보하는 측면이 있다.[85]

여기서는 소극적 측면인 관료부패를 중심으로 살펴본다.

그런데 우리나라의 공무원 직종과 관계없이 총칭하여 한국 관료들의 부패수준
에 대해 독일의 국제투명성위원회에 따르면 부패인지지수는 2002년 기준으로 40
위로 청렴도가 낮게 평가되어 후진성을 면치 못하고 있다.

한편, 국제투명성위원회가 2002년 5월 14일에 발표한 뇌물공여지수에 따르면
우리나라는 10점 만점(뇌물을 지불할 가능성이 전혀 없음)에 3.9점을 얻어 21개
국 중 18위를 차지해 뇌물을 지불할 가능성이 아주 높은 국가로 나타났다.

한편, 한국정신문화연구원(1999. 5.)이 전국 20세 이상의 성인남녀 500명을 대
상으로 한 조사에 의하면 93.3%가 부패가 심각한 수준이라고 응답하고 있고, 전
국 공무원노동조합이 한길리서치와 공동으로 2002년 9월 말에 전국 성인남녀 20
세 이상 1천 명과 공무원 3176명을 대상으로 한 조사에는 국민의 88.6%가 공직
부패가 심각하다고 응답했고, 공무원 응답자들도 28.1%가 공무원 부패가 심각하
다고 응답했는데,[86] 이런 조사결과들에 대해 부패방지위원회는 우리 사회의 부패
수준은 매우 높은 편이라고 인식되고 있으며, 공무원들의 부정은 더 이상 낮은
급여 등의 생계형으로 보지 않고 돈에 대한 지나친 욕심과 공직사회 내의 상납의
관행인 것으로 분석하고 있다.[87]

한편, 우리나라의 행정부패의 특징에는 행정부패는 정보의 비대칭성이 있는데,
특히 개인의 신체적 자유에 대한 구속 또는 억압과 관련된 행정업무는 공무원에
게 상대적 재량성이 높아 부패로 이어질 가능성이 높다 하고, 그 외에도 공무원
이 낮은 보수수준과 부정적인 지대추구(rent-seeking) 부패행위에 대한 내부통제
의 미흡, 정부의 비효율적인 시장개입, 공공부문의 목적과 성과에 대한 평가지표

---

85) 이원희, 열린행정학, 고시연구사, 2000, 682면.
86) 부패방지위원회, 전게서, 74~76면.
87) 부패방지위원회, 전게서, 78면.

의 불명확성, 공무원의 재량권의 일탈, 공직윤리의식의 미흡, 또한 부패문제를 개인의 문제가 아닌 사회 전체의 문제로 인식하는 데서 오는 초과비효율 현상 등의 특징이 있다.[88]

이렇게 우리나라가 행정윤리가 낮은 이유로서 김동현 교수는 저수준의 정치발전으로 인한 정부에 대한 통제기능의 취약성, 정부주도하의 경제발전 등으로 인한 행정권한의 비대, 권위주의적 행정문화로 인한 가치관의 전도, 정치 및 사회불안으로 인한 공무원의 신분불안, 보수수준의 비현실성, 인사관리의 비합리성, 내부통제의 형식성, 정책결정의 폐쇄성을 들고 있다.[89]

한편, 백완기 씨는 한국사회에서 행정윤리가 낮은 이유에 대해 특수한 인간관계와 수직적 질서를 내용으로 하는 한국의 전통적 윤리가 우리 관료들의 의식구조에 내면화되었고, 관직을 봉사하는 공직으로 생각하지 않고 출세의 도구로 생각해왔으며, 행정이 정치권력자의 도구로 역할을 해왔고, 공직자들에게 충분한 생활급을 지급하지 못했고, 지나친 규제와 절차의 복잡화로 부패가 심화되었고, 건전한 시민정신이 계발되지 못하여 행정윤리를 크게 저하시켰다고 한다.[90]

한편, 위의 내용들은 공무원 직종과 관계없이 한국 공무원들을 총칭한 것이며, 교정공무원들의 행형부조리에 대해서는 감사원의 부정방지대책위원회가 1994년 8월에 일부 교도소를 직접 참관하고, 15년 이상 근무경력이 있는 일부 고참 교도관들을 대상으로 증언을 듣고 참석한 교도관들의 증언 중에서 일치된 견해만을 기록으로 채택한 일부 교도소의 일부 교도관의 행형부조리는 아래와 같다고 한다.[91]

즉, 자기가 원하는 교도소에 가기 위하여 근무지와 관련된 인사비리, 직위에 관련된 인사비리, 예를 들어 근무평점 평정권과 승진시험 대상 추천권을 소장이 가지는 데서 오는 구조적 비리, 교도소의 시설물·소모품·인력을 사적 용도로 유용하는 비리, 예를 들어 간부가 이사하면 거의 경비교도대원들이 이삿짐을 운반하고 이사비용은 서무과에서 처리한다고 하며, 소장의 재량으로 교도관 복지기금에서 잔별금을 인출하는 일도 있다고 하며, 구매와 관련한 비리로는 부식은 그날그날 시세가 달라 업자와 유착해 이중장부를 만드는 경우도 있다고 하며, 약품구입과 관련해서는 납품업자로부터 뇌물이 올 가능성이 있다고 하며, 교도관과

---

88) 부패방지위원회, 전게서, 82～84면.
89) 김동현 외, 행정학개론, 대영출판사, 1993, 260면.
90) 백완기, 한국행정학의 제 문제, 나남출판사, 1996, 332～335면.
91) 감사원 부정방지대책위원회, 행형부조리실태 및 방지대책, 19～20면.

재소자 사이의 비리로는 특별접견과 관련한 비리, 교화위원에 관련된 비리, 변호인 접견과 알선에 관련된 비리, 부유층을 자기 사동으로 유치하기 위해 배방(配房)과 관련된 비리, 권력형 비리사범의 이송과 관련된 비리, 작업점수와 생활점수를 결정하는 일부 교도관의 비리, 기호품에 관련된 일부 교도관의 비리 등이 있다고 한다.[92]

한편, 이 당시의 교정비리와 관련된 기사로 한겨레신문 1990년 11월 30일자에는 서울 구치소에 수감된 조직 폭력배들이 일부 교도관들과 결탁해 거액의 수표를 구내로 반입해 사용하는데도 교도소 당국이 미온적으로 처리했다고 하고, 한겨레신문 1993년 1월 30일자, 1993년 11월 13일자, 1993년 11월 16일자, 1993년 12월 4일자에는 일부 교도관이 불법 담배장사를 해온 사실과 불법 담배 교도관을 고발한 기사가 실려 있다.

이러한 과거의 일부 교정공무원의 비리 원인에 대해 감사원 부정방지위원회는 교정공무원의 자질이 낮고, 근무환경의 열악, 또한 행형제도 자체가 재소자에 대해 너무 자유를 제한하는 데서 오는 데서 그 원인을 찾고 있다.[93]

한편, 위의 감사원 부정방지대책위원회가 밝힌 일부 교도소의 행형부조리는 1994년의 조사이며, 최근에 본인이 신뢰할 만한 교도관을 만나 행형부조리에 대해 물어보니 최근에는 그런 비리가 거의 없다고 하는바, 사견으로는 교정의 민주화, 최근 교정공무원 공개채용 때의 높은 합격점, 수용자의 권리의식의 강화, 국가인권위원회의 개입 등으로 인해 과거와 같은 교정비리는 거의 없고 대다수 교도관들이 청렴하게 근무한다고 생각되지만, 2002년에 발생한 진주 교도소의 일부 교도관의 부패사건 등 아직도 일부 교도관의 부패행위는 여전히 존재한다고 생각되며, 그것은 한국 공무원들의 부패수준이 심각하다고 발표한 2002년의 국제투명성기구의 자료와 2002년의 여론조사에서도 국민들은 공무원의 부패가 심각하다고 인식하고 있는 점, 아직까지도 교정행위의 여전한 밀행주의에 미루어 추론할 수 있다.

문제는 일부 교도관의 부패행위 기사가 날 때마다 국민들은 그런 부패행위가 대부분의 교도관과 관계된 구조적 비리라고 인식하는 경향이 있어 대다수의 교도관들의 사기에 영향을 준다는 사실이다.

---

92) 감사원 부정방지대책위원회, 전게서, 22~32면.
93) 감사원 부정방지대책위원회, 전게서, 48면.

5. 교정통제의 개선안과 대안

1) 내부통제의 개선안

먼저 순회점검의 실질화와 효율성을 위해서는 현재 2년에 1회 이상 행하는 순회점검의 횟수를 종전처럼 1년에 1회 이상 행하여야 한다고 행형법시행령을 개정할 필요가 있다.

또한 현재 법무부 소속 공무원과 교정청 공무원으로 구성되는 순회점검반은 순순히 내부적 인사들로만 구성되어 있어 비판적인 내부통제로는 그 한계가 있으므로 시민단체 등 외부 단체의 인사를 포함시키는 쪽으로 나아가야 한다.

그리고 현재 순회점검을 실시할 때에 지나치게 교정기관이 제출하는 서류심사에만 치중하지 말고 현장점검과 실지(實地)심사에도 충실히 해야 한다.

소장면담의 경우도 현재 규정처럼 수용자가 신청을 하면 그것이 받아들여져야 소장면담이 이루어지는 방식이 아니라 소장면담제도를 의무화시키도록 하고 소장면담도 집단면담과 개별면담으로 구분해 소장은 매월 1회 이상 공개적으로 수용자 집단별로 집단면담을 가지고, 이때 수용자들은 자기 집단의 공통의 처우문제에 대한 건의와 불만을 제기하여 집단 교정사고의 가능성을 미리 막고 수용자 집단의 공통의 애로점을 파악해 교정행정에 반영하도록 하면 질 좋은 교정재가 생산될 수 있다.

또한 개별면담도 수용자가 원하면 한다는 그런 소극적, 관료직 방식을 탈피해 소장이 모든 수용자가 가질 수 있는 처우와 일신상의 고충을 알기 위해 모든 수용자와의 개별면담을 의무화시키는 적극적, 고객지향적 제도로 전향되어야 한다.

왜냐하면 지금처럼 수용자가 신청을 하면 소속직원에 의해 묵살 또는 왜곡될 수도 있고, 또 수용자들은 소장면담을 신청하면 어떤 불이익이 올 수 있다는 생각을 가지고 소장면담 신청을 안 할 수도 있으므로 질 좋고 또한 개별화된 교정재를 생산하기 위해서도 소장개별면담제도는 정기적으로 의무화시켜야 한다. 이렇게 될 때 제약되는 요소가 소장의 시간적 한계인데, 그러나 소장도 공무원 복무시간에만 근무한다는 관료제적 정신이야말로 질 좋은 교정재의 생산을 가로막는 요소라는 것을 깨달아야 하는데, 만약 이런 것이 오랜 관료제의 폐단으로 인해 곤란하다면 소장도 일부 교정시설에 한해서 외부에서 계약직 공무원으로 채용하는 방안을 통해 계약직 소장을 영입하고 계약직 소장과는 교정재의 생산실적과 연관시켜 재계약하도록 한다.

이렇게 되면 전국의 교정시설 중 일부는 계약직 소장을, 나머지 교정시설에는 관료제적 소장이 있게 되고, 이들의 교정재 생산활동을 비교 평가하게 되면 자연히 열심히 전신적으로 일할 수밖에 없는 계약직 소장과 관료제적 근무를 하는 소장과는 교정쟁의 생산실적과 고객(수용자)평가에서도 차이가 나게 되고 이런 것은 기존의 관료제적 소장에게 자극을 주게 되고 기존의 관료제적 조직에도 긍정적인 외부효과를 발생시키게 된다.

이때 이렇게 되면 승진에 관심을 갖는 일부 교도관들의 관료제적 저항에 부딪히게 될 수 있으나 관료의 이익은 국민의 이익보다 앞설 수 없다는 논리로 설득하고, 그것이 안 될 경우는 아예 교정공무원제도의 근본 개혁을 언론의 지원을 받아 시행하도록 한다.

그리고 소장면담제도 때 나온 수용자들의 고충과 고충의 변화를 알기 위해 수용자별로 고충처리카드를 만들어 고충의 종류와 고충의 강도가 면담할 때마다 어떻게 변해왔는가를 파악해 수용자의 개별처우에 반영토록 하고 교정행정에도 환류시키도록 해야 한다.

그리고 만약 현행제도를 계속 고수하려고 할 때에는 소장면담[94] 신청률이 너무 낮은바 그 낮은 원인에 대해서는 여러 가지가 있겠지만, 우선 신입 시 소장면담제도 등에 관한 것과 소장면담 신청을 하여도 아무런 불이익이 없다는 것을 충분히 고지하고 이런 사항을 수용자 거실 내에도 부착하도록 하며, 행형법시행령 제9조에는 소장면담 신청 시 면담거부에 대한 법규정이 없으나, 교정실무에서는 면담 거절이 존재하므로[95] 법규와 실무의 괴리를 막기 위해 수용질서의 교관이나 소장면담의 악용을 객관적이고 상당한 사유가 있는 경우에는 거절할 수 있다는 규정을 마련하고 거절할 경우에는 신속히 그 이유를 통지해준다는 규정을 법규화할 필요가 있고 면담을 거절할 때는 소속직원과의 대화를 주선토록 하여 만일의 교정사고에 대비하도록 한다.

---

94) 서울지방변호사회가 펴낸 구금실태조사보고서(2002년)에 따르면 소장면담 신청률은 13.6%라고 한다.
95) 서울지방변호사회가 펴낸 구금시설 조사보고서(2002년)에 의하면 면담을 신청한 10명 중 6명은 끝내 면담을 하지 못했다고 한다.

또한 현행법규에는 수용자가 면담을 신청 시 순서에 따라 면담한다고만 되어 있는데 수용자들은 자기의 순번을 모를 수가 있으므로 순번을 알려주고 현재 진행 중인 면담순번도 알려주며, 또한 최대한 빨리 면담하도록 하여 고객만족적 교정행정이 되도록 한다.

그리고 수용자가 소장면담을 신청하는 과정에서 수용자가 고충의 원인을 제공했다고 생각하는 교도관들과의 충돌이 발생할 수 있으므로 소장은 평소에 소속직원에 대한 교육을 통해 그런 일이 발생하지 않도록 하고, 또한 교도관직무규칙에 수용자가 소장면담을 신청 시 신속히 면담절차를 이행해야 한다는 규정을 둘 필요가 있다.

청원제도의 개선안에 관해서는 청원제도의 형식화를 막기 위해서는 수용자가 자유로운 분위기에서 청원할 수 있는 환경과 청원을 하여도 어떠한 불이익이 없다는 문화가 정착되어야 한다. 그리고 청원의 실질적인 기회가 보장되어야 하므로 법무부장관이나 순회점검관이 순회점검을 나올 때는 교도소 내의 모든 수용자가 그 사실을 알아야 하므로 순회점검이 예정된 전날에 소장은 구내방송으로 순회점검관이 나온다는 사실과 이 기회에 청원을 할 수 있다는 사실을 충분히 고지함으로써 수용자들에게는 자신의 처우에 대해 청원할 수 있게 하고 교정당국으로서는 잘못된 교정처우에 대해서는 적절한 시정조치를 함으로써 교정행정에 대한 민주적 통제를 할 수 있게 하여야 한다.

그리고 행형법 제6조에는 행형법상의 청원의 주체를 수용자에게 한정시키고 있으나 수용자의 특수한 사정을 감안하여 배우자나 직계가족, 대리인 등에 의한 청원도 허용할 필요가 있다.

그리고 행형법 제6조 제6항에는 청원에 대한 결정은 문서로만 한다고 되어 있지 청원에 대한 결정시기에 대해서는 언급이 없는데 청원에 대한 결정시기가 늦어지면 오히려 청원의 취지를 살리지 못하는 경우도 있으므로, 행형법 제6조 제6항을 수용자의 청원에 대한 결정은 신속히 처리하되 문서로써 하여야 하며, 그 결정서는 봉한 채로 지체 없이 이를 청원인에게 전달하여야 한다고 개정할 필요가 있다.

한편, 행형법 제6조 제2항에는 법무부장관에게 청원하고자 할 때는 수용자는 청원서를 일단 당해 소장에게 제출하도록 하고 있으나 이렇게 할 경우 수용자들이 교정처우에 대한 불복사항을 적은 청원서가 일단 소장을 거친다고 하면(물론 소장은 개봉해서는 안 된다는 규정은 있으나) 수용자들의 심리적 불안으로 인하여 청원권을 제대로 행사하지 못할 경우가 있으므로 소장이나 보안과를 거치지 않고 바로 법무부장관에게 송부할 수 있도록 한다.

한편, 장기적으로는 정보화 추세에 맞추어 수용자들이 인터넷을 통해 바로 법무부장관에게 청원서를 쓸 수 있도록 하고, 청원의 악용과 남용을 방지하기 위해 허위사실의 적시나 청원서의 도배 또는 교정질서의 심각한 문란 등에 대해서는 징벌을 과할 수 있도록 하는 방안을 검토할 필요가 있다.

그리고 청원서를 작성하기 위해서는 청원서는 문서에 속하므로 행형법 제33조의 3에 따라 문서(청원서)집필의 허가를 소장으로부터 받아야 하는데, 행형법 제33조의 3에 따르면 교도소 등은 안전과 질서를 해칠 우려가 있는 경우나 기타 교화상 부적당한 경우는 집필을 할 수 없다고 하고 있다. 그러나 행형법 제33조의 3의 단서조항, 즉 집필내용이 교도소 등의 안전과 질서를 해칠 우려 등이 있을 때는 집필을 할 수 없다는 단서 규정은 청원서의 경우에는 해당되지 않는다. 왜냐하면 1999년 행형법 개정 전에는 청원을 위한 집필신청을 할 때 그 취지를 기재한 서면을 소장에게 제출하도록 하여 청원서의 비밀이 보장되지 않았으나, 1999년 행형법 개정으로 인해 그런 규정이 폐지되어 청원서의 비밀이 보장되고, 또한 행형법 제6조 제3항에 의해 소장은 청원서의 내용을 알 수 없도록 하여 청원서 내용의 비밀을 법적으로 보장하므로 문서 내용의 공개를 전제로 하는 행형법 제33조의 3의 단서조항은 청원서의 경우에는 적용될 수가 없으므로 수용자가 청원서 작성을 위한 집필을 신청할 때에는 소장은 재량행위로서 허가할 수 있는 사항이 아니고 무조건 허가해야 한다는 기속사항이 되어야 한다.

따라서 행형법 제33조의 3의 본문조항의 내용, 즉 수용자는 소장의 허가를 받아 문서 또는 도서를 작성하거나 문학, 학술 기타 사항에 관한 집필을 할 수 있다라는 규정을 수용자는 문서 또는 도서를 작성하거나 문학, 학술 기타 사항에 관한 집필을 할 때는 소장의 허가를 받아야 하나, 다만 청원서의 경우는 그러하지 아니하다라는 규정으로 개정되어야 한다.

한편, 청원제도의 개선과 관련해 서울지방변호사회의 인권위원회는 아래와 같은 개선안을 제시하고 있다.[96] 즉, 수용자 청원처리지침에서는 자기 자신에 대한 처분이 아닌 것을 내용으로 하는 청원과 타인을 모해할 목적으로 허위의 사실을 적시한 청원을 각하사유로 규정함으로써 청원권을 과도하게 제한하고 있는데 이 역시

---

96) 서울지방변호사회, 구금실태조사보고서, 2002년, 73면 이하.

개정되어야 하며, 일반 국민의 청원을 규정하고 있는 청원법에서 청원자와 관련된 사항에만 한정하지 않고 교도소 등에 관한 일반적인 사항이 수용자의 처우와 밀접한 관련을 맺고 있다는 점에서 청원의 범위를 제한 해석하지 말아야 하고, 또한 타인을 모해할 목적으로 허위의 사실을 적시한 청원을 각하사유로 하면 교도관에 대한 청원이 제한될 우려가 있으므로 이를 각하사유로 할 것이 아니라 내용을 심리하고 이유 유무를 결정하는 단계에까지 이르도록 해야 한다고 주장하고 있다.

위의 주장에 대해 부분적으로 동의하나 자기 자신에 대한 처분이 아닌 것을 내용으로 하는 청원을 각하사유로 하여도 청원권을 과도하게 제한하는 것으로는 생각하지 않는데, 그것은 현재 인권위원회법률에 의하여 교정처우에 의해 인권을 침해당한 수용자 외에도 인권을 침해당한 사실을 알고 있는 타 수용자도 인권위원회에 진정할 수 있기 때문이다.

한편, 김용준 씨는 청원제도의 개선과 관련해 행형법 제6조 제5항에 청원의 위임규정을 신설할 것을 주장하는데, 그 근거를 아래와 같이 언급하고 있다.[97] 즉 그는 행형법 제6조의 청원규정과 헌법 제26조의 청원제도에 관해 전자는 반드시 사전에 소장을 경유토록 하나, 후자는 곧바로 할 수 있고, 전자는 구술로도 가능하지만, 후자는 반드시 문서로 해야 되고, 또 전자는 처리 결과에 대한 통지의무가 있으나 후자에서는 심사의무만 부여하고 통지의무가 없다는 점을 들어 행형법상의 청원은 헌법상의 청원을 교정시설에 수용된 수용자가 활용하기 용이하도록 보다 구체화하였다는 점과 재결사항에 대한 통지의무를 부여했다는 점이 크게 다른 점이므로, 행형법 제6조 제5항에 법무부령에의 위임규정을 신설하여 법무부령에서는 청원, 신청할 내용, 신청기간, 집행의 정지 등에 관한 자세한 규정을 둠으로써 청원이 명실 공히 재소자의 권리구제제도로의 기능을 다하도록 해야 한다고 주장하고 있다.

2) 외부통제의 개선방안

먼저 시찰의 경우를 살펴보면 시찰은 외부통제로서 중요한 의의를 가지므로 현

---

97) 김용준, 행형의 이념과 행형법 개정에 관한 연구, 1996, 한양대대학원학위논문 124~125면.

재 판사와 검사가 행형법 제5조 제2항에 의해 수시로 시찰할 수 있다고 하여 임의규정으로 하고 있으나, 이렇게 임의규정으로 시찰은 거의 기대할 수 없으므로 시찰제도의 실효성을 위해서 이 조항을 의무규정으로 개정하고, 하위법규에서 해당 교정시설의 관할 지방법원과 지방검찰청의 판사와 검사는 정기적으로 시찰해야 한다고 규정할 필요가 있다.

그리고 행형법 제5조 제2항의 시찰의 대상으로서 교도소 등이란 행형법 제2조 제5항에 따라 교도소, 소년교도소, 구치소, 구치지소이고, 행형법 제3조에 의해 교도소 또는 소년교도소 내의 미결수용실도 시찰의 대상이 되고, 또한 행형법 제68조의 준용규정에 의해 유치장도 미결수용실로 보므로 유치장도 시찰의 대상이 된다. 그러나 검찰청 내의 구치감에도 원칙적으로 피의자가 수용이 되므로 시찰의 대상이 되어야 함에도 현재 이에 관한 규정이 없어 문제가 되고 있다. 물론 1995년 12월 29일에 형사소송법의 개정 때 인권의 실질적 보장을 위해 검사의 감찰 대상을 경찰서 외에도 모든 수사관서의 체포, 구속장소로 확대하고 불법체포, 구속된 자에 대한 검사의 즉시 석방 명령권을 부여함으로써 모든 수사기관의 부당한 인권침해에 대하여 즉각적인 시정을 할 수 있도록 하고 있으나 그 조항은 불법체포, 구속의 유무를 조사하기 위한 것이므로 유치장은 포함되나 검찰청의 구치감은 제외된다. 왜냐하면 구치감에는 판사의 적법한 구속영장에 의해 집행된 형사피의자가 수용되므로 불법구속이 아니며, 판사와 검사가 검찰청의 구치감에 대한 시찰근거조항이 필요하다.

따라서 현행의 행형법 제68조를 경찰관서에 설치된 유치장과 검찰청 내에 설치된 구치감은 본법의 미결수용실에 준한다고 개정할 필요가 있다.

그리고 현재는 시찰의 주체를 판사와 검사에 한정시키고 있으나 시찰의 주체를 확대하여 국회의원에게도 인정할 필요가 있다. 물론 국회의원은 국정감사와 국정조사 기간 중에는 관련 교정시설을 시찰할 수 있지만, 국정감사와 국정조사 기간 이외에는 시찰할 수 있는 법적 근거가 없으므로 국회의원이 자신의 입법작용에 참고하도록 하기 위해 시찰을 인정할 필요가 있는데, 교정재의 생산과 직접관계가 있는 판사, 검사와 달리 국회의원의 경우에는 시찰을 임의조항으로 할 필요가 있다.

그런데 자유를 박탈당한 소년의 보호에 관한 UN규칙 제72조와 제73조에 따르면 시설의 관리기구에 속하지 않는 자격 있는 시찰관 또는 정당하게 조직된 동등한 기관은 정기적으로 시찰할 권한 및 스스로의 의사로 시설에 통고하지 않은 채 시찰할 권한이 있으며, 직무수행에 있어 독립성이 충분히 보장되어야 하고 시찰관은 자유를 박탈당한 소년이 있는 시설 또는 그 가능성이 있는 시설에 고용된 모든 사람, 또는 그런 시설에서 일하고 있는 모든 사람, 모든 소년 및 그 시설의 모든 기록에 제한 없이 액세스할 수 있어야 하며(제72조), 자격 있는 의무관은 신체적 환경, 위생, 설비, 식사, 운동, 의료서비스, 그리고 소년의 건강에 영향을 주는 시설 내 생활에 관한 기타 모든 측면 또는 조건에 대해 규칙에 대해 합당 하는지의 여부를 평가하기 위해 시찰에 참여하여야 한다고 되어 있는데, 이와 관 련하여 박병식 교수는 현행의 행형법상의 시찰주체에 국가인권위원회와 의사를 시찰의 주체에 포함시켜야 한다고 주장하고 있다.98) 그러나 사견으로는 국가인권 위원회를 행형법 제5조 제2항의 시찰의 주체에 포함시키고자 하는 박병식 교수의 주장에는 동의할 수가 없다. 왜냐하면 현재 국가인권위원회의 법령에 의하면 국 가인권위원회는 자유로이 구금, 보호시설의 수용자를 면담할 수 있고 교정시설을 방문할 수 있어 시찰의 효과를 낼 수 있으므로 굳이 행형법에까지 중첩적으로 규 정을 둘 필요는 없다고 생각한다. 또한 박병식 교수가 의사를 행형법 제5조 제2 항의 시찰의 주체에 포함시켜야 한다고 주장하는 데 대해서는 그 의사가 국립병 원, 보건복지부나 감사원의 위촉을 받은 권한 있는 기관에 의한 의사이면 타당성 과 실효성이 있다고 생각한다. 그것은 현재 행형법시행령 제27조에 의해 교도소 의 의무관은 매주 1회 이상 독거수용자를 시찰해야 하고, 교도관직무규칙 제106 조에서 의무관은 매일 1회 이상 병사의 청결·온도·환기 기타의 사항을 확인해 야 하는 등을 규정하고 있지만 교도소 내부의 의사로는 통제기능을 하기에는 한 계가 있으므로 외부기관의 의사에 의한 의료부문에 대한 시찰은 실효성이 있다고 생각한다.

그 다음에 참관제도의 개선방안으로는 앞에서 참관제도의 문제점에서 개선방안 을 어느 정도 언급하였으며 거기에서 언급된 것 외에 개선방안으로 논의해 볼 수 있는 것은 현재 행형법 제5조에서는 참관의 주체로는 자연인에 한정시키고 있으 나 참관의 교정통제적 실효성을 살리기 위해서는 NGO, 시민단체나 법인도 참관 의 주체가 될 수 있도록 법규화할 필요가 있다. 물론 현재 교정실무에서는 법학 과 등 관련학과 학생단체에 대해서는 참관이 허용되고 있지만, 비판적인 시민단 체나 비정부기구 등은 사실상 참관이 어려우므로 진정한 외부통제수단으로의 참 관제도는 그 한계가 있다고 하겠다. 마찬가지로 행형법시행령 제4조 제2항의 참

---

98) 박병식, 천주교민영교도소연구 발표회, 천주교 서울대교구 사회사목부, 2003년 2월 20 일 99면.

관의 주체로서의 외국인도 자연인에 한정시키고 있으므로 외국의 시민단체나 법인에게도 주체가 될 수 있도록 법규화하는 것이 교정의 국제화와 교정의 투명화를 위해 필요하다.

또한 앞에서 언급하였지만 현행 행형법령에는 검찰청 구치감에 대한 참관의 근거가 없으므로, 행형법 제68조를 경찰관서에 설치된 유치장과 검찰청에 설치된 구치감은 미결수용실에 준한다고 개정할 필요가 있음은 앞에서 언급하였다. 그런데 이때 검찰청 구치감에 대한 참관 규정이 법규화 된다면 참관허가권자가 누구인가에 대한 논란이 있을 수가 있다. 검찰청 구치감99)은 보통 지방검찰청 내에 있어 지방검찰청장의 지휘를 받지만, 또한 구치감은 행형구역에 속하므로 구치감을 참관하려는 자는 관할 교정시설의 장에게 허가를 받아야 하는가, 또는 소속된 지방검찰청장에게 받아야 하는가의 문제가 있지만 특정구치감 내에 항소 등으로 인해 여러 교정시설의 수용자가 올 수 있고, 이 또한 구치감 내에는 관할경찰서의 경찰관이 데리고 온 형사피의자도 있고 관할구치소에서 교도관이 데리고 온 형사피고인도 있으므로 소속지방검찰청장이 허가권자로 됨이 낫다고 생각한다.

한편, 언론에 의한 교정통제의 개선안으로는 무엇보다도 언론이 교정행정에 대한 민주적 통제와 정확한 비판을 하기 위해서는 교정재 생산이론이나 형사정책학에 대한 깊은 지식이 있어야 교정기관이나 법무부에서 제공하는 교정관련 자료나 또는 가끔 발생하는 교정사고나 출소한 지 얼마 안 되어 다지 재범하는 사건에 대한 깊은 분석을 할 수가 있다.

따라서 각 언론기관의 법조팀 기자들도 특화될 필요가 있는데, 가령 KBS방송국의 법조팀의 여러 기자들은 법조 일반에 대한 지식은 다 갖추되, 그중에서 1명은 검찰, 1명은 경찰, 1명은 교정 등에 특화되어 전문화된다면 교정행정에 대한 보다 비판적이고 정확한 분석을 할 수 있으며, 이러한 언론기자에 의한 교정통제는 한국적 사회에서는 가장 효과적이다. 또한 언론은 교정사고가 발생할 때마다 보도하는 화재경보적 보도를 지양하고 정기적으로 교정행정에 대한 기획기사를 통해 교정재의 생산현황을 알리고, 또한 교정에 대한 국민의 오해와 불신을 씻어주는 보도를 통해 교정에 대한 국민의 관심을 제고시켜야 하며, 교정 선진국의

---

99) 구치감시설로 따로 지어 1~4층을 사용하는데 수용시설은 4개의 사동으로 되어 있고 그중 1개는 여사이고, 3개는 남사이며 대기실은 총 56개로, 각 대기실에는 최대인원 9까지 수용할 수 있도록 되어 있다고 한다. 서울지방변호사회, 구금실태조사보고서, 2002, 53면.

교정제도를 소개해 한국 교정이 나아가야 할 방향을 제시해 주어야 한다.

3) 교정윤리의 개선방안

　먼저 공직윤리 또는 행정윤리의 확보 방안으로 김동현 교수는 행정윤리와 밀접한 관계가 있는 국민도의 수준의 앙양, 자율적 직업윤리관을 가진 자의 공직에의 선발, 공무원에 대한 교육과 훈련의 강화, 공무원 보수와 승진 등의 근무조건의 적정화, 공무원 등에 대한 상벌제도의 합리화, 인사행정의 합리화, 행정윤리의 확립의 전제조건이 되는 정치의 민주화, 자율적인 공직윤리의 내면화, 외재적 통제의 강화를 들고 있다.[100]

　한편으로 이원희 씨는 행정윤리의 확보방안으로 공무원 스스로가 도덕 재무장의 확립, 교육훈련의 강화와 제도적 장치의 강화 및 공직자 근무여건의 개선과 행정규제의 완화 및 법과제도의 현실화, 미국의 내부고발자 보호법의 도입, 선거과정의 정상화, 이익단체의 활성화, 여론의 수렴, 행정환경의 정상화를 들고 있다.[101]

　한편, 백완기 씨는 공직윤리의 확보방안으로 보수체계의 합리화 등을 통한 인간다운 생활보장, 비리를 가져오는 복잡한 절차의 간소화, 행정의 탈권력화, 대표관료제의 확립, 직업윤리의 확보, 공공조직의 파벌성의 지양, 인간지배에서 벗어나는 행정을 들면서 인간지배의 행정이 되면 비공식적이고 사적인 것이 공식적이고 공중적인 것을 압도하게 되고, 객관성이 주관성에 의해 침해되며, 객관적 질서보다는 주관적인 감정에 의해서 움직이게 되어 공사의 구별을 어렵게 한다고 하며, 직업윤리의 확보에 대해서는 공무원에게 무한정의 의무나 남다른 애국심의 호소는 오히려 건전한 직업윤리의 확립에 방해가 된다고 하며, 공직인도 하나의 평범한 인간이라는 전제 위에서 직업윤리를 확립해야 한다고 하며, 직업윤리의 1차적 역할은 외부의 부당한 개입에 저항할 수 있어야 한다고 하며, 또한 관료의 특권화를 조장하는 직업윤리를 막아야 하며 우리 사회에서 요구되는 직업윤리는 공직은 공공봉사라는 정의 위에서 세워진 윤리라고 한다.[102]

　한편, 2002년부터 시행된 신고자보호제도는 감사원 등과는 차별화된 제도이지

---

100) 김동현 외, 행정학개론, 대영문화사, 1993, 360~361면.
101) 이원희, 열린행정학, 고시연구사, 2000, 682~683면.
102) 백완기, 한국행정학의 제 문제, 나남출판사, 1996, 341~344면.

만 공직부패의 감소와 밀접한 관련이 있으므로, 현행 신고자보호제도의 개선이 요구된다. 부패방지위원회가 제시한 개선안에는 조사대상자가 조사에 불응할 시 현재는 과태료나 형사벌 등의 처벌규정이 없어 실효성이 없으므로 제재수단의 규정이 있어야 하며, 보통 내부신고자는 신고하기 전에 조직 내의 부패행위에 대해 시정을 요구하다가 불이익을 받고 있으므로 부패방지위원회에 신고하기 전에 받은 불이익에 대한 신분 보장이 되어야 하며, 신고자의 소속기관은 신고접수를 알고 있는 때로부터 신고사건이 종결될 때까지는 신고자에 대한 불이익처분을 금지해야 하며, 또한 현행 부패방지법시행령 제31조 제4항에는 원상회복이 어렵다고 인정되는 특별한 사정이 있는 경우에만 인사교류 등을 요구할 수 있도록 엄격하게 규정되어 있는데, 이를 완화할 필요가 있고 신고자에 대해 인사교류가 시행되었을 때는 신고자의 신분비밀을 유지하도록 하는 의무조항이 신설되어야 하고 신고자의 정신적, 물질적 피해 등에 관한 구조가 필요하며, 또한 부패행위를 신고한 자가 국가공무원법 제40조의 4에 해당되면 특별 승진시킬 수 있도록 하자고 제안하고 있다.[103)]

한편, 감사원 부정방지대책위원회가 제시하는 행형부조리 개선방안에는 인사비리와 잘못된 인사관행의 개선을 위해 우선 인사권자의 인사절차를 통제하고 견제할 수 있는 인사위원회제도의 도입 등이 필요하고, 구체적으로는 이런 부서에서의 근무기간을 제한할 수 있는 원칙이 세워져야 되고, 장기적으로 교정공무원법의 제정과 단기적으로는 각종 수당의 신설을 통한 처우개선, 현행의 3부제 근무시간을 유지하되 3일째의 일근을 4시간 근무로 바꾸든가 또는 시간의 근무수당을 주어야 하며, 법무부의 감사가 실효성이 있어야 하며, 이를 위해 현행의 순열관제도를 전문순열관에 의한 상시적인 감독체계로 바꾸고 감사원의 교정시설에 대한 전면 감사가 있어야 한다고 주장한다.[104)]

또한 감사원 부정방지대책위원회는 그 외에도 교도관의 비행금지의무를 행형법에 규정해야 한다고 하면서, 그 예로 수용자를 자기의 용무에 사용하는 행위, 수용자에 대한 차별적 또는 모욕적 취급, 수용자와 매매, 증여 등의 거래를 하는 것 또는 직무에 관하여 보수 기타 대가를 수령하는 행위, 수용자 사이 또는 수용자와 외부인사와의 사이에서 위법적으로 물건을 수수하는 것을 방조, 원조하는 행위 등을 들고 있고, 또한 자질향상을 위한 제도적 방안, 교정청과 교정연수원의

---

103) 부패방지위원회, 전게서, 392~394면.
104) 법무부 부정방지대책위원회, 전게서, 167~169면.

설립, 교정공무원의 증가, 하위공무원에 대한 처우개선, 교정당국과 완전히 독립되어 교정행정을 감독할 수 있는 교정감찰위원회의 설치 등을 제시하고 있다.[105]

사견으로는 오늘날 대다수의 교정공무원은 부패와 관계없고 일부 교도관이 부패와 관계된다고 생각되는데 문제는 일부 교도관의 부패가 기사화될 때마다 국민들은 이를 구조적 비리로 생각해 대다수 공무원이 함께 매도당하는 데 문제가 있으므로 일부 교도관의 부패를 척결하기 위해서는 감사원이 제시한 비리금지 의무의 행형법 규정화, 법무부 감사과 감사원의 감사의 효율화를 한 방안으로 제시하나 그런 안들은 별 효율성이 없다고 생각한다. 법무부 감사는 자체감사이므로 그 본질적, 역사적 한계가 있고 감사원의 감사는 감사원의 인력과 능력상 그 한계가 있기 때문이며, 법규가 아무리 비리금지 의무를 규정해도 실천이 안 되면 효과가 없기 때문이다. 따라서 사견으로는 현재의 서울에 있는 부패방지위원회를 전국의 시, 도별로 일선기관을 설치하고 일선기관에서 교정담당 공무원이 각 관할 교정시설로 정기적으로 나가서 모든 교정직원과 수용자들을 대상으로 부패방지위원회의 활동을 알리고, 특히 교정직원의 부패에 대해 내부진고를 할 경우 승진요건에 해당되면 승진 또는 본인이 원하면 타 행정기관에로의 전입 또는 타 교정시설로 전보될 수 있다는 사실을 주지시켜 내부 부패신고를 활성화시키는 등의 적극적인 자세로 나가야 되며, 그렇게 될 경우 이것 자체만으로도 일부 교도관의 부패에 대한 예방효과를 거둘 수가 있다.

또한 현재 교도소 소장의 권한이 너무 막강하므로 장기적으로는 해당 교도관이나 지역주민의 대표들로 소장을 임기제로 선출할 필요가 있고, 또한 장기적으로는 현재 교정재의 생산실적과 관계없이 신분이 평생 보장되는 공무원체제를 버리고 공무원과 민간기구, 종교단체 등이 제3섹터의 형식으로 교정재를 생산할 필요가 있으며, 만일 현재처럼 공무원체제로 될 경우에는 교직자, 교수와 군, 경찰 등 일부 부서를 제외하고는 공무원 임용 뒤 20년이 지나면 자동 면직되도록 하는 일몰법을 제정할 것을 검토할 필요가 있으며, 20년 근속 후 퇴직하면 그 이후에는 계약직으로 임용할 수 있도록 해 교정재의 생산실적이 좋으면 재임용하는 방안도 검토할 필요가 있다.

---

105) 감사원 부정방지대책위원회, 전게서, 142~144면, 150면.

6. 교정통제의 새로운 방향

지금까지는 교정통제에 대한 내용으로 내부적 통제, 외부적 통제, 윤리적 통제를 살펴보았다. 여기서는 교정통제의 새로운 정책적 방향으로 현재 우리나라에는 시행하고 있지 않지만 도입할 수 있는 제도를 언급해 보고자 한다.

1) 교정법관제도의 도입문제

교정행정에 대한 사법적 통제방안으로서 그동안 학자들 사이에서 많이 논의되던 행형관여판사 또는 행형법관제도가 있었는데, 이와 관련하여 행형에 대한 사법적 통제로서 행형법관이란 용어를 사용하나,[106] 사견으로는 행형법관이란 용어보다 교정법관이 더 적절한 용어라고 생각한다. 글자 그대로 행형이란 뜻은 형벌의 행정적 집행으로서 역사적, 기술적, 몰가치적 개념이므로 순수한 의미에서는 교정재의 생산과는 관계가 없고, 교정은 현대적, 가치지향적 개념으로 단순한 형벌의 집행 외에 교정재라는 공공재를 생산하는 생산이념이 내포된 개념으로 생각되기 때문이다. 물론 행형과 교정을 같이 보는 학자들도 있으며, 한영수 교수는 행형은 자유형의 집행이라는 의미를 보다 강하게 함축하지만 자유형의 집행은 수형자의 처우와 관리는 물론 출소자의 갱생보호에 이르기까지 모든 일련의 과정을 다 포괄하므로 행형의 개념이 교정의 개념보다 작다고 말할 수 없다고 한다.[107]

그러나 사견으로는 자유형의 집행을 수형자의 처우와 관계, 갱생보호를 모두 포함하는 개념으로 보아 수형자의 처우와 관리를 자유형의 집행이라는 개념의 부분적 개념으로 보는 한영수 교수의 견해에 반대하는데, 그것은 자유형의 집행은 글자 그대로 형벌의 집행으로서 모든 역사, 모든 국가에 공통된 역사적, 보편적 소극적 개념으로서 응보재 또는 형벌재의 생산에 관계되나 수형자의 처우란 형벌의 집행이라는 몰가치적, 소극적 개념을 넘어서서 국가마다 다른 교정재의 생산이념이 내포된 가치적, 개별적, 근대적, 적극적 개념이므로 자유형 집행이라는 개

---

106) 배종대 외, 전게서, 317면.
107) 한영수, 행형과 형사사법, 세창출판사, 2000, 13면.

념의 한 부분적 요소로 될 수 없기 때문이며 그런 논리에서 행형법관보다 교정법
관으로 주장하고자 한다.

그러나 용어와 관계없이 교정법관 또는 행형법관제도에 대해 행형개혁에서 가
장 중요한 것은 외부적 통제기관, 그중에서도 사법부에 의한 통제가 형식과 실질
의 양면에서 보장되어야 한다며 장기적으로 행형법관제도의 도입을 검토할 수 있
다는 배종대 교수의 견해에[108] 대해 대체적으로 동의한다. 그러나 배종대 교수가
우리나라에서 행형법관이 행형과정에서 담당할 역할과 그런 역할이 필요하다고
주장한 근거논리에 대해서는 동의할 수 없다. 즉, 배종대 교수는 행형에서도 행형
을 누가 담당하느냐 하는 문제보다는 행형과정에서 각각의 권력기관(사법부와 교
정기관)이 얼마만큼의 권한을 서로 나누어 갖고 서로 견제하면서 행형의 목적을
달성하는 것이 더 중요하다고 하고,[109] 우리나라에서 단기적 과제로 가석방의 결
정에 사법부의 참여와 징벌조치에 대한 법관의 사전적, 사후적 통제만 아니라 수
형자의 분류와 처우 등에 대한 법관의 사전적 참여가 가능하다고 주장하여,[110]
교정개의 직접생산 과정에 법관이 참여해야 한다는 의미를 주고 있다. 또한 배종
대 교수는 그러한 근거로서 법관이 판결에서 실체형법의 양형요소를 고려하여 내
린 판단과 행형과정에서 재사회화의 정도와 필요에 따라 내려지는 진단 사이에
불일치가 발생할 수 있으며, 이렇게 되면 행형법 제1조의 행형의 목적은 양형에
의해 방해를 받게 되며 이런 모순을 해소하기 위해서 가석방과 같이 원래의 판결
을 수정할 필요가 있는데, 이렇게 교정기관이 행하는 가석방의 결정은 판결의 실
체적 변경에 해당하므로 그러한 가석방 등은 법관에 의해 결정되고 통제되어야
한다고 주장한다.[111] 즉, 형벌의 기간이 행정부의 가석방 결정에 의해 변경되는
것은 자유형의 단순한 집행이 아니라 사법적 작용이므로 사법권을 침해해 권력
분립의 원칙에 어긋나므로 자유박탈의 여부만 아니라 자유박탈의 구체적 형태 또
한 법관의 관할 아래에 놓여야 한다고 주장한다.[112] 그러나 사견으로는 위의 주
장에 동의할 수가 없는데, 예를 들어 법원이 내린 형벌기간에 대해 행정부가 가
석방결정을 통해 형벌기간을 변경시킨 것을 사법권의 침해라 하나 사견으로는 그

---

108) 배종대 외, 전게서, 316~317면, 338면.
109) 배종대 외, 전게서, 322면.
110) 배종대 외, 전게서, 338면.
111) 배종대 외, 전게서, 325면.
112) 배종대 외, 전게서, 328면.

것은 사법권의 침해가 아니라 추상적인 사법권의 결함을 보완한 것이라고 생각한다. 그것은 성인 범죄자에 대해 판사가 정기형을 선고하는 그 자체는 행형당국에 대해 교정재의 생산의 최대기간을 설정해준 것으로 그 최대기간 내에서 수형자가 재사회화가 되었다고 전문기관인 행형당국이 가석방을 할 수 있는 권한을 위임한 것으로 볼 수 있고 바로 그 점에서 사법재의 결함을 보완한 것이다.

만일 그렇지 않고 판사가 선고한 정기형만큼 수용되어 있어야 한다면 시시각각 변하는 수형자가 형기 만료 이전에 충분히 개선, 교화되었음에도 형기만큼 수용되어야 한다면 그것은 정기형 제도의 결함이며, 사법권의 남용이 되며, 또한 배종대 교수는 행정부가 내리는 가적방의 결정은 판결의 변경이므로 그러한 가석방 등은 판사에 의해 결정되어야 한다고 주장하나 판사는 사법재의 생산과 관계되지 교정재의 생산에는 원칙은 관여할 수 없다. 왜냐하면 행형기관이 사법재를 생산하는 법원의 판결에 관여할 수 없듯이 판사는 교정재의 생산에는 비전문가이기 때문이다. 그것은 교정재 생산과 관계되는 가석방의 심사과정은 교정재의 생산에 관한 학식과 경험이 풍부한 전문가가 참여해야 하며, 특히 가석방의 심사 때 역점사항인 범죄심리의 동기나 환경의 동기를 정확히 분석하기 위해서는 범죄심리나 교정심리의 깊은 지식이 있어야 되며, 특히 우리나라는 분류 심사의 결과를 누진 처우에 직결시킴으로써 진급에 영향을 주어 가석방과 연결시키고 있으므로 분류 심사론에 대한 지식도 있어야 한다. 또한 가석방은 형기의 단축이 아니라 형의 집행방법을 시설 내 처우에서 사회 내 처우로 변경하는 것에 지나지 않고, 또한 가석방의 결정은 바로 보호재의 생산영역으로 연결된다는 점에서 보호재의 생산이론에도 밝은 자가 가석방 심사과정에 참여해야 하므로, 배종대 교수의 주장처럼 가석방의 결정은 판결의 변경이 아니라 판사의 추상적인 판결을 구체화시킨 판결의 보완이며 마찬가지 논리로 수형자의 분류와 처우 등에 대해서도 법관의 사전적 참여를 주장하는 그의 주장에 동의할 수가 없다. 왜냐하면 수형자의 분류와 처우는 교정재 생산의 핵심적 과정으로 심리학, 사회학, 교육학, 교정학, 상담학, 치료학 등 다방면의 전문가가 참여해야 하는 고도의 전문과정이기 때문이다.

따라서 본인이 주장하는 교정법관의 역할은 배종대 교수처럼 가석방이나 징벌 외에 수형자의 분류와 처우 등 모든 부문에서 참여하는 교정법관이 아니라 교정재의 생산 과정 중에서 사법적 성격을 띤 것, 예를 들어 금치 등의 징벌의 부과, 수형자의 권리 구제 절차에 관한 사항들과 그 외에 보안 처분에 관한 사항, 보호 감호, 교정관련 분쟁이나 교정공무원의 부패 감시, 가석방과 사면 등에 관한 자문, 또한 교정에 대한 민주적 통제에 관련된 사항들에만 참여하도록 하고 분류, 처우 등 교정재의 직접 생산은 전문 행형 기구가 담당하게 하는 방안이다.

이를 위해 8개 시·도의 법원 내에 교정전문법관 1~2명씩을 두도록 하며, 사법시험의 1차 과목의 선택과목에 교정학이 포함되도록 해야 할 필요가 있다.

2) 고객평가제도의 필요성

지금까지 교정재의 생산은 주로 교정공무원, 교화위원 등이 중심이 되어 생산했고 고객, 즉 수형자들은 자신의 의사와 관계없이 피동적으로 생산에 참여하는 바람에 교정재의 질이나 내구성 등에 많은 문제가 생긴 것은 해가 갈수록 재범률이 높아지는 것으로 알 수가 있다. 그런데 수형자는 교정재 생산의 한 축이면서도 지금까지는 주체적 생산에 있어서는 소외되어 오는 바람에 교정재 생산이 균형적이지 못했고, 이로 인해 여러 문제점이 발생되어 왔다. 그러나 현대는 교정이 단순히 형벌의 집행이나 형정의 영역이라는 소극적 차원을 넘어서 복지적, 사회사업적 영역의 대상이라는 인식이 들면서 수형자를 행형의 피동적 대상에서 교정재 생산의 주체적 고객으로 취급해야 할 필요성이 대두되었다. 왜냐하면 수형자들 자신의 주체적 의사에 의해 만들어진 교정재는 교정재의 질이나 내구성이 좋아질 뿐만 아니라 교정재의 생산량도 증가하며 한번 생산된 교정재는 가역성 (reverse)의 원리와 비친화적이기 때문이다.

따라서 수형자들, 즉 고객들은 교정재이 여러 생산 과정에 주체적으로 참여하고, 또는 교도관과 교화위원들이 생산하는 각종 영역에 대해 평가하는 방법을 통해서 참여할 수가 있다. 예를 들어 교육 프로그램과 강사에 대한 정기적인 평가제도, 음식 등 급여의 내용과 종류에 대한 고객들의 정기적 평가, 위생과 의료, 교도 작업, 영치, 운동, 목욕, 귀휴 등의 사회적 처우제도 등에 대한 주기적인 평가 등을 그 예로 들 수가 있으며, 교정당국은 이러한 수형자들의 평가 중 합리적인 것은 즉각 반영하도록 해 고객들과 신뢰관계를 형성해야 한다. 그리고 이러한 수형자들의 교정처우에 대한 주기적 평가제도는 행형법력에 법규화할 필요가 있고, 이러한 급여 등 각 항목별로 평가된 것을 교정시설마다 비교한 결과표를 언론 등 외부기관에 공표할 필요가 있다. 교도소마다 경쟁의식이 생겨야 고객들로부터 좀더 좋은 평가를 받기 위해 노력하고 그것이 질 좋은 교정재의 생산으로 연결될 수 있기 때문인데 먼저 시범적으로 1~2개의 교정시설에서 실시할 필요가 있다.

제 11 장

한국교정홍보론

1. 서

오늘날의 교정행정과 교정재의 생산은 필연적으로 생태계적 환경과 밀접한 연관을 갖는다. 여기서는 교정환경이 아직까지 열악한 위치에 있어 정체성의 혼돈을 가져오는 교정학의 현실과 문제점을 살펴보고 사견으로 대안을 제시하며, 오늘날 그 중요성이 증대되는 교정홍보의 필요성과 방법을 추론했고, 교정관련 법령의 용어를 정비할 필요성과 이에 관한 내용을 소개하고자 한다.

2. 교정학의 현실과 발전적 대안

1) 교정학의 현실

(1) 교정학 범위의 혼란

먼전 교정학 범위를 보기 전에 교정학의 개념을 살펴보기로 한다.

교정학 개념에 대하여 정갑섭 씨는 반사회적인 범죄자나 우려되는 우범자들로부터 범죄를 진압하여 국가사회를 보호하고, 이에 기초하여 행사하는 국가형벌권이 수용자들에게 어떠한 영향과 고통 그리고 피해를 주며, 그 집행의 효과는 어떤 것이며 어떻게 하여야 발전 지향성이 있는지에 대하여 이론적으로 연구하는 학문이라고 정의한다.[1] 또한 그는 행형학을 교정학과 다르게 보아 교정학은 제도 중심의 감옥학이 인간의 교육을 중심으로 행형학으로 발전했고, 그 다음 단계로 나온 것이 교정학이라고 한다.[2]

한편, 정영석 씨는 교정학은 교정사실을 연구대상으로 삼는 학문으로서 과거, 현대 및 미래를 고찰하며, 즉 교정을 있는 그대로 설명하고, 일정한 이념하에서

---

1) 정갑섭, 교정학, 을지서적, 1990, 15면.
2) 정갑섭, 전게서, 29면.

그 가치를 판단하며 이에 대한 합리적이고 효과적인 운영 원리를 연구하는 학문이라고 한다.[3]

그리고 허주욱 씨는 교정학은 오늘날 대표적인 형벌이라고 말할 수 있는 자유형의 집행과정 등을 중심으로 교정 전반에 관한 이념과 학리를 계통적으로 연구하는 학문일 뿐만 아니라 형사정책의 일부로서, 특히 사회학, 심리학, 정신의학, 교육학, 생물학 등 관련 학문의 종합적인 응용이 요청되는 분야이기도 하지만 형사정책과 동일 개념은 아니라고 한다.[4]

또 그는 행형학은 주로 자유형의 집행에 관한 것을 중심으로 연구하는 학문체계이나 교정학은 범죄인을 그 연구대상으로 하나 아직 학문적 체계는 확고히 정립이 안 된 학문이라고 한다.[5]

한편, 김용준 씨는 교정학을 행형학과 같이 보면서 행형을 있는 그대로 설명하고 이를 외국의 것 또는 과거의 것과 비교하여 교정제도의 사회적 원인과 결과를 탐구하여 사회학적 법칙을 발견함을 목적으로 하는 학문이라고 한다.[6]

따라서 주로 교정학자들의 의견을 종합하면 교정학과 행형학은 유사한 면이 많으며, 다만 1955년 이후 "UN범죄 예방 및 범죄인 처우회의"의 영향을 받아 행형학보다는 교정처우를 중시하면서부터 행형이라는 용어에 대체하여 교정이라는 말을 흔히 사용하게 되었고, 아직도 행형학은 형사정책의 한 영역으로서 널리 연구되는 것이 사실이므로 교정이라는 용어의 사용에만 머무를 것이 아니라 보다 체계적 연구를 통해 교정학이라는 학문으로 승화시켜야 한다고 한다.[7]

그런데 배종대 교수는 처음에는 행형학과 교정학을 같이 보아 행형에 관해 총체적으로 연구하는 분야 중 행형학 내지 교정학이라고 한다[8]고 했으나, 그 뒤 견해를 바꾸어 행형학은 자유박탈을 수반하는 형사제재의 집행에 관련되는 법률 및 그에 상응하는 법현실에 대한 체계적 서술이라고 정의하였고,[9] 교정학은 행형의 목표 또는 이데올로기로서 교정을 전제하는 데서 발생한 용어로 교정학은 형사사법의 일부로서의 형벌집행의 측면보다는 행정작용으로서의 교정행정의 측면에 보

---

3) 정영석, 형사정책, 법문사, 1986년 384면.
4) 허주욱, 교정학, 법문사, 2002, 13면.
5) 허주욱, 전게서, 103면.
6) 김용준, 교정학, 고시원, 2001, 23면.
7) 허주욱, 전게서, 103면.
8) 배종대, 형사정책, 홍문사, 2000년, 392면.
9) 배종대, 행형학, 홍문사 2002년 69면.

다 관심을 두므로 교정학은 자칫 형벌 집행의 근본문제에 대한 성찰을 외면하고, 다만 교정행정의 목표로서의 교정을 위한 기술적 연구에 국한되는 한계가 있다고 하여 행형학이라는 용어가 보다 폭이 넓은 의미라고 한다.10) 다시 말해 그는 행형을 규율하는 행형법이 엄연히 존재해 있고, 교정은 행형의 목표 가운데 하나에 불과하고, 교정학은 교정을 이념으로 하는 교정행정의 기술적 측면을 강조하여 형벌집행을 대상으로 하는 행형문제가 소홀하게 취급될 수 있다고 한다.11) 이렇게 여러 학자들에 따라서 교정학과 행형학의 개념이 같거나 또는 약간 다르게 표시되지만 종합해 보면 교정학은 또는 행형학은 범죄인에 대해 형벌을 가함과 동시에 건전한 사회인으로 복귀할 수 있도록 교화하는 일련의 행위인 교정에 관한 지식을 체계적으로 연구하는 학문이라고 할 수 있으므로 교정학의 학문적 범위가 주로 교정처우에 관한 것임을 알 수 있어 범죄원인론이나 범죄학이론과 같은 형사정책학 파트는 제외됨을 알 수 있다. 따라서 우리나라는 교정직 공채나 교정직 승진시험에 형사정책학 파트가 제외된 순수한 행형학이 행형학의 시험범위로 1993년까지 되어 왔었고 시험과목의 이름도 행형학이었다. 그러다가 1993년 12월 31일에 공무원 임용시험령이 개정되면서 각급 교정직 공무원의 채용시험과 승진 시험과목에 교정학으로 바뀌게 되었고, 이때부터 교정학이란 개념이 우리나라에서는 공식적으로 대두되었는데, 즉 당시 한국 교정학회와 경기대학교 교정학과 교수들의 노력에 의해 그때까지 행형학으로 되어 있던 시험과목을 교정학으로 대체시킬 것을 제의하고 법무부와 총무처가 받아들였고, 이 과정에서 교정학의 시험범위는 종래의 형사정책에 행형학까지 포함하기로 합의해 각종 공무원시험의 교정학에서는 행형학만 아니라 형사정책적 분야에까지 광범위하게 출제되고 있다.12) 즉, 어떤 공론화 과정도 거치지 않고 총무처가 일부 교정학자의 의견을 수용해 교정학과는 조금 무관한 형사정책학을 교정학의 범위로 정하는 비민주적 정책 결정을 내렸다. 한편, 원래 사법시험 1차 과목인 형사정책학에는 교정학 또는 행형학이 포함되어 출제되어 오다가 2001년 상반기에 한국형사정책학회에서 형사정책학의 제자리 찾기의 일환으로 교정학 또는 행형학을 형사정책학에서 제외하여 별도의 과목으로 독립시키기로 결의하였는데, 이는 형사정책학과 밀접한 유사분과를 분명히 구별함으로써 각각의 독자성을 인정하자는 고려 때문이라고 한

---

10) 배종대 전게서, 6～7면.
11) 배종대, 전게서, 서문.
12) 이언담, 교정학, 박문각, 2001년 18면.

다.13) 그러나 오늘날에도 행형과 교정을 혼용해 사용하는 것이 일반적이지만 이렇게 교정학의 범위와 성격이 애매하다 보니 일반인은 교정학의 개념에 대해 잘 모르고 있으며 교정학의 범위도 애매해지고 더욱이 교정직 시험출제에 있어서는 출제위원이 교정학의 시험범위를 넘어서 형사법의 문제 중 출제한 적도 있다.14) 한편, 교정학의 시험범위에 있어 행정자치부 시험과는 달리 법무부에서 실시하는 교정직 특채나 교정직 승진시험 때는 교정학의 범위에서 범죄원인론이나 형사정책학을 제외시키기도 한다. 따라서 교정학의 학문적 범위를 결정짓는 시험범위는 이론적 근거를 무시하고 정책적으로 결정되었고, 또한 시험위원에 따라 시험범위도 달라지는 현상을 알 수 있어 교정학의 독자과학성을 해치고 있음을 알 수 있다.

(2) 교정학 범위에 대한 대안(사견)

결국 이 모든 것을 종합해보면, 사회 내 처우가 중시되는 오늘날에는 행형학보다는 교정학이란 용어가 더 적절하다고 볼 수 있으며, 교정처우에 관한 학문인 교정학의 범위는 주로 교정의 개념과 역사, 교정처우론에 있다는 것을 도출할 수 있음에도 정부당국이 어떤 공론화 과정도 없이 비교법적 고찰도 없이 교정학의 시험범위에 교정학과 인접학문이지만 독립된 형사정책학을 특정학자들의 이야기만 듣고 포함시키는 결정을 내려 교정학이라는 학문은 정체성의 위기를 맞이하였고, 결국 그것은 교정학의 발달을 저해하고 있다고 할 수가 있다. 상식적으로 생각해도 범죄원론, 범죄학파이론, 범죄예방론, 사법제도 개혁론, 범죄수사학이론 등을 내포하고 있는 형사정책학이론을 수형자를 교정 처우하는 학문인 교정학의 범위에 포함시킬 수 없으며, 그것은 다만 교정학의 인접학문으로 정체성을 가지는데 그쳐야지 이렇게 교정학의 범위를 확대시키는 것은 진정한 교정학의 발달에 장애를 가져와 정체성에 의문을 던져 줄 수밖에 없다. 따라서 본인은 교정학의 학문적 범위를 다음과 같이 제안한다. 교정학의 범위로 기존의 행형학, 즉 교정이념론, 교정의 역사론, 교정시설론, 교정행정론, 수용이론, 수용자 권리와 의무론, 시설 내 처우론, 사회적 처우론, 사회 내 처우론, 교정처우의 종료론에다가 보안처분론과 교정복지론, 비교교정론, 특수교정론을 추가시키고자 한다. 보안처분론을 추가한 이유는 보호감호, 치료감호와 같은 보안처분도 자유제한을 내용으로

---

13) 배종대, 전게서 서문.
14) 천정환, 교정학, 한국고시회 2003, 261면.

하는 형사처분으로 처음부터 감호시설 내에서 집행되므로 자유제한적 보안처분도 행형의 개념에 포함시킬 수 있기 때문이며 교정복지론 또는 교정사회사업론을 추가한 이유는 최근에 교정을 이제 하나의 복지적 차원에서 접근하려는 시도가 미래의 추세이므로 각종 case work 등 사회사업론의 기본지식이 필요하기 때문이며, 비교교정론은 외국의 각종 교정제도를 살펴보는 것으로 종전의 행형학에서 경시한 부분이지만 선진교정을 위해서는 반드시 필요한 부분이다. 특수교정론에는 소년형사정책론, 여성범죄자 교정론, 노인수형자 교정론, 장애인수형자 교정론 등을 포함시킬 수가 있다. 본인이 이렇게 기존의 형사정책학 부분을 거의 빼고 교정학의 범위를 정한 근거는, 첫째 이론적 근거로서 기존의 형사정책학의 내용들인 형사정책학의 연구방법론, 형사정책사상론, 범죄원인론, 범죄대책론, 형벌론, 형사사법정책론, 각종 범죄론은 순수한 의미에서 교정학의 영역이 아니기 때문이며, 또한 2001년도에 한국형사정책학회가 교정학을 형사정책에서 제외시켰는데, 그 이유는 형사정책학과 인접한 유사 분야를 분명히 구별하여 각 학문의 독자성을 인정하기 위한 것이다.[15] 둘째 현실적 근거로서 현재 행정자치부 공채시험에서의 교정학의 시험범위와 교정직 승진시험에서의 교정학의 시험범위와 법무부특별채용 때의 교정학의 시험범위와 교정직 승진시험에서의 그것이 각각 달라 오해와 혼동을 줄 우려가 있고, 다른 분야와 달리 일관성이 없어 교정학의 독자과학성에 저해가 되기 때문이며, 또한 갈수록 형사정책학의 범위가 넓어져 형사정책학을 범위에 넣을 경우는 수험생들에게 혼란을 줄 우려가 있고 특정 분야를 전공한 교수가 출제위원이 되면 실력이 아닌 운에 의해서 당락이 결정될 수 있으며, 또한 2004년부터 소년보호직렬에는 기존의 교정학 대신에 형사정책학을 대체시켰고, 교정직렬에는 기존의 교정학을 그대로 시험과목에 넣고 있는데, 이는 행정자치부 당국이 형사정책학이 교정학의 범위에서 제외되고 있음을 스스로 인정하는 셈이 된다. 왜냐하면 소년보호직렬의 경우는 보호재 생산과 관계되는 소년형사사법정책론이 포함된 형사정책론을 필요로 하지 교정재 생산을 목적으로 하는 행형론은 필요가 없기 때문이다. 그런데 현재 교정학의 시험범위에는 대통령령으로 행형론과 형사정책을 포함한다고 되어 있어 교정직렬을 응시하는 수험생은 교정학이 시험과목이므로 행형론과 형사정책론을 다 공부해야 되나, 소년보호직렬의 수험생은 형사정책학이 시험과목이므로 행형론을 제외하는 결과가 되기

---

15) 배종대, 전게서 전문.

때문이다. 또한 형사정책학과 형사법의 내용 중 구분이 애매한 분야가 있는데 출제교수에 따라 형사법의 내용이 교정학에 출제될 수가 있어 시험의 타당도에 의문을 가져올 수가 이다. 또한 교정학의 범위가 불분명해 교정학 교과서를 지은 교수마다 교정학에 내포되는 분야가 조금씩 달라 수험생들에게 혼동을 주고 나아가 교정학의 정체성을 위협해 교정학의 발달을 저해하기 때문이다. 따라서 교정학의 학문적 범위와 시험범위는 공론화 과정을 거쳐 하루빨리 교정학의 독자과학성을 추구함과 동시에 수험생들에게도 혼동을 주는 일이 없도록 해야 되겠고, 따라서 교정학의 시험범위를 규정한 대통령령은 잘못된 규정이므로 개정되어야 한다고 생각한다.

(3) 교정학의 열악한 위치

교정학 또는 행형학은 과거의 규범학인 형사법의 한 분야로 취급되어 형법이나 형소법의 학문적 발달에 비해 비교도 할 수 없을 만큼 엄청나게 열악한 위치에 있다. 현재 교정학 또는 행형학 저서는 1962년도에 허주욱 씨가 행형학(일조각)을 출판한 이후 40여 년이 지났지만 순수한 교정학 도서는 현재 12권이며, 이 중 대학교수가 출판한 것은 4권밖에 되지 않을 만큼 초라하다고 한다.[16]

교정학이 이렇게 초라하게 전락한 이유에 대해 허주욱 씨는 교정학이 광의의 형사정책의 과목 내에 포함되어 그늘 속에서 있었기 때문에 독립된 학문으로서 역사가 너무 짧고, 5·16군사정변 이후 행형학이 고등고시 일반 선택과목으로 있었으나 그 뒤 폐지되어, 현재는 교정직에만 필수과목이 되었고 같은 형사사법기관인 경찰, 검찰, 법원 등에서도 교정학에 대한 관심이 없고 국민들도 멀리하기 때문이라고 한다.[17]

한편, 일반 4년제 대학의 법학과의 커리큘럼에도 경상대학교 등 많은 대학교가 교정학을 개설하지 않고 그 대신에 사법시험 1차 과목인 형사정책을 개설해 법학과에서조차 외면받아 법학과 학생들도 교정학에 대해 관심이 없다. 따라서 타 학과 학생들이나 일반인들은 교정학을 잘 모르고 그저 교정직에 대한 왜곡되고 편견된 인식만 사회에 대량 확대 생산되어와 교정직 공채시험에서는 항상 낮은 경쟁률을 기록해왔고, 따라서 무수한 인재의 교정직에의 유입이 적다. 그리고 공무

---

16) 허주욱, 한국의 교정 10년계획 교정연구 2002, 317면.
17) 허주욱, 전게논문, 310면.

원 학원에서도 대부분 일반행정이나 경찰직 등 학생들의 선호도가 높은 직렬만 개설해 교정직을 강의하는 곳은 거의 없어 이로 인해 교정학은 더욱더 국민에게 서 멀어지게 되었다. 이렇게 교정학이 외면받고 교정직에 대한 수요가 적으니 4 년제 대학교에는 경기대학교에만 교정학과가 설치되어 있어 초라한 현실인 데 비해, 경찰행정학과는 경찰대학을 비롯하여 전국대학의 54개소에 설치 운영되고, 특히 경찰대학에 입학하면 안정된 직장이 졸업 후 보장되도록 당초 특채제도가 있었기 때문에 엄청난 입학경쟁률을 보이나 교정보호학과의 경우는 졸업 후 교정계의 취업이 보장되어 있지 않아 대학졸업장을 취득하는 수단의 한 방법으로 전락해 교정보호 분야는 상대적으로 취약할 수밖에 없다고 한다.[18] 그리고 이렇게 교정학의 학문적 위치가 교정학의 정체성과 독자과학성에도 문제가 있어 교정학이라는 학문이 분화가 되지 않아 학문의 발달이 저해되고 있다. 현재, 우리나라에는 교정학의 경우는 교정학, 교정법학, 교정복지론 정도만 관련 책이 나와 있어 타학문 분야에 비해 학문적 분화가 너무 발달되어 있지 않은데, 이는 교정학을 연구하는 학자가 타 학문 분야에 비해 너무 적은 데도 한 원인이 된다고 하겠으며, 또한 타 학문 분야의 연구자가 교정학 분야의 연구로 뛰어 들어오지 않는 것도 그 이유가 될 수 있지만 근본적으로는 교정학에 대한 국민의 외면과 지나친 낮은 수요에 그 원인이 있다. 예를 들어 법학 분야는 과거에는 법학자만 연구했지만, 최근에는 법학과 심리학, 법과경제학, 법사회학 등의 책에서 알 수 있듯이 경제학자나 심리학자, 사회학자도 법학연구에 관여하고 있을 만큼 학제 간 연구가 발달하고 있지만, 교정학의 경우에는 형사법학자 외에는 학제 간 연구가 되지 않고 있다. 이는 교정학이 일부에서 알고 있는 종합사회과학이 아니라 종합응용과학이라는 성격을 갖고 있어 학제 간 연구가 많이 필요하고, 또한 학문적 분화가 많이 되어야 함에도 그렇지 못해 학문적 심각성을 더해주고 있다. 그리고 교정학과 관계되는 학회가 한국교정학회가 서울시 서초동에 소재해 있지만 그렇게 활발한 활동을 하는 것도 아니며, 회원수도 상대적으로 적고, 또 회원 중에서 상당수는 현직 교도관, 또는 전직 교도관들로 채워져 교정실무적 분야에는 도움이 되지만 상대적으로 타 학회에 비해 학문적 분야의 연구자가 적다. 또 타 학회와 달리 한국교정학회는 세분화되어 있지 않다. 예를 들면 한국 심리학회는 사회심리학회 등 여러 분야로 세분화되어 있지만, 한국교정학회는 그렇지 못한데 이는 근본적으로

---

18) 허주욱, 전게논문, 319면.

는 교정학의 열악한 위치와 관계가 된다고 하겠다. 그리고 한국교정학회는 주로 교정학자나 관련분야학자, 교도관 등 일선 공무원, 그리고 교정학에 관심이 많은 일반회원들로 구성되어 있지만, 교정의 상당한 체험을 오랫동안 해온 전과자는 이론상 일반회원으로 가입이 가능하나 실제로는 가입되어 있지 않아 결과적으로 폐쇄적이고 보수적 면을 보이고 있다. 그리고 교육부가 학문의 발달을 위해 재정적 지원을 하고 있는 BK-21사업에도 교정학 분야는 제외되어 있고, 또한 교정학과 교수들에게 정부 차원에서 재정적 지원을 하는 것도 아니며, 그리고 법무부에서는 대학생이나 일반인을 대상으로 교정관련 논문 등 현상 모집하는 경우도 없으며, 한국교정학회도 학회간사만 교정직 공무원으로 되어 있지 그 외에는 정부로부터 재정적, 인적 지원을 크게 받지 못하는 현실은 오늘날 범죄가 급증하고 그에 따라 엄청난 사회적 비용이 들어가는 등으로 인해 어느 때보다 교정재의 생산과 교정학의 위치의 중요성을 생각할 때 심각하다고 하겠다.

(4) 교정학의 발달을 위한 대안(사견)

현재의 교정학의 초라한 현실을 극복하고 교정학의 보다 나은 발달을 위해서는 가장 먼저 교정학이라는 학문에 대한 수요가 증가해야 하므로 정부는 각 대학교에 교정학과 또는 교정복지학과를 설치할 수 있도록 제도적 지원을 해야 한다. 이는 사회학 등 타 학문과 달리 교정학은 사회의 안위와 직결되는 교정공공재의 생산과 직접 관련되므로 질 좋은 교정재의 생산책임이 있는 정부는 당연히 그렇게 지원할 의무가 있다고 생각한다. 또한 교정학은 종래에는 형사법의 한 분야로 규범적으로 접근했으나 이제는 보다 과학적, 전문적 처우를 필요로 하는 종합응용과학적으로 접근해야 하고, 특히 최근에는 교정을 복지와 연결시키는 추세에 비추어 사회복지학과의 졸업생들처럼 교정학과 졸업생 등에게도 교정사라는 자격증제도를 신설해 교정직 채용인원의 일정 부분은 교정사 자격을 가진 자만 응시할 수 있는 특채제도를 신설해야 보다 많은 수험생들이 교정학과로 지원하고 그것과 교정학의 학문적 발달의 배경이 되는 인적자원을 충분히 확보할 수 있다. 또한 기존의 교정학 교수나 교정학자, 교정학회에도 충분한 제도적 지원이 이루어져야 하고, 또한 교정학과 관련이 있는 타 분야의 학분 분야 연구자가 교정학을 연구할 수 있는 학문적 분위기가 마련되어야 한다. 한편, 현재의 각종 채용 또는 자격시험에도 교정학을 포함시킬 필요가 있는데, 먼저 현재 사법시험의 1차 선택과목에 교정학을 추가해야 한다. 현재는 1차 선택과목에 형사정책학이 포함되어 있으나 그 과목이 포함될 당시에는 형사정책학에 교정학이 내포되어 있어 문제가 없었으나, 2001년도에 한국형사정책학회에서 교정학을 앞으로 형사정책시험 범위에서 제외시키도록 결의했고, 2002년도 사법시험부터는 교정학이 제외되었기 때문에 판사와 검사들이 교정학에 대한 지식은 필수적이란 점을 감안할 때 앞으로 사법시험 1차 선택과목에 교정학을 추가로 포함시켜야 한다. 판사와 검사들에게는 형사정책 못지않게 교정학의 지식이 필요한데, 가령 판사들이 판결을 내릴 때 양형상 교정의 현실도 감안해야 하고, 또한 현재 교정시설의 과밀수용론, 시설 내 처우의 현상, 각종 사회적 처우와 사회 내 처우이론도 필수적 지식이며, 또한 교정학의 한 분야인 교정심리학에서 다루는 공격성(aggression), 귀인(Attribuion), 태도형성이론을 알아야 범죄인이 그렇게 범죄행동을 한 심리적 원인을 과학적으로 알 수 있어 양형에 도움을 주기 때문이다. 따라서 실무적 면에 있어서는 판사의 사법재생산에 있어서 교정학의 지식은 아주 중요하므로 사법시험의 1차 선택과목에 포함시켜야 하고, 또 그로 인해 교정학 연구의 인적 다원화가 이루어져 교정학의 발달에 도움이 되기 때문이다. 그 외에 경찰간부시험에도 2차 시험의 선택과목에 교정학을 넣을 필요가 있으며, 검찰 내에 있는 구치감 내에서도 사실상 행형이 이루어지므로 현재 9급 검찰사무직 공개채용시험에도 교정학을 포함시킬 필요가 있다. 또한 앞으로는 교정과 복지가 연계되는 것을 피할 수 없는 추세이므로 현재 대학의 사회복지학과에도 교정학과목을 커리큘럼에 포함시키도록 하고, 5급 또는 7급의 사회복지직 공개채용시험에도 교정학 또는 교정심리학을 선택과목으로 포함시킬 것을 검토할 만하다. 앞으로 다가올 교정의 미래는 교정재 생산에 사회복지학적 접근은 필수적이므로, 이에 따라 교정직 공무원과 사회복지직 공무원 간의 협조와 연계가 필요하기 때문이다. 그리고 교정직 공무원에 우수한 자원이 몰리면 결국 교정학의 발달에 도움이 되므로 법무부 교정과와 한국교정학회는 소극적, 관료적 자세에서 탈피해 각 대학교를 순회해 교정직 공무원의 매력에 대해 설명회를 정기적으로 갖도록 할 필요가 있는데, 현재 대학생이나 일반 국민들 중에는 교정직에 대해 모르는 사람이 많고 결국 이런 것은 교정직 공채시험 때 타 직렬에 비해 상당히 낮은 지원율로 나타나고 있다. 현재 행정자치부가 각 부처의 소수 공무원 등에게 해외시찰 기회를 주고 보고서를 내도록 하는 제도가 있지만, 비교 교정학의 발달을 위해서는 법무부가 주도해 기존의 교정직 공무원만 대상으로 하지 말고 교정학자나 교정학교수 또는 대학원 교정학과 학생 등에까지 대상을 확대해 외국의 교정제도를 시찰할 기회를 주도록 할 필요가 있으며, 법무부는 교정학과 관계되는 각종 세미나나 학술발표회에 대해서는 제도적 지원을 하며 교정학의 발달을 돕도록 한다. 한편, 현재의 교정학은 세분화되어 있지 않은데 교정학이 세분화되도록 관련 학문 분야의 연구를 이끌어 낼 필요가 있다. 사견으로는 교정학을 현재 분화되어 있는 교정교육학, 교정복지론 외에도 교도소 내의 문화와 수용자들의 사회와 그들의 권력관계, 교정언어 분석과 교정과 정치 등의 관계를 연구대상으로 할 수 있는 교정사회학이라는 학문도 생각해볼 수 있고, 교정재의 생산이론과 제3섹터이론과 교도작업의 경제성이론과 교정통계 및 작업상여금 등 교정 현상을 경제적으로 연구할 수 있는 교정경제학이론도 만들 수 있으며, 또한 교정상담치료, 교정예술치료, 교정스포츠치료, 교정의학치료기법을 모아 교정치료학도 생각해볼 수 있고, 또한 현재 수용자에게 급식하는 음식물 중 어떤 것이 공격성과 연관되는가를 연구대상으로 하는 교정식품학도 생각할 수 있으며, 그 외에도 교정행정학, 교정정책학, 교정상담학, 교정역사학 등도 세분화시킬 수 있는 분야라고 생각한다. 그런데 교정학의 학문적 발달과 연관이 있는 교정심리학의 경우는 아주 중요한 학문으로 교정직 공무원에게는 필수적으로 습득할 분야인데도, 현재 교정심리학의 범위나 정체성도 확립되어 있지 않고 이 분야에 관해서 연구하는 학자도 거의 없고 이에 관한 저서로는 정갑섭 씨의 교정심리학이 유일한데,[19] 그는 교정심리학이란 반사회적 행동을 가진 사람들에 대해서 심리학적 입장에서 반사회적 경향을 제거 또는 억제시켜서 사회적 적응을 회복시키는 것을 목적으로 하는 심리학의 새로운 영역이라고 정의하고, 처우에 빈약한 범죄심리학의 한계를 보완하는 학문으로 교정심리학을 개념 짓고 있다.[20]

따라서 그의 주장은 교정심리학을 교정학적 접근이 아닌 심리학에서 접근하고자 하고 있음을 알 수 있다. 그리고 그는 교정심리학이 다루어야 할 범위로서 교정심리의 필요, 교정심리의 기초(정서이론, 지각, 갈등, 태도, 사회화, 응집력, 공격성 발달이론, 적응이론) 지능과 성격이론 심리검사론, 교정심리에서 비판이론, 교정시설 내 처우론 교정상담요법론 등을 들고 있다.[21] 즉, 그는 일반 이론심리학에서 인간행동의 생물학적 기초를 총칭하는 생리심리학과 인간의 학습 메커니

---

19) 경기도서, 1995년.
20) 정갑섭, 교정심리학 경기도서, 1995년 168면.
21) 정갑섭, 전게서 서문.

즘을 설명하는 학습이론, 언어와 사고이론 등을 제외한 것을 알 수 있고, 사회심
리학에서 인간행동의 원인을 어디에 두는가에 관한 귀인이론과 사회영향이론 등
을 제외한 것을 알 수가 있고 교정학에서 교정시설 내 처우론을 포함시킬 것을
알 수가 있다. 그러나 그의 주장은 모든 이에게 용인된 체계화된 것이라고는 할
수 없고, 또 그의 주장에는 수긍되는 부분도 많지만 발달이론이나 기능이론, 심리
검사론 등을 포함시킨 것은 교정심리학이 응용심리학임을 생각할 때 잘 이해가
되지 않는다. 또한 타인의 행동을 보고 그 행동의 배경, 즉 동기나 의도 중 추리
하는 이론인 귀인이론은[22] 오늘날 교정이라는 사회현장에서 수형자가 왜 그런 행
동을 하게 되었는가를 심리적, 과학적으로 추론하는 귀인이론은 교정심리학에서
아주 중요한 필수부분이다. 왜냐하면 수형자의 행동원인의 동기나 의도, 배경을
알아야 그 다음 단계인 교정상담기법이 달라지기 때문이다. 따라서 이렇게 중요
한 귀인이론을 교정심리학에서 제외시킨 것도 이해가 안 되며, 사회영향이론을
제외시킨 것도 이해가 안 간다. 그러나 앞에서 주장했지만 교정심리학은 교정학
과 교정직 공무원에게 아주 중요한 과목이나 이처럼 범위 등에 관해 체계화되지
않았기 때문에 과거에는 교정심리학이란 과목이 교정직 수험과목에 들었으나 바
로 위와 같은 문제점으로 인해 지금은 교정심리학이란 과목 대신에 심리학이란
과목으로 대체되어 시행되고 있다. 그러나 교정과 무관한 의학에 가까운 생리학
등을 내포하고 그 범위가 넓은 이론으로서의 심리학보다는 교정이라는 사회현장
에서 적용할 수 있는 교정심리학이 교정학의 발달을 위해서나 교정직 공무원의
실무를 위해서도 더 나으므로 하루빨리 사회심리학자와 범죄심리학자와 교정학자
들의 협의와 공론화 과정을 통해서 교정심리학의 범위와 접근방법과 내용의 체계
화를 시도해야 될 것으로 생각되며, 특정단체의 견해만 듣고 교정직 시행과목에
교정심리학을 폐지하고 심리학으로 대체시킨 것은 잘못되었다고 생각되며 하루빨
리 교정심리학으로 다시 환원시킬 필요가 있다고 생각한다.

---

22) 김정희 외, 심리학의 이해, 학지사, 1993년 15면.

3. 교정홍보의 현실과 대안

1) 교정홍보의 현실

우리나라의 국민 대다수는 교도소, 수형자 등에 대해 부정적 인식을 갖고 있는 것으로 추론되며, 교정학이나 보호학에 대해서도 그것이 어떤 학문인지도 모르는 사람이 많을 것으로 생각되며, 교도관이 하는 일도 계호업무 정도로만 생각하는 이가 많을 것으로 생각된다. 심지어 우리나라에서 최대의 도서가 보관된 국회도서관의 경우에도 교정에 관한 학위논문을 검색하면 치과의학에서의 교정이 섞여 나오는 등 교정이나 교정학에 대해서 무관심한 것이 오늘의 현실이며, 그 책임의 일부는 교정학자에게도 있다고 할 수가 있다. 치안재를 생산하는 법원에 비해 교정재라는 사회방위의 중요한 공공재를 생산하는 교정기관에 대해 여러 면에서 상적으로 차별적 태도를 취해왔고, 그것은 오랫동안 국민이 교정에 대한 불신과 무지와의 상승작용에 의해 교정학이나 교도관 등은 가장 인기 없는 학문 또는 공무원으로 되었고, 그것은 교정학의 열악한 학문적 지위나 교정직의 낮은 응시비율로도 알 수 있다. 따라서 국민들은 교정시설 내에서 교정재가 어떻게 생산되는지에 대해 잘 모르고 또한 무관심한 것으로 생각된다. 더욱이 일부 교도관들의 부정행위로 사회적 물의가 일어날 때마다 국민들이 교정에 대한 불신이 증폭되어 교정당국이 교정에 필요한 여러 인적, 정치적, 사회적, 재정적 지원을 확보하는 데 장애가 되어 질 좋은 교정재의 생산에 방해가 되고 있는 것이 오늘의 현실이다. 또한 대다수 국민들의 교정에 대한 잘못된 인식에 기초해 경찰이나 검찰 또는 법원 등 다른 형사사법기관에 비해 차별적 인식과 태도는 자기가 살고 있는 지역에 교도소가 들어서지 못하도록 하는 님비현상까지 일어나고 있는 실정이다. 그런데도 정부나 법무부는 올바른 교정과 교도관이 하고 있는 교정재의 생산 등 교정의 본질에 대해 적극적인 홍보는 전혀 하지 않고 있다. 현재 법무부 교정과에서 매달 발행되는 교정이라는 교양잡지는 일반인도 도서관 등에서 볼 수 있으나 비매품으로 되어 있어 사실상 대부분의 국민들은 모르고 있으며, 법무부나 행정자치부도 관료성으로 인해 교정공무원 채용시험 때도 소극적으로만 모집인원 등 필요한 것만 간단히 알리고 있어 타 직렬에 비해 가장 낮은 응시율을 기록하고 있어 여러 문제점을 나타내고 있다. 또한 우리나라의 교정기관은 그동안 교정사고가 날 때마다 은폐 축소하기 일쑤였고 관료적 조직문화의 특성상 상관의 허락 없이 교도관의 언론관의 접촉이 잘 허용되지 않았고, 매스컴에 나온다 하더라도 익명으로 나오거나 교도관의 얼굴이 나타나지 않는 소극적 방법으로 대처해 국민의 불신은 더욱더 가중되었고, 또한 교정홍보도 소극적, 임시적, 비제도적, 관료적 성격을 띠었다.

2) 적극적 교정홍보(사견)

(1) 교정홍보의 개념

교정홍보란 교정기관이 교정공공재의 소비자에 대해서 현재의 교정재의 생산 상황과 교정정책과 앞으로의 시책을 전달하고, 교정재 생산활동에 대한 소비자의 욕구를 수령해 교정재 생산활동에 환류시키는 상호작용 과정이라고 정의하고자 한다.

다시 말해 교정홍보란 교정주체가 교정의 실상을 소비자인 국민에게 알리고, 또한 국민으로부터 여론을 들어 보다 품질의 교정재가 생산되도록 하는 일체의 활동이라고 할 수가 있다.

(2) 교정홍보 과정

교정홍보 과정은 투입단계 → 전환과정 → 교정재 산출단계 → 환류단계를 거친다고 할 수가 있는데, 투입단계에서는 교도소나 교정행정에 대한 여론 또는 수용자 가족들의 진정이나 민원, 청원이나 신문, 방송 등에 나타난 문제점을 분석하며, 특히 최근에 자주 발생한 청송 보호감소호의 피보호감호자들의 단식과 그들의 요구사항, 그리고 인권단체 등에서 주장하는 교정행정의 방향 등을 면밀히 분석하고 외국에서의 교정재 생산에 관한 장단점을 분석해 교정재 생산이나 교정정책에 투입하는 단계이다.

전환단계에서는 교도소와 교도관 그리고 교정재 생산활동에 대한 국민의 오해를 해소하고, 상징조작을 통해 국민 또는 언론과의 사이에 놓인 긴장상태를 완화하고 민심을 수습하는 방법을 분석하는 단계이다.

산출단계에서는 교정재 생산에 관한 정보 등을 백서, 연감, 간행물 또는 매스컴을 통해 알리는 과정이며, 환류단계는 그러한 산출에 관한 국민이나 매스컴, 인권단체 또는 이해관계인의 타당한 반응을 다시 생산 과정에 반영시키는 단계라고 할 수가 있다.

(3) 교정홍보의 중요성

교정재 소비자는 헌법상 알 권리가 보장되어 있고, 또한 그동안 교정주체와 1차 소비자 사이에 많은 거리감과 오해가 있어 거리를 좁힐 필요가 있고, 궁극적으로는 교정재의 생산정책이 보다 공익성과 또한 부가가치를 많이 만드는 생산성을 갖도록 제휴할 필요가 있기 때문이다. 여기서 교정재의 소비자는 수용자를 제외한 내, 외국인이며 2차 소비자는 수용자라고 관념한다.

(4) 교정홍보의 당위적 성격

교정기관은 교도소의 안전과 질서 등을 해치지 않는 범위 내에서 교정재의 생산활동을 정기적으로 알릴 의무가 있고, 교정사고 등이 발생했을 때도 은폐하지 말고 알려 국민의 오해를 사는 일이 없도록 해야 한다. 그리고 교정기관은 소비자에 대한 우월적 관념을 갖지 말고 대등한 관계에서 홍보가 이루어져야 하며 시혜적 차원에서 소극적으로 알리면 안 된다. 또한 교정주체는 교정의 실상이나 교정재의 생산활동을 일방적으로 알리는 데만 그쳐서는 안 되고 소비자의 의사에도 귀 기울이는 광청의무도 가져야 하며, 교정주체는 교정의 실상이나 교정재의 생산활동에 대해 사실에 기반해서만 알림으로써 국민으로부터 신뢰를 받도록 해야 한다. 그리고 교정홍보는 단순히 교정정보를 알리거나 국민으로부터 의견을 접수하는 사실적, 소극적 단계에서 벗어나서 교정재의 생산 과정을 올바른 알림으로써 교정생산에 보다 유리한 많은 인적, 물적 자원을 교정으로 끌어들이도록 하여 부가가치를 생산할 수 있게 하는 가치성을 가져야 한다.

(5) 적극적 교정홍보의 방법

먼저 교정홍보를 국민의 의견을 널리 듣는 광청의 기능과 국민들에게 널리 알리는 협의의 홍보로 나눈다면, 먼저 협의의 홍보 측면에서는 국민들에게 교정에 대해 먼저 홍보의 주체를 법무부의 교정국이 중심이 되어 교정과 내에 홍보담당 직원을 두고, 이에 따라 각 지방교정청과 각 지방교도소에도 서무과 직원 중에서 홍보담당을 두도록 하며 상호연결체제를 확립하고 홍보전략을 짜도록 하며 기업체로부터 홍보기법도 배우도록 한다. 또한 한국교정학회와 유관단체 등도 법무부와 연계하여 교정홍보의 주체가 되도록 한다. 먼저 홍보의 대상별로 특색 있는 홍보전략을 짜며 국민에게는 각종 유인물, 팸플릿, 각종 언론매체, 백서 등을 통해 교정의 현황을 알리며, 교정사고가 날 때에는 소극적, 은폐적 입장을 버리고 적극적 입장에서 진심을 알려 국민의 신뢰를 회복하도록 한다. 또한 법무부 교정과에서 발행하는 월간 교정잡지를 판매품으로 하여 서점 등에 배포토록 하고 교정잡지의 내용에도 일반 국민들의 글이나 의견을 반영토록 한다. 그 다음 언론과의 관계가 중요한데 언론의 교정에 대한 취재 요청 시 적극 협조하여 올바르게 알리도록 유도하고, 그 과정에서 교정재 생산의 어려움을 알리도록 하며, 교정재 생산에 유리한 자원을 확보하는 데 언론의 도움을 얻는 공격적 홍보로 나가야 한다. 즉, 교정사고나 교정의 문제점이 생겼을 때 교정주체는 은폐하지 말고, 교도소와 언론은 상승작용을 통해 현상을 재해석하고 규정짓도록 하며, 그러기 위해서는 대중매체의 속성을 잘 파악해야 한다. 그 다음 지방교도소는 지역사회에 대한 홍보를 강화할 필요가 있다. 각 지방교도소의 홍보담당 직원을 지역사회 내의 각종 기관과 협조체제를 구축하여 교정활동의 긍정적 면과 애로점을 지역민들에게 알려 지역민들의 도움을 끌어내고 님비현상이 일어나는 것을 방지하도록 하며, 이 과정에서 각 지역에서 모범이 되는 시민들을 교화위원으로 위촉하여 결국 교정재 생산에 도움이 되도록 하는 가치적 홍보가 필요하다.

그 다음 대학들에 대한 교정홍보가 중요한데 각 지방교도소의 서무과장 또는 홍보담당은 각 대학의 취업과와 연계하여 정기적으로 교정직 공무원 채용시험에 대한 설명회를 가지도록 하여 교정을 각 대학 학생들에게 홍보함과 동시에 많은 우수한 자원들이 교정직에 응시하도록 유도하여 질 좋은 교정재 생산에 도움이 되도록 한다. 그리고 홍보비 등의 예산확보에 어려움이 있으면 기업의 협조나 광고를 유치하도록 한다. 만약 삼성그룹과 광고계약을 맺는다면 수용자들에게 관급하는 운동화나 의복 등 각종 관급품에 삼성그룹의 광고마크를 새기고 교도소의 이름에도 기업광고를 넣어, 예를 들면 진주 교도소를 삼성 진주 교도소라고 하는 방법 등으로 기업경영기법을 교정행정에도 도입하도록 한다. 한편, 국민들에게 적극적으로 교정홍보를 함과 동시에 그동안 권위주의적 아래에서 국민들의 불신과 냉소의 대상이 되었던 용어를 고칠 필요도 있다. 가령 교도소를 교정원으로 고치고 교도관을 교정사로 고치는 것 등이다. 그리고 광청의 방법으로는 교정경비 감

소나 질 좋은 교정재의 생산에 관한 의견을 국민제안제도의 형식으로 제도화시킬
필요가 있으며, 다양한 계층과 연령별로 교정모니터 제도를 실시해 시민의 의견
을 교정에 반영시킬 필요가 있으며, 각종 언론에 게재된 교정관련 기사를 분석해
타당한 점은 교정에 반영토록 한다. 또한 각종 교화위원이나 종교위원으로부터
정기적으로 의견을 받는 것을 제도화시키고, 또한 출소자나 인권단체의 의견도
무시하지 말고 적극적 입장에서 검토하는 열린 교정행정이 되어야 한다.

4. 교정관련 법령의 용어의 문제점과 개선안

1) 교정관련 법령의 용어의 문제점

(1) 권위주의적, 응보주의적 용어의 정비

현재 우리나라의 행형법령과 이와 관계되는 행형관계법령 및 기타 법령에서 권
위주의적, 또는 응보주의적 색채를 지닌 용어들은 민주주의적, 교육형주의적 색채
를 가진 용어로 정비되어야 한다. 그 근거는 민주주의를 근본이념으로 하는 헌법규
정과 교육형주의를 교정의 이념으로 하는 행형법 제1조의 정신에 맞기 때문이다.

먼저 응보주의적 관념의 산물인 형무소는 1961년 행형법 제1차 개정 때 교도
소라고 명칭이 변경되었음에도 형법 등 관계법령에는 40년이 지난 지금도 형무소
라고 하고 있어 문제가 된다. 인간의 의식은 언어에 의해서도 영향을 받을 수 있
으므로 아직도 형법에 응보주의적 용어인 형무소를 그대로 둠으로써 법조인이나
형법을 공부하는 일반인과 학생 등에게도 응보주의적 의식을 심어줄 수 있으므로
형무소를 교도소로 빨리 개정해야 한다. 따라서 형법 제66조부터[23] 제68조에 표
현한 형무소는 교도소로 고치고 마찬가지로 사면법 제11조, 제12조, 제22조, 제23
조에 있는 형무소장도 교도소장으로 바꾸어야 한다.

한편, 1907년에 유치, 구류, 형벌 집행시행령이 제정되면서 형벌의 종류인 징역

---

23) 이것은 형소법 86조가 교도소라고 규정한 것과 대비가 된다.

이 나왔는데, 징역은 글자 그대로 범죄인에게 징벌로서의 정역(定役)을 과한다는 의미로 전형적인 응보주의적 시대의 용어로 오늘날 교도작업을 교육의 일환으로 보는 교육형주의에서 정면 배치되는 용어이다. 따라서 교육 또는 교화의 성격으로 정역을 부과한다는 교역(敎役)으로 바꾸어야 하며, 마찬가지로 현재 형벌의 일종인 금고도 응보주의적 시대의 용어로 그냥 가둔다는 의미로 교화나 개선의 의미가 없다. 따라서 교육, 교화 또는 개선을 위해 수용한다는 교수(敎收)로 바꾸어야 교육형주의 이념에 맞으므로 행형관계법령에 나오는 징역, 금고 등의 용어를 개정하는 방향으로 나갈 것을 제안한다. 한편, 형벌의 일종인 사형이란 용어도 응보주의 시대의 용어로 범죄인을 그 행위에 대한 응보로서 죽인다는 의미가 내재된 공격적, 역사적 개념인데 이런 용어도 생명을 박탈하는 형벌이란 의미인 생명형으로 바꾸어 생명의 존귀함을 일깨우도록 한다. 또한 구류제도는 형기가 1일 이상 30일 미만인 점에서 차이가 있을 뿐이고 실제로는 금고와 같은 성질이기는 하지만 구류형 수형자도 신청작업이 가능하고 징역, 금고, 구류 등의 자유형은 모두 수형자의 개선을 목적으로 하는 점은 동일하다. 그러나 현재 구류라는 개념에는 교정의 개념이 없고, 구치, 구금이라는 개념만 있어 응보적 성격의 용어이므로 구류도 단기 교수로 바꿀 것을 제안한다. 한편, 우리나라의 행형법은 1961년 일본의 영향을 받아 형무소 중 교도소로 개명했는데, 응보주의적 색채를 지닌 형무소를 교도소로 바꾼 것은 어느 정도 이해가 가나 그러나 교도소(矯導所)라는 용어는 교도관은 항상 옳은 일만 하므로 교정재 생산에 있어 주체는 교도관에 한정되고, 수형자는 항상 객체로만 머물러 교도관이 수형자의 성격 등을 바로잡아 옳은 길로 이끈다는 도(導)라는 개념은 교도관의 우월성을 전제로 하는 권위적 개념으로 앞에서 언급했듯이, 교정재 생산의 주체는 교도관과 수형자가 서로 협력하여 생산해야 질 좋고 내구성 있는 교정재가 만들어진다고 했듯이, 교도소보다도 권위주의적 색채가 약한 용어인 교정원(矯正院) 또는 교정(敎正)원으로 바꿀 것을 제안한다. 그것의 또 하나의 이유는 교도소라는 용어는 국민의 뇌리 속에 너무나 오랫동안 부정적 이미지로 작용하고 있기 때문이다. 마찬가지 논리로 현재 사용하고 있는 교도관의 용어도 교정사로 바꾸도록 하며, 계급은 따로 정하도록 하는 것이 낫다고 생각한다. 그리고 경비교도대도 경비교정대로 바꾸는 것이 낫다고 생각한다. 또한 우리나라는 1961년 구치소의 신설근거를 마련하면서 구치소란 용어가 등장했는데 이것 역시 응보주의적 색채가 강한 일본 감옥법의 영향을 받은 용어로 구치소의 구치란 용어는 교정, 개선이라는 목적 개념이 없고, 그냥 가둔다는 절차적 개념만 있다. 그러나 구치소에는 미결수용자와 구류형 집행자 외에 작업 등에 필요한 기결수형자도 수용하고 미결수용자도 대개 청원작업을 하므로 사실상 교정재가 생산되고 있다. 따라서 교정의 이념이 없는 구치소란 용어 대신에 미결교정원으로(또는 미교원) 바꿀 것을 제안한다.

이것은 교도관직무규칙 제36조 제1항에 교도관은 교도소, 구치소, 감호소에 재적 중인 공무원으로서 교정업무를 담당하는 공무원이라고 표현함으로써 구치소가 교정재 생산과 관계된다는 의미를 이해할 때 더욱더 그렇다고 하겠다. 그리고 재감이란 표현은 일본 감옥법의 영향을 받은 응보주의적 용어이므로 사면법 제11조, 제12조, 제23조 등에 있는 재감이란 표현은 수용으로 바꾸어야 한다. 마찬가지로 행형구역이지만 검찰청에 있는 구치감도 구치감옥의 준말로 응보주의적 용어이므로 구치감을 구치원 또는 구치실로 바꾸면 좋겠다고 생각한다.

그리고 1995년에 행형법 개정을 통해 응보주의적 개념을 가진 재소자를 수용자로 바꾸었는데도 아직도 일부 법령에는 재소자라고 하고 있으므로 형사소송규칙 제177조에 나와 있는 재소자는 수용자로 바꾸어야 한다. 한편, 현재 교정관계 법령에서 쓰이는 구금이란 용어는 현재 절차적 개념인 구속과 교정학적 개념인 수용과 혼용되어 사용되고 있는데 구금이 수용의 개념으로 쓰이는 것은 응보적 성격을 나타내므로 잘못된 것이며, 범죄인 인도법 제21조의 구금과[24] 제35조와 제37조의 구속은 수용으로 바꾸어야 한다. 인권위원회법과 시행령에서도 교도소 등을 구금시설이라고 표현하나 이는 잘못된 것으로 수용시설로 바꾸어야 한다.

그리고 현재 검찰관계법령에서 사용되는 유치장 간수에서 간수는 응보적, 권위주의적 개념이므로 담당 또는 적절한 용어로 바뀌어야 한다.

한편, 우리의 행형법 제11조 제2항에서는 수형자(受刑者)란 자유형을 선고받아 그 형이 확정된 자와 벌금을 완납하지 아니하여 노역장 유치명령을 받은 자라고 하고 있는데, 수형자는 형벌의 집행을 받는다는 뜻으로 응보주의적 색채가 강하고 목적적, 교육적 성격이 내재되지 않아 교육형 이념에 맞지 않으므로 피교정자라고 적극적으로 개념 짓는 것이 더 낫다고 생각한다.

(2) 부적절한 용어의 정비

우리의 행형법 제11조 제2항에서는 수형자와 미결수형자를 합쳐서 수용자라고

---

24) 범죄인 인도법 제21조는 교도소 등에의 구금으로 표현하고 있다.

정의하고 있다. 그런데 이에 대해 일부 학자는[25] 수용자의 올바른 표현은 피수용
자라고 주장하고 있으나 자세한 설명은 없다. 본인도 사견으로 위의 견해에 동조
하며 나름대로 근거를 운론할까 한다. 수형자는 형을 받은 자로 수(受)가 수동의
뜻이 있으므로 표현은 맞으나 미결수용자에서는 수(收)는 가둔다는 능동의 뜻이
므로 엄격히 말하면 미결수용자도 미결피수용자로 해야 하며, 따라서 합친 수용
자에서는 수(收)가 능동의 뜻이 있으므로 수용자를 국가나 교정기관으로 오해할
우려가 있으므로 피동의 뜻인 피(被)를 붙여 피수용자라고 해야 한다. 또한 행형
법 제55조에는 피석방자의 수용이라는 표제어가 나오는데, 만일 입법자의 논리대
로 한다면 이것도 석방자라고 표현해야 되나 여기서는 피석방자라고 하여 수동의
뜻인 피가 분명하므로[26] 앞에서 개념 지은 수용자와 비교할 때 용어 사용의 일
관성이 없다. 그리고 사회보호법 제7조에서는 보호감호의 선고를 받은 자를 보호
감호자라고 하지 않고, 피보호감호자라고 동법 제9조에서는 치료감호의 선고를
받은 자를 치료감호자라 하지 않고 피치료감호자라고 하는 것과 비교하면 행형관
련 법체계에서 용어사용에 대한 통일성이 없다. 또 사회보호법 제11조에서는 보
호관찰자 대신에 피보호관찰자란 용어를 사용하는 것도 행형법령의 수용자와 대
비가 된다. 한편, 1957년에 제정된 피구금자처우최저기준규칙에 따르면 피수용자
(제1조), 피구금자, 미결피구금자, 기결피구금자(제4조) 등으로 표시하고 있다.[27]
따라서 행형법령의 수용자는 피용(被用)자 또는 피수용(收容)자로 바뀌어야 하고
인권위원회 법령에 나오는 수용자도 피수용자로 민영교도소의설치운영에관한법률
제1조 등에 나오는 수용자도 피수용자로 개정되어야 한다. 한편, 국어사전에 의하
면 원(院)은 명사 앞의 일을 하는 장소, 시설을 의미하지만, 도로관리사업소, 현
충사관리소, 문화재관리사무소처럼 소(所)는 관리적 개념이 강하고, 소년분류심사
원, 소년원, 보육원처럼 원은 상대적으로 가치적, 목적적 개념이 있으므로 교도소
를 교정원, 보호감호소와 치료감호소를 보호감호원 또는 치료감호원으로 하는 방
안을 국어학자나 언어사회학자들 또는 교정학자들의 의견을 수렴하는 방안으로
나갔으면 한다.

　한편, 사회복지관계법에 의해 비하적 의미를 가지는 장애자 대신에 장애인으로
고쳐 공식적, 법적으로 사용하고 있다. 그런데 행형법시행령 제119조에는 장애인

---

25) 김용준, 전게서, 서문.
26) 행형법시행령 제162조에서는 소장을 석방자로 보고 있다.
27) 정갑섭, 전게서 465면.

이라는 표현으로 올바르게 되어 있으나, 수형자분류처우규칙 제15조와 사회보호법 제2조와 제8조에서 장애자라고 표현하고 있고, 형법 제10조도 심신장애자로 표현하며, 헌법 제34조에는 신체장애자로 되어 있고, 형사소송법 제438조에는 장애자라고 되어 있는 등 교정관계 법령마다 다르게 되어 있는데, 하루빨리 공식적 용어인 장애인으로 고쳤으면 한다. 그리고 김용준 씨가 주장하듯이 행형은 본래의 의미로 형의 집행이 구금기능만을 수행하는 것으로 이해하여 왔으나, 오늘날의 행형은 범죄인의 격리 구금 작용만이 아니고 교화, 개선까지 포함한다는 의미에서 본래 의미의 행형과 구별하여 교정이란 용어를 사용하므로, 행형법이란 명칭도 교정법 또는 교정행정법 등으로 불려야 한다고 주장한다.[28] 본인도 그러한 견해에 동의하며 목적적, 가치적 개념을 가진 교정법 또는 교정복지법 등으로 고쳤으면 하며, 현재 행형관련 법규에 있는 행형이란 용어를 교정으로 개정했으면 한다. 또한 일부 법령에 행형학이라고 되어 있는 항목도 교정학으로 개정했으면 한다. 즉, 보호관찰등에관한법률 중 제16조에는 보호관찰관이 갖추어야 할 지식으로 형사정책학, 행형학 등을 나열하고 있는데, 이는 오늘날 공식적 용어인 교정학과 다르므로 개정했으면 한다. 한편, 김용준 씨는 행형법 제18조의 접견이 일본 감옥법하의 제9장에서 사용하는 말로 응보행형학의 용어라고 하면서 면회로 개정할 것을 주장하고 있으며,[29] 일본 감옥법에서 사용하는 일본식 한문조의 용어와 또한 문어체로 난해한 용어는 고쳐져야 한다면서, 그 예로서 '순회점검'은 '현지감사'로, '본법'은 '소송'으로, '노쇠자'는 '노약자'로, '교회'는 종교로, '심신박약자'는 '심신이 온전하지 않은 사람'으로, '인격도야'는 '인격수양'으로, '행장'은 '행형성적'으로, '조위금'은 '장해보상금'으로, '유류'는 남김으로, '영치'는 '맡김'으로, '가장'은 '임시매장'으로, '자'는 '사람'으로, '단'은 '다만'으로, '작업상여금'은 '작업보상금'으로 고쳐야 한다고 주장한다.[30]

사견으로는 그러한 견해들에 일부 동의하나 일본식 표현이라고 무조건 배척하는 것은 생각해볼 필요가 있으며, 법률용어를 평이한 용어로 바꾸는 것도 좋지만 법률용어에 내재된 속성을 고려할 필요가 있다고 생각한다.

---

28) 김용준, 전게서 4면.
29) 김용준, 행형법 개정에 관한 연구, 1996 한양대 대학원 논문, 143면.
30) 김용준, 전게논문, 114면.

제 12 장
천정환의 복지적사법론 및
한국에서의 회복적 교정

1. 천정환의 복지적사법론

(천정환, 전게서, 515－517면 전재)

천정환의 복지적사법론은 기존의 응보적사법론 및 회복적사법론에 대응하여 천정환이 앞으로의 사법론의 방향이 될 것이라고 주장하여 내놓은 신이론이다.

보통 회복적사법론이란 가해자와 피해자 및 지역사회 구성원들이 적극적으로 참여해 관련 당사자들의 재통합을 촉구하는 방식으로 조정, 배상명령, 손실회복, 화해 등의 방식을 내포하는 것으로 알려져 있다.

2006년에 UN이 내놓은 회복적사법의 특징은 다음과 같다.

표 41: UN의 회복적 사법의 특징

- 가해자 및 피해자, 개별사건에 대하여 참여가 허용되는 자 등 범죄를 둘러싼 환경이 모두 고려되는 범죄에 대한 유연한 대응
- 개인의 존엄성과 평등을 존중하고, 상호이해를 증진시키며, 범죄피해자와 가해자 및 지역사회의 치유를 통해 사회적 조화를 증진시킬 수 있도록 범죄에 대응하는 방안
- 많은 사건에 있어 공식적인 형사사법 시스템과 이를 통한 낙인효과를 발생시키는 시스템에 대한 실체적인 대체안
- 전통적인 형사사법절차 및 제재와 함께 사용할 수 있는 접근방법
- 문제해결방안을 모색하고 잠재되어 있는 분쟁의 원인을 표출시키는 접근방법
- 범죄피해와 범죄피해자의 욕구를 표출할 수 있는 접근방법
- 환경과 법적 전통, 원칙, 기존에 수립되어 있는 국가적 형사사법 시스템의 숨은 철학에 적용할 수 있는 신축적이고 다양한 접근방법
- 심각한 범죄행위를 포함하여 다양한 종류의 범죄행위 및 범죄자를 처리하기 위해 적합한 접근방법
- 가해자가 청소년의 범죄에 있어 절차에 관여함으로써 청소년에게 새로운 가치를 심어줄 수 있는 사건이라고 판단되는 범죄에 대한 대응
- 범죄와 사회적 무질서를 예방하고 대처하는 데 가장 적합한 것으로 사료되는 지역사회의 역할을 인식할 수 있는 조치

<자료: 송길룡, 형사조정, 법조, 2007, 116면>

그러나 회복적 사법은 피해자의 사회적 지위에 따라 사회적 약자에 속하는 피해자는 더욱더 소외되고 불평등이 심화되는 회복적 사법의 선택성의 문제가 작용될 수 있다. 또한 기존의 회복적 사법이론은 평등적 이념에 기초하므로 적어도

형식적으로는 비가치성에 근거한다. 가령 지역 사회복지기관이나 보호관찰소 등이 피해자와 가해자를 조정·중재한다면(경미한 사건에 있어서) 클라이언트의 지위와 재산 및 처한 상황 등에 관계없이 동등하게 순서대로 취급하므로 이 과정에서 실질적으로 사회적 약자는 더욱더 소외될 수 있다. 왜냐하면 사회적 지위가 높은 클라이언트는 관련지역기관들의 조정·중재가 아니어도 피해체감도가 적고 피해회복을 위한 여러 자원이 풍부하지만, 사회적 약자인 피해자(클라이언트)는 관련된 공적 기관들의 조정이나 중재가 아니면 피해회복의 방법이 없고, 또한 관련기관들의 예산이 제약되어 모근 클라이언트에 대한 중재·조정 서비스를 행할 수 없다.

또한 검찰·보호관찰소 등 관련된 공적 기관이 중재·조정에 나설 경우 관료적 절차의 복잡함(red-tape)과 수단과 목적이 전치되는 동조과잉현상, 형식적인 일처리, 의사결정의 지연, 관료 외적 가치의 추구 등 관료적 병리현상이 나타날 수 있다.

그리고 회복적 사법이 실제로는 가해자가 피해자에게 속죄하고 피해 배상하는 일방적이고 불균형적 개념으로 지나치게 피해자위주의적이라는 한계를 가지며, 교활하거나 힘 있는 가해자나 피해자가 역피해를 당하거나 피해자가 이중적 피해를 당할 수도 있다.

따라서 필자는 회복적 사법 이후의 패러다임으로 복지적 사법이론을 다음과 같이 창시한다.

첫째, 회복적 사법이론은 당사자간의 조정·화해·손실회복에 주목함에 비해, 복지적 사법 이론은 그것 외에도 장래의 범죄발생을 막기 위해 당사자간에 나타난 복지수요적 요서를 찾아내어(가령 빈곤·외로움 등)복지적으로도 접근한다. 또한 기존의 회복적 사법이론이 피해회복에 있어서 피해회복을 가해자에게 부담지우지만, 후자는 가해자 외에도 사회의 여러 자원을 동원해 피해자의 피해회복에 노력한다. 따라서 복지적 사법 마케팅을 중요시한다. 또한 전자는 모든 클라이언트를 동등하게 취급하는 평등적 비가치성이 특징이라면, 후자는 가장 불리한 클라이언트를 최우선적으로 배려한다는 차별적 가치성을 그 특징으로 하는데, 예산의 적절한 배분을 위해서이다.

둘째, 전자는 관련당사자간의 조정·화해·손실회복이 끝나면 절차가 종료되는 일시적 과정이라면, 후자는 당사자간의 조정이 끝나도 끊임없이 사후관리·추적 등을 통해 클라이언트의 만족을 추구하는 계속적 과정이다.

셋째, 전자는 지역사회·검찰·보호관찰소·경찰 등이 조정과 중재를 담당하지만, 후자는 훈련된 자원봉사자와 교정복지사 및 형사관련 사회복지기관이 조정과 중재를 담당한다. 따라서 전자는 회복적 사법 서비스의 생산에 있어서 자원봉사자를 전제하지 않으나, 후자는 자원봉사자의 존재를 필수요건으로 하는 바, 그것은 보다 고객만족에 도움이 되기 때문이다. 가령 피해자와 비슷한 피해경험을 가진 자원봉사자가 공식·비공식적으로 피해자와 접촉을 가지게 하면 나중에 사회복지기관에 의한 회복적 서비스가 보다 질 높은 것이 되기 때문이다.

넷째, 전자에서는 회복적 대상이 피해자에 한정되지만, 후자에서는 회복의 대상이 피해자 외에도 가해자나 제3자(피해자나 가해자의 가족 등)도 대상에 포함시키며, 또한 전자에서는 교정복지의 대상이 가해자에게 한정되나, 후자에서는 교정복지의 대상이 가해자 외에도 피해자도 대상이 된다. 가령 범죄로 인해 분노한 피해자가 그것이다.

다섯째, 전자가 조정의 전문성 등을 중시한다면, 후자는 전문성 외에도 공감력·감정이입능력 등의 여술성과 감수성도 중요시한다.

여섯째, 전자는 고객만족도나 평가의 개념이 없으나, 후자는 계속적 과정이므로 클라이언트의 만족도를 위해 사후처리 뒤 평가단계를 끊임없는 피드백과정을 하게 된다.

일곱째, 전자가 조정·중재·피해회복에 있어서 강제적 요소(가령 사회봉사명령)도 인정하지만, 후자는 철저히 클라이언트들의 자발성을 원칙으로 한다. 따라서 전자에서는 클라이언트는 회복적 사법의 생산과 평가에 있어서 자신의 선호를 반영할 수 있는 고객의 지위가 약한 반면, 후자에서는 회복적 사법의 생산과 평가에 있어서 자신의 선호를 분명히 밝힐 수 있는 강한 고객의 지위에 선다.

여덟째, 전자가 전문성(조정 등에 있어서)을 중시한다면, 후자는 사회사업의 방법론 등의 기술성(art)도 중시한다. 또한 전자는 지역사회나 검찰 등이 참여하므로 회복 서비스를 지역모형 또는 관료모형에 의해 독점 생산한다면, 후자는 비관료모형에 의해 다자(多者)생산모형에 중점을 둔다. 따라서 전자는 회복적 서비스가 집합적·획일적·평등적·몰가치성이 강하다면, 후자는 개별 클라이언트의 욕구에 맞는 다품종 소량생산의 서비스이므로 차별적·가치적 성격이 강하다.

아홉째, 전자는 해당범죄의 피해자와 가해자간의 대화조정·손해회복을 내용으로 하는 현재적 개념이며, 피해자의 피해회복에 관심을 갖는다. 복지적 사법이론은 그것 외에도 해당범죄의 가해자가 입은 피해(주로 정신적·관계적 피해)도 회복의 범위에 포함시키며, 또한 해당 범죄와 무관하게 과거에 일어난 피해에도 개입하여 피해를 사정(查定)하여 지원·치료하는 것도 회복의 범위에 포함시킨다. 가령 2007년에 발생한 스토킹피해자와 가해자간의 조정과 화해 및 손해회복에 관해 사회복지기관은 해당범죄에 대한 회복적 서비스의 생산만 아니라 전문화된 진단가에 의해 오래 전에 발생한 강간피해가 아직도 클라이언트의 정서적 안정을 위협할 경우에 과거의 피해에 대해서도 당사자가 동의할 경우 심리적 치료를 하여 범인과의 재통합을 추구해 클라이언트의 심리적 회복을 도모하는 것도 포함하며, 또한 해당범죄와는 관계없지만 장차 범죄 또는 피해를 초래할 수 있는 클라이언트의 복지 수요적 상황(가령 극빈하거나 정신적 상처가 심한 경우, 외로운 경우)에도 개입하여 원래의 평형상태(평온, 관계의 회복 등)로 돌아가도록 지원·원조하는 것도 회복의 범위에 포함시킨다. 따라서 회복적 사법의 회복의 개념은 정태적이고 좁은 현재적 개념으로, 이때의 회복은 소극적·복지적 측면만 가진다. 그러나 필자의 복지적 사법이론에서의 회복개념은 동태적이고 넓은 개념으로, 적극적 복지의 개념을 가지는 것이 그 차이점이다.

2. 한국에서의 회복적 교정[1]

한국에서의 회복적 교정을 사견으로 다음과 같이 나타낼 수 있다.

1) 교정보안측면

교정보안은 크게 수용이론과 상우제도 및 징벌제도로 나눌 수가 있다.

먼저 수용에서 회복적 사법을 실현시키기 위해서는 현재 관련법에서 소장의 재량사항으로 되어 있는 이송제도를 피해자가 화해와 용서를 위하여 대인적 커뮤니

---

1) 천정환, 전게서, 527－533면

케이션의 필요상 원할 경우에는 가해자의 의사에 반하지 않는 한 피해자의 주소지와 가까운 교정시설로 이송할 수 있도록 관련법의 개정이 필요하다. 또한 현재 우리나라는 분류수용기준이 형기·성격·범수·연령·경력에 한하나. 여기에 피해자와의 관계를 추가해 수용자의 속죄나 피해자와의 화해를 촉진시켜야 한다.

1969년 5월 이전에 시행된 상우교정을 관련법에 부활하여 수형자가 피해자와 화해하거나 피해자의 손실 회복에 기여한 점이 인정되면 상급지급, 소내 생활조건우대, 외부교통의 증대와 같은 상무를 실시할 필요가 있다.

징벌은 질서벌이지만 수용자규율 및 징벌에 관한 규칙에 규정된 징벌의 실체적 요건에 수용자가 외부에 있는 피해자를 협박하거나 괴롭히는 경우도 포함시킬 필요가 있다.

또한 금치처분을 받은 자는 변호인과의 접견을 제외하고는 접견이나 서신수발이 금지되지만, 피해자와의 화해나 중재·조정에 기여하는 커뮤니케이션인 경우에는 접견과 서신수발을 허용할 필요가 있으며, 징벌집행의 정치·면제, 유예, 실효사유에 징벌을 받은 수용자가 피해자(교도소 내의 피해자 및 사회의 피해자 모두 포함)의 손실회복에 크게 기여했거나 의미 있는 화해가 있을 경우를 포함시켜 교도소 내의 회복적 사법과 사회 내의 회복적 사법을 촉진시킬 필요가 있다.

2) 교정처우모형과 교정상담측면

기존의 교정처우모형에는 구금모형·개선모형·치료모형·사법모형·재통합모형이 있는데, 이 때 재통합모형은 범죄자문제는 범죄자의 행동변화 외에 범죄를 일으킨 원인을 제공한 사회도 변화되어야 한다는 것으로 회복적 사법과는 다른 이념이다. 따라서 기존의 교정처우모형은 수형자의 행동변화에만 관심 갖는 모형이므로 피해자와의 화해나 피해자의 손실회복과는 무관하다. 따라서 기존모형 외에 회복적 사법모형을 추가하여 범죄문제의 근본적 해경을 위해서는 개선과 교화를 통한 치료 외에도 진정성 있는 속죄에 바탕한 용서구하기와 피해자와의 화해감수성의 제고와 같은 피해자지향적인 교정이 포함되어야 한다.

또한 현재 교정상담기법 중 국내 교도소는 상과 벌을 통해 수형자의 행동을 변화시키려는 행동수정기법(토큰경제)이 가장 많이 쓰이는데 이는 수형자의 인지적 변화보다 행동변화에 더 관심을 갖게 하므로 교활한 수형자가 특혜를 보는 등 여러 한계가 있다, 따라서 피해자에 대한 속죄의식이 저절로 생기게 하고 용서를 구하려는 마음과 화해와 조정을 하려는 마음의 변화를 위해서는 인지적 상담 프로그램기법이 효과적이므로 기존의 행동수정기법 외에도 회복적 사법과 관계되는 인지 프로그램을 개발해 적용시킬 필요가 있다.

3) 시설내 교정처우측면

시설내 교정처우 중 우선급여에는 급식·의류·침구 등이 포함되는데, 기존의 급여제도는 영양학적 측면과 위생만 고려한 단편적 차원이다. 그러나 이제는 급식, 의류와 같은 급여도 회복적 교정이라는 차원에서 접근하여 간접적으로라도 회복적 사법을 촉진할 수 있어야 한다. 가령 의류도 보안적 차원과 온도적 차원에서 제작되지만, 의류의 색상과 디자인을 교정의 효과와 피해자의 고통에 공감할 수 있는 공감력과 감정이입력 및 화해정신이 내면화될 수 있는 의류심리학적 접근을 해야 되며, 음식 등의 급식도 지금처럼 영양학적 차원에서만 접근할 석이 아니라 영양 외에도 음식물의 내용이 공격성을 저하시키고 화해심을 제고시킬 수 있는가에 관한 검토도 있어야 한다.

위생과 관련하여 운동조항에 대해 현행법령은 우동의 목적을 건강유지라고 명문화하나, 그런 건강차원과 같은 소극적 차원에서 벗어나 어떤 운동이 건강증가 외에 공격성도 저하시키면서 화합정신과 인내력을 내면화시킬 수 있는가에 관한 총체적 접근을 하는 것이 회복적 사법의 배양에 도움이 된다.

또한 수용자가 갖고 있는 금품의 점유를 일정기간 박탈하여 이를 보관하는 영치제도의 운용에서 수용자가 영치금의 사용을 신청할 수 있는 기존의 사유에 '피해자에 대한 부조'를 추가시켜 회복적 사법을 실현시킬 수 있어야 한다. 또한 사망자의 유류금품이나 수용자에게 송부된 금품으로 본인이 수령을 거부하면 일정절차를 거쳐 국고에 귀속되는데, 이때 그것을 국고에 귀속하지 말고 해당범죄의 피해자에게 주는 방안이 고려되어야 한다.

분류제도에서도 현행법상의 분류에서 혼거수용(형기·죄질·성격·범수·연령·경력), 작업부과시(연령·형기·건강·기술·성격·취미·작업·생계)의 분류기준에 피해자와의 관계를 추가할 필요가 있다. 가령 교도소 내에서 발생한 가해자와 피해자 또는 수형자에게 피해를 당한 최초의 피해자가 다른 범죄로 동일교도서로 이송되어 왔을 때 당사자들이 화해의 의사를 갖고 있을 경우 같이 혼거소용하고 동일한 작업을 부과하여 화해 커뮤니케이션을 촉진할 필요가 있다.

또한 분류심사의 하나인 재심사에서 기존의 부정기 재심사의 사유에 '피해자의 손실회복이나 피해자와의 화해에 현저한 기여를 한 때'를 추가할 필요가 있다. 그리고 누진처우에서 특별진급의 사유에 '피해자의 손실외복에 현저한 공이 있는 때'를 추가할 필요가 있듯이 누진처우와 회복적 사법을 연계시킬 필요가 있다. 가령 강급처분의 유예사유에 '피해자의 손실회복에 기여한 때'를 추가하고, 급외자처우에 있어서 부정기등급면경사유에도 마찬가지로 추가하는 것이 회복적 사법과 회복적 교정에 도움이 된다.

한편 접견제도도 회복적 사법과 연계시킬 필요가 있는바, 가령 피해자의 손실회복이나 피해자와의 조정과 하화에 기여한 수형자는 접견이 장소·횟수·시간, 접견참여인원, 교도관의 불참여, 접견기록 등에서 우대를 하는 방안이 그것이다. 특히 미경수용자의 경우는 변호인과 의 접견과 마찬가지로 피해자가 원할 경우 화해와 조정 및 소실회복을 위한 목적인 경우에는 접견횟수에 제한을 두지 않는 것이 회복적 교정에 도움이 된다. 전화와 화상접견의 경우에도 마찬가지로 회복적 사법과 연계시켜 전화통화횟수·전화통화절차·화상접견제도를 운영할 필요가 있다.

교회(敎誨)에서도 특히 회복적 사법과 연계시킬 필요가 있다. 교회란 수형자의 정신감화와 관련되므로 수형자의 속죄의식, 용서구하려는 마음, 화해와 조정의식, 피해자의 참된 고통에 대한 공감력과 감정이입을 통하여 피해자지향적 의식을 내면화시켜 회복적 사법의 토대를 배양하는 데 많은 도움이 된다. 따라서 현재 저명인사 위주로 된 총집교회(다수수형자를 일정장소에 모이게 해 하는 교회)의 강사에 피해자단체의 임원이나 피해자의 유족 등이 참여해 피해자의 소리를 들려주어 수형자의 마음에 속죄감과 피해회복에 참여할 동기를 내면화시켜 주는 것이 회복적 교정에 도움이 된다.

또한 현재는 사면·가석방을 행할 때 실시하는 의식교회(은전교회)의 사유에 피해자에 대한 현저한 손해회복을 했거나 지역사회에 큰 공헌을(가령 기부)한 경우도 추가시키는 것이 필요하다. 그리고 수형자가 사망 시 행하는 관전교회 때는 피해자가 원하는 경우에는 피해자도 참여시켜 피해자이 용서를 촉구하는 것도 한

방안이 된다. 또한 교도관직무규칙에 의해 교회직 공무원이 개인교회를 실시할 때도 피해자가 원하는 경우에는 피해자를 참여시키는 방안도 고려할 수 있으며, 이것은 사형수에 대한 개인교회 때도 마찬가지이다. 그리고 교회의 주체인 교정위원 활동지침예규에 피해자단체의 임원도 교정위원이 될 수 있도록 명문화할 필요가 있다.

수형자에 대한 교육에는 정신교육·생활지도교육·학과교육·직업훈련교육·정서교육이 있는 바, 이 중에서 생활지도교육과 정서교육을 회복적 사법과 연관시킬 필요가 있다. 특히 석방전 생활지도교육을 통해 피해자와의 화해필요성 등을 교육할 필요가 있으며, 정서교육에서도 회복적 사법과 관계되는 VTR·영화 관람을 하게 하거나 예술치료를 통해 회복적 교정에 도움이 되게 한다. 또한 피해자·가해자 화해 프로그램을 정서교육과 연계시켜 행할 필요가 있고, 교도작업에서도 작업부과기준과 개인작업대상요건 등을 회복적 사법과 연계할 필요가 있다.

4) 사회적 교정처우 측면

사회적 교정처우에는 귀휴·외부통근·부부접견제가 있는데 일반 귀휴의 요건에 피해자에게 의미 있는 손해회복을 위해 필요한 때를 추가하고, 귀휴심사규칙의 심사사항에 피해자와의 화해 여부 및 피해자에 대한 손해회복 그리고 피해자에 대한 속죄감의 정도를 명문화시킬 필요가 있다.

외부통근은 우리나라는 행정형제도(호스텔제)를 채택하는데, 현재 수용사의 수요가 많으므로 외부통근작업자의 신정요건에 피해자에 대한 회복적 사법에 기여했거나 기여할 자(작업상여금의 일부를 피해자나 유족에게 줄 의사가 있는 경우)도 포함되도록 외부통근작업운영규칙을 개정할 필요가 있다.

또한 1999년부터 2007년 현재 전국의 10개 교도소에서 부부접견제(부부만남의 집)를 실시하고 있는데, 현재 부부접견대상요건이 너무 엄격해 수형자 1%도 이용을 못하는 실정이다. 따라서 피해회복 등 현저한 피해자지향적인 수형자에게도 부부접견이 대상이 되도록 '부부만남의 집' 운영지침을 개정할 필요가 있다.

5) 사회내 교정처우측면

사회내 처우교정에는 가석방·보호감찰·갱생보호·지역사회교정·사회봉사명령·수강명령 등이 있다.

우선 가석방에 있어서 가석방이 요건은 형식적 요건과 실질적 요건이 필요하다. 가석방의 실질적 요건을 회복적 사법과 연계시키면 된다. 가령 현재 소년수형자의 가석방의 실질요건은 재범위험성이 없고 교정성적이 양호해야 하는데, 위의 요건에다가 '재범위험성이 없고 피해자와 화해 또는 손해회복을 한 경우'를 추가할 필요가 있다. 성인수형자의 경우에도 가석방의 실질요건을 행장이 양호하고, 개전의 정이 현저해야 하며, 누진 1급이거나 또는 누진 1급이 아니어도 재범위험성이 없고, 사회생활에 인정되는 자로 되어 있는데, 위의 요건에다가 '재범의 위험성이 없고 피해자와 화해했거나 손해회복에 기여한 때'를 추가하는 것도 고려할 만하다. 따라서 가석방심사위원회가 행하는 심사사항에 '피해자의 화해 또는 손해회복에 기여한 정도'를 구체적으로 명문화할 필요가 있다.

또한 피해자와의 화해 등 회복적 사법과 관계되는 이유로 가석방이 되었을 경우에는 현재의 가석방의 취소사유에다가 '피해자를 괴롭히는 등 화해에 어긋나는 행동'을 추가시켜 연계할 필요가 있다. 그리고 현재 가석방예정자들을 대상으로 교육이 사회적응에 초점이 맞추어져 있는데, 거기에다가 피해자와의 화해 등 피해자지향적인 내용을 추가시켜 회복적 사법에 기여하는 교육이 되도록 할 필요가 있으며, 또한 현재의 가석방제도에는 마약범·범죄단체조직범·인신매매범은 처음부터 제외사범으로 규정해 가석방에서 제외하는바, 이들에게는 기존의 가석방의 요건에다가 피해자에 대한 현저한 손해회복을 한 경우에는 가석방대상이 되도록 하여 회복적 사법지향적 가석방제도가 할 필요가 있다.

수강명령제도도 회복사법적 수강명령제도를 확립할 필요가 있다. 따라서 수강명령 프로그램의 내용에 피해자·가해자 화해 프로그램과 같은 회복적 사법에 기여하는 내용을 포함시켜야 한다. 또한 보호관찰관이 수강명령의 집행을 위탁할 수 있는 기관에 기존의 '국공립기관기타단체'에 피해자지원센터와 같은 피해자단체를 명문화할 필요가 있으며, 수강명령대상자의 준수사항에 '피해자와의 화해 등 회복적 사법에 반하지 않을 것'을 추가할 필요가 있다. 또한 수강명령의 종료사유도 회복적 사법과 연계할 필요가 있다.

사회봉사명령에서도 사회봉사분야와 장소에 피해자지원단체가 추천한 가정(범죄피해로 인하여 경제적·사회적·정신적·신체적 고통을 당하고 있는 가정)을 추가하여 피해자가정에 대한 봉사활동을 하도록 하는 회복사법적 사회봉사제도가 되어야 한다.

또한 준수사항과 집행·종료사유에도 회복적 사법의 내용이 포함되도록 해야 한다. 보호관찰도 회복사법적 보호관찰이 포함되도록 해야 한다. 가령 현재 보호관찰활동을 지원하는 범죄예방자원보사위원에 피해자자원봉자자도 참여할 수 있도록 하고, 보호관찰개시 전의 절차인 판결전 조사의 내용에 '피해자와의 화해 여부'를 추가시킬 필요가 있다. 또한 보호관찰대상자의 준수사항에 피해자와의 화해 등 회복적 사법에 관한 내용을 구체화시킬 필요가 있고, 보호관찰의 내용인 지도·감독의 목적인 '재범방지'에다가 '피해자와의 화해'를 추가할 필요가 있다. 또한 대상자에 대한 통제인 구인·긴급구인사유에 회복적 사법에 반하는 행동을 포함시킬 필요가 있다. 가령 보호관찰 등에 관한 법률 제39조 1항에 규정된 긴급구인사유에 '피해자에 현저한 손실을 줄 우려가 있을 때'를 추가할 필요가 있다. 또한 보호관찰의 가해 여러 요건에 기존의 '성적이 양호한 때'에다가 '피해자에 대한 손실회복을 한 경우'를 추가할 필요가 있다.

갱생보호에 있어서도 갱생보호의 한 방법인 선행지도에 회복적 사법을 추가하고, 갱생보호공단이 운영하는 생활관에 입소 또는 보호연장결정기준에 '피해자의 화해 여부'를 넣을 필요가 있으며, 갱생보호공단의 구성과 수용자생활보호관이 신축·운영 및 수용자생활보호관의 프로그램에도 피해자지향적인 내용을 포함할 필요가 있다. 가령 앞으로 수용보호생활관을 신축할 때도 경제저으로 어려운 피해자들에게 일자리를 제공할 수 있도록 피해자지원센터와 연계할 필요가 있으며, 마찬가지로 피해자나 그 유족수용보호생활관의 직원으로 지원할 때 가산점이 주어져 취업되면 피해자와 가해자가 제도적으로 만나는 곳에서 상호 심리적 역동성에 의해 용서치유와 속죄의식이 촉진되어 회복적 사법에 기여할 수 있다.

또한 앞으로 실시할 가능성이 있는 전자감시나 가택구금제도 등도 그 요건과 대상자선정 및 운영에 있어서 회복적 사법과 연계시킬 필요가 있다.

6) 교정처우의 종료측면

교정처우종료의 한 형태인 석방에 있어서도 미결수용자에 대한 불기소·구속취소·보석·구속집행정지사유에 회복적 사법을 포함시킬 필요가 있다. 또한 사형제도도 회복적 사법과 연계시켜 사형수도 일반수형자가 참여하는 총집교회에 참여시키고 피해자·가해자 프로그램의 대상이 되도록 하여 사형당하기 전에 충분한 속죄의식을 갖도록 하는 것이 필요하고, 피해자와의 현저한 화해와 피해자이 진정성 있는 감형탄원이 있을 경우에는 무기형으로 감형하는 방안도 고려할 만하다.

부록 1

1) 수형자와 사형수 등에 대한 참정권, 섹스권, 흡연권, 사회보장수급권 인정의 당위성(2007년 11월 국회발표)

천정환

(한국 교정복지학회 부회장. 한국인권사회복지학회 이사)

- 요 약-

　국가나 사회가 행하는 상징폭력에는 의도적 상징폭력과 비의도적 상징폭력이 있는데 둘의 구분 실익은 전자의 경우에는 상징폭력의 모순을 아는 피지배층의 일부 깨어있는 사람들에 의해 저항운동이나 개혁운동이 자생적으로 발생해 상징폭력의 규범체계가 변동될 수 있지만(가령, 박정희 전대통령이 독재정치를 "한국적 민주주의"의 "유신" 등의 상징조작으로 독재를 호도한 상징폭력에 대해 저항운동이 발생해 유신체제가 무너진 것) 후자의 경우에는 지배층과 피지배층 모두 그 정책에 내재하는 상징폭력의 허구성이나 상징폭력의 존재자체도 모르기 때문에 상징폭력의 모순을 바로잡으려는 어떤 사회운동도 발생하지 않고 그 결과 특수한 지위(가령, 수형자)에 있는 사람들의 피해는 영속된다는 점에서 비의도적인 상징폭력의 무서움이 있는 것이다.

　그러한 비의도적인 상징폭력의 한 예가 국가가 수형자 등에 대해 헌법상 권리의 하나인 참정권, 섹스권, 흡연권을 박탈하는 규범체계이다.
　국가가 도덕적, 사회적 상징조작에 의해 도덕적, 정치적, 종교적 소수자들인 수형자들에게 행하는 참정권, 섹스권 등의 박탈은 헌법의 근본정신을 침해하는 비인도적인 가치폭력이므로 이런 잔인한 상징폭력 규범체계를 하루 빨리 해체하여 수형자 등 주변부 위치에 있는 사회적 소수자들도 헌법상의 인간다운 생활과 최소한의 행복추구권을 누려야 한다는 것이 이 글의 핵심이다.

　먼저 수형자 등의 선거권을 제한 또는 박탈하는 형법 제43조와 제44조 및 공직선거 및 선거 부정방지법 제18조에는 수형자 등의 선거권을 제한 또는 박탈하고 있으며 헌법재판소도 2004. 3. 25. 동법의 위헌 확인 소송에서 수형자 등의 선거권을 제한하는 동법이 합헌이라고 판시한 바가 있다.

그러나 개인은 정치적, 경제적, 윤리적 등 다양한 방면의 의사를 가지며 이런 의사들은 서로 존중되어야 할 독립적 개념이다. 따라서 범죄인이 경제적 의사 등 여러 의사에 의해 행한 범죄의사와 국민주권과 관계된 정치적 의사와는 전혀 다름에도 범죄행위 자체에 입법자가 도덕적이고 응보적 가치를 적용해 정치적 의사인 수형자의 선거권까지 박탈하는 것은 헌법 제37조 제2항과 국민주권주의를 규정한 헌법 제1조 및 제10조의 행복추구권을 정면으로 침해함은 물론 다양한 계층의 정치적 의사를 필수요건으로 하는 민주주의에 정면으로 위배되며 일정선거 연령이 된 자는 누구든지 선거권을 가진다는 보통선거 원칙을 위배하고 있다.

그리고 사회적 신분 등에 의한 차별을 금지한 헌법 제11조의 평등권 조항을 침해하고 있다.

이러한 위헌적인 차별적 태도는 수형자의 심리적, 정치적 소외감을 촉진시켜 정치적 주변화를 고착화시키며 정치적, 사회적 재통합과 회복적 사법을 저해함은 물론 공직선거의 대표성이 저하된다. 또한 수형자의 교화에도 부정적 외부효과를 발생시키게 된다.

또한 국민주권은 국적을 가진 대한민국 국민의 기본권이라는 점과 국가는 이런 중요한 기본권을 더욱더 보장해야할 의무가 있다는 헌법정신에 비추어 사형수도 집행을 당하는 날까지는 존중되어야 할 정치적 주권을 가진 국민이므로 당연히 선거권과 국민투표권을 인정헤야한다. 농시에 피보호감호자와 피치료감호자의 경우도 마찬가지이며 이들 모두에게 선거권, 국민투표권, 주민투표권, 조례제 개정 청구권을 인정해야하며 이런 운동의 책임은 깨어있는 지식인의 당연한 몫이다.

인간의 섹스권은 헌법의 행복추구권과 인간다운 생활을 할 권리의 필수요소이므로 수형자를 비롯한 모든 국민의 섹스권은 존중되어야 한다. 또한 인간의 성욕이 적법한 방법으로 표출되는 사회가 건강한 사회이므로 만약 도덕적, 응보적 상징조작에 의해 특수 지위에 있는 사람들의 섹스권을 박탈한다면 이는 사회적인 상징 폭력이다.

물리적 피해자와 달리 상징폭력피해자는 그런 피해가 상징폭력인줄 모르고 국가의 상징조작에 세뇌되어 당연한 것으로 생각하는데서 상징폭력 피해의 무서움이 있다. 즉 수형자나 그 배우자(사회)는 국가의 섹스권 박탈이 당연한 것으로 세뇌되어 상징폭력 규범의 모순을 깨닫지 못해 헌법적 기본권이 오랜 세월동안 침해되어왔으며 무서운 사실은 침해되었다는 사실도 모른다는 것이다. 그것은 입법자나 국가가 소극적 의미에 지나지 않는 자유형을 가치개입적으로 확대해온 결과이다. 그 결과 수형자와 사회속의 배우자, 애인은 섹스권의 상실로 구체적인 기본권이 정면으로 침해됨에도 수형자는 물론 범죄와 무관한 배우자까지도 그런 섹스권의 박탈이 당연한 것으로 생각하는바 이는 국가의 상징폭력에 세뇌되고 순치된 결과이다. 섹스권의 박탈은 수형자와 그 배우자에 대한 국가의 부작위에 의한 성고문이며 성폭력이고 법률이 금지한 신체형과 부부형벌을 부과한 점에서 국가의 잔인한 가치폭력이다. 범죄의 경중과 관계없이 모든 수형자, 피보호감호자, 사형수에게도 성생활이 권리로서 인정돼야한다. 또한 현재는 수형자에게 흡연권을 인정하지 않지만 수형자나 사형수도 국가가 합법적으로 인정하는 담배, 술 등의 기호품을 소비할 수 있는 것은 헌법의 행복추구권 정신에 맞으며 흡연권을 인정해도 헌법 제37조의 기본권 제약 사유인 국가안전보장, 질서유지, 공공복리를 저해하지 않는데 그것은 세계 대부분 국가가 흡연권을 인정하는 것에서도 알 수 있듯이 하루빨리 허용해야 한다.

(1) 수형자 등에 대한 참정권 인정의 필요성[1]

가. 현행법 규정

수형자의 선거권과 피선거권의 제한에 관한 규정은 형법 제43조와 제44조 및 공직선거 및 선거부정방지법 제18조에서 규정하고 있다. 공직선거 및 선거부정방지법 제18조에는 금치산선고를 받은 자, 금고 이상의 형의 선고를 받고, 그 집행이 종료되지 아니하거나, 그 집행을 받지 아니하기로 확정되지 아니한 자, 선거범으로서 100만 원 이상의 벌금형의 선고를 받은 후 5년 또는 형의 집행유예의 선고를 받은 후 10년을 경과하지 아니한 자, 법원의 판결에 의하여 선거권이 정지

---

1) 수형자 등이란 수형자, 사형수, 피보호감호자, 피치료감호자를 의미한다. 또한 참정권에는 선거권, 국민투표권, 주민투표권이 논의의 실익이 있다.

또는 상실된 자를 두고 있다. 따라서 가석방된 자도 남은 현기가 끝날 때까지는 선거권이 없고 특별사면 받은 자도 복권이 안 된 자는 선거권이 없다.

그리고 헌법 제72조에 의하면 대통령이 국가 중요정책을 국민투표에 붙일 수 있으며 이러한 국민 투표권의 행사에 있어서도 수형자의 투표권행사는 제한된다. 국민 투표법 제9조에는 국민투표권이 없는 자로서 금치산 또는 한정치산의 선고를 받은 자. 금고 이상의 형의선고를 받고 집행이 종료되지 아니하거나, 그 집행을 받지 아니하기로 확정되지 아니한 자, 선거범으로서 100만 원 이상의 벌금형의 선고를 받은 후 2년을 경과하지 않은 자 등으로 규정하고 있다.

한편 수형자와 사형수의 참정권 상실 등에 관해서는 형법 제43조와 제44조에 나와 있다. 형법 제43조 제1항에는 사형·무기징역 또는 무기금고의 판결을 받은 경우에는 당연히 다음과 같은 자격을 상실하게 된다고 한다. 상실되는 자격으로는 공무원이 되는 자격, 공법상의 선거권과 피선거권, 법률로 요건을 정항 공법상의 업무에 관한 자격, 법인의 이사, 감사 또는 지배인 기타법인의 업무에 관한 검사역이나 재산관리인이 되는 자격을 들고 있다. 형법 제43조 제2항에는 유기징역 또는 유기금고의 판결을 받은 자는 그 형의 집행이 종료하거나 면제될 때까지 전항 1호 내지 3호에 기재된 자격이 정지된다고 되어 있다. 형법 제44조에는 제43조에 기재한 자격의 전부 또는 일부에 대한 정지는 1년 이상 15년 이하로 하고 유기징역 또는 유기금고에 자격정지를 병과한 때에는 지역 또는 금고의 집행을 종료하거나 면제된 날로부터 정지기간을 기산한다고 하여 자격정지에는 자격의 당연정지와 판결선고에 의한 자격정지가 있음을 알 수가 있다.

또한 무기수와 사형수는 국민투표권을 상실한다. 한편 피치료감호자와 가종료된 피치료감호자는 선거권 등을 인정하지 않는다. 또한 구사회보호법 제38조에 의해 피보호감호자와 가출소된 피보호감호자에 대해서도 선거권과 피선거권을 인정하지 않는데 사회보호법이 2005년에 폐지되었으나 동법이 폐지되기 이전에 보호감호가 결정된 자들이 있는 관계로 경과규정에 의해 논의의 실익이 있다.[2]

한편 구사회보호법 제38조와 국민투표법 제9조에는 감호대상자의 국민투표권을 제한하는 어떤 법률적 근거도 없음에도 이들의 국민투표권을 수십 년 동안 실무상 박탈해왔다.

---

[2] 보호감호가 폐지되어 청송감호소가 청송제3교도소로 변경되어 현재 60명 정도의 피보호감호자가 수용중이며 200여 명이 보호감호를 받기 위해 집행대기중이다.

나. 관련 판례(헌법재판소, 2004. 3. 25)

(1) 본 사건 청구인은 2002. 2. 26. '강도상해 등 죄'로 징역 3년 6월의 형이 확정되어 교도소에서 형집행 중에 있던 자로, 2002. 6. 13. 실시된 지방선거에 투표하려고 하였으나 금고이상의 형을 선고받고 형집행 중에 있는 자의 선거권을 부인하고 있는 '공직선거 및 선거부정방지법' 제18조 제1항 제2호의 선거권 행사 금지규정으로 인하여 투표하지 못했다. 이에 청구인은 2002. 6. 20. 동 조항이 헌법 제10조, 제11조, 제37조 제2항에 위반하여 형집행자의 참정권(헌법 제24조)을 침해하는 위헌 법률이라며 위헌확인을 구하는 헌법소원심판을 청구하였다.

(2) 판시사항

가. 선거일 현재 금고 이상의 형의 선고를 받고 그 집행이 종료되지 아니한 자는 선거권이 없다고 규정하고 있는 공직선거 및 선거부정방지법 제18조 제1항 제2호 전단(이하 '이 사건 법률조항'이라 한다)에 대한 이 사건 청구인(징역형을 선고받아 집행중인 자)의 법적관련성 및 권리보호이익

나. 선거권의 의미와 입법재량의 한계

다. 이 사건 법률조항이 과잉금지원칙에 위배하여 수형자인 청구인의 선거권 등 기본권을 침해하는지 여부(소극)

(3) 결정요지

가. 청구인에 대한 형집행지휘서에 의하면 청구인은 2001. 12. 18. 서울 고등법원에서 강도 상해 등의 죄로 징역 3년 6월을 선고받고 상고하였으나 대법원에서 2002. 2. 26. 상고가 기각되어 위 판결이 확정되었음을 알 수 있다. 따라서 청구인의 경우 이 사건 법률조항에 의하여 선거권을 행사할 수 없게 되었고 실제로 지난 2002. 6. 13. 지방선거에 선거권을 행사하지 못했으므로, 청구인은 이 심판청구에서 자기관련성·현재성·직접성을 갖추었다. 또한, 청구인이 투표하려 하였던 위 6·13 지방선거는 이 사건 헌법소원심판청구 이전에 이미 종료하였기 때문에 이 심판 청구가 권리보호이익이 없는 것은 사실이다. 그러나 2004년의 국회의원 총선거에 청구인의 투표참여 문제가 다시 제기될 때 이 사건 법률조항이 여전히 청구인의 기본권인 선거권을 박탈하게 될 것이므로, 이 사건 법률조항의 위헌 여부에 대하여는 헌법적 해명의 필요성이 존재한다.

나. 원칙적으로 간접민주정치를 채택하고 있는 우리나라에서 공무원을 선거하

는 권리는 국민의 참정권 중 가장 중요한 기본적 권리라고 할 것이어서, 참정권의 제한은 국민주권에 바탕 두고 자유·평등·정의를 실현시키려는 우리 헌법의 민주적 가치질서를 직접적으로 침해하게 될 위험성이 크기 때문에 언제나 필요한 최소한의 정도에 그쳐야 한다. 다만, 우리 헌법 아래에서 선거권도 법률이 정하는 바에 의하여 보장되는 것이므로 입법형성권을 갖고 있는 입법자가 선거법을 제정하는 경우에 헌법에 명시된 선거제도의 원칙을 존중하는 가운데 구체적으로 어떠한 입법목적의 달성을 위하여 어떠한 방법을 선택할 것인가는 그것이 현저하게 불합리하고 불공정한 것이 아닌 한 입법자의 재량영역에 속한다고 할 것이다.

① 이 사건 법률조상이 국가공동체의 구성으로서 부담하고 있는 납세·병역·준법 기타 필요한 사회적 책무를 이행하지 아니하고 오히려 그 의무에 반하여 공동체의 안전을 파괴하고 다른 구성원들의 생명·신체·재산을 위협한 사람들에 대한 사회적 제재로서 일정한 기간 구금을 명하고 구금시설인 교도소 등의 질서와 수형자의 교화를 위하여 필요한 제한을 가하는 한편, 선거권의 행사를 위하여 필요한 정보의 제공이 현실적으로 어려운 수형자에게 그 기간 동안 공민권의 행사를 정지시키는 것은, 형벌집행의 실효성 확보와 선거의 공정성을 위하여 입법자가 일응 추구할 수 있는 것으로서 입법목적의 정당성이나 방법의 적정성을 충족시킨다고 할 것이다.

② 이 사건 법률조항은 형사처벌을 받은 모든 사람에 대하여 무한정 선거권을 제한하는 것이 아니라 금고 이상의 형의 선고를 받은 자에 대하여 그 집행이 종료되지 아니한 경우에 한하여 선거권을 제한하고 있어, 어느 정도 중대한 범죄를 범하여 사회로부터 격리되어 형벌의 집행을 받는 등 선거권을 제한함이 상당하다고 인정되는 경우만으로 한정되며 내용적으로도 그 불이익은 금고보다 가벼운 형벌인 자격상실이나 자격정지의 한 효과에 불과하다. 또한 수형자가 선거권을 행사하지 못하는 것은 수형자 자신의 범죄행위로 인한 것으로서 자신의 책임으로 인하여 일정한 기본권 제한을 받는 것이므로, 수형자의 선거권 제한을 통하여 달성하려는 선거의 공정성 및 형벌집행의 실효성 확보라는 공익이 선거권을 행사하지 못함으로써 입게 되는 수형자 개인의 기본권침해의 불이익보다 크다고 할 것이어서 그 법익간의 균형성도 갖추었다.

③ 이와 같이 이 사건 법률조항은 과잉입법금지의 원칙을 위배하였다고 보기 어렵고, 그 밖에 대부분의 나라에서 형의 선고와 관련하여 이 사건 법률조항과

비슷한 유형의 선거권 결격사유를 규정하고 있는 외국의 입법례의 비추어 보더라도 특별히 헌법에 위반된다고 볼 수 없다고 할 것이다.

다. 헌법재판소 판례에 대한 비판(사견)

결론부터 말하면 헌법재판소의 결정은 잘못된 판결이며 언젠가는 이번 판결이 뒤바뀔 것이라고 확신한다.

먼저 헌재가 사용한 용어의 문제점인데 헌재는 결정요지에서 교도소를 구금시설이라고 표현한 것은 부적절한 표현이다. 이 1961년 행형법 1차 개정에서 구금시설의 의미가 강한 "형무소"를 교정적 시설의 의미를 가진 "교도소"로 개정했기 때문이며 교도소는 구금기능만 있는 구치소, 유치장과는 다르기 때문이다. 교도소는 행형법 제1조 정신에 의해 하위 개념이며 수단적 개념인 "구금"의 기능과 상위 개념이며 목적 개념인 "교화 기능을 가진 교정"시설이지 구금자체를 목적적 개념으로 하는 구치소와 같은 "구금"시설이 아니기 때문이다. 또한 구금시설이 가지는 상징성(응보주의)과 교정시설이 가지는 상징성(교육형주의)은 중요한 차이가 나므로 용어의 엄격한 구분 사용이 필요하다.

또한 헌재는 선거권 부정의 한 이유로 "납세, 병역 등을 불이행……"을 들고 있으나 "병역"을 포함시킨 것은 전혀 이해할 수 없으며 "납세"도 이해가 가지 않는다. 그것은 정도의 차이지 수형자도 소 내에서 물품구입으로 간접세를 납부하며 재산이 있는 자는 재산세 등의 직접세도 내며 또한 가석방된 수형자(복권 안 된)는 사회 내에서의 근로활동으로 소득세 등의 직접세를 납부하기 때문이다. 보다 중요한 것은 납세미납과 선거권 부정을 연결시키는 응보주의적 태도는 응보주의를 금하고 교육형주의를 채택한 행형법 정신과 배치되며 어떤 조건도 달지 않고 모든 국민에게 주권이 있다고 한 헌법 제1조 제2항의 정신을 정면으로 침해했다.

또한 헌재는 "선거권 행사를 위해 필요한 정보의 제공이 현실적으로 어렵다"는 이유를 선거권 제한의 이유로 들고 있으나 이것 역시 전혀 이해가 되지 않는다. 가령, 대선이나 국회선거에 나올 후보자 등에 대해서는 헌재의 결정 이전부터 허용되고 있는 신문열람 등을 통해서 정보를 알며 또한 각 후보의 선거 공약 홍보 책자도 사회인과 같이 수형자들에게 송부하면 되기 때문이다.

설사 그런 정보제공의 기술적 어려움이 있다고 해서 본질적이며 목적적 요소인 "주권의 행사"가 침범되어서는 안되기 때문이다. 또한 헌재는 수형자 선거권제한의 근거로 선거의 공정성을 드나 이것 역시 전혀 이해가 되지 않는다.

엄격한 인적, 물적 계호가 완비된 교도소에서 수형자들이 선관위 직원이 보는 데서 행하는 부재자 투표 방식에 의한 선거권의 행사가 어떻게 공직선거의 공정성을 해치는지 도대체 일반인의 상식으로는 도저히 이해가 되지 않는다.

같은 논리로 헌재가 들고 있는 "형벌집행의 실효성확보" 문제도 부재자투표형식을 취하면 아무 문제가 없다고 생각한다. 또한 헌재는 수형자의 선거권제한으로 인해 얻은 선거의 공정성 등의 공익이 선거권행사하지 못함으로 입게 되는 수형자 개인의 기본권 침해의 불이익보다 크고 법익간의 균형성을 갖추었다고 하나 앞에서의 논리에 의해 선거의 공정성 등은 수형자의 선거권 제한으로 얻게 되는 공익이 아니라고 생각한다.

헌재는 선거권의 제한으로 인해 수형자의 기본권만 침해된다는 법적, 소극적 관점에서 접근하여 수형자의 선거권이 교화재(敎化財)라는 공공재의 생산에 미치는 중요한 영향을 간과하고 있다. 수형자에게 선거권, 국민투표권, 주민투표권 등을 인정하게 되면 자치의식의 증대와 공동체 질서형성에의 참여감의 증대와 그로 인한 준법욕구의 증대 등 교화에 좋은 영향을 주는 외부효과가 발생하고 국가와 지역사회와의 재통합에도 기여하며 회복적 사법에도 기여한다. 그러나 선거권을 부정하게 되면 기본권 침해 같은 소극적 측면 외에 국민주권의 실현에서 완전 소외되는 심리적 분노와 무력감의 촉진과 정치적 커뮤니케이션의 영역에서 중심부(일반인)와 주변부(수형자)의 양극적 구도만 촉진시키는 결과를 가져와 사회적 재통합을 저해함은 물론이고 교화재의 생산에 부정적 외부효과를 가져온다. 또한 수형자에게 선거권을 인정하면 다양한 국민의사(가령 반정부 범죄인)의 실현을 촉진해 민주주의에 기여함은 물론 수형자의 선거권의 행사가 있어도 다른 어느 누구의 성치적 효용이 훼손되지도 않는 정치적 재화의 파레토 최적을 가져와 정치적 복지의 증대 및 헌법 제37조에서 말하는 공공복지의 증대를 가져온다. 따라서 선거권의 제한으로 인해 얻게 되는 공익은 하나도 없으며 오히려 소극적으로는 수형자의 기본권 침해와 적극적으로는 교화재라는 공공재의 훼손과 사회적 재통합의 저해 및 선거의 대표성이 저해된다.

라. 현제도의 문제점과 참정권 인정의 당위성 사견3)

생각하건대, 자유형은 국민의 자유권을 제한하는 형벌이며 인간의 존엄, 행복추구권과 자유권 그리고 청구권 및 참정권과 사회권을 내포하는 기본권을 모두 제한하는 기본권형이 아니다. 이미 수형자에게도 인간의 존엄과 행복추구권과 평등권, 양심의 자유 등과 같은 자유권의 일부, 청원권, 재판청구권(재심의 경우), 환경권, 보건권 등의 일부 사회권 등이 인정되어 오고 있으며 점차 그 범위가 확대되어가는 중에 있다. 또한 자유권을 제한하더라도 국가안전보장, 질서유지, 공공복리를 위해서 필요한 경우에만 본질적 내용의 침해 없이 최소한 제한해야 한다는 헌법 제37조의 해석상 형벌로서의 자유형의 원칙은 기본권 중 자유권을 의미한다. 따라서 자유권과 그 성격을 달리하는 참정권의 하나인 선거권을 제한할 이유가 자유형의 본질상 없다고 생각한다.

필자의 견해로는 오히려 수형자에게 선거권과 국민투표권을 인정해도 국가안전이나 사회질서에 저해가 되지 않으며 오히려 공공복리를 증진시킨다고 생각한다. 수형자에게 선거권을 인정해도 타인의 효용을 저하시키지 않고 파레토최적을 달성해 사회의 총효용을 증대시키기 때문이다.

이미 확실하게 구금, 격리되어 있는 수형자들이 부재자투표라는 형식을 통해 선거당일 선거권을 행사하여도 국가안전보장 등을 저해하지 않는다. 이런 점에서 현재 수형자의 선거권을 제한하는 공직선거 및 선거부정방지 등에 관한 법은 기본권 제한의 본질적 침해를 금지한 헌법 제37조 제2항을 위반한 위헌 법률임이 명백하다.

그리고 참정권은 국민주권주의와 관계되는 정치적 의사의 영역이므로 민주주의에 있어서 국민이 국가 의사의 형성과정에 참여하거나 국가기관을 구성하며 국가권력행사를 통제 내지 견제하는 민주적, 정치적 권리이다. 또한 개별적인 민주적, 정치적 권리임 국민의 능동권으로서 오늘날 민주주의에 있어서 참정권의 행사는 필수적이며 다른 기본권에 대하여 우월적 지위를 가진다.

그런데 개인이 가지는 의사에는 정치적 의사, 경제적 의사, 사회문화적 의사, 종교적 의사, 예술적 의사, 윤리적 의사 등 다양하게 존재한다. 그리고 그런 각각

---

3) 영국 및 대부분의 남미국가는 선거권을 부정하며 핀란드, 스웨덴, 이탈리아, 독일은 선거권을 인정(다만, 이들 국가도 선거사범에게는 부정)하고 캐나다, 호주, 필리핀, 네덜란드, 벨기에 등은 형의기간에 따라 제한적으로 인정한다. 가령 캐나다는 2년미만의 수형자에게만 부여한다고 한다(중앙선관위, 외국선거제도비교, 2005-2006년).

의 의사들은 서로 독립적인 것이다. 예를 들어 특정 종교적 신념과 의사를 가진 자가 자신의 종교적 의사에 근거해 병역을 거역해 관련법에 의해 수형자가 되었을 때 그에게는 또 다른 존중되어야 할 정치적 의사가 존재한다. 그러나 공직선거 및 선거부정방지법에서 선거권을 제한함은 종교적 의사나 범죄의사는 정치적 의사와 전혀 다른 성격임에도 이를 동일시하여 확대 적용해 정치적 의사와 관련된 선거권을 제한하는 것이다. 이것은 헌법 제37조 제2항만 아니라 국민주권주의를 규정한 헌법 제1조를 정면으로 침해하며 다양한 정치적 의사를 그 필요요건으로 하는 민주주의에 위배된다. 즉 범죄인이 자신의 잘못된 범죄의사에 근거해 형법적 책임을 지는 것과 그가 가진 단 하나의 정치적 의사인 선거권을 행하는 것은 전혀 다른 성격임에도 현재의 공직선거 및 선거부정방지법은 한 개인이 잘못된 범죄의사에 대한 책임을 형법적 책임에 한정시키지 않고 그가 가진 모든 다른 의사의 영역에까지 구속해 입법권을 과잉행사하고 있는 바 이는 가치폭력이며 상징폭력이다.

그리고 공직선거 및 선거부정방지법은 국민주권주의와 관계되는 형행법 제1조와 수형자 또는 미결수용자의 기본권은 최대한 보장한다는 행형법 제3조와도 배치되며 형평성의 문제도 제기될 수 있다.

또한 정치적 의사의 행사를 중요하게 여기는 수형자에게는 동법은 행복추구권을 규정한 헌법 제10조를 위반하며 동시에 사회적 신분에 의해 정치적인 영역 등에 있어서 차별을 금지한 헌법 제11조의 평등권에도 위배된다. 전과자는 후천적인 사회적 신분이기 때문이다.

유기형 수형자의 선거권제한은 공직선거 및 선거부정방지법에서만 아니라 형법 제43조와 제44조에서도 나와 있다. 이 경우도 앞에서 본 논리와 마찬가지로 수형자의 선거권을 상실 또는 정지시키는 형법 제43조는 헌법상 보장된 참정권의 본질을 침해할 우려가 있어 위헌의 여지가 있다. 또한 형법 제44조에서는 판사의 판결선고에 의해 선거권 등의 자격을 정지할 수가 있는데 이 조항도 위헌의 여지가 보인다.

먼저 선거권 등의 자격정지는 일정한 형의 판결을 받은 자에게 당연히 정지되는 당연정지와 판결선고로 정지되는 선고정지가 있다. 당연정지에 대해서는 앞에서 본 논리대로 위헌의 여지가 있으며 여기서는 판사의 판결에 의한 선고정지의 문제점을 적고자 한다. 판결선고에 의한 선고정지는 자격형의 선택형과 병과형이 있으며 자격정지의 기산점은 유기형에 병과형으로 된 때는 유기형이 면제 또는 종료된 날로부터 기산되고 선택형으로 자격정지가 된 경우에는 판결이 확정된 날로부터 기산된다.

그러나 판사의 판결에 의한 자격정지의 선고는 선택형이든 병과형이든 지나친 과잉입법으로 위헌의 여지가 있다. 참정권과 관련된 범죄자나 정치적의사와 관련된 범죄자이든 또는 그런 정치적 의사와 무관한 일반 범죄자이든 헌법상 보장된 정치적 의사 및 선거권을 판결로서 제한하도록 한 규정은 지나친 월권행위로 헌법의 국민주권주의 조항과 참정권 조항을 침해한 것으로 응보주의적 조항이다.

정치적 의사와 무관한 일반범죄에 대해서는 판사가 신체의 자유를 제한하는 자유형을 가해야 되며, 징역 등의 자유형을 가하고도 자유형의 내용과 전혀 무관한 선거권까지 자격을 병과해 정지시켜 형의 집행기간 내에서 만이 아니라, 형의 집행이 끝난 날부터 다시 자격이 정지된 기간까지 선거권 등을 행사할 수 없도록 제외시키는 것은 책임주의에 위배된 지나친 처벌로 결부금지 원칙에 위배될 뿐만 아니라 위헌의 의심이 있다. 일반범죄의 의사와 범죄행동에 대해서는 판사가 그 범죄의사에 대해서만 재판해야지 책임주의에 따라 유기형을 선고하고도 응보적 사고방식에 의해 그것을 확대해 범죄의사와 무관하고, 헌법상 존중되어야 할 범죄인의 정치적 의사에 대해서까지 심리해 재판할 수 있도록 해 선거권 등의 자격형까지 병과하는 것은 문제가 있다고 보겠다. 따라서 이렇게 차별적 태도는 사회통합에 장애가 되며 수형자에게 선거권을 인정하지 않는 현재의 관련 법률은 정치적으로 소외되었다는 감정을 갖게 할 수 있고, 그런 면에서는 그들은 법률에 의한 또 하나의 정치적 피해자라고 할 수 있다. 또 그 결과 선거를 통한 전정한 국민통합에도 장애를 가져오며 국민들에게 선거를 통해 끊임없이 민주적인 정치적 의사를 형성할 책임이 있는 국가의 실질적인 직무유기가 될 수도 있다. 따라서 수형자에게 선거권을 주면 정치적으로 공직선거에서 대표성이 제고되고 수형자들의 주권의식과 참여의식의 증대와 국민통합에도 긍정적 영향을 미친다.

한편 무기징역 또는 무기금고의 판결을 받은 무기형 수형자와 사형수는 형법 제43조에 따라 선거권과 국민투표권을 상실하는데 앞에서 본 논리와 마찬가지로 범죄의사에 따른 형법적 책임과 국민주권주의와 관계되는 참정권을 결부시켜 무기수와 사형수에게 선거권을 인정하지 않는 것은 과잉입법이다. 형법 제43조는 국민의 기본권을 제한하더라도 그 본질적 내용은 침해할 수 없다는 헌법 제37조 제2항에 위배되는 측면이 있다. 더욱이 한번 사형이나 무기형 판결을 받은 자는 감형 또는 가석방이 되어 출소하더라도 사면법에 의한 복권이 되지 않는 한 영원히 선거권을 상실하게 된다. 이것은 지나친 과잉입법이며 무기 수형자들은 헌법이 보장한 개인의 참정권을 법률에 의해 박탈당하는 입법적 피해자라고 할 수 있으며 유기형 수형자와 형평성의 문제가 제기되기도 한다.

예를 들어 유기형 15년을 선고받은 자가 재범의 우려가 있다고 판단되고 행형성적이 좋지 않아 가석방이 되지 않아 만기 출소한 날로부터 선거권과 공무담임권 등이 다 인정된다. 그러나 무기형을 선고받은 자는 선거권 등의 자격이 자동 상실되어 그가 재범의 우려성이 없고 행형성적이 우수해 10년 뒤에 가석방이 되어도 그는 복권이 안 되면 영원히 선거권 등의 자격이 상실되어 가석방된 무기형 수형자보다 재범의 우려성이 있어 교도소에서 더 많은 기간을 복역한 앞에서, 본 유기형 수형자의 경우와 형평성 등에서 문제가 된다.

사형수도 범죄의사에 대한 사형이라는 형법적 책임을 지기 때문에 또 다른 정치적 의사에 기한 선거권과 국민투표권의 정치적 권리에까지 정치적 책임을 물을 수 없는 것은 당연한 것이다. 따라서 사형집행을 행하는 날까지는 존중되어야 할 정치적 주권을 가진 국민이므로 선거권과 국민투표권을 인정해야 한다.

공직선거 및 선거부정방지법 제18조에서는 선거범으로서 벌금형을 선고받은 자, 형의 집행유예자 또는 선거범으로서 징역형을 선고받은 자에 대해서는 일정 기간 동안 선거권과 피선거권을 제한하는데 이것도 문제가 있다고 생각한다.

대부분의 헌법학자는 선거사범에 대한 선거권 제한을 비판적으로 보지 않지만 필자는 다른 견해를 가지고 있다. 그것은 선거사범도 그에 대해서는 범죄 대가로 법적 책임이 주어졌음에도 이에 그치는 것이 아니고 다시 범죄의사와 전혀 성격이 다른 정치적 의사와 국민주권과 관련된 선거권과 결부시켜 선거권을 제한시킴은 지나친 과잉입법이며 실질석으로는 이중처벌의 효과를 가진다.

그 범죄가 선거와 관련된 범죄라고 하지만 선거범이라는 외견만 보고 형벌 외에 다시 선거권을 제한한다는 것은 지나친 응보주의적 성격을 띠고 있다. 이것은 마치 집회 및 시위에 관한 법을 위반한 자에게 벌금을 과하고 나서 다시 일정기간 동안 집회 및 시위를 하지 말라고 부관을 붙이는 것과 같다. 따라서 이와 관련된 규정을 폐지하고 선거사범으로 형벌이나 형의 집행유예를 선고받은 자라도 선거권을 행사할 수 있도록 해야 한다.

(2) 수형자 등에 대한 섹스권 이정의 필요성

가. 형행제도

수형자의 섹스권과 관련하여 우리나라는 수형자의 섹스권을 인정하고 있지 않으며, 다만 가족접견이라는 명목 하에 특별한 요건을 갖춘 자에 대해서만 교도소 내의 장소에서 1박2일의 가족접견을 할 수 있는 부부접견제도의 하나인 부부만남의집 제도를 1999년부터 운영해 오고 있다.

우리나라는 1999년 6월 29일에 안양, 대구, 대전, 광주교도소에 13평 규모의 단독주택(침실 2개, 주방 1개, 화장실 2개)을 교도소 내에 설치하여 부부만남의집이라고 명명하여 일정 요건을 갖춘 수형자와 그의 배우자나 부모, 가족과의 1박2일 동안의 만남을 허가하고 있는데 그 뒤 마산교도소, 청주여자교도소, 홍성교도소, 전주교도소, 청송교도소, 포항교도소 내에 부부만남의집이 설치되어 2007년 4월 현재 전국 교도소 중 10개의 교도소 내에 부부만남의집을 설치하고 있다.

현재 우리나라의 행형법과 행형법시행령에는 부부접견에 관한 근거는 없고, 1999년 5월 20일에 제정되어 2000년 3월 21일에 개정된 부부만남의집 운영지침 (예규교화 61490-74, 2000. 3. 31)에 자세히 나와 있다.

따라서 여기서는 부부만남의집 운영지침에 나와 있는 부부접견제도의 내용을 언급하고자 한다. 먼저 부부만남의집을 이용할 수 있는 자는 교도소, 구치소, 보호감호소에 수용된 수형자와 피보호감호자로서 부부만남의집 운영지침 제3조 제4조 제3항에 따라,

① 형기가 5년 이상인 수형자가 그 형기의 3분의 1을 경과한 뒤, 누진 2급 이상인 자로 다른 수형자의 모범이 되는 자.

② 가족과의 유대강화를 위해 부부만남의집 이용이 필요하다고 인정되는 자(이때 가족은 수형자의 직계존속, 비속으로 하고 1인원은 1회에 5인은 초과할 수 없다).

③ 기타 교화 상 특히 필요하다고 인정되는 자.

④ 감호집행 개시 후 1년이 경과된 자로서 감호행장 "다"급 이상인 피보호감호자.

⑤ 그러나 이상의 요건이 구비되었어도 가정파괴범, 조직폭력배, 미성년자 및 부녀자의 악취유인 등 반인류적 범죄자, 조직폭력배, 상습 마약범죄자 등 사회물의 사법은 제외한다고 규정하고 있다.

그리고 동 지침 제4조에 따라서 부부만남의집을 이용하려는 자는 상기의 요건에 해당되는 자 중에서 분류처우회의의 의결을 거쳐 선정하되, 다만 귀휴를 갔다 온 날로부터 1년이 경과하지 않은 자와 2회 이상 부부만남의집을 이용한 자를 대상으로 선정하는 경우에는 그 사유를 소명하여 지방교정청장의 승인을 받아야 한다.

한편 법무부 교정국 교화과의 내부 자료에 의하면 2005년도에 교정시설에 수용된 인원은 54,941명인데 비하여 부부만남의집을 이용하도록 허가되어 실제 이용한 수형자는 373명 불과하였다.

1999년부터 최근까지 부부만남의집을 이용한 수형자는 아래 표와 같다.

<표> 부부만남의집 이용자 수: 법무부 내부자료

연 도	이용자 수
1999	136명
2000	121명
2001	220명
2004	373명
2005	373명
2006	337명

따라서 위의 통계에 의하면 부부만남의집을 이용하도록 허가된 수형자는 교정시설에 수용된 1%에도 미치지 못해 사실상 수형자의 섹스권과는 무관한 국가의 은전으로의 인권미화상징조작에 불과함을 알 수가 있다.

가령 2005년의 수용인원은 5만여 명 중 불과 300여 명만이 부부만남의집의 이용이 허락되었으며 또한 이들 300여 명 중 많은 경우는 부모나 자녀 등 배우자를 제외한 경우도 있을 것으로 추정되므로 실제로 사회속의 배우자와 섹스를 할 기회가 없어 인간행복추구권의 기본이 섹스권이 국가의 잘못된 교정정책에 의해 수형자와 그 배우자가 정면으로 침해받고 있음을 알 수가 있다.[4]

---

4) 남미, 덴마크, 네덜란드, 스웨덴, 중앙아시아, 스페인 등지에서는 성생활권을 권리로 인정하며(Andrew Coyle, A human fights approach to prison management, London King's college, 2002, 96~98면)
   캐나다, 필리핀, 인도, 러시아, 스칸디나비아제국도 권리로 인정하나 원앙방 제도를 가진 중국의 일부교도소, 대만은 시혜적 조치로 인정한다.(천정환, 교정학, 대왕사, 2005, 587 이하)

나. 현행제도의 문제점과 섹스권 인정의 당위성(사견)

가) 법적 관점

현행 우리나라의 부부만남의집 운영지침에서 알 수 있듯이 우리나라의 부부만남의집 제도는 수형자나 피보호감호자의 성생활을 법적인 권리로 인정하는 것이 아니라 수형자들의 가족들과 유대를 강화시키는 방법의 하나로 교정당국이 모범수들에 한정적으로 시혜적으로 베푸는 제도이다.

인간의 식욕과 성욕은 인간의 가장 기초적인 욕망으로 성생활권은 최소한의 인간다운 생활을 할 권리에 포함되고 이런 인간다운 생활을 할 권리는 인간의 행복추구권에 포함된다고 볼 수 있다.

물론 이런 인간의 행복추구권도 보다 큰 법익을 위해서 정책적으로 제한이 가능하더라도 그 본질적 내용은 절대로 침해할 수 없다는 헌법 제37조 제2항 규정을 생각해볼 때 이런 수형자의 성생활권을 기본권적 접근으로 보아야 한다고 생각한다. 그리고 자유권을 양심의 자유와 같이 혼자서 누릴 수 있는 고립적 자유권과 반드시 2명 이상이 합쳐야 비로소 누릴 수 있는 쌍방적 자유권으로 구분하고자 한다.

이때 성생활권은 쌍방적 자유권에 속한다고 볼 수 있다. 따라서 국가가 수형자에게 성생활권을 박탈하는 것은 국가가 수형자뿐만 아니라 그의 배우자의 성생활권을 직접 침해하는 것과 같다고 볼 수가 있다.

다시 말해 자유형은 글자 그대로 수형자의 자유권만을 제한해야 되는데도 이 경우는 수형자와 그 배우자가 가지는 행복추구권의 가장 본질적인 부분을 국가가 정면으로 침해하고 있으며 사실상 수형자와 그 배우자는 신체형까지 부과된 셈이다.

현재 법무부예규로 되어있는 부부만남의집 운영지침에 따라 이곳을 이용하려면 형기가 5년 이상인 수형자가 그 형기의 1/3을 경과하고 누진계급이 2급 이상인 모범수 또는 교도소장이 필요하다고 인정하는 자로 제한하고 있는데 이러한 예규는 헌법의 행복추구권과 인간의 존엄권, 평등권, 그리고 인간다운 생활을 할 권리, 비례원칙을 정면으로 침해하는 위헌적 규정이며 이 규정은 수형자의 기본권을 최대한 보장한다는 상위법인 행형법 제1조 제3항에도 저촉이 된다.

따라서 수형자의 성생활권을 제한하는 현재의 정책은 국가 안전보장, 사회질서, 공공복지를 위해서만 기본권을 제한하더라도 그 본질적 내용은 절대로 침해할 수 없다는 헌법 제37조 제2항을 위배하고 있다. 왜냐하면 식욕과 성욕은 인간의 가장 기본 욕구이며 어떤 정책적 목적으로도 이를 제한할 수 없기 때문이다.

또한 그러한 성생활을 제한하는 교정정책은 수형자의 성생활권만 아니라 그의 배우자의 성생활권을 정면으로 침해하는 것이 된다. 즉, 수형자 배우자의 성생활의 침해는 반사적 손해가 아니라 기본권의 침해가 되며, 또한 우리 헌법상 원칙인 혼인의 순결조항은 일부일처제를 의미하므로 현실적, 결과적으로는 혼인의 순결을 해칠 수도 있다.

현재 국가가 수형자에게 성생활권을 인정하지 않고 제한하는 이유는 국가의 안전보장, 질서유지, 공공복리를 위해 기본권을 제한할 수 있다는 것을 그 근거로 대고 있으나 수형자의 성생활권 인정과 국가안전보장 또는 일반 사회의 질서유지와는 부적상관관계가 입증되지 않으며 오히려 지금같이 수형자의 성생활을 제한하면 사회후생으로 표시되는 공공복리의 감소를 가져온다.

그리고 현재의 부부만남의집 운영지침의 문제점을 살펴보면 기혼수형자와 피보호감호자에게만 인정하므로 이 조항 역시 사회적 신분에 의한 차별을 금지한 헌법상 평등권 조항을 정면으로 위배하고 있다.

미혼과 기혼은 사회적 신분의 개념이고 미혼수형자의 성생활권도 기혼수형자의 그것에 못지않게 누구도 침해할 수 없는 인간의 가장 본질적 기본권이고 국가는 그것을 보장하고 확인해야 한다는 헌법 제10조의 정신에 비추어 입법자는 미혼수형자의 성생활권도 보장해야 한다.

물론 이럴 경우 예상되는 문제가 여러 경로를 통해 매춘부 등이 애인으로 위장하여 미혼수형자와의 성적 접촉을 시도하는 일이 많겠지만 그러한 부수적인 부작용이 있다고 해서 본질적 측면이 훼손되어서는 안되며 위장한 애인의 경우도 교정기관은 보안상 문제 외에는 문제 삼지 말아야 한다고 본다. 교정기관은 도덕기관이 아니고 교화기관이기 때문이다.

또한 현재의 부부만남의집 운영지침은 그 대상자로 수형자와 피보호감호자에게만 인정하므로 치료감호자, 기혼인 소년원생, 미결수용자, 사형수에게는 인하지 않는 것도 헌법상 평등의 원칙에 위배되며 특히 우리나라의 경우 사형수는 사실상 집행을 하지 않는 경우가 많으므로 더욱 더 그렇다고 할 것이다.

그리고 현재의 법무부 예규에 따라 성폭력범죄 등 가정파괴범, 미성년자 및 부녀자의 약취유인 등 반인륜적 범죄를 범한 자, 조직폭력배, 상습마약범죄자 등은 이용요건을 구비했어도 제외시키나 이것 역시 평등의 원칙에 위배된다. 이것은 특정범죄에 지나치게 윤리적 색체를 가한 응보주의적 산물로 응보보다 교화를 지향하는 현대 교정이념에도 맞지 않고 특히, 앞에서 언급했듯이 수형자의 성생활권 제한정책은 수형자 외에 그의 배우자의 기본권까지도 침해하므로 문제가 있다고 하겠다.

가령, 수형자의 배우자는 자기의 행위가 아닌 친족(배우자 등)의 범죄 행위로 인해 사실상 국가에 의한 부작위적인 불리한 처우(성생활권과 행복추구권의 박탈)를 받게 되는 바 이는 "모든 국민은 친족의 행위로 인해 불이익한 처우를 받지 않는다"라는 헌법 제13조를 광의로 볼 경우 헌법정신을 사실상 위배하는 면이 있기 때문이다.

나) 사회적 관점

과거와는 달리 최근에는 수형자가 입소한 뒤 2년 또는 3년만 지나도 배우자들이 이혼을 많이 요구한다고 하는데 그러한 이혼의 원인에는 경제적 측면도 있겠지만 성생활의 박탈이 중요한 원이 될 수도 있다고 본다.

특히, 무기수의 경우에는 무기수 자신만 아니라 그의 부인에게는 고통스러운 미래가 예상되는데 7년이 지나야 부부접견제도의 자격을 인정한다는 것은 오히려 교정당국이 가족해체 현상을 촉진시켜 이로 인한 여러 사회적 문제를 야기시킨다.

그리고 수형자의 성생활권이 박탈된 수형자들은 다른 것으로 보상받으려고 하고 그 과정에서 교도소 내의 동성애나 계간 등이 발생해 이로 인해 여러 가지의 문제가 발생하게 되며 이런 것은 교정재 생산에 저해가 되고 교정기관에도 부담을 준다.

그리고 수형자의 성생활권이 박탈되면 결국은 배우자의 간통이 증가되거나 이혼이 증가되고 따라서 관심을 받지 못하는 자녀들도 경제적, 정서적 피해자가 되고 이런 경향은 청소년 범죄를 증가시킬 수 있다. 따라서 이에 대한 사회적 비용이 증가된다. 섹스도 서비스적 재화에 포함시킬 수 있다면 그리고 수형에게 부부접견이 자유로이 허용된다면 그 배우자의 섹스재화에 대한 한계효용은 아주 높고 한계효용은 크기가 가격으로 표현될 수 있으므로 배우자가 섹스재화를 얻기 위해 부적절한 방법으로 많은 비용을 치러야 하고 그런 것들은 결국 여러 과정을 거쳐서 사회적 부담을 증가시키게 된다.

또한 부부 접견이 허용되면 이혼할 확률도 적어지고 가정파괴 현상도 줄어들기 때문에 수형자에게 갱생의 의지를 심어 재범률이 낮을 수 있다. 그러나 부부 접견이 허용 안 되면 결국은 가정파괴 현상도 클 것이고 출소 뒤에도 재범할 확률이 앞의 경우보다 클 것이다. 결국 그것은 교정비용과 치안비용, 사법비용 등 사회적 비용을 증대시켜 국민의 세금을 증대시켜갈 것이다.

그리고 수형자에게 성생활권을 허용하면 그것의 효과는 수형자와 배우자의 개인적 효용의 증대에만 그치는 것이 아니라 성생활 허용정책은 바람직한 정의 외부효과를 가져와 파레토최적의 달성 및 공공복지후생함수의 증가를 가져오고 수형자가 가져왔던 코너해(corner solution)의 피해를 최소화할 수 있다.[5]

수용자의 성생활은 존중되어야 할 절대적 기본권이므로 기혼수형자이든 미혼수형자이든 관계없이 인정되어야 한다. 소년수형자라도 결혼을 한 수형자는 당연히 인정되어야 하며 보호감호소나 치료감호소의 피보호감호자 외에는 사형수에게도 인정되어야 한다.

그러나 수용자의 성생활권이 중요하다고 해도 그것은 사회에 있는 배우자나 애인의 성적의사결정권과 프라이버시권을 침해하지 않는 범위 내에서 인정되어야 한다. 또한 수용자의 성생활권은 무제한 인정될 수는 없고 질서유지와 피해자 집단의 감정을 고려하여 소극적 성격을 지녀야 하며 시설이용료는 당사자의 부담을 원칙으로 해야 한다. 그리고 성생활권은 1년 이상의 유기형 수형자 등 일정 형기 이상의 수형자에게 인정하는 것을 원칙으로 하되 강간범 등 범죄의 죄질에 따라 차별할 필요는 없다. 또한 누진계급 등과 연관시킬 필요가 없으며 다만 금치 등의 징벌을 받고 있거나 교정사고의 우려가 있는 자 등은 대상에서 제외할 필요가 있다.

다만 형벌의 위하력도 중요함으로 장기수형자와 사형수의 경우에는 1년의 유예기간이 지난 다음에 인정하는 것이 필요하며 매주 토요일 오후에 교도소 내에서 수용자가 사회의 배우자나 애인과 섹스를 할 수 있는 빙안이 법적으로 제도화 되어야 한다.

---

5) 사회인은 섹스재와 일반재에 대해 그의 효용이 극대화되는 내부해를 가지나 수형자는 섹스재에 대해 기호가 고착되므로 수형자의 소비자 균형은 코너해를 가진다. 만약 Y축의 섹스재의 가격이 P_x, X축의 일반재의 가격이 P_y라면 일반사회인에게는 섹스재가 회소성이 적어 사회인은 그의 효용이 극대화되는 소비자 균형은 x축과 y축의 내부에서 가격선과 무차별곡선이 만나는 점에서 내부해를 가지고 이때 x와 y의 한계대체율인 $MRS_{xy} = P_x / P_y$가 되나 수형자는 섹스재에 대해 희소성을 가지므로 이때의 수형자의 소비자 균형은 y축에서 성립하는 코너해를 가지고 이때 코너해에서는 $MRS_{xy} < P_x / P_y$가 된다. 이러한 코너해의 발생은 부정적 외부효과를 발생시켜 이상행동, 우울증, 심리적 문제를 초래하고 작업의 생산성에도 영향을 미쳐 올바른 사회화를 저해할 수 있다.

이와 관련해 수용자(사형수 포함)의 혼인권도 인정되어야 하며 수용자가 외부인과 혼인할 경우 교도소 내에서 부부생활을 할 수 있도록 부부교도소를 전국에 몇 개 설치할 필요가 있다. 동시에 수용자의 배우자와의 동거권도 인정하여 입소뒤 일정기간 지난 다음에는 배우자를 교도소 내에서 해당 수형자와 같이 부부교도소에 동거할 수 있는 방안 등이 모색되어야 한다. 가령, 배우자의 법적지위, 비용부담의 문제 등이 그것이다.

(3) 수형자 등에 대한 흡연권 인정의 필요성

가. 현행제도

구 행형법시행령 제83조에는 보건, 위생, 화기 방지 등의 이유로 음주 또는 흡연을 금지한다는 규정되었으나 2000. 3. 18에 폐지되었고 행형법 46조에서는 간접적이지만, 주류 등 허가되지 아니한 물건은 제작, 소지 사용, 수수, 은닉 때는 징벌사유가 된다고 하고 있다. 수용자 규율 및 징벌에 관한 규칙 제3조 제5항에서는 음주 또는 흡연하거나 주류 또는 담배를 소지, 수수, 교환, 은닉해서는 안된다고 직접적으로 규정하고 있다.

나. 흡연권 인정의 필요성

가) 법적 관점

국가의 합법적인 담배정책 속에 살아온 흡연자가 일순 자신의 잘못된 범죄의사의 결과로 교정시설에 입소하는 순간부터 교정정책에 의하여 흡연을 금지당하는 것은 개인의 기본권을 침해하는 면이 있다고 하겠다. 따라서 사회에서 흡연을 하나의 인간다운 생활방식으로 영위해 온 수용자는 교정시설 내에서도 흡연을 하는 것이 헌법 제34조 제1항에서 말하는 인간다운 생활을 할 권리와 관계되는 생활권적 기본권이며 또한 그것은 수면권, 휴식권, 흡연권, 평화적 생존권 등을 포괄하는 권리인 행복추구권과 관계된다고 할 수가 있다.[6]

---

6) 한편 대법원은 "인간이 먹고 싶은 음식이나 마시고 싶은 것을 자유롭게 선택할 수 있다고 하는 것은 인간으로서 행복을 추구하기 위한 가장 기본적인 수단의 하나로서 행복추구권의 중요한 내용을 이루고 있다"고 보아 먹고 마실 수 있는 권리는 행복추구건의 가장 기본적 본질의 하나로 보고 있다. 헌재 1997. 3. 27 선고 96헌가 11

구행형법 83조에서 알 수 있듯이 우리나라의 수용자에 대한 흡연권을 부정하는 이유는 화재 방지 등의 교정질서를 위한 것임을 알 수 있다. 그런데 흡연이 기호품이 된 자에게는 흡연권은 그 개인의 행복추구권의 한 내용과 마찬가지이므로 흡연경력자의 수용자는 행복추구권의 한 내용으로서 흡연권을 가진다. 그리고 이런 흡연권은 절대적 권리가 아니므로 국가안전보장, 사회질서, 공공복리를 위해 법률로 제한할 수 있지만 제한하더라도 비례의 원칙에 의해 그 본질적 내용은 침해하지 못하도록 하고 있다. 우리나라 헌법 제37조 제2항에 따라 수용자의 흡연권 등의 행복추구권을 제한할 때는 행형법인 법률로 해야 되나 수용자 규율 및 징벌에 관한 규칙에서 규정함으로써 기본권 제한의 형식에서 어긋나고 있다. 또한 수용자에게 담배를 허용한다고 해서 화재 등 교정질서가 위협을 받는 것이 아닌데도 수용자에게 흡연권을 일체 부정하는 것은 오랜 응보주의적 역사적 사고의 산물로 과잉입법이다.

오늘날 세계 대부분의 나라가 수용자에게 흡연을 허용하는 것은 흡연의 허용이 교정질서의 저해와는 무관하다는 것을 반증하는 것이며 흡연허용으로 인한 화재의 위험의 방지는 타국에서 하듯이 성냥이나 라이터는 허용치 않고 금연 구역 내에서만 담배만 주어 자동 점화장치를 이용케 하여 흡연하게 하는 등의 사소한 기술적 차원에서 해결될 수 있는 문제이다.

따라서 국가가 수용자의 흡연권을 부정하여 수용자의 행복추구권을 침해하는 것은 국가에게 개인의 기본권 보장의무를 규정한 헌법 제10조를 실질적으로 위반한 측면이 있으며 수용자의 기본권을 최대한 보장하겠다는 행형법 제1조 제3항의 정신에도 부합하지 않는다. 결론적으로 수용자의 흡연권 인정은 교도소 등의 질서유지의 합리적 목적 범주에서 벗어나지 않으므로 법적인 관섬에서는 인정하는 것이 옳다고 본다.[7]

나) 교정 심리적 관점

사회에서 각종 스트레스 등을 담배나 음주 등으로 해소시켜온 범죄자가 갑자기 구금되었을 때 생기는 구금스트레스 등 각종 스트레스로 인하여 불안, 공포 등 각종 정서적 반응을 보여 이러한 스트레스가 적절히 해소되지 않으면 이상 행동 등 많은 문제에 직면하게 된다. 따라서 적어도 흡연 경력을 가진 수용자에게 계

---

[7] 세계 대부분국가가 기본권의 하나로 흡연권을 인정하며 심지어 남미는 음주권도 수형자의 기본권으로(이탈리아, 스페인 등 포함) 인정한다. 천정환, 전게서, 6면 이하

속해서 흡연을 인정하면 구금스트레스 등을 적절히 해소하여 심리적 안정에 도움을 주어 교도소생활에 적응하는데 도움이 될 수 있다.

오랫동안 스트레스를 흡연이나 음주로 해소해 온 범죄자가 교정시설에 구금되면 교도소자체가 수형자에게 스트레스를 주므로 기존의 스트레스 외에 구금스트레스가 생겨 더 많은 스트레스 상황에 직면하게 된다. 이때 교도소가 그가 사회에서 스트레스 해소수단으로 사용한 흡연을 갑자기 부정하게 되어 그가 스트레스를 적절히 해소하지 못하면 위에서 본 것처럼, 좌절감, 우울, 불안 등이 지속되어 우울 등이 심하게 되면 정신병 등의 이상행동이 생겨 교정시설에 적응하지 못하게 된다.

또한 좌절감 등은 공격적 행동을 증가시킬 수 있어 각종 교정사고의 원인이 되기도 하여 올바른 교정재 생산에 저해가 된다.

다) 참작요소

수형자와 사형수 등에 대한 흡연권을 인정하기 위해서는 여러 제약요소의 상징조작논리에 대항해야한다.

첫째로 교정당국은 보안 등 교정업무의 증가 등을 이유로 반대할 것인바 이에 대해서는 그런 부수적 문제점들이 고객의 행복추구권이라는 본질적 문제 등에 대해 우선할 수 없다는 논리로 대응해야 한다.

둘째로 금연단체의 반대가 예상된다.

금연단체의 반대에 대해서는 의료기관이 아닌 교정재의 생산기관인 교도소에서는 교정서비스의 생산도 헌법정신에 맞아야하므로 의료적 관점은 부수적 기준이지 본질적 기준이 될 수 없고 가치분리적 입장에 서야한다는 논리로 대응해야 한다.

다만, 부수적기준이 된다는 점에서 금연을 유도하는 비강제적 방법의 사용과 금연자에게는 누진혜택을 주는 방안이 모색되면 된다. 가령 회사 내의 직원들에게 흡연의 자유는 인정하되 금연자에게는 우대하는 정책을 하는 것과 유사하다.

셋째로 금연하고 있는 수형자의 혐연권도 존중되어야 한다는 비판이 나올 수 있는 바 이에 대해서는 분류와 수용의 과학화로 금연자들은 금연자들로만 혼거하도록 하고 흡연실의 설치로 간접흡연의 피해가 가지 않도록 하면 된다. 동시에 건강에 문제가 있는 수용자나 징벌자 등에게는 흡연권을 제한해야 한다.

넷째로 국가 권력이나 대중매체들이 쏘아올린 상징신호에 세뇌되어 그 신호에 따라 알게 모르게 습득된 결과를 마치 자신이 이성적으로 생각했다고 착각한 상태에서 무조건 국가 또는 특정집단의 가치를 인정하는 미시파시즘적(micro facism) 경향이 강한 한국 대중들의 응보주의적 성향(이는 특히 사형제 폐지에 대다수의 국민이 반대하는데서 알 수 있다)이 수용자의 흡연권 인정에 걸림돌이 된다.

이에 대해서는 이성적인 계몽운동과 함께 감정적이고 비이성적인 여론을 정책 결정의 정당성의 기초로 삼아 관료적, 정치적 이익에 이바지하는 방어적 정책의제를 구축하려는 관료와 정치인들의 상징조작의 모순을 밝혀내는 방향으로 나가야 한다.

(4) 사형제의 필요성 및 사형수 등에 대한 사회보장수급권의 필요성

사견으로 사형제는 유지되어야 하는 바, 먼저 폐지론자의 논리에 반박하면 다음과 같다.

사형의 정치적 악용 우려는 사상범에 대한 사형조항을 폐지하면 되고 오판의 문제는 주요 증거의 증명력 등에 다툼이 있으면 사형집행을 미루는 안전판을 두면 된다.

폐지론자들은 사형수도 교화가 필요하다면서 종신형을 주장하나 이는 교정의 기본을 모르는 주장이다.

교화란 사회적 개념이므로 아무리 교화가 되어도 평생을 감옥에서 지낸다면 아무런 의미가 없기 때문이다. 즉, 교화란 출소하여 사회에 복귀했을 때 재범을 저지르지 않을 때 의미가 있는 사회적 개념을 전제로 하기 때문이다.

또 이들은 사형제의 위하력이 없다는 것을 특정국가의 통계를 들어 일반화하여 주장하는 일반화의 오류를 범하고 있다. 중범죄에 영향을 미치는 변수에는 사형제도의 존재 외에도 나라마다 다른 사회문화적 요소(인구, 성별, 정치, 경제, 인종, 역사 등)가 있으며 이들 간에는 국가마다 변수들 간의 상호 억지력적인 역동적 요소가 다르게 작용하여 중범죄률이 다르게 나타남에도 마치 사형제가 있어도 중범죄 발생은 줄어들지 않았다는 일부 통계를 들어 자신들의 주장을 일반화하는 교묘한 논리를 펴고 있다.

원리는 간단하며 형사정책에서는 합리적 인간을 전제하므로 사형제도의 존재는 잠재적 범죄인에게 위하력(겁)을 주어 범죄예방에 기여한다.

따라서 사형제의 위하력을 살리면서도 사형제의 문제점을 최소화하기 위하여 형법 등에 있는 많은 사형조항을 삭제하되 자신의 정치적 야망을 위해 수많은 시민을 죽이는 내란죄의 수괴 등에게는 사형을 적용해야 다시는 광주학살사건이 발생하지 않으며 전시 등 국가안보와 직결되는 범죄에 대해서는 군형법의 최소한의 사형조항은 두어야 한다.

동시에 흉악범에 대해서는 일정 부분은 사회에도 책임이 있으므로 그 집행을 유예하며 개선의 여지가 있으면 사실 상 집행을 하지 않고 일정기간(가령 15년 이상)이 경과하면 감형하도록 하여 개선의 여지가 없거나 사형수 자신이 집행을 진실로 간절히 원하면 집행하는 것이 사형수의 인권에 부합하는 것이 된다.

그런데 현재 진행되는 사형폐지론자들은 온갖 상징적 조작(가령, 사형 집행국가는 야만국가이고 사형 폐지국가는 인권국가라는 상징을 형성하고 조작)과 상징협박을 통해 자신들의 종교적, 정치적 이익을 추구하고 있는 바, 절대로 전문 형사정책문제를 감상적이거나 종교적, 정치적인 편협된 관점에서 해결해서는 안된다.

종교인들은 생명권은 오직 하느님에게 있다는 종교적 관점에서만 서있어 그 본질적 한계가 있는 바, 그들의 논리대로라면 교도소 등의 형벌제도가 필요없게 된다.

또한 싱가포르 등 많은 국가에서 알 수 있듯이 사형제 존재 여부와 인권국가와는 아무 관련이 없음에도 인권단체들은 사형 존속국은 야만국가라는 상징신호를 계속적으로 강렬하게 언론 등에 쏘아올려 이미 많은 국민들과 정치인, 관료들은 그런 상징조작에 세뇌되었고 이제 그런 상징조작이 진실인 것처럼 인지하게 되어 마치 우리나라는 아직 인권국가가 아니라고 착각하게 되었다.

그 결과 정치인들도 자신들이 사형폐지에 찬성하지 않으면 마치 비인권적, 비민주적 정치인으로 낙인될까바 두려워하고 있으며 관료들은 폐지문제를 민주적 원리에 의하여 여론에 의해 결정하자고 하여 전문 정책문제를 국민에게 전가시키는 책임회피적 태도를 보이고 있는 바, 이는 잘못되었다. 여론은 정치의 영역이지 과학이나 형사정책 등과 같은 전문분야의 영역이 아니기 때문이다. 따라서 여론은 전문 정책결정에서 본질적 기준이 될 수 없고 다만 참고적이고 부수적 기준이 될 뿐이다.

따라서 전문 정책문제를 종교적 등 특정 관점에서 접근하여 그들의 주장을 관철하려는 상징성의 함정에서 국민들과 입법자는 절대 현혹되어서는 안된다.

오히려 사형제도의 존폐라는 양적 접근보다는 이제 사형수 등의 삶의 질을 높이는 질적 문제로 접근하는 것이 필요하다. 사형수에게도 교도작업구건을 인정하고 성생활 및 흡연을 인정해야 하며 현재 기결수와 사형수 간에 행해지는 모든 차별(가령 사형수는 생필품을 스스로 구입해야 한다.)을 시정하고 사형수와 수형자에게도 헌법상의 사회보장수급권을 인정하여 빈곤자에게는 국민기초수급권자로 지정하여야 한다. 그 외에도 산재보험 등의 산업복지가 보장되고 기초노령연금(2008년 실시) 등의 대상이 되도록 해야 한다.

이와 관련해서 이제는 교정도 교정복지의 관점으로 이행하고 가장 외롭고 불우한 수용자에게 최우선의 혜택을 주는 차별적이고 가치지향적인 교정행정이 법적으로 제도화되어야 한다. 동시에 교도소는 복지시설이 아니므로 범죄와 무관한 극빈자가 입소하는 것을 막는 방안과 부유한 수용자에게는 교정경비를 받을 수 있는 방안도 마련되어야 한다.

참고문헌

Andrew coyle, A human rights approach to prison, London King's college, 2002.

중앙선관위, 외국선거제도비교집, 2005 – 2006.

천정환, 교정학, 대왕사, 2005.

천정환, 교정복지학, 대왕사, 2006.

천정환, 교정인권복지론, 푸른북, 2006.

2) 수형자의 가족관계강화를 위한 교정복지프로그램의 도입 방안
-영국의 Storybook Dads(Moms) Program을 중심으로-

박영숙

(성산효대학원대학교 사회복지학과 교수)

(1) 서 론

오늘날의 교정이념은 교도소 수용기간을 단순한 처벌 기간이 아닌 재사회화를 시키는 기간으로 인식하고 있다. 수형자를 단순히 격리하거나 구금하는 방식으로부터 교화나 개선을 통한 사회복지를 목적으로 수형자의 인간으로서의 존엄성과 기본적인 인권을 보장하는 방향으로 나가고자 하는 것이다. 교도소에서 수형자들의 재사회화가 성공적으로 이루어진다면 출소 후 사회재적응률은 높아질 것이고 재범률은 낮아질 것이다.

수형자에게 있어서 가장 큰 지지 세력이자 지원 세력은 바로 가족이다. 수형자가 수용생활을 마친 후에 다시 돌아갈 수 있는 보금자리와 자신을 반겨줄 가족이 있다는 것은 그 자체로만으로도 수형자에게 큰 힘이 되며 희망이 된다. 이는 수형자로 하여금 교도소 수용생활에 잘 적응할 수 있게 해주고 교정교화에도 도움이 될 수 있다. 교도소 수용기간 중에 가족과 안정된 관계를 유지하고 강화시키도록 하는 일은 교정복지에 있어서 매우 중요한 것이다.

그러나 수형자들은 교도소에 수용되기 이전부터 가족과의 관계가 원만하지 못한 경우가 많다. 또한 수형자가 교도소에 수용되면 그 가족들은 범죄인의 가족이라는 사회적 비난과 함께 수치심, 증오심, 소외감 등을 느끼며 범죄의 숨겨진 희생자로서 많은 어려움을 겪게 된다. 이러한 상황에서 수형자와 가족 간의 교류가 활발하지 못하면 원만한 관계를 유지하기는 어렵게 된다. 서로를 이해하지 못하고 증오심, 불신감만 쌓이게 되어 가족과의 관계가 소원해지고 관계가 단절되면서 심지어 가족해체로까지 이어질 수도 있다.

가족이 해체되면 수형자는 출소 후 돌아갈 가정이 없이 사회에 재적응하려는 의욕을 상실하게 되고 사회에 대한 불신과 원망으로 다시 재범을 저지르기도 한다. 따라서 보안의 필요성이 아무리 강조된다고 하여도 가족과 접촉할 수 다양한 프로그램을 통해서 가족과의 관계를 강화시킬 수 있는 방안이 모색되어야 한다. 수형자가 출소 후에 사회에 재적응할 수 있는 기반이 되는 것이 가족인데, 가족이 해체된다면 사회 재적응 가능성은 그만큼 줄어들게 되므로 교정복지의 방향은 수형자만을 대상으로 하기보다는 수형자와 그 가족을 동시에 고려해야 하는 것이다.

그동안의 교정복지는 수형자와 가족 간의 관계에 대한 정책적 배려가 소홀해 왔다. 그 이유는 수형자에 대한 처벌에만 중점을 두다보니 수형자의 처우를 위한 프로그램들이 그다지 발전하지 못하였고, 가족주의가 강하여 가족의 문제는 일차적으로 가족 내에서 해결해야 한다는 신념으로 수형자의 가족 문제 역시 가족 내에서 해결해야 할 문제로 인식하였기 때문이다.

그러나 수형자의 교정교화에 있어서 가족의 존재가 가지는 긍정적인 영향을 생각해 볼 때 가족의 역할은 아무리 강조해도 지나치지 않으며 따라서 가족자원의 중요성을 인식하여 가족과의 유대관계를 강화시킬 수 있는 다양한 교정복지 방안을 마련해야 할 것이다.

현재 우리나라에서 실시되고 있는 수형자의 가족관계 강화를 위한 교정복지 프로그램들은 각각의 장점을 가지고 나름대로 수형자의 가족 관계 강화에 기여하고 있다. 그러나 대부분 만남의 기회나 접촉의 기회만을 제공할 뿐 적극적으로 가족들을 화합시킬 수 있는 연결고리로서의 역할을 하는데 있어서는 미흡하며 특히 자녀와의 유대관계를 강화시키는데 중점을 둔 프로그램은 거의 없는 실정이다.

그러나 수용기간 중 수형자의 최대 관심사는 가족이며 그 중에서도 자녀에 대한 관심도가 크다는 사실을 감안한다면 수형자와 자녀와의 관계를 강화시킬 수 있는 프로그램이 절실하다. 수형자와 자녀와의 친밀한 관계 유지는 가족이 화합할 수 있는 계기가 되고 또한 이는 수형자를 지지하고 지원할 수 있는 힘으로서의 역할을 하기 때문에 교정교화에 긍정적인 효과를 가져올 수 있다. 자녀와의 관계 유지의 중요성을 고려한다면 우리나라도 자녀와의 관계에 중점을 둔 교정복지 프로그램이 반드시 마련되어야 한다.

이에 수형자의 가족관계 중 자녀와의 관계 강화를 위한 교정복지 프로그램으로서 영국의 SBD(M) 프로그램을 소개하고 이 프로그램 도입의 필요성과 앞으로의 과제들을 제시해 보고자 한다.

(2) 수형자와 가족관계에 대한 이론적 배경

가. 수형자의 현황

수형자는 넓은 의미에서 형의 집행을 받은 모든 자를 뜻하지만 좁은 의미로는 구금이 수반되는 형(자유형)의 집행을 받고 있는 자를 뜻한다. 즉, 수형자라 함은 징역형·금고형 또는 구류형을 선고받아 그 형이 확정된 자와 벌금을 완납하지 아니하여 징역장 구치명령을 받는 자를 말한다.[8]

범죄자를 수용하여 교정·교화하는 시설로는 교도소·소년교도소·구치소·보호감호소가 있는데 다음의 <표 1>은 1986년부터 2005년까지의 전국 교정시설의 1일 평균 수형자의 수용인원을 나타낸 것이다.

<표 1> 교정시설 1일 평균 수형자의 수용 인원(1986년~2005년)

년 도 \ 구 분	1日 평균 수용되는 수형자 수	년 도 \ 구 분	1日 평균 수용되는 수형자 수
1986	30,933	1996	32,848
1987	30,426	1997	33,123
1988	29,102	1998	35,125
1989	27,171	1999	38,364
1990	28,267	2000	37,120
1991	30,049	2001	37,036
1992	31,169	2002	37,111
1993	32,054	2003	36,458
1994	33,207	2004	34,609
1995	32,895	2005	32,933

주: 법무부 교정국 통계.

<표 1>을 보면, 1일 평균 수형자의 수용인원은 1986년에 30,933명이었으며 그후 소폭의 증감을 보이다가 1999년에는 38,364명으로 최다인원을 기록하였고 이후 점진적으로 감소하여 2005년에는 32,933명을 기록하였다. 특히 1999년에 급격한 증가율을 보인 것은 IMF의 영향으로 실업, 경제구조의 혼란, 가정경제의 악

---

8) 미결수용자(행형법 제1조의 1)는 형사피의자 또는 형사피고인으로서 구속영장의 집행을 받는 자로 수형자와는 구별된다.

화, 경기불안 등 사회 전반에 걸친 사회구조 및 경제구조의 문제가 범죄 문제로 연관된 것으로 보여진다.

다음의 <표 2>는 1996년부터 2005년까지의 매년도말 수형자의 성별 분포상황을 나타낸 것이다.

<표 2> 수형자의 성별 인원(1996년~2005년)

구 분 년 도	계	남 자	여 자	여성의 비율
1996	32,939	31,792	1,147	3.6
1997	34,373	33,381	1,172	3.4
1998	36,811	35,396	1,415	3.8
1999	38,737	37,218	1,519	3.9
2000	38,224	36,874	1,350	3.5
2001	38,521	37,162	1,359	3.5
2002	37,646	36,145	1,501	4.0
2003	37,692	36,061	1,631	4.3
2004	35,627	33,813	1,814	5.1
2005	32,969	31,442	1,527	4.6

주: 법무부 교정국 통계.

<표 2>를 보면, 남자 수형자의 수가 여성에 비하여 현저히 많다는 것을 알 수 있다. 즉, 전체 수형자의 수 중에서 남자의 차지하는 비율이 대부분이며 여자 수형자의 구성비는 3~5%대에 불과하다. 즉, 여성 수형자의 구성비는 1996년에 3.6%를 기록한 이후 2001년까지 3%대에서 증감을 보이다 2002년에 4%를 기록하였고, 2004년에는 5.1%로 가장 높게 나타났다.

여성 수형자의 구성비는 비록 적지만 그 수가 점차 증가하고 있다는 것을 알 수 있는데 이러한 현상은 사회의 발전과 여성에 대한 시각의 변화로 인하여 여성의 사회진출이 지속적으로 증가하고 있는 추세를 감안한다면 앞으로 여성 수형자의 수는 더욱 증가할 것으로 보여진다.

다음으로 <표 3>은 수형자의 연령별 분포상황을 나타낸 것이다. <표 3>을 보면, 1996년부터 2005년 사이에 대체적으로 25세 이상 50세 미만이 전체의 70% 이상에 이를 정도로 다수를 차지하고 있다. 세부적으로 보면 30세 이상 40세 미만이 1996년에 10,897명, 2001년에는 12,434명, 2005년에는 10,423명으로 각각 전

체의 33%, 32.3%, 32.6%에 이르는 등 다수를 점하고 있는 것이 특징이다(범죄백
서, 2006).

이러한 연령 분포를 보면 수형자 중 기혼자가 많은 수를 차지하고 있으며 또
한 이들에게 자녀가 있을 가능성을 암시한다. 이들 수형자 중 30세 이상과 50세
미만을 합하여도 약 2만 명이 되는데 이들이 자녀를 1명 내지 2명을 두고 있다
고 가정하면, 약 2만명에서 4만명의 수형자 자녀들이 있을 것이라고 추측해 볼
수 있다.

<표 3> **수형자의 연령별 인원**(1996년~2005년)

년도 연령	1996	1997	1998	1999	2000	2001	2002	2003	2004	2005
계	32,939	34,373	36,811	38,737	38,224	38,521	37,646	37,692	35,627	32,969
16세미만	5	18	10	10	2	20	3	4	2	0
18세미만	222	298	299	208	143	95	70	66	32	29
20세미만	969	1,082	1,276	1,143	901	773	541	525	324	201
25세미만	6,481	6,638	6,985	7,092	7,007	6,348	5,568	5,515	4,637	3,770
25세이상	6,436	6,557	6,643	6,495	6,169	6,176	5,971	5,845	4,868	4,376
30세이상	10,897	11,089	12,013	12,290	12,353	12,434	12,217	11,987	11,581	10,423
40세이상	5,489	6,038	6,821	8,125	8,246	9,146	9,416	9,755	9,909	9,471
50세이상	1,901	2,075	2,190	2,688	2,667	2,699	2,982	3,088	3,339	3,667
60세이상	539	578	574	686	736	830	878	907	935	1,032

주: 법무부 교정국 통계

나. 수형자 가족관계의 중요성

가) 구금이 수형자에게 미치는 영향

수형자들은 자신의 구금 사실을 알게 되었을 때 자녀가 받을 충격에 대한 우
려로 자신의 구금 사실을 숨기려고 자녀와의 소식을 스스로 단절하기도 하는가
하면, 자녀와 연결되는 것에 집착하기도 한다. 어떤 형태든지 간에 자녀에 대한
애착과 자녀에 대해 끊임없이 걱정하는 것은 공통적인 특징이다(Stanton, 1980).

구금 기간 동안 자녀는 수형자 마음의 중심을 차지하며, 대다수가 출소 후에
자녀와의 재결합을 희망한다. 그러나 자녀에 대한 이러한 애착에도 불구하고 구
금기간 동안 자녀와의 관계는 멀어지게 되고 양육권을 상실하게 되는 경우가 많

아 자녀와의 재결합은 더욱 어려워지게 된다(Clark, 1995).

또한 구금으로 인하여 수형자는 가족이나 자녀와 떨어져 지내게 됨으로써 주관적인 박탈감을 많이 느낀다. 특히 자녀와의 분리로 인하여 수형자들은 부모로서의 역할을 제대로 하지 못하고 있음에 대한 죄책감과 더불어 자신으로 인하여 자녀에게 나쁜 영향을 미치게 될 수 있음에 우울해 하고 불안해 하게 되는데 이는 수용 생활 적응에 방해 요소가 되고 있다.

특히 자녀가 있는 여성 수형자의 경우 문제는 더욱 심각하다. 남성 수형자는 수용기간 동안에 아내가 자녀를 돌보며 가정을 지키는 경우가 많다. 그러나 여성 수형자의 경우 대부분 안정된 가정을 유지하고 있지 못할 뿐만 아니라 수용 후 남편이 아내를 기다리는 경우가 드물며 이혼 등 가정의 해체로 이어지는 경우가 많다. 따라서 자녀 양육을 배우자나 친척들에게 의존할 수 없는 처지여서 여성 수형자는 자녀에 대한 걱정으로 더욱 고통을 받게 된다(Penny Leapheart, 1997)[9].

수형자가 구금 당하고 있는 동안에 생기는 자녀와의 틈(gap)이 문제가 되기도 한다. 부모와 떨어져 사는 것에 적응이 된 자녀들은 부모없이도 지낼 수 있다는 것을 이미 경험하여 그 전보다는 부모를 덜 찾게 된다. 때로는 부모가 전과자라는 것에 대해 거부하거나 조부모 등 오히려 다른 사람에게 더 의존하기도 하게 되는데 이러한 점들이 수형자의 마음을 아프게 만든다.

수형자들은 구금 사실을 자녀에게 알릴 것인가 숨길 것인가에 대한 딜레마, 자녀와 이별로 인한 불안감, 자녀에 대해서 아무 것도 할 수 없다는 무력감으로 죄책감을 느낀다. 그리고 자기 자신에 대한 자기혐오를 경험하게 되며 무력감에 휩싸인 채 느끼게 되는 죄책감으로 괴로워하게 되는데 이러한 죄책감은 출소 후에도 계속 되게 된다(Phillis J. Baunach, 1982).

나) 구금이 수형자 가족에게 미치는 영향

가족이 어떠한 결함으로 인하여 고유의 기능을 다하지 못할 때 가족의 구성원은 여러 가지 유형의 갈등, 좌절, 고통을 경험하게 된다.

수형자 가족들은 배우자 또는 부모, 자녀의 구속으로 인하여 스스로 감당하기 어려운 다양한 형태의 문제를 겪고 있다.

---

9) 남성 수형자 자녀의 70%가 접견을 오는 반면 여성 수형자 자녀의 19%만이 접견을 오고 있으며, 남성 수형자 자녀 중 61%가 어머니와 함께 지내는 반면, 여성 수형자 자녀들의 26%가 일차적 보호자가 있는 가정에서 생활한다.

수형자 가족들은 수치심과 수형자 가족이라는 사실이 드러나게 되는 것에 대한 두려움 때문에 사회적 지원을 기대할 수가 없다. 또한 정부의 정책 또한 수형자 가족에 대해 소홀하게 다루어 옴으로써 이들 수형자 가족들은 보이지 않는 구석에 방치되어 왔다(Hostetter & Jinnah, 1993).

자녀가 있는 수형자들은 수용되기 전에 90%이상이 자녀와 함께 살고 있었던 것으로 나타나 있다(신연희, 2002). 이는 부모로서 자녀의 부양이나 양육의 책임을 지고 있었다는 것과도 관련된다. 이러한 경우 구금으로 인하여 부모와 떨어져 살게 되면 자녀들은 정서적인 측면에서 뿐 아니라 경제적인 측면에서도 어려움을 겪게 되는 것이다.

이렇듯 한 가정의 경제를 책임지는 가장이 구금될 경우 문제는 더욱 심각하며 사회에서 저소득층의 가정이었을 경우에도 심각한 경제적 빈곤의 문제에 직면하게 된다. 남편이 구금된 경우 부인이 남편을 위해 분주하게 뛰어다녀야 하고 자녀에 대한 충분한 교육적 배려를 할 수 없게 되고 자녀는 무관심 속에서 방치된다. 이러한 수형자 가정의 스트레스는 부부의 이혼으로 이어지고 건강한 가족관계를 지속할 수 없게 된다.

또한 수형자 가족들은 주위 사람들로부터 부정적이고 거부적인 눈초리에 시달리게 된다. 심지어 직장생활을 할 수 없게 되기도 하고 이사를 하거나 직장을 바꾸어야 한다. 가족에게 주어지는 간접적인 낙인효과는 혈연의식이 강한 우리 사회의 풍토에서 더욱 심각하다. 특히 수형자 자녀들이 겪게될 고통은 제2차적인 간접 피해자를 만들게 되고 제2의 범죄자를 만들어 내기도 한다(나철, 1992).

그러나 부모의 구금으로 인한 가장 큰 피해자는 역시 자녀들이다. 자녀들은 부모와 정상적인 관계를 가질 수 없는 탓에 정서적 손상을 겪게 되며, 거주지나 학교의 이전 또는 양육자의 변경 등 불안정한 양육환경에서 자라게 된다.

구금 후 자녀들의 양육 환경을 보면(신연희, 2002), 대부분 수형자의 배우자가 양육을 하고 있는 경우가 많게 나타났다. 그 중 여성 수형자의 경우는 35.6%에 불과하지만 남성 수형자의 경우는 60.2%로 나타났다. 남자 수형자의 경우에는 배우자가 가정을 지키는 경우가 많아 자녀들이 그의 어머니와 지내게 되지만 여성 수형자의 경우 배우자가 기다리지 못하고 이혼 등의 요구로 가정이 해체되는 경우가 많아 자녀들이 배우자와 살고 있는 비율이 상대적으로 적게 나타나는 것이다. 이러한 상황에서 자녀들은 정서적 문제 및 학업 성취력이 떨어지고 심하게는 문제행동에 이르기도 한다(Hostetter & Jinnah,1993).

부모의 구금이 자녀들에게 미치는 영향에 대해서는 자녀의 나이, 가족구조, 스트레스 대체능력 등에 따라 달라질 수 있다.

버지니아 청소년 위원회는 부모가 구금되어 있는 0-18세 자녀들이 그들의 연령에 따른 발달 수준을 성취할 수 없다는 연구결과를 발표하였다. Johnston은 아이들이 부모의 범죄, 체포, 구금에 직면하게 되면 발달 상의 문제를 나타냄을 보고하였다. 0-2세의 아동들은 부모의 구금으로 인한 격리에 의해 부모와 아이 사이에 형성되는 유대관계에 손상을 입게 되고, 2-6세 아동들은 격리 불안, 발달상의 퇴보, 발달 동기의 부족을 경험하게 되며, 7-10세의 아동들은 발달상 퇴행적이며 완전한 자아관념을 가지지 못함을 입증하였다. 11-14세의 사춘기 이전의 아동들은 그들의 행동에 대한 어떠한 제한이나 제지도 거부하는 것으로 나타났다. 발달 상의 문제 뿐만 아니라 행동 상 나타나는 일련의 문제점들도 있다.

또한 Glueck은 비행 소년들의 경우 부모가 범죄자일 확률이 높다고 하였는데 이러한 비행의 가능성은 부모의 구금으로 인하여 부모의 자녀에 대한 적절한 감시의 부재에 기인한다고 보았다(이상현, 2000).

Stanton(1980)의 연구에서도 부모가 구속되어 있는 자녀들은 대개 학업성취도가 낮고 비행의 길로 접어드는 경우가 많다고 하였다.

특히 양쪽 부모 모두가 전과를 가지고 있는 아동의 경우 비행을 저지를 가능성이 가장 높다고 하였다. 미국 청소년국과 비행방지국의 1995년 조사에서 범죄경력이 있는 부모의 자녀가 비행청소년이 될 가능성이 높음을 나타냈다. West와 Farrington은 부모의 범죄성과 아동의 장래 비행가능성에 대한 관련성을 조사하였는데, 영국 아동들의 조사연구에서 비행은 한 세대에서 다음 세대로 이어진다고 하였다(Penney Leapheart, 1997).

수형자의 불우했던 가정환경은 자녀에게 이전할 수밖에 없는 상황에 처하기도 한다. 부모와의 격리로 인한 양육자의 부재, 경제적 궁핍, 여기에 범죄자라는 사회의 낙인에 이르기까지 자녀들은 안정적인 가정환경을 가질 수 없다. 자녀들은 부모의 구금으로 인하여 불우한 환경을 물려받게 된다면 부모의 대를 이어 범행에 가담할 가능성이 높아진다. 자녀들은 비행의 위험요인이 내재되어 있는 가정환경에서 성장하게 되는 것이라고 할 수 있다.

많은 연구결과에서 수형자 대다수가 불우한 어린 시절을 보낸 것으로 나타났는데, 편모, 편부 슬하에서 성장한 경우가 많으며 아동보호시설에서 성장한 경우도 적지 않다. 이러한 가정환경이 부모의 구금으로 인하여 자녀 세대에까지 대물림

되고 있는 현상이 나타나고 있는 것이다.

부모의 구금은 자녀들에게 감정적으로 충격을 주며 이러한 충격은 다양한 양상으로 나타난다. 연구자들은 어린이들이 부모의 구금으로 받는 상실감을 어린이가 부모의 죽음을 경험했을 때의 충격과 비교하여 설명한다. 그러나 죽음과 다르게 부모의 구금은 사회적 낙인을 동반하게 된다. 사회적으로 용인되지 않은 행동을 한 부모의 아이들은 부모의 그러한 행동에 의해서 사회적으로 낙인이 찍힌다. 가족 구성원이나 자녀들도 부모의 반사회적 행위에 의해서 사회적인 곤경에 처하게 되는 것이다. 따라서 부모가 구금되어 있는 아이들은 부모의 부재와 동반되는 여러 가지 문제들 경험하게 될 가능성이 많고 부모의 구금으로 인한 사회적 낙인은 지역사회, 동료집단으로부터의 고립을 초래하기도 한다(Temin Engel Crolyn, 2001).

다) 수형자 가족관계 강화 프로그램의 효과

선진국에서는 가족 자원의 중요성을 인식하고 공공부문과 민간부문이 협력하여 다양한 서비스를 제공하고 있다. 가족에 대한 서비스 제공이 수형자의 교도소 생활에 영향을 주고 수형자 교화와 재범 방지에 효과가 있기 때문이다. 가족관계 강화 프로그램의 긍정적인 효과는 다음의 세 가지 측면에서 설명될 수 있다.

첫째, 구금으로 인하여 가족 성원들이 헤어져 있다고 할지라도 지속적으로 접촉을 함으로써 가족이 해체되지 않도록 해준다.

둘째, 수형자와 가족들에게 심리적인 안정을 준다.

셋째, 수형자는 가족과의 관계 강화를 통해 수용생활의 만족을 높이고 출소 후 재범방지에 효과가 있다는 점이다(C. F. Hairston, 1991).

가족과의 접촉이 수형자와 가족 모두에게 고통을 줄 수도 있고 자녀들에게는 구금되어 있는 부모와의 접견이 부정적인 효과를 가져올 수 있는 것으로 우려하고 있기도 하다(K. A. Casey, 1993). 그러나 구금기간 동안의 가족과의 지속적인 접촉이 수형자 자신은 물론이고 가족들에게 기여를 할 수 있다는 것은 많은 연구들에 의해 지지되고 있다.

Richards(1978)는 장기수들을 대상으로 한 조사연구에서 수형자들의 수용생활 중의 심리적 건강과 외부인과의 접촉은 밀접히 관련되어 있다는 것을 밝히었다. 즉, 외부인과의 접촉이 지속되는 것은 장기수들에게 수용생활에서의 정신적인 건강을 유지하는데 중요한 요인이 된다는 것이다.

가족들과 지속적으로 유대관계를 가졌던 수형자들은 출소 후 사회 재적응 효과가 높아 재범률도 적다. 이러한 주장들은 Ohlin(1954), Fishman & Cassin(1981), Adams & Fischer(1976), Hower & AcDonald(1982) 등의 연구에서 밝히고 있다.

Ohlin(1954)의 구금 중에 가족과의 접촉과 가석방 성공률과의 관계에 대한 연구를 보면, 가족과의 관계를 접견을 통하여 유지하다가 출소한 가석방자의 71%가 가석방 기간을 성공적으로 마친 것으로 나타났다. 반면에 가족과 접견을 하지 않았던 가석방자는 34%만이 가석방기간 동안에 재범을 하지 않은 것으로 나타나 구금기간 동안 가족과의 관계유지가 출소후의 재범율을 줄이는데 효과가 있다는 것을 보여주고 있다.

또한 Fishman & Cassin(1981)의 연구에서도 구속기간 동안 자녀들의 방문을 많이 받은 수형자일수록 출소 후에 자녀와 재결합하는데 문제를 적게 겪으며 가석방도 성공적으로 마치게 된다고 하였다.

Adams & Fischer(1976)는 하와이주의 주교도소에서 출소한 124명의 남자 가석방자를 대상으로 교도소에서 외부인과의 접촉 정도에 따라 출소 후 2년 이내에 새로운 범죄 또는 가석방 규칙위반으로 재입소한 비율이 달라지는 지를 비교하였다. 출소 후 2년 이내에 재입소한 사람들이 사회에 잘 적응하고 있는 사람들에 비하여 구금 중에 서신과 접견의 횟수가 적었던 것으로 나타났으며 따라서 구금기간 동안 외부인과의 접촉정도가 출소 후 재범여부에 일정한 작용을 하는 것으로 보고하고 있다.

Hower & AcDonald(1982)의 연구 역시 구금기간동안 가족과 유대관계를 지속하는 것이 출소 후 사회에 성공적으로 적응하는데 중요한 역할을 하는 것을 보여주었다. 뉴욕의 한 민간회사에 의해 운영되었던 가족과의 재결합 프로그램에 참여한 적이 있었던 540명의 출소자들의 재입소율은 4~20%로서 당시의 뉴욕 전체 출소자들의 재입소율과 비교해 볼 때 월등히 낮았다고 한다.

가족은 수형자 및 출소자의 긍정적인 행동변화를 위한 가장 중요한 자원으로 논의된다. 위에서 언급되었듯이 수형자가 가족과의 관계를 유지하는 것은 가석방의 성공적인 완성 내지는 수용생활 중에 규율 위반행위가 없거나 처우 프로그램에 적극적으로 참여하는 데에 긍정적인 효과가 있으며(Harm, 1999), 출소 후 적응기간의 정서적·재정적인 지원은 일차적으로 가족으로부터 이루어지고 출소자가 이상과 현실사이의 적절한 조화를 이루도록 안내할 수 있는 역할도 가족이 할 수 있기 때문이다(Mustin, 1987).

다. 수형자의 가족관계 강화 프로그램 현황

현재 수형자의 가족관계를 강화시키기 위한 프로그램으로 우리나라에서 실시되고 있는 것으로는 귀휴, 가족 만남의 집, 장소변경접견, 가족만남의 날, 서신, 가족캠프 등이 있다.

가) 귀휴제도

귀휴제도는 교정시설 내에서 일정기간 복역한 행형성적이 우수한 수형자에 대하여 교도소장 또는 그 감독관청의 권한으로 일정기간 행선지를 정하여 외출 내지 외박을 허가하는 제도이다. 이와 같은 귀휴제도는 일정한 조건 하에 수형자를 사회에 내보내어 생활설계의 준비, 가족과의 관계유지, 새로운 환경적응 등을 통하여 수형자가 사회와의 유대관계를 강화하게 함으로써 사회성을 촉진시켜보자는 취지를 갖고 있다.

1999년 12월 28일 행형법 개정으로 직계가족사망, 자녀혼례의 경우에는 특별휴가를 허가하는 규정을 신설하여 귀휴를 크게 확대하였다. 귀휴 실시현황은 1962년 최초 시행 이후, 2001년 이후 크게 증하하여 2006년 10월 31일 현재 18,689명에게 실시되었는데 그 중 위반자는 2명에 불과하여 좋은 성과를 거두고 있다고 평가되고 있다.

<표 4> 귀휴 실시 현황

연 도	인 원	위반자	연 도	인 원	위반자
1991	456	0	1999	483	0
1992	245	0	2000	555	0
1993	352	0	2001	828	0
1994	307	0	2002	932	0
1995	157	0	2003	1,035	0
1996	175	0	2004	1,070	0
1997	206	0	2005	1,123	0
1998	330	1	2006	1,090	

나) 가족 만남의 집

가족접견제도는 부부접견제도를 확대한 개념이다. 부부접견제도는 배우자가 있는 수형자에게 배우자와의 완전한 부부적 접견을 허용하는 제도로서 접견기간 중 수형자는 교정시설내의 일정한 장소에서 수일 또는 상당시간을 배우자와 함께 생활할 수 있도록 하는 제도이다.

즉 접견의 한 형태로서 부부 접견 시에는 직원의 입회를 생략하고 그 접견을 자유롭게 한다든지 또는 특별한 접견실에서 접견을 하도록 함으로써 성적 긴장감을 해소하고 부부 간의 애정의 자유를 보호하려는 제도이다.

우리나라는 1999년 6월에 처음 도입하여 부부접견제도를 더 포괄적인 기능을 하는 가족접견 즉 가족만남의 집이라고 하여 실시하였다. 가족만남의 집이라 함은 교도소 등의 외부에 별도의 주거시설을 마련하여 부부 간의 숙식을 같이 할 수 있게 허용하는 등 오랫동안 소원했던 부부 간의 애정을 확인하고 가족관계를 회복하기 위해 마련된 가옥을 말한다.

<표 5> 가족만남의 집 이용 현황

연 도	1999	2000	2001	2002	2003	2004	2005	2006
인 원	136	265	252	253	313	373	373	327

이 제도로 인해 오히려 성적 긴장감이 고조되게 할 수 있다는 비판적 시각도 만만치 않지만 가족제도를 중시하는 우리나라의 경우에는 가족 접견으로 확대 실시하여 부부 간의 성적문제, 수형자와 가족 간의 유대관계의 강화나 일종의 보상으로서 수형자 관리의 자력개선에도 기여할 수 있는 측면이 있다.

다) 장소변경접견

2006년 법무부 변화전략계획에 따라 2006년 7월 1일부터 수형자와 그 가족 간에 다양한 만남의 기회를 제공하기 위하여 차단막이 설치된 접견실에서 허용하던 접견 방법을 교도관이 입회하는 조건으로 개방된 장소에서 직접 만날 수 있는 '수형자 가족 접견장소변경 신청제도'를 실시하고 있다.

대상자는 누진계급 1급인 모범 수형자 가족을 대상으로 월1회 예약 접수를 받아 시범 시행하고 있다. 법무부는 2007년 상반기까지 70세 이상 고령수형자와 20세 미만의 소년수용자를 대상으로 우선 실시하고 2008년부터는 경주 노인 전담 교도소와 장애인 개방시설 수형자, 외부 통근 추역 외국인 수형자에게도 확대실시할 예정이다.

라) 가족만남의 날

수형자가 가족과의 유대강화를 통하여 수용생활의 안정을 도모하고 장래를 설계하는 등 사회적응능력을 배양하는데 그 목적이 있는 가족만남의 날은 수형자 합동접견이라고도 하는데 이는 교도소 내 특별한 구역에서 주로 모범 수형자들과 그들의 가족들이 합동접견하는 것으로 일반접견보다는 더 자유롭고 더 오랜기간 동안 접촉할 수 있다는 점에서 수형자들에게 호응이 좋다. 수형자 가족만남의 날 행사는 1993년 처음 시행되었으며 2006년 10월 31일 현재까지 총 93,349명에게 실시되었다.

가족만남의 날의 시행 시기는 소장이 설날, 어버이날, 중추절 등 수형자들의 심적 안정을 도모하고 교화 상 필요하다고 판단되는 시간에 자체 계획에 의해 시행하고 있다. 가족만남의 날 행사에 참여하는 가족은 수형자의 친족 중에서 5명 이내로 정한다. 다만, 무연고 수형자는 자매결연자 등 후원자 중에서 허가할 수 있다. 그리고 행사장의 질서유지 및 교화 상 필요하다고 인정되는 범위 안에서 접견 가족의 수를 증감할 수 있다. 교정시설 외부에서 반입되는 음용수와 주류를 제외하고 가족이 준비한 음식물을 수형자와 함께 취식하게 하고 있다.

<표 6> 가족만남의 날 행사 현황

연 도	1996	1997	1998	1999	2000	2001	2002	2003	2004	2005	2006
인 원	2,904	3,759	5,752	7,325	7,633	8,573	8,164	9,719	9,973	10,082	9,931

마) 일반접견

접견이라 함은 수형자와 친족 등 사회 일반인과의 면접 교담을 말한다. 가족이나 그 밖의 사람과 만나 가사상 여러 가지 문제를 상담하여 적절한 처리를 하려는 데서 인정된다. 수형자의 접견은 교화상 또는 처우상 특히 부적당한 사유가 없는 한 이를 허가하여야 하는데 사실상 친족이 아닌 일반인에게도 특히 부적당한 경우를 제외하고는 광범위하게 허가되고 있다. 이는 가족과의 관계회복에 있어서 또는 사회와의 외부교통에 대표적인 것으로 활용되고 있다. 접견을 제한이 가능하고 증가할 수도 있다.10) 또한 접견실 이외의 장소에서도 하게 할 수 있다.11)

---

10) 접견 허용 횟수: 제4급 수형자는 매월 4회, 제3급 수형자는 매월 5회, 제2급 수형자는 매월 6회, 제1급 수형자는 수시로(하루 1회 원칙), 수형자분류처우규칙 제48조
11) 누진계급 1급 수형자에 대하여 접견실 외 적당한 장소에서 접견을 허가 할 수 있고 2급

한편 법무부는 그동안 접견 때는 증거인멸 등을 방지하기 위해 접견실에 교도 관이 입회하여 대화내용을 낱낱이 기록해 왔으나 심리적 압박감을 가중한다는 지적에 따라 교도관 입회를 없애기로 했다. 서울지방교정청 소속 13개 교정기관의 185개 접견실에 이 시스템을 도입하여 교도관이 입회하지 않은 채 접견할 수 있는 '무인접견관리시스템'을 구축하고 2006년 8월부터 기결수형자 1만여명을 대상으로 시범 운영하고 있다. 이를 위해 접견실을 강화유리로 완전 분리하여 마이크를 통해 대화하도록 하고 접견실마다 영상카메라 2대를 설치하여 접견 진행 상황을 모니터링하고 대화내용을 녹취하는 '무인접견관리시스템'을 개발하였다. 2006년 말까지는 천안개방교도소를 제외한 대전지방교정청 소속 10개 교정기관에 추가 도입하고 2007년말까지 대구 광주지방교정청 소속 교정기관에 확대하기로 하였다. 법무부는 2008년 6월까지 시스템을 개발하고 7월부터 시범 운영에 들어갈 계획이다(법률신문, 2006년 7월 24일자).

또한 민원인이 교정시설을 직접 방문해야만 가능했던 기존의 화상접견제도를 보완해 가정 내에서 인터넷이나 화상전화기를 통해 수형자와의 접견이 가능할 수 있도록 하는 '가정용원격화상접견제도'도 개발, 20008년부터 시범 운영에 들어갈 계획이라고 한다(http://www.bsprism.com).

바) 서 신

서신이라 함은 용지 상에 표현한 의사표시의 연락이다. 이로써 원거리 간에 의사연락의 기능을 발휘하는 것으로 대개 교정시설 내의 수형자와 외부와의 교통은 접견에 의하는 것이 보통이나 시설로부터 원거리에 있는 가족들과의 교통은 서신이 유일한 수단으로 이용되고 있다. 수형자가 발송하는 서신은 횟수를 제한하지 아니하고, 다만 소장이 특히 필요하다고 인정하는 때에는 접견 횟수의 규정을 준용하고 있다. 이 경우 접견은 서신발송으로 회는 통으로 본다. 따라서 사실상 친족이 아닌 일반인에게도 특히 부적당한 경우를 제외하고는 광범위하게 허가되고 있어 외부와의 교통에 있어서 손쉽게 이용할 수 있는 장점이 있다.

사) 가족 캠프

성장기에 있는 어린이가 어머니의 구속으로 인해 받게 되는 마음의 상처를 치

이하의 수형자에 대하여는 접견실에 한하며 다만 처우상 필요시 2급, 3급 수형자에 대해서도 접견실외 적당한 장소에서의 접견을 허가할 수 있다. 수형자분류처우규칙 제49조.

유하고 정서적 불안감을 해소하는 반면에 어린 자녀를 두고 구속되어 불안한 마음으로 초조하게 수형생활을 하고 있는 여성 수형자의 심적 안정을 도모하기 위하여 법무부에서는 회복적 정의(Restorative Justice)[12]를 통한 가족관계를 회복시켜 행복한 가정생활을 유도하여 사회안정에 기여하고자 귀휴 요건을 갖춘 어머니 수형자 8명과 그들의 자녀 11명을 대상으로 2006년 3월 24일부터 3월 26일까지 2박 3일 기간으로 "엄마 사랑해요"라는 캐치프레이즈로 경기도 파주에 있는 흥인연수원에서 "여성 수형자 가족캠프"를 실시하였다.

먼저 캠프에 앞서 어머니 수형자들에게 캠프 2일 전에 미리 일주일간의 귀휴를 보내어 가족 캠프 전 후에 가족들과의 친밀한 시간을 갖게 하였다. 이번 가족 캠프에서는 자녀와의 세대 차이를 극복하고 서로 마음을 열고 효율적인 대화를 통하여 건강한 부모 자녀 관계를 유지하기 위한 좋은 엄마 되기, 소망나무 그리기, 마음 드러내기, 마음 나누기 등의 가족 관계회복 프로그램과 스트레스 조절을 통해서 자기관리를 돕는 음악치료프로그램인 Stress Managemsnt Music과 의미있는 음악적 경험을 통해서 아동들의 정서적 함양을 도모하고 사회성 및 창의성을 길러주기 위한 Happy Child Music 등 다양한 프로그램으로 진행되었다 (http://www.corrections.go.kr)

또한 2007년 8월에는 부산교도소에서 남자 장기 수형자 10명과 아내, 자녀 등 33명이 참가하는 가족사랑캠프를 개최하였다. 캠프에서는 '당신(가족)이 소중한 이유'에 대한 수형자들의 발표 및 자녀들과 함께하는 게임 시간 등 다양한 프로그램이 진행되었다. 또한 가정관계 전문가들이 수형자와 그 가족들을 상대로 상담 및 조언을 해주는 자리도 마련하였다(법률신문 2007년 8월 16일자).

(3) 영국의 사례: SBD(M): Storybook Dads(Mams) Program

영국의 SBD(M) 프로그램은 Storybook Dads(Mams) Program의 약자로서 수형자의 가족중에서도 자녀와의 관계에 초점을 두어 보다 효율적인 방법으로 수형자와 그 자녀와의 관계를 강화시키는 것에 목적을 둔 교정복지 프로그램이다.

---

12) 회복적 정의란 범죄로 인한 피해의 회복에 초점을 맞추자는 것으로 범죄를 한 개인의 잘못이 아니라 공동체전체의 흠 또는 잘못으로 보아야 한다는 형사사법 이론의 한 흐름으로 가해자는 자신의 범죄가 상대에게 어떤 영향을 끼쳤는가 하는 의문을 직접 품고 적절한 배상의 기회를 갖게 된다는 이 이론은 범죄로부터 비롯된 가해자, 피해자들의 상처를 치유하는 모델이며 지역사회를 비롯한 사회공동의 연대의식을 재생케 하는 효과를 거둘 수 있다.

가. SBD(M) 프로그램의 필요성

영국 정부의 사회소외계층을 담당하고 있는 부서에 의한 연구를 보면, 수형자와 그 가족의 절망적인 모습이 생생하게 묘사되고 있다. 부모가 교도소에 수감 중인 수형자 자녀는 약 15만명 정도로 추정되고 있으며, 교도소에 있는 5명의 수형자 중 한명은 이혼하거나 격리된 생활로 인하여 부부가 헤어지게 되고, 또 45%나 되는 많은 수형자들은 격리된 구금생활로 인하여 가족들과 연락이 끊겼다고 한다.

또한 수형자의 가족들은 사랑하는 사람(수형자)을 만나기 위하여 먼거리를 와야만 하고 그나마 접견 횟수도 제한되어 있다. 수형자들은 자녀와 함께 있고 싶어하지만 이러한 요인들이 이러한 바람을 어렵게 하고 있다(McHugh, 2006).

인간은 가족과 상호작용을 하면서 관계를 유지할 수 있을 때 더 많이 행복하다. 그러나 수형자들은 가족과 면회하는 동안에 그 곳에 놓여있는 의자를 치울 수 없어서 자녀들과 마음껏 놀아줄 수 없고 또 너무 시끄러워 전화로 이야기 하는 것도 어렵다.

가족 간의 지속적인 유대관계 유지는 매우 중요한데 일반적으로 자녀와 떨어져 사는 부모들 중의 30%는 5년 후에 자녀들과 완전히 연락이 끊겨버리고 특히 수형자의 경우는 그럴 확률이 더 높다.

수형자들은 종종 바깥 세상과 완전히 단절하는 경향이 있다. 그런데 이것은 가족이나 자녀들에게 부모의 이미지를 잊혀지게 하며 나쁜 영향을 미치게 된다. 특히 여자 수형자들의 경우 이러한 억압된 구금이 당사자는 물론 그 자녀들에게도 견디기 어려운 고통을 준다. 특히 자녀들과 오래 떨어져 지낼 수 밖에 없는 장기 수형자의 경우 더욱 그러하다.

Sharon Berry는 수형자와 그 가족들의 이러한 어려움을 인식하여 그들의 가족관계를 강화시킬 수 있는 프로그램의 필요성에 따라 Storybook Dads(Mams) Program을 시작하였다.

Storybook Dads(Mams) Program은 수형자와 그 가족 특히 자녀들과의 관계를 강화시키기 위한 프로그램으로서 수형자가 그들의 자녀들이 잠자리에서 들을 수 있도록 동화를 녹음한 이야기 CD를 자녀들에게 보내는 중요한 서비스를 제공하고 있다. 수형자들이 비록 교도소에 구금 중이지만 부모로서의 역할을 수행하고 자녀들과 긴밀한 연락을 유지할 수 있는 기회를 제공하기 위한 것이다(NIACE, 2006).

부모가 자녀에게 이야기를 읽어주는 것은 자연스러운 일이며 비록 수형자들이 교도소에 있을지라도 그들이 아직도 좋은 부모가 될 수 있고 그들 자녀의 삶에 관여할 수 있다는 것을 깨닫게 해줄 수 있다.

SBD(M) 프로그램을 통해 만들어진 CD는 수형자와 그 가족을 연결하는 중요한 매체가 되기도 한다. 그 CD는 수형자의 자녀들로 하여금 부모가 그들을 얼마나 사랑하고 있으며, 얼마나 보고 싶어하는지와 부모에게 얼마나 소중한 존재인지를 깨닫게 한다. CD는 자녀들에게 힘과 용기를 주며, 이제 막 말하기를 배우는 아주 어린 자녀를 둔 수형자의 경우 그 어린 자녀가 말하기를 배울 때 이 CD를 이용할 수도 있다.

수형자들의 자녀들은 범죄의 숨겨진 희생자로 소외감, 좌절심, 수치심 등을 느끼고 자라면서 자기 파괴적 행동을 하거나 범죄에 쉽게 노출될 수 있다. 이 때 SBD(M) 프로그램을 통해 제작된 CD는 자녀들에게 큰 활력을 주게 된다. 자녀들은 부모가 보고 싶거나 외롭다고 느낄 때면 언제든지 그 CD를 들을 수 있기 때문이다.

또한 수형자들은 교도소에서 항상 자녀에 대한 걱정으로 지내게 되는데 SBD(M) 프로그램을 통하여 자연스럽게 부모로서의 역할을 수행할 수 있다는 것에 만족감을 느낄 수 있다. 그것은 자녀를 위해 만들어 줄 수 있는 실제 만져 볼 수 있는 것으로 부모로서의 자부심과 자존감을 느낄 수 있게 해주는 것이다(Berry, 2006).

이 프로그램이 수형자들과 그 가족들의 유대관계에 미치는 영향은 아무리 강조해도 지나치지 않는다. 가족 관계를 유지시키는 것은 재범을 줄이는데 도움이 된다고 보고되고 있기 때문에 사회에 전반적으로 미치는 영향은 우리가 기대하는 것보다도 훨씬 크다고 할 수 있다.

결국 수형자의 가족관계 유지의 중요성과 SBD(M) 프로그램의 이러한 장점으로 인해서 이 프로그램의 필요성은 제기되었다.

나. SBD(M) 프로그램의 발전 과정

SBD(M)프로그램을 처음 시작한 Sharon Berry는 36세의 이혼녀로서 늦은 나이에 영문학을 공부하기 위해 대학에 입학하였다. 졸업 이후 그녀는 자진해서 Channings Wood의 Devon 교도소에서 일주일에 한 번씩 라디오 방송국에서 일하였다. 그녀는 그 곳에서 일하면서 중죄를 저지른 수형자들을 아무런 거리낌없이 편안하게 대할 수 있게 되었다(McHugh, 2006).

Berry는 Channings Wood에 있는 동안 SBD 프로그램에 대한 아이디어를 갖게 되었고 거기서 작가인 수형자와 CD를 만들기 위해 라디오 편집시설을 사용하기 시작했다. 그러는 동안 그녀는 교육 교사로 더 많은 훈련받았고, 2002년에는 다트무어에 있는 교육기관에서 직업을 갖게 되었다. 그 후 Berry는 낮에는 교사로 일하고 그 외 시간은 SBD를 위한 작업을 하였다. 그녀는 직접 수형자의 이야기를 녹음했고 저녁에 집에서 그녀의 컴퓨터로 그 파일들을 편집했다.

이러한 사실이 수형자들 사이에 알려지면서 이에 대한 관심이 증대되기 시작했다. 그녀는 전적으로 이 일에 뛰어들어 독립적인 자선단체 활동으로 SBD프로그램을 본격적으로 시작하였다. 2003년까지 작은 편집실을 구비하는데 필요한 자금을 충분히 마련하였고 더욱 더 중요한 것은 그녀가 前정부 관계자 Claudia Sturt를 설득하여 교도소의 한 건물 빈방으로 이사 할 수 있게 되었다. 그 후 이 활동은 점점 확장되어 4명의 파트타임 직원과 2명의 자원 봉사자, 편집과 사운드 프로덕션을 담당하는 훈련된 4명의 수형자를 두었다.

이들은 교도소의 수형자 교육시설에 있는 현대적 사무실로 옮겨 SBD 프로그램을 담당하는 다트무어 교도소 직원 중 한 사람으로서 확실히 인정받고 있다. 또한 놀라운 것은 Berry와 두 직원은 수형자의 구금방을 포함하여 교도소 내에서는 자유롭게 출입이 허용되었다.

다트무어는 한번에 600명의 수형자들을 수용할 수 있는데 그동안 2000명 가량의 수형자들이 그들의 자녀를 위해 이야기를 녹음해 왔다. SBD의 인기는 계속 올라가서 대기자 명단에 오르면 3개월을 기다려야 한다. 그들은 크리스마스에 특별선물 녹음 CD를 만들기 위해 차례를 기다리고 있으며, 생일 선물로도 인기가 좋다.

현재 SBD 프로그램은 교도소 전역으로 확산되어 가고 있다. Berry는 나라 전역을 돌아다니면서 이 프로그램을 위한 훈련과 지원을 제공하고 있는데 특히 Scotland의 Cornton Vale 여자 교도소에서는 여자 수형자를 위하여 Storybook Mams Program을 지원하여 실시하고 있다.

이외에도 CD녹음을 하는 SBD(M)에 속하는 약 50개의 교도소가 있는데 그 곳에서 편집을 위해 CD를 녹음한 후 다트무어 사무실로 보내진다. SBD(M) 프로그램의 폭증하는 인기는 수요가 계속 증가하고 있다는 것을 뜻한다. Berry는 기부금을 거의 30만 파운드이상 모금하였고 2008년까지 현재 상태로 이어진다면 자선기금만으로 충분히 자원이 충당될 것으로 보고 있다. 그녀는 Prison Service(정부 보조)로 부터는 전혀 기금을 받지 않고 있으며 앞으로 이 프로그램은 더욱 더 확대될 것이다.

다. SBD(M) 프로그램의 과정 및 현황

SBD(M) 프로그램은 그동안 다루기 힘들었던 교도소를 어떻게 가정적으로 만들 수 있는지를 보여주고 있는데 이는 수형자와 그들의 자녀들을 더 친밀하게 하기 위해 긴 시간동안 노력해 온 결과이다.

SBD(M) 프로그램은 2002년 Sharon Berry에 의해 시작된 이래 다트무어 교도소 중 그레이 건물에 본부를 두고 있고 현재는 영국의 약 50여개 교도소에 수용되어 있는 2000여명의 수형자의 자녀들을 위한 이야기 CD를 제작해 주고 있다.

SBD(M) 프로그램의 Concept은 간단하다. 수형자들이 읽을 이야기를 선택해서 마이크로폰과 미니디스크 녹음기를 사용하여 컴퓨터로 녹음하는 것이다. 마이크로폰과 미니디스크 녹음기 그리고 약간의 책들이 SBD(M) 프로그램에 참여하는 교도소들이 필요로 하는 것이다. 녹음된 파일은 컴퓨터로 옮겨져 약간의 편집 과정을 거치게 된다. 즉 수형자들이 책을 읽는 과정에서 발생하는 실수를 발견하여 마지막 과정에서 편집하게 되는 것이다. 다음에는 음악과 음향효과로 이야기를 생생하게 만들어 주는 작업을 거친다(GSL,2006).

SBD(M) 프로그램은 수형자들의 읽기 능력과 상관없이 설사 글을 잘 읽지 못하는 수형자라 할지라도 참여할 수 있다. CD의 편집과정을 통하여 실수들은 제거되고 동화구연 지도자로부터 지도를 받기 때문이다. 그 결과 매우 전문적이 되어서 자녀와 그 부모는 그 결과에 항상 깜짝 놀랄 정도이다. 디지털 편집을 통해서 자녀들에게 살아있는 생생한 이야기가 전달된다(Community links, 2006).

수형자들은 이야기와 함께 자녀에게 보내는 Message도 같이 녹음하는데 이러한 이야기와 Message가 Tape이나 CD로 제작되는 것이다.

SBD(M) Program의 목적은 수형자들이 직접 녹음하여 제작한 CD공급을 통해 수형자와 자녀들이 더 긴밀하게 연락을 할 수 있도록 함으로써 수형자와 가족 간의 관계를 유지시키고자 하는 것이다. 또한 나아가서는 이를 통하여 수형자의 재범을 감소시키고 자녀가 범죄에 빠지는 것과 가족해체를 감소시키고자 하는 것이다.

<SBD(M) Program의 과정>

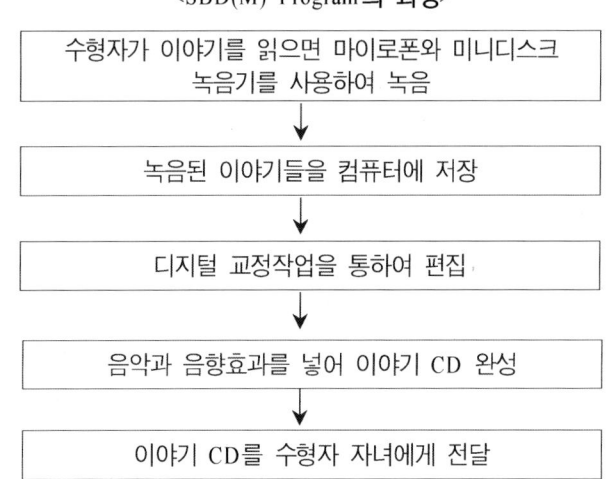

수형자가 이야기를 읽으면 마이로폰와 미니디스크
녹음기를 사용하여 녹음

↓

녹음된 이야기들을 컴퓨터에 저장

↓

디지털 교정작업을 통하여 편집

↓

음악과 음향효과를 넣어 이야기 CD 완성

↓

이야기 CD를 수형자 자녀에게 전달

다트모아 교도소에는 현재 6개의 편집국으로 이루어진 2개의 편집실를 구비해 놓고 있으며, 편집자로 훈련된 수형자가 활동하고 있다. 보통 10분에서 15분정도 분량의 동화 이야기를 읽게 되는데 특별히 많은 실수가 있는 경우에는 편집하는 데만 해도 2-3시간이 걸린다. 편집자로서의 수형자들은 일을 하는데 있어 성실하고 신중한 주의를 기울이며 어느 정도 예술적 재능도 지니고 있다. 그들은 디지탈 오디오 편집에 매우 높은 수준의 기술을 취득하게 되고 이 분야에서 더 높은 수준의 훈련을 받고자 하는 사람은 Sound and Audio 제작에 있어 매우 유용한 OCN 자격을 취득할 수도 있다(NHS Institute for Innovation and Improvement, 2007).

다트모아 교도소는 2003년부터 다른 교도소에서 보내온 CD도 이곳에서 편집 서비스를 제공하고 있어서 더 많은 수형자들에게 도움을 주고 있다. 미니 디스크 녹음기와 마이크로폰만을 갖춘 교도소에서 수형자들의 이야기를 녹음한 후 다트모아 교도소의 편집국으로 보내오면 편집하여 CD에 담아서 다시 보내온 교도소로 보내게 된다.

처음에는 수형자 중에서 아빠만을 대상으로 하였으나 이제는 여성 수형자들도 그 대상이 되어 SBD 프로그램에서 SBM 프로그램으로 확대되었다.

이야기를 녹음하는데 있어 수형자들이 자발적으로 참여함으로써 가족의 유대관계 향상에 도움이 되고 있으며 동화 읽기 기술, 동화 짓기 기술, 미디어 기술, IT기술 등 수형자들의 기술 교육 향상에도 도움이 되고 있다(NHS Institute for Innovation and Improvement, 2007).

이야기 책읽기 기술은 가장 중심이 되며 초보적인 과정이다. 그러나 그 이외에도 창작문예과장을 배워서 직접 동화를 쓰기도 한다. 또한 오디오 이야기 책을 만드는 그래픽 소프트웨어 기술까지도 배워서 참여하기도 한다. 자녀들은 부모와 떨어져 있지만 부모의 CD 목소리를 듣고 이야기를 따라서 읽을 수 있어서 글을 알고 읽을 수 있는 능력이 향상됨으로써 지적 발달에 도움을 주고 있다(Berry, 2006).

또한 다른 교육의 기회로서 더 풍부한 표현으로 인물의 성격에 맞게 이야기를 읽을 수 있는 능력을 향상시키기 위한 드라마 과정이 개설되어 있으며, 이야기를 만들 수 있는 기회를 주기 위한 가족유대관계 과정도 개설되어 있다. 많은 교도소에서 수형자들은 자신의 이야기를 쓰는 것에 용기를 얻고 원한다면 이야기 쓰기 기술을 향상시킬 수 있는 과정에서 교육을 받을 수도 있다.

SBD(M) Program은 2006년 한 해동안 급속히 성장하여 여러 곳의 새로운 교도소들이 참여하였는데, 다음의 그래프는 다트모아에서 편집하고 만든 수형자들의 이야기 CD 현황이다.

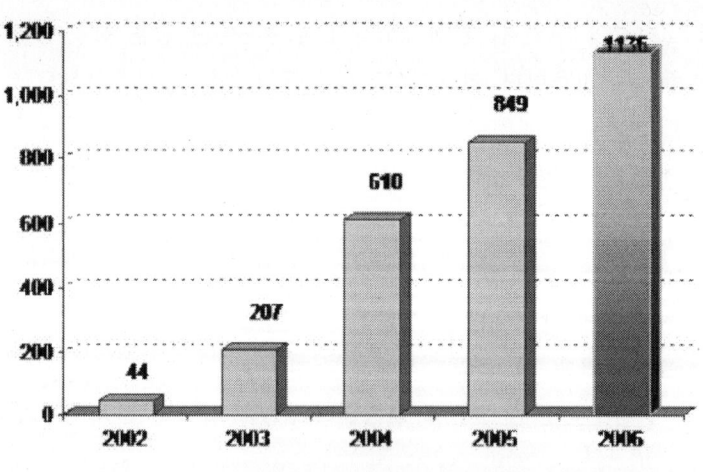

라. SBD(M)프로그램의 효과

2002년에 이 프로그램이 시작된 이래 2000명 이상의 수형자들이 이 프로그램에 참여하였다. 이 프로그램이 가족들의 유대관계를 강화시키는데 효과가 있었는지는 수형자와 그 가족들의 반응을 통해서 확인할 수 있다.

수형자와 그 가족들의 반응은 놀랄만 하다. 수형자와 그 가족 모두 SBD(M) 프로그램에 대한 호응도가 높았으며 제작된 CD를 통해서 대화가 풍부해지게 되었는데 CD가 서로의 공동 관심사가 되어 이야기 거리가 제공되게 된 것이었다.

자녀들은 그들이 필요할 때 언제든지 부모의 목소리를 들을 수 있고, 수형자들은 자녀들을 위해 무엇인가를 할 수 있다는 것에 자부심을 갖게되어 비록 교도소에 수용 중이라고 하더라도 아직도 자녀들의 삶에 긍정적인 영향을 끼칠 수 있다는 것에 매우 기뻐하였다.

또한 자녀들은 조부모나 친구 집에서 잘 때도 그 CD를 가지고 다닐 정도이며 그 자녀들이 주위 다른 친구들에게도 그 CD를 듣게 하고 심지어는 학교에 가져가서 반 친구들에게 들려주기도 한다고 하였다.

다음은 수형자와 그 자녀들의 반응이다.

    <수형자들의 반응>

"하길 잘한 것 같다. 음향 효과와 더불어 웃으며 스테레오 앞에 서 있다."

"나는 이 CD로 너무 행복해서 울고 싶었다. 그것은 나를 슬프게도 했지만 지금 나는 행복하다"

"나의 이야기 CD는 너무나 잘 편집되어 내 자신도 놀랍다고 생각한다. 너무 잘 나왔다."

"개인적으로 부모가 자녀들과 더 많은 대화를 나눌 수 있는 기회를 주게 되어 기쁘다."

"내 자녀들은 멀리 떨어져 있지만 잠잘 때마다 그 CD를 듣고 있으며 그 이야기들을 사랑한다."

"내 자녀는 저 멀리 있다. 아내는 아이가 아빠에 대해서 기억하고 있다고 했다. 왜냐하면 아이는 CD를 받았고 CD를 사랑하기 때문이다."

"내가 교도소에 있는 이래 가장 유용한 것을 만들었다."

    <자녀들의 반응>

"나는 CD를 학교에 가지고 갔는데 나의 반 친구들이 그것을 듣고 그 CD 하나를 갖기를 원했다."

"그 CD는 나를 위한 아버지의 특별한 선물이다. 나는 그것을 매일 밤 듣는다."

"나는 CD 이야기에 있는 동물소리를 좋아한다. 그것은 너무 웃긴다."

"나는 아빠를 그리워한다. 나는 그 이야기를 들을 때 외로움을 느끼지만 한편으

로는 나를 행복하게 한다."

"나는 교도소에 있는 아빠가 염려된다. 그러나 아빠는 CD를 통해서 행복하게 이 야기한다. 그 CD는 나를 역시 행복하게 한다."

"아빠는 나를 위해 CD를 만들었는데 제목은 '개구리왕자'이고 나의 남동생 CD 는 '잭과 콩나무'이다. 그것들은 둘 다 너무 재미있다. 아빠는 우리를 위해 크리스 마스때 또 만들어 주신다고 한다."

"나는 '아기 돼지 삼형제' 이야기가 좋다. 그 CD는 성우같은 목소리로 아빠 목소 리 같지 않다. 나는 아빠가 또 다른 CD를 만들어 주었으면 좋겠다."

또한 SBD 프로그램에 참여했던 한 수형자의 사례를 통해서도 그 효과를 확인 할 수 있다(McHugh, 2006).

South Wales로부터 온 34세 된 케리는 Devon에 있는 악명높은 중범 교도소인 Dartmoor 교도소에서 7년 3개월 선고 중 4년째 복역 중이다.

많은 아빠들같이 케리는 집에서 그녀의 딸 칼리에게 잠자기 전 침대에서 이야 기를 읽어주지 못하고 있다. 내일도 그 후도 마찬가지인데 사실 그가 딸에게 이 야기를 직접 읽어 줄 수 있게 되려면 3년 더 지나야 될 것이다.

케리는 12살이 된 그의 딸과의 관계를 유지하기로 마음 먹은 다음부터 SBD Program에 최선을 다하여 참여했다. 그는 딸 칼리가 잠자기 전 저녁마다 들을 수 있도록 완벽한 음악과 음향효과를 넣은 신데렐라 이야기를 전문적 수준의 CD로 만들었고 이 이야기를 현대 어린이 세대에 맞게 새롭게 구성하기도 하였다.

케리는 "나는 딸과 매우 가까워졌고 그 CD로 인해서 딸과 점점 더 가까워지고 있다는 것을 생각하니 기분이 좋다. 딸에게 약간의 시간과 노력을 투자할 수 있 는 방법을 아는 것이 중요하다. 내 딸은 그 CD를 매우 좋아하여 일년이 지난 지 금도 그것을 여전히 듣고 있다. 그녀는 친구에게도 그것을 보여주기도 한다."고 웃으면서 말하였다.

또한 "처음 1년은 내가 지방 교도소에 있었기 때문에 매 주마다 딸을 볼 수 있었다. 그러나 지금은 멀리 떨어져 있어서 1년에 단 1번 본다. 그것은 너무 힘 들다."고 하였다.

케리는 다트무어와 국내 다른 교정시설에 있는 많은 수형자들과 함께 그들의 자녀에게 활력을 주는 이 프로그램에 대해 감사한다고 하였다.

지난 해말에는 북쪽 지역 교정 시설(NRCF)에서 수형자들에게 용기를 주고 그들의 자녀들에게 이야기를 쓸 수 있도록 한 혁신적인 SBD(M) 프로그램을 소개했다.

NRCF(Northern Region Corrections Facility) 프로그램 매니저 Stan Pibrow는 "이 프로그램에 참여한 수형자들의 읽기와 쓰기 능력은 그다지 높지 않다. 그러나 그들의 열정이 담긴 CD를 보고 모든 사람들은 감동을 받는다."고 하였다.

또한 "이 프로그램을 통해서 수형자들은 자녀들이 이야기를 듣는 것이 도움이 될 것이라는 것을 알게 되었으며 그 자녀들은 아빠가 그들을 위해 무엇인가 해주기를 원한다는 것을 알게 되었다. 앞으로 그 CD는 자녀들이 책을 읽는 것에 용기를 불어 넣어 주게 될 것이고 수형자들 중 일부는 지금 읽기능력을 향상시키기 위해 열심히 노력 중이며 또한 서로 서로를 격려해 주고 지도해 주기도 한다."고 하였다.

수형자 및 그 자녀들의 반응과 사례들을 통해서 이 프로그램의 효과를 정리해 보면 다음과 같다.

<수형자에게 미치는 효과>
1. 자신감과 성취감이 향상된다.
2. 부모로서 자녀들의 발달과 상상력을 위한 읽기와 말하기의 중요성을 이해하게 된다.
3. 수형자들이 그들의 자녀를 위해서 무엇인가를 할 수 있다는 자존감이 향상되고 부모로서의 지위가 향상된다.
4. 자녀에게 책을 읽어 주는 경험을 통해서 성취감을 느낀다.
5. 수형자는 가족 간의 유대관계가 유지되기 때문에 행복해 한다.
6. 교도소에서 제공되는 배움의 기회 예를 들면, 자녀양육, 문학, 창작문예 과정 등에 보다 적극적이 되고 용기를 얻게 된다.
7. 창작 동화를 쓰는 작업에 참여하는 부모들에게는 글쓰는 능력과 더불어 컴퓨터를 다룸으로써 IT 기술을 향상시킬 수 있으며 할 수 있다는 자신감과 성취감 등을 느낄 수 있다.

<자녀에게 미치는 효과>
1. 비록 같이 살고 있지는 않지만 부모는 그들에게 중요한 존재이며 서로 사랑하고 그리워하고 있다는 것을 알게 된다.
2. 두려움이 감소되고 정서적인 안정감을 누릴 수 있다.

   3. 동화 이야기, 말하기에 대해 흥미와 집중력이 향상되고 상상력이 발달한다.
   4. 원할 때 언제든지 부모의 목소리를 CD를 통해서 들을 수 있다. 특히 낙심하고
      외로울 때 들음으로써 위로를 받을 수 있다.

(4) SBD(M) Program의 도입의 필요성 및 과제

가. 도입의 필요성

   가족은 수형자의 지지 세력이자 사회복귀를 위한 지원 세력이다. 수형자가 출
소 후에 사회에 재적응할 수 있는 기본적인 조건이 바로 돌아갈 가정이므로 교도
소 구금기간 동안 가족 관계가 유지될 수 있도록 배려되어야 한다. 그러나 그동
안의 교정정책은 수형자와 가족 간의 관계에 대한 정책적 배려는 거의 없었다.

   그동안 수형자와 가족들의 문제가 사회적으로 관심을 받아오지 못해왔던 원인
은 다음의 측면에서 이해할 수 있다.

   첫째, 수형자에 대한 처벌에 중점을 두다보니 수형자의 처우를 위한 프로그램
들이 그다지 발전하지 못하였다.

   둘째, 가족주의가 강하여 가족의 문제는 일차적으로 가족 내에서 해결해야 한
다는 신념이 강하였고 국가에서도 이에 바탕을 두어 수형자의 가족 문제 역시 가
족 내에서 해결해야 할 문제로 인식하였다.

   그러나 수형자에 대한 정책의 효율성을 높이고 출소자의 재범 방지와 수형자
자녀들의 건전한 성장을 위해서는 수형자 가족들에 대한 사회적 관심이 필요하다.
수형자의 교정교화에 있어서 가족의 존재가 가지는 긍정적인 영향을 생각해 볼
때 가족의 역할을 아무리 강조해도 지나치지 않으며 따라서 가족과의 유대관계를
강화시킬 수 있는 방안이 마련되어야 하는 것이다.

   미국의 럿거스 대학(the Rutgers University School)과 뉴저지 사회정의연구소(New
Jersey Institute for social Justice)는 교도소 수용기간과 출소 후 사회복귀에 있어서
의 가족의 역할이라는 주제 하에 연속 토론회를 개최하고 교정당국이 구금질서의
확보와 출소 후 사회복귀를 도모하는데 가족의 역할을 인식하고 정책적 지원을
해 줄 것을 권고하고 있다. 특히 가족의 개념을 수형자들이 출소 후 사회에 재진
입하는 과정에서 긍정적인 지원을 할 수 있는 개인들을 포함할 수 있도록 포괄적
으로 인정할 필요성을 제기하였다(Christian, Fishman, Cammett, Seott—Pickens, 2006).

   가족 중에서 특히 자녀와의 관계를 강화시킬 수 있는 SBD(M) 프로그램 도입의 필요

성은 여러 차원에서 제기해 볼 수 있다.

먼저 구금은 수형자 자신은 물론 가족들에게도 많은 문제를 발생시킨다. 가족 간의 격리 그 자체도 문제이지만 자녀들에게는 부모가 외국에 갔다거나 멀리 여행을 갔다거나 하는 등 사실을 왜곡시키게 되는 경우도 있다. 이러한 경우 SBD(M) 프로그램을 통하여 왜곡됨이 없이 사실을 자연스럽게 밝히고 이해하고 화해함으로써 수형자와 가족 간의 관계를 강화시킬 수 있다.

수형자들의 주요 관심사는 자녀들인데 이러한 자녀에 대한 관심은 어느 나라든 어느 교도소든 수형자 모두에게서 공통적으로 나타나고 있다. 자녀와 떨어져 지내는 것뿐 아니라 자신으로 인하여 자녀에게 나쁜 영향이 미치게 될지도 모른다는 불안감과 자책감이 커다란 걱정 사항이다. 그러나 SBD(M) 프로그램의 수형자와 자녀 간의 이야기 CD를 통한 상호작용으로 이러한 불안감과 자책감은 어느 정도 해소될 수 있다. CD를 통해서나마 부모로서의 역할을 수행할 수 있고 자녀와의 관계를 유지할 수 있기 때문이다.

특히 부모와 자녀 간의 유대 관계에 있어서 부모의 자녀에 대한 친밀감보다는 자녀의 부모에 대한 친밀감 유지가 더욱 필요하다. 따라서 자녀의 입장에서 부모와 친밀감을 강화시킬 수 있는 프로그램이 필요한데 SBD(M) 프로그램은 자녀가 부모의 이야기가 담긴 CD를 통해서 부모의 사랑을 확인하고 위안을 받으며 부모에 대한 친밀감을 강화시킬 수 있다.

현재 시행되고 있는 가족관계 강화 프로그램들은 대부분 만남의 기회나 접촉의 기회만을 제공할 뿐, 적극적으로 가족들을 화합시킬 수 있는 연결고리 역할을 하는데 있어서는 미흡하다. 또한 대부분은 집과 교정시설이 원거리에 떨어져 있어 자주 접촉한다는 것은 사실 상 어렵다.

특히 가족에 대하여 감정표현이 부족한 우리나라 사람들의 특성 상 접견 등의 대면을 통해 서로의 애정을 전달하기 어렵다. 또한 서신의 방법으로는 이런한 표현들이 직접적으로 와닿지 않는다. 따라서 간접적인 방법으로 가족관계를 강화시킬 수 있는 보다 효과적인 프로그램이 필요한데 SBD(M) 프로그램은 직접 대면하지 않는 간접적인 방법이면서도 인간의 오감 중 청각을 이용하여 서로 상호작용하면서 애정을 전달할 수 있는 프로그램로서 가족관계 강화에 효과적이라고 할 수 있다.

또한 어린 자녀들에게는 부모의 존재감을 자주 확인시켜 줄 필요가 있는데 이러한 차원에서도 SBD(M)의 CD는 원할 때면 언제든지 부모의 목소리를 들음으로써 부모의 존재를 확인할 수 있는 장점도 있다.

범죄자인 부모를 처벌하는 시스템이 자녀까지 처벌하는 결과로 나타나는 일은 없어야 한다. 수형자 자녀의 건전한 성장을 위한 지원은 수형자의 교정교화 측면에서도 그 필요성이 요구된다. 자녀가 건강하게 자라는 것은 수형자가 출소 후에 긍정적이고 적극적인 자세로 사회에 재적응하게 하는 동기요인이 될 수 있다(Sharp F. Susan & Marcus Mendoza T. Susan, 2001). SBD(M) 프로그램은 가족 간의 사랑을 확인하고 부모와 자녀와의 유대감을 강화시키며 자녀의 건강하고 건전한 성장 발달을 지원해 줄 수 있는 프로그램으로서 자녀들에게 부모에 대한 긍정적인 인식과 친밀감을 강화시켜 부모와 자녀의 재결합 가능성은 높아지게 될 것이다.

즉, SBD(M) 프로그램은 자녀들에게 부모의 구속으로 인한 불안감을 해소하여 탈선을 방지하고 수형자에게는 자녀와의 관계를 원만히 유지하게 함으로써 부모와 자녀 간의 틈(gap)을 줄여 출소 후 건강하고 행복한 가정생활 유도함으로써 사회 재적응률을 높이고 나아가서는 재범을 방지하여 교정복지의 목적을 달성할 수 있는 것이다.

나. 도입 과제

외국의 교정복지 프로그램인 SBD(M) 프로그램을 도입하는 것도 중요하지만 그 프로그램의 효과를 증대시키기 위해서는 도입 과정에서 우리 나라의 실정과 정서에 맞도록 고려하고 검토해야 할 필요가 있다. 이에 SBD(M) 프로그램을 도입하여 실행하기에 앞서 먼저 해결해야 할 몇 가지 과제들을 제시해 보고자 한다.

가) 수형자 및 그 가족에 대한 사회적 인식의 전환

수형자의 가족들은 범죄자의 가족이라는 이유로 사회적 비난의 대상이 되고 있다. 범죄자의 가족이지만 마치 그 가족이 범죄자인 것처럼 취급 당하는 것이다.

자녀들은 부모가 범죄자라는 것 자체도 충격이지만 그로 인한 사회적 낙인이 자녀들을 더욱 힘들게 만든다. 부모의 구금으로 떨어져 살아야 하고 대부분 경제적 어려움에 처하게 되는데 사회로부터도 환영받지 못하면 소외감과 증오심, 수치심이 생길 수밖에 없는 것이다. 결국 이들도 범죄로 인한 제2의 피해자가 되지만 피해자가 아닌 가해자로 여겨져 범죄로 인한 숨겨진 희생양이 되는 것이다.

따라서 가족관계를 강화시키는 프로그램을 실시하기에 앞서 먼저 이러한 사회적 인식의 전환이 필요하다. 사회적 낙인 속에서 아무리 좋은 프로그램을 제공한다고 해도 그 효과를 제대로 기대할 수가 없기 때문이다.

죄는 미워하되 사람은 미워하지 말라고 했듯이 비록 잘못은 저질렀지만 그 댓가를 치루고 반성하여 사회에 재적응할 수 있는 따뜻한 사회적 분위기를 만들어야 할 것이다. 그 가족에 대해서도 가족의 충격과 아픔, 어려움을 이해하고 서로 도우며 더불어 살아갈 수 있도록 해야 한다.

영국의 SBD(M) 프로그램의 경우 다양한 긍정적인 효과가 나타났는데 특히 자녀들은 SBD CD를 자랑스럽게 여기며 학교에까지 가지고 가서 친구들과 함께 듣기도 한다고 하였다. 이는 영국 사회에서는 범죄자 가족에 대한 인식이 우리나라만큼 부정적이지 않기에 가능한 일일 것이다.

수형자가 구금되어 있는 동안 가족들이 지역사회 내에서 잘 지내고 있다는 소식을 접할 때, 심리적으로도 안정되며 빨리 수용생활을 마치고 가족에게로 돌아가고 싶어 하게 될 것이다. 그러나 가족들이 자신으로 인하여 사회로부터 비난을 받으며 괴로워하고 어렵게 지내고 있다는 것을 알게 되면 심리적으로 안정을 찾지 못하고 반사회적인 증오심, 적대감이 생기게 되고 출소 후에도 재적응하지 못하고 또 재범을 저지를 가능성이 높아지게 된다.

인간은 누구나 실수를 저지를 수 있다. 한 순간의 실수로 범죄자라는 낙인이 찍히고 사회로부터 버림받아 그로 인해 계속 범죄를 저지르지 않도록 범죄자에 대해서 좀 더 관대하고 포용력 있는 사회적 분위기와 인식의 전환이 필요한 것이다.

따라서 수형자 가족들의 충격과 고통을 충분히 이해하여 그들도 피해자라는 것을 인식하고 지역사회 속에서 서로 도우며 더불어 살아갈 때 SBD(M) 프로그램의 효과는 더욱 커질 것이다.

나) 재정 확보 및 민간의 참여 유도

어떤 프로그램이든지 우선적으로 요구되는 것이 재원의 확보이다. 재원 확보 여부에 따라 SBD(M) 프로그램의 성패가 좌우된다고 해도 과언이 아니다.

영국의 SBD(M) 프로그램의 경우 처음에는 한 사람의 힘으로 시작되었고 초기의 장비는 작은 미니 녹음기가 전부였다고 한다. 그러다가 자선 단체로 발전되면서 재원도 확대되어 SBD(M) 프로그램이 활성화되었다.

우리나라에서 SBD(M) 프로그램을 시행하는데 필요한 기본적인 재원은 먼저 민간 차원에서 뒷받침이 되어야 할 것이다.

우리나라의 경우 가족 내의 문제는 가족 내에서 해결해야 한다는 가족주의가 강하며 범죄자와 관련된 것이라는 부정적인 인식 때문에 민간의 참여가 어려울 수 있다. 그러나 교정복지의 중요성을 인식하고 특히 기업의 사회적 책임을 고려할 때 기업이 적극적으로 지원에 나서야만 한다.

미국의 경우, 2001년 미국의 National Institute of Corrections가 각 주별로 조사한 것에 의하면 수형자와 그 가족을 위한 프로그램 237개를 시행기관별로 살펴보면 약 168개(약 71%) 기관이 기업 또는 비영리 단체로서 프로그램을 제공하고 있고 정부기관은 69개(29%)에 불과하였다(http://www.nicic.org/services/special/women).

이는 민간 차원에서의 프로그램 운영이 정부 차원에서 이뤄지는 것보다 융통성이 있으며 보다 효율적이기 때문이다.

우리 나라도 지속적인 홍보활동과 더불어 지역사회와 민간 단체, 그리고 기업이 사회적 책임 하에 관심을 가지고 참여해야 한다.

다) 자원봉사활동의 활성화

SBD(M) 프로그램을 실행하는데 있어서 많은 인력이 필요하지는 않다. 다만 녹음이나 동화 읽기 지도, 편집, CD 제작, CD 전달 등을 담당할 인력이 필요하다.

이러한 역할 중에서 어느 정도 기술을 갖추고 전문성을 갖춘 인력이 담당해야 할 일이 있다. 녹음은 특별하게 기술이 필요하거나 하지 않고 단지 녹음기를 다룰 수 있으면 되고 CD 전달도 특별한 기술이 필요하지 않다. 그러나 동화 읽기 지도나 편집, CD 제작 등은 어느 정도의 기술이 필요하다. 동화 읽기 지도는 자녀들이 좀 더 실감나게 들을 수 있도록 하기 위해서는 동화구연 전문가의 지도가 필요하다. 물론 아빠나 엄마의 목소리를 듣는 다는 것 자체가 자녀에게는 큰 기쁨이기 때문에 동화 읽기에 아무런 기교나 기법을 들이지 않고 자연스럽고 진지하게 동화를 읽게 할 수도 있다. 그러나 어린 자녀를 좀 더 집중시키고 자녀가 흥미롭게 들을 수 있게 하려면 의성어나 의태어를 강조하는 등 어느 정도 동화 구연의 기법이 필요할 수 있다.

또한 편집이나 CD제작은 그 분야에 대해서 고도의 기술은 아니지만 어느 정도의 기술을 요구한다.

이러한 기술들을 갖춘 인력을 동원하려면 인건비 등 그 만큼의 재원이 들게 되며, 교정시설에서의 작업은 어느 정도 사회복지 내지는 교정복지적인 마인드를 갖춘 자가 해야 보다 적극적으로 작업에 임할 수 있는데 단지 급여를 목적으로 일하는 사람에게는 부담이 될 수도 있다.

따라서 SBD(M) 프로그램을 진행하는데 있어 필요한 인력들은 자원봉사를 활용하는 것이 보다 효과적이며 바람직하다고 본다. 자원봉사자들은 일차적으로 복지적인 마인드를 갖추고 있는 사람들로서 그 역할을 해내는데 있어 보다 적극적일 수 있고 재원도 절약할 수 있기 때문이다.

라) 교정담당 공무원의 적극적인 의지

SBD(M) 프로그램을 도입 실해하는데 있어서 교정담당 공무원의 의지도 필요하다. 어느 한 프로그램이 제도화되기 전까지는 교정시설의 선택에 의해서 실시될 수도 그렇지 않을 수도 있다. 이는 교정시설의 장이나 교정담당 공무원의 의지에 달려있는 것이며 영국의 경우에도 Dartmoor 교도소의 허락과 협조가 있었기에 가능했었다.

SBD(M) 프로그램을 실행하는데 있어 소음이 방지되는 별도의 장소 마련이나 안전을 위한 인원 배치, 시간 약속 등으로 여러 가지 어려움과 번거로운 점들이 있다. 또한 프로그램을 진행하는 동안 예상하지 못하는 안전 사고의 발생도 우려될 수 있다. 이러한 까닭에 새로운 교정복지 프로그램을 도입하여 실행하는 데는 프로그램을 계획하고 제의하는 사람들의 의지만으로는 할 수 없는 경우가 많다. 프로그램을 적극 검토하여 수형자의 편에 서서 수형자에게 도움이 되고자 하는 측면에서 적극 도입 적용해 보려고 교정시설의 장이나 교정 담당 공무원의 의지가 없다면 아무리 좋은 프로그램이라고 하더라도 소용이 없게 되는 것이다.

따라서 교정시설의 장이나 교정담당 공무원은 수형자의 교정복지에 적극적인 관심을 가지고 SBD(M) 프로그램뿐 아니라 다른 프로그램들도 적극 검토하여 수형자의 가족관계를 강화시킬 수 있도록 노력해 나가야 할 것이다.

마) 보안 문제의 우선적 해결

교정시설에서의 프로그램은 특성 상 보안 문제가 무엇보다 중요하게 다뤄져야 한다. SBD(M) 프로그램에 있어서 이야기를 잘 읽을 수 있도록 지도하는 사람과 녹음하는 사람 등에게 안전위협 등 교정사고가 발생하지 않도록 일단 그 대상자 선정에 있어 신중해야 한다. 그렇다고 대상자를 너무 한정지으면 정작 필요한 수형자가 프로그램에 참여할 수 없으므로 꼭 필요한 수형자로 적절한 대상자가 참여할 수 있도록 해야 한다.

또한 사전 교육 등을 통해서 보안조치를 강화하고 계호 인원을 적정수준 배치해야 하는데 인력이 부족한 교정시설의 경우 프로그램을 진행하는데 어려움이 있을 수 있다. 인력 부족은 다른 교정복지 프로그램의 원활한 진행을 방해하기도 하는데 이러한 이유로 수형자들이 프로그램의 혜택을 받지 못하는 일이 발생하지 않도록 해야 한다. 따라서 교정시설 종사자들의 인원을 적정한 수준에서 증원시켜 교정복지 프로그램을 진행하는 데 있어서의 보안 상 문제를 효율적으로 해결해야만 할 것이다.

바) 수형자의 부모를 위한 프로그램으로 확대

SBD(M) 프로그램은 아빠 또는 엄마인 수형자가 그들의 자녀를 위하여 동화 이야기를 녹음한 것을 CD로 제작하여 보내주게 된다. 그리고 자녀는 그 CD를 통해서 아빠 또는 엄마의 목소리를 동화 이야기를 통해서 들으며 부모에 대한 존재감과 사랑을 느끼고 정서적으로 안정감과 지지감을 느끼게 된다.

그러나 수형자의 가족 중에는 부모가 계시는 경우도 많다. 더욱이 고령화 사회가 되면서 노인들의 수명이 연장되어 수형자 부모의 수는 과거보다 증가하는 추세라고도 할 수 있다. 따라서 가족관계 강화를 위한 교정복지 프로그램으로서 SBD(M) 프로그램을 부모에게 확대하여 적용시켜 볼 만 하다.

예를 들면 Storybook Sons(Daughters) Program이 되는 것이다. 즉, 수형자의 부모가 좋아하는 소설, 시, 수필 등을 수형자의 목소리로 녹음하여 CD로 제작한 후 부모에게 보내는 것이다. 수형자의 부모들도 수형자의 자녀 못지않게 자식의 목소리를 들으면서 심리적으로 행복감을 느끼고 기뻐할 것이다. 특히 고령으로 인하여 접견이 어려운 노부모들에게는 이야기 CD를 통해 자식의 목소리를 들을 수 있으므로 더욱 더 필요할 수 있다.

이는 교정복지 프로그램이자 효 프로그램으로서의 기능을 동시에 하게 되는 것으로 우리나라와 같이 효문화가 강조되고 있는 나라에서는 꼭 필요하다.

(5) 결 론

가족은 수형자의 강력한 지지 세력이자 사회복귀를 위한 지원 세력이다. 수형자는 가족의 지지와 지원 속에서 교도소에서의 수용생활에 보다 잘 적응할 수 있고 출소 후에도 성공적으로 사회에 복귀하여 궁극적으로는 재범을 줄일 수 있게 된다.

이처럼 수형자의 교정교화에 있어서 가족의 존재는 매우 중요하며 따라서 가족과의 유대관계를 강화시킬 수 있는 다양한 방안이 마련되어야 하는데 특히 가족 중에서도 수형자는 자녀와의 관계에 관심과 걱정이 큰 만큼 자녀와의 관계를 강화시킬 수 있는 프로그램이 필요하다. 수형자의 교도소 수용기간 동안 그 자녀와의 유대관계의 지속은 수형자에게 큰 힘이 되어주고 또 희망을 안겨주기 때문이다.

우리 나라에는 수형자의 가족관계 강화를 위한 다양한 프로그램이 마련되어 있지만, 보다 간접적인 방법으로 큰 효과를 기대할 수 있는 자녀와의 관계를 강화시켜 줄 수 있는 프로그램은 거의 없는 실정이다. 이에 영국에서 실시되고 있는 SBD(M) 프로그램의 도입을 고려해 볼 수 있는데, SBD(M) 프로그램은 수형자가 자녀에게 읽어주는 동화 이야기를 녹음하여 편집한 후 CD로 제작하여 자녀에게 보내주는 서비스를 제공하는 것이다.

이 프로그램을 통해서 수형자는 자녀를 위해 무엇인가를 해줄 수 있다는 부모로서의 자부심을 느끼며 수형 생활에 보다 잘 적응하고 나아가서는 재사회화에 성공하고 재범률을 줄일 수 있는 효과가 있다. 또한 수형자 자녀들은 SBD(M) 프로그램의 CD를 통해 부모의 목소리를 언제든지 들을 수 있게 됨으로써 마음의 위안을 얻고 소외감, 수치심, 증오심 등이 사라져 비행의 위험에 빠져드는 것을 방지할 수 있다.

이처럼 SBD(M) 프로그램은 수형자에게는 자존감을 그리고 그 자녀에게는 정서적인 안정감을 주며 목소리를 통한 상호작용으로 관계를 강화시킬 수 있는 것이다.

그러나 이 프로그램을 우리 나라에 도입하여 실시함에 있어서 먼저 고려되는 해결해야할 몇 가지 과제들이 있다. 즉, 수형자 및 그 가족에 대한 부정적 인식의 전환, 프로그램을 위한 재정 확보 및 민간의 참여 유도, 자원봉사활동의 활성화, 교정담당 공무원의 의지, 보안문제의 우선적 해결, 수형자 부모를 위한 프로그램으로의 확대 등이다.

그러나 무엇보다 우선적으로 명심해야 할 것은 수형자와 그 가족 간의 관계를 강화시켜나가는 일이 정부나 어느 한 기관의 힘으로만 해결할 수 있는 일이 아니라는 것이다. 즉, 법무부와 교정기관, 입법기관, 보건복지부, 여성가족부 및 민간기관 그리고 우리 모두가 적극적으로 이에 관심을 갖고 참여해야만 하는 것이다.

참고문헌

나철, 가출청소년의 가족문제 및 선도방향, 청소년 가출의 예방과 대처방안, 한국청소년연구원, 1992.

법무연수원, 범죄백서, 2006.

법률신문, 2006년 7월 24일자

법률신문, 2007년 8월 16일자

신연희, 기혼 여자 재소자에 관한 연구: 자녀관계를 중심으로, 이화여자대학교 박사학위논문, 2002.

이상현, 소년 비행학, 박영사, 2000.

Adams & Fischer. J The Effects of Prison Residents' Community Contacts on Recidivism Rates. Corrective and Social psychiatry and Journal of Behavioral Technology, Methods, and Therapy, 22, 1976.

Berry, S. Prison Service Journal, Storybook Dads: Keeping Families in Touch, NUMB 165, 31－34, 2006.

Casey, K. A. The Effect of Visitation on the Disciplinary Adjustment of Incarcerated Females State University of New York at Albany Doctoral Dissertation, 1993.

Clark, Judith. The Impact of the Prison Environment on Mothers. The Prison Journal 75(3), 1995.

Christian, Johnna. Nancy Fishman. Ann Cammentt. Lori Scott－Pickens. Bring families in: Recommendations of the Incarceration, Reentry and the Family Roundtables. A Joint Project of the Rutgers University School of Criminal Justice and the New Jersey Institute for Social Justice, 2006.

Community links, Letting the FUTURE in a celebration of innovative projects for children and young people, 2006.

Fishman, S. H. & Cassin, C. J. M. Services for families of Offender: An Overview. U. S. Department of Justice National Institute of Corrections, 1981.

GSL, Global News for the men and women GSL, summer 2006.

NIACE: National Institute of Adult Continuing Education, Devon Project Helps Families Stay in Touch and wins National award, Press Release 3th Many 2006.

Hairston, C. F. Family Ties During Imprisonment: Important to Whom and For What:, Journal of Sociology and Social Welfare, 18(1), 1991. pp.87－104.

Harm, N. J. Families and Re－Entry Process. Family & Corrections Network Report. Issue 21, 1999.

Hostetter, E. C. & Jinnah, D. T. Research Summary: Families of Adult Prisoners. Prison Fellowship Ministries, 1993.

Hower, J. F. & MacDonald, D. Maintaining Family Ties. Corrections Today, 8, 1982.

Mustin, J. The Family: A Critical Fator for Corrections, Family and Corrections Network,

1987.

McHugh, J. PUBLIC FINANCE −LONDON −, Inside story: Sharon Berry's innovative StoryBook Dads scheme gives fathers in prison an opportunity to stay in close personal contact with their children, 30 −32, 2006.

Ohlin, L. E. The Stability and Validity of Parole Experience. University of Chicago, Doctoral Dissertation. cited in Holt, Norman & Donald Miller. 1972. Explorations in Inmate −Family Relationship. California: California Department of Corrections (January). 1954.

Penny Leapheart, A Review of Institutional Programs Addressing the Needs of Incarcerated females and their Children, Master of Science in the Department of Criminal Justice Central Missouri State University, 1997.

Phillis J. Baunach, You Can't be a Mother and be in Prison You? Impact of Mother Child Separation, in B. R. Price & N. J. Sokoloff(eds.), The Criminal Justice System and Women, New York: Clark Boarfman, 1982.

Richards, Barry. The Experience of Long −Term Imprisonment. British Journal of Criminology, 18(2), 1978.

Sharp F. Susan & Marcus Mendoza T. Susan, It's a Family Affair: Incarcerated Women and Their Families, Women & Criminal Justice Volume: 12, 2001.

Stanton, A. M. When Mothers Go To Jail. Lexington Books, 1980.

Temin Engel Carolyn, Let us consider the Childeren, Corrections Today Volume: 63, 2001.

NHS Institute for Innovation and Improvement, Generated: 3 September, 2007.

http://www.bsprism.com

http://www.corrections.go.kr

http://www.nicic.org/services/special/women

http://www.storybookdads.org.uk

부록 2

형의 집행 및 수용자의 처우에 관한 법률

제1편 총 칙

제1조(목적) 이 법은 수형자의 교정교화와 건전한 사회복귀를 도모하고, 수용자의
처우와 권리 및 교정시설의 운영에 관하여 필요한 사항을 규정함을 목적으로
한다.

제2조(정의) 이 법에서 사용하는 용어의 뜻은 다음과 같다.

1. "수형자"란 징역형·금고형 또는 구류형의 선고를 받아 그 형이 확정된 사
람과 벌금 또는 과료를 완납하지 아니하여 노역장 유치명령을 받은 사람을
말한다.

2. "미결수용자"란 형사피의자 또는 형사피고인으로서 체포되거나 구속영장의
집행을 받은 사람을 말한다.

3. "사형확정자"란 사형의 선고를 받아 그 형이 확정된 사람을 말한다.

4. "수용자"란 수형자·미결수용자·사형확정자, 그 밖에 법률과 적법한 절차에
따라 교도소·구치소 및 그 지소(이하 "교정시설"이라 한다)에 수용된 사람
을 말한다.

제3조(적용범위) 이 법은 교정시설의 구내와 교도관이 수용자를 계호(戒護)하고
있는 그 밖의 장소로서 교도관의 통제가 요구되는 공간에 대하여 적용한다.

제4조(인권의 존중) 이 법을 집행하는 때에 수용자의 인권은 최대한으로 존중되
어야 한다.

제5조(차별금지) 수용자는 합리적인 이유 없이 성별, 종교, 장애, 나이, 사회적 신
분, 출신지역, 출신국가, 출신민족, 용모 등 신체조건, 병력(病歷), 혼인 여부,
정치적 의견 및 성적(性的) 지향 등을 이유로 차별받지 아니한다.

제6조(교정시설의 규모 및 설비) ① 신설하는 교정시설은 수용인원이 500명 이내
의 규모가 되도록 하여야 한다. 다만, 교정시설의 기능·위치나 그 밖의 사정
을 고려하여 그 규모를 증대할 수 있다.

② 교정시설의 거실·작업장·접견실이나 그 밖의 수용생활을 위한 설비는 그 목적과 기능에 맞도록 설치되어야 한다. 특히, 거실은 수용자가 건강하게 생활할 수 있도록 적정한 수준의 공간과 채광·통풍·난방을 위한 시설이 갖추어져야 한다.

제7조(교정시설 설치·운영의 민간위탁) ① 법무부장관은 교정시설의 설치 및 운영에 관한 업무의 일부를 법인 또는 개인에게 위탁할 수 있다.

② 제1항에 따라 위탁을 받을 수 있는 법인 또는 개인의 자격요건, 교정시설의 시설기준, 수용대상자의 선정기준, 수용자 처우의 기준, 위탁절차, 국가의 감독, 그 밖에 필요한 사항은 따로 법률로 정한다.

제8조(교정시설의 순회점검) 법무부장관은 교정시설의 운영, 교도관 및 경비교도의 복무, 수용자의 처우 및 인권실태 등을 파악하기 위하여 매년 1회 이상 교정시설을 순회점검하거나 소속 공무원으로 하여금 순회점검하게 하여야 한다.

제9조(교정시설의 시찰 및 참관) ① 판사와 검사는 직무상 필요하면 교정시설을 시찰할 수 있다.

② 제1항의 판사와 검사 외의 사람은 교정시설을 참관하려면 학술연구 등 정당한 이유를 명시하여 교정시설의 장(이하 "소장"이라 한다)의 허가를 받아야 한다.

제10조(교도관의 직무) 이 법에 규정된 사항 외에 교도관의 직무에 관하여는 따로 법률로 정한다.

제2편 수용자의 처우
제1장 수 용

제11조(구분수용)

① 수용자는 다음 각 호에 따라 구분하여 수용한다.

1. 교도소: 20세 이상인 수형자

2. 소년교도소: 20세 미만인 수형자

3. 구치소: 미결수용자

② 교도소 및 구치소의 각 지소에는 교도소 또는 구치소에 준하여 수용자를

수용한다.

제12조(구분수용의 예외) ① 다음 각 호의 어느 하나에 해당하는 사유가 있으면 교도소에 미결수용자를 수용할 수 있다.

1. 관할 법원 및 검찰청 소재지에 구치소가 없는 때
2. 구치소의 수용인원이 정원을 훨씬 초과하여 정상적인 운영이 곤란한 때
3. 범죄의 증거인멸을 방지하기 위하여 필요하거나 그 밖에 특별한 사정이 있는 때

② 취사 등의 작업을 위하여 필요하거나 그 밖에 특별한 사정이 있으면 구치소에 수형자를 수용할 수 있다.

③ 수형자가 소년교도소에 수용 중에 20세가 된 경우에도 교육·교화프로그램, 작업, 직업훈련 등을 실시하기 위하여 특히 필요하다고 인정되면 23세가 되기 전까지는 계속하여 수용할 수 있다.

④ 소장은 특별한 사정이 있으면 제11조의 구분수용 기준에 따라 다른 교정시설로 이송하여야 할 수형자를 6개월을 초과하지 아니하는 기간 동안 계속하여 수용할 수 있다.

제13조(분리수용) ① 남성과 여성은 분리하여 수용한다.

② 제12조에 따라 수형자와 미결수용자, 20세 이상의 수형자와 20세 미만의 수형자를 같은 교정시설에 수용하는 경우에는 서로 분리하여 수용한다.

제14조(독거수용) 수용자는 독거수용한다. 다만, 다음 각 호의 어느 하나에 해당하는 사유가 있으면 혼거수용할 수 있다.

1. 독거실 부족 등 시설여건이 충분하지 아니한 때
2. 수용자의 생명 또는 신체의 보호, 정서적 안정을 위하여 필요한 때
3. 수형자의 교화 또는 건전한 사회복귀를 위하여 필요한 때

제15조(수용거실 지정) 소장은 수용자의 거실을 지정하는 경우에는 죄명·형기·죄질·성격·범죄전력·나이·경력 및 수용생활 태도, 그 밖에 수용자의 개인적 특성을 고려하여야 한다.

제16조(신입자의 수용 등) ① 소장은 법원·검찰청·경찰관서 등으로부터 처음으로 교정시설에 수용되는 사람(이하 "신입자"라 한다)에 대하여는 집행지휘서, 재판서, 그 밖에 수용에 필요한 서류를 조사한 후 수용한다.

② 소장은 신입자에 대하여는 지체 없이 건강진단을 하여야 한다.

제17조(고지사항) 신입자 및 다른 교정시설로부터 이송되어 온 사람에 대하여는

말이나 서면으로 다음 각 호의 사항을 알려 주어야 한다.

1. 형기의 기산일 및 종료일

2. 접견·서신, 그 밖의 수용자의 권리에 관한 사항

3. 청원, 「국가인권위원회법」에 따른 진정, 그 밖의 권리구제에 관한 사항

4. 징벌·규율, 그 밖의 수용자의 의무에 관한 사항

5. 일과(日課) 그 밖의 수용생활에 필요한 기본적인 사항

제18조(수용의 거절) ① 소장은 다른 사람의 건강에 위해를 끼칠 우려가 있는 전염병에 걸린 사람의 수용을 거절할 수 있다.

② 소장은 제1항에 따라 수용을 거절하였으면 그 사유를 지체 없이 수용지휘기관과 관할 보건소장에게 통보하고 법무부장관에게 보고하여야 한다.

제19조(사진촬영 등) ① 소장은 신입자 및 다른 교정시설로부터 이송되어 온 사람에 대하여 다른 사람과의 식별을 위하여 필요한 한도에서 사진촬영, 지문채취, 수용자 번호지정, 그 밖에 대통령령으로 정하는 조치를 하여야 한다.

② 소장은 수용목적상 필요하면 수용 중인 사람에 대하여도 제1항의 조치를 할 수 있다.

제20조(수용자의 이송) ① 소장은 수용자의 수용·작업·교화·의료, 그 밖의 처우를 위하여 필요하거나 시설의 안전과 질서유지를 위하여 필요하다고 인정하면 법무부장관의 승인을 받아 수용자를 다른 교정시설로 이송할 수 있다.

② 법무부장관은 제1항의 이송승인에 관한 권한을 대통령령으로 정하는 바에 따라 지방교정청장에게 위임할 수 있다.

제21조(수용사실의 가족 통지) 소장은 신입자 또는 다른 교정시설로부터 이송되어 온 사람이 있으면 그 사실을 수용자의 가족(배우자, 직계 존속·비속 또는 형제자매를 말한다. 이하 같다)에게 지체 없이 통지하여야 한다. 다만, 수용자가 통지를 원하지 아니하면 그러하지 아니하다.

제2장 물품지급

제22조(의류 및 침구 등의 지급) ① 소장은 수용자에게 건강유지에 적합한 의류·침구, 그 밖의 생활용품을 지급한다.

② 의류·침구, 그 밖의 생활용품의 지급기준 등에 관하여 필요한 사항은 법무부령으로 정한다.

제23조(음식물의 지급) ① 소장은 수용자에게 건강상태, 나이, 부과된 작업의 종류, 그 밖의 개인적 특성을 고려하여 건강 및 체력을 유지하는 데에 필요한 음식물을 지급한다.

② 음식물의 지급기준 등에 관하여 필요한 사항은 법무부령으로 정한다.

제24조(물품의 자비구매) ① 수용자는 소장의 허가를 받아 자신의 비용으로 음식물·의류·침구, 그 밖에 수용생활에 필요한 물품을 구매할 수 있다.

② 물품의 자비구매 허가범위 등에 관하여 필요한 사항은 법무부령으로 정한다.

제3장 금품관리

제25조(휴대금품의 영치 등) ① 소장은 수용자의 휴대금품을 교정시설에 영치한다. 다만, 휴대품이 다음 각 호의 어느 하나에 해당하는 것이면 수용자로 하여금 자신이 지정하는 사람에게 보내게 하거나 그 밖에 적당한 방법으로 처분하게 할 수 있다.

1. 부패하거나 없어질 우려가 있는 것
2. 물품의 종류·크기 등을 고려할 때 보관하기에 적당하지 아니한 것
3. 사람의 생명 또는 신체에 위험을 초래할 우려가 있는 것
4. 시설의 안전 또는 질서를 해칠 우려가 있는 것
5. 그 밖에 영치할 가치가 없는 것

② 소장은 수용자가 제1항 단서에 따라 처분하여야 할 휴대품을 상당한 기간 내에 처분하지 아니하면 폐기할 수 있다.

제26조(수용자의 물품소지 등) ① 수용자는 서신·도서, 그 밖에 수용생활에 필요한 물품을 법무부장관이 정하는 범위에서 소지할 수 있다.

② 소장은 제1항의 소지범위를 벗어난 물품으로서 교정시설에 특히 영치할 필요가 있다고 인정하지 아니하는 물품은 수용자로 하여금 자신이 지정하는 사람에게 보내게 하거나 그 밖에 적당한 방법으로 처분하게 할 수 있다.

③ 소장은 수용자가 제2항에 따라 처분하여야 할 물품을 상당한 기간 내에 처분하지 아니하면 폐기할 수 있다.

제27조(수용자에 대한 금품교부) ① 수용자 외의 사람이 수용자에게 금품을 교부하려고 신청하면 소장은 다음 각 호의 어느 하나에 해당하는 사유가 있는 경

우를 제외하고는 허가하여야 한다.

1. 수형자의 교화 또는 건전한 사회복귀를 해칠 우려가 있는 때

2. 시설의 안전 또는 질서를 해칠 우려가 있는 때

② 소장은 수용자에게 보내온 금품으로서 본인이 수령을 거부하거나 제1항 각 호의 어느 하나에 해당하는 사유가 있으면 보낸 사람에게 되돌려 보내야 한다.

③ 소장은 제2항의 경우에 금품을 보낸 사람을 알 수 없거나 보낸 사람의 주소가 불분명한 경우에는 그 뜻을 공고하여야 하며, 공고한 후 6개월이 지나도 교부를 청구하는 사람이 없으면 그 금품은 국고에 귀속된다.

④ 소장은 제2항 또는 제3항에 따른 조치를 하였으면 그 사실을 수용자에게 알려 주어야 한다.

제28조(유류금품의 교부) ① 소장은 사망자 또는 도주자가 남겨두고 간 금품이 있으면 사망자의 경우에는 그 상속인에게, 도주자의 경우에는 그 가족에게 그 내용 및 청구절차 등을 알려 주어야 한다. 다만, 부패하거나 없어질 우려가 있는 것은 폐기할 수 있다.

② 소장은 상속인 또는 가족이 제1항의 금품을 청구하면 지체 없이 교부하여야 한다. 다만, 제1항에 따른 고지를 받은 날(알려줄 수가 없는 경우에는 청구사유가 발생한 날)부터 1년이 지나도 청구가 없으면 그 금품은 국고에 귀속된다.

제29조(영치금품의 환부) 수용자의 영치금품은 석방할 때에 본인에게 되돌려 주어야 한다.

제4장 위생과 의료

제30조(위생·의료 조치의무) 소장은 수용자가 건강한 생활을 하는 데에 필요한 위생 및 의료상의 적절한 조치를 하여야 한다.

제31조(청결유지) 소장은 수용자가 사용하는 모든 설비와 기구가 항상 청결하게 유지되도록 하여야 한다.

제32조(청결의무) ① 수용자는 자신의 신체 및 의류를 청결히 하여야 하며, 자신이 사용하는 거실·작업장, 그 밖의 수용시설의 청결유지에 협력하여야 한다.

② 수용자는 위생을 위하여 두발 또는 수염을 단정하게 유지하여야 한다.

제33조(운동 및 목욕) ① 소장은 수용자가 건강유지에 필요한 운동 및 목욕을 정기적으로 할 수 있도록 하여야 한다.

② 운동시간·목욕횟수 등에 관하여 필요한 사항은 대통령령으로 정한다.

제34조(건강검진) ① 소장은 수용자에 대하여 건강검진을 정기적으로 하여야 한다.

② 건강검진의 횟수 등에 관하여 필요한 사항은 대통령령으로 정한다.

제35조(전염성 질병에 관한 조치) 소장은 전염의 우려가 있는 질병의 발생과 확산을 방지하기 위하여 필요하다고 인정하면 수용자에 대하여 예방접종·격리수용·이송, 그 밖에 필요한 조치를 하여야 한다.

제36조(부상자 등 치료) 소장은 수용자가 부상을 당하거나 질병에 걸리면 적절한 치료를 받도록 하여야 한다.

제37조(외부의료시설 진료 등) ① 소장은 수용자에 대한 적절한 치료를 위하여 필요하다고 인정하면 교정시설 밖에 있는 의료시설(이하 "외부의료시설"이라 한다)에서 진료를 받게 할 수 있다.

② 소장은 수용자의 정신질환 치료를 위하여 필요하다고 인정하면 법무부장관의 승인을 받아 치료감호시설로 이송할 수 있다.

③ 제2항에 따라 이송된 사람은 수용자에 준하여 처우한다.

④ 소장은 제1항 또는 제2항에 따라 수용자가 외부의료시설에서 진료받거나 치료감호시설로 이송되면 그 사실을 그 가족(가족이 없는 경우에는 수용자가 지정하는 사람)에게 지체 없이 통지하여야 한다. 다만, 수용자가 통지를 원하지 아니하면 그러하지 아니하다.

⑤ 소장은 수용자가 자신의 고의 또는 중대한 과실로 부상 등이 발생하여 외부의료시설에서 진료를 받은 경우에는 그 진료비의 전부 또는 일부를 그 수용자에게 부담하게 할 수 있다.

제38조(자비치료) 소장은 수용자가 자신의 비용으로 외부의료시설에서 근무하는 의사(이하 "외부의사"라 한다)에게 치료받기를 원하면 교정시설에 근무하는 의사(공중보건의사를 포함하며, 이하 "의무관"이라 한다)의 의견을 고려하여 이를 허가할 수 있다.

제39조(진료환경 등) ① 교정시설에는 수용자의 진료를 위하여 필요한 의료 인력과 설비를 갖추어야 한다.

② 소장은 정신질환이 있다고 의심되는 수용자가 있으면 정신과 의사의 진료를 받을 수 있도록 하여야 한다.

③ 외부의사는 수용자를 진료하는 경우에는 법무부장관이 정하는 사항을 준수하여야 한다.

④ 교정시설에 갖추어야 할 의료설비의 기준에 관하여 필요한 사항은 법무부령으로 정한다.

제40조(수용자의 의사에 반하는 의료조치) ① 소장은 수용자가 진료 또는 음식물의 섭취를 거부하면 의무관으로 하여금 관찰·조언 또는 설득을 하도록 하여야 한다.

② 소장은 제1항의 조치에도 불구하고 수용자가 진료 또는 음식물의 섭취를 계속 거부하여 그 생명에 위험을 가져올 급박한 우려가 있으면 의무관으로 하여금 적당한 진료 또는 영양보급 등의 조치를 하게 할 수 있다.

제5장 접견·서신수수 및 전화통화

제41조(접견) ① 수용자는 교정시설의 외부에 있는 사람과 접견할 수 있다. 다만, 다음 각 호의 어느 하나에 해당하는 사유가 있으면 그러하지 아니하다.

   1. 형사 법령에 저촉되는 행위를 할 우려가 있는 때
   2. 「형사소송법」이나 그 밖의 법률에 따른 접견금지의 결정이 있는 때
   3. 수형자의 교화 또는 건전한 사회복귀를 해칠 우려가 있는 때
   4. 시설의 안전 또는 질서를 해칠 우려가 있는 때

② 소장은 다음 각 호의 어느 하나에 해당하는 사유가 있으면 교도관으로 하여금 수용자의 접견내용을 청취·기록·녹음 또는 녹화하게 할 수 있다.

   1. 범죄의 증거를 인멸하거나 형사 법령에 저촉되는 행위를 할 우려가 있는 때
   2. 수형자의 교화 또는 건전한 사회복귀를 위하여 필요한 때
   3. 시설의 안전과 질서유지를 위하여 필요한 때

③ 제2항에 따라 녹음·녹화하는 경우에는 사전에 수용자 및 그 상대방에게 그 사실을 알려 주어야 한다.

④ 접견의 횟수·시간·장소·방법 및 접견내용의 청취·기록·녹음·녹화 등에 관하여 필요한 사항은 대통령령으로 정한다.

제42조(접견의 중지 등) 교도관은 접견 중인 수용자 또는 그 상대방이 다음 각 호의 어느 하나에 해당하면 접견을 중지할 수 있다.

1. 범죄의 증거를 인멸하거나 인멸하려고 하는 때
2. 제92조의 금지물품을 주고받거나 주고받으려고 하는 때
3. 형사 법령에 저촉되는 행위를 하거나 하려고 하는 때
4. 수용자의 처우 또는 교정시설의 운영에 관하여 거짓사실을 유포하는 때
5. 수형자의 교화 또는 건전한 사회복귀를 해칠 우려가 있는 행위를 하거나
   하려고 하는 때
6. 시설의 안전 또는 질서를 해하는 행위를 하거나 하려고 하는 때

제43조(서신수수) ① 수용자는 다른 사람과 서신을 주고받을 수 있다. 다만, 다음
각 호의 어느 하나에 해당하는 사유가 있으면 그러하지 아니하다.

1. 「형사소송법」이나 그 밖의 법률에 따른 서신의 수수금지 및 압수의 결정이
   있는 때
2. 수형자의 교화 또는 건전한 사회복귀를 해칠 우려가 있는 때
3. 시설의 안전 또는 질서를 해칠 우려가 있는 때

② 제1항 본문에도 불구하고 같은 교정시설의 수용자 간에 서신을 주고받으
려면 소장의 허가를 받아야 한다.

③ 소장은 수용자가 주고받는 서신에 법령에 따라 금지된 물품이 들어 있는지
확인할 수 있다.

④ 수용자가 주고받는 서신의 내용은 검열받지 아니한다. 다만, 다음 각 호의
어느 하나에 해당하는 사유가 있으면 그러하지 아니하다.

1. 서신의 상대방이 누구인지 확인할 수 없는 때
2. 「형사소송법」이나 그 밖의 법률에 따른 서신검열의 결정이 있는 때
3. 제1항제2호 또는 제3호에 해당하는 내용이나 형사 법령에 저촉되는 내
   용이 기재되어 있다고 의심할 만한 상당한 이유가 있는 때
4. 대통령령으로 정하는 수용자 간의 서신인 때

⑤ 소장은 제3항 또는 제4항 단서에 따라 확인 또는 검열한 결과 수용자의
서신에 법령으로 금지된 물품이 들어 있거나 서신의 내용이 다음 각 호의
어느 하나에 해당하면 발신 또는 수신을 금지할 수 있다.

1. 암호·기호 등 이해할 수 없는 특수문자로 작성되어 있는 때
2. 범죄의 증거를 인멸할 우려가 있는 때
3. 형사 법령에 저촉되는 내용이 기재되어 있는 때
4. 수용자의 처우 또는 교정시설의 운영에 관하여 명백한 거짓사실을 포

함하고 있는 때

5. 사생활의 비밀 또는 자유를 침해할 우려가 있는 때

6. 수형자의 교화 또는 건전한 사회복귀를 해칠 우려가 있는 때

7. 시설의 안전 또는 질서를 해칠 우려가 있는 때

⑥ 소장이 서신을 발송하거나 교부하는 경우에는 신속히 하여야 한다.

⑦ 소장은 제1항 단서 또는 제5항에 따라 발신 또는 수신이 금지된 서신은 수용자에게 그 사유를 알린 후 교정시설에 영치한다. 다만, 수용자가 동의 하면 폐기할 수 있다.

⑧ 서신발송의 횟수, 서신 내용물의 확인방법 및 서신 내용의 검열절차 등에 관하여 필요한 사항은 대통령령으로 정한다.

제44조(전화통화) ① 수용자는 소장의 허가를 받아 교정시설의 외부에 있는 사람 과 전화통화를 할 수 있다.

② 제1항에 따른 허가에는 통화내용의 청취 또는 녹음을 조건으로 붙일 수 있다.

③ 제42조는 수용자의 전화통화에 관하여 준용한다.

④ 제2항에 따라 통화내용을 청취 또는 녹음하려면 사전에 수용자 및 상대방 에게 그 사실을 알려 주어야 한다.

⑤ 전화통화의 허가범위, 통화내용의 청취 · 녹음 등에 관하여 필요한 사항은 법무부령으로 정한다.

제6장 종교와 문화

제45조(종교행사의 참석 등) ① 수용자는 교정시설의 안에서 실시하는 종교의식 또는 행사에 참석할 수 있으며, 개별적인 종교상담을 받을 수 있다.

② 수용자는 자신의 신앙생활에 필요한 서적이나 물품을 소지할 수 있다.

③ 소장은 다음 각 호의 어느 하나에 해당하는 사유가 있으면 제1항 및 제2 항에서 규정하고 있는 사항을 제한할 수 있다.

1. 수형자의 교화 또는 건전한 사회복귀를 위하여 필요한 때

2. 시설의 안전과 질서유지를 위하여 필요한 때

④ 종교행사의 종류 · 참석대상 · 방법, 종교상담의 대상 · 방법 및 종교서적 · 물품의 소지범위 등에 관하여 필요한 사항은 법무부령으로 정한다.

제46조(도서비치 및 이용) 소장은 수용자의 지식함양 및 교양습득에 필요한 도서

를 비치하고 수용자가 이용할 수 있도록 하여야 한다.

제47조(신문등의 구독) ① 수용자는 자신의 비용으로 신문·잡지 또는 도서(이하 "신문등" 이라 한다)의 구독을 신청할 수 있다.

② 소장은 제1항에 따라 구독을 신청한 신문등이 「출판문화산업 진흥법」에 따른 유해간행물인 경우를 제외하고는 구독을 허가하여야 한다.

③ 제1항에 따라 구독을 신청할 수 있는 신문등의 범위 및 수량은 법무부령으로 정한다.

제48조(라디오 청취와 텔레비전 시청) ① 수용자는 정서안정 및 교양습득을 위하여 라디오 청취와 텔레비전 시청을 할 수 있다.

② 소장은 다음 각 호의 어느 하나에 해당하는 사유가 있으면 수용자에 대한 라디오 및 텔레비전의 방송을 일시 중단하거나 개별 수용자에 대하여 라디오 및 텔레비전의 청취 또는 시청을 금지할 수 있다.

  1. 수형자의 교화 또는 건전한 사회복귀를 해칠 우려가 있는 때

  2. 시설의 안전과 질서유지를 위하여 필요한 때

③ 방송설비·방송프로그램·방송시간 등에 관하여 필요한 사항은 법무부령으로 정한다.

제49조(집필) ① 수용자는 문서 또는 도화를 작성하거나 문예·학술, 그 밖의 사항에 관하여 집필할 수 있다. 다만, 소장이 시설의 안전 또는 질서를 해칠 명백한 위험이 있다고 인정하는 경우는 예외로 한다.

② 제26조는 제1항에 따라 작성 또는 집필한 문서나 도화의 소지 및 처리에 관하여 준용한다.

③ 제1항에 따라 작성 또는 집필한 문서나 도화가 제43조제5항 각 호의 어느 하나에 해당하면 제43조제7항을 준용한다.

④ 집필용구의 관리, 집필의 시간·장소, 집필한 문서 또는 도화의 외부반출 등에 관하여 필요한 사항은 대통령령으로 정한다.

제7장 특별한 보호

제50조(여성수용자의 처우) ① 소장은 여성수용자에 대하여 여성의 신체적·심리적 특성을 고려하여 처우하여야 한다.

② 소장은 여성수용자에 대하여 건강검진을 실시하는 경우에는 나이·건강

등을 고려하여 부인과질환에 관한 검사를 포함시킬 수 있다.

③ 소장은 생리 중인 여성수용자에 대하여는 위생에 필요한 물품을 지급할 수 있다.

④ 소장은 여성수용자가 미성년자인 자녀와 접견하는 경우에는 차단시설이 없는 장소에서 접견하게 할 수 있다.

제51조(여성수용자 처우 시의 유의사항) ① 소장은 여성수용자에 대하여 상담·교육·작업 등(이하 이 조에서 "상담등"이라 한다)을 실시하는 때에는 여성교도관이 담당하도록 하여야 한다. 다만, 여성교도관이 부족하거나 그 밖의 부득이한 사정이 있으면 그러하지 아니하다.

② 제1항 단서에 따라 남성교도관이 1인의 여성수용자에 대하여 실내에서 상담등을 하려면 투명한 창문이 설치된 장소에서 다른 여성을 입회시킨 후 실시하여야 한다.

제52조(임산부인 수용자의 처우) ① 소장은 수용자가 임신 중이거나 출산(유산을 포함한다)한 경우에는 모성보호 및 건강유지를 위하여 정기적인 검진 등 적절한 조치를 하여야 한다.

② 소장은 수용자가 출산하려고 하는 경우에는 외부의료시설에서 진료를 받게 하는 등 적절한 조치를 하여야 한다.

제53조(유아의 양육) ① 여성수용자는 자신이 출산한 유아를 교정시설에서 양육할 것을 신청할 수 있다. 이 경우 소장은 다음 각 호의 어느 하나에 해당하는 사유가 없으면, 생후 18개월에 이르기까지 허가하여야 한다.

1. 유아가 질병·부상, 그 밖의 사유로 교정시설에서 생활하는 것이 특히 부적당하다고 인정되는 때

2. 수용자가 질병·부상, 그 밖의 사유로 유아를 양육할 능력이 없다고 인정되는 때

3. 교정시설에 전염병이 유행하거나 그 밖의 사정으로 유아양육이 특히 부적당한 때

② 소장은 제1항에 따라 유아의 양육을 허가한 경우에는 필요한 설비와 물품의 제공, 그 밖에 양육을 위하여 필요한 조치를 하여야 한다.

제54조(노인수용자 등의 처우) ① 소장은 노인수용자에 대하여 나이·건강상태 등을 고려하여 그 처우에 있어 적정한 배려를 하여야 한다.

② 소장은 장애인수용자에 대하여 장애의 정도를 고려하여 그 처우에 있어

적정한 배려를 하여야 한다.

③ 소장은 외국인수용자에 대하여 언어·생활문화 등을 고려하여 적정한 처우를 하여야 한다.

④ 노인수용자·장애인수용자 및 외국인수용자에 대한 적정한 배려 또는 처우에 관하여 필요한 사항은 법무부령으로 정한다.

제8장 수형자의 처우
제1절 통 칙

제55조(수형자 처우의 원칙) 수형자에 대하여는 교육·교화프로그램, 작업, 직업훈련 등을 통하여 교정교화를 도모하고 사회생활에 적응하는 능력을 함양하도록 처우하여야 한다.

제56조(개별처우계획의 수립 등) ① 소장은 제62조의 분류처우위원회의 의결에 따라 수형자의 개별적 특성에 알맞은 교육·교화프로그램, 작업, 직업훈련 등의 처우에 관한 계획(이하 "개별처우계획"이라 한다)을 수립하여 시행한다.

② 소장은 수형자가 스스로 개선하여 사회에 복귀하려는 의욕이 고취되도록 개별처우계획을 정기적으로 또는 수시로 점검하여야 한다.

제57조(처우) ① 수형자는 제59조의 분류심사의 결과에 따라 그에 적합한 교정시설에 수용되며, 개별처우계획에 따라 그 특성에 알맞은 처우를 받는다.

② 교정시설은 도주방지 등을 위한 수용설비 및 계호의 정도(이하 "경비등급"이라 한다)에 따라 다음 각 호로 구분한다. 다만, 동일한 교정시설이라도 구획을 정하여 경비등급을 달리할 수 있다.

1. 개방시설: 도주방지를 위한 통상적인 설비의 전부 또는 일부를 갖추지 아니하고 수형자의 자율적 활동이 가능하도록 통상적인 관리·감시의 전부 또는 일부를 하지 아니하는 교정시설

2. 완화경비시설: 도주방지를 위한 통상적인 설비 및 수형자에 대한 관리·감시를 일반경비시설보다 완화한 교정시설

3. 일반경비시설: 도주방지를 위한 통상적인 설비를 갖추고 수형자에 대하여 통상적인 관리·감시를 하는 교정시설

4. 중(重)경비시설: 도주방지 및 수형자 상호 간의 접촉을 차단하는 설비를 강화하고 수형자에 대한 관리·감시를 엄중히 하는 교정시설

③ 수형자에 대한 처우는 교화 또는 건전한 사회복귀를 위하여 교정성적에 따라 상향 조정될 수 있으며, 특히 그 성적이 우수한 수형자는 개방시설에 수용되어 사회생활에 필요한 적정한 처우를 받을 수 있다.

④ 수형자는 교화 또는 건전한 사회복귀를 위하여 교정시설 밖의 적당한 장소에서 봉사활동·견학, 그 밖에 사회적응에 필요한 처우를 받을 수 있다.

⑤ 학과교육생·직업훈련생·외국인·여성·장애인·노인·환자, 그 밖에 별도의 처우가 필요한 수형자는 법무부장관이 특히 그 처우를 전담하도록 정하는 시설(이하 "전담교정시설"이라 한다)에 수용되며, 그 특성에 알맞은 처우를 받는다. 다만, 전담교정시설의 부족이나 그 밖의 부득이한 사정이 있는 경우에는 예외로 할 수 있다.

⑥ 제2항 각 호의 시설의 설비 및 계호의 정도에 관하여 필요한 사항은 대통령령으로 정한다.

제58조(외부전문가의 상담 등) 소장은 수형자의 교화 또는 건전한 사회복귀를 위하여 필요하면 교육학·교정학·범죄학·사회학·심리학·의학 등에 관한 학식 또는 교정에 관한 경험이 풍부한 외부전문가로 하여금 수형자에 대한 상담·심리치료 또는 생활지도 등을 하게 할 수 있다.

제2절 분류심사

제59조(분류심사) ① 소장은 수형자에 대한 개별처우계획을 합리적으로 수립하고 조정하기 위하여 수형자의 인성, 행동특성 및 자질 등을 과학적으로 조사·측정·평가(이하 "분류심사"라 한다)하여야 한다. 다만, 집행할 형기가 짧거나 그 밖의 특별한 사정이 있는 경우에는 예외로 할 수 있다.

② 수형자의 분류심사는 형이 확정된 경우에 개별처우계획을 수립하기 위하여 하는 심사와 일정한 형기가 지나거나 상벌 또는 그 밖의 사유가 발생한 경우에 개별처우계획을 조정하기 위하여 하는 심사로 구분한다.

③ 소장은 분류심사를 위하여 수형자를 대상으로 상담 등을 통한 신상에 관한 개별사안의 조사, 심리·지능·적성 검사, 그 밖에 필요한 검사를 할 수 있다.

④ 소장은 분류심사를 위하여 외부전문가로부터 필요한 의견을 듣거나 외부전문가에게 조사를 의뢰할 수 있다.

⑤ 이 법에 규정된 사항 외에 분류심사에 관하여 필요한 사항은 법무부령으로 정한다.

제60조(관계기관등에 대한 사실조회 등) ① 소장은 분류심사와 그 밖에 수용목적의 달성을 위하여 필요하면 수용자의 가족 등을 면담하거나 법원·경찰관서, 그 밖의 관계 기관 또는 단체(이하 "관계기관등"이라 한다)에 대하여 필요한 사실을 조회할 수 있다.

② 제1항의 조회를 요청받은 관계기관등의 장은 특별한 사정이 없으면 지체 없이 그에 관하여 회신하여야 한다.

제61조(분류전담시설) 법무부장관은 수형자를 과학적으로 분류하기 위하여 분류심사를 전담하는 교정시설을 지정·운영할 수 있다.

제62조(분류처우위원회) ① 수형자의 개별처우계획, 가석방심사신청 대상자 선정, 그 밖에 수형자의 분류처우에 관한 중요 사항을 심의·의결하기 위하여 교정시설에 분류처우위원회(이하 이 조에서 "위원회"라 한다)를 둔다.

② 위원회는 위원장을 포함한 5인 이상 7인 이하의 위원으로 구성하고, 위원장은 소장이 되며, 위원은 위원장이 소속 기관의 부소장 및 과장(지소의 경우에는 7급 이상의 교도관) 중에서 임명한다.

③ 위원회는 그 심의·의결을 위하여 외부전문가로부터 의견을 들을 수 있다.

④ 이 법에 규정된 사항 외에 위원회에 관하여 필요한 사항은 법무부령으로 정한다.

제3절 교육과 교화프로그램

제63조(교육) ① 소장은 수형자가 건전한 사회복귀에 필요한 지식과 소양을 습득하도록 교육할 수 있다.

② 소장은 「교육기본법」 제8조의 의무교육을 받지 못한 수형자에 대하여는 본인의 의사·나이·지식정도, 그 밖의 사정을 고려하여 그에 알맞게 교육하여야 한다.

③ 소장은 제1항 및 제2항에 따른 교육을 위하여 필요하면 수형자를 외부의 교육기관에 통학하게 하거나 위탁하여 교육받게 할 수 있다.

④ 교육과정·외부통학·위탁교육 등에 관하여 필요한 사항은 법무부령으로 정한다.

제64조(교화프로그램) ① 소장은 수형자의 교정교화를 위하여 상담·심리치료, 그 밖의 교화프로그램을 실시하여야 한다.

② 교화프로그램의 종류·내용 등에 관하여 필요한 사항은 법무부령으로 정한다.

제4절 작업과 직업훈련

제65조(작업의 부과) ① 수형자에게 부과하는 작업은 건전한 사회복귀를 위하여 기술을 습득하고 근로의욕을 고취하는 데에 적합한 것이어야 한다.

② 소장은 수형자에게 작업을 부과하려면 나이·형기·건강상태·기술·성격·취미·경력·장래생계, 그 밖의 수형자의 사정을 고려하여야 한다.

제66조(작업의무) 수형자는 자신에게 부과된 작업과 그 밖의 노역을 수행하여야 할 의무가 있다.

제67조(신청에 따른 작업) 소장은 금고형 또는 구류형의 집행 중에 있는 사람에 대하여는 신청에 따라 작업을 부과할 수 있다.

제68조(외부 통근 작업 등) ① 소장은 수형자의 건전한 사회복귀와 기술습득을 촉진하기 위하여 필요하면 외부기업체 등에 통근 작업하게 하거나 교정시설의 안에 설치된 외부기업체의 작업장에서 작업하게 할 수 있다.

② 외부 통근 작업 대상자의 선정기준 등에 관하여 필요한 사항은 법무부령으로 정한다.

제69조(직업능력개발훈련) ① 소장은 수형자의 건전한 사회복귀를 위하여 기술 습득 및 향상을 위한 직업능력개발훈련(이하 "직업훈련"이라 한다)을 실시할 수 있다.

② 소장은 수형자의 직업훈련을 위하여 필요하면 외부의 기관 또는 단체에서 훈련을 받게 할 수 있다.

③ 직업훈련 대상자의 선정기준 등에 관하여 필요한 사항은 법무부령으로 정한다.

제70조(집중근로에 따른 처우) ① 소장은 수형자의 신청에 따라 제68조의 작업, 제69조제2항의 훈련, 그 밖에 집중적인 근로가 필요한 작업을 부과하는 경우에는 접견·전화통화·교육·공동행사 참가 등의 처우를 제한할 수 있다. 다만, 접견 또는 전화통화를 제한한 때에는 휴일이나 그 밖에 해당 수용자의 작업이 없는 날에 접견 또는 전화통화를 할 수 있게 하여야 한다.

② 소장은 제1항에 따라 작업을 부과하거나 훈련을 받게 하기 전에 수형자에

게 제한되는 처우의 내용을 충분히 설명하여야 한다.

제71조(휴일의 작업) 공휴일·토요일과 그 밖의 휴일에는 작업을 부과하지 아니한다. 다만, 취사·청소·간호, 그 밖에 특히 필요한 작업은 예외로 한다.

제72조(작업의 면제) ① 소장은 수형자의 가족 또는 배우자의 직계존속이 사망하면 2일간, 부모 또는 배우자의 기일을 맞이하면 1일간 해당 수형자의 작업을 면제한다. 다만, 수형자가 작업을 계속하기를 원하는 경우는 예외로 한다.

② 소장은 수형자에게 부상·질병, 그 밖에 작업을 계속하기 어려운 특별한 사정이 있으면 그 사유가 해소될 때까지 작업을 면제할 수 있다.

제73조(작업수입 등) ① 작업수입은 국고수입으로 한다.

② 소장은 수형자의 근로의욕을 고취하고 건전한 사회복귀를 지원하기 위하여 법무부장관이 정하는 바에 따라 작업의 종류, 작업성적, 교정성적, 그 밖의 사정을 고려하여 수형자에게 작업장려금을 지급할 수 있다.

③ 제2항의 작업장려금은 석방할 때에 본인에게 지급한다. 다만, 본인의 가족생활 부조, 교화 또는 건전한 사회복귀를 위하여 특히 필요하면 석방 전이라도 그 전부 또는 일부를 지급할 수 있다.

제74조(위로금·조위금) ① 소장은 수형자가 다음 각 호의 어느 하나에 해당하면 법무부장관이 정하는 바에 따라 위로금 또는 조위금을 지급한다.

1. 작업 또는 직업훈련으로 인한 부상 또는 질병으로 신체에 장해가 발생한 때

2. 작업 또는 직업훈련 중에 사망하거나 그로 인하여 사망한 때

② 위로금은 석방할 때에 본인에게 지급하고, 조위금은 그 상속인에게 지급한다.

제75조(다른 보상·배상과의 관계) 위로금 또는 조위금을 지급받을 사람이 국가로부터 동일한 사유로 「민법」이나 그 밖의 법령에 따라 제74조의 위로금 또는 조위금에 상당하는 금액을 지급받은 경우에는 그 금액을 위로금 또는 조위금으로 지급하지 아니한다.

제76조(위로금·조위금을 지급받을 권리의 보호) ① 제74조의 위로금 또는 조위금을 지급받을 권리는 다른 사람 또는 법인에게 양도하거나 담보로 제공할 수 없으며, 다른 사람 또는 법인은 이를 압류할 수 없다.

② 제74조에 따라 지급받은 금전을 표준으로 하여 조세와 그 밖의 공과금(公課金)을 부과하여서는 아니 된다.

제5절 귀 휴

제77조(귀휴) ① 소장은 6개월 이상 복역한 수형자로서 그 형기의 3분의 1(21년 이상의 유기형 또는 무기형의 경우에는 7년)이 지나고 교정성적이 우수한 사람이 다음 각 호의 어느 하나에 해당하면 1년 중 20일 이내의 귀휴를 허가할 수 있다.

    1. 가족 또는 배우자의 직계존속이 위독한 때

    2. 질병이나 사고로 외부의료시설에의 입원이 필요한 때

    3. 천재지변이나 그 밖의 재해로 가족, 배우자의 직계존속 또는 수형자 본인에게 회복할 수 없는 중대한 재산상의 손해가 발생하였거나 발생할 우려가 있는 때

    4. 그 밖에 교화 또는 건전한 사회복귀를 위하여 법무부령으로 정하는 사유가 있는 때

② 소장은 다음 각 호의 어느 하나에 해당하는 사유가 있는 수형자에 대하여는 제1항에도 불구하고 5일 이내의 특별귀휴를 허가할 수 있다.

    1. 가족 또는 배우자의 직계존속이 사망한 때

    2. 직계비속의 혼례가 있는 때

③ 소장은 귀휴를 허가하는 경우에 법무부령으로 정하는 바에 따라 거소의 제한이나 그 밖에 필요한 조건을 붙일 수 있다.

④ 제1항 및 제2항의 귀휴기간은 형 집행기간에 포함한다.

제78조(귀휴의 취소) 소장은 귀휴 중인 수형자가 다음 긱 호의 어느 하나에 해당하면 그 귀휴를 취소할 수 있다.

1. 귀휴의 허가사유가 존재하지 아니함이 밝혀진 때

2. 거소의 제한이나 그 밖에 귀휴허가에 붙인 조건을 위반한 때

제9장 미결수용자의 처우

제79조(미결수용자 처우의 원칙) 미결수용자는 무죄의 추정을 받으며 그에 합당한 처우를 받는다.

제80조(참관금지) 미결수용자가 수용된 거실은 참관할 수 없다.

제81조(분리수용) 소장은 미결수용자로서 사건에 서로 관련이 있는 사람은 분리

수용하고 서로 간의 접촉을 금지하여야 한다.

제82조(사복착용) 미결수용자는 수사·재판·국정감사 또는 법률로 정하는 조사에 참석할 때에는 사복을 착용할 수 있다. 다만, 소장은 도주우려가 크거나 특히 부적당한 사유가 있다고 인정하면 교정시설에서 지급하는 의류를 입게 할 수 있다.

제83조(이발) 미결수용자의 두발 또는 수염은 특히 필요한 경우가 아니면 본인의 의사에 반하여 짧게 깎지 못한다.

제84조(변호인과의 접견 및 서신수수) ① 제41조제2항에도 불구하고 미결수용자와 변호인(변호인이 되려고 하는 사람을 포함한다. 이하 같다)과의 접견에는 교도관이 참여하지 못하며 그 내용을 청취 또는 녹취하지 못한다. 다만, 보이는 거리에서 미결수용자를 관찰할 수 있다.

② 미결수용자와 변호인 간의 접견은 시간과 횟수를 제한하지 아니한다.

③ 제43조제4항 단서에도 불구하고 미결수용자와 변호인 간의 서신은 교정시설에서 상대방이 변호인임을 확인할 수 없는 경우를 제외하고는 검열할 수 없다.

제85조(조사 등에서의 특칙) 소장은 미결수용자가 징벌대상자로서 조사받고 있거나 징벌집행 중인 경우에도 소송서류의 작성, 변호인과의 접견·서신수수, 그 밖의 수사 및 재판 과정에서의 권리행사를 보장하여야 한다.

제86조(작업과 교화) ① 소장은 미결수용자에 대하여는 신청에 따라 교육 또는 교화프로그램을 실시하거나 작업을 부과할 수 있다.

② 제1항에 따라 미결수용자에게 교육 또는 교화프로그램을 실시하거나 작업을 부과하는 경우에는 제63조부터 제65조까지 및 제70조부터 제76조까지의 규정을 준용한다.

제87조(유치장) 경찰관서에 설치된 유치장은 교정시설의 미결수용실로 보아 이 법을 준용한다.

제88조(준용규정) 형사사건으로 수사 또는 재판을 받고 있는 수형자에 대하여는 제84조 및 제85조를 준용한다.

제10장 사형확정자

제89조(사형확정자의 수용) ① 사형확정자는 교정시설의 미결수용실에 수용한다.

② 사형확정자는 독거수용한다. 다만, 자살 방지 등을 위하여 특히 필요한 경우에는 혼거수용할 수 있다.

③ 사형확정자가 수용된 거실은 참관할 수 없다.

제90조(개인상담 등) ① 소장은 사형확정자의 심리적 안정 및 원만한 수용생활을 위하여 심리상담 또는 종교상담을 받게 할 수 있다.

② 사형확정자에 대한 적정한 처우에 관하여 필요한 사항은 법무부령으로 정한다.

제91조(사형의 집행) ① 사형은 교정시설의 사형장에서 집행한다.

② 공휴일과 토요일에는 사형을 집행하지 아니한다.

제11장 안전과 질서

제92조(금지물품) 수용자는 다음 각 호의 물품을 소지하여서는 아니 된다.

1. 마약·총기·도검·폭발물·흉기·독극물, 그 밖에 범죄의 도구로 이용될 우려가 있는 물품

2. 주류·담배·화기·현금·수표, 그 밖에 시설의 안전 또는 질서를 해칠 우려가 있는 물품

3. 음란물, 사행행위에 사용되는 물품, 그 밖에 수형자의 교화 또는 건전한 사회복귀를 해칠 우려가 있는 물품

제93조(신체검사 등) ① 교도관은 시설의 안전과 질서유지를 위하여 필요하면 수용자의 신체·의류·휴대품·거실 및 작업장 등을 검사할 수 있다.

② 수용자의 신체를 검사하는 경우에는 불필요한 고통이나 수치심을 느끼지 아니하도록 유의하여야 하며, 특히 신체를 면밀하게 검사할 필요가 있으면 다른 수용자가 볼 수 없는 차단된 장소에서 하여야 한다.

③ 교도관은 시설의 안전과 질서유지를 위하여 필요하면 교정시설을 출입하는 수용자 외의 사람에 대하여 의류와 휴대품을 검사할 수 있다. 이 경우 출입자가 제92조의 금지물품을 소지하고 있으면 교정시설에 맡기도록 하여야 하며, 이에 응하지 아니하면 출입을 금지할 수 있다.

④ 여성의 신체·의류 및 휴대품에 대한 검사는 여성교도관이 하여야 한다.

⑤ 소장은 제1항에 따라 검사한 결과 제92조의 금지물품이 발견되면 형사 법령으로 정하는 절차에 따라 처리할 물품을 제외하고는 수용자에게 알린 후 폐기한다. 다만, 폐기하는 것이 부적당한 물품은 교정시설에 영치하거

나 수용자로 하여금 자신이 지정하는 사람에게 보내게 할 수 있다.

제94조(전자장비를 이용한 계호) ① 교도관은 자살·자해·도주·폭행·손괴, 그 밖에 수용자의 생명·신체를 해하거나 시설의 안전 또는 질서를 해하는 행위(이하 "자살등"이라 한다)를 방지하기 위하여 필요한 범위에서 전자장비를 이용하여 수용자 또는 시설을 계호할 수 있다. 다만, 전자영상장비로 거실에 있는 수용자를 계호하는 것은 자살등의 우려가 큰 때에만 할 수 있다.

② 제1항 단서에 따라 거실에 있는 수용자를 전자영상장비로 계호하는 경우에는 계호직원·계호시간 및 계호대상 등을 기록하여야 한다. 이 경우 수용자가 여성이면 여성교도관이 계호하여야 한다.

③ 제1항 및 제2항에 따라 계호하는 경우에는 피계호자의 인권이 침해되지 아니하도록 유의하여야 한다.

④ 전자장비의 종류·설치장소·사용방법 및 녹화기록물의 관리 등에 관하여 필요한 사항은 법무부령으로 정한다.

제95조(보호실 수용) ① 소장은 수용자가 다음 각 호의 어느 하나에 해당하면 의무관의 의견을 고려하여 보호실(자살 및 자해 방지 등의 설비를 갖춘 거실을 말한다. 이하 같다)에 수용할 수 있다.

1. 자살 또는 자해의 우려가 있는 때
2. 신체적·정신적 질병으로 인하여 특별한 보호가 필요한 때

② 수용자의 보호실 수용기간은 15일 이내로 한다. 다만, 소장은 특히 계속하여 수용할 필요가 있으면 의무관의 의견을 고려하여 연장할 수 있다.

③ 제2항 단서에 따른 기간연장은 7일 이내로 하되, 계속하여 3개월을 초과할 수 없다.

④ 소장은 수용자를 보호실에 수용하거나 수용기간을 연장하는 경우에는 그 사유를 본인에게 알려 주어야 한다.

⑤ 의무관은 보호실 수용자의 건강상태를 수시로 확인하여야 한다.

⑥ 소장은 보호실 수용사유가 소멸한 경우에는 보호실 수용을 즉시 중단하여야 한다.

제96조(진정실 수용) ① 소장은 수용자가 다음 각 호의 어느 하나에 해당하는 경우로서 강제력을 행사하거나 제98조의 보호장비를 사용하여도 그 목적을 달성할 수 없는 경우에만 진정실(일반 수용거실로부터 격리되어 있고 방음설비 등을 갖춘 거실을 말한다. 이하 같다)에 수용할 수 있다.

1. 교정시설의 설비 또는 기구 등을 손괴하거나 손괴하려고 하는 때

2. 교도관 및 경비교도(이하 이 장에서 "교도관등"이라 한다)의 제지에도 불구하고 소란행위를 계속하여 다른 수용자의 평온한 수용생활을 방해하는 때

② 수용자의 진정실 수용기간은 24시간 이내로 한다. 다만, 소장은 특히 계속하여 수용할 필요가 있으면 의무관의 의견을 고려하여 연장할 수 있다.

③ 제2항 단서에 따른 기간연장은 12시간 이내로 하되, 계속하여 3일을 초과할 수 없다.

④ 진정실 수용자에 대하여는 제95조제4항부터 제6항까지의 규정을 준용한다.

제97조(보호장비의 사용) ① 교도관은 수용자가 다음 각 호의 어느 하나에 해당하면 보호장비를 사용할 수 있다.

1. 이송ㆍ출정, 그 밖에 교정시설 밖의 장소로 수용자를 호송하는 때

2. 도주ㆍ자살ㆍ자해 또는 다른 사람에 대한 위해의 우려가 큰 때

3. 위력으로 교도관등의 정당한 직무집행을 방해하는 때

4. 교정시설의 설비ㆍ기구 등을 손괴하거나 그 밖에 시설의 안전 또는 질서를 해칠 우려가 큰 때

② 보호장비를 사용하는 경우에는 수용자의 나이, 건강상태 및 수용생활 태도 등을 고려하여야 한다.

③ 교도관이 교정시설의 안에서 수용자에 대하여 보호장비를 사용한 경우 의무관은 그 수용자의 건강상태를 수시로 확인하여야 한다.

제98조(보호장비의 종류 및 사용요건) ① 보호장비의 종류는 다음 각 호와 같다.

1. 수갑
2. 머리보호장비
3. 발목보호장비
4. 보호대(帶)
5. 보호의자
6. 보호침대
7. 보호복
8. 포승

② 보호장비의 종류별 사용요건은 다음 각 호와 같다.

1. 수갑ㆍ포승: 제97조제1항제1호부터 제4호까지의 어느 하나에 해당하는 때

   2. 머리보호장비: 머리부분을 자해할 우려가 큰 때

   3. 발목보호장비·보호대·보호의자: 제97조제1항제2호부터 제4호까지의 어느 하나에 해당하는 때

   4. 보호침대·보호복: 자살·자해의 우려가 큰 때

③ 보호장비의 사용절차 등에 관하여 필요한 사항은 대통령령으로 정한다.

제99조(보호장비 남용 금지) ① 교도관은 필요한 최소한의 범위에서 보호장비를 사용하여야 하며, 그 사유가 소멸하면 사용을 지체 없이 중단하여야 한다.

② 보호장비는 징벌의 수단으로 사용되어서는 아니 된다.

제100조(강제력의 행사) ① 교도관등은 수용자가 다음 각 호의 어느 하나에 해당하면 강제력을 행사할 수 있다.

   1. 도주하거나 도주하려고 하는 때

   2. 자살하려고 하는 때

   3. 자해하거나 자해하려고 하는 때

   4. 다른 사람에게 위해를 끼치거나 끼치려고 하는 때

   5. 위력으로 교도관등의 정당한 직무집행을 방해하는 때

   6. 교정시설의 설비·기구 등을 손괴하거나 손괴하려고 하는 때

   7. 그 밖에 시설의 안전 또는 질서를 크게 해치는 행위를 하거나 하려고 하는 때

② 교도관등은 수용자 외의 사람이 다음 각 호의 어느 하나에 해당하면 강제력을 행사할 수 있다.

   1. 수용자를 도주하게 하려고 하는 때

   2. 교도관등 또는 수용자에게 위해를 끼치거나 끼치려고 하는 때

   3. 위력으로 교도관등의 정당한 직무집행을 방해하는 때

   4. 교정시설의 설비·기구 등을 손괴하거나 하려고 하는 때

   5. 교정시설에 침입하거나 하려고 하는 때

   6. 교정시설의 안(교도관이 교정시설의 밖에서 수용자를 계호하고 있는 경우 그 장소를 포함한다)에서 교도관등의 퇴거요구를 받고도 이에 응하지 아니하는 때

③ 제1항 및 제2항에 따라 강제력을 행사하는 경우에는 보안장비를 사용할 수 있다.

④ 제3항에서 "보안장비"란 교도봉·가스분사기·가스총·최루탄 등 사람의 생

명과 신체의 보호, 도주의 방지 및 시설의 안전과 질서유지를 위하여 교도 관등이 사용하는 장비와 기구를 말한다.

⑤ 제1항 및 제2항에 따라 강제력을 행사하려면 사전에 상대방에게 이를 경고하여야 한다. 다만, 상황이 급박하여 경고할 시간적인 여유가 없는 때에는 그러하지 아니하다.

⑥ 강제력의 행사는 필요한 최소한도에 그쳐야 한다.

⑦ 보안장비의 종류, 종류별 사용요건 및 사용절차 등에 관하여 필요한 사항은 법무부령으로 정한다.

제101조(무기의 사용) ① 교도관등은 다음 각 호의 어느 하나에 해당하는 사유가 있으면 수용자에 대하여 무기를 사용할 수 있다.

  1. 수용자가 다른 사람에게 중대한 위해를 끼치거나 끼치려고 하여 그 사태가 위급한 때

  2. 수용자가 폭행 또는 협박에 사용할 위험물을 소지하여 교도관등이 버릴 것을 명령하였음에도 이에 따르지 아니하는 때

  3. 수용자가 폭동을 일으키거나 일으키려고 하여 신속하게 제지하지 아니하면 그 확산을 방지하기 어렵다고 인정되는 때

  4. 도주하는 수용자에게 교도관등이 정지할 것을 명령하였음에도 계속하여 도주하는 때

  5. 수용자가 교도관등의 무기를 탈취하거나 탈취하려고 하는 때

  6. 그 밖에 사람의 생명·신체 및 설비에 대한 중대하고도 뚜렷한 위험을 방지하기 위하여 무기의 사용을 피할 수 없는 때

② 교도관등은 교정시설의 안(교도관이 교정시설의 밖에서 수용자를 계호하고 있는 경우 그 장소를 포함한다)에서 자기 또는 타인의 생명·신체를 보호하거나 수용자의 탈취를 저지하거나 건물 또는 그 밖의 시설과 무기에 대한 위험을 방지하기 위하여 급박하다고 인정되는 상당한 이유가 있으면 수용자 외의 사람에 대하여도 무기를 사용할 수 있다.

③ 교도관등은 소장 또는 그 직무를 대행하는 사람의 명령을 받아 무기를 사용한다. 다만, 그 명령을 받을 시간적 여유가 없으면 그러하지 아니하다.

④ 제1항 및 제2항에 따라 무기를 사용하려면 공포탄을 발사하거나 그 밖에 적당한 방법으로 사전에 상대방에 대하여 이를 경고하여야 한다.

⑤ 무기의 사용은 필요한 최소한도에 그쳐야 하며, 최후의 수단이어야 한다.

⑥ 사용할 수 있는 무기의 종류, 무기의 종류별 사용요건 및 사용절차 등에 관하여 필요한 사항은 법무부령으로 정한다.

제102조(재난 시의 조치) ① 천재지변이나 그 밖의 재해가 발생하여 시설의 안전과 질서유지를 위하여 긴급한 조치가 필요하면 소장은 수용자로 하여금 피해의 복구나 그 밖의 응급용무를 보조하게 할 수 있다.

② 소장은 교정시설의 안에서 천재지변이나 그 밖의 사변에 대한 피난의 방법이 없는 경우에는 수용자를 다른 장소로 이송할 수 있다.

③ 소장은 제2항에 따른 이송이 불가능하면 수용자를 일시 석방할 수 있다.

④ 제3항에 따라 석방된 자는 석방 후 24시간 이내에 교정시설 또는 경찰관서에 출석하여야 한다.

제103조(수용을 위한 체포) ① 교도관은 수용자가 도주 또는 제133조 각 호의 어느 하나에 해당하는 행위(이하 "도주등"이라 한다)를 한 경우에는 도주 후 또는 출석기한이 지난 후 72시간 이내에만 그를 체포할 수 있다.

② 교도관은 제1항에 따른 체포를 위하여 긴급히 필요하면 도주등을 하였다고 의심할 만한 상당한 이유가 있는 사람 또는 도주등을 한 사람의 이동경로나 소재를 안다고 인정되는 사람을 정지시켜 질문할 수 있다.

③ 교도관은 제2항에 따라 질문을 할 때에는 그 신분을 표시하는 증표를 제시하고 질문의 목적과 이유를 설명하여야 한다.

④ 교도관은 제1항에 따른 체포를 위하여 영업시간 내에 흥행장·여관·음식점·역, 그 밖에 다수인이 출입하는 장소의 관리자 또는 관계인에게 그 장소의 출입이나 그 밖에 특히 필요한 사항에 관하여 협조를 요구할 수 있다.

⑤ 교도관은 제4항에 따라 필요한 장소에 출입하는 경우에는 그 신분을 표시하는 증표를 제시하여야 하며, 그 장소의 관리자 또는 관계인의 정당한 업무를 방해하여서는 아니 된다.

제104조(마약류사범 등의 관리) ① 소장은 마약류사범·조직폭력사범 등 법무부령으로 정하는 수용자에 대하여는 시설의 안전과 질서유지를 위하여 필요한 범위에서 다른 수용자와의 접촉을 차단하거나 계호를 엄중히 하는 등 법무부령으로 정하는 바에 따라 다른 수용자와 달리 관리할 수 있다.

② 소장은 제1항에 따라 관리하는 경우에도 기본적인 처우를 제한하여서는 아니 된다.

제12장 규율과 상벌

제105조(규율 등) ① 수용자는 교정시설의 안전과 질서유지를 위하여 법무부장관이 정하는 규율을 준수하여야 한다.

② 수용자는 소장이 정하는 일과시간표를 준수하여야 한다.

③ 수용자는 교도관의 직무상 지시에 복종하여야 한다.

제106조(포상) 소장은 수용자가 다음 각 호의 어느 하나에 해당하면 법무부령으로 정하는 바에 따라 포상할 수 있다.

1. 사람의 생명을 구조하거나 도주를 방지한 때

2. 제102조제1항에 따른 응급용무에 공로가 있는 때

3. 시설의 안전과 질서유지에 뚜렷한 공이 인정되는 때

4. 수용생활에 모범을 보이거나 건설적이고 창의적인 제안을 하는 등 특히 포상할 필요가 있다고 인정되는 때

제107조(징벌) 소장은 수용자가 다음 각 호의 어느 하나에 해당하는 행위를 하면 제111조의 징벌위원회의 의결에 따라 징벌을 부과할 수 있다.

1. 「형법」, 「폭력행위 등 처벌에 관한 법률」, 그 밖의 형사 법률에 저촉되는 행위

2. 수용생활의 편의 등 자신의 요구를 관철할 목적으로 자해하는 행위

3. 정당한 사유 없이 작업·교육 등을 거부하거나 태만히 하는 행위

4. 제92조의 금지물품을 반입·제작·소지·사용·수수·교환 또는 은닉하는 행위

5. 다른 사람을 처벌받게 하거나 교도관의 직무집행을 방해할 목적으로 거짓 사실을 신고하는 행위

6. 그 밖에 시설의 안전과 질서유지를 위하여 법무부령으로 정하는 규율을 위반하는 행위

제108조(징벌의 종류) 징벌의 종류는 다음 각 호와 같다.

1. 경고

2. 50시간 이내의 근로봉사

3. 3개월 이내의 작업장려금 삭감

4. 30일 이내의 공동행사 참가 정지

5. 30일 이내의 신문열람 제한

6. 30일 이내의 텔레비전 시청 제한

7. 30일 이내의 자비구매물품(의사가 치료를 위하여 처방한 의약품을 제외한

    다) 사용 제한
  8. 30일 이내의 작업 정지
  9. 30일 이내의 전화통화 제한
  10. 30일 이내의 집필 제한
  11. 30일 이내의 서신수수 제한
  12. 30일 이내의 접견 제한
  13. 30일 이내의 실외운동 정지
  14. 30일 이내의 금치(禁置)

제109조(징벌의 부과) ① 제108조제4호부터 제13호까지의 처분은 함께 부과할 수 있다.

② 수용자가 다음 각 호의 어느 하나에 해당하면 제108조제2호부터 제14호까지의 규정에서 정한 징벌의 장기의 2분의 1까지 가중할 수 있다.

  1. 2 이상의 징벌사유가 경합하는 때
  2. 징벌이 집행 중에 있거나 징벌의 집행이 끝난 후 또는 집행이 면제된 후 6개월 내에 다시 징벌사유에 해당하는 행위를 한 때

③ 징벌은 동일한 행위에 관하여 거듭하여 부과할 수 없으며, 행위의 동기 및 경중, 행위 후의 정황, 그 밖의 사정을 고려하여 수용목적을 달성하는 데에 필요한 최소한도에 그쳐야 한다.

④ 징벌사유가 발생한 날부터 2년이 지나면 이를 이유로 징벌을 부과하지 못한다.

제110조(징벌대상자의 조사) ① 소장은 징벌사유에 해당하는 행위를 하였다고 의심할 만한 상당한 이유가 있는 수용자(이하 "징벌대상자"라 한다)가 다음 각 호의 어느 하나에 해당하면 조사기간 중 분리하여 수용할 수 있다.

  1. 증거를 인멸할 우려가 있는 때
  2. 다른 사람에게 위해를 끼칠 우려가 있거나 다른 수용자의 위해로부터 보호할 필요가 있는 때

② 소장은 징벌대상자가 제1항 각 호의 어느 하나에 해당하면 접견·서신수수·전화통화·실외운동·작업·교육훈련·공동행사참가 등 다른 사람과의 접촉이 가능한 처우의 전부 또는 일부를 제한할 수 있다.

제111조(징벌위원회) ① 징벌대상자의 징벌을 결정하기 위하여 교정시설에 징벌위원회(이하 이 조에서 "위원회"라 한다)를 둔다.

② 위원회는 위원장을 포함한 5인 이상 7인 이하의 위원으로 구성하고, 위원장은 소장의 바로 다음 순위자가 되며, 위원은 소장이 소속 기관의 과장(지소의 경우에는 7급 이상의 교도관) 및 교정에 관한 학식과 경험이 풍부한 외부인사 중에서 임명 또는 위촉한다. 이 경우 외부위원은 3인 이상으로 한다.

③ 위원회는 소장의 징벌요구에 따라 개회하며, 징벌은 그 의결로써 정한다.

④ 위원이 징벌대상자의 친족이거나 그 밖에 공정한 심의·의결을 기대할 수 없는 특별한 사유가 있는 경우에는 위원회에 참석할 수 없다.

⑤ 징벌대상자는 위원에 대하여 기피신청을 할 수 있다. 이 경우 위원회의 의결로 기피 여부를 결정하여야 한다.

⑥ 위원회는 징벌대상자가 위원회에 출석하여 충분한 진술을 할 수 있는 기회를 부여하여야 하며, 징벌대상자는 서면 또는 말로써 자기에게 유리한 사실을 진술하거나 증거를 제출할 수 있다.

제112조(징벌의 집행) ① 징벌은 소장이 집행한다.

② 소장은 징벌집행을 위하여 필요하다고 인정하면 수용자를 분리하여 수용할 수 있다.

③ 제108조제14호의 처분을 받은 사람에게는 그 기간 중 같은 조 제4호부터 제13호까지의 처우제한이 함께 부과된다. 다만, 소장은 수용자의 권리구제, 수형자의 교화 또는 건전한 사회복귀를 위하여 특히 필요하다고 인정하면 집필·서신수수·접견 또는 실외운동을 허가할 수 있다.

④ 소장은 제108조제13호 또는 제14호의 처분을 집행하는 경우에는 의무관으로 하여금 사전에 수용자의 건강을 확인하도록 하여야 하며, 집행 중인 경우에도 수시로 건강상태를 확인하여야 한다.

제113조(징벌집행의 정지·면제) ① 소장은 질병이나 그 밖의 사유로 징벌집행이 곤란하면 그 사유가 해소될 때까지 그 집행을 일시 정지할 수 있다.

② 소장은 징벌집행 중인 사람이 뉘우치는 빛이 뚜렷한 경우에는 그 징벌을 감경하거나 남은 기간의 징벌집행을 면제할 수 있다.

제114조(징벌집행의 유예) ① 징벌위원회는 징벌을 의결하는 때에 행위의 동기 및 정황, 교정성적, 뉘우치는 정도 등 그 사정을 고려할 만한 사유가 있는 수용자에 대하여 2개월 이상 6개월 이하의 기간 내에서 징벌의 집행을 유예할 것을 의결할 수 있다.

② 소장은 징벌집행의 유예기간 중에 있는 수용자가 다시 제107조의 징벌대
상행위를 하여 징벌이 결정되면 그 유예한 징벌을 집행한다.

③ 수용자가 징벌집행을 유예받은 후 징벌을 받음이 없이 유예기간이 지나면
그 징벌의 집행은 종료된 것으로 본다.

제115조(징벌의 실효 등) ① 소장은 징벌의 집행이 종료되거나 집행이 면제된 수
용자가 교정성적이 양호하고 법무부령으로 정하는 기간 동안 징벌을 받지 아
니하면 법무부장관의 승인을 받아 징벌을 실효시킬 수 있다.

② 제1항에도 불구하고 소장은 수용자가 교정사고 방지에 뚜렷한 공로가 있
다고 인정되면 분류처우위원회의 의결을 거친 후 법무부장관의 승인을 받아
징벌을 실효시킬 수 있다.

③ 이 법에 규정된 사항 외에 징벌에 관하여 필요한 사항은 법무부령으로 정한다.

제13장 권리구제

제116조(소장 면담) ① 수용자는 그 처우에 관하여 소장에게 면담을 신청할 수 있다.

② 소장은 수용자의 면담신청이 있으면 다음 각 호의 어느 하나에 해당하는
사유가 있는 경우를 제외하고는 면담에 응하여야 한다.

1. 정당한 사유 없이 면담사유를 밝히지 아니하는 때

2. 면담목적이 법령에 명백히 위배되는 사항을 요구하는 것인 때

3. 동일한 사유로 면담한 사실이 있음에도 불구하고 정당한 사유 없이 반
복하여 면담을 신청하는 때

4. 교도관의 직무집행을 방해할 목적이라고 인정되는 상당한 이유가 있는 때

③ 소장은 특별한 사정이 있으면 소속 교도관으로 하여금 그 면담을 대리하
게 할 수 있다. 이 경우 면담을 대리한 사람은 그 결과를 소장에게 지체
없이 보고하여야 한다.

④ 소장은 면담한 결과 처리가 필요한 사항이 있으면 그 처리결과를 수용자
에게 통지하여야 한다.

제117조(청원) ① 수용자는 그 처우에 관하여 불복하는 경우 법무부장관·순회점
검공무원 또는 관할 지방교정청장에게 청원할 수 있다.

② 제1항에 따라 청원하려는 수용자는 청원서를 작성하여 봉한 후 소장에게
제출하여야 한다. 다만, 순회점검공무원에 대한 청원은 말로도 할 수 있다.

③ 소장은 청원서를 개봉하여서는 아니 되며, 이를 지체 없이 법무부장관·순회점검공무원 또는 관할 지방교정청장에게 보내거나 순회점검공무원에게 전달하여야 한다.

④ 제2항 단서에 따라 순회점검공무원이 청원을 청취하는 경우에는 해당 교정시설의 교도관등이 참여하여서는 아니 된다.

⑤ 청원에 관한 결정은 문서로써 하여야 한다.

⑥ 소장은 청원에 관한 결정서를 접수하면 청원인에게 지체 없이 전달하여야 한다.

제118조(불이익처우 금지) 수용자는 청원, 진정, 소장과의 면담, 그 밖의 권리구제를 위한 행위를 하였다는 이유로 불이익한 처우를 받지 아니한다.

제3편 수용의 종료
제1장 가석방

제119조(가석방심사위원회) 「형법」 제72조에 따른 가석방의 적격 여부를 심사하기 위하여 법무부장관 소속으로 가석방심사위원회(이하 이 장에서 "위원회"라 한다)를 둔다.

제120조(위원회의 구성) ① 위원회는 위원장을 포함한 5인 이상 9인 이하의 위원으로 구성한다.

② 위원장은 법무부차관이 되고, 위원은 판사, 검사, 변호사, 법무부 소속 공무원, 교정에 관한 학식과 경험이 풍부한 사람 중에서 법무부장관이 임명 또는 위촉한다.

③ 이 법에 규정된 사항 외에 위원회에 대하여 필요한 사항은 법무부령으로 정한다.

제121조(가석방 적격심사) ① 소장은 「형법」 제72조제1항의 기간이 지난 수형자에 대하여는 법무부령으로 정하는 바에 따라 위원회에 가석방 적격심사를 신청하여야 한다.

② 위원회는 수형자의 나이, 범죄동기, 죄명, 형기, 교정성적, 건강상태, 가석방 후의 생계능력, 생활환경, 재범의 위험성, 그 밖에 필요한 사정을 고려하여 가석방의 적격 여부를 결정한다.

제122조(가석방 허가) ① 위원회는 가석방 적격결정을 하였으면 5일 이내에 법무부장관에게 가석방 허가를 신청하여야 한다.

② 법무부장관은 제1항에 따른 위원회의 가석방 허가신청이 적정하다고 인정하면 허가할 수 있다.

제2장 석 방

제123조(석방) 수용자의 석방은 사면·형기종료 또는 권한이 있는 자의 명령에 따라 소장이 한다.

제124조(석방시기) ① 사면, 가석방, 형의 집행면제, 감형에 따른 석방은 그 서류 도달 후 12시간 이내에 행하여야 한다. 다만, 그 서류에서 석방일시를 지정하고 있으면 그 일시에 행한다.

② 형기종료에 따른 석방은 형기종료일에 행하여야 한다.

③ 권한이 있는 자의 명령에 따른 석방은 서류 도달 후 5시간 이내에 행하여야 한다.

제125조(피석방자의 일시수용) 소장은 피석방자가 질병이나 그 밖에 피할 수 없는 사정으로 귀가하기 곤란한 경우에 본인의 신청이 있으면 일시적으로 교정시설에 수용할 수 있다.

제126조(귀가여비의 지급 등) 소장은 피석방자에게 귀가에 필요한 여비 또는 의류가 없으면 법무부장관이 정하는 범위에서 이를 지급하거나 빌려 줄 수 있다.

제3장 사 망

제127조(사망 통지) 소장은 수용자가 사망한 경우에는 그 사실을 즉시 그 가족(가족이 없는 경우에는 다른 친족)에게 통지하여야 한다.

제128조(시신의 인도 등) ① 소장은 사망한 수용자의 친족 또는 특별한 연고가 있는 사람이 그 시신 또는 유골의 인도를 청구하는 경우에는 인도하여야 한다. 다만, 제3항에 따라 합장을 한 후에는 그러하지 아니하다.

② 소장은 제127조에 따라 사망 통지를 받은 사람이 통지를 받은 날부터 3일 이내에 그 시신을 인수하지 아니하거나 인수할 사람이 없으면 임시로 매장하여야 한다. 다만, 전염병 예방 등을 위하여 필요하면 즉시 화장을 하

는 등 필요한 조치를 할 수 있다.

③ 소장은 제2항에 따라 시신을 임시로 매장한 후 2년이 지나도 인도를 청구하는 사람이 없으면 합장하거나 화장할 수 있다.

④ 소장은 병원이나 그 밖의 연구기관이 학술연구상의 필요에 따라 수용자의 시신인도를 신청하면 본인의 유언 또는 상속인의 승낙이 있는 경우에 한하여 인도할 수 있다.

⑤ 소장은 수용자가 사망하면 법무부장관이 정하는 범위에서 화장·시신인도 등에 필요한 비용을 인수자에게 지급할 수 있다.

제4편 교정자문위원회 등

제129조(교정자문위원회) ① 교정시설의 운영과 수용자 처우 등에 관한 소장의 자문에 응하기 위하여 교정시설에 교정자문위원회(이하 이 조에서 "위원회"라 한다)를 둔다.

② 위원회는 5인 이상 7인 이하의 위원으로 구성하고, 위원장은 위원 중에서 호선하며, 위원은 교정에 관한 학식과 경험이 풍부한 외부인사 중에서 소장의 추천을 받아 법무부장관이 위촉한다.

③ 이 법에 규정된 사항 외에 위원회에 관하여 필요한 사항은 법무부령으로 정한다.

제130조(교정위원) ① 수용자의 교육·교화·의료, 그 밖에 수용자의 처우를 후원하기 위하여 교정시설에 교정위원을 둘 수 있다.

② 교정위원은 명예직으로 하며 소장의 추천을 받아 법무부장관이 위촉한다.

제131조(기부금품의 접수) 소장은 기관·단체 또는 개인이 수용자의 교화 등을 위하여 교정시설에 자발적으로 기탁하는 금품을 받을 수 있다.

제5편 벌 칙

제132조(주류의 반입 등) ① 다음 각 호의 어느 하나에 해당하는 행위를 한 사람은 6개월 이하의 징역 또는 200만원 이하의 벌금에 처한다.

　　1. 주류·담배·현금·수표를 교정시설에 반입하거나 소지·사용·수수·교

환 또는 은닉하는 행위

2. 수용자에게 전달할 목적으로 주류·담배·현금·수표를 허가 없이 교정 시설에 반입하거나 수용자와 수수 또는 교환하는 행위

② 제1항의 미수범은 처벌한다.

③ 제1항의 금지물품은 몰수한다.

제133조(출석의무 위반 등) 다음 각 호의 어느 하나에 해당하는 행위를 한 수용자는 1년 이하의 징역에 처한다.

1. 정당한 사유 없이 제102조제4항을 위반하여 일시석방 후 24시간 이내에 교정시설 또는 경찰관서에 출석하지 아니하는 행위

2. 귀휴·외부통근, 그 밖의 사유로 소장의 허가를 받아 교도관의 계호 없이 교정시설 밖으로 나간 후에 정당한 사유 없이 기한 내에 돌아오지 아니하는 행위

부칙 〈제8728호,2007.12.21〉

제1조(시행일) 이 법은 공포 후 1년이 경과한 날부터 시행한다.

제2조(위로금 및 조위금 채권에 관한 적용례) 제76조의 개정규정은 이 법 시행 후 취득한 위로금 및 조위금을 지급받을 권리부터 적용한다.

제3조(유류금품의 교부에 관한 경과조치) 이 법 시행 당시 사망자 또는 도주자가 남겨두고 간 금품이 있는 경우에는 제28조의 개정규정에도 불구하고 종전의 규정에 따른다.

제4조(징벌에 관한 경과조치) ① 이 법 시행 전에 행하여진 징벌사유에 해당하는 위반행위에 대하여는 종전의 규정에 따른다. 다만, 이 법의 규정이 행위자에게 유리한 경우에는 이 법에 따른다.

② 징벌사유에 해당하는 1개의 행위가 이 법 시행 전후에 걸쳐 이루어진 경우에는 이 법 시행 이후에 한 것으로 본다.

③ 이 법 시행 전에 종전의 규정에 따라 부과된 징벌은 이 법에 따라 부과된 것으로 본다. 다만, 이 법에 따른 징벌의 부과범위를 초과하여 부과한 경우에는 그 초과부분은 부과하지 아니한 것으로 보며, 이 법에 규정하지 아

니한 징벌을 부과한 경우에는 징벌을 부과하지 아니한 것으로 본다.

제5조(다른 법률의 개정) ① 結核豫防法 일부를 다음과 같이 개정한다.

제26조 중 "행형법 제2조제5항의 규정에 의한 교도소등의 장은 재소자중"을 "「형의 집행 및 수용자의 처우에 관한 법률」 제2조제4호의 교정시설의 장은 수용자 중"으로 한다.

② 矯正施設警備矯導隊設置法 일부를 다음과 같이 개정한다.

제5조 본문 및 단서 중 "行刑法 第15條"를 각각 "「형의 집행 및 수용자의 처우에 관한 법률」 제101조"로 한다.

③ 국민연금법 일부를 다음과 같이 개정한다.

제91조제1항제4호 중 "「행형법」 제2조에 따른 교도소 등에"를 "「형의 집행 및 수용자의 처우에 관한 법률」 제11조에 따라 교정시설에"로 한다.

④ 국제수형자이송법 일부를 다음과 같이 개정한다.

제17조 중 "행형법"을 "「형의 집행 및 수용자의 처우에 관한 법률」"로 한다.

제24조 각 호 외의 부분 중 "교도소등의 장은"을 "「형의 집행 및 수용자의 처우에 관한 법률」 제2조제4호의 교정시설의 장은"으로, "그 교도소등에"를 "그 교정시설에"로, "행형법"을 "같은 법"으로 한다.

⑤ 軍行刑法 일부를 다음과 같이 개정한다.

제2조제5항 중 "行刑法"을 "「형의 집행 및 수용자의 처우에 관한 법률」"로 한다.

⑥ 民營矯導所등의設置・운영에관한法律 일부를 다음과 같이 개정한다.

제1조 중 "行刑法 第4條의2"를 "「형의 집행 및 수용자의 처우에 관한 법률」 제7조"로 한다.

제2조제1호 중 "行刑法 第1條의2第3號"를 "「형의 집행 및 수용자의 처우에 관한 법률」 제2조제4호"로 한다.

제21조제1항 중 "行刑法 第2條第5項"을 "「형의 집행 및 수용자의 처우에 관한 법률」 제2조제4호"로 한다.

제24조・제30조제1항 및 제40조 중 "行刑法"을 각각 "「형의 집행 및 수용자의 처우에 관한 법률」"로 한다.

제27조제1항 중 "行刑法 第14條・第14條의2・第15條・第16條・第29條第1項・第32條第3項・第35條第2項・第44條第3項 및 第46條"를 "「형의 집행 및 수용자의 처우에 관한 법률」 제37조제1항・제37조제2항・제63조제3항・제68조제1항・제77조제1항・제98조・제100조・제101조・제102조 및 제107

조부터 제109조까지"로 하고, 같은 조 제2항 중 "行刑法 第51條第1項"을 "「형의 집행 및 수용자의 처우에 관한 법률」 제121조제1항"으로 하며, 같은 조 제3항 중 "行刑法 第53條"를 "「형의 집행 및 수용자의 처우에 관한 법률」 제123조"로 한다.

⑦ 保護觀察등에관한法律 일부를 다음과 같이 개정한다.

제24조제1항 중 "行刑法 第52條"를 "「형의 집행 및 수용자의 처우에 관한 법률」 제122조"로 한다.

제28조제1항 중 "行刑法 第51條"를 "「형의 집행 및 수용자의 처우에 관한 법률」 제121조"로 한다.

제58조 중 "行刑法 第49條 내지 第52條"를 "「형의 집행 및 수용자의 처우에 관한 법률」 제119조부터 제122조까지"로 한다.

⑧ 사법경찰관리의 직무를 행할 자와 그 직무범위에 관한 법률 일부를 다음과 같이 개정한다.

제3조제4항 중 "「행형법」 第5條第1項"을 "「형의 집행 및 수용자의 처우에 관한 법률」 제8조"로 한다.

⑨ 약사법 일부를 다음과 같이 개정한다.

제23조제4항제10호 중 "「행형법」"을 "「형의 집행 및 수용자의 처우에 관한 법률」"로 한다.

⑩ 위험직무 관련 순직공무원의 보상에 관한 법률 일부를 다음과 같이 개정한다.

제2조제1호아목 중 "「행형법」 제15조제1항 각 호"를 "「형의 집행 및 수용자의 처우에 관한 법률」 제101조제1항 각 호"로 한다.

⑪ 치료감호법 일부를 다음과 같이 개정한다.

제51조 중 "「행형법」"을 "「형의 집행 및 수용자의 처우에 관한 법률」"로 한다.

⑫ 통신비밀보호법 일부를 다음과 같이 개정한다.

제3조제1항제3호 중 "行刑法 第18條·第19條"를 "「형의 집행 및 수용자의 처우에 관한 법률」 제41조·제43조·제44조"로 한다.

제6조(다른 법령과의 관계) 이 법 시행 당시 다른 법령에서 종전의 「행형법」 또는 그 규정을 인용한 경우 이 법 중 그에 해당하는 규정이 있는 때에는 종전의 규정을 갈음하여 이 법 또는 이 법의 해당 조항을 인용한 것으로 본다.

•약 력•

범죄교정복지학자인 천정환은 부산동래고와 성균관대 경제과를 졸업한
뒤에 다양한 생활을 전전하다가 1998년에 아내와 헤어졌다. 문득 공부가
하고 싶어 1999년에 국립경상대대학원에 입학해 형사법, 범죄학, 교정학
을 수학했으며, 2004년에 법학박사 학위를 취득했다. 그 뒤 신판교정학,
신범죄학, 신범죄심리학, 신범죄피해자학, 교정복지학, 교정인권복지론 등
의 학술서를 잇달아 출간했다. 또한 논문으로는 「천정환의 신합리적 선택
이론」 등 다수가 있다. 한국교정복지학회 부회장 및 한국인권사회복지학
회 이사이다. 세계일보 등에서 독창적 이론가로 소개된 적이 있으며, 수
형자의 sex권과 흡연권 등을 최초로 주장했다. 현재 조용히 12평의 임대
아파트에서 모든 것에 감사하는 마음으로 생활하고 있다.

(내용문의:031 – 392 – 0825 / e – mail: 928jh@hanmail.net)

천정환
千定煥

한국교정론

• 초판 인쇄   2008년 3월 20일
• 초판 발행   2008년 3월 20일

• 지 은 이   천정환
• 펴 낸 이   채종준
• 펴 낸 곳   한국학술정보㈜
             경기도 파주시 교하읍 문발리 513 – 5
             파주출판문화정보산업단지
             전화 031) 908 – 3181(대표) · 팩스 031) 908 – 3189
             홈페이지 http://www.kstudy.com
             e – mail(출판사업팀사업부) publish@kstudy.com
• 등   록   제일산 – 115호(2000. 6. 19)
• 가   격   33,000원

ISBN   978-89-534-8330-9 93360 (Paper Book)
        978-89-534-8331-6 98360 (e–Book)